W0245693

Charlotte Pangels   Königskinder im Rokoko

Charlotte Pangels

Königskinder im Rokoko

Die Geschwister Friedrichs des Großen

Verlag Georg D.W. Callwey München

2. Auflage 1978

ISBN 3 7667 0373 0
© 1976 by Verlag Georg D. W. Callwey, München
Alle Rechte vorbehalten, auch die des auszugsweisen Abdruckes, der
photomechanischen Wiedergabe und der Übersetzung
Schutzumschlag   Baur + Belli Design, München
Gesamtherstellung   Kösel, Kempten
Lithos   Haußmann Reprotechnik, Darmstadt
Schutzumschlaglitho   Brend'amour, Simhart & Co., München
Printed in Germany 1976

Inhalt

Vorwort

Was dieses Buch über die neun Geschwister Friedrichs des Großen berichtet, ruht in Archiven und Bibliotheken, in jenen langen Regalen der Friedrich-Literatur, die sich in zwei Jahrhunderten angesammelt hat, oder in versteckten Reposituren und Akten, die bisher oft unbeachtet blieben und doch so manche packende Geschichte enthalten. Es sind Dokumente herangezogen worden, die es wert sind, der Vergessenheit entrissen zu werden. Manche Episode mag dem Fachmann fehlen. Doch wenn eine so lange Reihe von Geschwistern dargestellt wird, darf keines von ihnen ein überwältigendes Übergewicht erhalten, das den Rahmen der Sammlung sprengen würde.

Darum fehlt Friedrich.

Seinem Leben gerecht zu werden wäre auf wenigen Seiten nicht möglich. Dennoch handeln alle diese Lebensgeschichten auch von ihm. Er war die höchste Instanz, der Mittelpunkt der Familie, der Chef des königlichen Hauses. Er erscheint hier gleichsam silhouettenhaft im Dasein aller seiner Geschwister. Mit Wilhelmine altersmäßig besonders eng verbunden, spielt er in ihrem Kapitel seine Rolle sichtbarer als bei den anderen. Zu stark waren die Schicksale dieser beiden Geschwister miteinander verknüpft.

Beinahe besser als in einer direkten Schilderung lernen wir in dieser unpolitischen, fast rein persönlichen Darstellung einen neuen Friedrich kennen, einen weichherzigen Menschen, der alle Unbill, die seine Geschwister erdulden mußten, in lebhaftester Anteilnahme mitfühlte. Über Wilhelmines Tod weinte er tagelang und machte aus seiner Rührung kein Hehl. Härte zeigte er nur, wenn er Staat oder Armee in Gefahr glaubte, so im Zwist mit seinem Bruder August Wilhelm oder zuweilen auch Heinrich gegenüber.

Es ist ungewöhnlich, auf diesem Wege seinem wahren Wesen näherzukommen. Er selbst bezeichnet sich als »einen guten alten Mann«, »der seine Familie liebt wie selten jemand«.

Als er 1740 den Thron bestieg, verwöhnte er seine Geschwister mit

generösen Geschenken, die sie vorher bei ihrem sparsamen Vater nie
gekannt hatten. Immer war er hilfreich, wo man ihn rief, versuchte
persönliche und politische Schwierigkeiten zu schlichten, nahm sich
erwiesenermaßen die exzentrischen Männer seiner Schwestern Friederike und Sophie, die Markgrafen von Ansbach und Schwedt, so man-
chesmal ins Gebet, um sie zur Vernunft zu bringen. Er bezahlte Ulrikes und Amalies Spielschulden und ein lebenslanger, überaus herz-
licher Briefwechsel verband ihn mit Charlotte.

Diese Generation von Königskindern einschließlich Friedrich, lebte
in einer Zeit, in der die gesellschaftlichen Kontraste schärfer, die Leiden
bösartiger, die Linderungsmittel schwächer waren. Krankheiten und
Unpäßlichkeiten überfielen sie mit uneingedämmter Wucht. Ihre Widerstandskraft und ihre Leidensfähigkeit waren viel stärker ausgeprägt
als bei den meisten Menschen von heute.

Sie waren preußische Fürsten, sie hatten Haltung und Bildung. Die
Vielsprachigkeit, die in der französischen Sprachmode begründet lag,
wurde ergänzt und vervollkommnet durch den Eifer, den sie je nach
ihrer Veranlagung darauf verwendeten, weitere Sprachen zu lernen.
Amalie beherrschte das Italienische völlig. Wilhelmine war zu einer
Heirat nach England ausersehen und sprach schon als Kind perfekt
Englisch. Bei ihrer Anwesenheit in Venedig war sie in der Lage, die
Abgesandten des Dogen in vollendetem Italienisch zu begrüßen. Ulrike
kannte keine vornehmere Pflicht, als bei ihrer Heirat nach Schweden
schleunigst Schwedisch zu lernen und diese Sprache bald wie ihre
Muttersprache zu beherrschen. Alle Geschwister, die Prinzen sowohl
als die Prinzessinnen, lasen griechische und römische Autoren in französischer Übersetzung. Geist und Geschichte vergangener Epochen
waren ihnen vertraut und sie konversierten darüber geläufig.

An einer Reihe von Geschwistern Beobachtungen anzustellen hinsichtlich Gleichheit oder Verschiedenheit der Lebensschicksale, ist
immer von hohem Interesse. Bei diesen neun Königskindern kann man
sagen, daß jeder sein gemessenes Teil an Gutem und Schlechtem zu-
gewiesen bekam. Auf rauschende und luxuriöse Feste folgten besonders
schwere Leiden und Entbehrungen, Geldnöte, Todesfälle und Intrigen.
Rokoko – das war nicht nur bezauberndes, verspieltes Interieur und
erlesene, beschwingte Musik, nicht allein raschelnde Reifröcke oder
das leise Klirren der Galanteriedegen der Herren. Dazu gehörten
ebenso Geburt und Tod, schwerste Krankheiten und wüsteste Ausschreitungen während der Kriege.

Diese Königskinder kamen in einem königlichen Schloß zur Welt. Ihre Wege waren frei von manchen Dornen, durch die andere Menschen sich erst hindurcharbeiten müssen. Doch sie wuchsen auf »in strenger Zucht«, wurden für unsere Begriffe unnötig gequält und mit drakonischen Erziehungsmethoden irritiert und gedemütigt. Ihre Probleme, die sich im Laufe der Jahre einstellten, waren zuweilen außerordentlich schwerwiegend. Wie sie versuchten, damit fertig zu werden, wie sie sich in letzter Not immer wieder an ihren obersten Herrn, an Friedrich, um Hilfe wandten, und wie es selbst mit dessen Hilfeleistung manchmal nicht gelingen wollte, Schicksalsschlägen zu begegnen, dem nachzugehen, ist überaus fesselnd.

Das Leben der Geschwister läßt sich von 1709 bis 1813 verfolgen, sieht man von den Kindern ab, die schon bald nach ihrer Geburt wieder starben. Friedrich Wilhelm I. und Königin Sophie Dorothea hatten insgesamt vierzehn Kinder. Heinrich, Charlotte und Ferdinand überlebten ihren königlichen Bruder um Jahrzehnte. Friedrich selbst wurde vierundsiebzig, Amalie starb ein halbes Jahr später mit dreiundsechzig. Wilhelmine erreichte nur ein Alter von neunundvierzig Jahren und August Wilhelm mußte als Jüngster dahingehen: mit nur fünfunddreißig Jahren. Friederikes Schicksal war tragisch. Sie wurde zwar vierundsiebzig, lebte aber die letzten zwanzig Jahre in geistiger Umnachtung. Sophie starb, schwer leidend, mit sechsundvierzig. Auch Ulrike wurde nicht alt, nur zweiundsechzig.

Alle zitierten Dokumente lassen spüren, wie stark durchdrungen von der Ausstrahlung Friedrichs das Leben dieser Königskinder war. Immer ist er in diesem Buche gegenwärtig, untrennbar von der Existenz seiner Geschwister: der große Bruder, der überragende Geist, der König, der sein Zeitalter prägte.

Die Eltern	König Friedrich Wilhelm I. 1688–1740
	Königin Sophie Dorothea 1687–1757
1. Kind	Friedrich Ludwig 1707–1707
2. Kind	Wilhelmine 1709–1758, Markgräfin von Bayreuth
3. Kind	Friedrich Wilhelm 1710–1711
4. Kind	Friedrich II. der Große 1712–1786
	König von Preußen
5. Kind	Charlotte Albertine 1713–1714
6. Kind	Friederike 1714–1784, Markgräfin von Ansbach
7. Kind	Charlotte 1716–1801, Herzogin von Braunschweig
8. Kind	Wilhelm 1717–1719
9. Kind	Sophie 1719–1765, Markgräfin von Schwedt
10. Kind	Ulrike 1720–1782, Königin von Schweden
11. Kind	August Wilhelm 1722–1758, Prinz von Preußen
12. Kind	Amalie 1723–1787, Äbtissin von Quedlinburg
13. Kind	Heinrich 1726–1802
14. Kind	Ferdinand 1730–1813

Wilhelmine

* 3. 7. 1709 Berlin, † 14. 10. 1758 Bayreuth
Markgräfin von Bayreuth

Man sagt, daß Menschen, denen nur ein kurzes Leben beschieden ist,
dies in ihrem Unterbewußtsein wissen und deshalb besonders intensiv
zu leben trachten. Markgräfin Wilhelmine von Bayreuth hat, das kann
man heute sagen, ihre Regierungszeit mit weit ausstrahlender Wirksamkeit ausgefüllt. Wer heute nach Bayreuth kommt, der findet alles
baugeschichtlich Sehenswerte, was die Stadt zu bieten hat, aus Wilhelmines Zeitalter stammend.

Ein gutes Geschick hat uns bewahrt, was Wilhelmines Ideenreichtum
an Bauten schuf: das Neue Schloß in Bayreuth, das Opernhaus, das
Alte Schloß der Eremitage unverändert. Und was der Weltkrieg von
1939–45 in Trümmer sinken ließ, das Neue Schloß der Eremitage, das
ist heute mit großer Liebe wiedererrichtet worden. Der schöne Kuppel-
bau wölbt sich weithin sichtbar, seine Glasfluß-Fassaden blinken und
blitzen im Sonnenlicht – ein bunter, farbiger Traum aus einer fernen
Epoche.

1954 hatte jemand die wunderbare Idee, die auseinandergerissene Welt
der Markgräfin Wilhelmine wieder zusammenzutragen. Bücher, Dokumente, Möbel und Instrumente wurden liebevoll ausgestellt. Nur eines
fehlte: ihr Bett. Bei aller Denkmalspflege und aller Sorgfalt hatte dies
Parademöbel den letzten Krieg nicht überdauert. Bombensicher ausge-
lagert in den Gewölben der Plassenburg in Kulmbach, machten sich
frierende Fremdarbeiter eines kalten Winters daran, das »alte Ge-
rümpel« zu zerhacken. Und als es so weit war, daß die Behörden sich
wieder um die wertvollen Baldachin-Möbelstücke kümmern konnten,
da war nichts mehr vorhanden.

Um so mehr wurde dann aufgewendet, um die Schlösser Bayreuths wieder in guten Zustand zu versetzen. Was Wagner mit seinem Werk dem
Ohr des modernen Menschen bietet, das hat in adäquater Substanz die
Markgräfin den *Augen* ihrer Nachfahren hinterlassen. Friedrich dichtete
einst, sie habe ein »Gefühl für das Große, Schöne«. Wie viele spüren
das gleiche in ihrem Alltagstrott und sind nur zu gern bereit, willig

die Pfade von Wilhelmines Leben zurückzugehen, nachzuspüren, zu entdecken.

Als im Jahre 1709 die Zeit herannahte, daß die Kronprinzessin von Preußen, Sophie Dorothea, ihr zweites Kind erwartete, befand sich der junge Vater in einem Feldzug des Spanischen Erbfolgekrieges in Flandern. Das Kronprinzenpaar, seit drei Jahren verheiratet, hatte den Kummer erfahren, einen kleinen Prinzen im Jahre 1707 wieder zu verlieren. In ihrem Briefwechsel nennen sich die Eltern zärtlich »Wilke« und »Fieke«[1], aber diese Jahre häufiger Trennung waren keineswegs frei von schwerwiegenden Problemen. Die Kronprinzessin, Wilhelmines Mutter, mußte ständig besorgt sein, die krankhafte Eifersucht ihres Mannes zu beschwichtigen. Wilhelmine hat dies auch in späteren Jahren noch selbst bemerkt, denn sie schrieb über ihren Vater in ihren Memoiren:

»Er liebte weder Pomp noch Luxus. Er war mißtrauisch, eifersüchtig und oft falsch. Sein Erzieher hatte sichs angelegen sein lassen, ihn zur Verachtung des weiblichen Geschlechts anzuhalten. Er hatte eine so schlechte Meinung von allen Frauen, daß seine Vorurteile der Kronprinzessin, auf die er maßlos eifersüchtig war, viel Kümmernisse bereiteten.«[2]

So befand sich Wilhelmines Mutter während ihrer Ehe mit Friedrich Wilhelm eigentlich ständig in der Rolle einer Dompteuse, die vergeblich versucht, einen mürrischen und manchmal gefährlichen Tiger zu zähmen. Dazu, symbolisch durch einen Reifen zu springen, also ihren speziellen Willen zu erfüllen, brachte sie ihn niemals.

Als am 3. Juli 1709 ein kleines Mädchen anstelle eines ersehnten Prinzen geboren wurde, umschrieb Sophie Dorothea diese betrübliche Tatsache in ihren Briefen, um nur ja schonend für den fernen Gemahl den wahren Sachverhalt allmählich vorzubringen.

Der Großvater, König Friedrich I., benutzte die Gelegenheit der Taufe zu glänzender Prachtentfaltung. Die zufällige Anwesenheit der Könige von Polen und Dänemark, auch alle Friedrich geheißen, kam ihm dabei zustatten. Er befahl, eine Medaille schlagen zu lassen mit der lateinischen Umschrift »Das Glück unseres Jahrhunderts«, und er ließ ein Gedächtnisbild malen, das ihn und seine beiden königlichen Gäste im Prunkornat traulich umarmt der Nachwelt bewahrt hat.

Zum ersten Geburtstag sandte er der Kleinen Ohrringe mit Brillanten und Perlenanhängern, und die Mutter schrieb voller Stolz an den Vater, daß dies Geschenk wohl dreihundert Taler wert sei[3]. Wilhelmine erinnerte sich noch nach Jahren, wie sehr der Großvater ihr zugetan war:

»Der König, mein Großvater, gewann mich bald sehr lieb. Mit ein-einhalb Jahren war ich den anderen Kindern weit voraus, sprach verständlich deutlich, und mit zwei Jahren ging ich ganz allein. Die Possen, die ich trieb, machten diesem guten Fürsten Spaß, und er unterhielt sich ganze Tage lang mit mir.«[4]

Im Jahre 1711 fand sich im Briefwechsel des Königs mit Wilhelmines Urgroßmutter, der Kurfürstin Sophie von Hannover, eine Erwähnung des Kindes.

König Friedrich I. schrieb:

»Die kleine Prinzeß wird immer artlicher und [ich] möchte wünschen, daß Sie sie einmal sehen. Sie hat viel von Euer Churfürstlichen Durchlaucht Manieren und wünsche nur, daß sie deroselben nachschlachten möge, so wird ihresgleichen nicht zu finden sein.«[5]

Das Bild der dreijährigen Wilhelmine von Pesne zeigt eine auffallende Ähnlichkeit mit der Urgroßmutter. Kurfürstin Sophie war eine sehr bedeutende Persönlichkeit, Kunst und Künstlern und allen Wissenschaften zugetan. Wilhelmine hat ihr später getreulich nachgeeifert und ihren Hof in dieser welfischen Tradition geführt.

Die kleine Prinzessin wurde Zeugin, wie sich die königlichen Kinderzimmer nach und nach bevölkerten. Als ihr Bruder Friedrich Wilhelm 1710 geboren wurde und 1711 schon starb, war sie noch zu klein, um diesen Vorgang zu begreifen. Aber als am 24. Januar 1712 wieder ein Bruder auf die Welt kam, nahm sie lebhaft Anteil und schloß ihn in ihr Herz. Später schrieb Friedrich I. an die Kurfürstin Sophie:

»Euer Churfürstliche Durchlaucht werden sich zweifelsohne mit uns erfreuen, daß der kleine Fritz nunmehro sechs Zähne hat und ohne die geringste Incommodität. Daraus kann man auch die Prädestination sehen, daß alle seine Brüder haben sterben müssen, dieser aber bekömmt sie ohne Mühe wie seine Schwester.«

Und am 20. 12. 1712:

»Daß ich meiner Enkelin, der kleinen Prinzeß, eine Kutsche geschenket, solches verdient wohl nicht, daß man davon spricht, aber sie hat sich sehr darüber erfreuet.«[6]

Solange der Großvater lebte, war am preußischen Hofe alles prächtig und luxuriös, obwohl die Kassen manchmal leer waren und die Konprinzessin Sorge hatte, vom Hofrenteiamt ihre Bezüge ausgezahlt zu erhalten. Vom Vater spürten die Kinder in diesen Jahren wenig. Nachdem der Spanische Erbfolgekrieg mit seinen Heerlagern in Italien und Flandern durch den Frieden von Utrecht zu Ende gegangen war, sah sich Preußen als Bundesgenosse Peters des Großen von Rußland im Nordischen Krieg. Die preußischen Truppen standen bei Wismar gegen das Heer König Karls XII. von Schweden. Kronprinz Friedrich Wilhelm war dort häufig anzutreffen. Befand er sich jedoch in Berlin, so hielt es ihn im Schloß niemals für lange Zeit, denn schon damals war er dabei, sich die Stadt Potsdam als Hauptquartier für seine Truppen und als seinen Hauptwohnsitz auszubauen.

Von keinem der königlichen Geschwister wissen wir so genau, wie ihr Leben als Kind verlief, wie von Wilhelmine, die in ihren Memoiren den Kindheitseindrücken breiten Raum gab. Sie wurde außergewöhnlich streng gehalten. Was so bedrückend an ihren Schilderungen ist, war die Tatsache, daß hier ein fleißiges, gutwilliges und gutartiges Kind oft schwer mißhandelt wurde.

Wilhelmines Gouvernante ab Dezember 1712 war eine Italienerin, Signorina Léti, eine völlig unmögliche Person, die sich ihre unverantwortliche Handlungsweise gegenüber der Prinzessin nur erlauben konnte, da sie vom Hannoverschen Hof protegiert wurde. Die Mutter, Kronprinzessin Sophie Dorothea, war anfänglich einige Zeit in Unkenntnis über die Lage, brachte dann jedoch so wenig Sympathie für ihre kleine Tochter auf, daß sie eine »strenge Zucht« für sie als zuträglich erachtete.

Im Jahre 1713 starb Wilhelmines Großvater, König Friedrich I., im Alter von nur sechsundfünfzig Jahren an der Schwindsucht[7]. Der neue König, Friedrich Wilhelm I., Wilhelmines Vater, begann nun den preußischen Staat umzuformen und fing damit zunächst in seinem persönlichen Bereich an. Scharen von Höflingen wurden entlassen, althergebrachte Zeremonien abgeschafft, aller Prunk und Pomp sollte in Zukunft verpönt sein. Die Königskinder mußten für den Alltag einfache Kleidung tragen, man speiste von Holzbrettern und Zinntellern bei Hofe, nur für die Königin wurde Silber und Porzellan auf die Tafel gesetzt. Sie, als Königstochter, sollte bei Tische nichts entbehren!

Der Lustgarten vor dem Berliner Schloß, bisher ein Park mit Hecken, Bosketten und Wasserspielen, behielt nichts mehr, was seinen Namen rechtfertigte. Er wurde eingeebnet und zu einem Exerzierplatz bestimmt.

Zu Königin Sophie Dorothea sagten die Kinder »Maman«, auch »gnädigste Maman«. Beim gestrengen Vater war die Anrede »Allergnädigster Papa« und in guten Stunden »mon cher Papa« – mein lieber Papa. Bei aller Strenge und selbst nach barbarischen Strafen verlangte Friedrich Wilhelm von den Seinen, daß sie ihn dennoch liebten! Es war im Grunde eine Erziehung zur Heuchelei, denn sowohl der Vater als auch die Mutter waren in ihren jungen Jahren vorwiegend unbeherrscht und in ihre eigenen Gedankengänge so verstrickt, daß sich die Kinder späterhin häufig den seltsamsten Situationen ausgesetzt sahen. Was der Vater befahl, verbot die Mutter. Was die Mutter wünschte, unterlag einem strengen Verbot des Vaters. Was die Kinder auch taten, für ein Elternteil war es immer verkehrt.

Aus dem Jahre 1715 wußte Wilhelmine auch einmal über sich selbst zu berichten. Es war eine Prophezeiung, die sich später mehr oder weniger erfüllen sollte und an die sie ihr Leben lang geglaubt hat:

»Zu dieser Zeit befanden sich viele schwedische Offiziere in Berlin, die bei der Belagerung von Stralsund gefangen wurden. Einer dieser Offiziere namens Cron war durch seine astrologischen Kenntnisse berühmt. Die Königin verlangte ihn zu sehen. Er weissagte ihr, sie würde von einer Prinzessin entbunden werden [Charlotte, 13. 3. 1716]. Meinem Bruder weissagte er, daß er einer der größten Fürsten werden, viele Eroberungen machen und als Kaiser sterben würde. Meine Hand erwies sich nicht als so glücklich wie die meines Bruders. Er betrachtete sie lange und sagte dann kopfschüttelnd, daß mein Leben nur eine Kette von widrigen Schicksalen sein würde, daß ich zwar von vier gekrönten Häuptern, denen Schwedens, Englands, Rußlands und Polens zur Ehe begehrt, aber nie einen König heiraten würde. Diese Prophezeiung erfüllte sich, wie wir später sehen werden.«[8]

Nach der Schilderung war Cron also kein Astrologe, sondern ein Anhänger der Handlesekunst. Seltsam genug, daß man seine Voraussagen später wirklich bestätigt fand.

Zu den brillantesten Schilderungen aus Wilhelmines Aufzeichnungen gehört der Besuch des russischen Zaren Peters des Großen mit der Zarin Katharina und einem riesigen Hofstaat in Berlin im Jahre 1717:

»Ich sah diesen ganzen Hofstaat tags darauf, als der Zar und seine Gattin die Königin besuchten. Diese empfing sie in den großen Empfangsräumen des Schlosses und kam ihnen bis zum Saale der diensttuenden Wache entgegen. Die Königin reichte der Zarin die Hand, ließ sie rechts gehen und geleitete sie in den Audienzsaal. Der König und der Zar folgten ihnen. Sobald dieser mich sah, erkannte er mich wieder,

da er mich fünf Jahre zuvor gesehen hatte. Er nahm mich in seine Arme
und kratzte mich mit seinen Küssen im ganzen Gesicht. Ich schlug auf
ihn los und wehrte mich mit allen Kräften, indem ich ihm sagte, daß
ich solche Vertraulichkeiten nicht dulde und er mir meine Ehre raube.
Er lachte hellauf über diese Idee und unterhielt sich lange mit mir.
Ich war gut unterwiesen worden, sprach also von seiner Flotte und seinen Siegen, was ihn so freute, daß er mehrmals zur Zarin sagte, er
gäbe eine seiner Provinzen her, um ein Kind wie mich zu haben. Auch
die Zarin war sehr zärtlich mit mir. Die Königin und sie nahmen, jede
auf einem Sessel, unter dem Baldachin Platz, ich neben der Königin
und die königlichen Prinzessinnen ihr gegenüber.
Die Zarin war klein und gedrungen, sehr gebräunt, unansehnlich und
ungraziös. Man brauchte sie nur anzusehen, um ihre niedrige Abkunft
zu vermuten. Man hätte sie in ihrem Aufzug für eine deutsche Komö-
diantin gehalten. Ihr Gewand war wohl von einer Trödlerin gekauft.
Es war ganz altmodisch, mit viel Silber und Schmutz überzogen, die
Vorderseite ihres Rockes mit Steinen besetzt. Sie bildeten ein seltsames
Muster: einen Doppeladler, dessen Federn mit den kleinsten Diamant-
splittern besetzt und sehr schlecht gefaßt waren. Sie trug ein halbes
Dutzend Orden und ebenso viele Heiligenbilder und Reliquien, die
längs der Verzierungen ihres Kleides angebracht waren; und wenn sie
ging, glaubte man, ein Maultier käme daher: all die Orden an ihr
klirrten wie Schellen zusammen. – Der Zar hingegen war sehr groß
und ziemlich gut gewachsen; sein Gesicht war schön, aber der Ausdruck
hatte etwas Rauhes und Furchteinflößendes. Er trug einen matrosen-
ähnlichen Anzug ohne jegliche Tressen . . .
Dieser barbarische Hofstaat [mit vierhundert Kindern und deutschen
Kinderfrauen] zog zwei Tage später endlich fort. Die Königin begab
sich sogleich nach Monbijou [wo der Zar gewohnt hatte]. Dort herrschte
die Zerstörung von Jerusalem; ich habe Ähnliches nie gesehen. Alles
war derartig ruiniert, daß die Königin fast das ganze Haus neu herrichten lassen mußte.« [9]
Wilhelmine erinnerte sich vieler wichtiger Vorgänge aus dem Jahre
1717. So schloß ihr Vater mit König Karl XII. von Schweden einen Ge-
heimvertrag, der die Heirat des Königs mit der jungen Wilhelmine
zum Gegenstand hatte. Nach diesem Vertrag wollte Karl XII. gegen die
Zahlung einer beträchtlichen Summe Schwedisch-Pommern dem preußischen König abtreten. Ein zweiter Artikel des Vertrages besagte, daß
Wilhelmine Karl XII. heiraten und mit zwölf Jahren nach Schweden

gebracht und dort erzogen werden sollte. Bald jedoch zerschlug sich dieses Projekt durch die vernünftige Überlegung der Eltern, daß der Altersunterschied zu groß sei, und weil die Königin ihren Lieblingsplan einer Heirat der ältesten Kinder mit dem Hause Hannover verfolgte.

».... Der König von Preußen nahm sich vor, jenen schon früher gefaßten Heiratsplan mit dem Herzog von Gloucester neu aufzunehmen. König Georg von England zeigte sich mit Freuden bereit, doch wünschte er, daß eine Doppelheirat die Bande ihrer Freundschaft noch enger verknüpfe, nämlich, daß mein Bruder die Prinzeß Amalie, zweite Schwester des Herzogs von Gloucester, heimführe. Diese Doppelheirat wurde zur großen Befriedigung meiner Mutter beschlossen, deren langgehegter Wunsch hiermit erfüllt werden sollte. Sie übergab uns, meinem Bruder und mir, die Verlobungsringe. Ich trat sogar mit meinem kleinen Liebhaber in Korrespondenz und empfing mehrere Geschenke von ihm.«[10]

».... Ich zählte erst acht Jahre. Mein zu zartes Alter gestattete mir keinen Anteil an den Dingen, die sich zutrugen. Ich war den ganzen Tag von meinen Lehrern in Anspruch genommen, und meine einzige Erholung war, mit meinem Bruder zusammen zu sein ... Er dachte lange nach, bevor er antwortete, aber dafür antwortete er richtig. Er lernte sehr schwer, und man erwartete, daß er einmal mehr Verstand als Geist an den Tag legen würde.

Ich war hingegen außerordentlich lebhaft und schlagfertig und besaß ein erstaunliches Gedächtnis, der König liebte mich mit Leidenschaft. Keinem seiner anderen Kinder [Friedrich 5, Friederike 3, Charlotte 2] zeigte er sich so aufmerksam wie mir.

Meinen Bruder hingegen konnte er nicht leiden und malträtierte ihn, wo er seiner ansichtig wurde, so daß er ihm eine unüberwindliche Furcht einjagte, die sich bis in das Alter der Vernunft hinein erhielt.«[11]

Ein zweiter Bruder, Wilhelm, wurde 1717 zur großen Freude des Königspaares geboren, aber das Kind lebte nur knapp zwei Jahre. 1719 kam wieder eine Prinzessin zur Welt, Sophie, die später den Markgrafen von Schwedt heiratete. Wilhelmine berichtete von diesen in rascher Folge eintreffenden Geschwistern immer nur am Rande und sehr kurz.

Als Wilhelmine zehn Jahre alt war, 1719, machte ihre launenhafte Mutter wiederum einen sehr ernsthaften Versuch, das Kind völlig an sich zu binden und es dem Vater möglichst zu entziehen und zu entfremden. Vor allem sollte die österreichische Partei am Hofe, welcher Signorina Léti, Wilhelmines Erzieherin angehörte, nichts von den Plänen der Königin erfahren. Wilhelmine erinnerte sich genau, wie es ihr damals erging:

»Sobald ich in mein Zimmer zurückgekehrt war, fragte mich die Person wie üblich aus. Ich saß mit ihr auf einer zwei Stufen hohen Estrade in einem Erker. Ich gab ihr die Antwort, welche die Königin mir vorgeschrieben hatte. Sie genügte ihr nicht und sie stellte mir so viele Fragen, daß ich in Verwirrung geriet. Sie war zu schlau, um nicht zu merken, daß ich unterwiesen worden war; und um es zu erfahren, überschüttete sie mich mit Zärtlichkeiten. Aber da sie durch Güte nichts bei mir ausrichtete, geriet sie in einen gräßlichen Zorn, schlug mich auf den Arm und stieß mich die Estrade hinab. Meine Gelenkigkeit bewahrte mich vor einem Fall und ich kam mit ein paar Beulen davon.

Die Szene wiederholte sich am folgenden Abend, nun mit viel größerer Heftigkeit, sie warf mir einen Leuchter an den Kopf, der mich hätte töten können, mein Gesicht war ganz blutig, und mein Geschrei rief die gute Mermann [Wilhelmines Amme] herbei, die mich den Händen dieser Megäre entriß und ihr drohte, die Königin zu benachrichtigen, wenn sie nicht anders mit mir verführe. Die Léti bekam Angst. Mein Gesicht war ganz zerschunden, und sie wußte nicht, wie sie sich aus der Klemme ziehen sollte; nun beschaffte sie einen mächtigen Vorrat kühlenden Wassers und legte die ganze Nacht kühlende Kompressen auf mein armes Gesicht, und ich machte tags darauf der Königin weis, ich sei gefallen.

So verging der ganze Winter. Ich wurde keinen Tag mehr in Ruhe gelassen und mein armer Rücken erhielt täglich sein Teil.« [12]

Man fragt sich, wie eine Mutter ihre Kinder nicht besser beaufsichtigte, beobachtete, betreute und umsorgte. Es wäre doch Veranlassung gewesen, der Ursache solcher Verletzungen auf den Grund zu gehen. Aber Königin Sophie Dorothea war eine gesundheitlich sehr robuste Natur, die auch von ihren Kindern bei allen Krankheiten äußerste Härte gegen sich selbst verlangte. Selbst wenn Wilhelmine sich noch so schlecht fühlte, mußte sie bei der Tafel in vollem Putz erscheinen. Auch sonst war die Behandlung der Kinder oft lieblos und unverständlich. Einmal sperrte man Wilhelmine zu ihrem fieberkranken Vater ins überheizte Zimmer, und sie hat dort Höllenqualen erduldet, bis sie selbst, es war ebenfalls im Jahre 1719, an einer Dysenterie erkrankte. Die kleine Prinzessin wurde schwerleidend nach Berlin gebracht. Im Anschluß an die Ruhr bekam sie Gelbsucht und schließlich Scharlach. Sie lag lange darnieder und konnte erst im Jahre 1720 ihr Zimmer wieder verlassen.

Unterdessen hatte man der leichtlebigen Léti jeglichen Herrenbesuch verboten. Sie war deshalb voller Zorn und mißhandelte die eben genesene Wilhelmine schlimmer denn je zuvor.

»Ich weinte die ganze Nacht, wußte mich gar nicht zu beruhigen, hatte keinen Augenblick der Erholung und wurde wie verdummt. Meine Lebhaftigkeit war verschwunden; mit einem Wort, man hätte mich körperlich und geistig nicht wiedererkannt.

Sechs Monate lang dauerte dies Leben, bis wir nach Wusterhausen übersiedelten.«[13]

Die Leidenszeit Wilhelmines näherte sich ihrem Ende. Signorina Léti hatte sich in den Kopf gesetzt, Hofmeisterin bei ihr zu werden oder aber vom preußischen Hof wegzugehen. Die Königin fürchtete die üble Nachrede der Léti bei der einflußreichen Lady Arlington am englisch-hannoverschen Hof. Dort sollte kein Mißton aufkommen, der eventuell die englische Doppelheirat von Fritz und Wilhelmine hätte gefährden können. Wilhelmine, durch diese Erwägungen total eingeschüchtert, ergriff noch obendrein Partei für ihre Peinigerin, um ihrer Mutter in dieser Sache keinen Ärger zu bereiten.

»Der Anfang des Jahres 1721 ließ sich so schlimm an wie das vorhergehende. Meine Drangsal dauerte noch immer fort. Die Léti wollte sich für die Weigerung der Königin rächen und da sie fest entschlossen war, mich zu verlassen, wollte sie mir noch einen Denkzettel hinterlassen. Ich glaube, sie hätte mir am liebsten einen Arm oder ein Bein gebrochen; nur wagte sie es nicht aus Furcht, daß es herauskommen würde. So tat sie denn, was sie nur konnte, um mir das Gesicht zu verderben, gab mir Faustschläge auf die Nase, daß ich manchmal blutete wie ein Ochse.

Inzwischen kam wieder eine Antwort auf einen zweiten Brief, den die Léti an Lady Arlington geschickt hatte. Diese Dame schrieb, sie möge nur nach England kommen, woselbst sie Schutz bei ihr finden, ja auf eine zu erwirkende Pension zuversichtlich hoffen dürfe. Die Léti reichte darauf wiederholt ihr Abschiedsgesuch bei der Königin ein, in einem Brief, der noch unverschämter als der erste war . . .

Frau von Roucoulles [Vertrauensperson am Hofe, Erzieherin aller Kin-

der und seinerzeit des Königs selbst] war zugegen, als die Königin
diesen Brief empfing. Die Fürstin teilte ihn ihr mit, sie war außer sich
vor Zorn. ›Aber mein Gott‹, sagte die Dame, ›so lassen sie diese Kreatur
doch gehen, es wäre das größte Glück für die Prinzessin. Das arme Kind
leidet Qualen bei ihr, und ich fürchte, man bringt sie Ihnen eines Tages
mit zerschlagenen Rippen, denn sie wird windelweich geschlagen und
riskiert, jeden Tag zum Krüppel zu werden. Die Mermann wird Eurer
Majestät besser als alle darüber berichten können.‹
Die Königin war sehr erstaunt und ließ meine gute Amme holen. Diese
bestätigte alles, was Frau von Roucoulles eben behauptet hatte und
setzte hinzu, sie habe nicht gewagt, früher davon zu sprechen, da die
Léti sie einschüchterte . . . Die Königin zögerte nun nicht länger, den
bewußten Brief dem König vorzuzeigen. Dieser war darüber so empört,
daß er die Léti sofort nach Spandau geschickt hätte, wenn ihn nicht
die Königin daran gehindert hätte.
Sie wußte gar nicht, wen sie nun zu meiner Erzieherin erwählen
sollte; sie schlug dem König zwei Damen vor, – aber er wies sie beide
zurück und ernannte Fräulein von Sonsfeld zu diesem Posten. Ich kann
meinem Vater für diese Wohltat nicht dankbar genug sein. Fräulein
von Sonsfeld stammte aus einem sehr vornehmen Hause . . . Ihr Charakter wird sich im Laufe der Memoiren deutlich zeigen, er darf als
einzig gelten, als eine Zusammensetzung von Tugenden und Gefühlen;
Geist, Tatkraft und Großmut vereinen sich bei ihr mit einem reizenden Wesen. Ihre vornehme Höflichkeit flößt Achtung und Vertrauen
ein, neben all diesen Vorzügen hat sie ein sehr angenehmes Äußeres,
das sich bis in ihr Alter erhielt. Sie war Hofdame meiner Großmutter,
der Königin Charlotte gewesen und vertrat dieselbe Stellung im Hause
meiner Mutter, der Königin. Sie hatte sehr glänzende Partien ausgeschlagen, da sie nie heiraten wollte. Sie war vierzig Jahre alt, als sie bei
mir eintrat. Ich liebe und verehre sie wie meine Mutter . . .«[14]
»Ich gewöhnte mich bald an meine neue Vorgesetzte. Fräulein von
Sonsfeld beobachtete erst mein Temperament und meinen Charakter.
Sie merkte, daß ich außerordentlich schüchtern war; ich bebte, wenn
sie ernst wurde, und getraute mir nicht zwei Worte zu sagen, ohne zu
stocken. Sie verhehlte der Königin nicht, daß man trachten müsse,
mich zu zerstreuen und mich mit größter Schonung zu behandeln, um
mir Mut zu machen; ich sei sehr lenkbar, und wenn man an mein
Ehrgefühl sich wende, könne man alles mit mir erreichen. Die Königin
ließ ihr in meiner Erziehung ganz freie Hand.«[15]

Nach langer körperlicher und seelischer Not durfte Wilhelmine nun aufatmen. Keineswegs ist anzunehmen, daß Wilhelmine in ihren Schilderungen übertrieb. Man hatte ein anderes Verhältnis zu körperlicher Züchtigung als heute. Es gab ganz offiziell und von Gesetzes wegen noch die Prügelstrafe, es gab als juristischen Urteilsspruch die öffentliche Auspeitschung und es gab, das darf man nicht vergessen, noch die Folter im gerichtlichen Strafvollzug, vor allem zur Erlangung von Geständnissen.

Der hannoversche Hof benahm sich plötzlich höchst merkwürdig, es kam dort zu einer Mißstimmung gegen Berlin, wie das die Königin befürchtet hatte.

»Verschiedene Damen wurden wiederholt von Hannover nach Berlin geschickt, um mich in Augenschein zu nehmen. Ich mußte vor ihnen aufziehen und ihnen meinen Rücken zeigen, um ihnen zu beweisen, daß ich nicht bucklig sei. Ich war sehr erbost über all dies und zum Unglück ließ mich die Königin, damit ich zierlicher erscheine, so entsetzlich schnüren, daß ich ganz blau im Gesicht wurde und mir der Atem verging. Dank der Sorge des Fräuleins von Sonsfeld war mein Teint wiederhergestellt, ich hätte ganz leidlich ausgesehen, wenn mir die Königin nicht geschadet hätte, indem sie mich so arg schnüren ließ. So verging dieses Jahr.«[16]

Für das Haus Bayreuth ereigneten sich im gleichen Jahr 1722 entscheidende Dinge. Am 22. Dezember gelang es dem Weferlinger Prinzen Georg Friedrich Karl im »Berliner Vergleich«, sich für seine Linie die Erbfolge in Bayreuth zu sichern. Er zahlte dafür an Preußen eine Abfindung und erreichte damit, daß Preußen seine eigenen Erbansprüche auf Bayreuth vorerst zurückstellte. Bisher war für den Fall des Todes des regierenden Markgrafen Georg Wilhelm die Nachfolge nicht geklärt gewesen. Jetzt gab es den neuen Anwärter auf die Markgrafschaft, Georg Friedrich Karl, sowie in der nächsten Generation den künftigen Erbprinzen von Bayreuth, den elfjährigen Friedrich, der einst von allen seltsamen Freiern Wilhelmines den Sieg davon tragen sollte. Auf dessen Ausbildung und Erziehung wurde jetzt sehr viel Sorgfalt verwendet, denn es galt in den Fürstenhäusern als sehr wichtig, ob einmal für einen Prinzen die Aussicht bestand, zur Regierung in seinem Land zu gelangen oder als unbedeutender apanagierter Prinz sein Dasein zu fristen.

Im Frühjahr 1723 kam Wilhelmines Großvater mütterlicherseits, der

König von England, nach Hannover. Ihr Vater pflegte ihn sonst regelmäßig zu besuchen, aber sein Eifer und seine Aufmerksamkeit galten militärischen Dingen und nicht Familienangelegenheiten. Erst Königin Sophie Dorothea, die bald darauf ihren Vater besuchte, fand mit weiblichem Gespür und nach vielen Gesprächen und Fragen heraus, was das Klima am englisch-hannoverschen Hof so vergiftet hatte.

Es war, wie vermutet, jene unglückselige Léti, die, entfernt aus Berlin, ihren Rachegelüsten freien Lauf gelassen hatte. Das Arge war, sie fand immer noch Glauben, obwohl inzwischen so viele scharfäugige alte Hofdamen sich von Wilhelmines Untadelhaftigkeit überzeugt hatten. So war König Georg I. derart gegen Wilhelmine eingenommen, daß alle Versicherungen seiner Tochter, der Königin Sophie Dorothea, nichts halfen. Schließlich gelang es ihr aber doch, den königlichen Vater zu einem Besuch in Berlin einzuladen. Er sagte zu.

Seitdem verbrachte Wilhelmine recht bedrückt ihre Tage, beherrscht nur von dem einen Gedanken: »Wie werde ich dem englischen Großvater gefallen?« Sie lernte ihre englischen Vokabeln mit noch größerem Eifer als zuvor und tat auch sonst alles, um die bevorstehende Besichtigung und Prüfung in Ehren zu bestehen. Endlich war es soweit:

»Der König [von England] kam am 8. Oktober [1723] um sieben Uhr abends an. Der König [ihr Vater], die Königin [ihre Mutter] und der ganze Hof empfingen ihn im Schloßhof, da die Gemächer zu ebener Erde lagen. Er umarmte mich, und sich zur Königin wendend, sagte er: ›Sie ist sehr groß für ihr Alter.‹ Er reichte ihr die Hand und führte sie in seine Gemächer, und alle anderen folgten. Sobald ich eintrat, nahm er eine Kerze und betrachtete mich von Kopf bis Fuß. Ich stand unbeweglich wie eine Statue und aufs tiefste verwirrt. Dies alles geschah, ohne daß er ein Wort zu mir sagte. Nachdem er mich also gemustert hatte, wandte er sich an meinen Bruder [Friedrich, 11] dem er viel Liebes erwies und mit dem er sich lange unterhielt . . .

Täglich fanden geheime Sitzungen statt . . . Das Ergebnis war das endgültige Zustandekommen des Bündnisvertrages und der doppelten Verlobung, die in Hannover eingeleitet worden war. Die Unterschriften wurden am 12. desselben Monats vollzogen. Der König von England reiste am folgenden Tag ab und sein Abschied von der ganzen Familie war ebenso kalt wie seine Begrüßung.« [17]

Im Jahr darauf besuchte dieser lieblose Großvater erneut sein Stammland Hannover und abermals fuhr die Königin von Preußen in der festen Annahme hin, die Heirat nun endgültig zustande zu bringen.

Königskinder wurden ja schon früh verlobt, alles wäre auf dem besten Wege gewesen. Aber aus unerklärlichen Gründen zögerte der Großvater und bald darauf bemächtigte sich die österreichische Partei am preußischen Hofe, der Gesandte Seckendorff und sein Intimus Minister Grumbkow, dieser Haupt- und Staats-Affäre. Beide setzten alles daran, daß das gute Einvernehmen zwischen dem preußischen und dem englischen Hof weiterhin gestört wurde, was ihnen auch gelang. Es konnte nicht im Sinne der österreichischen Politik sein, daß zwei so mächtige protestantische Nationen wie die englische und die preußische durch Heirat, in diesem Falle noch dazu durch eine Doppelheirat, engst verbunden sein sollten.

Als die Königin aus Hannover zurückkehrte, erlitt Wilhelmine zur gleichen Zeit eine der vielen schweren Krankheiten. Die Ärzte würden ihr Leiden heute wohl als Mittelohr-Abszeß bezeichnen. Aus dem Bericht der Prinzessin geht hervor, wie entsetzlich schmerzhaft solche Leiden damals für die Menschen waren. Es gab kaum Möglichkeiten, eine richtige Diagnose zu stellen, keine Röntgenstrahlen, keine wirklich wirksamen schmerzlindernden Medikamente. Fast leidet man mit, wenn man nachliest, was Wilhelmine erdulden mußte:
»Sechs Personen mußten mich Tag und Nacht halten, um zu verhindern, daß ich mich tötete. Fräulein von Sonsfeld schickte sogleich Eilboten an den König und die Königin, um sie von meinem Zustand in Kenntnis zu setzen.

Die Königin kam abends an und war sehr besorgt, mich so krank zu finden. Die Ärzte verzweifelten schon an meinem Aufkommen, aber ein Geschwür im Kopf, das am dritten Tag aufbrach, rettete mir das Leben; zum Glück floß der Eiter zum Ohre hinaus, sonst wäre ich verloren gewesen.

Der König begab sich zwei Tage später [von Potsdam] nach Berlin und suchte mich sofort auf. Mein kläglicher Zustand betrübte ihn so sehr, daß er Tränen darüber vergoß.« [18]

Aber die Rührung des Königs hielt keineswegs vor. Als er von seiner lieben, zurückgekehrten »Fieke« erfuhr, daß sie nichts Definitives, keinen Heiratstermin von ihrem Vater mitgebracht habe, da verschloß er alle von seinen Gemächern in ihre führenden Türen, stellte Wachen auf und brach strikt allen Umgang mit der Königin ab. Er fühlte sich zum erstenmal hintergangen, verraten und verkauft, von den englischen Verwandten düpiert und nicht für voll genommen. Sechs Wochen dauerte das Zerwürfnis, dann versöhnten sich die Ehegatten wie-

der. Immerhin kann man daraus erkennen, daß der König von Preußen
ein rigoroser Mann war, der ganz drakonische Maßnahmen ergriff
sowie er seine Interessen beeinträchtigt glaubte.

Jetzt begann die kritische Zeit, wo die heranwachsenden beiden ältesten Geschwister, Wilhelmine und Friedrich, im dauernden Zwiespalt
zwischen den Eltern lebten. Nicht nur Wilhelmine schilderte dies sehr
ausführlich in ihren Lebenserinnerungen. Auch Friedrich hat ihre
Angaben später in Briefen und Gesprächen bestätigt und bekräftigt.

Die ganze Atmosphäre von Heimlichkeiten vor dem Vater und einem
gewissen Verschwörertum mit der Mutter gegen ihn gibt eine heitere
Schilderung Wilhelmines frisch und lebendig wieder, als sei dies alles
erst gestern gewesen und nicht vor etwa zweihundertfünfzig Jahren.

»Die Königin gebar zu Anfang des Jahres 1726 einen Prinzen, der den
Namen Heinrich erhielt. Sobald sie sich erholt hatte, begaben wir uns
nach Potsdam, einer kleinen Stadt in der Nähe von Berlin.

Mein Bruder [Friedrich] blieb zurück; da er sich den Wünschen des
Königs nicht unterwerfen wollte, konnte dieser ihn nicht leiden. Er
ließ nicht ab, ihn zu schelten, und seine Erbitterung gegen ihn wuchs
dermaßen, daß alle Wohlgesinnten der Königin den Rat erteilten, den
Kronprinzen zu bewegen, daß er dem König seine Unterwürfigkeit
bezeige, was sie bisher nie dulden wollte; dies gab Anlaß zu einem
recht lächerlichen Auftritt.

Ich hatte auf Befehl der Königin mehrere Briefe heimlich an meinen
Bruder [Wilhelmine wurde 17, Friedrich war 14], sowie auch den Entwurf eines Briefes verfassen müssen, den er an den König richten
sollte.

Ich saß zwischen zwei chinesischen Fachschränkchen über diesen
Briefen, als ich den König kommen hörte; ein Wandschirm stand vor
der Tür, so daß ich eben Zeit hatte, meine Papiere hinter eines jener
Schränkchen zu schieben. Fräulein von Sonsfeld nahm die Federn, und
da ich den König schon kommen sah, steckte ich den Tintenbehälter
zu mir, ihn sorgfältig haltend, damit er nicht umstürze.

Der König sprach einige Worte mit der Königin und wendete sich dann
plötzlich den Schränken zu. ›Sie sind gar schön‹, sagte er, ›und stammen
von meiner Mutter, die viel darauf hielt.‹ Zugleich näherte er sich, um
sie zu öffnen. Das Schloß war ruiniert, er zog an dem Schlüssel, so fest
er nur konnte, und ich erwartete jeden Augenblick, daß meine Briefe
herausfallen würden. Die Königin kam mir zur Hilfe, aber dadurch
geriet ich in eine andere Klemme. Sie hatte einen sehr schönen kleinen

Bologneserhund, ich desgleichen, und die beiden Tiere befanden sich im Zimmer.

›Meine Tochter behauptet, ihr Hund sei schöner als der meine‹, sagte sie zum König, ›und ich ziehe den meinen vor. Wollen Sie nicht entscheiden?‹ Er lachte und fragte mich, ob ich denn meinen Hund sehr liebe? ›Von ganzem Herzen‹, sagte ich, ›denn er ist so gut und gescheit‹; die Antwort machte ihm Spaß. Er umarmte mich mehrere Male, und ich war genötigt, das Tintenfaß loszulassen. Alsbald floß die schwarze Flüssigkeit über mein Kleid und fing an, am Boden niederzutropfen. Ich wagte nicht, mich vom Platze zu rühren aus Furcht, der König könne es sehen. Ich war fassungslos vor Angst. Er erlöste mich, indem er sich entfernte; ich war mit Tinte bis zur Haut durchnäßt und mußte mich einer Waschung unterziehen. Wir lachten herzlich über dies ganze Abenteuer. Der König versöhnte sich indes mit meinem Bruder.«[19]

Im Jahre 1727 verstarb ganz unvermutet auf einer Reise Wilhelmines englischer Großvater, König Georg I., in Osnabrück. Der Bruder ihrer Mutter gelangte jetzt als Georg II. zur Herrschaft. Auch er regierte das Kurfürstentum Hannover in Personalunion mit dem englischen Königreich. Mit diesem Schwager verstand sich der König von Preußen ganz und gar nicht. Ihm war hinterbracht worden, daß Georg ihn »mein Bruder, der Korporal« zu titulieren liebte, und allein deswegen hatte er einen großen Zorn auf ihn. Auch Georg II. war leicht zu beeinflussen von den verschiedensten Ratgebern. Zudem erwiesen sich die Gegenströmungen, die das Einvernehmen mit Preußen boykottierten, am englischen Hof in den nächsten Jahren als sehr stark. Von einem definitiven Vollzug der preußisch-englischen Doppelheirat war nur noch gelegentlich die Rede. Man sagte jedoch nicht offen, daß man es sich anders überlegt habe, sondern man finessierte und taktierte in London, erfand tausend Ausreden und hielt das preußische Königspaar mit leeren Versprechungen hin.

Das Jahr 1728 begann allerdings so ereignisreich, daß man keine Zeit hatte, in der königlichen Familie in Berlin an Streitigkeiten zu denken. Aus Dresden lag eine Einladung Augusts des Starken für den König von Preußen vor. Wilhelmine steckte sich daraufhin hinter den sächsischen Gesandten Suhm, um auch dem Kronprinzen die Abwechslung einer solchen Besuchsreise zu verschaffen. Er durfte nachkommen, ausgestattet mit einem neuen Rock und neu livrierten Lakaien.
Dresden mit seiner Üppigkeit und seinem Luxus erschien dem jungen

Friedrich als ein wahres Wunderland. Wilhelmine berichtete freimütig,
er habe dort seine ersten Liebeserlebnisse gehabt. Sie erwähnte so berühmte Schönheiten wie die Gräfin Orszelska, eine natürliche Tochter
Augusts, in diesem Zusammenhang; ebenso die Tänzerin Formera. Als
der König von Polen seinem hohen Gast eines Tages unvermutet in
einem prächtigen Gemach ein »lebendes Bild« vorführte, eine unbe-
kleidete Venus auf einem Ruhelager, von Kerzen angestrahlt, da habe,
so schrieb Wilhelmine, der Vater sich allerdings auf dem Absatz umge-
dreht und seinen Sprößling Friedrich schleunigst zur Tür hinausbe-
fördert.

König Friedrich Wilhelm machte 1728 beim Gegenbesuch Augusts
des Starken den ersten Versuch, seine Tochter Wilhelmine an einen
angesehenen Hof außerhalb des englischen Heiratsprojekts zu vermählen. Wilhelmine hatte eingehende Kenntnis der damaligen Verhandlungen und wird, soviel ist sicher, an die Prophezeiungen des Hand-
lesers Cron gedacht haben, der ihr einst einen Heiratsantrag aus Polen
geweissagt, aber auch die mißlichen Nebenumstände genannt hatte,
die den Plan zum Scheitern bringen würden.[20]

»Indes ließ der König den Zweck seiner Reise nicht außer acht. Er
schloß mit dem König August einen geheimen Vertrag, dessen Artikel
ungefähr folgende waren: Der König von Preußen verpflichtet sich,
eine bestimmte Anzahl von Truppen dem König von Polen zu stellen,
um die Polen zu zwingen, die Erblichkeit der Krone dem kurfürstlichen
Hause Sachsen zuzuerkennen. Er versprach mich dem König zur Ehe
und lieh ihm vier Millionen Taler, meine Mitgift nicht eingerechnet,
die sehr ansehnlich sein sollte.

Dagegen überließ ihm der König von Polen als Pfand für die vier Millionen die Lausitz. Er sicherte mir darauf ein Witwengehalt von
200.000 Talern zu, mit der Erlaubnis, nach seinem Tode an einem
beliebigen Orte meinen Aufenthalt zu nehmen ...

Bald nach der Rückkehr des Königs von Dresden erschien der Mar-
schall Graf von Flemming mit seiner Gemahlin, der Fürstin Radziwill,
in Berlin, und zwar als außerordentlicher Gesandter des Königs von
Polen. Die Gräfin sagte täglich tausendmal zur Königin, ich müßte ihre
Landesherrin werden. Aber da wir beide nichts von dem Dresdner
Vertrag vernommen hatten, hielten wir die Redensarten für leeres
Geplänkel.«[21]

Vom Besuch Augusts des Starken in Berlin hat Antoine Pesne ein großes Gedächtnisbild gemalt, das verschollen ist. Im Schloß Charlotten-

burg in Berlin gibt es jedoch noch eine kleine Ölskizze, die uns ahnen läßt, wie prächtig das Original gewesen sein muß. Sie zeigt die königliche Familie mit ihren sechs Töchtern und dem Prinzen August Wilhelm. Die übrigen Prinzen sind nicht zu sehen. Die Bildmitte wird beherrscht von der stattlichen Gestalt der Königin von Preußen, Wilhelmines Mutter. Im Berliner Schloß hatte man eine Flucht von Gemächern renoviert und besonders elegant ausgestattet, um die verwöhnten Gäste aus Dresden angemessen unterzubringen. Sie hießen fortan »die polnischen Kammern«. Das Fest für August den Starken und sein Empfang müssen sehr eindrucksvoll gewesen sein. Wilhelmine gab begeisterte Streiflichter davon wieder:

»Der König von Polen kam endlich am 29. Mai [1728] an. Er stattete erst der Königin einen Besuch ab. Sie empfing ihn an der Tür ihres dritten Vorzimmers. Der König von Polen reichte ihr die Hand und führte sie in das Audienzzimmer, wo wir ihm vorgestellt wurden. Dieser König war fünfzig Jahre alt, von majestätischem Aussehen, leutselig und verbindlich in seinem Wesen. Er war für sein Alter sehr gebrechlich, seine furchtbaren Ausschweifungen hatten ihm ein Leiden am rechten Fuße zugezogen, so daß er kaum gehen noch lange stehen konnte. Der Brand war schon dazugetreten, so daß man, um den Fuß zu retten, zwei Zehen hatte abnehmen müssen. Die Wunde war stets offen, und er litt größte Schmerzen. Die Königin bat ihn, sich zu setzen, was er lange nicht wollte; endlich auf ihr Drängen hin, nahm er auf einem Taburett Platz. Die Königin setzte sich ihm gegenüber auf ein anderes. Da wir stehen blieben, entschuldigte er sich wiederholt bei mir und meinen Schwestern wegen seiner Unhöflichkeit. Er betrachtete mich sehr aufmerksam und sagte jedem von uns etwas Verbindliches. Nach einer Stunde zog er sich zurück. Die Königin wollte ihn begleiten, aber er wollte es nicht dulden. [Es gab feierliche Gottesdienste, Gala-Empfänge, Truppenschauen und Konfidenztafeln, Galatafeln und Konzerte.]« [22]

»... Überdies sandte der König von Polen seine geschicktesten Virtuosen an die Königin, den berühmten Weiß, der so herrlich Laute spielte, daß ihm kein anderer gleichkam ...; dann Bufardin, den großen Flötenbläser, und Quantz, der dasselbe Instrument spielte und ein großer Komponist war, dessen Geschmack und hohe Kunst der Flöte den Klang der schönsten Stimme verleihen konnte [23].

Bei diesem Besuch des Dresdner Hofes hatte der sächsische Generalleutnant Herzog Adolf von Weißenfels die Bekanntschaft Wilhelmines

gemacht und ihr viele Aufmerksamkeiten erwiesen, die sie einfach als
Höflichkeit eines Besuchers hinnahm. Sie fiel daher aus allen Wolken,
als der Herzog plötzlich bei ihrem Vater um ihre Hand anhielt. Weder
hinsichtlich seiner Herkunft noch seiner Vermögenslage entsprach der
Herzog dem, was sich Wilhelmine von ihrem zukünftigen Gemahl
erwartete. Der Fürst war ein älterer Herr und nicht geeignet, flammen-
de Gegenliebe bei ihr zu erwecken.

Die polnischen Heiratspläne des Königs von Preußen zerschlugen sich
dadurch, daß der Kurprinz von Sachsen die Einwilligung zur Hergabe
der Lausitz und zu einigen anderen Punkten des Geheimvertrages nicht
geben wollte. Nachdem diese Versorgung für Wilhelmine nun ausfiel,
war ihr Vater sehr geneigt, dem Herzog von Weißenfels eine günstige
Antwort zu geben, aber die Königin und Wilhelmine erhoben ein großes Lamento, da sie alle beide damit nicht einverstanden waren und es
geradezu als persönliche Zumutung empfanden, einen so niederen
Fürsten überhaupt in Erwägung zu ziehen. Daraufhin entbrannte der
häusliche Krieg um die englischen Heiraten wieder in voller Stärke.
Der König wollte aus London endlich den Hochzeitstermin erfahren,
damit zumindest seine älteste Tochter erst einmal versorgt sein
würde.

Aber der englische Hof behielt auch auf dringliche Schreiben der Königin und des Kronprinzen seine Verzögerungstaktik bei. Der König von
Preußen war außerordentlich gereizt, hielt jedoch mit seinen eigentlichen Plänen jetzt noch zurück. Zunächst spielte er den unsympathischen Markgrafen von Schwedt und den dicken und wenig anziehen-
den Herzog von Weißenfels gegen den englischen Vetter aus. Es
herrschte Zwietracht und denkbar schlechteste Stimmung in der preußischen Königsfamilie. Dieser Zustand zog sich über Monate hin.

Wilhelmine läßt uns an einigen turbulenten Szenen teilnehmen, die
sich im Familienkreis abspielten:

»Er [der König] sagte mittags zur Königin, daß er Briefe aus Ansbach
erhalten habe, die ihm mitteilten, daß der junge Markgraf im Mai
nach Berlin zu kommen beabsichtige, um meine Schwester [Friederike]
zu heiraten, und daß er seinen Hofmeister, Herrn von Bremer, senden
würde, um ihr den Verlobungsring zu überreichen. Er fragte meine
Schwester, ob sie sich freue und wie sie ihren Hausstand einzurichten
gedenke. Meine Schwester hatte sich mit ihm auf den Fuß gestellt, daß
sie ihm alles frei heraus sagte, sogar Wahrheiten, ohne daß es ihn
erzürnte.

Sie gab ihm also mit ihrer üblichen Offenheit zur Antwort, daß sie einen guten und reichlich bestellten Tisch führen würde, ›der‹ fügte sie hinzu, ›besser als der Ihre sein wird; und wenn ich Kinder bekomme, so werde ich sie nicht malträtieren wie Sie, noch sie zwingen, Dinge zu essen, die ihnen widerstehen.‹ ›Was meinen Sie damit?‹ fragte der König. ›Was ist es, das auf meinem Tische fehlt?‹ ›Es fehlt daran‹, sagte sie, ›daß man nicht satt wird und daß das wenige nur aus schweren Gemüsen besteht, die wir nicht vertragen können.‹

Der König war schon über die erste Antwort aufgebracht, über diese letzte geriet er außer Rand und Band, aber sein ganzer Zorn fiel auf meinen Bruder und mich. Er warf erst einen Teller an den Kopf meines Bruders, der dem Wurf auswich; dann ließ er einen in meine Richtung fliegen, und ich vermied ihn ebenso. Auf diese ersten Feindseligkeiten folgte nun ein Hagel von Schmähungen. Er wandte sich wider die Königin und warf ihr die schlechte Erziehung ihrer Kinder vor; und zu meinem Bruder gewendet, sagte er: ›Sie sollten Ihre Mutter verwünschen, denn sie ist schuld an Ihrer schlechten Disziplin ...‹[24]

Wir erhoben uns vom Tische, und da wir an ihm vorbeigehen mußten, schlug er mit seiner Krücke nach mir, aber ich wich zum Glück aus, sonst hätte er mich zu Boden geschlagen. Er verfolgte mich noch eine zeitlang von seinem Rollstuhl aus, doch die, welche ihn schoben, ließen mir Zeit, in das Zimmer der Königin zu entfliehen. Ich kam halbtot vor Schrecken und so zitternd dort an, daß ich auf einem Stuhl zusammenbrach, unfähig, mich auf den Füßen zu halten ...

Aber es währte nicht lange, bis mein Zustand sich arg verschlimmerte. Dr. Stahl, den man rufen ließ, hielt meine Krankheit für ein hitziges Fieber und gab mir mehrere Medikamente, die mein Übel nur noch steigerten ... Ich schwebte vierundzwanzig Stunden zwischen Leben und Tod, worauf sich die Blattern bei mir zeigten.

Der König hatte sich, seit ich erkrankt war, nicht nach mir erkundigen lassen. Als er aber vernahm, daß ich die Blattern hatte, schickte er seinen Chirurgen Holtzendorff zu mir, um zu hören, wie es mit mir stand. Dieser rohe Mensch richtete mir die härtesten Dinge von seiten des Königs aus und fügte selbst welche hinzu. Ich war zu krank, daß ich nicht darauf achtete. Doch bestätigte er dem König, was diesem von meinem Zustand berichtet war. Seine Sorge, meine Schwester [Friederike, kurz vor der Hochzeit!] könne von dem ansteckenden Übel befallen werden, ließ ihn alle erdenklichen Vorkehrungen treffen, aber auf eine Weise, die recht hart für mich war.

Ich wurde alsbald wie eine Staatsgefangene behandelt; man versiegelte
alle Zugänge nach meinem Zimmer und ließ nur von einer einzigen
Seite den Zutritt frei. Die Königin wie ihr ganzer Hausstand erhielten
strengen Befehl nicht zu mir zu gehen, desgleichen mein Bruder. Ich
blieb allein mit meiner Hofmeisterin und der armen Mermann, die in
anderen Umständen war und mich Tag und Nacht mit beispielloser
Treue und Anhänglichkeit pflegte. Ich lag in meinem Zimmer, in dem
die bitterste Kälte herrschte. Die Suppe, die man mir brachte, bestand
nur aus Wasser und Salz, und wenn man nach einer anderen verlangte,
hieß es, der König habe gesagt, sie sei gut genug für mich. Wenn ich
gegen Morgen ein wenig einschlief, wurde ich vom Trommelwirbel
jäh aufgeweckt; allein der König hätte mich lieber umkommen lassen,
als es abzustellen. Zum Unglück wurde auch die Mermann krank. Da
alle Anzeichen auf eine Fehlgeburt schließen ließen, mußte sie nach
Berlin gebracht werden, und es trat eine zweite Kammerfrau an ihre
Stelle, die sich täglich betrank und somit außerstande war, mich zu
pflegen ...
Dreimal hatte ich Rückschläge; waren die Blattern abgetrocknet, so
brachen sie von neuem aus. Trotzdem blieben keine Narben zurück,
ja, meine Haut war viel reiner geworden.« [25]
Wilhelmine konnte von Glück sagen, daß sie keine Pockennarben
behielt, denn damals lief fast alle Welt blatternarbig umher. Wilhelmine gab eine Schilderung ihrer Mutter: sie war pockennarbig. Vom
Prinzen Heinrich ist überliefert, daß er stark blatternarbig gewesen ist.
Charlotte in Braunschweig hat noch als erwachsene Frau die Pocken
gehabt. Friedrich machte die Krankheit in seiner Kindheit durch und
er war der einzige Mensch in Wusterhausen, der heimlich zu Wilhelmine ins Krankenzimmer schlich, weil er sich immun glaubte. Auch
Prinz August Wilhelm blieb als Kind nicht davon verschont. Es war
einfach an der Tagesordnung, daß man einmal in seinem Leben die
Pocken oder Blattern bekam. Der normale Mensch trug mit Würde
seine Narben. Um so lauter pries man die Schönheit von Frauen und
Männern, die mit diesem Leiden niemals zu tun hatten und sich ihre
glatte Haut bewahren konnten. Ohne Narben kam unter tausend Pok-
kenfällen kaum einer davon [26]. Man begann allerdings bereits Mitte
des 18. Jahrhunderts von England aus mit Impfungen gegen diese
Krankheit. Schon die Enkelkinder der Herzogin Charlotte von Braunschweig wurden geimpft, sie hatten eine englische Mutter.

Gemessen an den Ereignissen des Jahres 1730 verlieren alle bisher geschilderten Vorkommnisse in der Königlichen Familie an Gewicht. Der Jähzorn des Königs, die den Kindern an den Kopf geworfenen Teller, die Schläge mit der Krücke, die Launen der Mutter, die Mißhandlungen Wilhelmines durch die Léti, dies alles sank herab in die Kategorie unbedeutender Lappalien. Jetzt erst spitzte sich die familiäre Situation dramatisch zu. Jetzt erst ging es für Wilhelmine und Fritz buchstäblich um Kopf und Kragen. Friedrich war während des auf seine Flucht folgenden Kronprinzenprozesses mehr als einmal in Gefahr, zum Tode verurteilt zu werden. Wilhelmine sah sich vor der Wahl, den Befehlen des Vaters in ihrer Heiratsangelegenheit strikt zu gehorchen oder in Festungshaft zu kommen.

Ausgelöst wurden Friedrichs Fluchtpläne durch die unerträgliche Behandlung, die er durch den König erdulden mußte. Der Vater prügelte den Kronprinzen, schlug ihn mit dem Stock zu Boden, Faustschläge und Hiebe mit Rohrstöcken wechselten einander ab. Der Zorn des Vaters, daß er einen so anders gearteten Nachfolger haben sollte, nicht derb und bieder wie er selbst, sondern feiner und mit geistigen Interessen, kannte keine Grenzen. Er hielt ihn für untauglich, einst sein Nachfolger zu sein. Seine »strenge Zucht« sollte ihn ändern, ummodeln, »bessern« in seinen Augen. Diese Torturen führten dazu, daß der Kronprinz sich brennend wünschte, ins Ausland zu gehen und dort den Tod des Vaters abzuwarten. Diese Flucht war jedoch dermaßen dilettantisch geplant, die Helfer so ungeeignet wie möglich, jeder vernünftige Mensch mußte sich sagen, daß dies nicht gut gehen würde. Friedrich selbst erzählte 1758, also lange Jahre danach, seinem vertrauten Vorleser Henri de Catt von diesem dramatischen Fluchtversuch des Jahres 1730:

»Ich borgte mir ein paar hundert Dukaten, denn bei der Sparsamkeit meines Vaters hatte ich oft keinen Heller in der Tasche, und teilte meinen Plan Keith und Katte mit, beides liebenswürdige, aber ebenso leichtsinnige Menschen wie ich. Der Tag der Flucht war festgesetzt, aber als wir im Begriff waren auszureißen, erfuhr mein Vater meinen schönen Plan durch einen Brief aus dem Auslande. Ich wurde arretiert und mit Schlägen und Ohrfeigen bis aufs äußerste mißhandelt. Wäre mir nicht meine vortreffliche Mutter mit meiner Schwester, der jetzigen Markgräfin von Bayreuth (die übrigens ebenso mißhandelt wurde) zu Hilfe gekommen, so glaube ich, ich wäre tot geprügelt worden. Dann wurde ich, wie Sie wissen, nach Küstrin gebracht.« [27]

Als Wilhelmine 1743 ihre Memoiren schrieb, waren immerhin auch
schon dreizehn Jahre seit den Ereignissen vergangen, aber dennoch
erinnerte sie sich bis in kleinste Einzelheiten, was jene Spätsommer-
tage des Jahres 1730 ihr für furchtbare Spannungen, welch höchste
Gefahr, innerste Aufwühlung und mancherlei tückische Bedrohung
gebracht hatten. Sie erzählte, daß der König eine Reise nach Süddeutschland unternahm und der Kronprinz ihn begleiten sollte.
»Während der Abwesenheit des Königs hielt die Königin viermal wöchentlich Cercle in Monbijou. Ich freute mich, Herrn von Katte dort
zu treffen, denn so lange er in Berlin war, konnte mein Bruder sicher
nichts unternehmen ... Stolz auf seine Gunst, rühmte er sich ihrer
überall und prahlte mit einer Dose, die das Bild des Kronprinzen und
das meine enthielt. Durch diese Kopflosigkeit wurde das Übel auf die
Spitze getrieben. Ich hielt daher für nötig, die Königin davon zu benachrichtigen, damit sie kraft ihrer Autorität jene Dose seinen Händen
entziehen und ihm Schweigen auferlegen konnte. Sie war über diese
Ungehörigkeit sehr aufgebracht ... und befahl Fräulein von Sonsfeld,
in ihrem Auftrag Katte ihre Meinung zu sagen und mein Porträt zu-
rückzuverlangen. Katte entschuldigte sich so gut er konnte, aber allen
Vorstellungen zum Trotz wollte er nicht mit dem Porträt herausrük-
ken ... die Verweigerung des Porträts ärgerte uns beide so sehr, daß wir
ihn keines Wortes mehr würdigten.« [28]
Am 5. August wurde die Königin durch eine spukhafte Erscheinung im
Schloß erschreckt. Sie war gewiß eine resolute Frau, die nicht an Geister glaubte, aber in diesem Falle merkte sie sich das Datum. Später
stellte sie fest, der Spuk hätte sich am Tage der Verhaftung ereignet,
als der Kronprinz ins Unglück geriet.
Doch noch war nicht eingetreten, was die Geistererscheinung verkünden sollte. Noch schien alles in bester Ordnung. Der König und Fritz
auf Reisen, Katte in Berlin – man war sorglos. Die Königin gab zum
Geburtstag des abwesenden Königs einen wohlarrangierten Ball in
Monbijou. Jeder fand ein Geschenk an seinem Platz, und Wilhelmine
tanzte seit sechs Jahren zum erstenmal wieder unbekümmert einen
Tanz nach dem anderen. Eine Hofdame machte sie schließlich darauf
aufmerksam, wie bleich die Königin wäre. Schweigend fuhren die Prinzessin und ihre Mutter zum Schloß zurück. Noch wußte die Königin
nicht alles, denn Frau von Kamecke hatte vom König die strikte Order,
sie langsam auf den Schlag vorzubereiten. Am nächsten Morgen ließ
die Königin Wilhelmine rufen und zeigte ihr den Brief des Königs.

»Ich habe den Schurken von einem Fritz verhaften lassen, ich werde ihn behandeln, wie er es für seine Verbrechen und seine Feigheit verdient; ich erkenne ihn nicht mehr als meinen Sohn an; er hat über mich und mein ganzes Haus Schande gebracht, dieser Elende verdient nicht mehr zu leben.«

Wilhelmine beschrieb die niederschmetternde Wirkung dieser Nachricht:

»Ich wurde halb ohnmächtig, als ich dies las. Der Zustand der Königin und der meine hätten einen Stein erweicht. Sobald sie sich ein wenig erholt hatte, teilte sie mir mit, daß Katte verhaftet worden sei ...«[29]

Die Königin und Wilhelmine befanden sich in tödlicher Angst. Es war anzunehmen, daß Friedrich seine Briefschaften Katte gegeben hatte. Jetzt war dessen Habe versiegelt und beschlagnahmt und er selbst festgenommen. Was sollte aus den Papieren werden, die die Königin und Wilhelmine im Laufe der letzten Jahre an den Kronprinzen gesandt hatten? Sie enthielten spitze Reden über den König, bezeichneten ihn als »den Brummer« in der Familie, brachten alle möglichen weiteren nicht sehr schmeichelhaften Bemerkungen und Beinamen für ihn, das Hin und Her der Korrespondenz mit England.

Da geschah das Unfaßbare, daß irgendwelche wohlmeinenden Personen bei der Hofdame Gräfin Finck eine schwere Tasche, die in den Memoiren auch Kassette genannt wurde, mit der Weisung abgaben, diese sofort an die Königin weiterzuleiten. Das Glück wollte es, daß ein alter Kammerdiener der Königin Kattes Petschaft im Garten gefunden hatte, so daß man die Siegel unbesorgt aufbrechen konnte, denn man würde sie jetzt genauso mit der gleichen Prägung wieder anbringen können.

In fliegender Eile entfernten Wilhelmine und die Königin alle verräterischen Briefe, etwa fünfzehnhundert, und schrieben in nicht weniger großer Hast und unter strengster Geheimhaltung unverzüglich siebenhundert Briefe neu. Sie saßen tagelang vor verhängten Fenstern bei dieser Arbeit, nahmen Papier verschiedener Fertigungsjahrgänge, unterschiedliche Tinten, bedachten jede Kleinigkeit und suchten sich so gut zu sichern, wie es nur irgend möglich war. Tatsächlich hatte diese Maßnahme Mutter und Tochter vor schwerster Bedrängnis, wenn nicht vor Festungshaft oder grausameren Strafen bewahrt. Als der König kam, konnte ihm die Königin guten Gewissens die Tasche versiegelt überreichen. Der König riß den Behälter auf, nahm die Briefe an sich und gab sie Minister Grumbkow zur Prüfung. Wütend stellte die-

ser fest, daß kein belastendes Material vorhanden war. »Die Frauen
haben uns düpiert!« [30]
Der Kronprinz hatte die Anstalten zu seiner Flucht im Dorfe Steins-
furth getroffen. Man hatte ihn so rechtzeitig dabei entdeckt, daß er
nicht einmal den Versuch machen konnte, sich zu entfernen. Der Ort
liegt zwischen Ludwigsburg und Mannheim. Man brachte ihn nach
Wesel, und dort begannen die Mißhandlungen und Schläge. Der Vater
zeigte sich aufs äußerste erbost. Auf getrennten Schiffen wurde die
Reise fortgesetzt.
Der Kronprinz blieb in Haft, und als der König nach Berlin zurückgekehrt war, erschreckte er die Königin mit der Vorspiegelung, ihr ältester
Sohn sei inzwischen schon tot.
Wilhelmine zitterte inmitten dieser ungeheuer aufwühlenden Ereignisse und erwies sich später als glänzende Reporterin für die Familien-
szenen, die sich bei dieser Gelegenheit im August 1730 abspielten.
»Die [Kammerfrau] Ramen richtete unsere Hoffnungen ein wenig auf,
indem sie der Königin versicherte, mein Bruder sei am Leben, sie wisse
es aus guter Quelle. Inzwischen war der König wieder erschienen. Wir
eilten alle herzu, ihm die Hand zu küssen, aber kaum hatte er mich
erblickt, als Zorn und Wut sich seiner bemächtigten. Er wurde ganz
schwarz im Gesicht, seine Augen funkelten und der Schaum trat ihm
aus dem Munde hervor.
›Infame Canaille!‹ rief er, ›Sie wagt es, vor mir zu erscheinen? Fort mit
ihr. Sie mag ihrem Schurken von Bruder Gesellschaft leisten.‹ Mit diesen Worten packte er mich bei der Hand und versetzte mir einige
Faustschläge ins Gesicht, von denen mich einer so heftig an der Schläfe
traf, daß ich umfiel und mit dem Kopfe gegen die Kante der Täfelung
aufgeschlagen wäre, wenn Fräulein von Sonsfeld den Fall nicht aufgehalten und mich bei meiner Coiffüre ergriffen hätte. Ich blieb bewußt-
los am Boden liegen. Der König, der sich nicht mehr beherrschte, wollte
von neuem auf mich losschlagen und mich mit Füßen treten.
Die Königin, meine Brüder und Schwestern, die zugegen waren, hin-
derten ihn daran. Sie umstanden mich alle, was den Damen von Kamecke und Sonsfeld Zeit ließ, mich aufzuheben. Sie brachten mich zu
einem Stuhl in einer naheliegenden Fensternische. Aber da ich in demselben Zustand verblieb, schickten sie eine meiner Schwestern, ein
Glas Wasser und Essenzen zu holen, mit deren Hilfe ich allmählich
wieder belebt wurde. Sobald ich sprechen konnte, machte ich ihnen
ihre Bemühungen zum Vorwurf, da mir der Tod tausendmal lieber

wäre als das Leben, wie es jetzt geworden war. Unser Jammer war unbeschreiblich.

Die Königin schrie hell auf, ihre Selbstbeherrschung war dahin; sie rang die Hände und lief wie eine Wahnsinnige im Zimmer herum. Der Zorn hatte die Züge des Königs so sehr entstellt, daß er schrecklich anzusehen war. Meine Geschwister, von denen das jüngste [Heinrich] erst vier Jahre zählte, umklammerten seine Knie und suchten ihn durch ihre Tränen zu erweichen. Fräulein von Sonsfeld stützte meinen Kopf, der von den Schlägen wund und verschwollen war. Kann man sich eine jammervollere Szene denken?«[31]

Nach diesem Auftritt wurde Wilhelmine in einer Sänfte in ihre Zimmer zurückgebracht. Vor dem Schlosse hatte sich eine große Menschenmenge angesammelt. Fritz und Wilhelmine waren sehr beliebt beim Volk, die Leute wollten wissen, wie es den beiden ginge. Das Gerücht kam auf, daß die beiden ältesten Königskinder tot seien. Von nun an verblieb Wilhelmine in ihren Zimmern als Gefangene. Man verstärkte die Posten vor den Türen und der wachhabende Offizier machte achtmal am Tage die Runde. Nur Fräulein von Sonsfeld und die treue Mermann teilten das Los der Prinzessin.

Noch einmal befiel den Vater eine berserkerhafte Wut, die er an Wilhelmine ausließ. Der Vorfall wurde am 5. September 1730 vom englischen Geschäftsträger Guy Dickens seinem Hofe nach London berichtet:

»Vor vier oder fünf Tagen ging der König in das Zimmer der Prinzessin, seiner Tochter, belegte sie mit einer Menge Namen, welche zu wiederholen ich mich schäme, schlug ihr dann den Kopfputz vom Haupt, wand ihr Haar um seine Hand, schleppte sie durch die Stube und schlug und stieß sie am Kopf, Gesicht und Brust in so heftiger Weise, daß sie genötigt ist, seitdem das Bett zu hüten. Das ganze Schloß war in Schrecken über das Schreien und Jammern, und die Wachen, welche die Ursache nicht kannten, griffen zu den Waffen.«[32]

Von diesem Schock erholte sich die Prinzessin nur schwer. Zwar wurde sie ruhiger mit der Zeit, aber ihre Nerven waren äußerst angegriffen, sie konnte »kaum gehen« und behielt lange Zeit ein nervöses Zittern von den Mißhandlungen[33].

Katte fand in letzter Minute einen Weg, Wilhelmine die erwähnte Dose mit dem Doppelporträt der Geschwister zurückzugeben. Es wurde ihr heimlich von einem Sergeanten über die Kammerfrau Mermann zugespielt[34]. Ein Stein fiel ihr vom Herzen, daß diese Gefahr beseitigt

war. Der König hatte sie ohnedies im Verdacht, mit Katte einen »Lie-
beshandel« gehabt zu haben. Dies war die Ursache ihrer Leiden und
der König ließ von diesem Verdacht nicht ab. Hätte man nun die Dose
mit Wilhelmines Bild in Kattes Sachen gefunden, so würde sich der
König in seinem Verdacht bestätigt gefunden haben und die Folgen
wären nicht auszudenken gewesen.

Eine neue Schikane begann. Der König fing an, den nichtswürdigen
Kammerdiener Eversmann als Boten zu benutzen, um Wilhelmine zur
Annahme eines der verabscheuten Heiratsanträge zu bewegen: entweder den Markgrafen von Schwedt oder den dicken Herzog Johann
Adolf von Weißenfels. Wilhelmine suchte mit wohlgesetzten Worten
nach Ausflüchten. Die Königin schickte ihr einen Zettel mit dem
ebenso pathetischen wie gefährlichen Text:

»Sie sind ein Hasenfuß, der über alles erschreckt. Bedenken Sie wohl,
daß Sie meines Fluches gewärtig sind, falls Sie Ihre Einwilligung geben. Stellen Sie sich krank, um Zeit zu gewinnen.«

Wilhelmine war sich der Tragweite dieser Aufforderung bewußt:
»Mir wurde heiß, als ich dieses Billett las, und besonders der Schluß
brachte mich in große Verlegenheit.« [35]

Sophie Dorothea schien nicht begriffen zu haben, daß der König in
einer Verfassung war, wo jede Gehorsamsverweigerung mit einer Katastrophe enden mußte. Wilhelmine hatte inzwischen von der Hinrichtung Kattes erfahren – sie befürchtete das Schlimmste für den
Kronprinzen. Durch eine Weigerung in ihren Heiratsangelegenheiten
glaubte sie, dem Bruder zusätzlich zu schaden; sie war in einer äußerst
bedrängten Situation. Eversmann kam und drohte Fräulein von Sonsfeld mit der Festung Spandau, wenn sie Wilhelmine nicht zu einer
der beiden verwünschten Heiraten überreden würde. Nächtelang grübelte die Prinzessin über ihre ausweglose Lage.

Kattes Tod erregte Furcht und Schrecken am Berliner Hof. Die Kriegs-
gerichtsverhandlung gegen den Kronprinzen im Schloß Köpenick verfolgten alle mit Bangen, soweit Nachrichten darüber nach Berlin drangen. Schließlich erfuhr man von Friedrichs Begnadigung am 12. November 1730, und daß die Festungshaft in Küstrin für ihn beendigt sei.
Man hörte, daß er nunmehr Stadtarrest habe und mit dem Titel eines
Kriegsrates einen eigenen bescheidenen kleinen Hofstaat in Küstrin
führen konnte.

Die Begnadigung des Bruders besserte auch Wilhelmines Lage etwas.
Vor allem war sie erleichtert und voller Freude, ihn in Sicherheit zu

wissen. Gesundheitlich ging es Wilhelmine schlecht. Einer vorge-
täuschten Erkrankung folgte eine echte Lungenentzündung, von der
sie sich erst Anfang des Jahres 1731 wieder erholen konnte. Von wei-
terem Drängen des Königs in der Heiratsangelegenheit blieb sie zunächst verschont, aber der Vater verfolgte zielstrebig seine ureigenen
Pläne, sich ein für allemal von der unerfreulichen englischen Heirats-
affäre zu befreien.

Während sich am preußischen Hof all diese dramatischen Dinge ereignet hatten, bei denen es um Leben und Tod, Gedeih und Verderb ging,
zeigte sich das Leben für den jungen Erbprinzen von Bayreuth von der
angenehmsten Seite. Am 21. November 1730 trat er seine Kavalierstour
an. Sie führte ihn von Genf, dem Ort seiner Studienjahre, durch Frankreich, Belgien und Holland[36].

In Paris erkrankte er zwar schwer und schon drangen Gerüchte von
seinem Tode nach Berlin, aber gleich nach seiner Genesung mußte er
Anstalten treffen, alsbald eine hochwichtige Reise nach Berlin zu unternehmen. Der österreichische Gesandte Seckendorff in Berlin hatte
in geschickter Weise den König von Preußen dahingehend beeinflußt,
daß er in den Kreis der Brautwerber um Wilhelmine den jungen Erbprinzen von Bayreuth einbezog. Wilhelmine ahnte noch nichts von
alledem, da erhielt ihr zukünftiger Gemahl schon die internen Weisun-
gen, sich für seine Brautfahrt nach Berlin bereitzuhalten und sie dann
im gegebenen Moment unverzüglich anzutreten.

Die Prinzessin lebte noch immer in Zimmerarrest, sehr für sich und
von allem abgeschlossen. Doch dann kam der 10. Mai 1731, der ein-
schneidende Schicksalstag für sie, dessen Verlauf sie lebendig zu schildern wußte:

»... am 10. Mai, dem denkwürdigsten Tag meines Lebens, wiederholte
Eversmann seinen Besuch. Kaum war ich erwacht, als er vor meinem
Bett erschien. ›Ich komme im Augenblick von Potsdam,‹ sagte er, ›wohin ich mich gestern verfügen mußte, nachdem ich bei Ihnen war. Ich
konnte mir gar nicht denken, was für eine dringende Sache mich denn
so eilig hinberief. Ich fand den König und die Königin beisammen.
Sie weinte bitterlich und der König schien sehr zornig zu sein. Sobald
er mich sah, befahl er mir, eiligst hierher zurückzukehren, um die nö-
tigsten Einkäufe zu Ihrer Hochzeit zu besorgen. Die Königin wollte
einen letzten Versuch wagen, ihn davon abzubringen und ihn zu besänftigen; aber je mehr sie bat, je mehr ergrimmte er. Er schwor bei
Tod und Hölle, daß er Fräulein von Sonsfeld schmählich davonjagen

wolle, und um ein abschreckendes Beispiel aufzustellen, würde er sie
öffentlich an allen Straßenecken auspeitschen lassen, da sie allein,
sagte er, die Ursache Ihres Ungehorsams sei. Und Sie,‹ fuhr er fort,
›wenn Sie sich nicht unterwerfen, werden in eine Festung gebracht,
und ich will Ihnen gleich sagen, daß die Pferde zu dem Zwecke schon
bestellt sind.‹«
Wilhelmine war einigermaßen fassungslos und beriet sich eingehend
mit ihren Damen, was am besten zu tun sei. Sie war, das ist nicht zu
leugnen, durch die lange Zeit des Arrestes und die vielen Drangsalie-
rungen schon so weit zermürbt, daß sie innerlich entschlossen war,
dem Wunsche des Königs, wenn er ihr nur würdig und nicht ausgerechnet von einem solchen Subjekt wie Kammerdiener Eversmann,
vorgetragen wurde, nachzugeben. Da erreichte sie ein letzter Notruf
der noch immer um die englischen Heiraten kämpfenden Mutter:
»Abends um fünf Uhr brachte mir die Frau des Kammerdieners einen
Brief der Königin. Er war vom selben Morgen und lautete wie folgt:
›Alles ist verloren, liebe Tochter! der König will Sie um jeden Preis verheiraten. Ich habe einige heftige Auftritte deshalb mit ihm gehabt,
doch weder meine Bitten noch meine Tränen haben etwas vermocht.
Eversmann erhielt den Auftrag, alles für Ihre Hochzeit bereitzuhalten.
Sie müssen sich darauf vorbereiten, die Sonsfeld zu verlieren; er will
sie schmachvoll degradieren lassen, falls Sie nicht gehorchen. Man
wird jemanden zu Ihnen entsenden, um Sie zu überreden. Willigen
Sie um Gottes willen in nichts ein. Ich werde Sie schon zu halten
wissen; ein Gefängnis ist besser als eine schlechte Versorgung. Adieu,
meine liebe Tochter, ich rechne bestimmt auf Ihre Standhaftigkeit.‹« [37]
Am Abend dann zeigte es sich, was der Inhalt des Kabinettsbefehls
gewesen war, den der König an diesem Tage in Wilhelmines Heiratsangelegenheit erlassen hatte. Die Prinzessin läßt uns diese atemberau-
bende Szene miterleben:
»Kaum war ich einen Augenblick allein geblieben, als ich einen Diener
eintreten sah, der mir erschrocken mitteilte, daß vier Herren im Auftrag des Königs auf mich warteten. ›Wer denn?‹ fragte ich bestürzt.
›Ich erschrak so sehr,‹ gab er zur Antwort, ›daß ich nicht darauf achtete.‹ Ich begab mich eilends in das Zimmer, wo die anderen versammelt waren [ihr Gefolge]. Sobald ich ihnen gesagt hatte, worum es sich
handelte, ergriffen sie die Flucht. Die Hofmeisterin, die den ominösen
Besuch empfangen hatte, trat jetzt mit den Herren ein. ›Ich beschwöre

Sie,‹ raunte sie mir zu, ›lassen Sie sich nicht einschüchtern.‹ Ich ging in mein Schlafzimmer, wohin sie mir auf dem Fuße folgten. Es waren die Herren von Borck, Grumbkow, Podewils, sein Schwiegersohn, und ein vierter, den ich nicht kannte, der Staatsminister von Thulmeier, wie ich später erfuhr, der bisher der Partei der Königin angehörte. Sie ersuchten meine Hofmeisterin, sich zurückzuziehen, und verschlossen sorgfältig die Tür. Ich muß gestehen, daß mich trotz meiner Entschlossenheit eine furchtbare Aufregung ergriff, als ich mich jetzt vor dem Wendepunkt meines Schicksals sah; und hätte ich mich nicht an einen Stuhl gelehnt, der in der Mitte des Zimmers stand, so wäre ich zu Boden gesunken . . .«

Grumkow rekapitulierte alle Vorgänge um Wilhelmines Heirat, sagte, daß eine Weigerung ihrerseits zu einer Wiederaufnahme des Kronprinzenprozesses führen würde, und kam dann auf den Kern seines Anliegens zu sprechen:

»›Allein ich komme zur Hauptsache. Um alle Schwierigkeiten aus dem Wege zu räumen, die Sie erheben könnten, haben wir den Auftrag, Ihnen nur den Prinzen von Bayreuth vorzuschlagen. Sie können gegen diese Partie nichts einwenden. Dieser Prinz wird der Vermittler zwischen dem König und der Königin werden. Sie selbst hat ihn dem König vorgeschlagen, sie kann also mit dieser Wahl nur einverstanden sein. Er ist ein Sproß des Brandenburgischen Geschlechts und wird nach dem Tode seines Vaters die Herrschaft über ein sehr schönes Land antreten. Da Sie ihn nicht kennen, Prinzessin, können Sie keine Abneigung gegen ihn haben. Übrigens wird er von allen Seiten unendlich gelobt . . .

Der König verspricht Ihnen, falls Sie ihm gehorchen, Sie doppelt so sehr zu begünstigen als seine anderen Kinder und bewilligt Ihnen alsbald nach Ihrer Hochzeit die gänzliche Freiheit des Kronprinzen. Er will dann das Vergangene begraben und mit ihm wie mit der Königin freundlich verfahren. Wenn Sie aber all diesen Vernunftgründen zum Trotz und wider Erwarten auf Ihrer Weigerung beharren, so haben wir Sie auf Befehl des Königs‹ (er zeigte mir die Order) ›unverweilt nach der Festung Memel in Litauen zu bringen und wider Fräulein von Sonsfeld und Ihre sonstige Dienerschaft mit äußerster Härte vorzugehen.‹

Ich hatte während dieser Rede Zeit gehabt, nachzudenken und mich von meinem ersten Schrecken zu erholen.«[38]

Wilhelmine erklärte den Herren ausführlich, daß sie keinesfalls ehr-

geizig und ihren Vernunftgründen durchaus zugänglich sei. Aber der
König hätte ihr niemals direkt seine Heiratswünsche geäußert, denn
die Eröffnungen Eversmanns habe sie niemals für voll genommen,
noch würde sie mit einem so niedrigen Lakaien sich über eine Frage
von so hoher Wichtigkeit einlassen. Sie habe stets auf dem Wege über
ihre Mutter von den Heiratsplänen der Eltern gehört, und so habe sie
auch jetzt nur die eine Gnade zu erbitten, die Einwilligung der Königin
in die Heirat mit dem Erbprinzen von Bayreuth zu erwirken.
Gerade diese Bitte mußten die Minister ihr abschlagen. Grumbkow,
Borck und Podewils traten zum Fenster, um der Prinzessin Zeit zur
Überlegung zu lassen. Thulmeier beschwor sie, in jedem Falle einzuwilligen, und sei es zum Schein. So schrieb also Wilhelmine gehorsam
nach dem Diktat Grumbkows ihr Einverständnis mit der Bayreuther
Heirat in zwei kurzen Briefen nieder:
»Mein liebster Papa!
Eben erfuhr ich durch die Herren Grumbkow, Borck, Podewils und
Thulemeier, welche Heiratsvorschläge er mir machen läßt. Bei meiner
zärtlichen Liebe und Unterwürfigkeit muß ich mich seinen Befehlen
fügen, so schwer es mir wird. Trotzdem unterwerfe ich mich seinem
Willen, um seine Gnade wieder zu erlangen, und bitte ihn, sie mir
wieder zu schenken.«
»Meine liebste Mama!
Die Herren Grumbkow, Borck, Podewils und Thulemeier haben mir
soeben im Auftrag meines lieben Papa die Heirat mit dem Erbprinzen
von Bayreuth vorgeschlagen und mir versprochen, daß er mir wieder
gnädig sein wird. Wie ich gestehe, war für mich nichts grausamer.
Um jedoch meinen lieben Papa zufrieden zu stellen, mußte ich darein
willigen, obgleich es mir über alle Maßen schwer fiel, es ohne die Einwilligung meiner lieben Mama zu tun. Ich hoffe, sie wird mir verzeihen, wenn ich etwas Mißfälliges tue, und sie wird meinen grausamen
Kummer nicht durch ihre Ungnade vermehren, die mir härter wäre
als der Tod.« [39]
Während Wilhelmine noch halb betäubt von den Ereignissen in ihrem
Zimmer saß und sich zu fassen suchte, war schon eine eilige Botschaft
nach Paris abgegangen. Seckendorff veranlaßte den Bayreuther Erbprinzen zur sofortigen Abreise. Dieser reiste über Frankfurt und machte dort
Station bei seiner Schwester, die er seit seiner Kinderzeit in Rothenburg
ob der Tauber nicht mehr gesehen hatte. Sie war jetzt verheiratet mit
dem Fürsten von Thurn und Taxis. Bei des Prinzen Abreise aus Frank-

furt wurde ihm von einem Lakaien noch ein herzliches Abschieds-
geschenk überreicht: »das Bufferle, einen kleinen Mopsen«. Dieses
Bufferle hat zwar nie den Rang eines »philosophischen Haushundes«
erklommen, den Wilhelmines Bologneser Folichon in den berühmten
Hundebriefen einnahm. Aber das Bufferle läßt aufatmen nach den
langen Berichten von Mühsal und Bedrängnis. Mit Bufferle und seinem fröhlichen jungen Herrn, so schien es, brachen freundlichere
Zeiten in Wilhelmines Leben an. Über des Erbprinzen Reise gibt es
zuverlässige Auszüge:

»Am 24. Mai [1731] spät abends kam man in Leipzig an . . . Seckendorff
kannte den König, er übersah keine Kleinigkeit, um ihm den Erbprinzen so angenehm wie möglich zu machen. In Leipzig zog er den jungen
Friedrich erst einmal richtig an. In der Pariser Eleganz, in der er vor
Ludwig dem Fünfzehnten in Versailles erschienen war, durfte er natürlich dem Soldatenkönig nicht unter die Augen kommen. So wurde
ein Rasttag eingelegt, und ein ›Preußisches Kleid‹ bestellt. Die Schnei-
dergesellen arbeiteten die Nacht hindurch, um es ›zu rechter Zeit fertig
zu bekommen‹. Zwei Paar ›breite Schuhe‹ und zwei Paar ›Stiefeletten
oder Camaschen‹ halfen, diesen Anzug in Berlin gar vollends hoffähig
zu machen . . . In Kießelsdorf mußte der Erbprinz dann doch trotz aller
bisherigen Eile warten, bis er von dem vorausgeeilten Voit die Nachricht erhielt, daß er nun weiterfahren könne. Die Brautfahrt glich einer
Erkundung in Feindesland.« [40]
Während der Bräutigam solchermaßen schon auf dem Wege nach Berlin war, hatte sich Königin Sophie Dorothea noch in keiner Weise mit
dem Bayreuther Heiratsprojekt befreundet. Sie grollte, zutiefst beleidigt. Aber sie durfte es nicht zeigen. Der Braunschweiger Hof befand
sich in Berlin: Herzog Ferdinand Albrecht von Braunschweig-Bevern
mit seiner Gemahlin Antoinette Amalie und Erbprinz Karl. Man hatte
soeben die Verlobung der jungen Prinzessin Charlotte, Wilhelmines
zweiter Schwester, mit Karl gefeiert. Es war der Wille des Königs, daß
die von ihm so sehr geschätzten Braunschweiger auch bei Wilhelmines
Verlobung dabeisein sollten.
Bei dem unzureichenden Nachrichtendienst der damaligen Zeit war es
durchaus nicht sicher, daß der Bayreuther Bräutigam rechtzeitig zum
geplanten Termin zur Stelle sein würde. Noch hoffte die Königin auf
Zwischenfälle und wünschte insgeheim, der junge Mann möge sich
doch, um allen Ärger auf einmal loszusein, am günstigsten auf der
Reise den Hals brechen.

Wilhelmine macht uns das Vergnügen, die ersten Begegnungen der
ergrimmten Königin mit dem unbefangenen und liebenswürdigen jungen Friedrich von Bayreuth festzuhalten:
»Sonntag, 27. Mai 1731
Als wir das Zimmer passierten, um zur Tafel zu gehen, sahen wir eine
Postchaise, die durch den Schloßhof einfuhr und vor der großen Treppe
anhielt. Die Königin schien erstaunt, da nur Prinzen dies Vorrecht
haben. Sie erkundigte sich sofort, wer es sei, und erfuhr einen Augenblick später, es sei der Erbprinz von Bayreuth. Das Medusenhaupt hat
nie einen schreckensvolleren Eindruck erweckt, als diese Nachricht bei
der Königin hervorrief. Sie stand ganz verwirrt und wechselte so oft
die Farbe, daß wir alle eine Ohnmacht befürchteten. Sie tat mir in der
Seele leid; ich verhielt mich so unbeweglich wie sie, und alle schienen
konsterniert . . .«
»Am 28. vormittags kamen alle Fürstlichkeiten zur Königin. Den Prinzen von Bayreuth würdigte sie kaum eines Blickes. Er ließ sich mir
vorstellen; ich machte ihm nur eine Verbeugung, ohne auf seine Worte
etwas zu erwidern. Dieser Fürst ist groß und von schönem Wuchs; er
sieht vornehm aus; seine Züge sind weder regelmäßig noch schön, jedoch seine offene, einnehmende und sympathische Physiognomie entschädigt ihn für mangelnde Schönheit. Er schien sehr lebhaft, schlagfertig und keineswegs schüchtern.« [41]
Am 31. Mai berief der König Wilhelmine und ihre Mutter zu sich in
sein Arbeitskabinett und redete der Königin nochmals gut zu, doch in
die Verlobung mit dem Erbprinzen von Bayreuth einzuwilligen. Der
Verlobungstermin sei auf morgen festgesetzt. Sie habe alle Zuneigung
zu erwarten, wenn sie sich füge. Wenn sie aber nicht einwillige, so
würde er, der König, sich auf blutige Weise rächen. Die Königin stellte
sich einverstanden, knirschte aber verstohlen mit den Zähnen. Sie
sollte Wilhelmine festlich einkleiden und ihr Schmuck leihen. Wü-
tende Blicke schossen auf die Tochter. Der Erbprinz wurde nur in Gegenwart des Königs freundlich behandelt. Entfernte sich dieser, so
bekam Friedrich giftige Bemerkungen zu hören. Schließlich erbat er
sich eine kurze Unterredung mit der Königin und erreichte es, sie
allein zu sprechen:
»Ich bitte Sie dringend, Majestät, mich einen Augenblick anzuhören.
Ich weiß alles, was Eure Majestät und die Prinzessin angeht; ich weiß,
daß sie für einen Thron bestimmt war und daß Eure Majestät lebhaft
gewünscht haben, sie in England versorgt zu sehen; nur der Bruch

zwischen den beiden Höfen verschafft mir das Glück, um eine Prinzessin anhalten zu dürfen, für die ich die größte Ehrerbietung und alle Gefühle hege, die sie verdient. Aber diese selben Gefühle sind es, die mich hindern würden, sie durch eine Ehe, die ihren Wünschen vielleicht entgegen ist, ins Unglück zu stürzen. Deshalb flehe ich Euere Majestät an, sich offen mit mir hierüber auszusprechen und versichert zu sein, daß Ihre Antwort über alles Glück oder Unglück meines Lebens entscheidet, da ich, falls sie ungünstig für mich ausfällt, jeglichen Vertrag mit dem König lösen werde, so schwer es mir auch fallen mag.‹

Die Königin blieb eine Weile ganz verwirrt; da sie dem Prinzen aber nicht ganz traute, antwortete sie, daß sie gegen die Wahl des Königs nichts einzuwenden habe; sie gehorche seinem Befehle, wie auch ich. Sie konnte nicht umhin, der Frau von Kamecke gegenüber zu äußern, daß der Prinz hierbei einen recht geschickten Streich geführt habe, sie aber hätte sich nicht hinters Licht führen lassen.« [42]

Der König hatte für Sonntag, den 3. Juni, ein großes Fest befohlen, jeder war sich darüber klar, daß dies der Anlaß sein sollte, die Verlobung Wilhelmines offiziell zu verkünden. Der König verlieh dem Erbprinzen von Bayreuth den Schwarzen-Adler-Orden. Bei dem nachfolgenden Souper behandelte die Königin den zukünftigen Schwiegersohn freundlicher als bisher, alles schien sich zum Guten zu wenden. Da trat ein Ereignis ein, das alles zunichte zu machen drohte:

»Aber die Depeschen eines Kuriers, der gegen Mitternacht ankam, verdarben alle guten Dispositionen«, berichtete Voit nach Bayreuth. Der englische Geschäftsträger Guy Dickens hatte in der Nacht vor dem angesetzten Verlobungstag die einzige Nachricht erhalten, die alles verändern, alle Absichten und Pläne des Königs umstoßen konnte: der englische Hof hatte sich mit der einfachen Heirat, der Wilhelmines mit dem Prinzen von Wales allein, einverstanden erklärt.

»Ungewohnt sachlich und ruhig verfügte Friedrich Wilhelm auf dem Rand [der Note], was der Minister dem englischen Geschäftsträger zu antworten habe: ›Ihr werdet ihm sehr höflich [sagen], daß meine älteste Tochter hätte sechs Jahre gewartet, ich als Vater gut gefunden, sie zu verheirathen, da ich eine passende Partie für mein Haus gefunden hätte, also ich gern accordiert hätte; was die Englischen betrifft, ich hätte vor erklärt, daß ich mit ihnen gern in Freundschaft leben wollte, aber durchaus ohne Heirat, da die Heiraten nichts hülfen zum guten Vernehmen, wohl aber die Interessen der Häuser.‹ Der König hatte den

Entschluß zu dieser Antwort ohne jede Beratung, ganz mit sich allein,
gefaßt. Die Entscheidung gegen Glanz und Glück einer Königskrone
für seine älteste Tochter, die er auf seine Weise, trotz allem, was geschehen war, herzlich liebte, war ihm nicht leicht gefallen...«[43]
Von all diesen Vorgängen konnte Wilhelmine noch nichts wissen, als
sie nach dem Kirchgang mit dem Vater zusammentraf:
»Am Sonntag, den 3. Juni [1731], ging ich früh im Morgenanzug zur
Königin, wo ich den König antraf. Er war sehr zärtlich mit mir, indem
er mir den Verlobungsring ansteckte, der einen großen Brillanten trug,
und mir nochmals versprach, er wolle fürs ganze Leben Sorge für mich
tragen, wenn ich mich gefügig zeigen wolle. Er schenkte mir sogar ein
goldenes Service und sagte, dies sei nur eine Bagatelle, da er mir noch
größere Gaben zugedacht hätte.«[44]
Hierbei handelte es sich um den Verlobungsring, den Wilhelmine bei
der Verlobungsfeier ihrem Bräutigam geben sollte. Er seinerseits hielt
einen sehr wertvollen Ring parat, den er der Prinzessin an den Finger
stecken wollte. Dieser Ring enthielt insgesamt Brillanten von zwei
Karat und kostete 8 700 Gulden, eine Summe, von der der ganze Bayreuther Hofstaat mehr als ein Jahr hätte leben können!
»Abends um sieben Uhr verfügten wir uns in die großen Gemächer.
Man hatte dort einen Saal für die Königin, ihren Hof und die Fürstlichkeiten bereitet, und dort nahmen wir Platz, um den König zu erwarten.
Trotz aller Selbstbeherrschung der Königin war es ersichtlich, welch
ein Kampf in ihr vorging. Sie hatte den ganzen Tag kein Wort mit mir
gesprochen, und ihr Zorn verriet sich nur durch ihre Blicke... Endlich
erschien der König mit dem Prinzen. Er war innerlich ebenso erregt
wie die Königin, so daß er ganz vergaß, meine Verlobung in dem Saale,
in dem sich die Geladenen befanden, offiziell zu verkünden. Er ging
auf mich zu, indem er den Prinzen an der Hand führte, und ließ uns
die Ringe wechseln. Ich tat es zitternd. Ich wollte dem König die Hand
küssen, allein er schloß mich in seine Arme und hielt mich lange umarmt. Die Tränen rollten ihm aus den Augen, und die meinen begannen ebenfalls zu fließen. Unser Schweigen war ausdrucksvoller als
alles, was wir uns hätten sagen können. Die Königin, auf die ich dann
zuging, empfing mich sehr kühl. Nachdem die Beglückwünschungen
aller Fürstlichkeiten vorüber waren, befahl der König dem Prinzen, mir
die Hand zu reichen und den Ball in dem hierfür bereiteten Saale zu
eröffnen.«[45]
Jetzt bekam Wilhelmine zu spüren, was es hieß, in der Gunst oder

Ungunst der Mitmenschen zu stehen. Solange sie noch als dereinstige Königin von England galt, katzbuckelte der Hof vor ihr und wollte sich ihres Wohlwollens versichern. Jetzt, als arme künftige Markgräfin von Bayreuth, merkte sie, wie man sich brüsk von ihr abwandte. Daran trug allerdings wieder einmal die Königin die Hauptschuld, die ihren Damen verboten hatte, freundlich zu Wilhelmine zu sein. Sie ging noch weiter in ihren Launen und Spitzfindigkeiten. Vor allem durften die Verlobten keine Zuneigung zueinander fassen. Die Königin nahm ihre Tochter beiseite und verbot ihr ausdrücklich, auch nur die geringsten Freundlichkeiten gegen ihren Bräutigam zu zeigen. Es begann die seltsamste Brautzeit, die man sich denken kann. Wilhelmine schrieb zwar einmal, ihr Verlobter sei ihr gleichgültig, aber insgeheim wird sie doch sehr für den hübschen Erbprinzen von Bayreuth eingenommen gewesen sein:

»... ich sagte schon, daß er außerordentlich lebhaft ist; sein heißblütiges Temperament läßt ihn zum Zorn neigen, doch weiß er ihn so gut zu beherrschen, daß man es nicht merkt und daß niemand ihm jemals zum Opfer fiel. Er ist sehr heiter, seine Unterhaltung ist angenehm, obwohl er einige Mühe beim Sprechen hat, da er stark mit der Zunge anstößt. Er faßt leicht auf, und sein Verstand ist durchdringend. Seine Herzensgüte zieht ihm die Anhänglichkeit aller zu, die ihn kennen. Er ist freigebig, mildtätig, gütig, höflich, zuvorkommend, nie übler Laune, mit einem Worte, er besitzt alle Tugenden und ist frei von jedem Laster. Der einzige Fehler, den ich an ihm entdecken konnte, ist ein etwas zu großer Leichtsinn. Ich muß ihn aber erwähnen, da man mich sonst der Parteilichkeit zeihen könnte ... doch hat er sich in diesem Punkte sehr gebessert.« [46]

Es ist bezeichnend, daß die Schriftstellerin Wilhelmine zwölf Jahre nach den Ereignissen, als sie ihre Denkwürdigkeiten aufzeichnete, diese Charakteristik mitten in die Schilderungen der Misere ihrer Verlobungszeit stellt. Es ist, als wolle sie damit bekunden, daß sie ihren zukünftigen Mann im Grunde schon damals erkannt und geschätzt habe. Und nur aus Gehorsam gegen die so leicht erzürnte Mutter habe sie all die Unhöflichkeiten ihm gegenüber begangen, von denen sie erzählte:

»Ich wagte, nur schmierige Kleider zu tragen, aus Furcht, sie [die Königin] könnte sonst glauben, daß ich dem Prinzen zu gefallen suche; kurz, ich war tiefunglücklich, und oft war mir der Kopf ganz wirr. Ich dinierte und soupierte in ihrem Vorzimmer mit dem Prinzen und

den Hofdamen. Sie schickte eine Menge von Spionen hinter mir her,
um zu wissen, ob ich mit ihm spräche; aber ich ließ mich nie ertappen,
was dies anbelangt, denn ich redete kein Wort mit ihm und drehte ihm
bei Tisch immer den Rücken. Er sagte mir später, er sei oft außer sich
gewesen und im Begriffe abzureisen, hätte Herr von Voit ihn nicht
zurückgehalten.« [47]
Wilhelmine durfte Friedrich keinen Blick schenken, ihm nicht die
Hand geben, kein Pfänderspiel mit ihm machen, keinen noch so harmlosen Scherz. Sie zog sich an wie eine Vogelscheuche, während ihre
Schwestern sich unbefangen putzten, lachten und kokettierten. Dennoch muß sie sich in ihrer schwierigen Situation glänzend bewährt
haben. Der Geheime Rat Voit zu Saltzburg berichtete an seinen Hof
nach Bayreuth über die Prinzessin:
»Man muß ihr die Gerechtigkeit widerfahren lassen, daß ihr Geist,
ihre Freundlichkeit und Anmut, ihre feinen Manieren über alles erhaben sind, was man zu ihrem Lobe sagen könnte ... Da ich überzeugt
bin, daß die Kronprinzessin von Leuten umgeben ist, die von früh bis
nachts nichts anderes tun, als sie wegen ihres Schicksals zu beklagen,
braucht sie gewiß all ihren Geist, um eine so gute Haltung zu bewahren, wie sie es tut.« [48]
Über den wenig erprießlichen Aufenthalt am preußischen Hofe wurde
der Erbprinz von Bayreuth einzig und allein durch die Freundlichkeit
des Königs hinweggetröstet. Er verlieh ihm ein Regiment in Pasewalk.
Hatte Erbprinz Friedrich sich auch die ganze Zeit Wilhelmine gegenüber zurückgehalten und niemals den Cordon des Schweigens und der
Ablehnung zu durchbrechen versucht, den die Königin um die Tochter
gezogen hatte, so nahm er am Tage vor seinem Aufbruch zum Regiment
doch die Gelegenheit wahr und sprach endlich einmal mit Wilhelmine
ein offenes Wort:
»Am Tage vor seiner Abreise trat er im Garten von Monbijou auf mich
zu. Er wußte von meiner Unzufriedenheit durch Fräulein von Sonsfeld,
die es Herrn von Voit hinterbracht hatte. Ich ging eben mit ihr spazieren, als er mich anhielt. ›Ich konnte bisher‹, sagte er, ›keine Gelegenheit finden, mit Euerer Königlichen Hoheit zu sprechen und Ihnen
meinen Schmerz darüber auszudrücken, daß ich Ihrem ganzen Verhalten eine Abneigung gegen mich entnehmen muß. Ich habe zu meinem
größten Bedauern erfahren, daß man Ihnen nachteilige Dinge von mir
sagte. Trage ich schuld an den Leiden, die Sie erduldet haben? Ich
hätte nie gewagt, um die Hand Eurer Königlichen Hoheit zu werben.

Der König wandte sich zuerst an mich. Konnte ich sie ausschlagen, und mich so zum Unglücklichsten der Sterblichen machen, und können Sie, Prinzessin, mich darob tadeln? Ich verabschiede mich jetzt, ohne zu wissen, wie lange ich fernbleiben werde. Ich bitte Sie also, mir eine bestimmte Antwort geben zu wollen und mir zu sagen, ob Sie in der Tat eine unüberwindliche Abneigung gegen mich haben. Denn ich will in diesem Falle ewigen Abschied von Ihnen nehmen und auf immer mein Verlöbnis aufheben, indem ich mich für mein Leben unglücklich mache und mich dem Groll meines Vaters und des Königs aussetze. Wenn ich mich aber täusche und Sie mir wohlgesinnt sind, so hoffe ich, daß Sie die Gnade haben werden mir zu versprechen, daß sie das Wort, das Sie mir auf Befehl des Königs gegeben haben, halten und nie einem anderen angehören werden.‹

Die Tränen standen ihm in den Augen, während er sprach, und er schien sehr bewegt. Ich befand mich indessen in der größten Verlegenheit. Ich war an solche Reden nicht gewöhnt und war über und über rot geworden. Da ich nicht antwortete, drang er von neuem in mich und äußerte mit sehr trauriger Miene, er sähe wohl, daß mein Schweigen von schlimmer Vorbedeutung sei, und er würde sich danach zu richten wissen. Endlich nahm ich das Wort.

›Ich werde mein Versprechen halten‹, erwiderte ich ihm, ›ich habe es auf Befehl des Königs gegeben, allein Sie können sich auf mich verlassen.‹« [49]

So reiste der Erbprinz ganz getrost am 6. September 1731 zu seinem Regiment nach Pasewalk, und die bayreuthischen Minister setzten sich mit ihren preußischen Kollegen zusammen, um die Ehepakten auszuhandeln, denn im November sollte Hochzeit sein. Bis dahin allerdings änderte sich die Lage am preußischen Hofe nicht. Dem König taten die getroffenen Arrangements längst leid. Die Bayreuther machten sich Hoffnungen auf eine große Mitgift und eine stattliche Anleihe. Sie wurden bitter enttäuscht und der Markgraf von Bayreuth, Erbprinz Friedrichs Vater, fand seine Schwiegertochter »apanagiert wie ein Hirtenmädchen!« [50]

»Meine Heirat war wirklich die sonderbarste Sache der Welt. Mein Vater, der König, gab sie wider Willen zu und bereute sie jeden Tag; er hätte sie rückgängig machen können und sie vollzog sich gegen seinen Wunsch. Die Gefühle der Königin brauche ich nicht zu erwähnen. Man weiß zur Genüge wie sie beschaffen waren. Der Markgraf von Bayreuth war nicht minder ungehalten. Er hatte nur eingewilligt in

der Hoffnung, große Vorteile daraus zu ziehen, deren er sich durch den
Geiz des Königs beraubt sah ... So ward ich gegen den Willen der drei
ausschlaggebenden Personen verheiratet und dennoch mit ihrem Einverständnis. Wenn ich manchmal darüber nachdenke, so kann ich
nicht umhin, an ein Schicksal zu glauben; und meine Philosophie
wird durch meine Erfahrungen ins Bockshorn gejagt. Aber genug der
Betrachtungen.« [51]
Wilhelmine beschrieb ausführlich den Ablauf der Hochzeitsfeierlichkeiten am 20. 11. 1731. Sie trug ein Kleid von golddurchwirktem
Silberstoff mit einer Schleppe von zwölf Ellen Länge. Ihre Mutter
hoffte noch während der Toilette der Braut, daß der Kurier aus England
käme. War die Frisur auf der einen Seite in Ordnung, riß die Königin
sie wieder ein, bis zum Schluß, weil die Zeit drängte, dicke falsche
Locken angesteckt wurden, die Stirnhaare der Prinzessin alle ins Gesicht hingen und obenauf eine schwere Krone thronte, so daß sie kaum
den Kopf gerade halten konnte. Es gab reichbesetzte Tafeln für eine
Unzahl von Menschen, die sich in den von Fackeln erhellten Prunk-
sälen des Berliner Schlosses drängten. Der Rauch und Ruß schwärzte
Kleider und Gesichter. Im flackernden Licht funkelte und blitzte der
Silberschatz des Königs. Das Metall war zu Trumeaus, Gueridons,
Kronleuchtern, Wandspiegeln, Bilderrahmen, Tischen und Gerätschaf-
ten verarbeitet worden. Sogar die Empore für die Musikanten war mit
einem silbernen, dekorativen Gitter verziert, eine sehenswerte und
schöne Arbeit.
Nach alter Tradition wurde die Zeremonie des Fackeltanzes abgehalten, eine gravitätische Schaustellung, bei der Braut und Bräutigam
einzeln mit allen Prinzen, Prinzessinnen und Ministern des Hauses
durch den Saal schreiten müssen, begleitet von schmetternder Musik
von Pauken und Trompeten.
Wie ihre Schwester Friederike wurde auch Wilhelmine zum rotsamtnen
Paradebett mit perlenbesticktem Baldachin geleitet, aber anstatt daß
die Königin sie, der Sitte entsprechend, ausgekleidet hätte, reichte sie
ihr nur geringschätzig das Hemd, und die Schwestern halfen Wilhelmine, die Festkleider und die falsche Lockenpracht abzulegen. Bevor
sie sich jedoch mit ihrem jungen Gemahl zurückziehen konnte, erwartete der König sie in ihrem alten Wohnzimmer, ließ sie niederknien
und das Vaterunser und das Glaubensbekenntnis aufsagen. Dann endlich waren die Jungvermählten sich selbst überlassen.
Am Morgen nach der Hochzeit war große Gratulationscour bei Wil-

1 *Kurfürstin Sophie von Hannover,*
Urgroßmutter väterlicher- und mütterlicherseits

2 *Kurfürst Friedrich III. von Brandenburg, ab 1701 Friedrich I.,*
König in Preußen, Großvater väterlicherseits

3 Kurprinzessin Sophie Dorothea von Hannover, spätere Prinzessin von Ahlden, Großmutter mütterlicherseits, mit ihren beiden Kindern, dem späteren König Georg II. von England und Sophie Dorothea, der späteren Königin in Preußen

4 Friedrich Wilhelm I., König in Preußen, Vater

5 *Sophie Dorothea, Königin in Preußen, Mutter*

6 Prinzessin Wilhelmine im Alter von drei Jahren

7 Prinzessin Wilhelmine und Prinz Friedrich, später Friedrich der Große, im Alter von fünf und zwei Jahren

8 Prinzessin Wilhelmine

helmine und dem Erbprinzen; der König kam mit sämtlichen Generalen und beschenkte seine Tochter mit einem schönen Silberservice
für mehr als vierzig Personen. In ihrer Ungeduld sandte Wilhelmine
noch am gleichen Vormittag den Geheimen Rat Voit zu Minister
Grumbkow mit der Bitte, beim König vorsichtig vorzufühlen, wann er
denn sein gegebenes Wort, den Kronprinzen gänzlich freizulassen,
halten würde. Und dann endlich, als Wilhelmine im Moment gar
nicht darauf gefaßt war, sollte sie ihn wiedersehen:

»Am 23. war Ball im großen Saale. Mit den Prinzen zählte man siebenhundert Paare, alle von Rang . . .
Ich liebte den Tanz und benützte die Gelegenheit. Grumbkow unterbrach mich inmitten eines Menuetts. ›Aber Prinzessin‹, sagte er, ›Sie
scheinen fürwahr von der Tarantel gestochen; sehen Sie denn nicht die
Fremden, die soeben gekommen sind?‹ Ich hielt inne, blickte nach allen Seiten und sah in der Tat einen ganz in Grau gekleideten Jüngling,
der mir unbekannt war. ›Umarmen Sie ihn doch‹, sagte er, ›es ist der
Kronprinz.‹
Vor Freude stand mir das Herz still. ›Himmel‹, rief ich, ›mein Bruder!‹
›Aber wo ist er denn? Zeigen Sie ihn mir um Gottes willen!‹ Grumbkow
führte mich zu ihm. Als ich ihm näher kam, erkannte ich ihn, doch
mit Mühe. Er war viel dicker geworden und hatte einen sehr kurzen
Hals bekommen, auch ein verändertes Gesicht, das nicht mehr so
schön war wie früher. Ich fiel ihm um den Hals; ich war so überrascht,
daß ich nur unzusammenhängende Sätze hervorbrachte; ich weinte
und lachte, als wäre ich von Sinnen. In meinem Leben habe ich keine
solche Freude empfunden. Nach diesem ersten Impulse eilte ich auf den
König zu, der mir laut in Gegenwart meines Bruders sagte: ›Sind Sie
zufrieden mit mir? Sie sehen, daß ich Wort hielt!‹« [52]
Einige Tage später machte sich die Königin ein Vergnügen daraus, die
Aufmerksamkeit ihrer Tochter auf den miserablen Heiratsvertrag zu
lenken, der zwischen Berlin und Bayreuth ausgehandelt worden war.
»›Ich bin begierig zu wissen‹, sagte sie, ›was für große Vorteile Ihnen
der König zuerkannt hat, und wie groß Ihre Einkünfte sein werden.
Ich weiß nicht, wie Mr. Dickens [der englische Geschäftsträger] es erfuhr, allein ich weiß, daß er geäußert hat, eine Kammerfrau der Prin-
zessin von Wales bezöge ein größeres Gehalt, als Sie jährlich erhalten
werden.‹
Diese Rede verhieß mir nichts Gutes. Ich befragte am selben Abend
Herrn von Voit über diese Angelegenheit. Wie groß war mein Erstau-

nen, als ich folgendes erfuhr: Der König hatte dem Markgrafen
260.000 Taler ohne Zinsen geliehen, und dies war alles; jedes Jahr, von
1733 angefangen, sollten 25.000 Taler zurückgezahlt werden. Meine
Aussteuer betrug die üblichen 40.000 Taler. Als Entgelt für meine Ver-
zichtleistung auf das Erbe der Königin gab er mir 60.000 Taler. Es war
dasselbe Abkommen, das für meine Schwester [Friederike] getroffen
worden war.
Von seiten des Markgrafen beliefen sich unsere jährlichen Einkünfte,
unseren Hofstaat inbegriffen, auf 14.000 Taler, wovon mir 2.000 Taler
zukamen. Von dieser Summe mußten noch die Weihnachtsgeschenke
und die unvorhergesehenen Auslagen bestritten werden, so daß alles in
allem 800 Taler für meinen Unterhalt blieben. Man denke sich meine
Überraschung.«[53]
Die Hochzeitsfeierlichkeiten gingen Anfang Dezember 1731 zu Ende.
Zum Abschluß veranstaltete der König für seine auswärtigen Besucher
einige Jagden, dann verlebte man noch ruhige Tage mit dem Braun-
schweig-Bevernschen Hof, dem Markgrafen von Bayreuth und einigen
anderen Gästen. Wilhelmine und der Erbprinz trafen schon Reisevorbereitungen. Die Aussteuer wurde verpackt. Wilhelmine überwachte
alles und war in Gedanken weit mehr in der Zukunft als in der so
wenig erfreulichen Gegenwart, da überkam sie bei einem Kirchenbe-
such eine Ohnmacht, und anschließend stellte ein Leibarzt fest, sie sei
guter Hoffnung. Der König war entzückt, Großvater zu werden und
gewährte in seiner gehobenen Stimmung die Bitte, Fräulein von Sonsfeld dürfe eine ihrer Nichten, ein Fräulein von Marwitz mit nach Bayreuth nehmen, obwohl reiche Erbinnen sonst nicht »außer Landes«
gehen durften, sich vor allem nicht dort verheiraten sollten. Diese
Wilhelmine von Marwitz sollte in Wilhelmines Leben noch eine bedeutende und traurige Rolle spielen.
Der Abreisetag von Potsdam war gekommen, der 11. Januar 1732. Draußen lag Schnee und es herrschte kaltes Winterwetter. Wilhelmine ging
in bestem Einvernehmen von ihrem Vater; der Abschied von der Königin war dagegen kühl und frostig. Schließlich hörte die Prinzessin auf,
ihr Zärtlichkeiten zu sagen, denn die Königin blieb ungerührt. Wilhelmine stieg zu ihrem wartenden Gemahl und Fräulein von Sonsfeld
in den Reisewagen. Ihm folgten acht Kutschen, in denen das Gefolge
und die Bediensteten reisten. Außerdem gab es noch etliche Gepäck-
wagen mit der Aussteuer und der Garderobe Wilhelmines.
In der fränkischen Grenzstadt Hof wurde mit allen Kanonen Salut

geschossen, als der Reisezug des erbprinzlichen Paares eintraf. Der
fränkische Adel erwartete die Ankommenden. Der Unterschied zur
Berliner Hofgesellschaft muß sehr kraß gewesen sein, denn Wilhelmine
hat diese Begegnung mit besonders kritischer Feder aufgezeichnet:
»Sie waren alle von edlem Geschlecht und manche sehr reich. Daraus
konnte man wohl schließen, daß sie entsprechende Manieren hatten –
wie sehr fand ich mich aber enttäuscht!
Ich sah deren ungefähr dreißig, wovon die meisten Reitzenstein hießen. Sie sahen alle aus wie Knecht Ruprecht; statt der Perücken ließen
sie ihre Haare tief ins Gesicht hinein fallen, und Läuse von ebenso
alter Herkunft wie sie selbst hatten in diesen Strähnen seit undenk-
lichen Zeiten ihren Wohnsitz aufgeschlagen; ihre sonderbaren Figuren
waren mit Gewändern behangen, deren Alter hinter dem der Läuse
nicht zurückstand. Es waren Erbstücke ihrer Ahnen und vom Vater auf
den Sohn übergegangen; die meisten waren dem Maß ihrer Ahnen
zugeschnitten worden, und das Gold war so abgenutzt, daß man es
nicht mehr erkennen konnte; dennoch waren dies ihre Galakleider,
und sie dünkten sich in diesen antiken Lumpen zum mindesten ebenso
imposant wie der Kaiser in der Tracht Karls des Großen. Ihre groben
Manieren standen mit ihrem Äußeren vollkommen im Einklang; man
hätte sie für Bauernlümmel halten können. Zum Übermaß waren die
meisten auch noch dazu krätzig. Ich hatte große Mühe, ihnen nicht
ins Gesicht zu lachen. Es war noch nicht alles.
Einen Augenblick später wurden mir andere Geschöpfe vorgestellt; es
war die Geistlichkeit, deren Ansprache wiederum vernommen werden
mußte. Diese trugen Halskrausen, die sich wie Waschkörbe ausnahmen, so groß waren sie . . . Ich war erschöpft von all den Komplimenten und sah mich [nach dem Essen] plötzlich in der Gesellschaft von
vierunddreißig Betrunkenen, die sich kaum aufrecht halten konnten.
Hundemüde und namenlos angewidert von all diesen greulichen Gesichtern, erhob ich mich und zog mich, von diesem ersten Auftreten
sehr wenig erbaut, endlich zurück . . .
Zum Unglück mußte ich noch hören, daß ich auch den folgenden Tag
in Hof bleiben müsse . . . Nachmittags ward mir ein neues Fest bereitet,
nämlich der Empfang der weiblichen Hofgesellschaft, die ich noch
nicht gesehen hatte, der keuschen Gattinnen der Herren des Adels. Sie
paßten gut zu ihren lieben Männern . . .«[54]
Die so bös karikierten Herren und Damen machten sich auch ihrerseits Gedanken über ihre zukünftige Landesherrin. So manches »Ach

gar!« und »Ach Godala!« wird sich den fränkischen Kehlen entrungen
haben beim Anblick der eleganten Berlinerinnen. Eine Frau von Reitzenstein schrieb einer Freundin im Würzburgischen über den Hofer
Empfang:
»Unser Prinzeßchen macht einen charmanten Eindruck. Sie ist nicht
schön, aber anmutig und weiß im Cercle liebenswürdig Konversation
zu machen. Nach ihren Kleidern zu urteilen, ändert sich die Mode.
Ich habe mir den Schnitt der Corsage genau gemerkt.« [55]
Am nächsten Tage endlich fuhr man nach dem Dorfe Gefrees weiter,
wo der regierende Markgraf seine Kinder erwartete. Zwar war es nur
ein Gasthof, wo man sich traf, aber es gab ein Souper und man vertiefte sich in langatmige Gespräche. Die Schwangerschaft machte Wilhelmine sehr zu schaffen. Sie fühlte gerade bei Tisch häufig Übelkeit
und sehnte sich nach einem zurückgezogenen Leben fern von allen
Banketten, Galatafeln und offizieller Konversation. Endlich gelangte
man nach Bayreuth.
Der Schnee im Schloßhof knirschte unter den haltenden Wagenrädern,
die Pferde dampften in der Winterkälte und die Reisenden wickelten
sich aus ihren Decken und Pelzen und ließen die kaltgewordenen
Wärmsteine ohne Bedauern in den Kutschen zurück. Von ihrer neuen
Behausung in diesem altertümlichen Residenzschloß war Wilhelmine
alles andere als begeistert. Man hatte ihr so viel Gutes und Verhei-
ßungsvolles über den Bayreuther Hof gesagt, aber diese Ära lag lange
zurück. Jetzt war das hausfrauenlose Schloß und seine Einrichtungen
verkommen und verwahrlost. Der Damast der Betten und Wandbe-
spannungen zeigte sich staubig und zerrissen, Spinnen nisteten unbe-
helligt in den Ecken, denn keine Markgräfin regierte die Dienerschaft.
Polsterstoffe waren so verschlissen, daß die Leinenbezüge hervorguck-
ten. Fensterscheiben fehlten hier und da, Spiegel waren blind und
schadhaft. Die ersten Eindrücke vom neuen Heim waren für Wilhelmine niederschmetternd und sie beklagte sich bitter in ihren Erinnerungen:
»Ich war von diesem Hofe sehr wenig erbaut, und noch weniger von
der schlechten Kost, die wir an diesem Abend vorfanden; es gab ganz
verteufelte Ragouts, mit saurem Wein, dicken Rosinen und Zwiebeln
zubereitet. Zu Ende der Mahlzeit wurde mir übel und ich war genötigt,
mich zurückzuziehen. Man hatte nicht die geringste Aufmerksamkeit
für mich gehabt, meine Gemächer waren nicht geheizt worden, die
Fenster waren zerbrochen, was eine unerträgliche Kälte verursachte.

Die ganze Nacht hindurch fühlte ich mich sterbenselend, und ich verbrachte sie in Schmerzen und traurigen Betrachtungen über meine Lage . . .
Der Prinz suchte mich zu trösten; ich liebte ihn leidenschaftlich; die Gleichheit der Gemütsart und der Charaktere ist ein starkes Band; in uns war sie vorhanden und es war die einzige Linderung inmitten meiner Leiden.«[56]
Bei der Erneuerung und Umgestaltung ihrer Wohnräume mußte Wilhelmine vorsichtig zu Werke gehen, damit der Schwiegervater nicht obendrein noch beleidigt war. Aber der deprimierenden schlaflosen ersten Nacht im ungeheizten Zimmer folgten sicherlich keine ähnlichen mehr. Wilhelmine hatte ihre eigene Dienerschaft und es ist mit Sicherheit anzunehmen, daß fortan ihre Fenster mit dem nötigen Glas versehen waren, die Kamine und Öfen geheizt, die Wäsche frisch, und daß sich allmählich eine gewisse Behaglichkeit einstellte. Eines muß Wilhelmine jedoch als sehr seltsam empfunden haben: aus den internationalen Intrigen und Aufregungen eines großen Hofes war sie in die kleinlichen Streitereien und Unzuträglichkeiten eines Miniaturhofes geraten, die, was sie vorher nicht glauben wollte, sie auf die Dauer nicht weniger zermürben sollten.
Der Markgraf, der Wilhelmine im Grunde gut leiden konnte, bemühte sich, ein kleines Trostpflaster für all die Enttäuschungen zu finden. Er schenkte seiner Schwiegertochter im Frühjahr 1732 das neben der Eremitage gelegene Schlößchen Monplaisir. Wilhelmine bedankte sich überschwenglich bei Georg Friedrich Karl, sie wußte seine ungewohnte Großzügigkeit zu schätzen[57].
Die Erbprinzessin hatte oft darüber nachgedacht, was wohl die Gründe gewesen sein mochten, daß ihr Bruder Fritz sich nach seiner Freilassung ihr gegenüber so kühl verhalten habe. Oft nahm sie dann den Brief des Bruders zur Hand, in dem er ganz der alte schien und sehr innig an die Schwester geschrieben hatte. Oder ging er nur in leichten Worten über eine tatsächliche Entfremdung hinweg? Wilhelmine grübelte.
So schrieb Friedrich im Dezember 1731 an Wilhelmine:
»Wohl merkte ich, Sie zweifeln an meiner Liebe, aber ich schwöre Ihnen, sie ist nicht geringer geworden. Zum Unglück fehlt mir auch jede Gelegenheit, es Ihnen zu beweisen. Doch seien Sie gewiß, ich stehe Ihnen nicht nach. Wie sollte und müßte ich nicht dankbar erkennen, wie gütig Sie zu mir waren, nachdem ich durch die Torheit,

die ich begangen, meine ganze Familie ins Unglück gestürzt und Sie
selbst unglücklich gemacht habe! Sie mußten mich unseligen Toren
als Urheber Ihres Leides verabscheuen, und statt dessen haben Sie sich
hochherzig aufgeopfert, um mir aus meinem Labyrinth zu helfen. Nein,
liebste Schwester, nie werde ich die Güte wert sein, die Sie mir erwiesen haben! Was soll ich Ihnen opfern? Was kann ich für Sie erdulden?
Zu allem bin ich bereit. Gott gebe mir die Gelegenheit dazu, um Ihnen
meine Freundschaft und Anhänglichkeit zu beweisen! ... Anbei ein
Brief für die Königin und einen für Ihren Gatten mit tausend Küssen.
Bitte, benehmen Sie ihn etwas seines Unglaubens an meine Freundschaft. Sagen Sie ihm, es genüge, daß er mein Herz besitzt und mir so
lieb ist wie mein Augapfel und daß ich ihn lieben müßte. Dazu hätten
seine Vorzüge und hohen Eigenschaften ihm meine ganze Hochachtung
erworben ...« [58]
Ein schöner Brief. Doch würde er wirklich eine lange Zeit problemloser geschwisterlicher Freundschaft einleiten? Würde es so werden wie
früher?
Während der Sommermonate 1732 kam die Eremitage neu in Mode,
die noch vom verstorbenen Markgrafen Georg Wilhelm angelegt worden war. Der Erbprinzessin gefiel dieses ländliche Schloß, das neben
einigen Prunkräumen eine Anzahl weißgetünchter Zellen enthielt, in
die man sich zu Meditationen und philosophischen Betrachtungen
zurückziehen konnte. Im Garten waren zahlreiche kleine Häuser aus
Holz und Baumrinde errichtet worden, die »Eremitenklausen«. Es gab
eine mit kunstvollen Wasserspielen ausgestattete Grotte, die heute
noch existiert und den Besuchern manchen Spaß bereitet. Die Eremitage blieb Wilhelmines Lieblingssitz und sie verschönerte später das
Schloß und die Gärten in bemerkenswertem Umfang. Noch heute ist
die wunderschöne Küche mit den vielen kupfernen Geräten erhalten
und beeindruckt die modernen Hausfrauen, die sie besichtigen. Damals kochten die Hofdamen oder auch die Erbprinzessin selbst an
Wochenenden einfache Gerichte für die »Eremiten«, keine »verteufelten Ragouts«.
Im Juli 1732 kam die erfreuliche Nachricht, daß der König seine Tochter in Bayreuth besuchen wollte. Er befand sich auf einer Reise durch
Böhmen, kam aus Prag und hatte den Kaiser in dem böhmischen Ort
Altrop getroffen. Wilhelmine bereitete die Eremitage zum Empfang des
Vaters vor. Kaum hatte sie Zeit, alle notwendigen Vorkehrungen zu
treffen. Der Markgraf wollte aus Selb zurückkehren, wo er mit einigen

Gästen zur Jagd war. Wilhelmine kostete es einige Mühe, alle unterzubringen. Sie stellte ihr Schlößchen Monplaisir zur Verfügung. Auch für das Gefolge des Königs mußte Sorge getragen werden. Zu allem Überfluß sagte sich der Ansbacher Hof mit hundert Personen an, und ein übereifriger Hofbeamter gab dorthin die Nachricht, man könne die Ansbacher leider nicht logieren. Die Erbprinzessin war konsterniert. Man hatte ja schließlich noch das Stadtschloß dafür zur Verfügung und für die Bediensteten Privatquartiere. Sie schrieb sofort mit Eilstafette an ihre Schwester Friederike und an ihren Schwager und bat diese, trotz der Ungeschicklichkeit des Hofbeamten doch unbedingt zum Königsbesuch zu kommen; aber nun war man in Ansbach beleidigt und wollte keinesfalls erscheinen.

Eigentlich hatte Wilhelmine nach Berlin fahren sollen zur Entbindung, aber der markgräfliche Leibarzt machte sich zum Sprachrohr der empörten Bevölkerung, die ihren Stammhalter in Bayreuth zur Welt kommen lassen wollten, und verbot die Reise.

Anfang August 1732 traf der König ein. Das Wiedersehen verlief herzlich, jedoch war es etwas belastet mit dem Ärger um die Ansbacher. Indes war der König sehr besorgt um seine Tochter, die sich sehr schlecht fühlte. Als man zur Tafel ging, verursachte, wie üblich, allein der Geruch des Essens der Erbprinzessin die gewohnte Übelkeit und sie mußte in ihr Zimmer gehen. Sie tat jedoch sonst alles, um dem Vater den Aufenthalt ungeachtet dieser Beeinträchtigung so angenehm wie möglich zu machen.

»Tags darauf stand ich früh auf, um ihn spazieren zu führen. Er fand den Ort reizend, und besonders meine kleine Eremitage, die ich als Rauchzimmer hatte herrichten lassen. ›Sie haben‹, sagte er, ›alle erdenklichen Aufmerksamkeiten für mich, ich fühle mich hier wie zu Hause; meine Zimmer sind wie in Potsdam eingerichtet; ich fand meine Schemel, meine Tische und meine Gefäße, um mich zu waschen. Ich kann mir nicht denken, wie Sie das alles in so kurzer Zeit beschaffen ließen.‹« [59]

Schon dieser Spaziergang mit dem Vater war zu anstrengend für Wilhelmine gewesen. Wiederum bei Tisch wurde sie so krank, daß man schon dachte, ihre Niederkunft würde einsetzen. Der Leibarzt des Königs, Stahl, wurde gerufen, eine mitgebrachte Wärterin herbeigeholt, aber man konnte den Schwächeanfall noch einmal mit Medikamenten bessern.

»›Ich sehe‹, sagte er [der König], ›daß Sie in der Tat nicht imstande waren, nach Berlin zu fahren, doch müssen Sie nach Ihrer Entbindung unfehlbar kommen; um alle Schwierigkeiten zu beheben, soll mein Schwiegersohn [von Bayreuth] zuerst abreisen, und Sie werden ihm folgen, sobald Sie wohl genug sind. Ich will die Kosten tragen, sowohl was Sie als was Ihr Gefolge betrifft...'«[60]

An diesem Tage traf der Ansbacher Hof nun endlich ein. Das Zusammensein verlief jedoch nicht sehr harmonisch. Auch der Markgraf erregte den Unwillen des Königs, da er über die Angelegenheiten seines Landes überhaupt nicht Bescheid wußte. Der König hielt ihm eine regelrechte Standpauke, was dem Fürsten alles andere als angenehm war. Der König erbot sich, einen Finanzberater nach Bayreuth zu schicken, und der Markgraf nahm dieses Anerbieten an. So schied man in erträglichem Einvernehmen am 9. August 1732.

Wilhelmine kehrte bald darauf von der Eremitage nach Bayreuth zurück. Der Termin ihrer Niederkunft stand bevor. Sie fand ihr Schlafzimmer neu möbliert und zeigte sich mit dieser Veränderung sehr zufrieden. Von ihrer Entbindung, der sie sehr besorgt entgegengesehen hatte, berichtete sie selbst:

»Ich erkrankte am 29. abends, war am 30. sehr schlimm daran und schwebte am 31. in großer Gefahr. Um sieben Uhr abends genas ich jedoch einer Tochter, als man an meinem Leben wie an dem meines Kindes verzweifelte. Man sagte mir später, der Erbprinz sei in einer bemitleidenswerten Verfassung gewesen; seine Freude, mich gerettet zu sehen, war grenzenlos; er fragte nicht einmal nach dem Kinde, alle seine Gedanken waren auf mich gerichtet. Ich konnte ihm meine Erkenntlichkeit nicht bezeigen, denn ich fiel von einer Schwäche in die andere.

Herr von Voit machte sich alsbald auf den Weg nach Berlin; kaum hatte er die Stadt verlassen, als dreifacher Kanonendonner erscholl... Die Geistlichkeit erschien in corpore, um vor meinem Bett Gebete zu verrichten. Ich hörte nichts, da ich fast immer in Ohnmacht lag.«[61]

Das Kind erhielt die Namen Elisabeth Friederike Sophie, Rufname wurde Friederike. Ihr Geburtstag wird mit dem 30. August angegeben. Anderthalb Jahrzehnte später nannte Casanova dies Kind »die schönste Prinzessin Deutschlands«! Aus Ruppin kam ein überschwenglicher Glückwunschbrief vom Kronprinzen, der Pate war:

»5. September 1732

Meine teuerste Schwester,

kein Ausdruck reicht hin, Ihnen meine innige Freude über die Nachricht von Ihrer glücklichen Entbindung zu schildern. Ich habe im stillen vor diesem Zeitpunkt gebangt, der über meines Lebens Glück und Unglück die Entscheidung bringen sollte . . . Es beglückt mich und ich finde kaum Dankesworte dafür, daß Sie mir den Vorzug gewähren, mich zum Paten meiner kleinen Nichte zu wählen. Ihre Wahl konnte keinen treffen, der herzlichere Verehrung und Anhänglichkeit für die Mutter empfände und wärmere Freundschaft für die Tochter; ist mir doch alles unschätzbar, was von Ihnen kommt und was Ihnen angehört . . .« [62]

Kaum hatte sich Wilhelmine etwas erholt, begann sie die Reisevorbereitungen für den langersehnten Berliner Aufenthalt. Nur unter großen finanziellen Schwierigkeiten fuhr zunächst der Erbprinz am 3. Oktober zu seinem Regiment nach Pasewalk. Wilhelmine sollte folgen, hatte aber nicht einen Heller. Der Markgraf wollte ihr nichts geben, es sei in ihrem Heiratskontrakt nichts dafür vorgesehen, redete er sich heraus. Wilhelmine erinnerte sich des Versprechens ihres Vaters, daß er die Kosten tragen wolle. Sie bestürmte ihn mit Briefen, er möge sie nicht im Stich lassen.

Inzwischen lieh sich Herr von Voit auf seinen Namen zweitausend Taler, um erst einmal die Abreise der Erbprinzessin in Gang zu bringen. Der Markgraf machte Schwierigkeiten über Schwierigkeiten, er wollte sogar nicht einmal für den Unterhalt der kleinen Prinzessin Friederike aufkommen. Wilhelmine suchte nach einer vertrauenswürdigen Dame, die die Aufsicht über des Kindes Pflege übernehmen sollte. Schließlich fand man die Schwester der Oberhofmeisterin, Fräulein Flora von Sonsfeld, »dabei sparen Sie das Gehalt einer Gouvernante!« schrieb der sparsame Papa aus Berlin. Von der Erstattung der Reisekosten war plötzlich nicht mehr die Rede. Von der Königin kam ein Brief, der die Vorfreude Wilhelmines auf die Reise hätte dämpfen müssen.

»Oktober 1732

›Was wollen Sie hier erreichen‹, schrieb sie mir, ›können Sie wirklich noch auf die Versprechen des Königs bauen, nachdem er Sie so grausam im Stiche ließ? Bleiben Sie zu Hause, und lassen Sie Ihr ewiges Lamentieren. Sie mußten auf alles, was Ihnen widerfährt, wohl gefaßt sein.‹« [63]

Schließlich rückte der Markgraf nach langem Hin und Her tausend Gulden heraus, eine Summe, »die nicht einmal für die Postpferde genügte«, wie Wilhelmine bemerkte. Kurze Abstecher nach Ansbach

und Coburg verzögerten die Abreise, schließlich am 12. November 1732
erfolgte der Aufbruch nach Berlin. Die Reise war äußerst unangenehm,
kaltes winterliches Wetter und miserable Wege ließen es wahrlich
kein Vergnügen sein, täglich zwanzig Stunden unterwegs zu sein. Eine
Eilstafette sollte ihre Ankunft in Berlin ankündigen und noch immer
war Wilhelmine voller Wiedersehensfreude. Aber sie sollte so grausam
wie nie enttäuscht werden. Die Mutter war frostig und herzlos, der
Vater heimtückisch und spöttisch, von den Geschwistern benahm sich
besonders Charlotte schnippisch und beinahe ungezogen. Es war ein
Desaster. Nur Friedrich war ihr zugetan und half ihr, wo er konnte.
Das Wiedersehen mit ihrem Gatten war für Wilhelmine ein Labsal.

Eine wichtige Tatsache überging Wilhelmine völlig in ihren Memoiren,
das war die im Februar 1732 vollzogene Verlobung ihres Bruders Friedrich mit der vom Vater auserwählten Prinzessin Elisabeth Christine
von Braunschweig-Bevern, einem schönen Mädchen, das jedoch noch
ein bißchen für die Ansprüche eines großen Hofes zurechtgestutzt
werden mußte. Im vertrauten Gespräch mit der Schwester äußerte sich
Friedrich recht liebenswürdig über sie:

»Was die Prinzessin betrifft, so ist mein Haß nicht so groß, als er
scheint; ich stelle mich, als haßte ich sie, um meinen Gehorsam dem
König gegenüber um so besser zur Geltung zu bringen. Sie ist hübsch,
hat einen blühenden Teint und feine Züge, so daß ihr Gesicht schön
zu nennen ist. Es fehlt ihr die Erziehung, und sie kleidet sich sehr
schlecht, aber ich hoffe, daß Sie auf sie einwirken werden, wenn sie
herkommt. Ich lege sie Ihnen ans Herz, teure Schwester, und hoffe,
Sie werden sie unter Ihren Schutz nehmen.« [64]

In diesen Tagen erwies sich der Kronprinz als liebevoller Bruder und
echter Freund; er gab Wilhelmine tausend Taler [65] von den Geldern
ab, die ihm in jenen Jahren der Kaiser durch Vermittlung Grumbkows
und Seckendorffs zukommen ließ. Es war üblich, daß der Kaiserhof
den geldknappen Thronfolgern im Reich gelegentlich Zuwendungen
machte. Diese würden einst Inhaber der Kurstimmen sein, die den
Kaiser wählten. Friedrich bemühte sich, auch für Wilhelmine eine Art
Pension aus Wien zu erwirken.

Die Geschwister fanden in diesen Monaten in Berlin viel Freude dar-
an, wieder zu musizieren und Musik zu hören. Wilhelmine nahm
Ihre Studien am Spinett wieder auf, auch die lange vernachlässigte
Laute wurde hervorgeholt. In ihren Kindertagen hatte Wilhelmine
Laute gespielt, das war »Prinz Dickbauch«, und Friedrichs Flöte erhielt

den Kosenamen »la principessa«. Übermütig spielte Wilhelmine auf
diese vergangenen Zeiten an, als sie dem Bruder nach Ruppin
schrieb:
»Ich fange wieder an, meine Finger in Übung zu bringen, um der Prinzessin Flöte den Kleidsaum zu küssen. Der Prinz Dickbauch dreht sich
um sie wie die Erde um die Sonne; er stößt so schmachtende Seufzer
aus, daß er erbarmungswürdig anzuhören ist. Verzeihen Sie mir diese
Torheiten, lieber Bruder! Das macht die Berliner Luft.« [66]
Der so ersehnte Berliner Aufenthalt Wilhelmines war angefüllt mit
Sorgen und Unzuträglichkeiten. Gesundheitlich ging es ihr beklagens-
wert. Sie hatte eine nervöse Magenkrankheit, konnte fast nichts essen
außer Brot und klarem Wasser. Der Magen schmerzte so, daß sie sich
nicht völlig aufrichten konnte. Die Mutter bemängelte täglich etwas
anderes an ihr, mal die krumme Haltung, mal die französische Frisur,
ein andermal wieder ihre Art vorzulesen.
Ungeachtet der Tatsache, daß Prinzessin Charlotte, Wilhelmines
Schwester, mit dem Prinzen Karl von Braunschweig-Bevern verlobt
war, und ohne Rücksicht auf die Verlobung des Kronprinzen mit Karls
Schwester, Prinzessin Elisabeth Christine von Braunschweig-Bevern,
verhandelte die Königin weiter insgeheim mit den englischen Verwandten, um doch noch eine englische Doppelhochzeit zustande zu
bringen und nun mit Charlotte und Fritz ihren Lieblingsplan zu verwirklichen. Sie war in diesem Punkte wie von einer fixen Idee besessen und völlig unheilbar verstrickt. Den König brachten diese Umtriebe, sowie er auch nur ein Bruchstück davon erfuhr, immer wieder in
Harnisch und der Familienfriede war durch die Schuld der Königin
erneut in Gefahr. Aber jetzt war es Fritz, der durch anhaltende und
nachdrücklich zur Schau getragene Ergebenheit und Devotion dem
König gegenüber beruhigend auf diesen einwirkte.
Das strenge Reglement, dem sich Wilhelmine am Hofe ihrer Mutter
wieder unterworfen sah, die vielen Gelage und Trinkereien, die die
Gesundheit des Erbprinzen untergruben, dies alles ließ Bayreuth als
eine Oase der Ruhe erscheinen. Das Bayreuther Erbprinzenpaar, das
sich so auf Berlin gefreut hatte, überlegte jetzt hin und her, wie es dem
anstrengenden Leben in der Hauptstadt wieder entfliehen könne. Vor-
läufig war daran jedoch noch nicht zu denken. Zunächst stand im
Juni 1733 die Hochzeit des Kronprinzen mit Elisabeth Christine bevor.
Die schüchterne Prinzessin »mit dem Köpfchen eins Kindes« war in
den Wintermonaten in Braunschweig eifrig unterwiesen worden, um

den Ansprüchen ihres Verlobten und des Berliner Hofes zu genügen. Sie hatte Tanzunterricht genommen, frisierte sich besser und ihre Kleidung war neu und nach dem letzten und elegantesten Schnitt. Es bedeutete ein Unglück der Natur, daß Fritz nur mittelgroß war und seine Braut ihn an Körpergröße etwas überragte, eine Tatsache, die sich durch keinerlei Maßnahmen vertuschen ließ, und in der wahrscheinlich der Kernpunkt der späteren Entfremdung des Paares zu suchen ist. Der Prinzessin war es im übrigen durchaus gelungen, die menschliche Wertschätzung des Kronprinzen zu gewinnen.

Wilhelmine befand sich bei der Hochzeit in Braunschweig nicht unter den Gästen, aber sie war es, der Fritz sofort nach der Trauung schrieb. Seine ersten Gedanken und Handlungen galten nicht seiner jungen Frau, sondern der fernen Schwester in Berlin.

»Salzdahlum, um 12 Uhr, 12. Juni 1733

Meine geliebteste Schwester,

eben in diesem Augenblick ist die feierliche Handlung zu Ende, und Gott sei Dank, daß alles vorüber ist. Ich hoffe, Sie empfinden es als Ausdruck meiner Zuneigung, wenn ich die erste Nachricht davon Ihnen gebe. Möchte ich bald die Ehre haben, Sie wiederzusehen und Ihnen zu versichern, geliebteste Schwester, daß ich ganz der Ihre bin. Ich schreibe in aller Eile, so daß ich von allen Förmlichkeiten absehen muß. Leben Sie wohl!«[67]

Wilhelmine bereitete sich indessen vor, die Kronprinzessin bald in Berlin kennenzulernen, denn der ganze Braunschweiger Hof wurde erwartet, um am 2. Juli die Hochzeit der Prinzessin Charlotte und des Erbprinzen Karl von Bevern zu feiern. Die Begegnung der beiden Frauen verlief seltsam, denn Elisabeth Christine war so gehemmt und unsicher, daß sie trotz aller Liebenswürdigkeit Wilhelmines kaum redete, kaum antwortete und sich unglaublich steif benahm.

Charlottes Hochzeit wurde ebenfalls mit großem Prunk und tagelangen Festlichkeiten gefeiert. Für Wilhelmine erwies sich dies alles als viel zu anstrengend, besonders die großen Truppenrevuen, bei denen alle Damen schon um drei Uhr morgens im größten Staat vom Schlosse abzufahren hatten und den ganzen Tag bei unerträglicher Hitze ohne jede Erfrischung in kleinen stickigen Zelten zubringen mußten.

Das Erbprinzenpaar steckte sich jetzt hinter Herrn von Voit und bat darum, der Markgraf von Bayreuth möge doch selbst Maßnahmen treffen, um seine Kinder wieder nach dort zu bekommen. Am 8. August sollte die letzte große Revue des Jahres sein, bei der das Regiment des

Erbprinzen von Bayreuth vorgeführt wurde. Es war so glänzend diszipliniert und machte einen so großartigen Eindruck, daß der König in bester Laune war und die Reise Wilhelmines und ihres Gatten für den 23. August genehmigte. Das Zusammensein mit dem königlichen Papa war, selbst wenn er aufgeräumt war, keinesfalls besonders angenehm. Einmal, als es Wilhelmine bei Tisch wieder übel wurde und sie nichts essen konnte, zog sie der Vater in seiner rüden Art auf, ob denn wohl ein Stammhalter unterwegs sei. Das hörte sich bei ihm dann so an: »Soll ich gratulieren, oder condolieren? Meine Tochter muß sich besser f . . . lassen!« [68]

Man kann sich gut vorstellen, wie indigniert die arme Wilhelmine über solche Redensarten vor versammelter Hofgesellschaft gewesen ist.

Nach Charlottes Heirat im Juli 1733, als ihre Spottlust und ihre damals noch so scharfe Zunge ausgeschaltet waren, kamen sich die Mutter und Wilhelmine wieder näher. Sie schieden am 23. August unter vielen Tränen. Der Abschied vom Vater war ziemlich kühl. Wilhelmine bedauerte dies nachträglich, denn sie liebte ihren Vater trotz allem Kummer, den sie durch ihn erfahren hatte. Nie mehr sollte sie ihn umarmen, ihr Weg führte sie vor seinem Tode nicht mehr nach Berlin.

In Bayreuth wurde das Erbprinzenpaar voller Freude aufgenommen. Der Markgraf kam seinen Kindern entgegengereist und in einem langen Wagenzug fuhr man gemeinsam zur Stadt hinein. Er fand die Schwiegertochter mager und schlecht aussehend. Sein neuer Leibarzt sollte ihr grundlegend helfen.

Mit dem Markgrafen war ein Wandel vor sich gegangen. Er achtete auf sich, zog sich prächtiger an als sonst und ließ sich jugendlich frisieren und machmal sogar schminken. Bald erfuhr auch Wilhelmine den Grund dieser Veränderung: der Markgraf war verliebt und ging auf Freiersfüßen! Bald nach der Abreise seiner Kinder hatte er angefangen, Flora von Sonsfeld den Hof zu machen, und diese Neigung hatte sich so bei ihm verstärkt, daß er mit Heiratsgedanken umherging. Der Kaiser sollte Flora zur Reichsgräfin machen, damit er sie heiraten könne. All diese schönen Pläne waren schon ausgereift bei ihm. Er wollte sich Schloß Himmelkron in Stand setzen lassen, um dort mit seiner zukünftigen Gemahlin zu leben.

Wilhelmine und der Erbprinz waren wie vom Donner gerührt. Dies würde bedeuten, daß sie einst, wenn der Markgraf einmal nicht mehr lebte, eine Markgräfin-Mutter zu versorgen haben würden mit Hofstaat und Gefolge und Dienerschaft, was die Einkünfte des Landes erheblich belasten würde. Mit vieler Mühe gelang es schließlich, durch allerlei Versprechungen Flora von Sonsfeld so weit zu beeinflussen, daß sie sich der Werbung des Markgrafen gegenüber zurückhaltend verhielt. Es konnte als diplomatisches Meisterstück Wilhelmines gelten, Flora an diesen Entschluß zu binden und immer wieder dazu zu bringen, daß sie den Verheißungen des Markgrafen widerstand. Flora von Sonsfeld, im Grunde eine äußerst gutherzige Person, war sehr schön gewesen, hatte dann leider viele Pockennarben bekommen, mit den Jahren wurde sie auch stärker und hinkte aus irgendeinem Grunde etwas. Dennoch hatte sie sehr viel Anziehendes in ihrem Wesen, sie war nicht umsonst die Schwester von Wilhelmines angebeteter Hofmeisterin Dorothea Luise von Sonsfeld, zärtlich »Sonsine« genannt. Wilhelmine war Flora zu aufrichtigem Dank verpflichtet, denn sie hatte das Baby Friederike betreut und beaufsichtigt, als die Eltern in Berlin waren. Das machte die Aufgabe der Erbprinzessin, die Heirat zu verhindern, noch delikater.

Mit ihrer kleinen Tochter konnten Wilhelmine und der Erbprinz ein höchst erfreuliches Wiedersehen feiern. Friederike, die gerade ein Jahr alt war, beherrschte schon allerlei kleine Kunststücke, war ein gesundes und hübsches Kind. Wilhelmine war entzückt von ihrer Tochter und der Erbprinz zeigte sich förmlich begeistert und widmete der Kleinen viele Stunden des Tages.

Aus der freundlichen Kinderstube wurden die Gedanken Wilhelmines bald abgezogen auf das unangenehme Gebiet der Politik. Gerade jetzt verschärfte sich die allgemeine Lage in Europa. König August der Starke war gestorben und um seine Thronfolge in Polen brachen zwischen Frankreich und Österreich Streitigkeiten aus. Französische Truppen marschierten gegen den Oberrhein. Der König von Preußen wünschte, daß im Fürstentum Bayreuth ein Regiment für preußischen Sold ausgehoben werden sollte. Der Markgraf hielt dies für untragbar, er befürchtete als freier Reichsfürst Schwierigkeiten mit dem Fränkischen Kreis und mit dem Kaiser selbst, schließlich war er ein unabhängiger Fürst und trotz seiner verwandtschaftlichen Beziehungen nach Berlin kein Vasall Preußens.

Abgesehen von diesem Problem schien im Jahre 1734 die Zeit der großen persönlichen Sorgen und Demütigungen für Wilhelmine vorüber zu sein. Sie fand sich endgültig zurecht in ihrer neuen Heimat Bayreuth und sah Berlin jetzt nicht mehr in einer durch Sehnsucht verklärten Erinnerung. Sie hatte zuviel Häßliches erleben und erdulden müssen.

Oft ist die Frage aufgeworfen worden, ob denn wohl die Memoiren Wilhelmines als zuverlässiges Dokument anzusehen seien. Es gab deshalb in Gelehrtenkreisen viel Hin und Her. Die neueste Forschung hält sie für ein Zeitdokument allerersten Ranges. Mögen die Aufzeichnungen auch in manchen Einzelheiten nicht stimmen, so ist dies unwesentlich. Wilhelmine war keine Archivarin, keine Historikerin, die sich genaue Auszüge aus Hofprotokollen und dicken Folianten machte. Sie war einfach eine lebhaft empfindende Frau, die aus der Erinnerung ihre Erlebnisse aufschrieb. Daß dabei manche Daten verwechselt oder falsch angegeben wurden, ist menschlich nur verständlich. Aber dies tritt alles zurück hinter der enormen Wichtigkeit der Memoiren in kulturgeschichtlicher Hinsicht. Sie sind informativ bis in jede Kleinigkeit, und niemand kann Wilhelmines Leben eingehender und spannender uns Heutigen erzählen, als sie selbst es tat. Würde man die Denkwürdigkeiten im Zusammenhang mit ihren gesamten Briefen veröffentlichen, es gäbe eine stattliche Anzahl von Bänden. Dies wäre ein Idealfall der Rekonstruktion eines Lebenslaufes auf historischer Basis.

Im Januar und Februar 1734 ging es Wilhelmine gesundheitlich nicht gut. Sie litt an einem schleichenden Fieber, war voller Langeweile und berichtete von ihren gescheiterten Versuchen, im streng pietistischen Bayreuth ein wenig geselliges Leben, Karnevalsfröhlichkeit, in Gang zu setzen. Sie veranstaltete ein bezauberndes Kostümfest, auf dem sich alle Welt köstlich amüsierte, aber am nächsten Sonntag predigte die unduldsame Geistlichkeit, mit den Halskrausen so groß wie Waschkörbe, gegen die verwerfliche Weltlichkeit des Fürstenhauses und das »sündhafte Unternehmen« dieses Kostümfestes.
Dabei war das bißchen Karnevalsspaß Wilhelmine so zu gönnen gewesen.
Bald darauf gab es zudem Ärger mit den Regimentern des Erbprinzen. Er sollte ein kaiserliches Regiment übernehmen, mußte jedoch vom königlichen Schwiegervater in Berlin erfahren, »niemand könne zwei Herren dienen«, und wenn er das österreichische Regiment annähme, so müsse er das Dragonerregiment in Pasewalk abgeben. Nach langem Lavieren entschied man sich schließlich für das österreichische Regiment, und in all die Aufregung hinein hatte Wilhelmine Ende Februar

1734 den ganzen Hof damit beunruhigt und in Bestürzung versetzt,
daß sie eine Fehlgeburt erlitt.

Kaum befand sich die Erbprinzessin besser, als sie eines nachts von
ihrem Oberhofmeister, Herrn von Voit zu Saltzburg, aus dem Schlaf
gerissen wurde. Das Erbprinzenpaar warf sich erschreckt die Morgen-
mäntel über, was konnte es um Mitternacht so plötzlich geben? Voit
kam aus Himmelkron, der Markgraf tobte dort in »beispiellosem Zorn«.
Preußische Werber, die für bestimmte Regimenter Rekrutierungser-
laubnis hatten, waren eines besonders langen Rekruten habhaft geworden und hatten dabei die Grenze zum Bambergischen verletzt.
Der »lange Kerl« befand sich schon auf dem Transport nach Berlin, da
kam eine geharnischte Beschwerde des Bischofs von Bamberg: es handelte sich um einen in Zivil reisenden katholischen Geistlichen.

Der Markgraf wollte den Werbeoffizier von Münchow zum Tode ver-
urteilen, er befürchtete Schwierigkeiten noch und noch mit dem geistlichen Oberhaupt des fränkischen Kreises. Er war außer sich in seiner
Wut und Gekränktheit. Der Erbprinz und Wilhelmine verbrachten
eine schlaflose Nacht und erst am nächsten Tage gelang es ihnen, durch
massive Drohungen mit der Ungnade des preußischen Königs, falls
seinem Werbeoffizier etwas zustoße, zu erreichen, daß Münchow freigelassen wurde. Der katholische Priester kam, begleitet von vielen Ent-
schuldigungen, wieder auf freien Fuß und trat seine Rückreise nach
Bamberg an. Schließlich beruhigte sich auch der aufgebrachte Markgraf von Bayreuth.

Neue Aufregungen gab es auch im Familienkreis. Erbprinz Friedrich
hatte zwei Schwestern, die anfänglich gegen Wilhelmine zu intrigie-
ren versuchten, doch Diplomatie und Vorsicht der Erbprinzessin be-
wirkten bald, daß ein gutes Einvernehmen herrschte. Die ältere reiste
dann zu ihrer Tante nach Ostfriesland, wo sie später ihren Vetter heiratete. Sie war also vom Bayreuther Hof entfernt. Die zweite Schwester
litt an einer Anomalie, einer Art Mannstollheit, und wurde unter
Aufsicht gehalten. Sowie sie einen Herrn sah, der ihr gefiel, sei es bei
Spaziergängen oder bei der Tafel, so winkte und lachte sie ihm zu.
Man hätte etwas darum gegeben, einen passenden Freier für die im
übrigen sehr gut aussehende Prinzessin zu finden.

Endlich stellte sich ein Fürst ein, der zwar durchaus Ansehen genoß,
aber zumindest ebenso seltsames Gebaren zeigte wie die Prinzessin.
Er benahm sich recht närrisch, machte in Gesellschaften den Hanswurst und hatte so wenig die Fähigkeit, irgend etwas im Gedächtnis

zu behalten, daß dies zu den turbulentesten Verwicklungen führte. Es war der Herzog von Weimar, den Wilhelmine als einen »der mächtigsten Fürsten des sächsischen Hauses« bezeichnete. Er hatte sich ein Bild der Prinzessin zu beschaffen gewußt und kam eines Tages plötzlich in Bayreuth an. Die Prinzessin, Charlotte mit Namen, war ungewöhnlich schön. Wilhelmine putzte sie aufs beste heraus und bot nun ihre ganze Überredungskunst und Gewandtheit auf, um ein Verlöbnis Charlottes mit dem Herzog von Weimar zustande zu bringen. Sie holte an Musikanten zusammen, was sie auftreiben konnte: Dudelsackpfeifer, Trompeter, Waldhornbläser, es war ein Höllenspektakel. Der Herzog trank viel bei Tisch, fiedelte auf einer Geige und schließlich gelang es, ihn zu verloben, obwohl er an diesem Tag eigentlich nicht so sehr Charlotte als vielmehr Wilhelmine umschwärmte. Am nächsten Tag wollte er alles rückgängig machen und sich auf einen Scherz herausreden, aber Wilhelmine spielte solange die Tiefgekränkte, daß der närrische Herzog einlenkte und die Hochzeit am 7. April 1734 stattfand. Eine sprödere Braut und einen mehr enttäuschten Bräutigam hat es kaum jemals gegeben. Erst als die Neuvermählten mit Flora von Sonsfeld als provisorischer Hofdame nach Weimar aufgebrochen waren, fand Wilhelmine wieder Ruhe.

Aus dieser Ehe ging jener feingeistige, schüchterne junge Herzog Ernst August Konstantin von Weimar hervor, der später die Tochter von Wilhelmines Schwester Charlotte, der Herzogin von Braunschweig, heiratete: Anna Amalie von Braunschweig. Beider ältester Sohn, Carl August, wurde der weltberühmte »Goetheherzog« in Weimar.

Die Kriegshandlungen des Jahres 1734 näherten sich bedenklich dem Bayreuther Territorium. Wilhelmine war eine vorzügliche Reporterin der Stimmung, die die Menschen in diesen unruhigen Zeitläuften beherrschte:

»18. 5. 1734
Wir schweben hier in Todesängsten und halten uns zum Aufbruch bereit; denn die Franzosen stehen nur acht Meilen von Erlangen, somit haben wir für unser armes Land alles zu fürchten; sie werden es völlig zugrunde richten. ... Das sind recht traurige Zeiten! Gott wolle sie zugunsten des armen Reiches wenden, das sonst völlig unterzugehen droht!« [69]
Man brauchte zwar nicht aus Bayreuth zu fliehen, aber man stellte mit Entsetzen fest, daß die preußischen Truppen, denen ein so großer Ruf

von Disziplin vorausging, sich in den bayreuthischen Landen keine
Sympathie erwarben. Sie hausten wie die Teufel. Das war die rachsüch-
tige Quittung des Königs dafür, daß der Erbprinz sein Pasewalker Regiment aufgegeben hatte. Der König verbot auch Fritz, der in die Nähe
von Bayreuth kam, dort Wilhelmine zu besuchen. Die Geschwister
trafen sich heimlich in St. Georgen am See vor der Stadt. Erst im Herbst
durfte der Kronprinz auf dem Rückweg vom Kriegsschauplatz offiziell
nach Bayreuth kommen. Diesmal hatten die Geschwister mehr Zeit
füreinander. Das Hauptthema ihrer Unterhaltung bildeten die Krankheiten der Väter. König Friedrich Wilhelm lag schwer krank darnieder
und dem alten Markgrafen von Bayreuth ging es von Tag zu Tag
schlechter. Als Fritz abgereist war, wurden im Briefwechsel der Geschwister offene Worte gesprochen; beide errechneten sich ein baldiges
Ende der väterlichen Regierungszeiten. Die ersehnte Unabhängigkeit
rückte in greifbare Nähe. Aber Fritz hatte zu warten. An Wilhelmine
trat dies Ereignis früher heran. In Bayreuth schloß der Markgraf am
17. Mai 1735 seine Augen für immer. Bei Wilhelmine waren aller
Zynismus und Sarkasmus verweht. Das Erlebnis des Todes hatte sie
gewandelt. In aufrichtiger Trauer schrieb sie dem Bruder am 17. Mai
1735:
»Liebster Bruder,
wie Sie schon äußerlich sehen, ist dies ein Trauerbrief. Der Markgraf
ist heute morgen um 6½ Uhr verschieden. Ich verließ ihn erst nach
dem letzten Seufzer. Er hatte den schrecklichsten Tod, den es gibt,
den Brand im Halse und dazu einen neunstündigen Todeskampf, bei
dem er wie ein Verdammter litt und nicht sterben konnte. Er war bis
zuletzt bei vollem Bewußtsein und ist mit einem Heroismus und einer
Ergebung ohnegleichen gestorben. Ich kann Ihnen versichern, es hat
mich tief erschüttert. Ich kann mich kaum aufrecht halten, denn ich
habe drei Nächte gewacht. Leben Sie wohl, liebster Bruder! Rechnen
Sie stets auf eine Schwester, die zeitlebens mit aller erdenklichen Zärtlichkeit und Hochachtung an Ihnen hängt. Ihre sehr ergebene, gehor-
same und treue
Schwester und Dienerin
Wilhelmine« [70]
Kronprinz Friedrich machte keine Redensarten, sondern antwortete
so, wie ihm ums Herz war:
»Liebste Schwester!
Ich bin außerstande, Ihnen zum Tode des Markgrafen, Ihres Schwie-

gervaters, mein Beileid auszusprechen; denn ich bin so froh, daß er beim lieben Gott ist, daß ich ihn nicht aus dem Paradies zurückwünsche. So empfangen Sie denn statt meiner Klagen den Ausdruck meiner lebhaftesten Freude, daß Sie jetzt vor allem Kummer geborgen sind. Da Sie mein halbes Ich sind, fühle ich mich schon halb glücklich. – Meine Glückwünsche an den Markgrafen [Friedrich]. Wenn er meinem Rate folgt, muß er jetzt in der allerbesten Laune sein.« [71]

In Bayreuth dachte man nicht daran, sich erleichtert zu zeigen. Wilhelmine berichtete, daß der Bayreuther Hof vom 1. Juni 1735 an ein ganzes Jahr lang tiefe Trauer trug. Als würdigen offiziellen Beitrag zum Regierungswechsel sandte Kronprinz Friedrich aus Berlin ein langes Gedicht zur Thronbesteigung seiner Schwester, das alle Götter des Olymps beschwört, der neuen Markgräfin dienstbar zu sein und ihr »nach Ungewitters Toben« jetzt des »Himmels reinste Bläue« zu bescheren. Der junge Markgraf war vierundzwanzig Jahre alt, Wilhelmine, jetzt regierende Markgräfin, zählte sechsundzwanzig Jahre.

Wegen der Hoftrauer hatte man die Feier von Wilhelmines Geburtstag in diesem Jahr auf den 3. August verschoben, damit man diesen Tag doch wenigstens etwas festlich begehen konnte. Sie hat diesen ersten Geburtstag in einem selbständigen Leben festgehalten: »Ich vergaß zu erwähnen, daß am 3. August mein Geburtstag gefeiert worden war. Der Markgraf schenkte mir prachtvolle Juwelen, eine jährliche Zulage und die Eremitage. Ich wollte die Zulage erst für das nächste Jahr annehmen. Den ganzen Monat August hindurch war ich damit beschäftigt, die Wege nach der Eremitage instand setzen zu lassen, und legte eine Menge von Spazierwegen an. Täglich fuhr ich hinaus, und es machte mir Spaß, die Pläne selbst zu entwerfen und diesen Ort anziehend zu machen.« [72]

In jenen Tagen erwähnte die Markgräfin ihre junge Hofdame Wilhelmine von Marwitz noch mit innigster Freundschaft. Sie hatte sich sehr an sie gewöhnt, sie erzogen und ausgebildet. Alle Kenntnisse, gesellschaftlichen Schliff und jegliche Gewandtheit in der Unterhaltung verdankte »die Marwitz« der Markgräfin. Sie wuchs zu einem sehr schönen jungen Mädchen heran, was Wilhelmine eines Tages noch viel Kummer bereiten sollte.

Im November 1735 gab es eine bemerkenswerte Reise. Der Fürstbischof von Bamberg und Würzburg, Friedrich Karl von Schönborn, hatte die markgräflichen Höfe von Ansbach und Bayreuth zu sich nach Pommersfelden gebeten. Ein Wiedersehen der Schwestern Friederike und

Wilhelmine stand bevor. Doch anstatt sich die Tage möglichst angenehm zu gestalten, hatten die beiden Markgräfinnen den Kopf voll
mit Etikettefragen, in denen sich keine Übereinstimmung erzielen
ließ.

Es gab noch mehr an Unzuträglichkeiten. Der Ansbacher Hof brachte
nach einem Abstecher nach Bamberg das Gerücht auf, Wilhelmine
habe absichtlich den Kutscher so schnell fahren lassen, um der Schwester eine Fehlgeburt zuzuziehen! Wilhelmine war völlig außer sich
über diese Unterstellung und es kostete sie Mühe, einen Eklat zu vermeiden.

Das Zusammentreffen der beiden markgräflichen Ehepaare und ihres
Gefolges fand in jenem Schloß Pommersfelden statt, das noch heute
in bestem Zustand erhalten ist und ein bezauberndes Zeugnis ablegt
von der anmutigen Baukunst des 18. Jahrhunderts. Es gab wundervoll
ausgestattete Räume, aber viele davon waren nicht oder nur unzureichend geheizt. Wilhelmine beklagte sich bitter über die Kälte, die man
während der Konzerte ertragen mußte. Sie verstand es allerdings vorzüglich, sich gut mit dem Fürstbischof zu stellen. Das Einvernehmen
mit der Ansbacher Schwester wurde jedoch nur oberflächlich wieder
hergestellt.

Schon 1736 hatte Wilhelmine das Gefühl, daß der Kronprinz ihr nicht
mehr in gleicher Liebe zugetan sei wie früher. Sie machte sich ihre
Gedanken, fand aber keine Ursache, die das bewirkt haben könnte.
Daß Markgraf Friedrich auf einer Reise aus Termingründen den König
nicht unterwegs treffen konnte, dies nahm Wilhelmine nicht als ernsthaften Anlaß einer Entfremdung mit dem Bruder, obwohl er sich
ungehalten zeigte.

Der Kummer über die Veränderung des Bruders wurde etwas ausge-
glichen dadurch, daß sich die bisher so drückenden finanziellen Verhältnisse des Markgrafentums zum Guten änderten.

»Seitdem der Markgraf Ellerot berufen hatte, waren seine Finanzen
wieder im Aufschwung begriffen. Man fand, daß die Einkünfte sich
bedeutend höher gestalten ließen; vermutlich hatten die Herren der
Rechnungskammer sie bisher bezogen. Der Markgraf löste die Kammer
auf und berief andere Mitglieder an Stelle der früheren. Ellerot entdeckte außerdem verjährte Außenstände des Markgrafen von Bayreuth,
die sehr weit zurückreichten, und er war so geschickt, die Zahlung
derselben zu erlangen. Statt arm zu sein, waren wir mit einem Male
reich geworden.«[73]

Wilhelmine setzte den Briefwechsel mit ihrem Bruder in dieser Zeit besonders eifrig fort, damit er nicht das Gefühl haben sollte, sie fühle sich von seinem Verhalten befremdet. Es begannen für Fritz die geistig so bedeutenden Rheinsberger Studienjahre, an denen die Schwester lebhaften Anteil nahm.

Im Frühjahr des Jahres 1737 beschloß das Markgrafenpaar, zu einer Kur nach Bad Ems zu fahren. Wilhelmine sollte dort Bäder nehmen, um vielleicht doch noch dem Lande den ersehnten Thronerben zu schenken. Sie glaubte kaum, daß dies helfen würde, aber sie ließ sich überreden. Zur Schlichtung einer Ehetragödie wurde sie zuvor nach Ansbach gerufen, wo sie sich ihrer Schwester nützlich erweisen konnte. Sie nahm darauf von Wertheim am Main ein Schiff nach Bad Ems. Von der Wasserreise war sie außerordentlich angetan, lobte besonders das vorzügliche Essen an Bord.

Der Aufenthalt in einem »Modebad« war damals sehr verschieden von dem, was man sich heute darunter vorstellt. Es gab, zumindest in Ems, keine gepflegten Kuranlagen, keine Hotels, kaum Gaststätten. Alles steckte noch in den Anfängen. Man mietete Privathäuser, um mit seinem Gefolge, Koch und Dienerschaft zu logieren. Die Markgräfin gab eine sehr drastische Impression wieder: »Wir gingen manchmal spazieren, oder besser gesagt, wir wateten im Kot. Die ›Promenade‹ bestand nämlich in einer Lindenallee, die längs des Flusses angepflanzt worden war. Man war nie allein, die Schweine und anderen Haustiere leisteten einem getreulich Gesellschaft, so daß man sie mit Stockhieben von sich jagen mußte, um vorwärts zu kommen.«[74]

Die Bäder hatten die Markgräfin sehr angegriffen. Sie erkrankte auf der Rückreise an einer Art Ruhr, überwand diese jedoch bald und machte noch einige Besuche in Würzburg und Münichsbruck. Sie kehrte jedoch leidend nach Bayreuth zurück, ihr schleichendes Fieber stellte sich wieder ein und an einen Thronerben für das Haus Brandenburg-Bayreuth war nicht zu denken.

Im Frühjahr 1738 erkrankte der Markgraf schwer, es war eine Art Schlaganfall, kaum glaublich bei dem jugendlichen Alter des Fürsten, er war erst siebenundzwanzig Jahre alt. Sein Mund blieb leicht verzogen und ein Auge tränte immer. Wilhelmine beteuerte jedoch in ihren Aufzeichnungen, man bemerke es kaum und es entstelle ihn kein bißchen. Durch Vermittlung Kronprinz Friedrichs erbaten sich die Bayreuther vom König die Übersendung eines besonders geschickten Arz-

tes. Man wünschte sich jenen Daniel de Superville, der den König
kürzlich von seiner Wassersucht vollständig geheilt hatte. Man fand,
als er kam, rasch heraus, daß er ein äußerst angenehmes Wesen habe,
echte Gelehrsamkeit mit einer guten Unterhaltungsgabe verband und
sich in jeder Weise angenehm machte. Als Holländer genoß er viel
Sympathie und wurde zu einer großen Bereicherung des Bayreuther
Hofes. Leider bekam man ihn zunächst nur »geliehen«.

Allmählich genoß Superville das Vertrauen des Markgrafenpaares in
hohem Maße. Er erzählte der Markgräfin im geheimen, was er über den
Charakter des Kronprinzen dachte, und Wilhelmine war, obwohl sie
zunächst erschrak über die absprechende Schilderung, in ihrem Innern
gerechtfertigt, da sie selbst schon dauernd das Gefühl gehabt hatte, der
Kronprinz habe sich zu seinem Nachteil verändert. Superville gehörte
zum engeren Kreise des Kronprinzen, er mußte es wissen. Der Arzt
hegte selbst den Wunsch, an den traulichen Bayreuther Hof zu kommen; so fuhr er mit zwei Bittgesuchen an den König und an den
Kronprinzen um seine Freigabe, zum preußischen Hof zurück.

Nun mußte sich Wilhelmine eine zeitlang ohne Superville behel-
fen. Es ging auch zunächst ganz gut, aber die Gesundheit der Markgräfin war sehr anfällig. Die geringste Aufregung, und schon verschlechterte sich ihr Zustand. Man irrt, wenn man glaubt, daß so ein
kleines Land wie Bayreuth keine unliebsamen Ereignisse haben könne.
Im Gegenteil. Gerade weil dort so wenig vorfiel, gewann jede Mißhel-
ligkeit das Ausmaß einer Katastrophe. Aber besonders schwerwiegend
war, daß sich ein solches Desaster auf finanziellem Gebiet abzuzeich-
nen begann.

Lange war der Finanz-Zauberer Ellerot persona grata bei Hofe gewesen
und er hatte deshalb ganz sicher seine Neider gehabt. Diesen war es
jetzt gelungen, ihn etlicher Unregelmäßigkeiten zu verdächtigen und
ihn schließlich soweit zu entmachten, daß die Markgräfin zur Über-
prüfung der Bayreuther Finanzen vom Vater eine integre Persönlichkeit
erbat. Es kam der Berliner Finanzrat Hartmann, der feststellte, daß es
wieder einmal recht ungünstig um die Geldangelegenheiten des Markgrafenpaares stehe.

Wilhelmine, bisher in Sicherheit gewiegt durch einige sorglose Jahre,
regte sich über diesen Eklat sehr auf und es ging ihr dementsprechend
schlecht. Man beschloß, ungeachtet der Finanzmisere diesmal etwas
Durchgreifendes zu unternehmen und einen Winter nach Montpellier
zu gehen, das seines milden Klimas wegen als winterlicher Luftkurort

sehr berühmt war. Während in Bayreuth die Nebel brauten und feuchter Nieselregen herniederging, schien in Montpellier die Sonne. Man brauchte zu dieser Reise allerdings die Einwilligung des Königs. Gleichzeitig beschloß man, jetzt oder nie den Doktor Superville in Berlin loszueisen. Markgraf Friedrich machte sich mit acht »langen Kerls« auf den Weg, die er seiner Garde entnommen hatte, um sie dem König von Preußen zu übereignen. Sein Plan gelang. Er wurde sehr gnädig aufgenommen und der Arzt Superville erhielt die Erlaubnis, für immer nach Bayreuth zu gehen. Die Reise nach Montpellier wurde in Berlin zwar huldvoll genehmigt, aber nicht einmal die acht langen Kerls vermochten den Preußenkönig zu bewegen, eine finanzielle Unterstützung zu geben.

So beschloß das Markgrafenpaar, die Reisevorbereitungen so geheim wie möglich zu treffen, denn die Reisekosten sollten schließlich von den Untertanen in irgendeiner Form aufgebracht werden. Die Markgräfin wurde über die Stimmung im Volke jetzt häufig sehr gut unterrichtet, da sich ihre mitgebrachte Dienerschaft allmählich aus ortsansässigem Personal ergänzte. So war eine echte Bayreutherin als Wäschebeschließerin gewonnen worden, die in den Besoldungslisten als »weiße Zeuchfrau« auftauchte. Wilhelmine verstand zwar den Dialekt nicht, aber die resolute alte Kammerfrau Mermann machte die Dolmetscherin. Demzufolge wußte Wilhelmine, daß die in Aussicht genommenen neuen Steuern von den Bayreuthern mit vielen »Ach Godala!« aufgenommen wurden. Man setzte die Abreise auf den 20. August 1739 fest. Die Hofdamen Flora von Sonsfeld und Wilhelmine von Marwitz waren die einzigen, die von den Damen mitfahren sollten. Die Oberhofmeisterin war zu gebrechlich, um sich so langen Strapazen auszusetzen. Doch alles kam anders, man gelangte nicht nach Montpellier. Wilhelmine erzählte diese so wichtigen Ereignisse:

»Kaum waren wir eine Meile gefahren, als dem Markgrafen übel wurde. Er spürte heftige Kopfschmerzen und mußte sich erbrechen. Wir dachten, es hätte nicht viel auf sich und es sei nur eine Migräne; aber wir machten unsere Rechnung ohne den Wirt. Er bekam hohes Fieber, so daß wir einige Stunden in Trubach blieben, einem ganz erbärmlichen Nest. Ich schlug ihm vor, nach Bayreuth zurückzukehren; aber er ließ sich nicht dazu bewegen, sondern stieg wieder in den Wagen, um in Streitberg zu übernachten. Das Fieber wich jedoch die ganze Nacht nicht von ihm. Da er sich aber durchaus nach Erlangen transportieren lassen wollte, brachten wir ihn mit großer Mühe dorthin.

Wir hörten bei unserer Ankunft, daß Superville schwerkrank sei. Er hatte dieselben Krankheitssymptome wie der Markgraf. Dessen Zustand versetzte mich in unbeschreibliche Bangigkeit und Sorge.«[75]

Man griff zum Universalmittel der Zeit: beide Herren unterzogen sich einem Aderlaß, was unter Umständen auch sehr gefährliche Folgen hätte nach sich ziehen können. Wilhelmine war nach all dem Trubel, Reisevorbereitungen, Nachtwachen, Krankenpflege und Sorge außerordentlich erschöpft. Die Angst um den Markgrafen verzehrte sie fast. Sie tat, was in ihren Kräften stand, damit er sich bald wieder erholte. Doch während dieser Zeit hatte das Schicksal eine besondere Überraschung für sie bereit, die wie ein Donnerschlag auf sie wirkte: der Markgraf verliebte sich in die Hofdame Wilhelmine von Marwitz!

»Als aber sein Zustand sich zu bessern anfing, bemerkte ich, daß er mir mit großer Kälte begegnete. Ich konnte es ihm in nichts recht machen. Dagegen zeigte er sich der Marwitz gegenüber äußerst zuvorkommend und fragte alle Augenblicke nach ihr, wenn sie nicht im Zimmer war ...

Ich sagte schon, daß mein Schlafkabinett an das Zimmer des Markgrafen stieß. Jeden Morgen bei seinem Erwachen hörte ich ihn nach den Damen rufen. Wenn ich mich wohl genug fühlte, um zu ihm zu gehen, sah er mich kaum an und ließ gleich die Marwitz rufen. Eine furchtbare Eifersucht erfüllte mein Herz. Mein Kummer war ersichtlich genug, aber ich hütete mich, den Grund desselben einzugestehen. Ich kannte die Marwitz: sie war mir anhänglich, und sie war tugendhaft. Ich war überzeugt, daß sie den Hof verlassen würde, falls sie den Grund meiner Melancholie erriet.

Aber ich konnte es dem Markgrafen nicht verzeihen, daß er sich mir gegenüber so verändert hatte. Ich war ein ganzes Jahr hindurch blind gewesen und hatte auf tausend kleine Dinge, die mir jetzt auffielen, nicht geachtet.«[76]

Die Oberhofmeisterin, Fräulein von Sonsfeld, die Wilhelmine aufrichtig zugetan war und ihre Nichte verurteilte, konnte es nicht mitansehen, wie ihre Herrin sich gedemütigt und gekränkt fühlte. Sie fand einen Weg, mit dem Markgrafen zu sprechen und auf ihn dahingehend einzuwirken, daß er wieder freundlicher zu Wilhelmine wurde.

Allein, dies alles blieb Verstellung, denn seine Neigung zu der Hofdame wurde stärker und stärker. Wohin er auch blickte, in Ansbach, in Braunschweig, in Schwedt, in Dresden, in Warschau und an wer weiß wie vielen Höfen hielten sich die Fürsten ihre Mätressen. Warum sollte ausgerechnet er, der gutaussehende junge Markgraf von Bayreuth, als Tugendbold einherwandeln? Konnte er sich etwa keine Mätresse leisten? Wagen und Frauen, wieviel Pferde Vorspann und der Wert der goldenen Tabaksdosen – das waren die geltenden Statussymbole. Des Markgrafen Naturell war eine Mischung aus Leichtsinn und Phlegma, so daß er sich nicht vorstellen konnte, daß er überhaupt die Markgräfin mit seinem Verhalten verletzte. Und schon gar nicht empfand er, wie tief er sie kränkte.

Ende 1739, Anfang 1740 mehrten sich die Sorgen um die Gesundheit des Königs in Berlin. Friedrich schrieb nach Bayreuth: »Er kann nicht mehr gesunden, doch glauben die Ärzte, daß es sich noch hinziehen kann.«[77] Die Lebenskraft des Vaters hatte bis jetzt allen Krankheiten gespottet, dennoch schien der Zeitpunkt gekommen, wo auch seine unerhört starke Natur so vielen Leiden gleichzeitig nicht widerstehen konnte. Am 31. Mai 1740 starb König Friedrich Wilhelm I. in Potsdam. Sein heroisches Verhalten angesichts des Todes nötigte allen Anwesenden die höchste Achtung ab.

Friedrich berichtete der Schwester über den Tod des Vaters nur kurz durch einen Kurier. Wilhelmine sandte mit dem gleichen Boten ihr Kondolenz- und Huldigungsschreiben an den neuen König ab, worauf sie wochenlang keine Antwort erhielt. Um die näheren Umstände vom Tode des Vaters zu erfahren, war sie auf die Königinmutter und die Schwestern angewiesen. Wieder litt Wilhelmine sehr unter den Anzeichen einer neuerlich beginnenden Entfremdung zwischen ihr und dem jetzigen König Friedrich. Es mochte sein, daß der Kummer um ihren Gatten und sein Betragen sie besonders feinfühlig machte. Sie verzeichnete diese Dinge mit allen Regungen höchster Empfindlichkeit:

»Mit dem [neuen] König hielt ich es wie früher. Ich schrieb ihm mit jeder Post und stets im herzlichsten Ton. Sechs Wochen vergingen, ohne daß ich eine Antwort empfing. Der erste Brief, der mir nach Verlauf dieser Zeit zukam, war nur vom König unterzeichnet [nicht selbst geschrieben] und sehr frostig ... Endlich nach drei Monaten wurde mir heimlich mitgeteilt, daß der König Berlin inkognito verlassen habe und auf dem Wege nach der Eremitage sei, wo er mich überraschen wolle. Über diese Nachricht wäre ich vor Freude schier gestorben; zwei Tage lang war ich vor Aufregung krank. Endlich kam er in Begleitung meines zweiten Bruders [August Wilhelm] ... Mein ganzes Herz tat sich bei dieser Begegnung auf.«[78]

Das Treffen der Geschwister verlief durchaus nicht so herzlich, wie
Wilhelmine sich dies gewünscht hatte. Der Bruder erschien ihr verlegen, sprach nur über unwichtige Dinge mit ihr und überließ die
Unterhaltung weitgehend einem geistreichen Venezianer, Algarotti,
der sich in seinem Gefolge befand und mit dem Wilhelmine fortan
freundschaftliche Gefühle verbanden. Eine der ersten Amtshandlungen des jungen Königs war die Bitte an den Markgrafen von Bayreuth
gewesen, für ihn Truppen auszuheben. Markgraf Friedrich konnte
sich nicht gleich dazu entschließen, fand aber dann doch einen Weg,
dies zu bewerkstelligen. Das gleiche schien der König jetzt auch in
Ansbach erreichen zu wollen. »Mehr als zwanzig Stafetten wurden aus-
gesandt«, mokierte sich Wilhelmine. Die Ansbacher kamen, des Königs
Geschenke erweckten Eifersüchteleien, die Schwestern verkehrten kühl
miteinander.

Als Belohnung für die Truppengestellung erfolgte im Oktober 1740 für
die Bayreuther eine Einladung nach Berlin. Der König erwies sich als
ungewöhnlich aufmerksam gegen das Markgrafenpaar und es wurde
für alle Demütigungen und die Mißachtung während der vergangenen
Besuche zu des alten Königs Zeiten reichlich entschädigt. Das Wiedersehen mit der Mutter verlief äußerst rührend. Noch jetzt, nach einem
halben Jahr, waren die Gemächer der Königinmutter schwarz ausgeschlagen und ihr Hofstaat und sie selbst befanden sich in tiefster
Trauer. Wilhelmine sah die Mutter besonders deshalb so gebeugt, weil
sie sich Einfluß bei ihrem Sohn versprochen hatte, Anteil an den Regierungsgeschäften, und gerade in diesem Punkt war sie von Friedrich
gründlich enttäuscht worden. So hatte Wilhelmine eine völlig veränderte Frau vorgefunden: von ihrer einstigen Machtposition abge-
drängt in das unwichtige, obgleich hochgeehrte Dasein einer Königinmutter. Der König setzte sich niemals in der Gegenwart von Sophie
Dorothea, aber daß sie in seine Politik hineinredete, das ließ er nicht
zu.

Das Wiedersehen mit den Geschwistern verlief heiter und amüsant
und glich der Entdeckung völlig neuer Menschen. Acht Jahre waren
vergangen, seit man sich nicht gesehen hatte. Wilhelmine war ein-
unddreißig, der König achtundzwanzig, Ulrike zwanzig, August Wilhelm neunzehn. Er war der einzige, der ihr jetzt vertraut vorkam durch
seinen kürzlichen Bayreuther Besuch. Aber mit allen noch in Berlin
lebenden Königskindern, Amalie siebzehn, Heinrich vierzehn, Ferdinand zehn Jahre, mußte ein vollkommen neuer Kontakt gewonnen

werden. Die Zahl der auswärts lebenden Schwestern hatte sich vergrößert: außer Friederike in Ansbach lebten jetzt Charlotte in Braunschweig und Sophie in Schwedt. Über die Entfernung Charlottes vom
Berliner Hof war Wilhelmine absolut nicht böse. Ihre Spottlust und
ihre übermütige spitze Zunge hatten Wilhelmine viele bittere Stunden
bereitet. Charlotte erfuhr jedoch mit den Jahren eine große charakter-
liche Wandlung, wurde vernünftiger und ausgleichender.

Der Markgraf reiste, da der Tod Kaiser Karls VI. in den Reichsländern
einige Unruhe hervorgerufen hatte, gleich nach Neujahr 1741 aus Berlin ab. Wilhelmine erwartete noch den König zurück, der Anfang
Dezember versprochen hatte, in sechs Wochen Schlesien erobert zu
haben. Sein Winterfeldzug zur Einnahme der bislang österreichischen
Provinz war in der Tat erfolgreich verlaufen. Wilhelmine verabschiedete sich am 12. Januar 1741 von Berlin und reiste zu ihrem Gatten.
Voller Aufmerksamkeit verfolgte man von Bayreuth aus die kriegerischen Maßnahmen der Preußen und der Österreicher. Als kleines
Reichsland hatte man auf der Hut zu sein. In ihrem Herzen konnte
Wilhelmine mit dem überraschenden Einfall des Bruders in Schlesien
nicht einverstanden sein, aber das sagte sie ihm nicht.

Im Verlaufe des Jahres 1741 wählte die antihabsburgische Liga der
Reichsfürsten den bayerischen Kurfürsten Karl Albrecht zum deutschen
Kaiser. Er sollte im Februar 1742 in Frankfurt gekrönt werden und den
Namen Karl VII. führen. Mochten die politischen Verhältnisse noch
so unübersichtlich sein, Wilhelmine und der Markgraf waren entschlossen, sich ein so seltenes Schauspiel wie eine Kaiserkrönung nicht
entgehen zu lassen. Man beabsichtigte, nur wenige Tage in Frankfurt
zu bleiben. Die Damen führten »nur ein einziges schwarzes Schlepp-
kleid« mit. Man fuhr inkognito. Doch als man ankam, gab es so viele
reizvolle Veranstaltungen, Bälle, Kostümfeste, Konzerte, Komödien
und Opern, daß eines Tages auf einem Maskenball die Markgräfin
doch von befreundeten Fürsten erkannt wurde. Nun ließ man eiligst das
große Gepäck nachkommen und trat im Range eines Grafen von Reuß
nur noch in halbem Inkognito auf, das jedermann durchschaute, das
aber Formalitäten und Zeremonien und – Trinkgelder ersparte.

Die Schriftstellerin Annette Kolb sagte Jahrhunderte später über Wilhelmines Auftreten bei dieser Frankfurter Kaiserkrönung:
»Wir fühlen, ohne daß sie es nur andeutet, mit welchem Erfolge sie
bei den Frankfurter Krönungsfesten erschien und wie groß der Reiz
dieser jungen Frau gewesen sein muß, die, so tugendsam und dabei so

verführerisch, nach einem ziemlich verloren gegangenen Rezept deutsche Solidität des Geistes mit französischer Grazie vereint.«[79]
Berghofer, der bayreuthische Geschäftsträger in Frankfurt, hatte den Einfall, daß Wilhelmine unbedingt der Kaiserin Maria Amalia ihre Aufwartung machen sollte. Wilhelmine stellte als Königstochter einige Ansprüche hinsichtlich der Etikette. Die Herren Gesandten brachen in großes Lamento aus und fanden die Wünsche der Markgräfin unerfüllbar: sie hatte unter anderem einen Armsessel verlangt, auf dem sie sitzen wollte. Schließlich einigte man sich im Protokoll. Wilhelmine bekam einen großen hochlehnigen Stuhl ohne Armlehnen, die Kaiserin jedoch einen im Format kleineren Armsessel. So hoffte man, die Interessen beider Seiten gewahrt zu haben. Kaiser Karl VII. sollte sein Amt nur drei Jahre versehen. Er starb 1745 und an der Seite ihres Gatten, Franz I. von Lothringen-Toskana, gelangte Maria Theresia auf den Kaiserthron.

Als das Markgrafenpaar nach der Frankfurter Reise wieder zu Hause anlangte, traf wichtiger Besuch aus Berlin ein. Es war der Oberhofmeister der Herzogin von Württemberg, der den offiziellen Heiratsantrag des jungen Herzogs Karl Eugen für die blutjunge Prinzessin Friederike von Bayreuth den Eltern überbrachte. Die Herzogin lebte häufig in Berlin, wo ihre beiden Söhne erzogen wurden. Karl Eugen hatte sich auf einer Reise durch Franken sterblich in Friederike verliebt, die ein ausnehmend schönes Mädchen war. Begleitet wurde das offizielle Schreiben der württembergischen Herzogin von den wärmsten Empfehlungen des Königs und der Königinmutter, diesen Antrag doch anzunehmen. Das Markgrafenpaar stimmte zwar zu, war allerdings dafür, die Verlobung etwas aufzuschieben, da beide Kinder noch sehr jung waren.
Die Hofdame von Marwitz und der Markgraf von Bayreuth mochten inzwischen Zeit gefunden haben, sich ohne Eklat miteinander zu arrangieren. Man wollte Wilhelmine Freundschaft und Zärtlichkeit vortäuschen, und unter diesem Deckmantel glaubte man, den eigenen Neigungen um so ungestörter nachgehen zu können. Aber Bayreuth war klein, irgendein Augenpaar sah immer, was nicht bekannt werden sollte. Und so kam es, daß Wilhelmine bald erfuhr, die Marwitz sei »die Maintenon von Bayreuth«. Die Markgräfin, im Grunde zu gutartig und zu harmlos veranlagt, sah noch immer in einer Heirat dieses Mädchens den einzigen Ausweg. Damit, so erhoffte sich die solide und geradsinnig denkende Wilhelmine, wäre sie selbst dann alle Sorgen los.

Sich in dieser Sache zunächst einmal passiv zu verhalten, wurde ihr dadurch erleichtert, daß ihr Gatte sich sehr liebenswürdig und freundlich zeigte und sie in keiner Weise fühlen ließ, daß sein Herz insgeheim einer anderen gehörte. Außerdem entfaltete Markgraf Friedrich eine gewisse Betriebsamkeit. Er begründete mit Hilfe des intelligenten Leibarztes Superville die »Friedrichs-Akademie« in Bayreuth; dieses Institut wurde später nach Erlangen verlegt und in die noch heute bestehende Universität umgewandelt. Zur Eröffnungsdisputation der Professoren stellte Wilhelmine ein Thema, das den Titel trug: »Ist es möglich, daß die Materie denken kann?«

Zur Zeit war Erlangen jedoch vor allem Schauplatz der Wirksamkeit eines Journalisten, der sich dem preußischen König so verhaßt gemacht hatte wie der Teufel: Gottfried Groß. Unbeeinträchtigt von Gesetz, Recht oder den Verboten des Markgrafen von Bayreuth konnte er in seinem Blättchen, dem »Christian-Erlangischen-Zeitungs-Extrakt« für Österreich und gegen Preußen Propaganda machen. König Friedrich konnte sich darüber furchtbar aufregen und in den kommenden Jahren sind seine bitteren Beschwerden gegen diesen Groß immer wieder Gegenstand seiner Briefe.

Im September 1743 kam Friedrich mit Voltaire nach Bayreuth und als er selbst wieder abreisen mußte, ließ er den berühmten Dichter bei seiner geistreichen Schwester. Der Bayreuther Hof zeigte sich in seinem höchsten Glanz, immer wieder sollte Voltaire später in seinen Briefen von dem Leben dort schwärmen. Der König hatte ebenso seine Sänger dortgelassen wie einen Teil seines Hofstaates und die Prinzen August Wilhelm und Ferdinand. Wilhelmine entfaltete all ihre Talente als Gastgeberin, um diese Zeit vergnüglich und reizvoll zu gestalten.

Am 21. Februar 1744 wurde die Verlobung der noch nicht einmal zwölfjährigen Friederike offiziell verkündet und gefeiert. Der junge Herzog Karl Eugen von Württemberg, eben sechzehn und von dem Wunsche besessen, das bildschöne Mädchen einst heimzuführen, verehrte seine kindliche Braut sehr. Eine Gemütsregung, die sich leider in Zukunft nicht als beständig erweisen sollte. Für Wilhelmine als Mutter war es immerhin ein Triumph, daß man ihr die Tochter so jung schon gewissermaßen »aus den Händen riß«, zumal die Verbindung attraktiv war, denn der Stuttgarter Hof lebte in angenehmer finanzieller Situation.

Schwierigkeiten und viele Komplikationen gab es dagegen um die Marwitz-Mädchen. Außer der vielbesprochenen Wilhelmine lebte noch die jüngste Nichte der Oberhofmeisterin in Bayreuth, Albertine; sie stand allerdings nicht in Wilhelmines Dienst. Albertine hatte heimlich einen Grafen Schönburg geheiratet. Sie ging damit als sonst reiche Erbin ihres Vermögens und Erbteils verlustig. Der König von Preußen, der die Heiratserlaubnisse an sich zu erteilen gehabt hätte, mischte sich ein und befahl die sofortige Heimsendung der beiden Mädchen.

Nun hatte die Markgräfin zwar einst ihrem Vater, dem verstorbenen König, versprochen, die Marwitz-Töchter würden nicht im Ausland heiraten, aber dem Bruder, der jetzt regierte, fühlte sich Wilhelmine nicht im Wort und glaubte, sie sei von ihrem Versprechen entbunden. So fand die Markgräfin nichts dabei, sich persönlich an den Vater der Wilhelmine von Marwitz zu wenden, um sein Einverständnis für die Heirat der Tochter mit dem Grafen Burghauß, einem österreichischen Vetter der Mädchen, zu bekommen. Als dies der König erfuhr, war er so zornig wie selten.

Der Bruder ahnte nicht, daß hier die geheime Lieblingsidee seiner Schwester verwirklicht wurde. Durch die Heirat der einstigen Freundin mit einem einigermaßen erträglichen Ehemann sollte doch die Gefahr für die markgräfliche Ehe gebannt werden. Durchdrungen von der moralischen Rechtfertigung ihrer Handlungsweise verteidigte sich die Markgräfin gegenüber dem König so gut sie konnte. Es war nun nichts mehr zu retten an dieser verfahrenen Geschichte, denn noch ehe das Verbot des Königs eintraf, hatte die Trauung schon stattgefunden.

Nach außen hin trug diese ganze mysteriöse Ehestiftung den Charakter eines Freundschaftsdienstes, den die Markgräfin ihrer langjährigen Vertrauten erwies. Aber schon sechs Wochen nach der Heirat ließ die jetzige Gräfin Burghauß »die Maske fallen«. Die Ehe war nicht das Mittel gewesen, Wilhelmines einstige Freundin vom Markgrafen fernzuhalten. Im Gegenteil, Graf Burghauß mit seinen charmanten Manieren zeigte sich hocherfreut, eine so einflußreiche Dame sein eigen nennen zu können. Sie gab sich jetzt ganz offen als »Maitresse en titre« des Markgrafen von Bayreuth. Die kleine Residenz hatte nun erst recht ihre Maintenon.

Zwischen dem Markgrafen und Wilhelmine gab es keine Szenen, kein lautes Wort fiel. Friedrich blieb aufmerksam und höflich zu seiner Gemahlin, das eheliche Zusammenleben unterlag keinen Veränderungen. Wilhelmine jedoch litt stumm und schluckte allen Kummer in sich hinein. Sie war zu stolz, um nach außen hin diese Vorgänge zur Kenntnis zu nehmen.

Das Verhältnis zum König aber kühlte sich merklich ab, trotz der immer wieder in rührendem Ton gehaltenen Briefe der Markgräfin. Beim König von Preußen sammelten sich förmlich die Gründe für seine Verärgerung. Erst waren es die Marwitz-Mädchen, jetzt wiederum kam wieder einmal Zeitungsschreiber Groß aufs Tapet. Dieser gab keine Ruhe, seine Erlanger Leser über die vermeintliche Untreue und Unzuverlässigkeit des preußischen Königs aufzuklären. Der König reagierte sehr gereizt:

»13. November 1744
Liebste Schwester,
mit großer Freude erhielt ich Ihren Brief. Hoffentlich hat Ihre Unpäßlichkeit keine schlimmen Folgen und Supervilles Kunst hat Sie ganz wiederhergestellt. Der Erlanger Zeitungsschreiber spricht davon; er hält sich auch über mich auf. Ich weiß nicht, womit ich seine Ungnade verdient habe; wohl aber weiß ich, daß ich in meinem Lande nicht gestatte, daß Frechheiten gegen meine Verwandten gedruckt werden.«

»2. Januar 1745
Im Verfolg meines letzten Briefes schicke ich Ihnen nur zwei Proben der letzten Veröffentlichungen Ihres streitbaren Zeitungsschreibers. Sie werden Sie ein wenig über seine Denkweise und über seine Rücksichtslosigkeit gegen mich aufklären.«[80]

Wilhelmine, recht entsetzt über die Zuspitzung dieser Angelegenheit, antwortete darauf umgehend:

»12. Januar 1745
Ich erhielt diese Woche zwei Briefe von Ihnen, liebster Bruder, die ich nebst den beigelegten Erlanger Zeitungen sogleich dem Markgrafen übergeben habe. Der Herr Zeitungsschreiber ist sofort verhaftet worden. Auf Grund Ihrer Briefe an den Markgrafen war seine Zeitung schon einmal verboten worden. Da weder er noch ich jemals solches Zeug liest, haben wir sein unehrerbietiges Benehmen nicht erfahren.«[81]

König Friedrich befand sich zu dieser Zeit in seinem Zweiten Schlesischen Krieg. Es war ihm besonders unangenehm, im Markgrafentum seiner liebsten Schwester einen solchen Herd für Greuelpropaganda zu wissen. Aber das Jahr 1745 hielt noch mehr Gelegenheiten für Wilhelmine bereit, sich nicht nur beim König, sondern gleich bei der ganzen Berliner Familie mißliebig zu machen.

Wilhelmine sah sich im September vor der Tatsache, daß die neue

Kaiserin Maria Theresia auf ihrer Reise nach Frankfurt Bayreuther Gebiet berührte. Sie empfand es als ihre Pflicht, die Kaiserin in Emskirchen, wo diese am 20. 9. 1745 durchreiste, zu begrüßen, ihr ein Mahl
anzubieten und sich mit ihr bekannt zu machen. Dabei fand die Markgräfin die junge Kaiserin außergewöhnlich sympathisch. Aus einem
Gesandtenbericht ging hervor, wie sehr die gegenseitige Hochschätzung
der beiden Frauen bei dem Treffen in Emskirchen zum Ausdruck
kam.

Bei Wilhelmines Handlungsweise hat man immer im Auge zu behalten, daß Bayreuth ein freies Reichsfürstentum war, nicht dem König
von Preußen liiert, aber durch die Reichsstände allen kaiserlichen Interessen eng verflochten. Es verstand sich von selbst, daß man wohl-
wollende Neutralität nach allen Seiten zu pflegen hatte. Ein so kleines
Land konnte sich nicht exponieren. Vom reichspolitischen Standpunkt
aus hatte Wilhelmine richtig gehandelt, die Kaiserin zu begrüßen. Aber
ihr Bruder, der König von Preußen, führte Krieg mit ihr!

Aus Berlin kamen die Zeugnisse aufgewühlter Emotionen! Es hagelte
böse Briefe. Die Ansbacher Schwester Friederike wollte diesmal Wilhelmine beistehen, aber sie bekam einen geharnischten Brief der erzürnten Königinmutter:

»September 1745

Sie haben Ihr gutes Herz bewiesen, Sie wollten Ihre Bayreuther Schwester rechtfertigen. Ihr Benehmen ist blamabel und wird von niemandem gebilligt. Emskirchheim geht sie überhaupt nichts an und es ist
nicht an ihr, dort die Honneurs zu machen, noch dort Niedrigkeiten zu
begehen. Es ist nicht ihr Fehler, wenn die Königin von Ungarn nicht
über Erlangen gefahren ist. Ich kann ihn nur als Skandal empfinden,
diesen Schritt, den sie da getan hat.«[82]

Der König brachte soviel Humor auf, ihr sarkastisch nach dem Siege
bei Soor zu schreiben:

»1. Oktober 1745

Soeben haben wir die Österreicher geschlagen, oder Ihre Kaiserlichen,
wie Sie sie nennen wollen. Ich glaube, sie haben genug.«[83]

Die Folge des Protestes und der Entrüstung aus Berlin war jedoch nur,
daß Wilhelmine verstockt wurde. Der Briefwechsel mit dem König
schlief fast ganz ein. Hatte bei dem Zusammentreffen mit Maria Theresia noch eine gute Portion weiblicher Neugier mit beigetragen, eine
Dame der großen Welt zu treffen, so betrachtete die Markgräfin diese
Sache jetzt nur noch unter dem Gesichtswinkel einer unumgängli-

chen Pflicht, der sie nachgekommen war. Insofern hatte sie für das Berliner Lamento kein Verständnis. Dennoch wird sie gespürt haben, in welchem Maße Friedrich verletzt war, als sein ironisch-trauriger Brief nach Kriegsende bei ihr eintraf:

»30. Dezember 1745
Liebe Schwester!
Den Anteil, den Sie an allem nehmen, was die Königin von Ungarn betrifft, gibt mir Gelegenheit, Ihnen mitzuteilen, daß wir Frieden miteinander geschlossen haben. Ich hoffe, das wird Ihnen um so angenehmer sein, als Ihre Vorliebe für diese Fürstin nicht mehr durch einen Rest alter Freundschaft behindert wird, den Sie mir vielleicht bewahrt haben. Ich benutze diese Gelegenheit auch, um Ihnen zum Neuen Jahre viel Glück und Segen zu wünschen.« [84]

Wilhelmine wußte genau, was der Friede zu Dresden vom Dezember 1745 bedeutete. Hätte das Markgrafentum auf Preußen allein geschworen, so wäre es verlassen gewesen in vielen wesentlichen Interessen. Zudem wäre es jetzt notwendig gewesen, sich kleinlaut wieder den Österreichern zuzuwenden. Aber Wilhelmines diplomatisches Geschick hatte in Emskirchen eine Situation geschaffen, die im Grunde niemandem geschadet hatte und jetzt ihren Nutzen trug. Mochte am preußischen Hof noch so viel Aufregung darüber herrschen. So lautete die Antwort der Markgräfin an den ergrimmten Bruder voller Selbstbewußtsein und Zurückhaltung:

»Januar 1746
Was die Königin von Ungarn betrifft, so habe ich nie eine Vorliebe für sie noch besondere Anhänglichkeit für ihre Interessen gehabt. Ich werde ihren Vorzügen gerecht und halte es für erlaubt, alle Menschen zu schätzen, die solche besitzen.
Meine Freundschaft und Anhänglichkeit für Sie, lieber Bruder, ist darum nicht minder ehrlich, und obwohl Sie mir hinreichend zeigen, daß Sie nicht daran glauben, habe ich wenigstens für mich den Trost, mein möglichstes getan zu haben, um in dieser Hinsicht nichts zu wünschen übrigzulassen.« [85]

Es war zweifellos eine schwierige Lebensphase, die Wilhelmine durchmachte. Der Bruder war ihr böse, der Ehemann hinterging sie. Ihre bisher beste Freundin war der Grund des Betruges. Mußte sie sich nicht von allen guten Geistern verlassen glauben? Gerade in dieser Zeit zeigte sich die im Grunde zähe Natur Wilhelmines, die sich von Widrigkeiten nicht entmutigen ließ. Im Gegenteil, sie entfaltete im geistigen

Bereich eine Vielseitigkeit, die staunenswert war. Sie las in vielen
Sprachen, musizierte, komponierte und ließ keine Gelegenheit vor-
übergehen, interessante Fremde in Bayreuth bei Hof zu sehen. Sie
malte, ließ sich darin intensiv unterweisen. Noch heute können wir
die von ihr ergänzten japanischen Wandtafeln in einem Kabinett der
Eremitage bewundern, noch heute hängen ihre Musikantenporträts im
Neuen Schloß von Bayreuth. Wilhelmine war ein hochkünstlerischer
Mensch, so reich begabt, daß das Medium der Kunst sich unter ihren
Händen wandelte: von der Literatur zur Malerei, von der Architektur
zur Gartengestaltung, vom Lautenspiel und Spinett hin zu dem Entwurf großer Kompositionen.

Im Jahre 1745 war an den kaiserlichen Architekten Giuseppe Galli-
Bibiena und seinen Sohn Carlo ein ehrenvoller Auftrag vom Markgrafen von Bayreuth ergangen: ein Opernhaus sollte geschaffen werden, splendid ausgestattet, in barocker Pracht. Das Äußere, der Rahmen
für das kulturelle und geistige Leben, sollte endlich dem Niveau entsprechen, welches das Bemühen und Wirken der Markgräfin erreicht
hatte.

Das heute noch benutzte und unverändert erhaltene Markgräfliche
Opernhaus ist unter tatkräftiger Mithilfe Wilhelmines entstanden.
Es wurde 1748 vollendet.

Während Wilhelmine sich so ihre eigene Welt schuf, ihren Interessen
und Fähigkeiten entsprechend, versuchte sie immer wieder, die unter-
brochene Verbindung zum königlichen Bruder neu aufzunehmen. Erst
im Frühjahr kam der Briefwechsel erneut in Gang, von Friedrich allerdings recht grollend begonnen:

»Berlin, 16. April 1746

Teuere Schwester,

wenn eine Entfremdung zwischen uns eingetreten ist, so habe ich jedenfalls nicht den Anfang damit gemacht, sondern die skandalöse Heirat jener beiden nichtswürdigen Geschöpfe [Marwitz] hat den Zank-
apfel zwischen uns beide geworfen, die wir uns stets zärtlich geliebt
haben.

Dann haben Sie es mit angesehen, wie ein schurkischer Zeitungsschreiber in Erlangen mich öffentlich zweimal wöchentlich beschimpf-
te. Statt ihn zu bestrafen, ließ man ihn entkommen.

Ferner zeigte der Markgraf stets eine ausgesprochene Parteilichkeit für
alles, was österreichisch ist, und endlich haben Sie selbst meiner grau-
samsten Feindin, der Königin von Ungarn, zu einer Zeit, wo sie mei-

nen Untergang vorbereitete, in tausendfacher Art Ihre Unterwürfigkeit bezeigt . . .

Bei niemand habe ich mich über Sie beschwert. Ganz Deutschland, das Zeuge des mir von Ihnen angetanen Unrechts war, hat auch die Mäßigkeit bezeugen müssen, von der ich niemals abgewichen bin. Ich bitte Sie, setzen Sie sich keine Grillen über das in den Kopf, was man von Ihnen sagt . . .

Mit einem Worte, liebe Schwester, Sie gelten weder für ehrgeizig noch für ränkevoll. Wer Ihnen diese Eigenschaften angedichtet hat, ist mit seinen Geschenken allzu freigebig gewesen. In Berlin hat kein Mensch diese Anschauungen gehabt. Schließlich ist es, kurz gesagt, nur natürlich, daß jemand, dem Sie weder Liebe noch Achtung noch die geringste Rücksicht bezeigen, gegen Sie kalt wird. Der Mensch kann nur den lieben, der ihn wieder liebt; der Kummer, der uns durch geliebte Verwandte verursacht wird, ist stets der empfindlichste . . .« [86]

Wilhelmine antwortete einlenkend, erklärend, beschwichtigend. Bald kam es wieder zu häufigerem Briefwechsel. Prinz August Wilhelm schaltete sich in die Versöhnungsbemühungen der Schwester ein und Friedrich gelangte bald zu der Ansicht, daß eigentlich keine so profunde Mißstimmung bestünde, um der im Grunde geliebten Schwester weiterhin böse zu sein. So vollzog sich allmählich die Versöhnung.

Im August 1747 reiste Wilhelmine auf Einladung des Bruders allein nach Berlin. Sie verließ die Stadt, die Gräfin Burghauß war sterbenskrank. Wilhelmine hoffte, alles würde sich zur Zufriedenheit regeln. Das scharfe Auge Friedrichs sah jetzt gewiß, wie vergrämt und im Innersten zerrissen die Schwester eigentlich war. Ihr Anblick allein wird bewirkt haben, daß er das wahre Verständnis für die zwiespältige Lage der Markgräfin von Bayreuth gewann. Ihre einst beste Freundin war jetzt ihre ärgste Feindin, aber das Versprechen, für sie sorgen zu wollen, lastete auf Wilhelmine. Noch schwieg sie, noch fand keine Aussprache zwischen den Geschwistern statt, denn ihr Stolz zwang Wilhelmine, ihr Geheimnis, zumindest das Eingeständnis dessen, was alle Welt schon wußte, für sich zu behalten. Wie konnte sie zugeben, so lange Jahre in einer derart demütigenden Lage gewesen zu sein, betrogen, hintergangen? Die Geschwister schieden versöhnt, aber das Thema Marwitz blieb aus ihren Gesprächen verbannt.

Erst als Wilhelmine nach Bayreuth zurückkehrte und die todkrank geglaubte Gräfin Burghauß ihr frisch und gesund mit triumphierender Miene entgegentrat, kam es zwischen den beiden Frauen durch die

Unverschämtheit der Burghauß zu einer entscheidenden Szene. Die
Favoritin räumte das Schloß, bezog jedoch auf Kosten des Markgrafen
im Gesandtschaftspalais eine Wohnung. Ihr eigenes Vermögen war in
Preußen konfisziert. Graf Burghauß selbst besaß nichts mehr, sein Vater hatte alles vertan. Als Hofdame der Markgräfin hatte die Burghauß
kein Einkommen mehr.
Wilhelmine hatte sich nun die ständigen Herausforderungen lange
genug mitangesehen. Eines Tages überwand sie ihre Scheu und ihre
Befangenheit. Zu aufreizend wurde das Betragen der »Bayreuther Maintenon«. Wilhelmine schrieb an den königlichen Bruder und legte nun
zum ersten Mal ihre mißliche Situation freimütig dar. Ihre große, flehentliche Bitte ging dahin, daß man der Burghauß die Zinsen ihres
Vermögens freigab unter der Bedingung, daß sie Bayreuth sofort ver-
ließe.
Der König reagierte unverzüglich, wohl wissend, wieviel Kummer und
Sorge er damit von der Schwester nahm. Der Markgraf in seinem
Phlegma und seiner etwas oberflächlichen Art fand sich mit dieser
neuen Situation verhältnismäßig rasch ab. Allerdings bekam die Gräfin
noch lange Jahre eine beachtliche Pension aus der markgräflichen
Kasse. Mit dem Weggang des Ehepaars Burghauß erlitt die österreichi-
sche Partei am Bayreuther Hof einen empfindlichen Verlust, denn die
Gräfin war die Förderin der pro-österreichischen Agitation gewesen.
Jetzt machte Wilhelmine ihren ganzen Einfluß geltend, um auch den
Markgrafen wieder in den Bannkreis des Bruders zurückzuführen. Die
kriegerischen Auseinandersetzungen schienen für lange Zeit vorbei zu
sein, es gab keine Gründe mehr für Meinungsverschiedenheiten.
Wilhelmine wendete sich voller Optimismus wieder ihren Bauten zu.
Die Hochzeit der Tochter, Prinzessin Friederike, mit dem Herzog Karl
Eugen von Württemberg stand bevor. Bei diesen Festlichkeiten sollte
das neue Theater eingeweiht werden. Die Fassade des Hauses hatte
Hofbaumeister Saint-Pierre geschaffen. Wilhelmine hoffte zuversicht-
lich auf den Besuch des Bruders und schrieb ihm am 14. Mai 1748
über den neuen Bau:
»Dieser Tage habe ich das neue Opernhaus besichtigt. Ich war sehr er-
freut darüber; das Innere ist fast vollendet. Bibiena hat in diesem Thea-
ter die Quintessenz des italienischen und französischen Stils vereinigt.
Man muß zugeben, in seinem Fach ist er ein Meister.« [87]
Friederikes Hochzeit war auf den 26. September 1748 festgelegt worden.
Die junge Braut war nunmehr sechzehn Jahre alt geworden. Ihre Eltern

scheuten keine Kosten, keinen Aufwand, um den Glanz des Hauses Brandenburg-Bayreuth zur Schau zu stellen. Vier neue Staatskarossen waren angeschafft worden[88], in denen sich die Fürstlichkeiten zu den Schauplätzen der Feste begaben. Wilhelmine sorgte sich etwas um die Regiearbeit zu der Oper »Le Triomphe d'Ezio«. Eine Sängerin erkrankte. Schnellstens schickte der König aus Berlin eine Primadonna seines eigenen Opernensembles als Ersatz. Alles gelang schließlich vorzüglich. Ein Chronist berichtete, daß sogar im neuen Opernhaus gespeist wurde. Man habe Galatafeln bis zu achtzig Gedecken abgehalten[89].

Der König selbst konnte nicht teilnehmen, sandte aber die jüngeren Brüder Prinz Heinrich und Prinz Ferdinand, die alles, was ihnen in Bayreuth an Vergnügungen geboten wurde, sehr genossen. Von der Gartenkunst der älteren Schwester guckten sie sich manches ab, was sie nachher in ihren eigenen Gärten wiedererstehen ließen, so die Holzstoßhäuschen der Eremitage, die es auch im Park von Schloß Rheinsberg, das jetzt Heinrich gehörte, eines Tages geben sollte.

Als die Feste verrauscht waren, kam die Zeit, wo das Markgrafenpaar wieder den Weg zueinander fand. Der Hof und seine Gesellschaft war verändert. Es fehlte Superville, der zu sehr Pro-Österreicher gewesen war, als daß er nach dem Sturz der Burghauß noch hätte bleiben können. Die alte treue Hofmeisterin Dorothea von Wittenhorst-Sonsfeld war 1746 gestorben, Albertine von Marwitz seit Jahren verheiratet; die einst so geliebte und dann verabscheute Burghauß weit fort – das Feld der Freundschaft war schlecht bestellt für die Markgräfin. Auf Empfehlung des Königs traf ein neuer Oberhofmarschall ein, Montperny, der gleichzeitig das Amt eines markgräflichen Baudirektors verwaltete. Hätte er nicht auf seinen Namen Kredit aufgenommen, niemals wäre mit dem Bau des Neuen Schlosses der Eremitage begonnen worden. So miserabel stand es um die Finanzen der Markgrafschaft Bayreuth.

Allerlei Pläne wurden gerüchtweise bekannt, einen davon berichtete der kaiserliche Gesandte Freiherr von Widmann an Maria Theresia am 31. März 1749:

»Es gehet ... die Rede, alß wann [der Markgraf] samt der Markgräfin sich nachher Berlin begeben, und allda von dem König in Preussen zum Statthalter in Schleßien ernennet werden, mithin unter dem Vorwand seiner so sehr zerfallenen Haußhaltung nicht so bald mehr in sein Land zurückkommen, dieses aber von dem König in Preussen in die Verwaltung genommen werden solte.«[90]

Dieses Arrangement ist zwar niemals verwirklicht worden, aber zur

Diskussion gestanden hat es zweifellos. Über eine Sanierung der Geldangelegenheiten Bayreuths wurde ausgiebig beim nächsten Besuch des
Markgrafenpaares in Berlin gesprochen. Vorher jedoch atmet der Briefwechsel zwischen Wilhelmine und dem König Zufriedenheit und die
alte, innige Liebe. Als Ausdruck vollster Harmonie und geistvollen
Humors gelten die beiden Briefe, die Wilhelmine und ihr Bruder sich
im Namen ihrer beiden Lieblingshunde, Folichon und Biche, schrieben. Des Markgrafen »kleiner Mopsen« Bufferle wurde in diese gelehrte Hundekorrespondenz nicht einbezogen.

Folichon an Biche (Wilhelmine an Friedrich):

»Gestehen wir, meine liebe Biche, daß die Menschen recht närrisch sind
und einander wenig Gerechtigkeit widerfahren lassen. Bewundern Sie
nicht wie ich die vielen Philosophen, die sich einmischen in unser
Wesen und untersuchen wollen, was wir sind, indem sie noch vollkommen außerstande bleiben zu erklären, wer sie selber sind? Wie
viele Systeme haben sie über uns aufgestellt! Die einen halten uns für
Automaten, die anderen für aus dem Paradies verjagte Dämonen, noch
andere für Wesen, mit einem Instinkt begabt, den sie nicht zu erklären
wissen. Sie und ich, meine liebe Biche, wissen, woran wir uns halten
und lachen nur über die Irrtümer, die menschliche Eitelkeit hervorgerufen. Sind wir nicht in der Tat bis aufs Gesicht den Menschen in
allem ähnlich? Sind ihre Leidenschaften nicht die unseren? Liebe,
Eifersucht, Zorn, Gefräßigkeit sind unsere Tyrannen wie die ihren
und gibt es einen Unterschied, nun, so ist's der, daß wir weniger
Laster und mehr Tugenden besitzen. Die Menschen sind leichtsinnig,
unbeständig, eigennützig, ehrgeizig, diese Fehler kennen wir nicht.
Dagegen haben wir Treue, Beständigkeit, Anhänglichkeit und Dankbarkeit, lauter Eigenschaften, die fast verbannt sind aus der menschlichen
Gesellschaft. Kann man treuere Freunde finden als unter uns? . . . Wir
sollten den Menschen zum Beispiel gereichen. Sie, liebe Biche, haben
mich zu diesem Gedanken angeregt . . . Ja, zu liebenswürdige Hündin,
ich liebe und bete Dich an . . . Seit unserer Trennung schmachte ich
nach Dir. Mager und abgezehrt verbringe ich meine Zeit melancholisch zu Füßen meiner Herrin. Ich hörte sie über die Grausamkeit des
Schicksals klagen, daß sie getrennt sei vom geliebten Bruder, und unaufhörlich von den glücklichen Berliner Tagen sprechen, ohne mich in
die Konversation mischen zu können. Beunruhigt über meine Traurigkeit versucht sie, mich mit einem Serail von Hündinnen zu trösten
– umsonst. Sie versucht es mit Geschenken, ich habe nur den einen

Wunsch, sie Dir zu schicken. Dann erinnerst Du Dich meiner, wenn Du den Kopf auf das Kissen legst. Und als meine Herrin sagte, daß sie es eigentlich für Dich bestimmt habe, da sprang ich an ihr empor und wedelte und sie begriff, was ich wollte . . .«

Biche an Folichon (Friedrich an Wilhelmine):

»Nicht gewohnt, daß man mir den Hof macht, habe ich bisher die strenge Keuschheit der Damen meines Landes beobachtet mit romantischem Heroismus, abgesehen von einem kleinen Abenteuer, das mir ein wenig die Taille verdorben hat. Aber ich verzeihe Folichon, was ich einem Köter nicht gestattet hätte. Ja, Folichon, ich nehme nicht nur Dein Geschenk, ich nehme Deine reizende Pfote und gebe Dir mein Herz umso lieber, als ich immer den Gedanken im Kopf hatte, ein philosophischer Haushund sei das beste für mich. Ich war sehr erstaunt zu sehen, daß mein Herr, der mir den Brief vorlas, ganz Deiner Ansicht ist. Er ist fast so vernünftig wie unsereins und ein guter Kopf; aber was ich auszusetzen habe an Deinem Brief, daß Du Deine Herrin nicht ausgenommen hast, als Du das Menschengeschlecht eigennützig und voll Hochmut schildertest . . . Du, mein Herr und ich sind von gleicher Art. Nur aus Faulheit und weil er nicht gern auf vier Füßen läuft, nennt sich mein Herr nicht ein Windspiel. Er sagt, die Médisance [Klatschsucht] sei epikuräisch, und wer epikuräisch sagt, meint kynisch und wer kynisch sagt, meint Hund. Aber Deine Herrin ist anders. Welche Güte zeigte sie für meinen Herrn und für mich. Welcher Geist waltet in ihrer Konversation! Und ein Hauch von Anmut, eine Würde, durch Liebenswürdigkeit gemildert. Ich bitte Dich, lege mich und meinen Herrn zu ihren Füßen nieder. Er spricht nur von ihr, und ich habe Mühe, in diesem Winter ihn zu trösten. Nach einem Brief sah ich ihn in tödlicher Angst, mein Schmeicheln war vergeblich, ich fühlte mich schon in Ungnade, doch jetzt sind bessere Tage, Heiterkeit hat die Angst verscheucht und wir verleben eine stille Zeit . . . Mein Gott, was würde aus uns ohne Leidenschaft! Unser Leben wäre ein beständiger Tod, wir lebten wie die Pflanzen auf der Welt, die ohne Freude sind und ohne Schmerz sterben. Jetzt, da ich liebe, sehe ich ein neues Weltall, die Luft, die ich atme, ist sanfter, die Sonne leuchtender, die Natur belebter. Aber, reizender Folichon, werden wir die Freuden nur in der Hoffnung genießen? Wollen wir nicht zur Wirklichkeit machen, was das Herz will? Werden wir auch so verrückt sein, wie die Menschen? Sie nähren sich von Wünschen und fressen Chimären, und während sie ihre Zeit in müßigen Plänen vertun, kommt der Tod und holt sie

mit all ihren Entwürfen. Seien wir weiser, laufen wir nicht den Schatten nach und ergreifen wir die Dinge. Ich schicke Dir ein Halsband als Pfand meiner Treue...«[91]
Diese Herzensergüsse der beiden Lieblingshunde waren Wilhelmines Idee, auf die Friedrich bereitwilligst einging. Er mochte es immer, mit Hunden einen Spaß zu machen. An August Wilhelm schickte er einmal einen Gevatterbrief der gleichen Hündin Biche, die dem Herrn Gevatter als Taufmahl einen »schönen alten Knochen« verhieß.

Als überragendes Ereignis, das in Wilhelmines Erinnerung noch lange zurückleuchten sollte, fand im August 1750 ein großer offizieller Besuch des Markgrafenpaars in Berlin statt. König Friedrich trommelte die Brüder zusammen und berief Prinzessin Amalie nach Potsdam. Die ganze Familie war anwesend, und Wilhelmine und Markgraf Friedrich wurden mit einer Aufmerksamkeit und derart splendider Gastfreundschaft aufgenommen, wie dies nie zuvor in diesem Ausmaß der Fall gewesen war. Dieser Aufenthalt allein mit der liebenden Fürsorge des Bruders, der Prachtentfaltung eines großen, eleganten, in einem friedlichen Dezennium lebenden europäischen Königshofes sollte, so war es sicher gemeint von Friedrich, alle einstmals erlittenen Demütigungen und Sticheleien, Bosheiten und Niederträchtigkeiten auslöschen, die Wilhelmine noch zu Lebzeiten des Vaters hatte erdulden müssen.

Die Mutter, jetzt eine korpulente, würdige Dame im Alter von dreiundsechzig Jahren, hatte sich in ihrer Einstellung zu Wilhelmine vollständig gewandelt. Mutter und Tochter begegneten sich auf freundschaftlichstem Fuße. Keine Staatsinteressen und Heiratsintrigen zerrten mehr an ihren Nerven. Wilhelmine bewunderte zusammen mit ihrem Gatten die Pracht des immer mehr vervollkommneten Schlosses Sanssouci, das umgebaute Potsdamer Stadtschloß, und sie nahmen all die Veränderungen in Augenschein, die der König zur Verbesserung und Verschönerung der Berliner Schlösser getroffen hatte.

Für uns Menschen des 20. Jahrhunderts haben sich die Tage im Herbst 1750 längst durch zwei malerische Momentaufnahmen unvergeßlich eingeprägt. In der großen Friedrich-Renaissance des 19. Jahrhunderts hat der Maler Adolph von Menzel gerade diesen Besuch der Markgräfin von Bayreuth herausgegriffen, um ihm mit seinem weltberühmten Bild »Das Flötenkonzert von Sanssouci« zu künstlerischer Weltgeltung zu verhelfen.

Ebenso ist der Kreis der damaligen Hofgesellschaft erfaßt und festgehalten in dem gleichermaßen bekannten Menzelschen Bild »Die Tafelrunde von Sanssouci«, auf dem wir allen voran Voltaire begegnen, weiterhin Maupertuis, La Mettrie, Algarotti, Feldmarschall Keith, dem Chevalier Chasot und dem alten Pöllnitz. Die »Tafelrunde« und das »Flötenkonzert« haben, obwohl es keine zeitgenössischen Werke sind, eine so ungeheure Ausstrahlungskraft, daß sich ganze Generationen für diese beiden Bilder begeisterten. Das »Flötenkonzert« ist erhalten geblieben und hängt wohlrestauriert in der Nationalgalerie in Berlin-Charlottenburg. Die »Tafelrunde« wurde im Zweiten Weltkrieg zerstört, als der Flakturm Friedrichshain in Berlin mit über vierhundert wertvollsten Gemälden in Flammen aufging[92]. Man darf sich glücklich schätzen, noch irgendwo Reproduktionen des anmutigen Bildes zu finden.

Während ihres Besuches in Berlin 1750 erkrankte Wilhelmine in Potsdam. Markgraf Friedrich fuhr allein nach Bayreuth zurück. Wilhelmine konnte ihm erst am 3. Dezember folgen, bedankte sich überschwenglich für die genossene Gastfreundschaft und die liebevolle Pflege. Dies letzte Andenken an Berlin war ihr eine wirklich wundervolle Erinnerung. Ihr Wiedersehen mit Voltaire hatte bewirkt, daß diese Freundschaft sich fürs ganze Leben festigen sollte.
Mit dem Bruder herrschte wieder ganz die zärtliche Eintracht von einst. Wilhelmine gibt dies in ihrem ersten Brief vom 12. Dezember 1750 aus Bayreuth an Friedrich rührend wieder:
»Im Geiste kehre ich immer wieder nach Potsdam zurück ... Ich trete in Ihr Kabinett und sehe, wie Sie für das Wohl Ihres Landes arbeiten. Ich folge Ihnen zur Parade, wo ich Sie in Mars verwandelt sehe. Nach der Rückkehr in Ihre Gemächer sehe ich Sie Apollos Gestalt annehmen. Und am Abend dringt mir noch der Wohllaut Ihrer Flöte ins Herz. Ich vergesse die kleinen Soupers nicht; sie haben einen zu tiefen Eindruck gemacht, um aus meinem Geist zu verschwinden.«[93]
Am 31. März 1751 starb in England der Prinz Friedrich Ludwig, einst Herzog von Gloucester, dann Prince of Wales. Er war jener englische Thronfolger, der vor seinem Vater, Georg II., den Tod fand. Um seinetwillen hatte man die kindliche Wilhelmine vor den alten Hofdamen aus Hannover ausgezogen, um zu beweisen, daß sie nicht bucklig sei. Um seinetwillen hatte es Schläge und Verweise in Berlin gehagelt: »Dies gefiele meinem Neffen sicherlich nicht!« Diese englische Hei-

rat, die einst wie eine Geißel die Jugend Wilhelmines zerriß! Nun
hatte das Schicksal gesprochen: sie wäre niemals Königin von England
geworden, selbst wenn sie es auf sich genommen hätte, im Mai 1731 in
Festungshaft nach Memel zu gehen.

Im Sommer 1752 erfuhr der Bayreuther Hof eine personelle Bereicherung durch die Ankunft des Marquis d'Adhémar. Voltaire hatte sich
dafür eingesetzt, den französischen Edelmann zur Übersiedlung nach
Bayreuth zu bewegen. Er fand günstige und relativ großzügige Bedingungen vor und man erbaute ihm ein Palais, das heute noch steht
und für Bayreuth ein Begriff ist. D'Adhémar war geistreich und voller
Einfälle, was dem geselligen Leben des Hofes neue Impulse verlieh.

Als der erste Band der »Œuvres du philosophe de Sanssouci« gedruckt
wurde, traf ein Exemplar davon beinahe gleichzeitig mit einem neuen,
großen philosophischen Gedicht von Voltaire ein: »Sur la loi naturelle«
[Über das natürliche Gesetz]. Wilhelmine bedankte sich in ausführlichen Briefen bei ihrem Bruder und bei Voltaire. Am Bayreuther Hof
hatte man neuen Gesprächs- und Lesestoff. Die arme Markgräfin be-
nötigte ihn bitter: sie litt unter Zahnweh. Da die Zahnheilkunde damals keineswegs auf der Höhe war, griff man zu ganz absurden Mitteln, den Zahnschmerz zu bekämpfen. So empfahl ein Doktor, die
Markgräfin solle nur kräftig rauchen. Das wurde als willkommener
Scherz aufgefaßt. Alle Hofdamen versorgten sich mit Tonpfeifen und
Tabak, um ihrer Herrin Gesellschaft zu leisten. »Wir rauchten wie die
Dragoner!« schrieb Wilhelmine ihrem Bruder höchst amüsiert. Aber
ob das Mittel geholfen hat, erfährt man leider nicht[94].

Im Januar 1753 traf die Markgräfin ein schwerer Schlag: das alte Bayreuther Stadtschloß brannte ab. Wilhelmines Berichte darüber geben
gleichzeitig einen Eindruck wieder, wie wenig die Bayreuther Bevölkerung von ihrem Markgrafen eingenommen war, wie störrisch und
wenig hilfsbereit man sich zeigte. Ja, es lag sogar der Verdacht vor, das
Schloß sei vorsätzlich angezündet worden. Weder Wilhelmine noch
der Markgraf waren beim Volke beliebt.

Am Berliner Hof verbreitete sich diese Neuigkeit schnell und der König bat um nähere Einzelheiten. Wilhelmine berichtete:

»Bayreuth, 27. Januar 1753
Ihre Grundsätze und Lehren sind mir ein großer Trost in meiner traurigen Lage. Sie haben mich gelehrt, mich über Schicksalsschläge zu erheben und alle Ereignisse, die nicht das Herz und die Freundschaft
berühren, mit Gleichmut zu betrachten.

Wir sind völlig zugrunde gerichtet. Gestern um acht Uhr abends brach
im Schloß Feuer aus, fast zugleich an drei verschiedenen Stellen. Allem Anschein nach liegt Brandstiftung vor. Ich lag schwerkrank zu
Bett; man hat mich mitten aus brennenden Balken gerettet. Ich habe
meinen Hund, meine Juwelen und einige Briefe behalten. Ich weiß noch
nicht, was ich besitze und was ich verloren habe. Der Markgraf hat
aus seinen Gemächern nichts gerettet. Das ganze Schloß liegt in Asche;
nur ein Flügel ist gerettet worden, sonst wäre die ganze Stadt verloren
gewesen. Ich bin in einem Privathaus, weiß aber noch nicht, wo ich
schlafen noch bleiben soll. Doch ich bin gefaßt und denke, man kann
in Armut so zufrieden leben wie im Überfluß. Am meisten tut mir
meine Bibliothek leid. Ich werde nun ein Müßiggängerleben führen;
ich habe meine einzige Gesellschaft verloren. Verzeihen Sie mir so
viele Klagelieder, liebster Bruder, wegen der Verwirrung, in der ich
mich befinde.«

»31. 1. 1753
Der Markgraf hat alles verloren, was in seinen Gemächern war. Sehr
beklagt hat er den Verlust seiner Flöten und Noten, zumal er nicht die
geringste Zerstreuung hat. Ich bitte Sie, liebster Bruder, schicken Sie
ihm doch eine Flöte und ein paar Konzerte von Quantz.
Am schmerzlichsten war uns der böse Wille der hiesigen Leute, die gar
nicht helfen wollten, sich versteckten oder fortliefen, um nicht arbeiten zu müssen. Nur das Militär, der Hof und die Fremden haben das
Wenige, was uns geblieben ist, gerettet.«

»17. Februar 1753
Meine Bibliothek ist wie durch ein Wunder gerettet. Es fehlten nur
zwei Bände von Voltaires Werken und sein ›Zeitalter Ludwigs des Vier-
zehnten‹. Alles ist ohne Körbe und Kisten geborgen worden, nur mit
den Händen. Auch meine sehr zahlreichen, größtenteils nicht gebun-
denen Noten sind gerettet, ohne daß ein Blättchen fehlte. Um diese
Dinge war ich am meisten in Sorge. Die Sänger, besonders Stefanino,
haben ihren Eifer bewiesen. Er hat alles aufs Spiel gesetzt, um meine
Bibliothek zu retten. Ein seltenes Beispiel von Mut und Treue bei solchen Leuten.« [95]
Der König war bestürzt über die Briefe aus Bayreuth. Er entsprach
allen Bitten der Schwester sofort, schickte Musikinstrumente, Bücher,
Noten, Hemdenstoff für den Markgrafen, dessen Wäsche vollständig
verbrannt war, und bot weitere Hilfe an:
»Teilen Sie mir noch mit, was an Büchern und Nippes und anderen

Dingen, die Sie entbehren, fehlt, damit ich für mein Teil Ersatz leisten
kann. Das ärgste ist mir die Unordnung, die in Ihr Leben gebracht
wird, denn das andere ist nicht unersetzlich.«[96]
Der Bayreuther Hof ging für den Rest des Winters nach Erlangen, und
Wilhelmine beschäftigte sich hauptsächlich damit, Ihre Oper »Semi-
ramis« zu inszenieren. Der Markgraf war entschlossen, entgegen dem
Rate seines Schwagers Friedrich das Alte Schloß nicht wieder aufzubauen sondern eine völlig neue Anlage zu schaffen, ein Plan, dem
Wilhelmine begeistert folgte. So wurden einige Häuser gekauft, die
man umbaute und in den Trakt des Neuen Schlosses mit einbezog. In
einem dieser Häuser konnte Wilhelmine bald wohnen und war somit
bei den Bauarbeiten an Ort und Stelle, um das Werden ihres neuen
Palastes zu überwachen. Zunächst war Saint-Pierre der leitende Archi-
tekt, später Gontard, zuletzt Richter. Kritiker der deutschen Fürsten-
häuser bemängeln gern, daß man damals der Baulust so ungehemmt
nachging. Aber schon in jenen Jahrhunderten war, genau wie heute,
das Baugewerbe eine Basis zur Förderung ungezählter Berufe und Er-
werbszweige. Ein neues Schloß ernährte nahezu vollständig eine kleine
Stadt und ihre Handwerker.
In der Innendekoration dieses Neuen Schlosses ließ Wilhelmine ihrem
ureigensten Geschmack völlig freien Lauf und gab die schönsten Beispiele des von ihr geschaffenen »Bayreuther Blüten-Rokokos«. Die
strengen Formen der Wandpaneele und die überlieferte Form der
Rocaille im Dekor der Räume wurde aufgelockert und überspielt mit
Ranken und Blumen, Tiermotiven und zartem Gitterwerk. Ein neuer,
sehr zierlicher, sehr femininer Einrichtungsstil ist uns in diesen Räumen erhalten geblieben.
Im Herbst 1753 hatte Wilhelmine ihre Angelegenheiten soweit geordnet, daß sie Zeit fand, einer Einladung des Bruders nach Berlin
Folge zu leisten. Voller Freude machte sie sich auf den Weg. Es beunruhigte sie allerdings der Gedanke, daß es zwischen dem König und
dem glänzenden Mittelpunkt der Hofgesellschaft von 1750, dem großen Voltaire, einen Bruch gegeben hatte. Kammerherr Graf Lehndorff,
der im Auftrage der regierenden Königin Elisabeth Christine einen so
geschätzten Gast wie die Markgräfin von Bayreuth zu begrüßen hatte,
notierte über sie in seinem Tagebuch:
»6. Oktober 1753
Die Markgräfin sehe ich um 12 Uhr. Ich finde sie mit viel aufgeleg-
tem Weiß und Rot, viel Steinen und sehr geputzt, ihrem Aussehen

nach eine Person von 26 Jahren [Wilhelmine war 44]. Trotzdem behauptet sie, sie sei sehr krank. Es ist eine ganz eigen beanlagte Prinzessin. Ich glaube, daß sie auf einem Throne eine berühmte Frau geworden sein würde, ihr ganzes Denken wäre auf das Große, auf eine tüchtige Wirksamkeit gerichtet gewesen, während sie jetzt nichts Großes findet, womit sie sich beschäftigen könnte. Sie gibt sich einer Pracht hin, die für ihr Land zu groß ist und es ruiniert. Sie liebt das Außerordentliche, und damit ist alles gesagt.«

»12. November 1753
Diese Fürstin, von den einen angebetet, von den anderen verabscheut, hat sicherlich Eigenschaften, wegen deren sie verdient, geliebt zu werden; sie ist freigebig, eine Gönnerin der Gelehrten und behandelt ihre Diener gut, aber sie spielt gern die Witzige, dünkt sich erhaben über die übrige Menschheit und beweist nur gegen ihre Familie wirkliche Achtung; so ist sie immer bereit, dem König Altäre zu errichten.« [97]
In den Gesprächen zwischen Wilhelmine und Friedrich muß oftmals von Voltaire die Rede gewesen sein und sicher hat sich zu dieser Zeit beim König schon eine neue Einstellung zu ihm gefunden: er entschloß sich, den großen Dichter weiterhin zu bewundern, aber er mied den Menschen Voltaire, der ihn charakterlich so enttäuscht hatte.
Zurückgekehrt von Berlin beschäftigte sich Wilhelmine mit der Ausarbeitung des Textes zu einer neuen Oper. »L'huomo« – »Der Mensch«, war der Titel dieses Werkes und sie schrieb selbst darüber im Vorwort ihres Textbuches:
»Man wird vielleicht überrascht sein, einen philosophischen Gegenstand auf einem Operntheater behandelt zu sehen, aber man wird es nicht mehr sein, wenn man dem Zweck nachsinnen will, den man sich vorgesetzt hat, als man die Schauspiele einführte. Die Antike fand sie nützlich, um die Sitten zu verbessern, zur Tugend zu ermuntern und um die Schrecken des Lasters in angenehmer und unterhaltender Form vor Augen zu stellen.« [98]
Diese Oper und die dabei auftauchenden künstlerischen Probleme brachten die Markgräfin über ein fehlgeschlagenes Projekt, eine plötzlich aufgetauchte Idee hinweg: sie hatte erwogen, Voltaire an ihren kleinen Hof zu ziehen. Aber Fredersdorf, der geheime Kämmerer, konnte der Markgräfin nur berichten, der König rate ihr dringend ab, »weillen der Mensch ein heßlich und Infamen Caracter häte« [99].
Der Besuch des Königs stand in Aussicht. Schon einmal, im Jahre 1748, als Friederikes Vermählung bevorstand, traf der König in Berlin

Anstalten, an der Hochzeit teilzunehmen und sich dazu zwei neue
Staatskleider machen zu lassen. Wie immer in solchen Fällen wurde
Fredersdorf damit beauftragt:

»7. 8. 48

Vohr der bareitischen Reiße [Bayreuther Reise] mus ich 2 Kleider haben, eines blau Samt mit goldt gestikt, Drapdargen-Weste [drap d'argent
= Silberstoff] und aufschläge eben [ebenfalls] mit goldt gestikt. [das
zweite Kleid] blümurandt [bleu-mourant = zartlila] ohne geschohre-
nen Samt mit Gold gestik, eine Citronfarbene Weste von reich Stof mit
Silber, und Aufschläge einthuend [ebenso]. wievihl wirdt ein jeder
kosten?«

»8. 8. 48

ein jeder Rok, mit was darzu-gehöret, Sol nicht mehr als 500 Thaler
Kosten. Der eine, Dunkel-blau Samt mit Drap d'argent-Weste und aufschläge auf alle Nähte gestikt, mus die Stikerei darnach [d. h. nach
dem Preise] eingerichtet werden. Der blauhe hele [helle] ungeschorene
wirdt nuhr forne gestiket. die Weste und aufschläge von Gelb- und
Silber-Stof; der mus leichte gestiket werden. also vohr die 2 gebe ich
1000 Thaler und *nicht* mehr!«[100]

Diese Briefe geben uns einen sehr belustigenden Eindruck von König
Friedrichs deutscher Orthographie.

1748 hatte Friedrich seinen Besuch in Bayreuth absagen müssen, Krankheit und politische Verhältnisse trugen daran die Schuld. Doch jetzt,
im Jahre 1754, konnte der sparsame König seine Röcke »vohr der bareitischen Reise« erneut aus dem Kasten nehmen: er sagte seinen Besuch
bei Wilhelmine fest zu.

Am 14. Juni erwartete man den König in der Eremitage. Natürlich
hatte es sich wie ein Lauffeuer herumgesprochen, daß der König von
Preußen käme. Die Einwohner Bayreuths und, soweit sie mit ihren
Wagen und Karren herangekommen waren, auch die Landbevölkerung
säumten die Straßen, auf denen der König kommen sollte. Es war ein
glänzender Einzug. Der König brachte sein Gefolge und eine schmucke
Leibwache von fünfundzwanzig Husaren mit sich, außerdem war ihm
der Markgraf entgegengeritten, und so kam ein recht stattlicher Zug
daher.

Nur war es ärgerlich und beinahe peinlich, in welch schwachem Maße
die Bayreuther begeisterungsfähig waren. Sie hatten weder für ihr
Markgrafenhaus noch für den König von Preußen besondere Sympathien. Lediglich die Schaulust trieb sie auf die Straßen. Aber die Bau-

vorhaben der Markgräfin erregten ihren Groll, man bekam immer neue
Steuern zu spüren und der Sinn für die Ewigkeitswerte der Bauten
fehlte den Menschen damals durchaus, zumal sie den belebenden
wirtschaftlichen Wert von Bauvorhaben nur gering veranschlagten. Da
war es wieder die bayreuthische Bediente der Markgräfin, die herz-
hafte »Weiße-Zeuch-Frau«, die ihren Gefühlen unumwunden Luft
machte:

»Do stänga sa do, die Bareither, und glotzn bleed, und verziehng keine
Miene. Ka aanzicher schreit. Jeder hat bloß seina Kleeß im Bauch und
seina Pratzn in da Rockdaschn – des is doch a Jammer –.« [101]

Selbst wenn Wilhelmine es gehört hätte, sie würde es noch immer
nicht verstanden haben. Aber sie erwartete den König freudig bewegt mit ihren Damen vor dem Portal der Eremitage.

Die Oper »L'huomo« wurde aufgeführt in Pracht und Glanz, Hand in
Hand saßen die Geschwister im zauberhaften Opernhaus und die
Markgräfin war vor Freude so angegriffen, daß sie sich zu Bett legen
mußte. Der Bruder verabschiedete sich mit einem liebevollen Brief:

»20. 6. 1754

Ich verlasse den Aufenthalt des Friedens und der Freundschaft und ver-
tausche ihn mit jenem des Trubels und der Sorgen. Seien Sie besorgt,
teure Schwester, um eine Gesundheit, von der das Glück meines Lebens abhängt. Sie, die Sie so gut das Wesen der Freundschaft verstehen
und wissen, wie weit die Gewalt der Gefühle geht, können mein Herz
wie das eigene beurteilen. Ich beschwöre Sie, mit aller Sorgfalt auf Ihre
zarte Gesundheit und Ihren schwachen Körper zu achten, mit dem
eine so schöne Seele verbunden ist . . .

Meine Person verläßt Sie, aber Sie behalten das Herz dessen, der Ihnen
bis an das Ende seiner Tage gehört.« [102]

Das war die innigste Sprache des Herzens. Wilhelmine, die den ein-
wöchigen Besuch mit allen Fasern ihres Wesens genossen hatte, raffte
sich auf, dem Bruder zu antworten:

»Juni 1754

Den Tag nach Ihrer Abreise habe ich im Bett verbracht, aber sobald
ich mich ein wenig besser fühlte, hatte ich nichts Eiligeres zu tun, als
in die Zimmer zu eilen, die Sie bewohnten. Alle Plätze habe ich besucht, wo ich das Gefühl hatte, mit Ihnen gewesen zu sein. Was soll
ich sagen? Ich leide noch unter tiefer Melancholie.« [103]

In Berlin registrierte Kammerherr Graf Lehndorff die Stimmung des
Königs bei seiner Rückkehr:

»27. Juni 1754
Der König kehrte sehr befriedigt von seiner Bayreuther Reise zurück.
Auf einem der Feste hat man sein Bild vergöttert, indem man eine
Krone mit der Aufschrift ›Für den Würdigsten!‹ sich vom Himmel auf
sein Bild herabsenken ließ.« [104]
Der Markgräfin blieb nicht lange Zeit, sich ihrer melancholischen
Stimmung zu überlassen. Am 21. September fand sich unerwartet Her-
zogin Friederike von Württemberg, die Tochter, bei den Eltern in Bayreuth ein. Sie war völlig außer sich und wollte nicht mehr zu ihrem
Gatten zurückkehren. Er führe ein ausschweifendes Leben voller Launen und Kapricen, Friederike war nicht imstande, dies auf die Dauer
mitzumachen.
Ihre Abreise versetzte Herzog Karl Eugen in Alarm. Er folgte ihr wenige
Tage später und in Bayreuth fanden dramatische Auseinandersetzungen zwischen dem jungen Ehepaar statt. Der Herzog reiste schließlich
wieder ab, ohne sich mit Friederike ausgesöhnt zu haben. Schon bald
aber hatte die wohltuende Atmosphäre des Elternhauses einen be-
ruhigenden Einfluß auf die junge Frau, das gute Zureden und die vernünftigen Vorstellungen des Markgrafenpaares taten ein übriges und
man konnte die junge Herzogin bewegen, im Oktober wieder nach
Stuttgart zurückzukehren.
Der Bau des neuen Schlosses in Bayreuth war noch nicht bezugsfertig.
Das Schloß in Erlangen bot nicht die Bequemlichkeiten, die man gewohnt war. So lag es nahe, daß der Markgraf der kränkelnden Wilhelmine endlich die schon einmal geplante Reise nach Montpellier bewilligte, allerdings wollte man sie bis nach Italien ausdehnen. Die
Sehnsucht der Markgräfin, die Stätten der Antike kennenzulernen, war
schon immer groß gewesen. In Bayreuth wurden alle Vorkehrungen
getroffen, mit großem Gefolge die Reise anzutreten.
Die Kosten für die Aufwendung waren so beträchtlich, daß man neue
Steuern für die Bestreitung ausschreiben mußte. Die Bayreuther waren
sehr aufgebracht und etliche Wochen lang hörte man in den Wirtschaften und hinter den Bierkrügen harte Redensarten. Dann aber entschlossen sich viele der Bürger zu dem probaten Mittel, aufs Rentamt
zu gehen und mit wohlgesetzten Worten um eine vorläufige Stundung
der Steuer zu bitten. Das hörte sich dann etwa so an:
»Sie, entschuldichn Sa, ich hätt gern gfrocht, ob es meechlich wäre,
daß ich bei Ihna vorsprechn dädat, wall iich gern nuch a weng an
Zahlungsaufschub erbetn gmächtert ham hättn dädert ...« [105]

9 *Neues Schloß, Bayreuth*

11 *Markgraf Friedrich von Bayreuth*

◁ 10 *Markgräfin Wilhelmine von Bayreuth*

12 *Bühne des Markgräflichen Opernhauses, Bayreuth*

*13 Wilhelmine von Marwitz, spätere Gräfin Burghauß,
Favoritin des Markgrafen von Bayreuth*

14 Herzogin Elisabeth Friederike Sophie von Württemberg,
Tochter der Markgräfin Wilhelmine

15 Prinzessin Friederike Luise und ihr Verlobter,
Markgraf Carl Wilhelm Friedrich von Ansbach ▷

16 Prinzessin Friederike Luise

Das Markgrafenpaar reiste diesmal nun wirklich und ohne Zwischenfälle aus Bayreuth ab. Man fuhr über Stuttgart und war sehr erfreut,
dort unerwartet ein friedliches Herzogspaar vorzufinden. Für diesmal
schien die Aussöhnung geglückt, aber würde es von Dauer sein? Bei
der Einstellung des jungen Herzogs schien das wenig wahrscheinlich.
Man reiste inkognito als »Graf und Gräfin von der Mark«. Wilhelmine führte ein Tagebuch, in das sie mit kurzen Notizen eintrug, was
sie erlebte. Als sie am 19. Oktober 1754 abends nach Straßburg kamen,
gab sie einen Eindruck von ihrem Empfang in Frankreich:
»Der König von Frankreich [Ludwig XV.] hatte dem Platzkomman-
danten und allen Gouverneuren der Provinzen, wo wir durchkommen
mußten, Befehl gegeben, uns die gleichen Ehren zu erweisen, die man
ihm erwies, wenn er dorthin käme. Wir hatten viele Mühe, diese Zeremonien zurückzuweisen und zu verhindern, daß man Salut schoß.«[106]
Dieser Befehl des französischen Königs hatte zur Folge, daß die Spitzen
der Behörden und der Geistlichkeit in Frankreich alles aufboten, um
dem Bayreuther Markgrafenpaar jede erdenkliche Aufmerksamkeit zu
erweisen.
Am 19. November 1754 fuhr die Reisegesellschaft weiter nach Süden.
Über Vienne, Montélimar und Nîmes ging es nach Avignon, überall
auf das liebenswürdigste empfangen und begrüßt von Ordensherren
und Stadtvätern. Wilhelmine hatte sich eigentlich vorgenommen, in
Avignon den Winter zu verbringen, doch das sonst so milde Klima war
völlig durcheinander gebracht durch eine Kältewelle. Man konnte
nicht heizen und die kranke Markgräfin fror erbärmlich an einem kleinen Kohlenbecken. In Avignon machte sie die Bekanntschaft des berühmten Wissenschaftlers La Condamine, den sie sehr schätzen lernte
und den sie, obwohl er sehr schwerhörig war, zum Reisebegleiter gewann. Seine Art, die Antike zu erklären und im Vergleich mit anderen
Kulturen zu erläutern, lag der Markgräfin sehr.
Eine weitere bedeutsame Begegnung war ihr in Avignon beschert: sie
lernte Louis Alexandre Graf von Mirabeau kennen. Auch er schloß
sich der Reisegesellschaft an und trat schließlich als Kammerherr in
Bayreuther Dienste[107].
Inzwischen gab es in Bayreuth und Erlangen umherschwirrende Gerüchte, das Markgrafenpaar sei in Frankreich katholisch geworden.
Dieser Vorwurf war so schwerwiegend, daß der Markgraf seinen Aufenthalt in Avignon unterbrach und unverzüglich heimreiste, um an
einem Gottesdienst teilzunehmen und in altgewohnter Weise das

Abendmahl zu empfangen. Der Markgraf fuhr dann wieder in langen, ermüdenden Tagereisen nach Südfrankreich zurück.

Aus Wilhelmines Tagebuch, aus ihren Briefen an den König, spricht nur immer die tiefe Freude, all die historischen und der Kunst geweihten Stätten nun mit eigenen Augen sehen zu können. Vor ihrer Begeisterung mußte selbst Friedrich, der zuweilen sarkastische Bemerkungen in seine Briefe einflocht, kapitulieren und schließlich zugeben, daß auch das »heruntergekommene« Italien »unseres Zeitalters«, nämlich des 18. Jahrhunderts, noch eine Sehenswürdigkeit ersten Ranges darstellte.

Am 1. April 1755 brach man von Avignon auf nach Aix, Marseille, Cannes, Antibes, Genua und Pisa, vom 27. April bis 7. Mai verweilte die Reisegesellschaft in Florenz, wo die Markgräfin, obwohl sie sich angegriffen fühlte, die Kunstschätze eingehend besichtigte. Am 14. Mai traf man in Rom ein. Auch hier unternahm Wilhelmine systematische Streifzüge mit La Condamine, um sich die Ruinen, die Bilder und Statuen und die prächtigen Bauten und Paläste der ewigen Stadt mit Muße anzusehen.

Aus Bayreuth kam die betrübende Nachricht, daß das Bologneserhündchen Folichon aus Altersschwäche gestorben sei. Die philosophische Biche, Friedrichs Liebling, war ihm vorangegangen. Jetzt waren beide im Reich der Schatten, jedoch unvergessen von ihren einstigen Besitzern.

In Rom fehlte es nicht an vielen neuen Bekanntschaften, darunter auch hochgestellte Geistliche aus dem Vatikan. Man bemühte sich von verschiedenen Seiten, dem Markgrafen eine Audienz beim Papst zu verschaffen, aber die Verhandlungen scheiterten an der absoluten Weigerung der Markgräfin, den Fußkuß auszuführen. Dies hätte ihren Widersachern in Bayreuth neue Argumente gegeben und sie wieder endlos als »Convertitin« ins Gerede gebracht. Wilhelmine war vorsichtig geworden. Indessen zeigte sich Papst Benedikt XIV. von großer Freundlichkeit und Aufmerksamkeit in all und jedem, um der Markgräfin gefällig zu sein. König Friedrich war so loyal zu seinen katholischen Glaubenskindern in Schlesien gewesen; all seine Handlungen sollten jetzt den Dank gegenüber der Schwester des Preußenkönigs ausdrücklich bezeigen. So ließ er zum sogenannten Zelterfest am Tage Peter und Paul und zur darauf folgenden Pontifikalmesse der Markgräfin einen Sonderplatz einrichten, wo sie alles genauestens betrachten konnte.

Ein Abstecher nach Neapel hatte den Aufenthalt in Rom für einige Zeit unterbrochen. Wilhelmine war mit La Condamine zu allen sehenswerten Stätten gepilgert, auch auf den damals tätigen Vulkan mit der über ihm schwebenden Rauchwolke, den Vesuv, stieg sie. Die Ausgrabungen in Herculaneum boten zu dieser Zeit noch nicht viel Sehenswertes. Man stieg auf Leitern hinab wie in ein Bergwerk und sah nur wenige Wände, Malereien und Skulpturen.

Am 30. Juni reiste der Markgraf von Rom ab, am 1. Juli brach die Markgräfin auf. Einen prachtvollen kurzen Aufenthalt gab es auf der Rückreise in Venedig. Schließlich kam die Markgräfin am 9. August 1755 in Erlangen an. Ermüdet berichtete sie dem König zwei Tage später:

»11. August 1755
Meine Rückreise war anstrengender und beschwerlicher als alle meine Fahrten in Italien und Frankreich. Der Abschied fiel mir offen gesagt schwer. Vielleicht habe ich nie Zerstreuungen gehabt, die mich so gefesselt haben wie dort. Tausendmal wünschte ich, Sie hätten sie teilen können. Alle Vorstellungen und Nachrichten von diesem Land bleiben weit hinter der Wirklichkeit zurück. Ehrlich gesagt bedarf ich meiner ganzen Vernunft und meiner ganzen Philosophie, um mich nicht danach zurückzusehnen.« [108]

Als das umfangreiche Gepäck geöffnet und alle Mitbringsel ausgepackt waren, fand sich ein vertrockneter Lorbeerzweig, den Wilhelmine auf dem Grab des römischen Dichters Vergil gepflückt hatte. Mit einem Huldigungsgedicht von La Condamine sandte sie dies poetische Souvenir an den Bruder nach Potsdam. Ihren Kammerherrn Carl Heinrich von Gleichen beorderte die Markgräfin noch einmal zurück nach Italien. Er sollte dort antike Kunstgegenstände, die man vielfach sehr billig erwerben konnte, für sie kaufen. Vom Kammerherrn von Gleichen fanden sich in seinen Aufzeichnungen viele Notizen über den Bayreuther Hof, eine Charakteristik über die Markgräfin ist besonders lebendig:

»Auf zierlichem, zarten Körper trug die Markgräfin einen kleinen, fein modellierten Kopf. Ihre großen hellblauen Augen beobachteten den Sprecher und leuchteten begeistert auf, wenn er etwas Interessantes erzählte. Um den Mund waren tiefe Linien seelischen und körperlichen Leides eingegraben, und in seltenen Momenten frohen Entzückens wich ein Zug unüberwindlichen, herben Spottes.« [109]

Anfang des Jahres 1756 fiel die langjährige und erprobte Koalition

Frankreich-Preußen auseinander. Der König von Preußen schloß mit
England einen Bündnis- und Subsidienvertrag ab. Der politische Himmel war so düster wie nur möglich. Es braute sich eine übermächtige
Allianz zwischen Österreich, Rußland und Frankreich zusammen, der
sich später auch noch Schweden anschloß. Für Friedrich sah die Lage
bedrohlich aus.
Das Markgrafentum Bayreuth mußte als Reichsfürstentum auch jetzt
wieder möglichst Neutralität zur Schau tragen. Aber diesmal konnte
der preußische König fest darauf zählen, daß er von Wilhelmine jede
nur immer gewünschte Information bekommen würde. Preußen war
isoliert auf dem europäischen Kontinent, und die Markgräfin hatte
genügend politisches Gespür zu wittern, daß es diesmal keinen anderen Ausweg als den Krieg geben würde. Sie versicherte unverzüglich
dem Bruder, daß er sich auf sie verlassen könne.
»Eremitage, 26. Juni 1756
Sie werden ... von Zeit zu Zeit von allem benachrichtigt werden, was
bei unsern verhaßten Nachbarn geschieht, da der Markgraf einen sicheren Kanal hat, um Neuigkeiten zu erfahren ...« [110]
Wilhelmine war sich klar darüber, daß sie ihre Nachrichtenübermitt-
lung nur unter dem Mantel strengster Geheimhaltung durchführen
konnte. Selbst der Markgraf durfte keinesfalls etwas ahnen. Sie bat
daher den König um zuverlässige Kuriere, gleich zwei, falls einmal ein
dringlicher Fall einträte. Die politischen Folgen für das Markgrafentum
wären nicht auszudenken gewesen, hätte man erfahren, daß die Markgräfin von Bayreuth für ihren Bruder spionierte. Die überlieferten
Nachrichten aus dieser Zeit sind so sachlich und informativ wie die
eines berufsmäßigen Agenten.
Nach den Erfahrungen seiner ersten beiden Schlesischen Kriege sah
sich Friedrich in einer Lage, die ihm einzig und allein den Weg offen
ließ, seinen Feinden zuvorzukommen und ihrer latenten Aktivität rasche Taten voraufzuschicken. Der König war dabei guten Mutes. Zumindest stellte er sich so, als er Wilhelmine schrieb:
»28. Juli 1756
Liebste Schwester!
Wir sind in vollem Marsche und nähern uns Ihnen. Unser Briefwechsel wird dadurch nur um so lebhafter werden. Ich will meinem dicken
Nachbarn einen kleinen Besuch abstatten und hoffe, Ihnen in Kürze
mehr sagen zu können. Erhalten Sie mir Ihre Freundschaft und sorgen
Sie bitte für Ihre Gesundheit.« [111]

Die Aufregungen um den Kriegsausbruch setzten der Markgräfin derart zu, daß sie erkrankte. Sie bekam unerträgliches Kopfweh und Krämpfe, die sie vor Schmerz fast stumpfsinnig machten. Sie konnte sich nicht das geringste vornehmen, war zu nichts fähig. Doch bald raffte sie sich auf aus ihrer Schwäche und nun begann eine Zeit, in der sie ihre unbedingte Ergebenheit für den Bruder bewies. Über sie liefen die wieder und wieder angebahnten Versuche, mit dem ehemaligen Verbündeten Frankreich Verbindung aufzunehmen. Dies führte 1757 dazu, daß Wilhelmines Kammerherr Graf Mirabeau im Einverständnis mit König Friedrich nach Paris ging, um dort vorsichtig zu sondieren. Seine geheimen Bemühungen scheiterten jedoch.

Am 28. Juni 1757 verloren die Königskinder ihre Mutter. Sophie Dorothea erlag, siebzig Jahre alt, einem Erstickungsanfall. Wilhelmine erfüllte tiefe Trauer. Sie trug es der Mutter nicht mehr nach, wie sehr sie ihre Kindheit und Jugend mit ihren englischen Heiratsplänen verdorben hatte. Welche Leiden, welche Mühen für Wilhelmine, welche Intrigen waren gesponnen worden. Alles versank nun endgültig in das Reich der Erinnerung. In den letzten Jahren war das Einvernehmen zwischen der Mutter und Wilhelmine recht herzlich gewesen. Die Markgräfin spürte den Verlust sehr empfindlich und sie war sehr wehmütig gestimmt.

Zu diesem persönlichen Kummer kam eine deprimierende neue politische Sorge. Man verlangte von Bayreuth jetzt die Gestellung eines Truppenkontingents für Reich und Kreis, und man drohte mit finanziellen Repressalien, wenn dies nicht geschehen würde.

Im Herbst fühlte sich Wilhelmine durch zwei überwältigende Siegesmeldungen des Bruders aufgerichtet: am 5. November 1757 meldete der König seinen Sieg bei Roßbach und am 5. Dezember konnte er ihr über den Sieg bei Leuthen berichten. Aber für das bayreuthische Land ergab sich in der Folgezeit eine vollständige Besetzung durch die Reichsarmee und somit eine Blockierung all der Kanäle, durch die bisher die Nachrichten der Markgräfin gesickert waren. Sie fühlte sich überwacht und gedemütigt und konnte doch nichts dagegen tun.

Wilhelmines Leiden verschlimmerten sich zu dieser Zeit ernsthaft. Sie verließ das Bett nicht mehr. Im Mai erfuhr sie von dem bevorstehenden Zug ihres Bruders Prinz Heinrich und des Prinzen Ferdinand von Braunschweig nach Franken.

Am 11. Juli sah sie Heinrich in Bayreuth an ihrem Krankenlager. Er hatte nicht den Mut, ihr von dem soeben erfolgten Tod des Bruders

August Wilhelm zu erzählen. Er schrieb dem König über seinen Bayreuther Besuch:
»Juli 1758
Meine Schwester in Bayreuth ist dem Ende nahe gewesen. Sie kann nicht mehr schreiben. Ich fürchte, daß sie sich von dieser Krankheit nicht wieder erheben wird. Sie weiß vom Tode meines Bruders noch nichts, und man befürchtet mit Grund, daß diese Nachricht die geringe Hoffnung schwinden lassen wird, die man in ihre Wiederherstellung setzt.« [112]
Die Feder war Wilhelmine aus der Hand gesunken. Sie konnte nur noch diktieren, als sie im August an den König schrieb und ihr Befinden schilderte:
»August 1758
Sie fragen nach meinem Zustand. Wie ein armer Lazarus liege ich seit sechs Monaten im Bett. Seit acht Tagen trägt man mich auf einem Tragsessel und fährt mich im Rollstuhl, um meine Lage etwas zu ändern. Ich leide an einem heftigen trockenen Husten, der nicht weichen will. Meine Beine, Hände und Gesicht sind unförmig geschwollen ...
Ich habe mich in mein Schicksal ergeben; ich werde zufrieden leben und sterben, wenn Sie nur glücklich sind.« [113]
Von sich aus konnte der König am 25. August noch einmal die freudige Nachricht von seinem Sieg bei Zorndorf an die Schwester senden. Doch aus Bayreuth wurden die Nachrichten von Mal zu Mal hoffnungsloser. In seinem nächsten Brief wandte sich der König mit all seiner Überzeugungskraft an Wilhelmine, alle Beschwörungsformeln der Freundschaft und der Liebe bot er auf, um der leidenden Schwester Mut zuzusprechen.
»Schönfeld, 20. September 1758
Teuerste Schwester,
Ihre Krankheit bringt mich zur Verzweiflung, sie fehlte nur noch, um mich gänzlich niederzudrücken. Großer Gott, ist es denn nötig, daß ich alle Leiden Hiobs durchkoste? Ich weiß nicht, wie es kommt, aber eine gewisse Ahnung tröstet mich noch, sie sagt mir, daß Sie bei sehr vorsichtiger Behandlung gesund aus dieser Krankheit hervorgehen werden. Ich falle Ihnen zu Füßen und flehe Sie an, ich beschwöre Sie, alles zu tun, um sich von dieser Krankheit loszumachen. Essen Sie, gebrauchen Sie die Medizin, und befolgen Sie blindlings, was Ihr Arzt Ihnen verordnet. Bedenken Sie, daß Ihr Tod mich zu dem unglücklichsten Geschöpf machen würde, welches auf der Erdoberfläche

kriecht; bedenken Sie, daß der Schmerz mich niederdrücken und daß dann der schrecklichste Tod für mich angenehm wäre, da er mich von diesem elenden Leben erlösen würde. Mein Schmerz ist zu groß, um Ihnen mehr darüber zu sagen, seien Sie jederzeit überzeugt, daß auf der ganzen Welt niemand so viel aufrichtige Liebe, lebhafte Zuneigung und unerschütterliche Freundschaft für Sie empfindet, wie es bis zum Tode tun wird, teuerste Schwester,
Ihr treuester Bruder und Diener
Friedrich« [114]

Wilhelmine konnte nicht mehr gerettet werden. Zu weit schien die Wassersucht vorgeschritten. Ihre Brustkrankheit, wahrscheinlich tuberkulösen Ursprungs wie beim Großvater Friedrich I., verschlimmerte sich rapide. Am 14. Oktober starb sie in den Armen ihres Gatten und ihrer Tochter Friederike. Das Ende ihrer Laufbahn war gekommen.
Stafetten und Eilboten sprengten aus Bayreuth zu allen verwandten Höfen und ins Feldlager zum König nach Rodewitz. Zuerst gelangte die Nachricht nach Berlin. Graf Lehndorff hat ihr Eintreffen in seinem Tagebuch verzeichnet:
»Oktober 1758
Am 12. kehre ich wieder nach Berlin zurück, wo wir am 16. die Nachricht vom Überfall bei Hochkirch erhalten ... An demselben Abend erhält die Prinzessin Amalie durch einen Eilboten die Nachricht vom Ableben der Markgräfin von Bayreuth. Diese Fürstin siechte schon fast ein halbes Jahr dahin, nachdem sie sich seit mehr als zehn Jahren bereits keiner Gesundheit mehr erfreut hatte. Ihre Willenskraft nur hielt sie aufrecht. Der Krieg, die Sorge um den König und der Verlust des Prinzen von Preußen hatten den Rest ihrer Kräfte aufgezehrt.
Von allen Schwestern des Königs war sie diejenige, die ihm in Gesicht und Geist am meisten glich. Sie fühlte sich nur unter berühmten Leuten wohl, war prachtliebend, besuchte gern das Schauspiel und komponierte selbst Opern. Immer war sie mit Juwelen bedeckt und legte Rot und Weiß auf, was sie indes ableugnete. Gnädig und verbindlich war sie über alle Maßen. Ihre Landsleute liebten sie nicht sehr, indem sie behaupteten, sie verachte die kleinen Länder und die Untertanen ihres Gemahls. Diese Fürstin war für einen Thron geboren, nur nicht für den einer Markgräfin von Bayreuth ...« [115]
Im Hauptquartier des Königs war ein vorbereitender Brief des Marquis d'Adhémar eingetroffen. Der König war bestürzt und unruhig. Sein

Schmerz war dennoch ungeheuer, als am 18. Oktober nach der Niederlage bei Hochkirch die endgültige Todesnachricht in seinen Händen
war. Unter den chiffrierten Brief vom 18. Oktober schrieb er mit eigener Hand:
»Grand Dieu! Ma sœur de Bareith! [Großer Gott! Meine Bayreuther
Schwester!]« [116]
Dem Markgrafen sandte er mit seiner Kondolenzadresse ein französisch abgefaßtes Gedicht. Es hat auch in seiner deutschen Fassung noch
einen Hauch von der gedanklichen Schönheit bewahrt, die es erfüllte.
Diese Zeilen fassen zusammen, was der König schon vorher zu de Catt
gesagt hatte: am liebsten würde er mit ihr zusammen diese Welt verlassen.

»Wenn das Geschick, unbeugsam uns beherrschend,
Ein blutig Opfer fordert – dann, ihr Götter,
Erleuchtet seinen richterlichen Spruch,
Daß seine strenge Wahl auf mich nur falle.
Dann will gehorsam ich und ohne Murren
Erwarten, daß der unerweichte Tod,
Von meiner Schwester seinen Schritt abwendend,
Abstumpfe seinen Sichel Glanz an mir.
Doch wenn so hohe Gunst, als ich erbitte,
Nicht einem Sterblichen zuteil kann werden, –
O, meine Götter! Dann gewähret mir,
Daß beid' an einem Tage wir hinab
Zu jenen Fluren steigen, die von Myrten
Lieblich beschattet sind und von Zypressen,
Zu jenem Aufenthalt des ew'gen Friedens, –
Und daß Ein Grab umschließe unseren Staub!« [117]

Der Markgraf war bemüht, den König ausführlich über die letzten
Tage Wilhelmines zu unterrichten. Er beauftragte den Marquise d'Adhémar und den Oberhofmeister der Markgräfin, Spada, mit der Abfassung einer Gedenk-Lobrede in französischer Sprache. Man fand dies
lange Zeit unbeachtete Büchlein Jahrhunderte später zwischen ge-
retteten Handschriften der Bayreuther Stadtbücherei nach dem Zweiten
Weltkrieg 1945. Es war in blaue Seide eingebunden.
Außer dem König erhob noch ein Dichter seine Stimme. Auf Veranlassung Friedrichs, der inzwischen mit dem französischen Dichterfür-
sten wieder Kontakt unterhielt, verfaßte Voltaire eine Ode auf den Tod
der Markgräfin, seiner langjährigen Freundin. Der »Bruder Voltaire«,

mit dem sie in der Eremitage so tiefsinnige Gespräche geführt hatte,
fand bewegende Worte zum Abschied:
»Mich bedrückt des Alters Schwäche,
Daß ich bebend, was ich spreche,
Auszudrücken kaum vermag.
Zitternd hab ich nur geschrieben,
›Die hier ruht, verstand zu lieben!‹
Dir auf Deinen Sarkophag.« [118]
Der mit rotem Samt bezogene Sarg fand seinen Platz in der Hohen-
zollerngruft der Schloßkirche. Jahre später fand man dunklen Marmor,
den die Markgräfin zur Herstellung eines Marmorsarkophages be-
stimmt hatte. Er wurde erst 1770 fertiggestellt. Indessen gab es niemand
mehr, der dafür gesorgt hätte, daß man Voltaires Worte auf den Deckel
einmeißelte. Der Markgraf war Wilhelmine dann schon gefolgt.

1758 ließ man jedoch Markgraf Friedrich von Bayreuth keine Zeit, sich
lange seiner Trauer um Wilhelmine zu überlassen. Obwohl Krieg war,
galten für das Markgrafentum andere, beherrschende Gesichtspunkte.
Der Markgraf war beim Tode seiner Gemahlin erst siebenundvierzig
Jahre alt. Im Zeichen der ständig vorhandenen Rivalität zur Markgrafschaft Ansbach, der man um keinen Preis die Erbfolge im Bayreuther Land zukommen lassen wollte, beeinflußte man Markgraf Friedrich schon bald, sich doch wieder zu vermählen.
Sein Auge fiel auf Wilhelmines Patenkind, Sophie Caroline von Braunschweig, eine Tochter Charlottes. Sophie Caroline, ein schönes, gut ge-
wachsenes Mädchen, wohlerzogen, von guter Gemütsart und im unter-
nehmenden, blühenden Alter von einundzwanzig Jahren, war nicht ab-
geneigt. Der Markgraf war immerhin ein gutaussehender Mann von
imponierender Statur, er befand sich im besten Mannesalter, der
Stammhalter schien dem stattlichen Paar gewiß. Zur Vermählung trafen viele Glückwünsche ein. Am Neuen Schloß in Bayreuth wurde ein
Anbau vorgenommen, das »Italienische Schlößchen«, eine bezaubernde Schöpfung, die nur räumlich ziemlich eng geraten ist. Dies waren
die privaten Gemächer der neuen Markgräfin. Aber das Schicksal erfüllte den Lieblingswunsch der Bayreuther nicht, denn die Ehe verlief kinderlos. Der frühe Tod des Markgrafen im Jahre 1763 zerriß
diese neue Lebensgemeinschaft. Markgraf Friedrich fand an der Seite
Wilhelmines in der Gruft seinen Platz, wie sie es einst gewünscht
hatte.

Das Jahr 1759 brachte den Ausgleich einer alten Rechnung, die König Friedrich mit dem Erlanger Zeitungsschreiber Groß hatte anstehen lassen. Prinz Heinrich befand sich noch in Franken und seine militärischen Aktionen zeigten den gewünschten Erfolg. Im Mai 1759 schickte er einen Offizier mit einigen Leuten nach Erlangen. Dieser machte Groß ausfindig, ließ ihm eine gehörige Tracht Prügel mit einem Stock verabreichen, und der Delinquent wurde gezwungen, darüber auch noch eine Quittung zu unterzeichnen. Diesmal war Friedrich Sieger über das Lästermaul geblieben. Prinz Heinrich hatte den Bruder für jahrelang erlittene Beschimpfungen gerächt.

Wilhelmines Tochter entschloß sich im Jahre 1759 endgültig, sich von ihrem Gemahl, dem Herzog Karl Eugen von Württemberg zu trennen. Im Juli wurde ein Vergleich zwischen Markgraf Friedrich und dem Herzog geschlossen. Herzogin Friederike lebte fortan für sich allein in Neustadt an der Aisch. Wohlversehen mit Unterhaltsmitteln, Hofstaat und den nötigen Bedienten und Kaleschen. Sie starb 1780. Auch ihre sterblichen Überreste sind in Bayreuth beigesetzt, neben den Särgen der Eltern in der Gruft der Schloßkirche.

Nach Markgraf Friedrichs Tod am 26. Februar 1763 gingen die Bayreuthischen Lande zunächst an den Markgrafen Friedrich Christian von Culmbach über. Nach dessen Ableben schließlich doch noch an den letzten Markgrafen von Ansbach, Alexander, Friederikes Sohn. Dieser dankte 1791 ab, und sowohl Ansbach als auch Bayreuth fielen zurück an die preußische Krone [119].

Wenn hier versucht worden ist, vom Leben Markgräfin Wilhelmines einen Eindruck zu geben, so müssen wir uns vor Augen halten, daß alles, was sie schrieb und sprach dem Wechsel des Idioms unterlag. Ihr Ausdrucksmittel war das Französische. Die Gespräche der Geschwister, die Ermahnungen der Eltern, alles, außer den gelegentlichen Poltrigkeiten des Vaters wurde in Französisch vorgebracht. Nicht in unserem heutigen Französisch, mit einer redensartlichen Landläufigkeit, mit Beimischung von »argot« und vielen Schlagwörtern. Man sprach und schrieb ein altes, höfisches Französisch mit einer gewissen Lautverschiebung in einzelnen Verben. Für »ich war« sagte man nicht wie heute »j'étais«, sondern »j'étois«. Statt »avait« hieß es »avoit«. Die Worte, mit denen über ihre Geburt berichtet wurde, heißen im Original so:

»La Princesse Royale mit au monde le 3. juillet 1709 une princesse qui fut très mal reçue, tout le monde désirant passionément un prince. Cette fille est ma petite figure.« [120] Wilhelmine ist in ihrem Leben im Schachspiel der deutschen Fürstenhöfe keine »kleine Figur« geblieben. Sie war eine wahrhaft große Dame mit einem bewunderungswürdigen geistigen Horizont und einer großen baugeschichtlichen und kulturellen Hinterlassenschaft.

Bayreuth – das ist heute nicht nur Wagner, das ist für alles, was das Auge anspricht, vor allem immer noch Wilhelmine – Wilhelmine von Bayreuth.

Wilhelmines Tochter
aus ihrer Ehe mit dem Markgrafen Friedrich von Brandenburg-Bayreuth:

Elisabeth *Friederike* Sophie
* 30. 8. 1732, † 6. 4. 1780
Vermählt am 26. 9. 1748 mit Herzog Karl Eugen von Württemberg. Geschieden 1759.

Anmerkungen

[1] Aus Dr. Heinrich Thiel: »Wilhelmine von Bayreuth«, Süddeutscher Verlag München 1967, Seite 16. – Nachstehend abgekürzt »Thiel« genannt.

[2] Memoiren der Markgräfin Wilhelmine von Bayreuth, Insel-Verlag 1923, aus dem Französischen von Annette Kolb, Seite 4. – Nachstehend abgekürzt »Wilhelmine« genannt.

[3] Thiel S. 25

[4] Wilhelmine S. 5

[5] Thiel S. 18

[6] Thiel S. 27

[7] Wilhelmine S. 7

[8] Wilhelmine S. 10

[9] Wilhelmine S. 32

[10] Wilhelmine S. 18

[11] Wilhelmine S. 17

[12] Wilhelmine S. 39

[13] Wilhelmine S. 47

[14] Wilhelmine S. 48

[15] Wilhelmine S. 52

[16] Wilhelmine S. 56

[17] Wilhelmine S. 61

[18] Wilhelmine S. 68

[19] Wilhelmine S. 70

[20] August der Starke lebte vom 12. 5. 1670 bis 1. 2. 1733. Er nannte sich als König von Polen August II., als Kurfürst von Sachsen jedoch Friedrich August I., beide Länder regierte er in Personalunion.

[21] Wilhelmine S. 83

[22] Wilhelmine S. 88

[23] Wilhelmine S. 93

[24] Wilhelmine S. 112

[25] Wilhelmine S. 113

[26] Thiel S. 94

[27] »Gespräche Friedrichs des Großen mit Henri de Catt«, Verlag Fr. Wilh. Grunow, Leipzig 1885, Seite 14. – Nachstehend abgekürzt »Catt« genannt.

[28] Wilhelmine S. 165

[29] Wilhelmine S. 174

[30] Wilhelmine S. 175

[31] Wilhelmine S. 186

[32] Thiel S. 110

[33] Wilhelmine S. 198

[34] Wilhelmine S. 198

[35] Wilhelmine S. 203

[36] »Markgräfin Wilhelmine von Bayreuth und ihre Welt« – Katalog der Ausstellung im Neuen Schloß Bayreuth im Sommer 1959, Bayerische Verwaltung der Staatl. Schlösser, Gärten und Seen, München. S. 33. – Nachstehend abgekürzt »Katalog« genannt.

[37] Wilhelmine S. 225

[38] Wilhelmine S. 226
[39] Thiel S. 112
[40] Thiel S. 116
[41] Wilhelmine, S. 237
[42] Wilhelmine S. 239
[43] Thiel S. 120
[44] Wilhelmine S. 240
[45] Wilhelmine S. 240
[46] Wilhelmine S. 244
[47] Wilhelmine S. 247
[48] Thiel S. 122
[49] Wilhelmine S. 251
[50] Alexander von Gleichen-Rußwurm:»Die Markgräfin von Bayreuth«, Julius-Hoffmann-Verlag Stuttgart 1925. S. 91. – Nachstehend abgekürzt »Gleichen« genannt.
[51] Wilhelmine S. 267
[52] Wilhelmine S. 267
[53] Wilhelmine S. 277
[54] Wilhelmine S. 289
[55] Gleichen S. 111
[56] Wilhelmine S. 296
[57] Katalog S. 33
[58] Thiel S. 129
[59] Wilhelmine S. 319
[60] Wilhelmine S. 320
[61] Wilhelmine S. 326
[62] »Briefe Friedrichs des Großen«, Hg. Max Hein, a. d. Französischen von F. v. Oppeln-Bronikowski und Eberhard König. Verlag Reimar Hobbing Berlin 1914, 2 Bände. Bd. 1, S. 41. – Nachstehend abgekürzt »Hein Briefe« genannt.
[63] Wilhelmine S. 339
[64] Wilhelmine S. 347
[65] Wilhelmine S. 348
[66] Thiel S. 144
[67] Hein Briefe Bd. 1, S. 56
[68] Werner Hegemann »Das Jugendbuch vom großen König«, Verlag von Jakob Hegner, Hellerau 1930, S. 401
[69] Der Briefwechsel Friedrichs des Großen mit Wilhelmine von Bayreuth, Hg. G. B. Volz, Aus dem Französischen von F. v. Oppeln-Bronikowski, K. F. Koehler-Verlag Leipzig. Als Zitat bei Thiel. – Nachstehend abgekürzt: »n. d. BFW siehe Thiel« genannt. S. 164
[70] n. d. BFW siehe Thiel S. 167
[71] n. d. BFW siehe Thiel S. 167
[72] Wilhelmine S. 455
[73] Wilhelmine S. 469
[74] Wilhelmine S. 483
[75] Wilhelmine S. 499
[76] Wilhelmine S. 501
[77] Wilhelmine S. 506
[78] Wilhelmine S. 509
[79] Wilhelmine S. 557
[80] n. d. BFW siehe Thiel S. 232

[81] n. d. BFW siehe Thiel S. 232
[82] Hohenzollernjahrbuch 1914, Artikel von Prof. Dr. Hans Droysen »Die Briefe der Königin Sophie Dorothea«
[83] Thiel S. 235
[84] Thiel S. 235
[85] Thiel S. 236
[86] »Der König«, Friedrich der Große in seinen Briefen und Erlassen, Verlag Wilhelm Langewiesche-Brandt, Ebenhausen bei München 1923, S. 198. – Nachstehend abgekürzt »Der König« genannt
[87] n. d. BFW siehe Thiel S. 255
[88] Thiel S. 257
[89] Thiel S. 257
[90] Thiel S. 260
[91] Gleichen S. 238
[92] Hans Pars »Noch leuchten die Bilder«, Holsten-Verlag Hamburg 1964, S. 368
[93] n. d. BFW. siehe Thiel S. 262
[94] Gleichen S. 255
[95] n. d. BFW siehe Thiel S. 269
[96] Gleichen S. 259
[97] Ernst Ahasverus Heinrich Graf von Lehndorff »Dreißig Jahre am Hofe Friedrichs des Großen«, Hg. Karl Eduard Schmidt-Lötzen, Verlag K. F. Koehler, Leipzig und Koehler & Amelang Leipzig, Mehrere Bände und Nachträge. Bd. I, S. 113, 1753. – Nachstehend abgekürzt »Lehndorff« genannt.
[98] Thiel S. 277
[99] »Die Briefe Friedrichs des Großen an seinen vormaligen Kammerdiener Fredersdorf«, herausgegeben und erschlossen von Johannes Richter. Verlagsanstalt Hermann Klemm AG., Berlin-Grunewald 1926, S. 256. – Nachstehend abgekürzt »Fredersdorf« genannt.
[100] Fredersdorf S. 164 ff.
[101] »Mir unter uns« von Wafner, Bayreuther Geschichten und Satiren, Druckerei und Verlagsgesellschaft Lorenz Ellwanger, Bayreuth 1972, S. 96. – Nachstehend abgekürzt »Wafner« genannt
[102] Gleichen S. 265
[103] Gleichen S. 266
[104] Lehndorff I. 1754
[105] Wafner S. 78
[106] Thiel S. 282
[107] Thiel S. 285
[108] n. d. BFW siehe Thiel S. 297
[109] Thiel S. 301
[110] n. d. BFW siehe Thiel S. 303
[111] n. d. BFW siehe Thiel S. 304
[112] Thiel S. 319
[113] n. d. BFW siehe Thiel S. 320
[114] Der König S. 332
[115] Lehndorff I, 1758
[116] Chester V. Easum: »Prinz Heinrich von Preußen«, Musterschmidt-Verlag Göttingen 1958, S. 125
[117] »Geschichte Friedrichs des Großen« von Franz Kugler, Verlag E. A. Seemann, Leipzig, S. 346
[118] Thiel S. 323

[119] »Aus den Briefen der Herzogin Philippine Charlotte von Braunschweig«, mitgeteilt in französischer Sprache von Hans Droysen, Wolfenbüttel 1916, in Kommission bei Julius Zwißlers Verlag, Quellen und Forschungen zur Braunschweigischen Geschichte. VIII. Band, Seite 175

[120] Mémoires de la Margrave de Bareith, écrits de sa main, Verlag H. Barsdorf, Leipzig 1889, S. 3

Friederike

* 28.9.1714 Berlin, † 4.2.1784 Unterschwaningen
Markgräfin von Ansbach

1713 – Thronwechsel in Preußen

Friedrich I. starb am 25. Februar dieses bedeutungsvollen Jahres. Der
Großvater der Königskinder, erster König in Preußen, erlag mit nur
sechsundfünfzig Jahren einem Lungenleiden. Friedrich Wilhelm ließ
seinen Vater in einem prunkvollen Trauerbegängnis zur letzten Ruhe
betten. Die Entwürfe für die Dekorationen stammten von Andreas
Schlüter. Dies bedeutete gleichzeitig die letzte prächtige Schaustellung
irgendwelcher Art in Preußen. Friedrich Wilhelm I. legte, wie immer
wieder hervorgehoben und betont wurde, den Daumen mit besonderem Nachdruck auf den Staatssäckel. Sogar im engsten Kreis der Königsfamilie bekam man es zu spüren, daß Preußen ein armes Land
war.

1714 – Thronwechsel in Hannover und England

Kurfürstin Sophie von Hannover konnte sich in zweifacher Hinsicht
als Urgroßmutter der Königskinder betrachten. Die erste Königin in
Preußen, Sophie Charlotte, des lungenkranken Friedrichs Gattin, war
ihre Tochter. Von diesem Königspaar stammte König Friedrich Wilhelm I. ab, der Vater der Königskinder. Aber auch ihr Sohn Georg wurde Großvater der Königskinder, denn Georgs Tochter, Sophie Dorothea,
heiratete Friedrich Wilhelm, damaligen Kronprinzen, jetzigen König
in Preußen. Die Urgroßmutter Kurfürstin Sophie war unstreitig eine
der bedeutendsten Frauen ihrer Zeit und ist heute noch weithin bekannt als Briefpartnerin jener Liselotte von der Pfalz, die sie einmal
»eine Persohn, so in ganzen Jahrhunderten nicht wieder kommt« genannt hatte.

Kurfürstin Sophie führte ihre Abkunft auf die Stuarts zurück, ihre
Mutter war eine Tochter Jakobs I. von England. Das englische Parla-
ment hatte sie 1701 zur englischen Thronfolgerin erklärt. Kurfürstin
Sophie war im Jahre 1714 vierundachtzig Jahre alt. Neben ihren kulturellen Beschäftigungen liebte sie es über alles, weite Spaziergänge in

den Gärten von Herrenhausen zu unternehmen. Dort hat sie am 8. Juni 1714 ein Herzschlag aus diesem Leben hinweggenommen. Es geschah nach ihrem Herzenswunsch, ohne Doktor, »ohne Pfaffen«. Genau auf diese Weise hatte sie sterben wollen. Liselotte, ihre Lieblingsnichte, schrieb an ihre Halbschwester Luise über ihren Kummer um die »herzliebe ma tante«:

»Unser Verlust ist unendlich, mein weinen kann aufhören, aber nie meine traurigkeit nicht. Diese liebe Kurfürstin selig war all mein trost in allen widerwärtigkeiten, so mir hier so häufig zugestoßen sein, wenn ich es Ihro Liebden geklagt und schreiben wieder von ihr empfangen, war ich wieder ganz getröst. Nun bin ich, als ob ich ganz allein auf der Welt wäre...«[1]

In England hatte Queen Anne von 1702 an regiert. Sie vereinigte England, Irland und Schottland zu Großbritannien, berief den verdienten Feldherrn Marlborough als Streiter in den Spanischen Erbfolgekrieg, und sie hinterließ uns eine besonders reizvolle Möbelform.

Queen Anne blieb im Jahre 1714 kaum Zeit, in allen Einzelheiten über den Verlust ihrer direkten Thronfolgerin nachzudenken. Mit nur neunundvierzig Jahren verstarb sie völlig unvermutet sieben Wochen nach Sophie, am 1. August 1714. Der nächste Thronanwärter im Hause Hannover war nun Georg Ludwig, seit sieben Wochen Kurfürst von Hannover. Er übernahm nach dem Tode Queen Annes die Regierung in England und nannte sich König Georg I. von Großbritannien. Fortan regierte er sein altes Kurfürstentum und sein neues Königreich in Personalunion.

Seine Tochter, die Mutter der Königskinder, die Königin Sophie Dorothea in Preußen, nahm jetzt die Gewohnheit an, sich etwas würdevoller zu halten. Da sie von stattlicher Figur war, gab die Hofgesellschaft ihr den Spitznamen »Olympia«, demnach muß die Würde um einige Nuancen zu gewichtig ausgefallen sein. Immerhin – sie war jetzt die Tochter eines regierenden Königs, ferner die Gemahlin eines regierenden Königs – ihr Ehrgeiz hatte zweifellos vollste Befriedigung erfahren.

Ihre Trauer um die Kurfürstin Sophie von Hannover war ehrlich. Diese großartige Frau hatte Mutterstelle an ihr vertreten, denn ihre eigene Mutter mußte ein grausames Schicksal erdulden. Einst verstrickt in jene geheimnisvolle Affäre mit dem Grafen Königsmarck, der, wie gemunkelt wurde, von Georg ermordet worden war, zumindest soll er die Mörder gedungen haben, lebte die »Prinzessin von Ahlden« in strengster Verbannung und durfte ihre Kinder Sophie Dorothea und Georg (II.) nicht sehen. Kurfürstin Sophie wachte über die kindlichen Spiele von Sophie Dorothea und dem kleinen Georg, später ließ sie beiden Enkelkindern eine vorzügliche Erziehung angedeihen. Zur Kurfürstin Sophie war die junge »Fieke« gekommen mit ihren kleinen Geheimnissen, und »grandmère« war die erste gewesen, die vom Antrag des preußischen Kronprinzen, Friedrich Wilhelm, etwas wußte, der eines Tages für das »Mädchen mit der schönsten Taille Europas« in Hannover eingetroffen war. 1706 feierte man dann eine schöne und reiche Hochzeit. Es gab zu dieser Zeit keine Prinzessin in Europa, die eine prunkvollere Aussteuer bekam als Sophie Dorothea. Alles war in Paris unter Tante Liselottes Aufsicht gearbeitet worden. Als der »trousseau« fertig war, stellte man ihn in einem Saale von Versailles aus und sogar Ludwig XIV., der Sonnenkönig, bewunderte die herrlichen Arbeiten.

Jetzt, im Jahre 1714, war von der einst so berühmt schlanken Taille Sophie Dorotheas nicht mehr als eine Andeutung zu sehen, die junge Königin erwartete ihr sechstes Kind. Kurfürstin Sophies Tod war in Berlin zeitlich überlagert gewesen vom Sterben des fünften Kindes des preußischen Königspaares. Am 10. Juni war ihnen die nur elf Monate alte Charlotte Albertine wieder genommen worden. Nur zwei Kinder waren gesund. Wilhelmine, fünf Jahre alt und sehr ernsthaft und groß, und Fritz, zwei Jahre, dick und rund.

In jenem Jahr hatte Hofmaler Antoine Pesne den Auftrag bekommen, diese beiden Kinder auf einem Bilde festzuhalten. Es ist ein weltberühmtes Bild geworden, mehrmals in Kupfer gestochen und unendlich viel verbreitet. Am 17.7.1714 hatte die Königin ihrem Gemahl geschrieben:

»J'ai fait peindre les enfants et je crois que leurs portraits seront bons. [Ich habe die Kinder malen lassen und ich glaube, ihre Porträts werden gut sein.]« [2]

Am 28. September 1714 gesellte sich die Prinzessin Friederike hinzu, mit vollem Namen Friderique Louise, auch Friedericke geschrieben. Man umgab diese Tochter mit aller Sorgfalt und Pflege der damaligen Zeit, denn der Tod von Charlotte Albertine war noch zu nahe.

Friederike war es vergönnt, verhältnismäßig frei aufzuwachsen, und bald Gespielinnen zu bekommen. 1716 wurde Charlotte geboren, die mit Friederike zusammen betreut wurde. Von dem 1717 geborenen Prinzen Wilhelm merkten die Mädchen wenig, er hatte seine eigenen

Räume und sein eigenes Personal. Als Sophie im Jahre 1719 auf die
Welt kam, war man dann zu dritt. Die Prinzessinnen erhielten später
gemeinsame Erzieherinnen und eine gemeinsame Hofmeisterin. Sie
hielten zusammen wie die Kletten. Charlotte war dominierend in
diesem Kleeblatt.

Es ist ganz sicher, daß man bei der Erziehung der jungen Friederike
Luise manches vernachlässigt hat. Das war die Folge der glücklichen
Nichtbeachtung, der sie sich erfreute. Sie hätte in ihrem späteren Leben sehr davon profitiert, wenn man ihren gesunden Menschenver-
stand mehr geweckt, ihren Dünkel gedämpft und ihre Unbeherrschtheit
gezügelt hätte. Sie war vorschnell und neigte dazu, sich kraß auszudrücken, was sie gewiß vom Vater geerbt hatte.

1716 erhielt der Hofmaler der Markgräfin Christiane Charlotte von
Ansbach, Johann Peter Feuerlein, den Auftrag, ein Gedächtnisbild anzu-
fertigen. Ihm war vor zwei Jahren ein Porträt des zweijährigen kleinen
Erbprinzen Carl Wilhelm Friedrich so ausnehmend gut geglückt, daß
jetzt die Mutter unendlich bedauerte, sich mit diesem reizenden Kind
nicht auf einem Bild zusammen dargestellt zu sehen. Feuerlein sollte
Abhilfe schaffen. Er fertigte ein großes Abbild der Markgräfin an und
gab ihr, wie einer holzgeschnitzten Madonna und ebenso steif, das
Kind zur Seite[3]. Damit seine Durchlaucht Carl Wilhelm Friedrich
nicht durch Geschrei und Strampeln die Sitzungen stören konnte,
nahm man das alte Porträt des Zweijährigen als Muster. Inzwischen
war Carl vier Jahre alt und spielte schon mit Zinnsoldaten und kleinen
Kanonen.

Das Doppelbild, auf das die Markgräfin Christiane Charlotte sehr stolz
war, fand seinen Platz in der evangelischen Pfarrkirche Unterschwaningen. Carl von Ansbach war zwei Jahre älter als die kleine Friederike von Preußen in Berlin. Um Carl kümmerte man sich rührend,
beinahe zuviel. Christiane Charlotte dachte sich alles nur mögliche
aus, was für den jungen Prinzen gut sein könnte. Er sollte nicht am
unruhevollen Ansbacher Hof aufwachsen, sondern in der Stille und
Abgeschiedenheit eines Waldschlosses. So kam er schon 1717 nach
Bruckberg, erst fünf Jahre alt. Und als er sieben wurde, erhielt er einen
anerkannten Dichter zum Erzieher: Benjamin Neukirch[4].

Der Vater des Kindes war, wie alle Fürsten seines Zeitalters, ungemein
auf sein Prestige bedacht. So meinte er, ein Schloß in Unterschwaningen, am Hesselberge gelegen, würde der dortigen Gegend sehr zur

Zierde gereichen und er könnte seine Gemahlin mit diesem Sommersitz besonders erfreuen. Markgraf Wilhelm Friedrich von Ansbach,
Carls Vater, gab also den Auftrag, in den Jahren 1713–1718 das Schloß
Unterschwaningen zu errichten, ein Unternehmen, das seine finanziellen Kräfte zu übersteigen drohte, es kostete 15.849 Gulden[5].
Dieses einst so große und weitläufige Schloß, von dem heute nur noch
die vier charakteristischen Eckgebäude mit ihren hochragenden vier-
eckigen Schieferdächern über das Gewirr der kleinen Häuser des Ortes
Unterschwaningen herausragen, wurde einst Friederike von Preußen,
der späteren Markgräfin von Ansbach, zur eigentlichen Heimat. Hier
fand sie Ruhe nach den erregten Auftritten mit dem Markgrafen Carl,
hier sonderte sie sich ab von der ihr unsympathischen Ansbacher Hofgesellschaft, hier genoß sie ihre sorglich eingebundene Handbücherei
mit der Goldprägung auf den Bücherrücken – hier litt sie die langen
Jahre ihrer Krankheit und hier starb sie schließlich. Unterschwaningen
sollte einmal ganz und gar Friederikes Schloß sein.

Graf Seckendorff, der österreichische Gesandte am Berliner Hof und
allmächtige Günstling des Königs Friedrich Wilhelm I., spann, wie er
das häufig tat, 1727 an einem Heiratsplan. Wilhelmine konnte hierüber erzählen:
»Da mein Vater auf die Versorgung seiner Töchter sehr bedacht war,
suchte ihn Seckendorff auch von dieser Seite zu beeinflussen, und forderte den Markgrafen von Ansbach, einen jungen siebzehnjährigen
Prinzen auf, sich nach Berlin zu verfügen, um sich meine jüngere
Schwester anzusehen.
Dieser Prinz war damals sehr vielversprechend und liebenswürdig.
Meine Schwester [Friederike] war engelschön, aber schrecklich launisch und kleinlich. Sie stand jetzt statt meiner in des Königs Gunst.
Der schwere Kummer, den sie nach ihrer Verheiratung erdulden mußte,
hat sie sehr gebessert. Vorerst verhinderte die große Jugend der beiden,
daß die Heirat bald vollzogen wurde. Dies geschah erst zwei Jahre
darauf, wie ich später berichten werde.«[6]
Diese Brautfahrt Carl Wilhelm Friedrichs von Ansbach verlief sehr erfolgreich. Überall bereitete man dem durchreisenden jungen Prinzen
einen guten Empfang und die Leute drängten sich, den Bräutigam der
Prinzessin Friederike zu sehen. Der stämmige junge Ansbacher, der bei
Tisch so gut gleichen Zug mit dem König zu halten wußte, gewann
sich sehr viel Sympathie beim König. Friedrich Wilhelm I. berichtete

der Ansbacher Markgräfin Christiane Charlotte, der Mutter des jungen
Fürsten, in deutscher Sprache über seine Eindrücke:

»17. Juli 1727

[Wir sind] ... von dieses Herrn bey seinen annoch jungen Jahren be-
zeugenden Verstande und rühmlichen Sentimenten auch Person und
Aufführung dergestalten eingenommen und charmieret... [daß Wir
dies] gewiß nicht genug anrühmen können. ... Gratuliere Ihr auch
von Herzen zu einem so würdigen Sohn und Euer Liebden werden mir
auch hoffentlich die Satisfaktion nicht ausgönnen, Ihn bald einmal
wieder allhier zu sehen.« [7]

In der preußischen Königsfamilie trat 1727 ein unerwarteter Todesfall
ein: der Vater der Königin, Georg I. von England, starb auf der Reise
von London nach Hannover in Osnabrück. Jetzt bestieg Sophie Dorotheas Bruder, König Georg II. aus dem Hause Hannover, den englischen
Thron. Er und seine Familie bildete nun die »englische Verwandtschaft«, vom König von Preußen oft genug »Bagage« genannt, die eine
so entscheidende und undurchsichtige Rolle in den Heiratsverhand-
lungen um Fritz und Wilhelmine spielen sollte. Für Wilhelmine und
Fritz wurde es mit der Zeit zu einer Marter, ständig Spielball elterlicher
Meinungsverschiedenheiten zu sein. Friederike, die jetzt mit dem
Markgrafen von Ansbach offiziell verlobt wurde, stand außerhalb der
Betrachtungen für eine englische Heirat, in die nacheinander ihre
Schwestern noch gerieten.

Erbprinz Carl von Ansbach befand sich in Angers. Er war ein heranwachsender junger Mann und sollte seinen Horizont erweitern. Wie
ein amtierender Fürst reiste er mit eigenem Hofstaat. Angers hatte eine
glanzvolle Zeit im Mittelalter gehabt, als es die Hauptstadt der Grafschaft Anjou war. Heute ist es die Kapitale des französischen Départe-
ments Maine-et-Loire, liegt an der Maine, etwa acht Kilometer vor
deren Mündung in die Loire. Aus dem zwölften Jahrhundert ist eine
schöne alte Kathedrale zu sehen, St. Maurice, mit berühmten Bild-
teppichen. Ein Schloß ragt empor mit siebzehn markanten Rund-
türmen [8].

Über seinen Aufenthalt sind Berichte erhalten geblieben, die Hofrat
Brehmer, der Hofmeister des Erbprinzen, aufgezeichnet hat:

»Der Ort hat eine gesunde und wohltemperierte Luft, so daß Ihre Durchlaucht sich bisher nicht in der geringsten Unpäßlichkeit befunden
hätten. Man habe auf Bergeshang ein Haus gemietet mit guter Luft

und nur der Morgensonne zugänglich. Die Bevölkerung dort selbst lebe in durchaus ärmlichen Verhältnissen und alles sei sehr teuer. Die Nobles dazu sehr meliert und durch übermäßige Depence [Aufwand] ruiniert. Durch Heirat mit reichen Kaufmannstöchtern suche der Adel sich wieder zu erholen. Er [Brehmer] werde natürlich für den Umgang des Erbprinzen nur beste Häuser aussuchen, etwa zweimal in der Woche zu Abendgesellschaften gehen und dann selbst mehrmalige Einladungen abhalten. Bei der Mittagstafel wünschte Durchlaucht im allgemeinen nur mit zwei bis drei Personen zu speisen. Im Reiten und Fechten habe der Prinz es schon ziemlich weit gebracht. Ansonsten unternehme man kleinere Reisen wie etwa nach Nantes. Für die Woche gelte ein genau geregelter Stundenplan.

Morgens um $^1/_2$6 Uhr aufstehen, sodann huldige der Prinz bis gegen 8 Uhr dem Reiten. Von 8–9 Uhr treibe man irgendeinen lateinischen Autor, von 9–10 Uhr Fechten oder Tanzen, 10–12 Uhr erhalte Durchlaucht Einweihung in das staatsgeschichtliche Werk von Pufendorff: de officiis hominum et civitatum. Nach dem Mittagsmahl empfange der Prinz bis gegen 3 Uhr Besuche, von 3–5 Uhr beschäftige sich dieser mit Geschichte, Geographie, Genealogie und Heraldik. 5–7 Uhr gehe man in Gesellschaft, sehe sich dazwischen auch eine Komödie an, um 7 Uhr Diner, um 8 Uhr nochmals Promenade, um 10 Uhr endlich begebe sich seine Durchlaucht zu Bett. Des Sonntags besuche man in Anbetracht der Weihe des Tages keine Gesellschaft.«[9]

Die kranke Markgräfin Christiane Charlotte von Ansbach sorgte dafür, daß ungeachtet der finanziellen Schwierigkeiten das Schloß für ihren Sohn weiter ausgebaut wurde. Hofbaumeister Zocha betraute man mit diesem Bau. Nur mühsam beschaffte das markgräfliche Rentamt die immer wieder notwendigen Gelder durch Getreideverkäufe. Auch seine Bildungsreise sollte Prinz Carl ungestört machen, lediglich infolge der fortschreitenden Krankheit der Mutter rief man ihn dann aus Paris zurück. Nun war es der Herzenswunsch der leidenden Markgräfin, den Sohn mit der preußischen Prinzessin offiziell verbunden zu wissen. Hofrat Brehmer reiste nach Berlin, um die Bedingungen der Ehe auszuhandeln. König und Königin zeigten sich sehr geneigt und erfreut, aber als man die junge Braut Friederike fragte, da antwortete sie sehr steif und gemessen: »Der Wille Ihrer Majestät sei ihr Wunsch und sie sei bereit zu folgen.«[10] Von Liebe, feuriger Zuneigung, schwärmerischem Verliebtsein, langsamem Zueinanderfinden war keine Rede. Eine fürstliche Ehe wurde von den Ministern in ihren Bedingungen ausgehandelt, der Hochzeitstermin festgesetzt, der Verlobungsring mit einem Brillanten überreicht. Dann erhielt der Bräutigam ein schönes Ölgemälde der fernen Braut oder eine kostbare Miniatur, diese durfte er sich bis zur Hochzeit ansehen!

Friederike war eine außergewöhnlich junge Braut. Die Vermählung legte man auf den 30. Mai 1729 fest. Zu dieser Zeit hatte sie das fünfzehnte Lebensjahr noch nicht erreicht. In Ansbach erhielt der siebzehnjährige Prinz Carl von seiner Mutter schon vorzeitig den Markgrafentitel verliehen, er wurde für volljährig erklärt. Seine Mutter spürte, daß sie nicht mehr lange leben würde.

Im Mai reiste Markgraf Carl wieder nach Berlin, überall als alter Bekannter von der Bevölkerung begrüßt und gefeiert. In Berlin und Potsdam verstand er sich besonders gut mit seinem Schwiegervater. Die etwas poltrige Art des Soldatenkönigs und einige derbe Sitten, die er zuweilen zur Schau trug, entsprachen ganz der Art des jungen Ansbachers, und er hielt bei allen Vergnügungen im Tabakskollegium und bei allen Anstrengungen auf Truppenparaden unbeirrbar mit, was ihm viel Achtung vom König eintrug.

Zu Friederike war er recht aufmerksam und überbrachte ihr, der Sitte entsprechend, etliche sehr wertvolle Geschenke, die sie hocherfreut entgegennahm. Diese Auszeichnungen wurden den Schwestern nicht zuteil, Friederike sonnte sich im Glanz der reichen Gaben, denn die Prinzessinnen wurden sonst sehr sparsam gehalten und kannten keinen persönlichen Luxus. Vom 29. Mai an, wo sie den Erbverzicht zu leisten hatte, bis zu ihrer Abreise am 13. Juni 1729 war Friederike die Hauptperson am preußischen Hofe. Es war ihre Hochzeit, die man mit großem Aufwand tagelang feierte. Sie war es, die von allen Schwestern als erste heiratete, obwohl die ältere Wilhelmine eigentlich den Vorrang gehabt hätte. Zu den etwa zehntägigen Feierlichkeiten waren über dreihundert Gäste geladen worden. Unglücklicherweise herrschte Ende Mai und Anfang Juni in Berlin eine derartige Hitze, daß die Feste für die hohe Gesellschaft in den schweren Prunkgewändern und in Sälen mit Fackelbeleuchtung eine Tortur wurden. Manchem riß man im Gedränge Spitzen, Tressen und andere Garnituren von den Roben oder einen Ärmel aus der Naht[11].

Die Hochzeit selbst wurde mit allen dazugehörigen Zeremonien begangen. Nach der kirchlichen Trauung ging man zur Tafel. Als diese abgedeckt war, erfolgte der große traditionelle Fackeltanz im Weißen

Saal des Berliner Schlosses. Die Brautleute tanzten einzeln in gemessenen Schritten mit den Ministern und allen königlichen Prinzen und Prinzessinnen nach Art einer großen Polonaise durch den Saal. Dann geleitete man das Brautpaar zum Paradebett – aus rotem Samt mit Perlstickerei am Baldachin und am Kopfende – und der König und die Königin halfen ihnen beim Entkleiden. Mit Gebet und Gottessegen, mit der Zerteilung des sogenannten Strumpfbandes der Braut und vielen derben und anzüglichen Sprüchen wurden die Neuvermählten dann endlich sich selbst überlassen, ein Augenblick, der weniger von lodernder Leidenschaft als von totaler Erschöpfung nach den Strapazen einer solchen Feierlichkeit erfüllt war.

In jenen Maitagen des Jahres 1729 entstand das Brautbild Friederikes und ihres Bräutigams im Charlottenburger Schloß in Berlin. Es ist ein ungewöhnlich gut erhaltenes Gemälde von Antoine Pesne und gilt als eigenhändig. Friederikes Haltung ist sehr lebendig, wie fragend blickt sie ihren Zukünftigen an. Ihr Kleid mit einem reichen Silberbrokatmuster auf rosaseidenem Grund funkelt und blitzt. Der Markgraf trug weiße Strümpfe mit seitlicher Stickereibordüre.

Am 13. Juni 1729 brachen Friederike und Carl nach Ansbach auf. Man fuhr über Potsdam, und der König und seine Begleitung gaben den jungen Leuten noch ein gutes Stück Weges das Geleit.

Nach der Sitte der Zeit war es ungewöhnlich, eine so junge Tochter eher zu verheiraten als die ältere. Aber für Wilhelmine verbot sich in jenen Jahren noch jede andere Heiratsspekulation, weil sie hoffnungslos in die englischen Heiratsprojekte der Mutter verstrickt war, die immer neue Schwierigkeiten boten.

Die junge Friederike war in Ansbach zunächst guten Mutes und tat ihr möglichstes, sich in die Verhältnisse des fremden Hofes hineinzufinden. Man empfing das junge Markgrafenpaar mit lebhafter Sympathie. Carls Mutter, Markgräfin Christiane Charlotte, übergab noch am Tage seiner Rückkehr die Regierungsgewalt an den Sohn. Sie umarmte die neue Schwiegertochter und hieß sie von Herzen willkommen. Christiane Charlotte, eine einst sprühend schöne und lebensfrohe Frau, war jetzt von ihrer Krankheit zu sehr gezeichnet, als daß sie großen Einfluß auf irgend etwas hätte nehmen können, was das Zusammenleben der jungen Leute betraf. Sie starb um die Weihnachtszeit, und am 25. 12. 1729 bereitete man ihr ein prunkvolles Trauergeleit. Sie hätte der gute Geist der jungen Ehe sein können. Nun waren zwei noch kindhafte und unfertige junge Menschen aneinander gebunden und aufeinander angewiesen. Wirklich uneigennützigen Rat fanden sie in ihrer Umgebung nicht.

Der bisherige Hofstaat von »Serenissismus«, wie der junge Markgraf genannt wurde, redete seinem Herrn nach dem Munde. Friederike fühlte sich häufig mit ihrem eigenen Hofstaat isoliert und ausgeschaltet. Sie sah zunächst Intrigen, wo keine waren. Und als sie darauf mit Hochmut und übertriebenem Dünkel reagierte, war dies ein Grund für die Ansbacher Hofclique, nun wirklich mit Intrigen zu beginnen. In Ansbach gab es auch einen Seckendorff, Verwandtschaft vom allmächtigen Seckendorff in Berlin. Er stand hoch in der Gunst des jungen Markgrafen und bald waren Friederike und er erklärte Feinde. Wenn die blutjunge und nicht sehr kluge Markgräfin mit »Königliche Hoheit« angeredet wurde und der ebenfalls noch sehr unfertige und recht jähzornige Markgraf nur mit »Durchlaucht«, so gab das allein schon Konfliktstoff. Wilhelmine in Bayreuth stand später vor dem gleichen Problem, aber sie war gewandt und lebensklug genug, keinerlei Macht- und Rangkämpfe jemals aufkommen zu lassen. Diese Gabe hatte Friederike nicht. Sie war heftig, unnachgiebig und nur schwer zu versöhnen.

Die tägliche Hoftafel des Markgrafen, der es liebte, dem Wein stark zuzusprechen, war ihr bald ein Greuel und sie zog sich immer mehr zurück. Sie wollte auch dann lieber allein in ihren Gemächern speisen, wenn ihr Mann sich im Hause befand und es nicht ungern gesehen hätte, mit seiner attraktiven jungen Frau zusammen zu essen; denn hübsch war Friederike über alle Maßen.

Carl Wilhelm Friedrich hatte eine Passion, die Falkenjagd, und die noch erhaltene Ausschmückung seines Schlafzimmers legt davon beredtes Zeugnis ab. Es gibt ausschließlich Bilder und Motive, die sich auf diese spezielle Art von Jagd beziehen: Reiherbeize und Falkenjagd, Falkenjagd und Reiherbeize.

Als er zur Regierung gelangte, wandte er seine ganze Aufmerksamkeit dieser Jagdleidenschaft zu. Er unterhielt die größte Falknerei im ganzen deutschen Reich. Mit der Wartung und Pflege waren einundvierzig Personen beschäftigt, dazu kamen Jäger und ausgebildete Falkner. Von Carl wird berichtet, daß er während seiner Regierungszeit 30.000 Stück Wild erlegt habe und seine vielen und teuren Jagdfalken kröpften nicht weniger als 42.000 Tauben jährlich. So kann man sich vorstellen, daß es rings im Ansbacher Land auf allen Bauernhöfen und Gütern flatterte und schwirrte, denn irgendwoher mußten diese Unmengen

Tauben ja bezogen werden. Der tägliche Taubenbedarf der markgräflichen Falknerei betrug einhundertfünfzehn Tiere allein zu Futter-
zwecken. Ganz sicher gab es auch eigene markgräfliche Taubenschläge
von beträchtlichem Ausmaß, die aber bei weitem nicht ausreichten,
den Appetit der Falken zu stillen. Die Tauben wurden ja nicht getötet
und den Vögeln vorgelegt, sondern die Falken mußten sich ihr Futter
erjagen. Man ließ die Tauben fliegen und dem Falken wurde die Ver-
kappung blitzschnell entfernt und so trainierte man ihn auf seine
Beute.

Friederike brachte diesem blutigen Spiel, das ihr Mann betrieb, nicht
viel Sympathie entgegen. Ihr Vater war bieder auf die Eberjagd gegangen, hatte Hirsche geschossen und jeweils zu den Jagdzeiten Fasanen
und Schnepfen. Die Falknerei war ein Sport mit Tieren, mit dem nicht
nur Eleganz, die Jäger trugen leuchtend grüne Uniformen mit grauen
Aufschlägen, die Knechte einen grauen Dienstrock und einen kleinen
schwarzen Hut, und edles Weidwerk verbunden waren. Markgraf Carl
erließ strengste Vorschriften für die Bauern, wie man verflogene Falken
einfangen und halten müsse. Die Tiere durften nur in dunkle Räume
gesperrt werden und bei Strafe mußte der nächste Jäger benachrichtigt
werden. Dann würden Falkner kommen und das Tier sachgemäß ver-
kappen und abholen. Wer einem Jagdfalken schadete, der hatte mit
strengen Strafen zu rechnen[12].

Vor Zeiten mochten Ritterfräulein mit robusten Nerven an den Prakti-
ken dieser Jagd ohne Scheu teilgenommen haben, aber für eine Dame
der Rokokozeit dürften sie keineswegs besonders anziehend gewesen
sein. Wenn der Markgraf heimkam von der Jagd, so brachte er nicht
nur Waldgeruch und jene Aura frischer Luft mit, die Wanderer und
Jäger um sich verbreiten, sondern es gab Blutflecke auf seinem Jagd-
rock, an heißen Tagen war er verschwitzt und staubig, an Regentagen
und nach Jagden auf moorigem Grund gab es kotbedeckte Stiefel. Dies
alles mußte abstoßend wirken auf eine Dame des Rokoko, die mit ihrer
Seidenstickerei beschäftigt in einem brokatenen Sessel saß. Friederike
begann Abneigung gegen ihn zu empfinden. Dazu kam, daß das ganze
Denken und Trachten des Markgrafen von der Falknerei erfüllt war.
Es gab für ihn einfach kein anderes Gesprächsthema und das mußte,
bei allem anfänglichen Wohlwollen, auf eine Frau ermüdend und
lähmend wirken.

Markgraf Carl Wilhelm Friedrich von Ansbach lebt noch heute in der
Erinnerung seiner ehemaligen Untertanen als »Der wilde Markgraf«

weiter. Zusätzlich zu einigen eigenen brutalen Handlungen dichtete man ihm auch noch die Untaten seiner Vorfahren an, so daß er einen schlechteren Ruf bekam, als er eigentlich verdiente. Carls Biograph Wilhelm Paulus schrieb darüber:

»Vom Weine erhitzt ließ sich der Markgraf zu leicht gehen und zu Handlungen hinreißen, die in ruhigem nüchternen Zustand ihm Reue bereiteten. Freundlich und leutselig, vor allem gegen die ärmeren, niederen Untertanen seines Landes, zeigte er in der Unterhaltung ›nachdrückliche und lebhafte Beredtsamkeit, eine außerordentliche Stärke des Gedächtnisses und große Fähigkeit in der Beurteilung von Menschen‹.

Wie eine Art Konzentration wirkte die von ihm berichtete Angewohnheit, daß er im Gespräch seinem Gegenüber leicht zu nahe trat und ihm dabei den einen oder anderen Knopf des Rockes ausdrehte. Im Volksmund ward ihm manche Schandtat angedichtet, die sich bei näherem Zusehen als von den Verfehlungen seiner Vorfahren übernommen oder als vielfach bewußt aufgebauschte Verleumdungen entpuppten...

Es ist unbedingt notwendig, die weitverbreiteten Legenden wie die vom gesottenen Husaren, dem vom Dach geschossenen Schlotfeger oder von der grausamen Hinrichtung Jsaak Nathans zu zerstören und einer gerechten Würdigung des Fürsten Raum zu schaffen.

Die Legende vom ›wilden Markgrafen‹ ist doch nach den neueren Forschungen gründlich widerlegt und damit fallen in ein Nichts die Mehrzahl all der Beschuldigungen zusammen, die ihm diese Freveltaten zur Last legten. Die eine oder andere brutale Handlung des Fürsten ist wohl nicht zu entschuldigen, aber immerhin aus Zeitumständen und dann der Wesensart Carl Wilhelm Friedrichs zu verstehen.« [13]

Während Friederike in Ansbach vollauf damit beschäftigt war, ihre Rechte zu wahren und sich Geltung zu verschaffen, braute sich in Berlin eine familiäre Tragödie zusammen. Die Gegensätze zwischen dem Kronprinzen Friedrich und dem eigensinnigen König hatten sich immer mehr verschärft. Die Behandlung, die der Vater seinem erwachsenen Sohn zuteil werden ließ, war so schlecht, daß die Kunde davon an alle Höfe Europas drang. Besonders trat das Martyrium des preußischen Kronprinzen vor die Augen der Welt, als König August der Starke im Mai und Juni 1730 sein großes militärisches Schaulager bei Mühlberg abhielt. Vater und Sohn bildeten meist das Tagesgespräch und Friedrich suchte den Mißhandlungen, die er vor aller Augen erdulden mußte, durch Fluchtpläne zu entgehen, in die sogar König August mit verstrickt werden sollte, was aber nicht gelang. In dieser Zeit korrespondierten die Schwestern Wilhelmine und Friederike zuweilen miteinander. Der erste Brief aus dieser Zeit ist noch unbeschwert und heiter:

»Berlin, 13. Juni 1730

... Man spricht hier nur vom Lager [bei Mühlberg]. Gestern erhielt ich eine Menge höchst scherzhafter Nachrichten. Unter anderen Fremden, die sich jetzt dort aufhalten, befindet sich auch der Herzog von Weimar [Ernst August]. Als er einen Floh auf dem Busen einer Dame erblickte, soll er ihn gefangen, getötet und der Dame auf einem Teller überreicht haben. Da sie großen Anstoß daran nahm, sagte er zu ihr, es genüge, daß der Floh ihren Busen berührt habe, um nicht verächtlich zu sein. Und sofort schluckte er den edlen Floh hinunter. Er wurde darob von aller Welt ausgelacht. Er verdiente wie Don Quichotte zwar nicht den Titel ›Blüte der Ritterschaft‹, wohl aber ›Blüte der Galanterie‹ ...« [14]

Im Juli 1730 unternahm der König seine Reise nach Süddeutschland, und nur, um seinen Sohn besser unter Kontrolle zu haben, nahm er ihn mit. Der Kronprinz hoffte, unterwegs Möglichkeiten zur Flucht zu finden.

Zunächst versuchte er in Ansbach Pferde zu bekommen, aber der Markgraf war mißtrauisch und verhielt sich sehr vorsichtig. Wilhelmine berichtete darüber in ihren Memoiren:

»Zuerst wollte er [Friedrich] sich schon in Ansbach davonmachen. Der Fehler, den er beging, als er dem Markgrafen seine Unzufriedenheit anvertraute, bereitete ihm das erste Hindernis. Dieser Fürst bemerkte seine tiefe Erbitterung gegen den König, vermutete etwas von seinen Plänen und störte sie, indem er die Pferde verweigerte, die der Kronprinz unter dem Vorwand eines Spazierrittes begehrte.« [15]

So war dieser eine Plan Friedrichs gescheitert, den Markgrafen Carl zu seinem Fluchthelfer zu machen. Wilhelmine schien es dem Markgrafen jedoch nicht übelgenommen zu haben, daß er ihrem Bruder nicht geholfen hatte. Carl tat das einzig Kluge, sich aus dem Konflikt zwischen Vater und Sohn weitgehend herauszuhalten. Kronprinz Friedrich fand andere Wege, seine so schlecht geplante Flucht dann doch noch zu versuchen. Er machte gewissermaßen die Anstalten dazu, aber er konnte sie nicht durchführen, sie wurde entdeckt und vereitelt. Dieser mißlungene Versuch sollte ihm beinahe den Kopf kosten.

Der Vater war außer sich über seinen vermeintlich so ungeratenen
Sohn Friedrich, auch Wilhelmine wurde verdächtigt, ihm geholfen zu
haben und Mitwisserin zu sein. Sie erhielt strengsten Stubenarrest und
wurde sogar körperlich vom Vater gezüchtigt. Unter den Aufregungen
und seelischen Belastungen dieser Zeit des Arrestes litt Wilhelmine
außerordentlich. Ihre nachstehenden Briefe an Friederike sind gewiß
auf heimlichen Wegen befördert worden, denn die Abschließung der
Prinzessin von der Außenwelt war nahezu vollkommen.

»Berlin, 26. August 1730

Liebste Schwester!

Ich glaube, ich brauche mich bei Ihnen nicht zu entschuldigen, daß
ich Ihnen mit der letzten Post nicht geantwortet habe, aber ich war in
so tödlichem Kummer [über Friedrichs Mißgeschick], daß ich es nicht
vermochte. Ich bin noch immer von tiefem Schmerz erfüllt und bin
überzeugt, daß es Ihnen ebenso geht. Gott neige das Herz des Königs
zur Milde! Auf ihn allein setze ich meine Zuversicht. Er allein kann
meinen Bruder retten . . .«[16]

»Berlin, 19. September 1730

Liebste Schwester!

Ich weiß nicht, womit ich meinen Brief anfangen soll; denn ich habe
nur Trauriges zu melden. Ich bin in völliger Verzweiflung, nicht nur
wegen des Unglücks, das uns betroffen hat, sondern auch wegen der
furchtbaren Ungnade, in die ich beim König gefallen bin; denn er
bildet sich ein, ich sei an der Flucht meines Bruders beteiligt. Ich wage
ihm nicht mehr vor Augen zu kommen und verlasse mein Zimmer
nicht. Das Einzige, was mich in diesem furchtbaren Unglück trösten
kann, ist meine Unschuld; denn ich habe nicht nur nicht im Einverständnis mit meinem Bruder gestanden, sondern ich hätte mich seinem
Vorhaben mit allen Mitteln widersetzt, hätte ich den geringsten Arg-
wohn gehabt, daß er etwas ähnliches unternehmen könnte.«[17]

»Berlin, 23. Januar 1731

Liebste Schwester!

Es ist nicht Mangel an Freundschaft und Dankbarkeit für alle Ihre mir
erwiesene Güte, wenn ich so lange nichts von mir hören ließ. Ich war
krank und bin erst gestern zum erstenmal ausgegangen, und zwar zur
Königin . . . Körperlich geht es mir ja besser; aber geistig bin ich nach
wie vor bedrückt. Der König will mich noch immer nicht sehen. Ich
hoffe, meine Unschuld wird noch ans Licht kommen, und man wird
sie anerkennen . . .«[18]

»Berlin, 29. Januar 1731

... Die Königin ist gestern nach Potsdam abgereist, mit ihr meine Schwestern Charlotte und Ulrike und meine beiden kleinen Brüder. Ich fürchte sehr, es wird eine lange Trennung sein, und so war der Abschied denn auch traurig. Nun lebe ich wieder ganz zurückgezogen mit meinen beiden Schwestern Sophie und Amalie und den Damen der Königin, die mir getreulich Gesellschaft leisten. Meine Schwester Sophie ist geistig wie körperlich sehr zu ihrem Vorteil verändert und fast ebenso groß geworden wie ich. Sie wird bald lange Kleider anlegen. Sie ist wie ein Schmetterling, den man keinen Augenblick in Ruhe halten kann. Ich möchte bald die Tante spielen können und versichere Ihnen, Sie würden mir große Freude machen, wenn Sie mir bald einen kleinen Neffen schenkten. Leben Sie wohl, liebste Schwester!« [19]

»Berlin, 6. Februar 1731

Liebste Schwester!

Ihre Teilnahme an meinem Befinden hat zu meiner Besserung wesentlich beigetragen. Meine Freude darüber, daß Sie mir noch etwas gut sind, hat den Rest meiner Krankheit verscheucht. Mir geht es jetzt sehr gut, aber wenn ich die Freude hätte, Sie wiederzusehen, würden Sie mich wohl sehr abgemagert finden, denn ich habe jetzt ungefähr die Figur wie meine Schwester Charlotte. Von der Reise [der Königin] nach Potsdam schrieb ich Ihnen schon. Inzwischen verbringe ich meine Tage so ruhig, wie ich kann. Handarbeit, Musik und Bücher bilden meine einzige Beschäftigung ...« [20]

Bald darauf trat an Wilhelmine die Entscheidung über ihre Heirat, ihre Zukunft heran. Eine feierliche Abordnung des Königs versetzte sie in großen Schrecken. Heirat oder Festungshaft, so lautete die Alternative. Der Erbprinz von Bayreuth sollte der Auserwählte sein, ein Prinz, den Wilhelmine zuvor nie gesehen. Wilhelmine stand zwischen zwei Feuern. Der Vater befahl die Heirat, die Mutter verbot sie strikt. Wem sollte sie folgen? Schließlich gab der Hinweis auf die Freilassung des Bruders und auf die Wiederherstellung des Familienfriedens den Ausschlag: die zermürbte Prinzessin Wilhelmine willigte ein. Die Hochzeit wurde für November festgesetzt.

Das Markgrafenpaar in Ansbach rüstete im Herbst 1731 für eine längere Reise nach Berlin, denn bei den Vermählungsfeierlichkeiten wollte man nicht fehlen. Wilhelmine und Friederike würden bald benachbarte Fürstinnen sein und man mußte sich um ein gutes Einvernehmen bemühen. Vorerst jedoch sah es nicht so aus, als sei dies technisch

möglich. Der jugendliche und sehr unbesonnene Markgraf Carl gab
Anlaß zu manchem Zwischenfall, so daß Wilhelmine während ihrer
Hochzeitsfeierlichkeiten, die wie bei Friederike zehn Tage dauerten,
nur immer zu schlichten und zu dämpfen hatte. Sie ärgerte sich sehr
darüber und hat alles genau aufgezeichnet. Den Ablauf dieser Vorkommnisse zu lesen, gibt uns heute die Möglichkeit, den Charakter
des Markgrafen Carl in etwa zu beurteilen, ebenso wie man daraus die
Schwächen Friederikes erkennt:

»Meine Hochzeit wurde auf den 20. November festgesetzt. Und da der
König sie feierlich zu begehen wünschte, lud er mehrere Fürstlichkeiten, das ganze Bevernsche Haus, die Herzogin von Meiningen, den
Markgrafen von Bayreuth – meinen Schwiegervater –, und den Markgrafen von Ansbach mit meiner Schwester Friederike dazu ein.

Diese beiden kamen zuerst in Wusterhausen an. Der König ritt ihnen
entgegen und führte meine Schwester zur Königin. Wir erkannten sie
kaum wieder; sie war sehr schön gewesen und war es nun nicht mehr.
Ihr Teint war verdorben und ihre Manieren sehr affektiert. Sie stand
wieder statt meiner in des Königs Gunst, die Königin aber hatte sie nie
leiden können. Es reizte sie sogar, daß der König sie so auszeichnete
und ihr so viel Liebes erwies, da sie es nicht ertragen konnte, daß er sich
anderen gegenüber freundlicher zeigte als ihr; doch konnte sie nicht
umhin, gut mit ihr umzugehen.

Unser Wiedersehen war erfreulicher. Meine Schwester hatte mich
stets gern gehabt und ich hatte ihre Liebe erwidert. Nach dem Souper
führte sie der König in ihr Zimmer, das neben dem meinigen unter
dem Dache lag. Ihre Leute waren noch nicht angekommen, der König
zeigte mit dem Finger auf mich: ›Ihre Schwester kann Ihnen als Kam-
merjungfer dienen‹, sagte er, ›denn zu Besserem taugt sie nicht.‹ Ich
traute meinen Ohren nicht, als ich dies vernahm. Der König zog sich
einen Augenblick später zurück und ich tat desgleichen.

Mein Herz war mir so schwer, daß ich in dieser Nacht zu sterben
glaubte. Welches Verbrechen hatte ich denn begangen, daß mir in
Gegenwart meines Verlobten und eines fremden Hofes eine so grausame Behandlung widerfuhr? Meine Schwester fühlte sich beschämt
und tat ihr möglichstes, um mich zu trösten. Um mich noch mehr zu
demütigen, räumte ihr der König den Vortritt ein [Wilhelmine 22,
Friederike 17], den sie nicht beanspruchen konnte, da ich die ältere
war. Die Königin war sehr böse darüber, doch fruchtete ihr Einspruch
nichts . . .«[21]

»Es schien, als seien alle Teufel der Hölle wider mich los. Der Markgraf von Ansbach verlegte sich darauf, mich zu verfolgen. Er war ein sehr schlecht erzogener junger Prinz, der mit meiner Schwester wie Hund und Katze lebte und sie fortwährend malträtierte. Es geschah nicht immer ohne Anlaß. Sein Hof war nur aus boshaften Intriganten zusammengesetzt, die ihn wider den Bayreuther Hof aufhetzten. Die beiden Länder sind benachbart, und obwohl es in ihrem Interesse liegt, sich zu vertragen und gemeinsame Sache zu machen, ist ihre gegenseitige Eifersucht schuld an ihrer Uneinigkeit...«[22]

»Es wurden mir zu Ehren noch mehrere Bälle gegeben; die übrige Zeit spielten wir bei der Königin. Die Prinzen mußten indes den Abend beim König in der Tabagie verbringen, aus der sie erst zur Souperstunde zurückkamen [halb elf Uhr].«

»Der Markgraf von Ansbach verfiel auf den Gedanken, den Erbprinzen von Bayreuth seiner Herkunft wegen zu hänseln; er reizte ihn an einem sehr empfindlichen Punkte. Ich sagte schon, daß die Mutter desselben eine Prinzessin von Holstein war. Sie hatte sich so schlecht aufgeführt und so viele Extravaganzen begangen, daß der Prinz, ihr Gemahl, damals noch apanagierter Fürst, sich genötigt sah, sie in eine Festung zu sperren, die Eigentum des Markgrafen von Ansbach war. Sie bildete nun den Gegenstand der Spottreden, die dieser Prinz meinem Gatten gegenüber führte, und dieser äußerte seine Unzufriedenheit in sehr gerechtfertigter Weise: ›Aus Ehrfurcht vor dem König‹, erwiderte er, ›will ich hier von einer geziemenden Antwort absehen, doch werde ich Sie zur rechten Zeit zur Rede stellen.‹ Mein Bruder und die Prinzen waren zugegen; sie taten ihr möglichstes, um eine Versöhnung herbeizuführen, aber alles, was sie beim Erbprinzen erreichen konnten, war, daß er sich bis zum übernächsten Tag gedulden wollte.

Ich merkte am selben Abend an den Zügen des Prinzen, daß etwas vorgefallen sein mußte, doch ließ er sich nicht bewegen, mir die Ursache kundzugeben. Ich erfuhr sie tags darauf durch den Markgrafen, meinen Schwiegervater, dem der Herzog von Bevern diesen Vorfall erzählt hatte.

Wir sprachen beide mit dem Prinzen. Ich hielt ihm vor Augen, wie dieser Zwist nur üble Folgen nach sich ziehen könne; fürs erste hieß es, eine alte, für meinen Vater wie für ihn höchst peinliche Angelegenheit wieder ausgraben; sein Gegner war zugleich sein Schwager, ein Prinz ohne Nachkommen, dessen Land ihm nach seinem Tode zufallen würde, was im Falle eines Unglücks [bei einem Duell] viel falsche und seiner Ehre unzuträgliche Vermutungen veranlassen müsse. [Die Ansbacher hatten 1731 noch keine Kinder, das Bayreuther Erbprinzenpaar feierte gerade seine Hochzeit.] Der Zorn des Erbprinzen von Bayreuth war so groß, daß er auf unsere Einwendungen nicht achtete. Der Herzog von Bevern, der hinzukam, redete ihm so eindringlich zu, daß er ihm versprach, sich ruhig zu verhalten, sofern der Markgraf von Ansbach sich bei ihm entschuldigen würde.

Alle rieten mir, mit diesem zu reden und eine Versöhnung herbeizuführen. So verging der Tag in aller Ruhe. Ich besprach am selben Abend die Sache mit dem Herzog und der Herzogin von Bevern. Ich war sehr betrübt und um den Ausgang der Sache sehr besorgt.

Meine Schwester Friederike, die davon gehört und uns belauscht hatte, warf sich mir plötzlich an den Hals: ›Ich bin außer mir‹, sagte sie, ›mein Mann ist im Unrecht, ich bitte Sie an seiner Statt um Vergebung für seine Ungehörigkeit, ich werde ihn ordentlich zur Rede stellen.‹ – ›Es tut mir sehr leid‹, erwiderte ich, ›daß Sie unser Gespräch mitangehört haben. Seien Sie versichert, daß der Zwist unserer Männer meine Liebe zu Ihnen nicht im geringsten beeinträchtigen wird. Ich bitte Sie nur um eines: mischen Sie sich nicht hinein. Sie zögen sich nur Verdrießlichkeiten zu und würden die Gemüter nur noch mehr erbittern.‹ Nach langem Drängen versprach sie es endlich.

Der Markgraf von Ansbach saß immer neben mir. Als wir uns abends von der Tafel erhoben und die Königin hinausgegangen war, schickte ich mich an, ihn auf sehr höfliche Weise wegen der betreffenden Angelegenheit zur Rede zu stellen. Meine Schwester ließ mir nicht Zeit und überhäufte ihn alsbald mit Schmähungen. Er geriet in Zorn und wollte mit erhobener Stimme ihre Beleidigungen erwidern.

Der Erbprinz, der mehrere vernommen hatte, dachte, sie seien gegen ihn gerichtet: er ging auf ihn zu. ›Kommen Sie‹, sagte er, ›unsern Streit zu schlichten‹, der arme Markgraf stand ganz betroffen. ›So kommen Sie doch‹, sagte der Prinz, ›sich zu schlagen, oder ich werfe Sie in den Kamin, wo Sie nach Belieben rösten können.‹

Diese Drohung schreckte seinen Gegner so sehr, daß er bitterlich zu weinen anfing, was eine sehr tragikomische Situation herbeiführte. Mein Bruder und alle, die zugegen waren, brachen in helles Gelächter aus. Der Markgraf floh in seinem Schrecken in das Audienzzimmer der Königin, die ruhig auf und ab ging. Sie nahm keine Notiz von ihm. Er verbarg sich hinter einem Vorhang.

Die Herzogin von Bevern, die ihm gefolgt war, ließ sich herbei, wie eine Amme ihn zu beschwichtigen und zu trösten, indem sie ihm versicherte, daß der Erbprinz ihn nicht umbringen wolle. Aber das arme Kind ließ sich nicht beruhigen und wagte sich nicht eher aus seinem Versteck hervor, als bis sein Gegner sich entfernt hatte. Mein Bruder, mein Schwiegervater – der Markgraf – und Prinz Karl [von Bevern] nahmen diesen mit fort. Ich traf sie noch zusammen, als ich nach Hause kam.« [23]

»Der König reiste am 17. Dezember nach Nauen, wo er eine prachtvolle Eberjagd veranstalten ließ. Alle Prinzen von Geblüt folgten ihm dorthin. Diese kleine Reise währte nur vier Tage lang und war Anlaß neuer Leiden.

Der Markgraf von Ansbach ließ sich zwar seinen Zorn auf den Erbprinzen nicht anmerken, doch brannte er auf eine Gelegenheit, sich an ihm zu rächen. Um gerecht zu sein, muß man zugeben, daß der Fürst begabt und gutherzig ist; er neigt aber zum Zorn; die, welche ihn umgeben, sind wahre Helfershelfer des Teufels; sie haben ihn zum Laster verführt und suchen noch die guten Eigenschaften, die er hat, zu ersticken. Er war erst siebzehn Jahre alt, unerfahren und übel beraten. [Irrtum Wilhelmines: Carl war 1712 geboren und 1731 schon neunzehn Jahre alt.]

Ich sagte schon, daß er der Königin, um sich bei ihr einzuschmeicheln, Spionendienste leistete. Als er von Nauen zurückkam, fragte sie ihn natürlich nach den Neuigkeiten. Er berichtete, daß das, was er mitzuteilen hätte, nichts Gutes sei; sie habe allen Grund, mit meiner Heirat unzufrieden zu sein; ich würde die unglücklichste Frau der Welt werden, da mein Gatte ein wahres Ungeheuer sei, der sich den ärgsten Ausschweifungen ergebe und die Nächte damit zubringe, mit Lakaien und Schenkmädchen zu zechen, und auf vertraulichem Fuß mit derartigem Gesindel stünde; auch sei er an einer Rauferei beteiligt gewesen, wo er Hiebe davongetragen habe … Der Herzog von Bevern versicherte uns selbst, es sei an der ganzen Sache kein wahres Wort, er sei die ganze Zeit über sein Zimmernachbar gewesen … Die Sache wurde tags darauf in der ganzen Stadt ruchbar. Sie schädigte das Ansehen des Markgrafen von Ansbach in greulicher Weise.« [24]

Wilhelmines Schilderungen lassen weniger auf Vorgänge in einem königlichen Haus schließen, als auf Raufereien zwischen Dorfburschen. Über Carl von Ansbach liegen mehrfach Berichte vor, daß er stark zu trinken liebte. In einer Hinsicht war dies günstig. Die Schwiegersöhne des Königs wurden allesamt in der Tabagie erst einmal auf ihre Trinkfestigkeit erprobt. Es war, so kann man sagen, die Eignungsprüfung des Königs für diese jungen Männer, denen er seine Töchter überantwortete. Sie waren alle nicht reich, vielmehr hofften sie auf eine ansehnliche Mitgift der Königstöchter. So verlangte der reiche, aber geizige Schwiegervater, es sollten wenigstens Kerle sein, mit denen man etwas aufstellen konnte. Er wollte mit den jungen Leuten seinen Spaß haben. Daß dabei einmal der eine oder andere über die Stränge schlug, das mochte sicher vorgekommen sein und war kein Drama. Wilhelmine schilderte übrigens an anderer Stelle, wie sehr der Erbprinz von Bayreuth gesundheitlich unter den Trinkgelagen litt und wie strapaziös für ihn dadurch die Berliner Reisen stets waren.

Im übrigen bewahrte sich der König seinen klaren Blick für die Qualitäten seiner Verwandtschaft und zuweilen machte er eine treffende Bemerkung zu diesem Thema. So bei seinem Besuch in Bayreuth im August 1732, als er sich einmal mit Wilhelmine über alles aussprach. Der König brummte:

»Ihr Schwiegervater [der alte Markgraf von Bayreuth] und mein Schwiegersohn von Ansbach sind zwei Narren, die man einsperren sollte...«[25]

Im Oktober 1732 fuhr Wilhelmine auf Befehl des Königs nach Ansbach. Diesem Wunsch des Vaters nachzukommen hatte ihr unendliche Schwierigkeiten bereitet, denn als Erbprinzessin von Bayreuth besaß sie nur so wenig Geld, daß sie in allen Extraausgaben von der Gnade des skurrilen Schwiegervaters abhängig war. Oft genug mußte sie sich etwas von ihren Hofdamen oder Kammerherren borgen. Wie ging in der damaligen Zeit eine Reise von Bayreuth nach Ansbach vor sich? Es war kein Ausflug, es war eine Expedition.

Die erste Übernachtung fand in Baiersdorf bei Erlangen statt, das Wilhelmine abends »auf schrecklichen Wegen« erreichte. In Erlangen selbst gab es am nächsten Tag ein langes Hin und Her um Etikette und Vortritt beim Besuch am Hofe der verwitweten Markgräfin Georg Wilhelm, einer Schwester von Wilhelmines ehemaligem Verehrer, dem Herzog Johann Adolf von Weißenfels. Lange Zeit bedeutete er eine Schreckgestalt für Wilhelmine. Immer hatte ihn der Vater als unerwünschten Heiratskandidaten drohend im Hinterhalt gehabt[26].

Immerhin war der Einzug Wilhelmines in Erlangen imponierend. Vier Schwadronen Reiterei, die teils in Baiersdorf, teils in Erlangen ihre Kasernen hatten, bildeten ihre Eskorte. Ein großes Gefolge von Herren, sowohl diensttuender wie aus der Bürgerschaft hinzukommender, schloß sich dem Zuge der Erbprinzessin an [27].

Von der Weiterreise und ihrem Aufenthalt in Ansbach hinterließ uns Wilhelmine entscheidende Informationen. Allerdings sieht sie alles durch das Prisma der »Königlichen Hoheit« und sie schildert sehr kraß. Die Wirklichkeit um des Markgrafen von Ansbachs Geliebte sah etwas anders aus. Dies war der Grund, weswegen sie in Ansbach zwischen den Eheleuten vermitteln sollte. Lesen wir, was die emsige Chronistin festgehalten hat:

»Da es spät wurde und die Wege sehr schlecht waren, mußte ich in Cadolzburg übernachten, woselbst ich mehrere Offiziere und Herren des Ansbachschen Hofes antraf, die mir entgegengekommen waren.

Am nächsten Abend kam ich endlich in Ansbach an und wurde von meinem Schwager und meiner Schwester mit offenen Armen aufgenommen. Ich hatte allen Grund, mit ihrer herzlichen Aufnahme zufrieden zu sein. Die ganze Zeit hindurch wurden Galatafeln abgehalten. Vergebens bat ich meine Schwester, diesem langweiligen Zeremoniell ein Ende zu machen und vertraulich unter uns zu bleiben: sie meinte, es sei unmöglich; alle Welt würde sie darob tadeln, da es an allen Höfen so Sitte sei.

Sie befand sich seit drei Monaten in guter Hoffnung, worüber große Freude im ganzen Lande herrschte. Ihr Schicksal war kein glückliches. Ich erwähnte schon, daß man sie sehr schlecht erzogen hatte; das Versäumte wäre zum Teil gutzumachen gewesen, hätte man ihr eine entsprechende Hofmeisterin zuerteilt, denn sie war erst vierzehn Jahre alt, als sie heiratete; man verdarb jedoch alles, indem man ihr eine Landpomeranze mitgab, die ihr in keiner Weise imponierte.

Der Markgraf war ihrer Launen endlich müde geworden; zwei unwürdige Günstlinge, der Hofmarschall von Seckendorff und ein gewisser Herr von Schenck beherrschten ihn gänzlich und hatten ihn zu einem ausschweifenden Leben verführt. Er hatte seit kurzem eine Geliebte niedrigster Herkunft, die sich Einkünfte auf Grund ihrer Reize verschaffte und sich dem ersten besten hingab. Er liebte sie leidenschaftlich und ist ihr treu geblieben; er hat gegenwärtig [geschrieben 1744] noch Beziehungen zu dieser liederlichen Person, die ihm drei Kinder schenkte, von denen es zwar heißt, er sei nicht deren Vater. Er ließ seinen vermeintlichen Sohn adeln und gab ihm den Namen Falk, denn ein Falkenier war er ja selbst und vertrat bis ins kleinste diesen niedrigen Dienst.

Er hatte sich augenblicklich [1732] mit meiner Schwester gänzlich
überworfen. Diese war empört, daß er ihr eine niedrige Magd vorzog,
die im Schlosse grobe Arbeiten verrichtete, und hatte ihm bittere Vorwürfe gemacht, was die Sache nur verschlimmerte. Ich tat mein möglichstes, um die beiden zu versöhnen; und wenn ich es nicht ganz
zuwege brachte, so erreichte ich wenigstens, daß ein Skandal vermieden wurde. Die Aufmerksamkeiten, die ich allen erwies, erwarben mir
viele Freunde. Der Markgraf selbst befreundete sich mit mir, was meiner Schwester oft von Nutzen ward.« [28]

In Wirklichkeit bestand jedoch kein Anlaß, das Mädchen zu verun-
glimpfen, das der junge Markgraf sich unter seinen Landeskindern aus-
gesucht hatte. Sie hieß Elisabeth Wünsch und war eine redliche, treue
Person; sie spann keine Intrigen und hatte keine Neigung, Friederike
ihr Wirkungsfeld bei Hofe in irgendeiner Form einzuengen.

Elisabeth Wünsch lebte mit ihren Kindern in dem abgelegenen Wald-
schlößchen Georgenthal. Im Jahre 1734 ging der Markgraf unter dem
Pseudonym eines einfachen Unteroffiziers Falk vom Bassowitzschen
Regiment mit ihr in Haundorf zum Traualtar. Es war nicht die erste
und noch lange nicht die letzte heimliche oder morganatische Ehe
eines deutschen Fürsten. Die Söhne des Paares hießen Carl Friedrich
und Ferdinand Ludwig, die Tochter Wilhelmine Eleonore. Ein Mädchen, Louise Charlotte, starb jung. Die heranwachsenden Kinder wurden später geadelt, führten den Namen »von Falkenhausen« und der
Markgraf sorgte rührend für ihre Zukunft. Die Jungen schlugen eine
standesgemäße Laufbahn ein, einer der Söhne kam sogar zum Hof,
wogegen die Markgräfin Friederike dann keinen Einspruch mehr erhob.
Die Tochter heiratete einen Adligen. Aus dem Besitz des Hofbaumei-
sters Zocha erwarb der Markgraf 1751 das Rittergut Wald bei Ansbach
und schenkte es Elisabeth und den Kindern. Die Gebäude stehen noch
heute, das Gut wird bewirtschaftet, die Kirche von Wald ist vor kurzem
restauriert worden. Die Jahrhunderte und die beiden letzten Weltkriege
sind an diesem abgelegenen Flecken ohne Spuren vorübergegangen und
noch heute blinken die altertümlichen Butzenscheiben der vielfach
unterteilten Fenster in der Sonne.

Nach vierjähriger kinderloser Ehe bekam Markgräfin Friederike am
27. Mai 1733 ihren ersten Sohn, den Erbprinzen Karl August. Die
Freude des jungen Vaters war groß. Im ganzen Lande fanden Gottesdienste statt und das Volk feierte auf den Straßen die glückliche Geburt

des Thronfolgers. Leider brachte dies Kind keinen Umschwung in die
Beziehungen des Markgrafenpaares. Mal waren sie sich zugetan, zuweilen befehdeten sie sich erbittert. Nach außen hin versuchte das
Ehepaar, das Dekorum zu wahren, und als das Bayreuther Erbprinzenpaar, Friedrich und Wilhelmine, ihren nächsten Besuch in Ansbach
machten, fanden sie alles ruhig und scheinbar harmonisch vor. Ehe
sie jedoch dorthin gelangten, hatten sie Abenteuer zu bestehen, von
denen wir uns heute keine Vorstellung mehr machen können. Eine
Winterreise von Bayreuth nach Ansbach im Jahre 1734:
»Wir schuldeten dem Markgrafen von Ansbach schon lange einen Besuch, wählten also diesen ... Zeitpunkt, um ihn auszuführen, und
reisten am 21. Januar [1734] ab ...
Als wir an einem sehr tiefen Abgrund entlangfuhren, verschob sich
eines der Vorderräder des Wagens und wir wären umgestürzt, hätten
meine Heiducken den Wagen nicht bei den Hinterrädern zurückgehalten. Der Markgraf, die Markgräfin [aus Erlangen] und meine Hofmeisterin konnten nur mit Mühe hinausgelangen, da der Schlag wegen
eines vorspringenden Felsens nicht ganz geöffnet werden konnte. Meine
Leute, die glaubten, daß wir alle aus dem Wagen heraus seien, ließen
die Räder los. Die Angst verlieh mir Kraft und Behendigkeit, ich sprang
mit einem Satze heraus, aber beide Füße glitten mir aus und ich fiel
unter den Wagen, als er eben zu rollen anfing. Die Marwitz und ein
preußischer Offizier, die uns gefolgt waren, packten mich bei meinem
Kleide und zogen mich zurück, sonst wäre ich überfahren worden. Da
ich sehr erschrocken war, gab man mir etwas Wein zu trinken, um
mich zu stärken, worauf wir unsere Fahrt fortsetzten.
Das Tauwetter hatte erst seit der vorigen Nacht eingesetzt, ... als wir
über einen Fluß setzen mußten. Er war zugefroren; aber kaum fuhren
wir auf das Eis, so brach es, und der Wagen legte sich halb umgestürzt
auf die Seite. Wir mußten mittels Balken und mit großer Vorsicht her-
ausgezogen werden, sonst wären wir ertrunken.
Wir kamen endlich nach Baiersdorf, wo ich mich alsbald zu Bett legte,
denn ich war halbtot vor Müdigkeit und all dem Schreck, den ich gehabt hatte. Tags darauf begaben wir uns nach Ansbach. Ich wurde dort
wie das erstemal empfangen, und da ich diesen Hof schon beschrieb,
will ich nicht länger bei seiner Schilderung verweilen. Ich reiste am
8. Februar [1734] wieder ab und war am nächsten Tage wieder in
Bayreuth.« [29]
Dem Ansbacher Markgrafenpaar wurde, trotz Entfremdung und Mei-

nungsverschiedenheiten, doch noch einmal die Hoffnung auf ein Kind
zuteil. Allerdings fühlte sich Friederike auch während dieser Zeit nicht
besser behandelt als vordem. Sie klagte ihr Leid der Schwester Charlotte in Braunschweig, und diese schrieb einen ihrer schmeichelnden
Briefe an »mon cher papa«, ihren »lieben Papa« in Berlin, mit dem sie
besser stand als jedes andere der Königskinder.

»Braunschweig, 31. Oktober 1735

Ich habe Nachrichten aus Ansbach, welche besagen, daß meine Schwester sehr traurig und melancholisch war. Der Markgraf hat ihr viel
Kummer gemacht, er ist sehr ausschweifend; er glaubt, mein lieber
Papa und Mama sind meiner Schwester nicht mehr sehr gnädig geson-
nen und deshalb könne er machen, was er wolle. Sie hat es mir nicht
direkt geschrieben, aber ich weiß es dennoch sicher. Ich fürchte, weil
sie schwanger ist, daß ihr der Kummer nicht guttut, und so bitte ich
meinen lieben Papa inständig, meiner armen Schwester ein wenig beizustehen und ihr ein wenig Freundlichkeit zu bezeigen. Sie ist meinem
lieben Papa gegenüber ganz schüchtern geworden, weil sie glaubt, er
liebe sie nicht mehr, und sie ist doch so gut und liebt meinen Papa von
ganzem Herzen.«[30]

1735 – Thronwechsel in Bayreuth

Der geizige und eigenartige alte Markgraf Georg Friedrich Carl von
Bayreuth starb am 17. Mai 1735. Seine letzten Stunden ergriffen alle
Anwesenden. Wilhelmine und ihr Mann brauchten lange Zeit, um
sich zu fassen. Das Erlebnis eines schweren Todes hatte sie nachhaltig
beeindruckt. Aber wieviel Sorge, wieviel Bedrückung und Not, viel
kleinliche Schikane und Demütigung war nun von ihnen genommen.
Jetzt nahm auch Wilhelmine den Rang einer regierenden Markgräfin
neben ihrem Gemahl ein, wie Friederike das schon seit Jahren tat. Das
heißt in diesem Falle: Friederike besaß den Rang, hatte aber keinen
Einfluß auf ihren Mann. Dagegen bewährte sich Wilhelmine als echte
Fürstin mit feinem politischem Gespür, Takt und Format.
In das Jahr 1735 fiel eine wahrhaft unglaubliche Geschichte, die Wil-
helmine in ihren Aufzeichnungen wiedergibt. Bei dieser Gelegenheit
geschah nicht mehr und nicht weniger, als daß die Markgräfin von
Bayreuth des versuchten Mordes beschuldigt wurde. Die Ansbacher
Hofgesellschaft verstieg sich zu der Behauptung, die Bayreutherin habe
ihrem Kutscher befohlen, so schnell zu fahren, daß die Markgräfin von
Ansbach eine Fehlgeburt erleiden müsse. Das war der Kern der heim-

lich gezischelten Anschuldigungen. Wilhelmine erzählt den ganzen Vorgang etwa acht oder neun Jahre nachdem er sich ereignet hatte, und dennoch spürt man immer noch ihre Erregung über diese Unterstellung:

»Der Bischof von Bamberg und Würzburg befand sich eben auf seinem prachtvollen Landsitz Pommersfelden, der nur vier Meilen [von Erlangen] entfernt lag. Er hatte uns gebeten, zu ihm zu kommen, und hatte auch den Markgrafen und die Markgräfin von Ansbach eingeladen; er wollte sich mit uns anfreunden, um ein gutes Einvernehmen im Umkreis herzustellen.

Herr von Brehmer, der ehemalige Hofmeister des Markgrafen von Ansbach, war in Bayreuth. Ich trug ihm einen Gruß an meine Schwester auf und bat ihn, ihr in meinem Auftrag mitzuteilen, daß ich von dem gewaltigen Hochmut des Bischofs gehört hätte; er würde wahrscheinlich lächerliche Forderungen betreffs des ihm zu gebenden Titels an uns stellen und ich sähe da Reibereien voraus; wir seien Schwestern, hätten dieselben Vorrechte und dieselbe Etikette; ich sei entschlossen, dieselbe Haltung einzunehmen wie sie, und ließe sie bitten, mir ihre Absichten kundzugeben; alle würden das Augenmerk auf uns gerichtet halten, und ich sei der Meinung, daß wir uns auch nicht das geringste vergeben sollten. Herr von Brehmer stimmte mir vollkommen bei. Wir nennen die Bischöfe und die neuen Reichsfürsten nur ›Euer Liebden‹. Der Bischof bestand auf einem ehrenvolleren Titel und wollte ›Euer Gnaden‹ von uns genannt werden, sonst würde er uns nicht ›Königliche Hoheit‹ titulieren. Ich erfuhr dies alles unter der Hand. Ich hätte mich hierüber in Diskussionen einlassen können, allein man riet mir davon ab und versicherte mir, daß er von selbst einlenken würde.

Herr von Brehmer begab sich nach Ansbach und brachte mir eine sehr günstige Antwort von meiner Schwester zurück. Sie ließ mir sagen, daß sie sich ganz nach mir richten würde und mit allem, was ihr Herr von Brehmer von mir ausgerichtet habe, vollkommen einverstanden sei. Ich habe stets meine Vorrechte als Königstochter zu wahren gewußt, und der Markgraf hat mich hierin immer unterstützt; ich hatte diesen Schritt mit seiner Genehmigung unternommen, und er sagte mir oft, er hege eine schlechte Meinung von Leuten, die vergessen, was sie sich schuldig sind.

Wir machten uns also im November [1735] auf und brachten die Nacht in Baiersdorf zu. Tags darauf zogen wir in Erlangen ein ... Es wurde große Tafel und abends ein Empfang abgehalten. Wir hielten uns mehrere Tage in Erlangen auf und begaben uns von dort nach Pommersfelden.

Dort kamen wir um fünf Uhr abends an. Der Bischof empfing uns vor der Treppe mit seinem ganzen Hofstaate. Nachdem wir uns begrüßt hatten, stellte er mir seine Schwägerin, die Gräfin Schönborn, und seine Nichte gleichen Namens vor, die Äbtissin eines Domkapitels in Würzburg war. ›Ich bitte Sie, Madame‹, sagte er, ›geruhen Sie, dieselben ganz als Ihre Dienerinnen anzusehen; ich habe sie eigens kommen lassen, damit sie die Honneurs bei mir machen.‹ Ich zeigte mich diesen Damen gegenüber äußerst zuvorkommend und wurde dann vom Bischof in meine Gemächer geführt ...

Kaum war ich allein, als ich meine Damen holen hieß und meine Hofmeisterin fragte, warum sie mir nicht gefolgt wäre. ›Weil ich mich keinen Beleidigungen aussetzen wollte‹, sagte sie, ›denn diese Gräfinnen haben mich wie einen Hund behandelt und kein Wort zu mir gesagt; sie sind mit großartiger Miene an mir vorübergegangen und ohne einen Herrn des Hofes, der mir unbekannt ist, würde ich Ihre Gemächer gar nicht gefunden haben.‹ ›Ich bin sehr froh, es zu wissen‹, sagte ich ihr; ›der Markgraf hat mir erlaubt, auf meinem Recht zu bestehen, und ich weiß bestimmt, daß meine Hofmeisterin höchstens den reichsunmittelbaren Gräfinnen den Vortritt zu lassen hat; sie sind das nicht und können ihn also in keiner Weise beanspruchen‹ ...

Herr von Voit sprach also in meinem Auftrag mit Herrn von Rotenhan, dem Oberstallmeister des Bischofs. Nach langem Hin- und Herreden wurde endlich der Beschluß gefaßt, daß sich die beiden Gräfinnen entfernen würden, sobald sie meine Schwester empfangen hätten.

Kaum war man sich darüber einig geworden, als der Hof von Ansbach in Pommersfelden eintraf. Ich ließ alsbald meiner Schwester einen Gruß entbieten und ihr sagen, ich würde zu ihr kommen, sobald ich allein sei. Es war keineswegs an mir, ihr den ersten Besuch abzustatten, da ich als älteste von allen meinen Schwestern den Vortritt hatte und dem Markgrafen von Bayreuth der Vorrang vor dem Markgrafen von Ansbach zustand. [Durch derzeitigen Rang und ein Amt im fränkischen Kreisausschuß.] Ich hatte also ein doppeltes Vorrecht; da wir aber alle vom selben Blute sind, wollte ich nie auf meinen Rechten bestehen.

Meine Schwester ließ mir sagen, daß sie zu mir kommen würde. Sie erschien einen Augenblick später mit dem Markgrafen. Sie schienen mir beide sehr frostig zu sein. Meine Schwester war guter Hoffnung.

Ich äußerte meine Freude und erwies ihr alle erdenklichen Aufmerksamkeiten, aber sie erwiderte sie nicht. Ich sagte ihr, welche Haltung ich eingenommen hatte; sie antwortete nichts. Der Bischof kam, uns zu besuchen. Sie eilte fort und kehrte in ihre Gemächer zurück. Sie benützte diese Zeit, um sich die Herren vom Hofe des Bischofs vorstellen zu lassen. Sie sprach mit ihnen über die Gräfinnen und äußerte, daß sie mein Vorgehen sehr mißbillige; sie sei nicht so hochmütig wie ich und würde es nie geduldet haben, wäre sie zugegen gewesen. Ihr Benehmen wurde von allen getadelt.

Wir holten sie ab, um zur Tafel zu gehen. Ich saß am oberen Ende derselben. Sie wollte sich nicht neben mich setzen, sondern den Bischof zwischen uns beiden haben. Sie nannte ihn Hoheit, soviel er nur wollte, unserem Übereinkommen zum Trotz. Was mich betraf, so tat ich nach meinem Dafürhalten und blieb dabei; ich zeigte mich dem Bischof und seinem Hofstaat äußerst zuvorkommend und erwies ihm alle Aufmerksamkeiten, die ich nur konnte. . . . Ich war so glücklich, mir seine Gunst zu erwerben. Wir führten oft Zwiegespräche, die sich vier bis fünf Stunden hinauszogen. Dabei langweilte ich mich nie; er machte mich mit vielen Dingen bekannt, von denen ich nichts wußte. Man durfte wohl sagen, daß er einen universellen Geist besaß. Es gab nichts, worüber wir nicht zusammen gesprochen hätten . . .

Sobald ich am folgenden Morgen aufgestanden war, besichtigte ich das ganze Schloß . . . Ich speiste an diesem und den folgenden Tagen allein mit meiner Schwester, unseren Hofmeisterinnen und zwei Geheimrätinnen aus Ansbach. Der Bischof und die Markgrafen gingen jeden Tag auf die Jagd und kehrten erst um fünf Uhr abends zurück. Ich langweilte mich sehr, da ich den ganzen Tag mit meiner Schwester, die mit mir schmollte, eingesperrt saß. Waren die Fürsten zurück, so versammelte man sich in einem Saale, um einer sogenannten Serenade beizuwohnen. Serenaden sind verkürzte Opern. Die Musik war miserabel; sechs Katzen und ebensoviel deutsche Kater zerrissen uns die Ohren mit ihrem Gesang. Vier Stunden lang mußte man dies bei der größten Kälte aushalten. Dann wurde soupiert, und man ging erst gegen drei Uhr morgens zu Bett, vor lauter Nichtstun ganz erschöpft.

Man bot uns eine neue Lustbarkeit an, die für Geistliche recht geeignet war. Nämlich nach Bamberg zu fahren, um dort die Kirchen und Reliquien anzusehen. Ich ließ meiner Schwester sagen, ich würde gehen, falls sie ginge; lehne sie aber den Ausflug ab, so wolle ich hierbleiben und ihr Gesellschaft leisten. Sie ließ mir antworten, daß sie gern nach

Bamberg ginge, und ich möge doch annehmen. Die Jagd sollte in jener
Gegend stattfinden, und die Markgrafen wollten uns begleiten und
dort mit uns speisen. Man weckte mich um sieben Uhr morgens, um
mir zu sagen, es sei Zeit, aufzustehen und fortzufahren, denn man
brauche vier Stunden bis nach Bamberg und da die Jagd nicht lange
dauern werde, würde mir kaum Zeit bleiben, etwas anzusehen, wenn
ich nicht bald aufbräche. Ich stand recht widerwillig auf; ich war
krank, die Kälte und die Ermüdungen setzten meiner noch wenig
festen Gesundheit sehr zu.

Sobald ich angekleidet war, ging ich zu meiner Schwester. Ich war sehr
überrascht, sie noch im Bett zu finden. Sie sagte mir, sie fühle sich
nicht wohl und führe nicht nach Bamberg. Dabei sah sie sehr gut aus
und arbeitete in ihrem Bett. Ich sagte ihr, sie hätte so freundlich sein
können, mir dies früher mitzuteilen, ich hätte fragen lassen, wie es ihr
ginge, und die Antwort erhalten, sie befände sich wohl. Frau von Bu-
denbrock, ihre Hofmeisterin, zuckte die Achseln und machte mir ein
Zeichen, um zu sagen, daß es sich nur um eine Laune handele. Sie
verstand es auch, ihr so gut zuzureden, daß sich meine Schwester doch
noch entschloß, aufzustehen und sich anzuziehen. Ich sah nie jemanden so langsam Toilette machen. Sie brauchte mindestens zwei Stunden dazu.

Man hatte zwei prachtvolle Galawagen angespannt. Der erste war für
mich bestimmt, der zweite für meine Schwester. Ich schlug ihr vor, zusammen zu fahren. Sie lehnte es aber ab. ›Steigen sie doch ein‹, sagte
ich. ›Gott behüte mich!‹ gab sie zurück. ›Sie haben den Vortritt, und ich
werde mich hüten, zuerst Platz zu nehmen.‹ ›Ich kenne keine Rang-
unterschiede mit meinen Schwestern‹, sagte ich, ›und werde hierüber
niemals Streitigkeiten haben.‹ Der Obermarschall des Bischofs, ein
ziemlich beleibter Mann, nahm mich bei der Hand und sagte: ›Hier ist
Ihr Wagen, Madame, wollen Sie geruhen einzusteigen.‹ Ich bestieg ihn
also mit meiner Hofmeisterin und hatte nicht einmal Zeit, meinen
Pelz zu verlangen. Wir fuhren im Schritt. Wir waren ganz erfroren
und konnten vor Kälte die Hände und Füße nicht mehr bewegen. Ich
ließ dem Kutscher sagen, er solle schneller fahren, und er befolgte den
Befehl so pünktlich, daß wir binnen drei Stunden nach Bamberg
kamen . . .

Ich war so erfroren, daß ich nicht gehen konnte. Ich stieg in den Wagen, um [von der Reliquienbesichtigung] zum Schlosse zu fahren. Es
waren drei Gemächer für mich bereitet worden. Aber ich spürte jetzt

Schmerzen am ganzen Körper und in allen Gliedern. Meine Damen zogen mich aus und frottierten mich so lange, bis ich mich wieder etwas belebter fühlte.

Sobald meine Schwester angekommen war, ließ ich mich nach ihrem Befinden erkundigen und mich entschuldigen, daß ich nicht zu ihr kommen könnte, da es mir nicht gut ginge. Sie ließ mir antworten, sie wolle sich hinlegen, um etwas zu schlafen; da sie sehr müde sei, bäte sie mich, nicht zu ihr zu kommen. Ich schickte mehrmals hin, und man sagte mir jedesmal, daß sie schliefe. Ich fühlte mich indessen wohler nach all der Pflege und langweilte mich so sehr, daß ich anfing, Tokadille zu spielen.

Die Fürsten kamen erst um sechs Uhr zurück. Sie speisten an einem eigenen Tisch; der unsere wurde in meinem Zimmer aufgetragen. Meine Schwester erschien mit einer beleidigten Miene. Ihr ganzer Hof und besonders die Damen ließen ziemlich bissige Bemerkungen fallen. Ich tat, als verstünde ich sie nicht; denn es wäre unter meiner Würde gewesen, etwas darauf zu erwidern.

Nach Tische ging meine Schwester mit mir in ein Kabinett, wo wir den Kaffee einnahmen. Ich sagte ihr, daß ich wohl merkte, sie sei böse auf mich, und sie möchte mir doch den Grund sagen, denn ich wäre zu jeder Genugtuung gern bereit, falls ich das Unglück gehabt hätte, sie zu kränken. Sie erwiderte mir im kältesten Ton, daß sie nichts gegen mich habe, sie sei krank und könne also nicht guter Laune sein; und zugleich lehnte sie sich gegen einen Tisch und fing an, nachdenklich vor sich hinzustarren. Ich setzte mich ihr gegenüber und tat ebenso.

Der Bischof unterbrach diese stumme Unterhaltung; er geleitete mich zum Wagen zurück, den ich mit meiner Hofmeisterin bestieg. ›Es ist ganz schrecklich‹, sagte sie, ›der Teufel scheint am Ansbacher Hof los zu sein; man hat meine Schwester und die Marwitz abscheulich behandelt; Frau von Zoch hat ihnen nichts wie Unverschämtheiten gesagt; ich bin gerade noch rechtzeitig dazugekommen, sonst wären sie sich, glaube ich, in die Haare gefahren. Sie sagten vor aller Welt, Ew. Königliche Hoheit habe dem Kutscher, der die Markgräfin von Ansbach fuhr, befehlen lassen, im Galopp zu fahren, um ihr eine Fehlgeburt zuzuziehen; sie waren voller Mitleid für die arme Fürstin, die, wie sie sagten, von dem Schütteln des Wagens ganz gerädert sei.‹

Ich wurde furchtbar aufgebracht, als ich diese Nachrichten vernahm, und wollte mir Genugtuung wegen dieser Verleumdung verschaffen, aber meine Hofmeisterin riet mir so dringend ab, daß ich ihr zu folgen versprach.

Da meine Schwester nicht soupieren wollte, ließ ich mich auch beim Bischof entschuldigen. Meine Damen kamen, um mir die ganze Geschichte zu erzählen. Ich sah endlich selbst ein, daß wir die Klügeren sein mußten, um allen Folgen und Schwätzereien vorzubeugen. Ich befahl ihnen daher, die Sache fallen zu lassen und sich nach wie vor den Damen des Ansbacher Hofstaats höflich zu erzeigen; denn ich zweifelte nicht, daß aller Tadel auf die zurückfallen würde, die den Zwist ausgeheckt hatten. Der ganze Hof wußte tags darauf, was vorgegangen war, und man sagte sich ins Ohr, daß die Geheimrätinnen zu tief ins Glas geschaut hätten. Selbst der Markgraf von Ansbach ergriff meine Partei und war sehr böse über die Unverschämtheiten, die gegen mich gesagt worden waren. Wir reisten endlich zwei Tage später ab und kehrten nach Erlangen zurück.«[31]

So kompliziert und aufregend, anstrengend und verworren war es also im Jahre 1735, wenn zwei markgräfliche Paare bei einem Bischof einen harmlosen Freundschaftsbesuch abstatteten!

Friederike war zu dieser Zeit einundzwanzig Jahre alt und im siebenten Monat mit ihrem zweiten Kind schwanger. Wilhelmine zählte sechsundzwanzig und war Mutter einer dreijährigen Tochter. Ihre Schilderung gibt uns ein getreues Bild von der Launenhaftigkeit Friederikes, von ihrem Talent, gekränkt und beleidigt zu sein ohne jeglichen Grund, von ihrer Eigenheit, nicht klar heraus zu sagen, weswegen sie eigentlich grollte. Man erkennt ihre Unzuverlässigkeit, indem sie gegebene Absprachen oder Verabredungen einfach ignorierte und nicht einhielt. Hinzu kam eine kindliche Freude, jemand anderen bloßzustellen und wenn möglich zu blamieren.

Liest man den Rapport vom Bischofsbesuch in Pommersfelden, so gewinnt man einiges Verständnis für Markgraf Carl von Ansbach. Er besaß nicht viel Geduld. Aber manchmal mußte er auch diese aufs äußerste zusammennehmen.

Friederike hatte zu jener Zeit bezüglich Elisabeth Wünsch schon resigniert. Sie bekämpfte sie nicht mehr und hüllte sich in schweigende Verachtung. Sie nahm diese Verbindung ihres Gemahls hin, wie so manche Fürstin ihrer Zeit sich mit Mätressen abfinden mußte. Vielleicht sagte sie sich, daß es bei allem noch ein Glück war, ein so gutartiges Mädchen mit so harmlosem Gemüt als Rivalin zu haben. Der Markgraf hätte sich ebenso in eine raffinierte ehrgeizige Person ver-

lieben können, die ihn finanziell ausplünderte und die das Ansehen
Friederikes durch eigene Machtgelüste empfindlich hätte untergraben
können.

Am 24. Februar 1736 kam der zweite Sohn Friederikes, Alexander, zur
Welt. In Stadt und Land dröhnten die Böllerschüsse, dieser Prinz wurde
ebenso begeistert empfangen wie sein jetzt schon bald dreijähriger
Bruder Karl August. Das Markgrafenpaar fand sich so weit zusammen,
daß es den Sommer ohne Störungen und Auseinandersetzungen mit
den Kindern im Sommerschloß Triesdorf verbrachte. Dennoch – eine
endgültige Aussöhnung war nicht möglich. Die Wege des Ehepaares
trennten sich nur zu bald wieder.

Zu einer geradezu katastrophalen Situation kam es, als am 8. Mai 1737
der Erbprinz Karl August mit knapp vier Jahren starb. Sein Tod hatte
derart schlimme Folgen für die Haltung der Ehegatten gegeneinander,
daß einige vernünftige Mitglieder des Ansbacher Hofstaates Wilhelmine in Bayreuth benachrichtigten. Sie hielt diese unglaublichen Vorkommnisse in ihren Memoiren fest:

»In Erlangen verlebten wir eine sehr angenehme Zeit; ich hörte zum
ersten Male in einer Pastorale den berühmten Signor Zaghini singen,
der alles durch die Schönheit und den Schmelz seiner Stimme entzückte. Wir lebten nur dem Vergnügen, als uns ein unerwartetes Ereignis mitten in unseren Freuden störte. Es war der Tod meines Neffen,
des Erbprinzen von Ansbach.

Ich erwähnte schon, wie schlecht der Markgraf und meine Schwester
sich vertrugen. Seit einiger Zeit hatte sich ihr Zerwürfnis noch mehr
verschärft, der Hofmarschall von Seckendorff war zum Teil schuld
daran, da er den Markgrafen unablässig gegen seine Frau erbitterte. Der
Tod des Erbprinzen bot ihm von neuem Gelegenheit, seinen ränke-
vollen Geist zu betätigen. Er stellte meine Schwester als die alleinige
Ursache seines Todes hin und wußte den Fürsten so aufzuhetzen, daß
er schwur, er wolle sie nicht wiedersehen und sich von ihr trennen.
Er behandelte sie sogar auf ganz unwürdige Weise und ließ ihr durch
gewöhnliche Dienstboten die härtesten Dinge ausrichten; dem ganzen
Hof wurde strengstens untersagt, zu ihr zu gehen, kurz, man suchte
sie auf jede erdenkliche Weise zu demütigen. Dieser Zustand dauerte
schon seit drei Wochen, ohne daß ich es erfahren hatte. Endlich ließen
mich einige gutgesinnte Leute dieses Hofes insgeheim benachrichtigen
und mich bitten, nach Ansbach zu kommen, um all diesen Mißhelligkeiten ein Ende zu machen. Ich zögerte nicht, dem Rufe zu folgen.

Der Markgraf war auf dem Lande, wo er in den Armen seiner Geliebten den Schmerz um seinen verstorbenen Sohn zu betäuben suchte. Sobald er erfuhr, daß ich nach Ansbach gekommen sei, kehrte er zurück. Ich traf meine Schwester in Tränen aufgelöst und so verändert aussehend, daß sie nicht mehr zu erkennen war [dreiundzwanzig Jahre alt!]. Der Markgraf würdigte sie keines Blickes; er mußte wohl oder übel mit uns speisen, aber man sah ihm an, wie schwer es ihm fiel. Ich wollte mich nicht übereilen und genau wissen, was sich alles zugetragen hatte, bevor ich mit ihm sprach.

Ich merkte aus dem ganzen Bericht, den ich vernahm, daß Herr von Seckendorff der Urheber des ganzen Zerwürfnisses war. Ich wandte mich also an ihn, um es wieder zu beseitigen. Der ruhige Ernst, mit dem ich ihn zur Rede stellte, stimmte ihn vielleicht zur Nachdenklichkeit. Er versprach mir, alles aufzubieten, um den Frieden wiederherzustellen. Er hielt Wort. Der ganze Hofstaat vereinigte sich mit ihm, um den Markgrafen zu besänftigen; aber der Hauptgrund, der ihn zur Nachgiebigkeit bestimmte, war die Angst, die er vor mir hatte. So war mir also die Freude vergönnt, den Frieden wiederhergestellt zu sehen. Da ich in Ansbach nichts mehr zu tun hatte, kehrte ich nach Erlangen zurück, von wo ich nach Ems fahren wollte. Ich begab mich unmittelbar nach Wertheim, wo ich mich einschiffte.« [32]

Es verstand sich von selbst, daß man dem nunmehr einzigen jüngeren Sohn des Ansbacher Markgrafenpaares doppelte Aufmerksamkeit widmete. Als Alexander einmal krank wurde, kümmerte sich der Markgraf persönlich um einen anderen Arzt, da es dem anwesenden Leibarzt der Markgräfin nicht gelang, die Krankheit zu lindern. Carl schrieb ein Billett an Friederike:

»Mit vielem Schröcken habe ich vernommen, daß mein lieber Alexander noch nicht bessert; das kommt vom Eigensinn des Doktors her, ich werde meinem lieben Kind einen Arzt aus Leyden, den ich aus meiner Studienzeit her kenne, kommen lassen, du mußt dich deines Kindes annehmen, ich beschwöre dich, weg mit dem naseweisen Doktor!« [33]

Mai 1740 – Thronwechsel in Berlin

König Friedrich Wilhelm I. erlag einer schweren Wassersucht, seinen Steinleiden und seiner Gicht. Friedrich II. bestieg den preußischen Thron. Seine Schwestern in Braunschweig, Schwedt, Bayreuth und Ansbach beeilten sich, zugleich mit ihren Beileidsadressen auch die

Glückwünsche zur Übernahme der Regierung auszusprechen. Von Friederikes umfangreichem Briefwechsel sind nur wenige Schreiben überliefert, die im Juni 1740 beginnen.

»Triesdorf, 7. Juni 1740

Mein liebster Bruder,

obgleich ich wohl darauf vorbereitet war, daß die Krankheit des Königs gefährlich sei, hat mich die traurige Nachricht, die Sie die Güte hatten mir zu übermitteln, nichtsdestoweniger äußerst frappiert, denn ich war mir nicht gewärtig, daß sein Tod so nahe bevorstand. Der Kummer, den ich über diesen Verlust empfinde, ist nur natürlich, habe ich doch einen Vater verloren, dessen Gnade ich stets versichert war; aber ich wage zu hoffen, daß nach den gnädigen Versicherungen, die mir zu geben Ihnen beliebte, ich in Ihrer Person immer eine Stütze finden werde.

Erlauben Sie mir gleichzeitig, daß ich die Ehre habe, Sie zu Ihrem Regierungsantritt zu beglückwünschen.

Möge der Himmel wollen, daß Sie diese Krone in vollkommener Gesundheit tragen! Möge er all Ihre Unternehmungen segnen und Sie mit den Gnaden des Himmels überschütten, so daß Ihnen all die Jahre hindurch keinerlei Unglücksfall zustoßen möge. Ich empfehle mich erneut der Fortdauer Ihrer Gnade und werde mein allermöglichstes tun, mir diese zu erhalten, indem ich mit ergebenstem Eifer verbleibe mein liebster Bruder, die alleruntertänigste Schwester und Dienerin Friderique«[34]

Friedrich antwortete darauf:

»Charlottenburg, 14. Juni 1740

Meine liebe Frau Schwester,

Ihr Brief kam und brachte mir eine Art Tröstung, deren ich in der extremen Trauer bedurfte, in die der Verlust unseres würdigen Vaters mich versetzt hat. Ich teile Ihren Kummer, welcher nicht weniger empfindlich ist als der meine. Aber alles, was ich werde tun können ist, Ihnen meine Freundschaft und meine brüderliche Sorge in der Situation, in der Sie sich befinden, anzubieten. Wenn es mir möglich sein wird, so will ich besonders im Interesse Ihrer Ruhe für die Wiederherstellung einer guten und haltbaren Wiedervereinigung mit dem Markgrafen, Ihrem Gatten, arbeiten. Ich schmeichle mir, daß Sie dazu alles erforderliche Entgegenkommen beitragen werden, durch sanfte und rührende Manieren, mit denen Ihr Geschlecht die Herzen zu gewinnen weiß.

Ihre Mißhelligkeiten haben unseren verstorbenen Vater unendlich bekümmert; ich wünsche sehnsüchtig, daß sie auf Nimmerwiedersehen
verschwinden und ich werde alles in der Welt tun, um ein so vernünf-
tiges Ziel zu erreichen.

Ich bin mit alleraufrichtigster Freundschaft . . .«[35]
Als Schlichtungskommissar für die Ansbacher Ehe sandte der König
den Rat Klinggräf in die fränkische Residenzstadt, um dort für den
Frieden zu wirken. Allein die Mission war schwierig und Klinggräf
verhielt sich daher sehr zurückhaltend. Seine Berichte waren in unbe-
stimmten Redewendungen gehalten. Die Harmonie in der markgräflichen Ehe habe zugenommen und er wolle es zu einer gewissen Solidität für die Zukunft bringen. Zwar seien Hindernisse vorhanden, welche er aber mit der Zeit und ein wenig Geduld, wo nicht gänzlich,
doch größtenteils zu heben gedenke[36].
König Friedrich war guten Willens und tat, was in seinen Kräften
stand. Aber andererseits wollte der Ansbacher Schwager keineswegs,
daß sich ständig irgendein »Spitzel« aus Berlin an seinem Hofe aufhielt, sich an seinem Tische sattaß und ihm obendrein noch Vorschriften machte. Markgraf Carl verschwand also vom Ansbacher Hof und
zog sich in sein Jagdgebiet bei Gunzenhausen zurück. Dadurch hatte
Rat Klinggräf kaum noch eine Angriffsfläche, um die strikte Order
seines Königs auszuführen, nämlich aufzupassen, »daß der Markgräfin
kein Tort geschehe« und »der Markgräfin in allen Stücken, so billig,
seine Assistenz zu leisten«[37]. Als Klinggräf abreiste, tat der Markgraf
nach wie vor was er wollte. Und die Sympathien zwischen Ansbach
und Berlin hatten sich nicht gerade vertieft!
Anfang Oktober kam der König unverhofft nach der Eremitage bei
Bayreuth und verlangte – wahrscheinlich um Truppenaushebungen zu
besprechen – umgehend nach dem Ansbacher Schwager. Wilhelmine
wunderte sich darüber, sie wußte, daß der König ihn nicht leiden
konnte:
»Was mich am meisten befremdete, war die außerordentliche Eile des
Königs, meine Schwester in Ansbach zu besuchen. Er hatte sie nie geliebt und sie ihn auch nicht. Über zwanzig Stafetten wurden ausge-
schickt, um sie mit zärtlichen Worten nach der Eremitage zu bitten.
Sie kam endlich am übernächsten Tage mit ihrem Gatten, dem Markgrafen. Nun vergaß der König jede Rücksicht und zeichnete sie öffentlich mehr aus als mich. Er schenkte mir einen kleinen Brillantschmuck,
der zweihundert Taler wert war, und einen Fächer, der eine Uhr ent-

hielt. Mein Gatte, der Markgraf, erhielt eine goldene Dose mit dem Porträt des Königs in Brillanten gefaßt. Meine Schwester bekam ein Geschenk von ungefähr demselben Wert wie das meine, und der Markgraf von Ansbach eine Dose aus weißem, querdurchbrochenem Kieselstein, die er sogleich an einen seiner Pagen weiterverschenkte.« [38] Wilhelmine war spürbar eifersüchtig, obwohl die Verteilung der Geschenke allein dazu keinen Anlaß gegeben hätte. Sie hing seit frühester Kindheit an ihrem drei Jahre jüngeren Bruder Friedrich und war immer sehr stolz darauf gewesen, daß er auf sie gehört hatte. Sie verstanden sich in vielen Dingen des Lebens außerordentlich gut. Nun plötzlich wurde ihre Schwester Friederike hofiert – weil König Friedrich Soldaten brauchte. Aber Friedrich bewog noch etwas anderes, sich Friederike gegenüber liebevoll zu benehmen und ihr zutunliche Briefe zu schreiben: es war Mitleid. Das Bedauern mit der zwar »versorgten« und verheirateten Schwester, die dennoch nicht glücklich war, die das Schicksal so vieler Fürstinnen teilte, mit einem Mann für das ganze Leben zusammengekoppelt zu sein, der so ganz und gar nicht ihrem Wesen entsprach. Diese Erwägungen standen im Hintergrund, als er seine nächsten Briefe an Friederike in beinahe überschwenglichem Stil abfaßte. Sie mochten gleichzeitig Friederike »zum Vorzeigen« dienen und ihr Prestige in Ansbach bei Carl und der Hofgesellschaft heben:

»Rheinsberg, 1. November 1740

Meine Frau Schwester,

Ich habe die Genugtuung gehabt, aus Ihrem Brief zu sehen, daß Sie meinen Gefühlen der Zärtlichkeit, die ich für Ihre teure Person hege, Gerechtigkeit widerfahren lassen.

Sie entschuldigen bitte, daß ich mich nicht im Stande befinde, um die Antwort eigenhändig zu schreiben, ich liege eines Fiebers wegen zu Bett. Um davon befreit zu werden, fehlt mir nichts als die aufrichtigen und leidenschaftlichen Wünsche einer Schwester, die ich liebe, wie ich es nicht auszudrücken vermag. Die Gesellschaft der Markgräfin von Bayreuth [Wilhelmine war derzeit in Rheinsberg] hat daran auch Anteil, und wenn man hier Chinarinde anwendet, zweifle ich nicht an meiner prompten Genesung. Übrigens, ich war entzückt zu erfahren, daß Ihr Gatte sich Ihnen gegenüber beträgt wie es sich gehört, und ich hoffe, daß Ihre Sanftmut und Vorsicht bewirken werden, ihn vollends wiederzugewinnen.

Ich bin mehr denn je mit der aufrichtigsten Freundschaft der Welt, Ihr ...« [39]

Wer die Briefe der Geschwister heute liest, in Französisch, der Sprache
ihres täglichen Umgangs, ihrer Lektüre, ihres Denkens und Fühlens,
der könnte auf die Idee kommen, es habe damals als besonders vornehm gegolten, lange Sätze zu konstruieren. Es kostet Mühe, die Band-
wurmgebilde zu entwirren und den Sinn herauszuschälen. Ist dieser
jedoch einmal gefunden, so kann man klar herauslesen, was sie sich zu
sagen hatten. Es ist, als machten sie bei jedem Satz eine Verbeugung.
Besonders besticht die gesuchte und gedrechselte Höflichkeit, in die all
und jeder Gedanke eingekleidet ist. Das war schließlich auch einmal
eine Kunst, die mühsam erlernt werden mußte. Wie anders würden
heutzutage Briefe zwischen fürstlichen Geschwistern aussehen? Wie
anders sahen sie schon im 19. Jahrhundert aus.

Daß überhaupt noch Briefe von Friederike aufzufinden waren, ist dem
Zufall zu verdanken, da einige Exemplare des Briefwechsels in das in
französischer Sprache erschienene Gesamtwerk Friedrichs aufgenommen wurden. Die Akten mit den Originalbriefen dagegen wurden im
Zweiten Weltkrieg zerstört. So sind uns leider nur Briefe erhalten, die
weder große Weisheiten verkünden noch spannende Wechselrede vermitteln, Mitteilungen mehr oder weniger belanglosen Charakters, die
aber im Rahmen von Friederikes Lebensgeschichte großen Seltenheits-
wert besitzen. Die politische Korrespondenz, Friederikes Bestrebungen,
am Hofe von Ansbach für Preußen zu wirken, ist vernichtet.

Während des Ersten Schlesischen Krieges von 1740–42 kam es aller-
dings auch vor, daß die Markgräfin am Rande militärische Fragen
berührte:
»Triesdorf, 17. August 1741
Mein liebster Bruder,
Ihr freundlicher Brief, den ich die Ehre hatte zu erhalten, gibt mir den
Mut, Sie auch noch durch diesen zu inkommodieren, indem ich Ihnen
für all die Gnade danke, die Sie mir bezeugt haben. Ich bin davon
überzeugt, daß mir nichts anderes bleibt als Sie anzuflehen, sie mir
zu erhalten.
Die Neuigkeiten von hier bestehen nur im Durchzug der französischen
Truppen, welche die Absicht haben sollen, mit einer ihrer Kolonnen
in den Fränkischen Kreis vorzudringen, was den Markgrafen nicht
wenig beunruhigt, der als erster von diesem Marsch berührt wird. Indessen hofft er, daß die Güte, mit der Sie ihn überschüttet haben, ihn
vor ärgerlichen Folgen bewahren wird.

Daher wird er die Ehre haben, Ihnen zu schreiben, um in einem so heiklen Fall Ihren Schutz anzurufen. Sie, mein lieber Bruder, werden diesen im Hinblick auf seine große Ergebenheit, die nie aufhören wird, sicher gerne gewähren. In dieser Beziehung hat er auch seinen Respekt durch Ausheben eines Regiments Infanterie bezeugen wollen, was er gewiß durchgeführt haben würde; aber im Augenblick ist es unmöglich und er ist aller Mittel beraubt, was Sie die Güte haben wollen daran zu erkennen, daß ich mich Ihnen auf diesem Wege anvertraue. Ich bitte Sie inständig, sich dieser Bitte gnädig zu erweisen, indem ich mit tiefster Ergebenheit bin . . .« [40]

Hier war zweifellos eine geheime Stafette nach Berlin geschickt worden, um für den bedrängten Markgrafen von Ansbach preußische Soldaten als Schutz gegen die Franzosen zu erbitten. Leider sind keine Unterlagen in der Korrespondenz zu finden, ob Friedrich der Bitte entsprochen hat. Indessen klingt der nächste Brief Friedrichs an Friederike so unbeschwert, daß die Gefahr für Ansbach wohl vorüber gewesen sein muß:

»Lager Friedland, 9. Oktober 1741

. . . Ich erhalte soeben Ihren lieben Brief, der mir umso angenehmer gewesen ist, als er mir die Fortdauer Ihrer aufrichtigen Freundschaft zusichert wie auch die Gerechtigkeit, die Sie mir als Gegenleistung dafür erweisen wollen, daß ich diese stets für Sie und den Markgrafen, meinen Bruder, habe.

Fügen Sie jenen Empfindungen bitte den Glauben hinzu, daß diese Gefühle nur mit meinem Leben endigen werden, und daß ich immer mit Nachdruck Ihre Interessen und die Ihres Landes wahrnehmen werde, das ich bei allen sich bietenden Gelegenheiten in Schutz zu nehmen beabsichtige.

Inzwischen hoffe ich, daß Sie mir immer Ihr liebevolles Andenken bewahren werden, indem ich Ihnen beteuere, daß nichts auf dieser Welt der vollkommenen Freundschaft würde gleichen können, mit der ich bin . . .«

Soweit von der Hand eines Sekretärs. Der eigenhändige Zusatz lautet: »Würde ich hoffen können, meine liebste Schwester, eines Tages das Glück zu haben, Sie mit dem Markgrafen bei uns zu sehen? Die aus Braunschweig kommen im Monat November nach hier. Ich weiß nicht, ob die Unruhen in Bayern es dem Markgrafen gestatten werden, sonst wird mir dies immer ein großes Vergnügen sein.« [41]

In den kommenden Jahren litt Friederikes Gesundheit. Die vielen

Aufregungen hatten bewirkt, daß sie eine empfindliche Galle bekam und – wie bei all seinen Schwestern im Krankheitsfalle – schickte der König vorsorglich seinen Doktor Eller nach Ansbach. In ihrem Brief vom 21. Juni 1743 bedankte sie sich umständlich für die Übersendung des Arztes. Im gleichen Brief übermittelte sie Dank und Quittung für die Zahlung der Zinsen desjenigen Kapitals, das ihr einst, wie allen Schwestern, der Vater hinterlassen hatte. Es waren jeweils 30.000 Taler, die der König für die Schwestern verwaltete.

Im September 1743 kam König Friedrich mit seinem Bruder Prinz August Wilhelm nach Ansbach. Im Hofgarten wurde ein glänzendes Fest veranstaltet. Links und rechts der Tafel, die die Form einer Königskrone hatte, pflanzte man Orangenbäume und Spalierobst in transportablen Behältern auf. Die Gewächse sollten die im Bau befindliche Orangerie verdecken, die derzeit keinen schönen Anblick bot, weil sie noch von Gerüsten verdeckt wurde. Die Spaliere waren »mit porcellainenen Vasen garnieret«. Man gab ein großes Feuerwerk und in dem bunt erleuchteten Garten »präsentierte eine große Fontäne den Reichsapfel« [42].

Die kurzen Briefe, die während des Zweiten Schlesischen Krieges zwischen den Geschwistern gewechselt wurden, atmen von Friedrichs Seite etwas von dem Bestreben, ein ängstliches Kind zu beruhigen. Er schrieb liebevoll und tröstlich, wenn auch durch einen Sekretär. Der erste der folgenden Briefe hat nach aller Wahrscheinlichkeit ein verschriebenes Datum und stammt vom 15. Juli 1745. Friedrich bezog sich zu eindeutig auf den 4. Juli, den Tag der siegreichen Schlacht von Hohenfriedberg. Vor diesem Zeitpunkt hat kein anderes militärisches Ereignis dieser Art stattgefunden.

»Lager von Borzitz (Porschitsch), 15. Juni [Juli] 1745

Meine Frau Schwester,

Ich bin Ihnen unendlich verbunden ob der zärtlichen Beunruhigungen, die Sie mir für meine Person bezeugen wollen. Gott sei Dank, ich verspüre die Nachwirkungen Ihrer heißen Wünsche für mich, denn das ist am selben Tag gewesen, wo der Himmel meine Waffen dergestalt gesegnet hat, wie ich schon die Ehre hatte Ihnen zu melden.

Ich entschuldige mich, daß meine gegenwärtigen Beschäftigungen noch nicht erlauben wollen, Ihnen mit eigener Hand zu schreiben, und ich bitte Sie überzeugt zu sein, daß man nichts hinzufügen kann zu den Empfindungen der Wertschätzung und der Zärtlichkeit, mit welchen ich stets bin, meine Frau Schwester...« [43]

»Lager von Semonitz, 24. 8. 45

Meine Frau Schwester,

Ich sende Ihnen tausend Dank für alles, was Sie mir Verbindliches über meinen vorigen Brief sagen.

Ich würde nicht ermangeln, Ihnen mit eigener Hand zu schreiben, wenn die dringenden Angelegenheiten, die ich gegenwärtig zu erledigen habe, es mir erlaubt hätten; ich bitte Sie, das zu entschuldigen. Erlauben Sie, daß ich Ihnen auftrage, den Herrn Markgrafen meiner unendlichen Wertschätzung zu versichern, ebenso meinen lieben Neffen der Empfindungen, die ich für ihn hege, und seien Sie überzeugt, niemand könnte mit mehr Passion sein als ich, meine Frau Schwester, Ihr ergebener Diener und Bruder...« [44]

»Dresden, 22. Dezember 45

Meine Frau Schwester,

Wenn ich Ihnen seit einiger Zeit nicht geschrieben habe und Ihnen noch nicht eigenhändig schreibe, so geben Sie nichts anderem die Schuld als der fortschreitenden Inanspruchnahme, in der ich während der letzten Wochen gewesen bin, um meine Freunde zu demütigen, die nichts anderes im Auge hatten als den totalen Ruin meines Landes. Dank dem Himmel, der meine Waffen so erfolgreich sein ließ, daß nicht nur die sächsische Armee mit den österreichischen Truppen, die sich hier vereinigt haben, geschlagen wurde bis zur nahezu völligen Niederlage am 15. dieses Monats [Sieg bei Kesselsdorf]. Außer den Toten und Verwundeten, die sie auf der Walstatt lassen mußten, haben wir achtundvierzig Kanonen genommen und mehr als fünftausend Gefangene.

Dieser Sieg war gefolgt von der Wiederherausgabe der Hauptstadt [Dresden], wo ich am 17. dieses Monats eingezogen bin. Auch hoffe ich, daß die Frucht von all diesem ein guter Friede sein wird, daß meine Feinde, so halsstarrig sie bis jetzt sind, zum Schluß verpflichtet sind, das zu akzeptieren, was ich ihnen anbiete.

Ich kenne Ihre Gefühle, die Sie für mich haben, zu gut, als daß ich nicht überzeugt sein sollte von der Befriedigung, die all diese Neuigkeiten Ihnen geben werden; seien Sie auch überzeugt von der vollkommenen Zuwendung meiner Freundschaft zu Ihnen, ebenso der Wertschätzung und der Zärtlichkeit, mit welcher ich stets bin, meine Frau Schwester, Ihr ...« [45]

Von diesem Zweiten Schlesischen Krieg 1745 lassen sich in Gedanken zweihundert Jahre überbrücken zum Zweiten Weltkrieg 1945. In diesem Jahr wurden etliche Fensterscheiben des Ansbacher Schlosses durch Bombeneinschläge eingedrückt und damit ein zartes Dokument vernichtet: Inschriften, mit Diamanten auf Fensterglas eingeritzt. Es waren Zeugnisse der unglücklichen Ehe Friederikes, aber im Stil der Zeit, romantisch und voller Sentiment, außerdem mit dem Charakter einer gewissen Demonstration: auf Fensterglas schreibt man nur, damit es jeder lesen kann. Der Markgraf mochte dies Spiel angefangen haben. Im heute mit Nr. 22 bezeichneten Raum des Schlosses konnte man lesen:

»Un cœur Sans amour est comme une armée Sans Tambour M CvB
1749
[Ein Herz ohne Liebe ist wie eine Armee ohne Tambour
Markgraf Carl von Brandebourg 1749]«

Von der Hand der Markgräfin stand daneben eingraviert:

»Je souffre Sans auser le dire FL
[Ich leide, ohne daß ich es zu sagen wage Friederike Luise]«

Es war der gleiche Raum, in dem später, 1758, nach dem Tode der Königinmutter, ein Möbelstück aus deren Haushalt Aufstellung fand: ein Kanapee, das Friederike geerbt hatte, mit einem Kissen darauf. Laut einem alten Inventarverzeichnis »auf demselben ein Pologneser Hund mit schwarzen Flecken, Finette, Chien favori [Lieblingshund] par Sa Majesté la Reine Mère«. Dies Sofa und das gestickte Kissen sind leider nicht erhalten geblieben[46].

Zu den schon bestehenden Zerwürfnissen der Eheleute traten Meinungsverschiedenheiten und Sorge um die Erziehung des Sohnes Alexander hinzu. Es wurde in der Erziehung des Jungen genau so experimentiert wie einst bei seinem Vater, doch nur bis zu seinem zwölften Lebensjahr, dann waren sich die Eltern überraschend einig.

Man darf Markgräfin Friederike nicht als gänzlich unbedeutende Gestalt an den Fürstenhöfen jener Zeit betrachten. Die Markgräfin übte vielleicht, und das war wohl zutiefst die Ursache ihres Mißbehagens am Leben, zuviel Kritik an den Mißständen der Zeit, an den Unzulänglichkeiten ihres Mannes, an den Unvollkommenheiten der Regierungsform eines Markgrafentums überhaupt. Aus den von Wilhelmine überlieferten Äußerungen ihrer Jugendzeit spricht die Freude an offenen Worten, eine geradezu leidenschaftliche Wahrheitsliebe, die ihr schon am elterlichen Hofe Feinde machte. Besonders die Mutter konnte ihre Art nicht vertragen.

Überliefert ist von Friederike in späteren Jahren die Meinung, daß die

Erziehung eines Prinzen an einem Fürstenhof niemals zu einem befriedigenden Ergebnis führen könne, einzig und allein eine Republik sei geeignet, ihn wahrhaft zu formen[47]. In diesem Falle ging die Markgräfin zufällig einmal konform mit den Ansichten ihres Mannes. Da Carl selbst in Utrecht und Leyden studiert hatte, stimmte er dem Ausbildungswunsch Friederikes zu. Am 18. Mai 1748 ging der zwölfjährige Alexander auf Reisen. Vom markgräflichen Hafen Markt Steft aus ging die Main-Reise nach den Niederlanden vonstatten. Als Oberhofmeister begleitete ihn der Konsistorial-Präsident von Bobenhausen. Bemerkenswert ist, in welchem Maße damals die Passagier-Schiffahrt auf dem Main floriert haben muß. Man machte gern seine Reisen zu Wasser in Franken und Wilhelmine lobte einmal, gelegentlich einer Reise nach Bad Ems, die gute Bedienung und das gute Essen auf den Main-Schiffen.

Im Jahre 1750 stand die Erneuerung der Ansbacher Hausverträge mit Preußen bevor. Wieder gab es einen gravierenden Streitpunkt zwischen dem Markgrafenpaar. Friederike erneuerte heimlich ihr Testament und, so vermutete der Markgraf, sehr zu seinen Ungunsten. Man unterzog das ganze Schloß einer inquisitorischen Untersuchung, um das neue Testament zu finden. Lediglich einige Bruchstücke wurden beim Hofkanzlisten Zeißlein entdeckt. Das Testament selbst fand sich nicht. Allmählich legte sich die Aufregung über dieses Ereignis. Friederike ging nach Unterschwaningen und entzog sich aller Unruhe und allen Aufregungen so gut sie konnte.

Im Jahre 1753 erfüllte sich für Friederike ein langgehegter Wunsch: man gestattete ihr eine Reise nach Berlin, wozu eine Einladung des Königs vorgelegen hatte. Glanzvolle Tage standen der Markgräfin bevor. Sie war ja noch keine alte Frau. Doch hatten die seelischen Konflikte und das unharmonische Leben ihre Spuren in Friederikes Äußerem zurückgelassen. So »engelschön« wie als Mädchen war sie nicht mehr, aber eine ansehnliche Fürstin, die vorzüglich zu repräsentieren verstand. König Friedrich freute sich aufrichtig, die Schwester einmal wiederzusehen. Durch die Kriege und persönlichen Umstände war eine lange Zeit vergangen, daß die Geschwister sich nicht getroffen hatten.

König Friedrich an August Wilhelm:

»Potsdam, 30. April 1753

... Viel wichtiger ist mir, daß unsere Ansbacher Schwester am 13.

und 14. hier sein wird. Ich bin hocherfreut, sie nach neunjähriger
Trennung wiederzusehen, aber ich fürchte, bei der jetzigen Witterung
werden die Straßen, die sie zurückzulegen hat, furchtbar sein.« [48]
Über den Verlauf des Besuches hat Graf Lehndorff, der erste Kammerherr der Königin Elisabeth Christine, getreulich Tagebuch geführt. Er
scheute sich nicht, in seinem Tagebuch auch die Schattenseiten der
festlichen Tage zu verzeichnen.

»14. 4. 1753
Die Königin befiehlt mir, nach Potsdam zu gehen, um die Frau Markgräfin von Ansbach zu begrüßen ...

15. April 1753
Meine Audienz bei der Markgräfin habe ich um 10 Uhr. Es scheint
eine liebenswürdige Fürstin zu sein. In ihrem Zimmer sehe ich mich
dem König gegenüber. Die Ankunft verursacht in der königlichen Familie schreckliche Mißhelligkeiten; der Grund zu alledem ist die üble
Laune des Königs gegen Voltaire ...

16. 4. 53
Man versammelt sich um 11 Uhr in den Gemächern der Markgräfin
von Ansbach. Sie langt wie auch der König um 12 Uhr an und wird
von der jungen Königin mit ihrem ganzen Hof empfangen. Das Gefolge
wird gebildet von einem Oberhofmeister namens Hach, der zu den
langweiligsten Bedientengestalten zu gehören scheint, einem jungen
Manne namens Nostiz, einer Frau von Mentzingen ... und Fräulein
von Benst ...

17. April 1753
Der König gibt dem Hofe ein großes Diner. – Es findet eine Ordnung
der Rangverhältnisse für gewisse Fälle statt, die eigentümlich ist. Zum
Glück ist die Einigkeit stärker als diese Schrulle; ohne sie würde man
nur Zerwürfnisse daraus folgen sehen. Der König gibt nämlich seinen
Schwestern den Vorrang vor den Frauen seiner Brüder ...

20. April 1753
Cour bei der Markgräfin von Ansbach, die ihre Leute sehr verbindlich
empfängt ...

27. April 1753
Man geht um 9 Uhr morgens zur Markgräfin, um sich von ihr zu ver-
abschieden. Der König schenkt ihr 5000 Taler, einen sehr schönen
Ring und eine herrliche Dose. Das königliche Haus begleitet sie bis
Spandau..« [49]
Vier Monate später fuhr der siebzehnjährige Erbprinz Alexander nach

Berlin. Friederike legte Wert darauf, ihn dem König und den Geschwistern einmal in seinem derzeitigen Entwicklungsstand vorzustellen. Erbprinz Alexander zeigte sich gewandt und weltmännisch. Graf Lehndorff vermerkte es anerkennend:

»30. August 1753
Der Prinz von Ansbach trifft um 11 Uhr vormittags ein. Ich begrüße ihn sogleich im Namen der Königin. Er ist von einer prächtigen Gestalt, groß für sein Alter [17], hat schöne blaue Augen, etwas Majestätisches in seinem ganzen Wesen und spricht sehr gut. – Er zeigt mit dem ganzen königlichen Hause Ähnlichkeit, besonders aber mit dem Prinzen von Preußen [August Wilhelm].« [50]

Friederikes Sohn fand in Berlin eine sehr freundliche Aufnahme. Er vollendete bald darauf am 4. Februar 1754 sein achtzehntes Lebensjahr und wurde gleichzeitig für volljährig erklärt. Am 15. März verlobte man ihn – ganz und gar aus politischen Erwägungen – mit der Erbprinzessin Friederike Caroline von Sachsen-Coburg-Saalfeld. Der König zeigte sich in gar keiner Weise mit dieser Verbindung einverstanden, aber man stellte ihn in diesem Falle vor vollendete Tatsachen. Die Ehe der beiden jungen Leute wurde so unglücklich wie nur irgend möglich. Alexander hielt an seinem Lotterleben fest und kümmerte sich überhaupt nicht um seine junge Frau, die anziehend aussah und keineswegs häßlich war. Sie fand sich zu einem freudlosen Dasein verurteilt und wählte sich später das Schloß Bruckberg zu ihrem Wohnsitz. Im Volksmund lebte noch lange Zeit die romantische Geschichte von der armen jungen Markgräfin, die es liebte, in Mondnächten auf dem Kanal im Park des Schlosses in einem goldenen Nachen spazierenzufahren. Sie sonderte sich ab von dem Leben ihres Mannes, von seinen Amouren, von seinen Launen. Alexander hatte insofern viel von seinem Vater geerbt, als er das gleiche unbekümmerte Leben führte. Nach des Vaters Tode hatte er keine Hemmungen, seinen Favoritinnen die Tore des Ansbacher Schlosses zu öffnen und mit ihnen offiziell dort zu leben. Das hatte sein Vater nie getan.

Im Oktober 1754 erkrankte Friederike schwer an den Pocken, überstand diese Krise jedoch besser, als man befürchtete. Es ist nicht überliefert, ob ihr einst so berühmt schöner Teint darunter litt oder nicht. Wilhelmine zum Beispiel hatte keine Blatternarben davongetragen. Dagegen sind die Pockennarben der Königinmutter Sophie Dorothea in einer Charakteristik von ihr ausdrücklich erwähnt. Irgendeinen Einfluß auf die eheliche Gemeinschaft nahm allerdings in diesen Jahren das Aussehen der Markgräfin nicht mehr. Kaum etwas war dem Markgrafen so gleichgültig wie Friederikes Teint.

Markgraf Carl muß in jenen Jahren ein innerlich zerrissener Mensch gewesen sein. Die finanziellen Verhältnisse der Markgrafschaft waren zerrüttet. Der Sohn stellte immer neue Forderungen. Obwohl Carl selbst nie dazu bereit gewesen war, sich zu disziplinieren und ein geordnetes Leben zu führen, sah er den Hang zum Leichtsinn bei seinem Sohn nur mit äußerstem Mißvergnügen. Ihn überkam eine Art Verzweiflung am Leben, an der Vergeblichkeit all seiner Mühe, die er sich immerhin im Rahmen seiner Fähigkeiten gegeben hatte. Seine Ehe war schon lange zerbrochen. Jetzt kam jedoch eine Zeit, wo auch der alte Herzensbund mit Elisabeth Wünsch nicht mehr Zuflucht bot. Es war, als überkäme ihn ein letzter wilder Lebensrausch und sein Name »der wilde Markgraf« habe eine gewisse Berechtigung. Es steht dahin, ob der uralte Hofklatsch recht hat, daß eine gewisse Margarete Dietlein ihn mit einer galanten Krankheit infizierte. In jedem Falle führte Markgraf Carl ein wüstes Leben. Seine Jagdleidenschaft und seine Passion für hübsche Mädchen aus dem Volk wurde durch keinerlei Rücksichten mehr eingedämmt.

Am 3. August 1757 ereilte ihn ein plötzlicher Tod in seiner Sommerresidenz Triesdorf. Der Ansbacher Chronist Ritter von Lang berichtete, die Bevölkerung habe »um seinen Sarg getobt« und ihn mit Schmähreden bedacht, als er von Triesdorf nach Ansbach überführt wurde. Diese Berichte gelten jedoch nicht als zuverlässig. Aber er war so unbeliebt, daß sich ähnliches wohl ereignet haben könnte[51].

Mit dem Tode seines Vaters sah sich der junge Markgraf Alexander von einem unbequemen Mahner befreit. Er verliebte sich in die nicht mehr junge, aber sehr charmante französische Tragödin Clairon, eine zweifellos bedeutende Künstlerin, deren bürgerlicher Name Claire Josephe Leris de la Tude war. Madame fand vor allem eines unmöglich in Ansbach: das Frühstücksbrot. Der Markgraf schickte auf ihren Wunsch einen Kurier nach Paris und ließ das Rezept für eine spezielle Sorte mürber Milchbrötchen aus Weizenmehl holen. Die Hofbäckerei hatte bald heraus, ganz vorzügliche »Clairon-Wecken« zu backen. Sie sind bis heute eine beliebte Spezialität in den Ansbacher Bäckerläden, im Volksmund hat sich ihr Name in »Klärungs-Weckli« verwandelt. Aber Madame Clairon war als Künstlerin zu unstet, um nun dauernd am Ansbacher Hof zu verweilen[52].

Nach mancher Liaison des Markgrafen, die heimlich oder offiziell ihren Verlauf nahm, hielt eine Dame aus England ihren Einzug im Ansbacher Schloß: Lady Craven. Auch sie war nicht mehr jung und ihr Wesen wird weder als sehr anziehend noch als sehr geschmeidig geschildert, dennoch haben der Markgraf und sie sich ein Leben lang ganz außerordentlich gut verstanden.

Der jetzigen Markgräfin Mutter, Friederike, blieb nichts anderes übrig, als den Dingen ihren Lauf zu lassen. Sie war mit dreiundvierzig Jahren Witwe geworden und manche unternehmende Fürstinwitwe hat sich nach geziemender Zeit in diesem Alter noch einen neuen Mann gesucht und ein aktives eigenes Leben neu begonnen. Friederike jedoch war zu sehr zermürbt von der Ehe mit Markgraf Carl, sie suchte und fand ihre Ruhe in Schloß Unterschwaningen. Das Treiben ins Ansbach am Hof war ihr keineswegs sympathischer geworden, seit Alexander dort das Szepter führte. Ihr Dasein als Witwe war höchst angenehm. Niemand zwang sie zu Galatafeln, niemand verlangte nächtelange erbitterte Diskussionen von ihr, keine Intrigen konnten ihr mehr schaden. Sie hatte ihre Bücher, ihre Hunde, ihr Spinett und ihre Noten, einige freundliche und harmlose Hofdamen und einen Kammerherrn – Friederike war endlich zufrieden.

Noch im Jahre 1762 muß es der Markgräfin-Mutter gesundheitlich sehr gut gegangen sein. Ein Brief ihrer Schwester Charlotte aus Braunschweig vom 25. Februar deutete mit keinem Wort darauf hin, daß sich etwa eine Krankheit bei ihr bemerkbar mache. Erst im Jahre 1763 brach bei Friederike ein Gemütsleiden aus, das alle Geschwister mit äußerster Sorge verfolgten. Die Ärzte führten Friederikes Zustand auf die tiefgreifenden Aufregungen während der achtundzwanzig schlimmen Ehejahre zurück, die sich jetzt, in der psychisch labilen Phase der beginnenden Wechseljahre, bemerkbar machten. Es ist heute nicht mehr nachprüfbar, ob für diese Geisteskrankheit Friederikes die allmähliche Zerrüttung ihrer Nerven durch äußere Umstände verantwortlich gemacht werden kann, oder ob bei ihr eine gewisse Disposition für dieses Leiden etwa dadurch vorlag, daß sie aus einer Ehe von Geschwisterkindern stammte. Nun könnte man einwenden, daß bei niemandem der Königskinder sonst sich Anlagen zu einer Geisteskrankheit bemerkbar gemacht haben. Indessen, wer weiß zu sagen, wie sich unter anderen Lebensverhältnissen Amalies eigenwillige Skurrilität, Heinrichs pathologischer Königshaß oder Ulrikes starkes Machtgelüst weiterentwickelt hätten. Wenn eine menschliche Eigenschaft ins Extrem umschlägt, so muß ein Nährboden in der Persönlichkeit des Betroffenen dafür vorhanden sein. Man spricht oft von der Verwandtschaft zwischen Genie und Wahnsinn. In König Friedrich sahen viele das Genie, Friederike erlitt das dunkle Schicksal, noch einundzwanzig Jahre in Wahnsinn zu verdämmern.

Eine erste Erwähnung des Leidens der Markgräfin-Mutter von Ansbach ist im Briefwechsel Charlottes mit dem König zu finden:

»Braunschweig, 5. März 1763

Es ist schon traurig, daß diese würdige und gute Schwester sich in einer so mißlichen Situation befinden soll, das ist wirklich demütigend, wenn man all die tragischen Vorkommnisse bedenkt, denen der Mensch in seinem Leben ausgesetzt ist, welche er alle mit Haltung ertragen muß, was meiner Meinung nach das ärgste ist.« [53]

Der König schickte seinen Leibarzt Cothenius nach Ansbach und dieser schien eine vorübergehende Besserung erzielen zu können. Allein die Bemühungen blieben auf die Dauer erfolglos. Aus dem Jahre 1766 existiert ein Schreiben des Königs an Alexander von Ansbach, das sehr eingehend auf Friederikes Zustand Bezug nimmt:

»Potsdam, 7. November 1766

Lieber Neffe,

Sie können sich gewiß denken, welchen schmerzlichen Eindruck mir Ihr Brief gemacht hat, aus dem ich entnehme, daß der traurige Zustand meiner armen Schwester sich noch verschlimmert hat, ja daß selbst Raserei hinzutritt. Ich bin verzweifelt und teile ehrlich den Schmerz, den Sie, lieber Neffe, empfinden müssen. Ja, ich bin unglücklicher in dieser trostlosen Lage, als ich beim besten Willen ohnmächtig bin, meiner geliebten Schwester zu helfen.

Reden wir von etwas anderem, denn wahrhaftig, je mehr man an diese Saite rührt, um so schmerzlicher wird es, ja man versinkt in Schwermut ... Morgen trifft die Herzogin von Württemberg [Wilhelmines Tochter] hier ein. Ich bin sehr froh, sie wiederzusehen; aber sie wird mich aufs neue an einen unersetzlichen Verlust erinnern, den ich vor acht Jahren erlitten habe [Wilhelmines Tod 1758]. Das hat man davon, daß man alt wird! [54] Man sieht Freunde und Verwandte neben sich ins Grab sinken, wird selbst altersschwach und vegetiert trübsinnig dahin. Ich wünsche Ihnen, lieber Neffe, ein glücklicheres Los, als es mir zuteil ward, reich an allen Glücksgütern, die Sie sich nur erhoffen können, und verbleibe mit aufrichtigster Liebe,

Ihr getreuer Onkel

Friderich« [54]

Man überließ sich im Kreise der Familie allerdings noch immer der Hoffnung, daß Friederikes Krankheit heilbar sein würde und eines Tages doch Besserung eintreten könnte. Erst mit zunehmendem Alter der Patientin erkannten die Ärzte am Verlauf des Leidens, daß es ihr bis zum Lebensende anhaften würde.

Die bedauernswerte Fürstin vegetierte bis zum 4. Februar 1784 in ihrem abgelegenen Schlosse Unterschwaningen dahin, umsorgt und betreut von kräftigen Pflegerinnen und Pflegern, die zuweilen Mühe hatten, die unter Tobsuchtsanfällen leidende Frau zu bändigen. Sie erreichte ein Alter von siebzig Jahren und wenn man überhaupt einen Vergleich zwischen ihr und ihren Geschwistern in diesem Punkt ziehen will, so mag ihr unumwunden zuerkannt werden, daß sie von allen Königskindern am meisten gelitten hat.

Sie durchlebte glänzende Jahre des fränkischen Absolutismus, jedoch nicht als willige Repräsentantin dieser Regierungsform, sondern im Widerstreit gegen dieses politische System. Ebenso leidenschaftlich führte sie ihre jahrelange Opposition gegen ihren Mann, den Markgrafen.

Friederike hat uns, ebenso wie Wilhelmine von Bayreuth, ihren Haushalt ins Ansbach fast vollständig hinterlassen. Einige Räume des Schlosses sind unter Alexanders Herrschaft umdekoriert worden, aber im großen und ganzen steht das Ansbacher Schloß noch so da, wie es einst die Markgrafen verlassen haben. Der weite Saal mit den buntbemalten Wandfliesen, das Schlafzimmer des Markgrafen Carl mit seinen Falken-Motiven, die Kinderwiege des letzten Markgrafen Alexander. Wir können hingehen und uns unter den Baldachin stellen, der sich über Friederikes Thron noch heute wölbt. Hier hielt sie Cercle ab, hier empfing sie hohe Gäste. Vor den Fenstern hängen Vorhänge von alten Brüsseler Spitzen aus der damaligen Zeit.

Im Testament Friedrichs des Großen erbte sein Neffe 1786, der »Markgraf von Anspach«, einen »gelben Diamanten, zwei meiner besten Handpferde samt Sattel und Zeug und 30 Anthal Tokaier«.

Markgraf Alexander gehörte der jungen Generation an, die aus dem Zeitalter des Rokoko herauswuchs. Er erlebte durch Zeitungen und die Augenzeugenberichte der Flüchtlinge die Jahre der Französischen Revolution mit, und angesteckt von diesen republikanischen Ideen löste er sich innerlich immer mehr von seinem nie geliebten Lebensberuf, Markgraf sein zu müssen.

Im Jahre 1790 regierte in Berlin der Neffe des großen Friedrich, König

Friedrich Wilhelm II. Die spätere Hofmeisterin seiner Schwiegertochter, der Königin Luise, erinnerte sich in ihren Memoiren eines Besuches des Markgrafen Alexander. Er kam mit seiner langjährigen Favoritin und späteren Gemahlin, Lady Craven.

»13. März 1790
Ich war beim König, wo auch die beiden ältesten Prinzessinnen Friederike und Wilhelmine waren und der Markgraf von Anspach mit seiner Geliebten Lady Craven, die er dem König vorstellte. Sie ist verblüht, soll Verstand haben, aber ist äußerst dünkelhaft, kümmert sich um Niemand, läßt sich keinem Menschen vorstellen und spricht nur mit ihrem Landgrafen, der ganz entzückt von ihr zu sein scheint. Es ist wahrhaft unglaublich, daß man eine solche Person am Hof sieht und mit ihr spricht.«[55]

Auf späten Porträts sieht man, daß Alexander mit der Mode der Zeit ging. Er trug die hohen Kragen und bauschigen Halsbinden, die zwischen der Zeit des Directoire und den Napoleonischen Kriegen Mode waren. Sein Haar war kurz, seine Haltung noch immer so hoheitsvoll wie in seiner Jugend. Er stand derart unter dem Einfluß von Lady Craven, daß er sich des finanziellen und politischen Ärgers um sein Markgrafentum entschlug, mit der Tradition seines Hauses brach und 1791 abdankte. Er heiratete Lady Craven und ging mit ihr nach England. Friederikes Sohn wurde so alt wie seine Mutter, siebzig Jahre, und starb im Jahre 1806 im Schloß Benham/Speen in England[56].

Der Bayreuther Markgrafenthron war schon früher verwaist. Jetzt fiel also auch Ansbach, gegen eine Apanage, wieder an Preußen zurück, aus dessen Ländereien diese beiden Markgrafschaften in alter Zeit einmal herausgelöst worden waren, um einige Fürstenkinder standesgemäß mit eigenem Grund und Boden zu versorgen.

Die Menschen gingen dahin, aber der Geist des Rokoko blieb in Ansbach besonders lebendig, weil man ihm dort zugewandt ist. Die Fülle der Bauten, das historische Flair, das über der Stadt liegt, prädestiniert sie dazu, Schauplatz anmutiger historischer Spiele zu sein, die man jährlich in den Parks und in den Sälen des Schlosses abhält. Es tauchen wieder weißgepuderte Perücken im Stadtbild auf, man schreitet mit weißen Seidenstrümpfen und Schnallenschuhen über den Rasen. Reifröcke rascheln – das Rokoko lebt weiter, Friederikes einstige Welt.

Friederikes Kinder
aus ihrer Ehe mit Markgraf Carl Wilhelm Friedrich von Ansbach:

Karl August
* 27. 5. 1733 Ansbach, † 8. 5. 1737 Ansbach

Alexander
* 24. 2. 1736 Ansbach, † 5. 1. 1806 Schloß Benham/Speen, England
Vermählt in 1. Ehe am 22. 11. 1754 mit Prinzessin Friederike Caroline
von Sachsen-Coburg-Saalfeld.
Regierte von 1757 bis 1791. Abdankung.
Vermählt in 2. Ehe am 30. 10. 1791 in Lissabon mit Lady Elisa Craven.

Anmerkungen

¹ Die Briefe der Liselotte von der Pfalz, Herzogin von Orléans, herausgegeben von C. Künzel, 1921 im Verlag Wilhelm Langewiesche-Brandt, Ebenhausen bei München, S. 266

² »Antoine Pesne« Monographie von Ekhart Berckenhagen und Mitautoren, Verlag Deutscher Verein für Kunstwissenschaft, Jahresgabe 1958, S. 128

³ Martin Krieger: »Die Ansbacher Hofmaler des 17. und 18. Jahrhunderts« Selbstverlag des Historischen Vereins Mittelfranken 1966, S. 145

⁴ Dr. Wilhelm Paulus: »Markgraf Carl Wilhelm Friedrich von Ansbach (1712–1757)« Ein Zeitbild des fränkischen Absolutismus. Inaugural-Dissertation Erlangen 1931. Buchdruckerei Karl Döres, Erlangen 1932. – Nachstehend abgekürzt »Paulus« genannt. – S. 15

⁵ Paulus S. 10

⁶ »Memoiren der Markgräfin Wilhelmine von Bayreuth«, Ausgabe des Inselverlages 1923, aus dem Französischen übertragen von Annette Kolb. – Nachstehend abgekürzt »Wilhelmine« genannt. – S. 75

⁷ Paulus S. 43

⁸ Angers, siehe Brockhaus 1950, Bd. 1, S. 280

⁹ Paulus S. 46

¹⁰ Paulus S. 58

¹¹ Paulus S. 50

¹² Kurt Lindner »Ein Ansbacher Beizbüchlein« aus der Mitte des 18. Jahrhunderts. Verlag Walter de Gruyter & Co. Berlin 1967, S. 177

¹³ Paulus, S. 57

¹⁴ Friedrich der Große und Wilhelmine von Bayreuth. Briefwechsel in zwei Bänden, herausgegeben und eingeleitet von Gustav Berthold Volz. Deutsch von Friedrich von Oppeln-Bronikowski. K. F. Koehler-Verlag, Stuttgart 1973. – Nachstehend abgekürzt »Briefwechsel Wilhelmine« genannt. Nr. 496

¹⁵ Wilhelmine S. 180

¹⁶ Briefwechsel Wilhelmine Nr. 497

¹⁷ Briefwechsel Wilhelmine Nr. 498

¹⁸ Briefwechsel Wilhelmine Nr. 501

¹⁹ Briefwechsel Wilhelmine Nr. 502

²⁰ Briefwechsel Wilhelmine Nr. 503

²¹ Wilhelmine S. 259

²² Wilhelmine S. 271

²³ Wilhelmine S. 272

²⁴ Wilhelmine S. 275

²⁵ Wilhelmine S. 321

²⁶ Wilhelmine S. 334

²⁷ Wilhelmine S. 335

²⁸ Wilhelmine S. 337

²⁹ Wilhelmine S. 406

³⁰ »Quellen und Forschungen zur Braunschweigischen Geschichte« Band

VIII: »Aus den Briefen der Herzogin Philippine Charlotte von Braunschweig 1732–1801« Mitgeteilt in französischer Sprache und kommentiert von Prof. Hans Droysen. Deutsch von Charlotte Pangels. Band I, 1732–1768. – Nachstehend »Gedruckte Briefe Charlotte« genannt. – S. 18

[31] Wilhelmine S. 457

[32] Wilhelmine S. 480

[33] Paulus S. 68

[34] »Œuvres de Frédéric le Grand«, Correspondance avec sa Sœur Frédérique, Margrave d'Ansbach (7. Juin 1740–22. Décembre 1745). – [Aus dem Französischen von Waltraut König und Charlotte Pangels]. – Nachstehend abgekürzt »Œuvres« genannt. – Nr. 1 S. 369

[35] Œuvres Nr. 2 S. 370

[36] Paulus S. 76

[37] Paulus S. 76

[38] Wilhelmine S. 509

[39] Œuvres Nr. 5 S. 372

[40] Œuvres Nr. 7 S. 373

[41] Œuvres Nr. 8 S. 374

[42] Erich Bachmann: »Residenz Ansbach«. Amtlicher Führer, Verlag Bayerische Verwaltung der Staatlichen Schlösser, Gärten und Seen, München 1962, S. 41. – Nachstehend abgekürzt »Residenz Ansbach« genannt.

[43] Œuvres Nr. 10 S. 376

[44] Œuvres Nr. 11 S. 377

[45] Œuvres Nr. 12 S. 377

[46] Residenz Ansbach S. 90

[47] Sonderdruck »Fränkische Lebensbilder« Band I., Prof. Pfeifer vom Institut für fränkische Landesforschung Erlangen und Günther Schumann, Kapitel »Markgraf Alexander von Ansbach-Bayreuth«.

[48] »Friedrich der Große und Prinz August Wilhelm«, des großen Königs Briefwechsel mit seinem Bruder. Herausgegeben von G. B. Volz. Deutsch von Friedrich von Oppeln-Bronikowski. Verlag K. F. Koehler Leipzig, mutmaßlich 1926 – S. 211.

[49] »Tagebücher nach meiner Kammerherrenzeit«, Dreißig Jahre am preußischen Hofe, von Ernst Ahasverus Graf von Lehndorff. Mehrere Bände und Nachtrag 1753. – Nachstehend abgekürzt »Lehndorff« genannt

[50] Lehndorff 1753

[51] Paulus S. 184

[52] Ansbach. Sonderausgabe der Zeitschrift »Bayerland« ohne Jahresangabe. Artikel »Zu Gast in Ansbach einst und jetzt«

[53] Gedruckte Briefe Charlotte S. 184

[54] Max Hein: »Briefe Friedrichs des Großen«, aus dem Französischen von F. v. Oppeln-Bronikowski und Eberhard König. Verlag Reimar Hobbing Berlin 1914, Band II, S. 58

[55] »Neunundsechzig Jahre am preußischen Hofe« von Sophie Marie Gräfin von Voß, Verlag Duncker & Humblot, Leipzig 1900, S. 134

[56] Residenz Ansbach S. 57

Charlotte

* 13. 3. 1716 Berlin, † 16. 2. 1801 Braunschweig
Herzogin von Braunschweig

Im März 1716 sah Königin Sophie Dorothea in Berlin zum siebten Mal einer Niederkunft entgegen. Ihre Garderobe war darauf eingestellt, daß vorn ein schmales Einsatzteil eine schlanke Taille vortäuschte, aber seitlich waren alle Kleider zu erweitern und die Kammerfrauen und Näherinnen erwiesen ihre Geschicklichkeit in diesem Punkte. Der weite Reifrock verbarg zwar viel von der Figur, frühmorgens und vormittags blieb die Königin auch oft im Négligé, einem weitfallenden Morgenkleid. Aber bei allen offiziellen Gelegenheiten galt es Roben anzuziehen, die elegant waren und trotzdem den natürlichen Gegebenheiten Rechnung trugen. Königin Sophie Dorothea war keine zimperliche Frau, sondern resolut und mutig. Zwei Söhne und eine Tochter hatte sie im frühesten Kindesalter wieder verloren. Trotz aller Pflege und Sorgfalt, die man ihnen zugewendet hatte, waren sie nicht von den zahlreichen Ursachen der in jener Zeit hohen Säuglingssterblichkeit bewahrt geblieben.

Indessen war der kleine Geschwisterkreis, der sich jetzt auf einen Bruder freute, unbekümmert und gesund. Wilhelmine, sieben Jahre alt, erschien schon bei großen Anlässen in langer Robe und hochfrisiertem gepudertem Haar. Der Kronprinz, damals noch der »liebe kleine Fritz«, trug als Vierjähriger einen langen Kinderrock und sah mit einem gefältelten Häubchen wie ein Mädchen aus. Wenn die Königin in die Kinderzimmer ging, so krabbelte ihr die zweijährige Friederike entgegen, ein pummeliges Kind, das noch zu klein war, um das große Ereignis zu würdigen, das der Familie bevorstand.

In die Gemächer der Königin hielt die weise Frau Einzug und die Ärzte wurden im Schlosse logiert, um sie gleich zur Hand zu haben, wenn etwa ihre Majestät des nachts niederkommen sollte.

Am 13. März vollzog sich dann für diesmal wieder die enttäuschende Tatsache, daß das neugeborene Kind »nur« weiblichen Geschlechtes war und somit ein Grund zu allgemeiner Verdrießlichkeit. Erst allmählich tröstete man sich mit den hergebrachten Vorstellungen, daß plausiblerweise ja ohne Prinzessinnen auch keine Prinzen mehr auf die Welt kommen könnten, und so ging man nach prächtig abgehaltener Taufe, die dem Kind die Namen Philippine Charlotte einbrachte, bald zur Tagesordnung über.

Mit dem kleinen Mädchen, das hier heranwuchs, wurde der preußischen Königsfamilie in den nun kommenden Jahren viel Spaß und Heiterkeit geschenkt. In den Tagen großen Kummers und fast unerträglicher familiärer Spannungen brachte dies Kind sein munteres und unbeschwertes Temperament so recht zur Geltung, was allen Familienmitgliedern bitter nottat. Charlotte behielt Akzente von Drôlerie und mitreißender Spaßhaftigkeit noch bis in die ersten Ehejahre bei.

Man gab ihr viele Kosenamen. »Lolotte« rief man sie, der französischen Umgangssprache der Mama entsprechend, auch »Lottine«. Sie trug als erste in der Familie einen Namen, der nachher durch Fritz berühmt werden sollte: »Sanssouci« – sorgenfrei. Der allergnädigste Papa hatte seine Freude an allen gut ausgeheckten Streichen dieses Kindes und nannte sie wohlgefällig seine »dulle Lotte«, nicht ohne bedauernd darüber nachzudenken, welch einen vorzüglichen Knaben dies Mädchen wohl hätte abgeben können.

Die Prinzessinnen Friederike und Charlotte wurden der Aufsicht von Fräulein von Montbail unterstellt. Sie war eine Tochter der seit Jahrzehnten in der Familie bewährten Erzieherin Madame de Roucoulles, die schon den Papa in seinen ersten Kinderjahren betreut hatte und vermutlich mit Schrecken darüber nachdachte, was ihr der stürmische Junge seinerzeit für Sorgen gemacht hatte. Fräulein von Montbail hatte gewiß ihre Verdienste, aber die spottlustigen kleinen Mädchen konnten doch nicht umhin, sich über sie lustig zu machen. Ihre äußere Erscheinung bot ständig dazu Anlaß. Sie kleidete sich etwas exzentrisch und verwegen, etwa »quittegelb zur Nase passend«, oder man mokierte sich über den Zustand ihrer Zähne.

Nicht umsonst spricht man vom Überschwang der Jugend. Lottine schien, trotz aller Heiterkeit und Liebenswürdigkeit, nicht immer nur eitel Glück und Freude um sich verbreitet zu haben. Dazu war ihre Spottlust zu stark ausgeprägt, und gerade als junges Mädchen scheint sie davon recht bedenkenlos Gebrauch gemacht zu haben. Ihre älteste Schwester Wilhelmine berichtete einige Male recht gekränkt über Charlotte:

»Sie war diejenige meiner Schwestern, die ich am meisten liebte. Sie hatte mich durch ihr einschmeichelndes Wesen, ihre Munterkeit und ihren Geist betört. Ich kannte ihr Inneres nicht, sonst hätte ich meine Freundschaft einem würdigeren Gegenstand zugewandt. Sie gehörte zu jenen Charakteren, die sich um nichts als sich selber kümmern; ohne Halt, maßlos spöttisch, falsch, eifersüchtig, etwas kokett und sehr eigennützig; aber stets freundlich, gefällig und sanft.« [1]

Der König sah sich mit den Jahren vor der nicht gerade leichten Aufgabe, sechs Töchter versorgen zu müssen. Schon in deren Kinderzeit wurden allerlei Mutmaßungen über mögliche Verbindungen angestellt. Wilhelmine fand sich schon als Kind mit ihrem hannoverschen Vetter durch Vertrag verlobt. Ebenso sollte Fritz eine Cousine aus dem Hause Hannover heiraten. Die unglückselige Doppelheirat-Geschichte verdarb den beiden Ältesten buchstäblich ihre Jugend, da ständig politische Intrigen und persönliche Meinungsverschiedenheiten über die endliche Erfüllung der Verträge herrschten.

Charlotte geriet nur kurz in den Sog der englischen Heiratspolitik ihrer Mutter. Als Wilhelmine schon mit dem Erbprinzen von Bayreuth verlobt war, im Jahre 1731, kam blitzschnell das Projekt auf, nunmehr Charlotte mit dem Prinzen von Wales zu vermählen, weil das natürlich eine weitaus glänzendere Partie gewesen wäre als der etwas schüchterne und nicht besonders begüterte Erbprinz von Braunschweig-Bevern, mit dem Charlotte die Ringe getauscht hatte. Aber ebenso schnell, wie die Idee auftauchte, mußte sie auch wieder begraben werden. Der König fühlte sich an sein Wort gebunden, das er dem Herzog Ferdinand Albrecht von Braunschweig-Bevern gegeben hatte. Er gedachte nicht, seiner Gemahlin zuliebe wortbrüchig zu werden.

Als erste der Schwestern heiratete im Jahre 1729 die noch nicht einmal fünfzehnjährige Friederike den siebzehnjährigen Markgrafen von Ansbach. Aber ein Jahr nach dieser Hochzeit durfte sich Charlotte verloben. Ihr Vater war sehr eingenommen von dem sympathischen Herzog von Braunschweig-Bevern. Beide Väter von vielen Kindern, haben sie in aller Ruhe bei einem Humpen Bier und einer Tabakspfeife eine Familienheirat nach der anderen ausgetüftelt. Das Verlöbnis Charlottes mit dem Erbprinzen Karl zog die Verbindung des Kronprinzen Friedrich von Preußen mit Prinzessin Elisabeth Christine von Braunschweig-Bevern nach sich, »die älteste von Bevern, modest und eingezogen, so müssen Frauen sein«. Später fand August Wilhelm seine Braut in Luise Amalie, der jüngeren Schwester Karls und Elisabeth Christines. Selbst die Kinder der Königskinder heirateten wieder nach Braunschweig hinüber.

Von Charlottes Verlobungs-Zeremonie in Berlin sind Hofberichte erhalten geblieben, die uns lebendig daran teilnehmen lassen. Es war 1730, kurz vor der letzten Niederkunft der Königin. Die Verlobung wurde daher »wegen der Königin Majestät aufs äußerste gekommenen gesegneten Zustandes... mit gehöriger Zeremonie, jedoch sonder große Weitläufigkeit« abgehalten. Der wolfenbüttelsche Resident Stratemann berichtete eingehend. Man hatte die beiden Schwedter Markgräfinnen eingeladen, den Hofstaat und mehrere Generäle. Alle Teilnehmer versammelten sich um fünf Uhr nachmittags im Audienzzimmer der Königin. Erst gegen sechs kam die Königin aus ihrem Schlafzimmer zum Vorschein, ihre Tochter Charlotte an der Hand führend. Der Staatsminister Generalleutnant von Borck hielt eine kurze Ansprache, die den Anwesenden die Veranlassung dieser Zusammenkunft an jenem Freitag, dem 19. Mai 1730, kundtat. Darauf ergriff der König das Wort und wandte sich zu Charlotte und Prinz Karl:
»Wenn Ihr Euch nun einander lieben und haben wollt, so sagt dazu ein deutliches lautes Ja oder Nein, denn jetzt ist es noch Zeit, eins von beiden zu wählen.«
Die jungen Leute gaben sich das Jawort, man wechselte die Ringe. Dann wollte es die Sitte, daß das junge Paar erst den fürstlichen Verwandten die Hände küßte. Charlotte in ihrem Übermut küßte auch ihre Schwestern der Reihe nach stürmisch ab. Beide Schwiegerväter umarmten einander und klopften sich auf die Schultern, und schließlich mußte der König seinen langen Schwiegersohn ausdrücklich auffordern, doch nun auch seiner Braut einen Kuß zu geben, worauf Prinz Karl »dergestalt errötete, daß er's den ganzen Abend nicht aus dem Gesicht verloren...«.
» ... Nachher hat der König dem Prinzen viele Instruktionen gegeben...«, erzählte Stratemann weiter. »Er könnte nun ganz frei mit seiner Braut umgehen und sollte nicht so blöde sein, sollte ihr Douceurs [Komplimente] vorsagen, sie karessieren und ihr die Hände küssen.« Es machte dem handfesten Papa offensichtlich Spaß, seinen schüchternen künftigen Schwiegersohn ein bißchen in Schwung zu bringen [2].
So harmonisch diese Feier auch verlief, so ehrenvoll es für den braunschweigischen Hof war, eine königliche Prinzessin als Schwiegertochter zu bekommen – im Moment stürzte man sich dort in geradezu schreckliche Unkosten, nur um zum Ausdruck zu bringen, wie sehr man sich durch diese Verbindung geehrt fühlte. Noch waren keine Verlobungsgeschenke übergeben worden und es sollte ein volles Jahr

dauern, ehe der Herzog Ferdinand Albrecht sich finanziell soweit arrangiert hatte, daß man dieser Verpflichtung nachkommen konnte. Der König lud im Frühjahr 1731 abermals die zukünftigen Braunschweiger Verwandten an den Berliner Hof ein. Das Herzogspaar reiste mit dem Erbprinzen Karl nach Berlin. Wieder war Rat Stratemann ein getreuer Chronist:

»Seit dem 13. Mai hat die Prinzeß Charlotte, als Braut des Prinzen von Bevern, von dero Bräutigam, dann auch von dessen . . . Eltern täglich ein Präsent erhalten, was dieser Prinzeß sehr angenehm gewesen ist. Die Prinzeß Charlotte . . . ist von dem Herzog von Bevern und der Frau Herzogin, auch ihrem Bräutigam an Präsenten wohl auf eine Tonne Goldes beschenkt worden, und wollten einige wissen, daß die Kaiserin und deren Herr Vater, der Herzog von Wolfenbüttel, alles fournieret [ausgerichtet] hätten.«[3]

Ja, wenn es nur so gewesen wäre! Ferdinand Albrecht wäre sicher ein Stein vom Herzen gefallen, denn das Schuldenmachen mit den königlichen Verlobungen hatte erst begonnen. Man unterhandelte schon unverbindlich über die Verlobung des Kronprinzen, aber – noch war es nicht so weit. Der bedrängte Familienvater in Braunschweig durfte sich von diesem finanziellen Aderlaß erst einmal erholen.

Die Wirklichkeit spricht aus einer Korrespondenz der Herzogin Christine Luise von Braunschweig, der regierenden Herzogin:

»Meine Tochter [Karls Mutter] teilte mir mit, daß diese Reise R [Deckname für Herzog Ferdinand Albrecht] 20 000 Taler und sie 2 000 Taler Aussteuer gekostet hat; die Unkosten für die Verlobung ihres Sohnes [Karl] sind nicht geringer.«[4]

Die Kaiserin im fernen Wien, eine Schwester der Herzogin Antoinette von Bevern, Tochter der skurrilen Blankenburger Herzogin Christine Luise, war selbst in allen geldlichen Angelegenheiten sehr beengt und dachte nicht daran, die zahlreichen Kinder ihres Schwagers und ihrer Schwester zu versorgen.

Im Frühjahr 1731 wurde der braunschweigische Besuch während des Berliner Aufenthaltes noch Zeuge der Verlobung von Wilhelmine mit dem Erbprinzen von Bayreuth. Diese Feier fand am 3. Juni in einer denkbar ungemütlichen, nervösen und angespannten Atmosphäre statt. Noch immer hoffte die Königin auf einen Kurier aus England, aber der König hatte genug von den Intrigen seiner Frau und hatte Wilhelmines Zustimmung zu dieser Verlobung mit allen nur denkbaren Druckmitteln durchgesetzt. Die Königin befand sich in namenloser Wut und

Enttäuschung. Sie hatte Mühe, die Form zu wahren und die Zeremonie störungsfrei vorübergehen zu lassen.

So gab es jetzt also zwei Brautpaare in Berlin am Hofe: die quecksilbrige Charlotte und den langen schüchternen jungen Prinzen Karl, und die resignierende Wilhelmine, die sich auf mütterlichen Befehl nicht für ihren Bayreuther Verlobten interessieren durfte, der jeder Blick und jeder Satz, den sie zu ihm sprach, zum Vorwurf gemacht wurde. Trotzdem beobachtete Wilhelmine voller Eifersucht, wie Charlotte mit dem Bayreuther Schwager kokettierte:

»Den Prinzen von Bayreuth hingegen fand sie sehr nach ihrem Geschmack. Er war schöner, besser gewachsen und lebhafter als der von Bevern und zeigte sich sehr aufmerksam gegen sie, während der andere schüchtern und von einem Phlegma war, das ihr nicht behagte.« [5]

Wilhelmine ist über die schlechte Behandlung, die sie vom Vater und von der Mutter erfuhr, wieder einmal ganz untröstlich. Charlotte versucht zwar, sie aufzumuntern, möchte jedoch im Grunde nichts anderes, als ganz ernsthaft mit ihr den Bräutigam tauschen. Wilhelmine erinnerte sich dessen genau:

»Indessen stieg der Erbprinz [von Bayreuth] mit jedem Tage in der Gunst meiner Schwester. Je mehr ihre Neigung für ihn zunahm, umso mehr haßte sie mich; ... als ich eines Tages ... in einer Ecke meines Zimmers bitterlich weinte, sprach mich die Schwester an. ›Was haben Sie? Was bekümmert Sie so?‹ ›Ich bin verzweifelt‹, sagte ich, ›weil die Königin mich nicht mehr leiden kann; wenn das so fortgeht, sterbe ich noch vor Kummer.‹ ›Sie sind töricht!‹ erwiderte sie; ›hätte ich einen so liebenswürdigen Liebhaber, so wäre mir das andere ganz gleichgültig. Ich lache nur, wenn sie schilt, es ist auch das beste.‹ ›Sie lieben sie also nicht‹, sagte ich; ›denn wenn man jemanden liebt, nimmt man nichts gleichgültig hin. Übrigens können Sie sich über Ihr Los nicht beklagen. Prinz Karl hat Verdienste und gute Eigenschaften; und Ihnen lacht das Glück von allen Seiten, während ich von aller Welt verlassen bin, ja selbst vom König, der mich seit einiger Zeit nicht mehr ansieht.‹ ›Nun‹, gab sie mir mit einer boshaften Miene zurück, ›wenn Ihnen der Prinz Karl so gut gefällt, so wechseln wir doch unsere Liebhaber; hier ist mein Verlobungsring, geben Sie mir den Ihren.‹ Ich nahm dies für einen Scherz und sagte, mein Herz sei gänzlich frei, meinetwegen könne sie gern beide haben. ›So geben Sie mir doch Ihren Ring‹, sagte sie und zog ihn mir vom Finger. ›Nehmen Sie ihn‹, sagte ich, ›er steht Ihnen zur Verfügung.‹ Sie steckte ihn an und verbarg ihren eigenen

Verlobungsring in irgendeiner Ecke. Ich dachte nicht weiter darüber nach, aber Fräulein von Sonsfeld [6], die bemerkt hatte, daß mir der Ring fehlte und meine Schwester ihn seit drei Tagen trug, hielt mir vor, daß es Verdruß gäbe, wenn der König und der Prinz es gewahr würden. Ich verlangte ihn also zurück, aber sie wollte ihn mir nicht wiedergeben, so sehr Fräulein von Sonsfeld und ich in sie drangen. Ich mußte mich also an die Ramen [7] wenden, die es der Königin sagte. Meine Schwester wurde von ihr sehr ausgescholten; sie steckte ihren Ring wieder an und gab mir den meinen zurück. Sie verzieh es mir nicht. Ich wagte kaum noch die Augen aufzuschlagen, denn sie sagte alsbald der Königin, ich zwinkere dem Prinzen [Wilhelmines eigenem Verlobten!] zu.« [8]

Wilhelmine heiratete 1731 im November und ging bald darauf mit ihrem jungen Gatten als Erbprinzessin von Bayreuth in ihre neue fränkische Heimat. Im Jahre 1732 lag eine kleine Prinzessin in der Wiege und bald danach folgte das Erbprinzenpaar einer Einladung, man kann schon beinahe sagen: einem Befehl des Königs, nach Berlin zu kommen. Doch der König hielt sein Versprechen nicht, die Reise zu finanzieren, es gab Unstimmigkeiten über Unstimmigkeiten. Die Königin rügte Wilhelmine scharf, daß sie nicht die Festungshaft auf sich genommen habe, heute sei sie nun arm wie eine Kirchenmaus. Charlotte glaubte sich bei der Königin beliebt zu machen, wenn sie die Schwester »schonungslos« verspottete. Scheinbar war ihr nicht klar, wie sehr sie die ältere Schwester verletzte. Sie, die alles leicht nahm, wähnte auch andere in der glücklichen Verfassung, sich aus Spottreden nichts zu machen.

Ein Jahr später, im Jahre 1733, befand es der König für gut, so etwas ähnliches wie eine Doppelhochzeit abzuhalten. Die Hochzeit des Kronprinzen mit Prinzessin Elisabeth Christine setzte man auf den 12. Juni fest, sie sollte im Prunkschloß Salzdahlum bei Wolfenbüttel abgehalten werden. Charlottes Hochzeit mit Karl von Bevern war anschließend am 2. Juli in Berlin geplant.

Zunächst begab sich der Berliner Hof nach Braunschweig und Wolfenbüttel, wo man große Anstrengungen gemacht hatte, die Hochzeit so glänzend wie nur möglich auszurichten und die Gäste zufriedenstellend zu logieren. Mitte Juni kehrte der Berliner Hof zurück, die Königin war befriedigt von dem Fest und der Reise und in bester Laune, was Wilhelmine ausdrücklich vermerkte, weil es so selten vorkam.

»Inzwischen war die Königin eingetreten und unterbrach das Gespräch.

Sie empfing mich ziemlich freundlich und sagte zu meiner Schwester: ›Ich gratuliere Ihnen, ma chère Lottine, Sie werden sehr glücklich sein. Sie kommen an einen prächtigen Hof und werden alle Vergnügungen dort finden, die Sie wünschen können.‹« [9]
Zu Charlottes Hochzeit reiste der Braunschweiger Hof am 24. 6. 1733 in Potsdam an. Die Familie wurde vom König besonders herzlich begrüßt. Die Königin hielt sich in Gegenwart ihres Gemahls bewußt zurück und gab sich leutselig, doch kaum war sie allein mit den braunschweigischen Herzoginnen, als allerlei Malicen gegen diese in die Gespräche eingestreut wurden, feine Nadelstiche, die den Rangunterschied betonen sollten. Es gab Etikette-Streitigkeiten mit Wilhelmine, die der König nach einigem Überlegen, wenn auch widerwillig, schlichtete. Wohl hatte die »alte Herzogin« Christine Luise aus Blankenburg ihre Marotten. Sie verlangte partout den Vortritt vor der Kronprinzessin Elisabeth Christine, ihrer Enkelin, was keinem angängig erschien. Wilhelmine mußte mit ihr persönlich hart kämpfen, um ihren Vortritt als Königstochter zu behaupten. »Sie ist die Mutter der Kaiserin!« lenkte der König dann ein und beschloß, wenigstens bei Tisch die Plätze auslosen zu lassen, um hier keinen Ärger mit der Placierung zu haben.
Am 27. 6. traf die ganze Hofgesellschaft mit den Gästen in Berlin ein. Antoinette von Braunschweig-Bevern, Karls Mutter, war eine sehr hübsche, herzliche und liebenswürdige Fürstin, die ganz auf der Seite Wilhelmines stand, woraus sich eine lebenslange Freundschaft der beiden Frauen ergab. Charlotte war oft im Gespräch. Wilhelmine berichtete einen Ausspruch Antoinettes:
». . . ich werde da eine Schwiegertochter haben, die uns zu schaffen machen wird; mein Sohn kennt sie recht gut, aber er denkt ihrer schon Herr zu werden.« [10]
Die Hochzeitsfeierlichkeiten verliefen nach außen hin prunkvoll und glänzend, ganz nach der Tradition am Berliner Hof. Dennoch war die Stimmung hinter den Kulissen alles andere als festlich. Die Königin ließ Charlotte noch in letzter Minute keine Ruhe mit ihrem Lamento, daß sie einen armen Schlucker heiraten müsse und nicht eine viel bessere und glänzendere Partie in England machen dürfe. Dabei hatte sie sich vordem so zufrieden mit dem Braunschweiger Hof gezeigt. Sie war in einer Weise wankelmütig, die den Kindern das Leben schwermachte. Der König lag krank zu Bett und viele Zeremonien, Bälle und Festlichkeiten gingen ohne ihn vonstatten.

Zu den Hochzeitsfeierlichkeiten gehörte auch ein Ball in Monbijou, zu dem zahlreiche festlich geputzte Damen und Herren in achtzig offenen Wagen in langem Zuge fuhren. Während diese Wagenkolonne unterwegs war, kam ein Gewitter auf. Der noch immer leidende König führte den Zug an und schlief in seiner geschlossenen Berline, und da er das Tempo bestimmte, so schlichen alle achtzig Wagen mit ihren triefenden Insassen hinter ihm her. Der Anblick der Damen war steinerweichend, sie sahen wie die Vogelscheuchen aus. Dennoch bestand der König darauf, daß das Fest abgehalten wurde. Durchnäßt und entstellt kamen die Teilnehmer allerdings nicht in Stimmung [11].

Das junge Paar begab sich eine Woche später, am 17. Juli, mit den Eltern auf die Rückreise nach Braunschweig. Kavaliere des braunschweigischen Hofes erwarteten die Wagen in Schöningen; im Schloß Salzdahlum empfing der regierende Herzog Ludwig Rudolf mit seiner Gemahlin, der »alten Herzogin«, die Neuvermählten, und am 22. Juli hielten sie einen prächtigen Einzug in Wolfenbüttel. Auch hier fanden zahlreiche glänzende Festlichkeiten statt, deren Beschluß eine Opernaufführung in Braunschweig bildete. Karl und Charlotte hielten am 3. August abends ihren Einzug in das festlich erleuchtete Wolfenbüttel und bezogen ihr Haus am Kornmarkt, an der Ecke der Reichs- und Brauergildenstraße, das die Prinzessin »reizend, sehr klein, aber bequem und sauber« fand [12].

Von diesem Zeitpunkt an begann Charlotte, zahlreiche Briefe an den Vater und Bruder zu schreiben. Die Originale sind nicht erhalten geblieben, aber der Historiker Johann Gustav Droysen hat uns den französischen Wortlaut überliefert und kommentiert. Die nachstehend nicht besonders mit einem Quellenvermerk gekennzeichneten Briefe Charlottes stammen aus dieser Briefsammlung und wurden ins Deutsche übertragen [13].

Diese Dokumente geben uns ein rührendes Zeugnis von der Entwicklung eines jungen, übermütigen und unfertigen Mädchens zur reifen Frau und Mutter und zudem zu einer Persönlichkeit, die mit ihrem geistigen Rang und ihren kulturellen Interessen auch dann vor dem Urteil der Nachwelt bestehen kann, wenn man ihre Bedeutung als Landesfürstin in Abzug bringt.

Der Briefwechsel beginnt unter kriegerischen Aspekten. Leider sind uns die jeweiligen Antworten des Königs und Friedrichs nicht erhalten geblieben, aber aus den Texten geht unschwer hervor, wie sie gelautet haben müssen.

Wegen der nach dem Tode Augusts des Starken in Polen ausbrechen-
den Thronstreitigkeiten bildete man im Juli 1733 ein Lager zwischen
Eger und Pilsen; den Oberbefehl über die hier zusammengezogenen
Truppen übertrug man dem Herzog Ferdinand Albrecht von Braunschweig-Bevern, Karls Vater. Auch der Erbprinz sollte mit in dieses
Kriegslager ziehen. Charlotte flicht die Nachrichten darüber in ihre
privaten Briefe nach Berlin ein.

»Braunschweig, 27. August 1733

Der Herzog von Bevern erwartet jeden Moment den Befehl aufzubrechen, um ins Feld zu ziehen. – Während ich warte, erlerne ich den
Haushalt. Mein lieber Papa gibt mir ja einen sehr guten Rat, daß ich
meine Börse füllen soll, aber mein lieber Papa sollte dann auch die
Gnade haben mir zu sagen, woher ich etwas nehmen soll, um es hinein
zu tun, denn von nichts kann man nichts machen und ich brauche
immer Geld, und wenn es mir so geht wie jetzt, daß ich gar nichts
habe, so inkommodiert mich das sehr . . .«

»Wolfenbüttel, den 2. 9. 1733

Heute morgen sind die Equipagen des Herzogs und des Prinzen ins Feld
voraufgefahren; sie selbst warten die Marschorder ab. Ich werde sehr
allein sein und meine Unruhe ist nicht weniger groß um meinen lieben Papa, da ich nun erfahren habe, daß auch er marschieren
wird . . .«

»Wolfenbüttel, 4. 9. 1733

Ich bedanke mich untertänigst für den Titel, den er mir geben will,
sein Astralicus [ein Hofnarr] zu sein. Gottseidank, bis jetzt bin ich gut
beisammen und ich hoffe, niemals ins Hospital zu müssen . . . und
Astralicus zu sein noch weniger. – Ich kann besser haushalten, als
mein lieber Papa sich vorstellen kann, dennoch lasse ich mir nichts
fehlen. Ich bin fest überzeugt, daß mein lieber Papa sehr erfreut sein
würde, wenn ich in die Familie zurückkäme, weil er keine Tochter hat,
die ihn mehr liebt als ich und die bemüht ist, ihn zu erheitern . . . Die
Briefe von meinem lieben Papa amüsieren mich sehr, weil sie immer so
drollig sind, daß ich mir das Lachen nicht verbeißen kann; traurig ist
nur, daß ich mich nochmals über das Alphabet setzen muß, weil mein
lieber Papa so schrecklich kritzelt [mon cher papa critzel três terri-
blement], daß ich all die schönen Sachen, die er mir schreibt, nicht
lesen konnte, aber ich flehe meinen lieben Papa an, daß er mir weiter
schreibt, weil mich das bei guter Laune hält und weil ich mich so sehr
darüber freue . . .«

»25. 9. 1733
Ich vergnüge mich mit einer Handarbeit und bin ganz artig, damit der
Heilige Christ mir etwas Schönes bringt und mich nicht in den Fluß
wirft. Ich lerne malen und ich werde auch so schöne Porträts malen
wie mein lieber Papa das kann . . .«
Charlotte besuchte den regierenden Hof in Blankenburg und der Vater
hatte ihr Verhaltensmaßregeln geschickt. Lottine ging sofort darauf
ein und beruhigte ihn:

»Wolfenbüttel, 1. 11. 1733
Ich werde mich in Blankenburg so gut wie möglich benehmen und
mich noch mehr in acht nehmen, wie mein lieber Papa es mir empfohlen hat. Ich spreche nicht, nur wenn mich jemand anredet; auch
ohnedies mische ich mich nicht in fremde Angelegenheiten, denn das
ist nicht meine Sache. Ich habe genug zu denken mit meinen eigenen
kleinen Geschäften, die so geregelt sind wie Notenpapier.
Der Prinz wird zur Stunde in Bayreuth sein, aber er bleibt nur zwei
oder drei Tage, er hat sein Vergnügen, auf den Krieg zu warten, und
ich amüsiere mich auf meine Art. Im Moment lerne ich Calcédon
spielen und danach singe ich mit Madame Hünicken, die mit ihrer
plärrenden Stimme begleitet, das ist, als ob man Katzen am Schwanz
zieht.
Alle Tage spiele ich bei der Herzogin von Bevern [ihrer Schwieger-
mutter] mit meinen Schwagern und Schwägerinnen Blindekuh oder
wir verstecken einen Ring oder wir spielen Wolf und Hund, eine Menge
dieser kleinen Spiele, wo es viel zu laufen gibt. Die Herzogin spielt mit,
um mir eine Freude zu machen, und manchmal beobachtet sie den
Spektakel der Kinder, welche eine Unordnung im Zimmer machen,
als hätte man sechs Regimenter im Raum; dann kommen sie zu mir,
wo sie das unterste zu oberst kehren. Man muß Geduld haben, denn es
sind noch Kinder; man macht mich zur Familien-Gouvernante, und sie
wissen, daß ich nicht schelte; sie machen alles was sie wollen und
haben sehr viel Spaß . . .«
Während sich Charlotte in Blankenburg aufhielt, kam die Kronprinzessin Elisabeth Christine zu Besuch und hoffte, die junge Schwägerin
recht bald zu treffen. Aber unglücklicherweise brachen in Wolfenbüttel die Blattern aus und man hielt Charlotte in Blankenburg mit allerlei Ausreden fest, damit sie sich keiner Ansteckung aussetzte. Charlotte
war der »Augapfel« des alten Herzogspaares, sie hatte sich durch ihr
fröhliches Wesen auch bei den Schwiegereltern in Wolfenbüttel so be-

liebt zu machen gewußt, daß die Kronprinzessin fast ein wenig eifersüchtig wirkte, wenn sie an ihren königlichen Schwiegervater, mit dem sie sich sehr gut stand, schrieb:

»Die Alten wollen sie nicht weglassen. Der alte Herzog und die Herzogin vergöttern sie; meine Mutter erzählt mir täglich eine Menge schöner Dinge über sie und gießt unermüdlich Lob über sie aus. Sie ist ganz entzückt von der Prinzessin, die mich hier, glaube ich, vollständig aus dem Felde geschlagen hat.«[14]

Als dann die Blattern abgeklungen waren, trafen sich die jungen Frauen doch noch, und die regierende Herzogin schrieb sehr begeistert an den König nach Berlin:

»Es ist entzückend, beide, die Kronprinzessin und die Prinzessin Charlotte, zusammen zu sehen, es ist das schönste Verhältnis, das man sich vorstellen kann; sie sind unzertrennlich. Unsere liebe Prinzeß Charlotte würden Ew. Majestät auch gewachsen und schöner finden, immer aber von bestechendem Charme. Sie ist hier wirklich das Schmuckstück.«[15]

Briefe Charlottes an ihre Mutter sind leider nicht erhalten geblieben oder überliefert. Nur zuweilen wurde davon gesprochen, daß Charlotte auch regelmäßig an Maman geschrieben habe. Gute Ermahnungen kamen auch von dieser Seite.

An den Vater schrieb sie:

»Blankenburg, 23. 11. 1733

Der Grund, weshalb ich mein Haar nicht gepudert habe, ist, daß ich mich nicht darum kümmere, jemandem zu gefallen, denn der Prinz ist nicht hier und nun achte ich nicht so auf meine Aufmachung; so bequem wie möglich, das ist mir das Liebste. Aber wie Maman mir schrieb, daß sie nicht wünscht, daß ich ohne Puder gehe, werde ich mich jetzt pudern, um ihr gehorsam zu sein. – Ich habe genug Musik, um mich zu vergnügen. Bald haben wir hier eine kleine Verkaufsmesse, sie heißt St. Nikolaus. Damit tragen der regierende Herzog und die Herzogin zum Christfest bei.«

Man verwöhnte die Erbprinzessin Charlotte in jeder Weise und war sehr um sie besorgt. Kein Wort mehr davon, daß »man schon mit ihr fertig werden würde« und dergleichen. Alle Befürchtungen gingen in Rauch auf. Charlotte zeigte sich von ihrer besten und heitersten Seite. Sie sprühte förmlich vor Übermut. Eine Briefunterschrift an Friedrich zeugte davon, wie herzlich gern sie Unsinn trieb und die Geschwister neckte. Sie beschloß ein deutsches Billett mit:

»Ihre allerunterhänigste spizerle bichberle Taube, kleine Seele, golde-
ner Engel und Dienerin und Schwester

Charlotte«

Das Jahr 1735 war eines der bedeutsamsten im jungen Leben Charlottes, sie erwartete endlich ein Kind. Zur Freude der Familie, des Hofes
und des ganzen Landes. Indessen trübten zwei Trauerfälle die Vorfreude: der regierende Herzog Ludwig Rudolf starb. Er war der Vater
ihrer Schwiegermutter, der Herzogin Antoinette von Braunschweig-
Bevern. Jetzt übernahm der fünfundfünfzigjährige Schwiegervater
Charlottes die Regierung. Der in der Vollkraft seiner Jahre stehende
Herzog Ferdinand Albrecht starb jedoch völlig unerwartet nach einer
nur halbjährigen Regierungszeit, und Wilhelmine registrierte nicht
ohne einen Anflug von Neid, daß ihre neunzehnjährige jüngere Schwe-
ster zur regierenden Herzogin aufrückte:
»Ich erhielt um diese Zeit einen Brief der Herzogin von Braunschweig,
der mir den Tod ihres Gatten anzeigte ... Ihr Sohn, Prinz Karl, wurde
durch diesen Tod regierender Herzog. Meine Schwester durfte von
Glück sagen, sofern man anläßlich des Verlustes eines so wackeren
Fürsten also sprechen darf, denn sie sah sich zwei Jahre nach ihrer
Verheiratung und wider jede Erwartung als regierende Herzogin.« [16]
Aus der Trauerzeit stammte ein Brief von Charlotte an den Kronprinzen, der so recht die Stimmung der lebenslustigen jungen Erbprinzessin
nach dem Tode des alten Herzogs wiedergibt, da sie sich im Moment
aller Zerstreuungen beraubt sieht:
»Wolfenbüttel, Anfang April 1735
Nun, ich bin zurück – vom Himmel bin ich in die Hölle gefallen, denn
hier ist alles schwarz wie der Teufel. Diese tiefe Trauer ist infam und
diabolisch; man sieht kaum das Gesicht, nichts außer der Nasenspitze,
wer die größte hat, die guckt am meisten vor, alles ist in Hauben und
Schleier gewickelt ... Die Männer sind ungepudert [das Haar] und mit
großen Mänteln; sie legen sie Ostern ab; aber wir, wir bleiben in
unserem Staat bis zur [Braunschweiger] Messe. Diese ganze Woche hat
man nichts anderes gemacht, als von einer Kirche in die andere zu
gehen. Das ist das langweiligste Leben der Welt. Die einzige Musik, die
man zu hören bekommt, sind die Kirchenglocken.«
Charlotte verbrachte einen stillen Sommer, es gab nur wenige Unterhaltungen, die erlaubt waren. Dann, im September, mußte sie ihrem
Vater den Tod des Schwiegervaters mitteilen. Das Billett war in großer
Eile geschrieben:

17 Schloß Ansbach, Residenz

*18 Alexander, Sohn der Markgräfin Friederike Luise,
letzter Markgraf von Ansbach*

19 Herzogin Philippine Charlotte von Braunschweig

20 Herzog Karl I. und Herzogin Philippine Charlotte von Braunschweig mit ihren Kindern; von links nach rechts: Leopold auf einem Pferd (* 1752), Lakai, Friedrich August (* 1740), Sophie Caroline, Markgräfin von Bayreuth, Nachfolgerin Wilhelmines von Bayreuth (* 1737), Erbprinz Karl Wilhelm Ferdinand (* 1735), Albrecht Heinrich, posthum eingefügt (* 1742, † 1761), Herzog Karl von Braunschweig,

Herzogin Philippine Charlotte von Braunschweig, Herzogin Anna Amalie von Sachsen-Weimar (* 1739, verwitwet 1758), Auguste Dorothee, spätere Äbtissin von Gandersheim (* 1749), Mohr, Elisabeth Christine Ulrike, spätere Gemahlin des preußischen Thronfolgers Friedrich Wilhelm (*1746), Wilhelm Adolf (* 1745)

21 *Herzog Karl I. von Braunschweig*

22 *Herzogin Philippine Charlotte von Braunschweig*

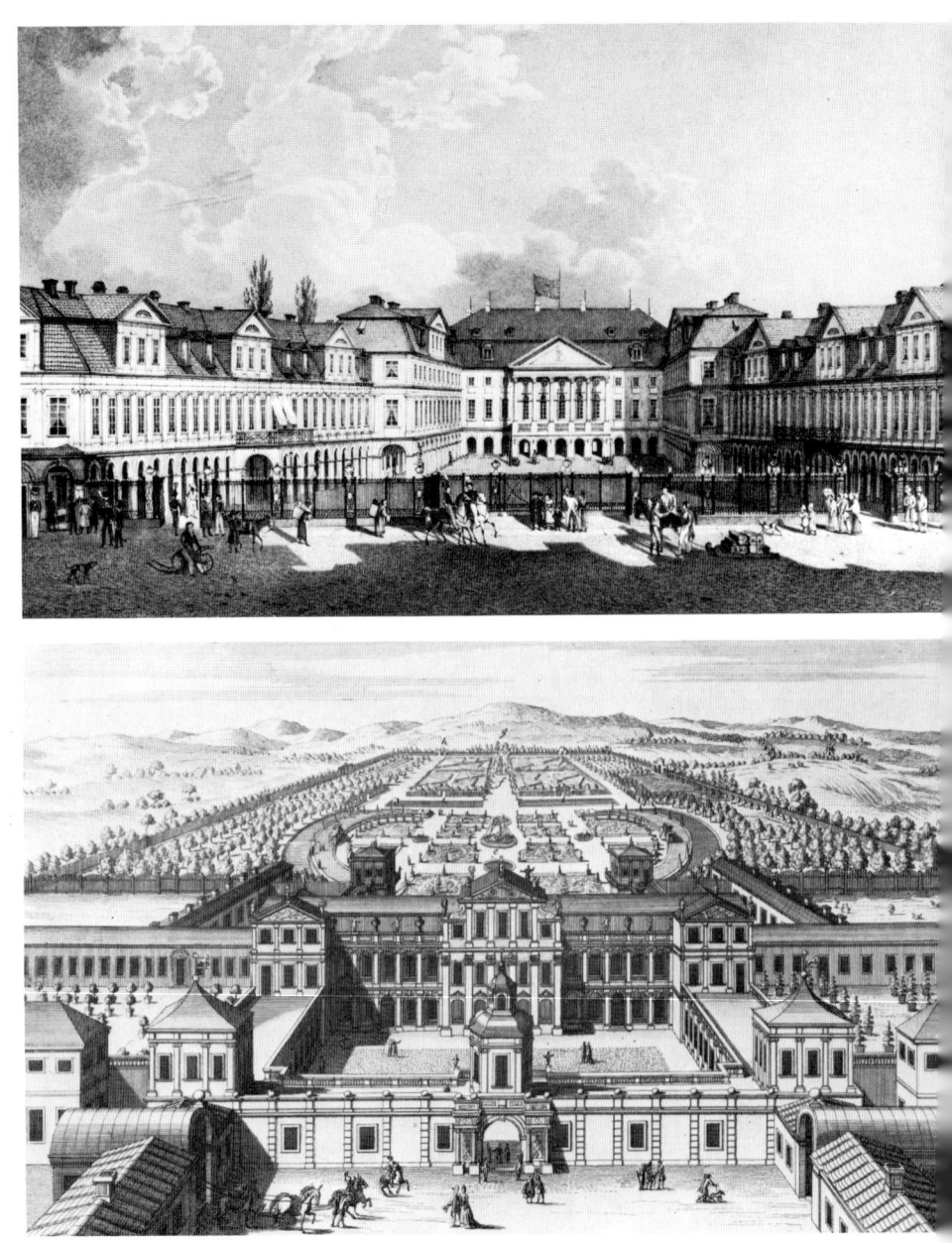

23 Residenz in Braunschweig
24 Lustschloß Salzdahlum bei Wolfenbüttel

»Salzdahlum, 3. 9. 1735
Ich bin sehr betrübt Ihnen schreiben zu müssen, mein lieber Papa,
daß der Herzog tot ist. Mein lieber Papa kann sich vorstellen, welche
Zeit ich hier verbringe, nur Klagen und Weinen von allen Seiten . . .
Ich habe Grund zum Bedauern, er hat mir viel Freundschaft erwiesen.
Ich versuche mich zu beruhigen mit Rücksicht auf meinen Zustand.
Wir erwarten jeden Augenblick den Prinzen, hier ist ein Heiden-
lärm . . .«

»Salzdahlum, 4. 9. 1735
Seit dem Tode des Herzogs sind wir hier in einer traurigen Verfassung.
Alles weint und schluchzt und klagt, nichts als Tränen im ganzen
Land. Die Herzogin ist gefaßt trotz ihrem großen Schmerz, nach Gottes
Willen trägt sie's und spricht wie eine sehr gute Christin, das erbaut
alle, die um sie sind. – Wir erwarten den Prinzen jeden Moment . . .
Der Herzog wird sehr beklagt und er war sehr beliebt. Ich fühle mich,
Gottseidank, sehr gut. Die weise Frau ist in Wolfenbüttel angekommen, ich bedanke mich bei meinem lieben Papa, sie geschickt zu haben; ich werde sie heute sehen, denn die Herzogin und alle werden
diesen Abend nach Wolfenbüttel fahren. Der verstorbene Herzog bleibt
in Salzdahl bis zur Rückkehr des Prinzen. Ich glaube, man wird ihn
ohne Zeremonien begraben, denn er hat es so gewünscht . . .«

»Wolfenbüttel, 6. September 1735
Ich habe die ganze wundervolle Babyausstattung erhalten, welche
meine liebe Maman die Gnade gehabt hat, mir durch die weise Frau
zu schicken, sie ist viel zu schön für mich . . .«

»Wolfenbüttel, 12. September 1735
Ich will gern glauben, daß der Tod des Herzogs meinem lieben Papa
viel Kummer macht, weil er die Ehre hatte, sehr gut mit meinem lieben
Papa bekannt zu sein. Das wird eine große Gnade für den Herzog sein
und für mich, daß mein lieber Papa sich incommodiert, hierher zu
kommen. Wir sind jetzt in der schrecklichsten Trauer der Welt, man
hört immerzu die Glocken läuten und alles ist so schwarz und traurig,
daß man davon doppelt betrübt und melancholisch wird . . .
Wir soupieren und dinieren noch privat bei der Herzogin-Witwe Nr. 3
und mit der von Blankenburg, und wir sehen niemanden . . . Morgen
ziehe ich um in die Appartements, wo der Herzog und die Herzogin
gewohnt haben. Ich weiß bald nicht mehr, wo ich wohne, alle Augenblick ein neuer Haushalt.«

Am 9. Oktober wurde das erste Kind des jungen Herzogspaares gebo-

ren, Karl Wilhelm Ferdinand, der zunächst Wilhelm gerufen wurde,
dann aber als endgültigen Rufnamen den Vornamen seines Vaters,
Karl bekam, man nannte ihn jedoch Charles. Vom 13. – 17. Oktober
hielt sich der König, getreu seiner Ankündigung, im Wolfenbüttel und
Salzdahlum auf. Zur Taufe verlieh er dem Enkelkind den Schwarzen
Adlerorden. Charlotte berichtete in der nächsten Zeit häufig dem Vater von Charles:

»Wolfenbüttel, 28. Oktober 1735
Der kleine Wilhelm hat bei sich Hof gehalten, alle Welt hat ihn besucht, er entwickelt sich sehr...«
An den Bruder schrieb sie:
»Wolfenbüttel, 9. November 1735
Es war ein einzigartiges Vergnügen, Ihren Befehlen nachzukommen,
ich bin auf die netteste Weise der Welt à votre santé niedergekommen,
obgleich es nicht ohne tausend Ängste und Schmerzen ging. Ich war
ständig bereit, in die andere Welt zu reisen, aber ich habe Gott gebeten,
mich noch dazulassen. Mir geht es Gottseidank sehr gut und ich erhole
mich von Tag zu Tag mehr.

Alle Leute staunen über meine kleine Nachkommenschaft, sie hätten
nicht geglaubt, daß ich mit meiner kleinen Figur ein so schreckliches
Kind in die Welt habe setzen können, es ist das robusteste der Welt...

Wir haben den König hiergehabt, schön, hübsch, charmant und in der
besten Laune; am meisten fand er Spaß daran, spazierenzugehen und
auszureiten, seine Tabagie war ihm gefolgt und überhaupt hat man ihn
tun lassen, was er wollte, ohne ihn zu genieren, so schien er sehr zufrieden zu sein.

Über Sie hat er mir viel Lobenswertes gesagt, er sei sehr zufrieden mit
Ihrem Benehmen und daß Sie ihm eine Stütze sind in seinem Alter
[57]. Mit den drei Herzoginnen hat er sehr charmant geredet, welche
davon sehr eingenommen waren. Er hat meinem Kleinen einen Orden
gegeben und mir ein Paar Brillantohrringe. Wilhelm [ihr Bruder August
Wilhelm] kam mit ihm, ich fand ihn sehr zu seinem Vorteil verändert...«
Bald darauf erfuhr der Vater:
»Wolfenbüttel, 18. 11. 1735
Wenn es Gott gefällt, werde ich am kommenden Sonntag das erstemal
zur Kirche gehen; ich habe den Kleinen gesehen in seinem Zimmer,
es geht ihm prächtig...«
Die königlichen Eltern in Berlin hatten sich in diesem Jahre eine be-

sonders reizende Weihnachtsüberraschung für Charlotte ausgedacht.
Sie schilderte diese Bescherung genau:
»Wolfenbüttel, 26. Dezember 1735
Als ich von der Kirche zurückkam, fand ich mein Zimmer ganz voll
lustiger Puppen und mit Zweigen und Kerzen illuminiert. Erst dachte
ich, daß der Herzog mir einen Streich spielen wollte, aber Madame
Zanthier sagte mir, das wäre das, was mir der Heilige Christ von meinem lieben Papa gebracht hätte. Ich habe alle Puppen examiniert,
wobei ich zählte, es sind ein rundes Dutzend Kinder. Ich wünschte, daß
mein lieber Papa so lange leben möge, bis jede meiner Schwestern ihn
zwölfmal zum Großvater gemacht hat. Als ich mir alle Puppen genau
angesehen hatte, habe ich mich sehr darüber gefreut. Man sagte mir,
da wäre noch ein Koffer. Ich machte ihn auf und niemals war die
Überraschung größer und angenehmer, wie als ich die herrlichen beiden goldenen Schalen von meinem lieben Papa erblickte. Ich sprang
vor Freude in die Luft und zeigte sie zuerst dem Herzog und dann der
ganzen Hofgesellschaft...«
Bald erwartete Lottine wieder ein Kind. Wie ernsthaft sie sich darauf
vorbereitete, schrieb sie dem Bruder, nicht ohne viel Selbstironie für
ihren derzeitigen Zustand:
»Braunschweig, 7. September 1736
Ich muß mir jetzt Mühe geben mit der Kindererziehung; man muß ein
ehrwürdiges Aussehen zur Schau tragen, was mir so schlecht gelingt,
wie nur irgendetwas in der Welt. So mache ich lediglich ein langes
Gesicht, was mich nicht gerade verschönt; nun ja, im Moment ist mein
ganzes Gerippe recht heruntergekommen...«
Am 26. 9. 1736 bekam Erbprinz Charles einen Bruder, Georg Franz,
bald Görge genannt. Charlotte war sehr glücklich über diesen zweiten
Sohn und empfahl ihn kurz darauf dem Wohlwollen Friedrichs. Neben
den familiären Freuden tauchte immer die Sorge um die Gesundheit
des Vaters auf:
»28. Oktober 1736
Ich bin entzückt, daß mein lieber Papa den Entschluß fassen will, meinem Rat zu folgen und nicht mehr soviel zu rauchen; das kann seiner
kostbaren Gesundheit schaden. Ich hoffe, wenn ich das nächstemal das
Glück habe, ihm meine Aufwartung zu machen, wird er sich's zu seinem Besten schon abgewöhnt haben...«
Auch am Braunschweiger Hof gab es zuweilen Klatsch, man munkelte,
der junge Herzog habe »Affären«, aber Charlotte trat heftig ein für

ihren Mann und verteidigte ihn lebhaft beim Vater. Die junge Herzogin hatte allen Grund, Ärger und Aufregungen von sich fernzuhalten und ihr fröhliches Naturell half ihr dabei. Sie erwartete zum Herbst 1737 ihr drittes Kind und beruhigte den Bruder über ihren Gemütszustand:

»18. April 1737

Immer bin ich guter Laune. In diesem Punkt werden Sie sehen, habe ich mich nicht ein bißchen verändert. Wenn ich mich manchmal indisponiert fühle, bin ich etwas ungeduldig. Ich fange Grillen, die ich bald erschlage. Aber davon abgesehen, Gottseidank, habe ich keinerlei Grund zu schlechter Laune. Ich lebe still vor mich hin und mische mich in nichts ein, und dabei fühle ich mich außerordentlich gut . . .«

Im Juni reiste das Herzogspaar nach Berlin, um endlich einer Einladung des allergnädigsten Papas nachzukommen. Charlotte mußte in strahlender Laune gewesen sein, denn sie schrieb Friedrich einen übermütigen Brief in deutscher Sprache, der vor Wiedersehensfreude nur so sprüht:

»[Berlin] 23. 6. 1737

Hochverehrter und Meinem Herzliebster Herr Bruder,

Die über alle Massen hohe freude die ich von seiner glückseligen Ankunft empfunden habe, hat mir ganz und gar eingenommen und bringet mir soweit das ich mit aller demuht meine Schlechte Feder Raum geben muss Meiner hohe Freude an Ihre herzliebe Person zu beweisen ich hoffe mit gantzer recht das mir mein Gnädiger Herr Bruder wirds mir nicht ungnädig nehmen das sich Meine Unterthänigkeit in schreiben ihre Demuth beweiset. Unterdessen verlange ich mit schmertzen ihre herzliebste Person heute Abend zu sehen und das Abendbrot mit irer zu speisen. Ich bleibe aber Mit Allerwertester Liebe und Hochachtung für meinen gutigen Herrn Bruder und bin vergnüget und genüget und begnüget, wann ich die hohe und erhabene Ehre habe ihn zu sehen und verbleibe bis die Stunde meines Todes die allerunterthänigste und gehorsamste Dienerin und schuputzerin

Charlotte ihre herzliebeste Schwester«

Friedrich, in Geldverlegenheiten wie stets, suchte auf allen möglichen Wegen über seine Schwester Charlotte Geldquellen zu erschließen. Er sandte ihr einen Brillantring mit der Bitte, ihn zu verkaufen und ihm den Erlös zu senden. Charlotte plante und überlegte für ihn:

»Salzdahlum, 26. Juni 1737

Man hat mir gesagt, zur Messe wird ein sehr reicher Jude kommen,

der viel Geld hat und die Absicht, Brillanten zu kaufen. Wollte Gott,
daß dieser Bursche seine gute Idee beibehält. Wenn nun die Gelegenheit gut ist und ich mich mit Profit aus der Affäre ziehen kann ...
aber wenn es mir auf keinen Fall gelingt, nun, dann verpflichte ich
mich ohne Unbequemlichkeit, wenn ich zuerst meine Bürde abgelegt
haben werde [wenn das Kind geboren sein wird], Ihnen erst einmal
zu St. Michael tausend Taler zu zahlen und dann alle Vierteljahre
wenigstens tausend, bis es die Summe von sechstausend Talern aus-
macht. Wenn Sie damit zufrieden sind, alle Vierteljahre tausend Taler
zu erhalten, kann ich dies mit dem größten Vergnügen der Welt einrichten.
Ich schicke Ihnen anliegend die Farben aller Marmorarten, die wir
haben. Wenn Sie damit ein Kabinett ausstatten möchten, können Sie
wählen, welche Sie möchten, aber Sie werden wohl nicht genug von
ein und derselben Farbe bekommen können, so rate ich Ihnen, drei
Sorten zu wählen.«
Der Brillantring aus Berlin war eingetroffen und gefiel Charlotte so
gut, daß sie beschloß, ihn nicht zu verkaufen, sondern andere Mittel
und Wege zu finden, dem Bruder das gewünschte Geld zu verschaffen.
Der Herzog durfte von alldem nichts merken, denn er wurde seinerseits schon durch seine Schwester, die Kronprinzessin Elisabeth Christine, in Friedrichs Geldbeschaffungsmanöver eingespannt. Beide Seiten mußten ihre Bemühungen wiederum vor dem König geheimhal-
ten, der im Grunde die Ursache für all den Wirbel war, weil er Friedrich mit seinem Rheinsberger Haushalt zu knapp hielt.
So war der Braunschweiger Hof lebhaft insgeheim beschäftigt. Charlottes Briefe an ihren Vater atmen zu dieser Zeit besondere Harmlosig-
keit:
»10. September 1737
Mein Sohn [Charles] jubelt, wenn man ihm das Porträt von meinem
lieben Papa zeigt, er wirft 1000 Kußhändchen und sagt: ›Lieb Großpapa!‹ Er fängt an, alles nachzusprechen wie ein Papagei und er wird
sehr drollig ...«
Charlotte war noch jung und ungeduldig und konnte es jedesmal kaum
erwarten, bis die Wartezeit auf ein Kind zu Ende war. Am 7. Oktober
bekam sie eine Tochter, Sophie Caroline. Die Niederkunft ging gut
vorüber, Charlotte hatte alles genauestens nach Berlin berichtet und
der Vater antwortete in seiner derb scherzhaften Art mit seinem stereo-
typen Spruch, daß man neugeborene Mädchen eigentlich »versaufen«

müßte wie Katzen, denn sie seien zu nichts nutze. Amüsiert, aber auch etwas gekränkt schrieb Charlotte zurück:

»18. Oktober 1737

Ich habe mit großer Freude den gnädigen Brief meines lieben Papa bekommen, welcher sehr dazu beigetragen hat, meine Gesundheit wieder herzustellen. Sehe ich doch, daß er immer guter Laune ist, weil er mich aufzieht mit dem ›Unkraut‹, was ich in die Welt gesetzt habe.

Ich hoffe indessen, daß dies Kind auch ein bißchen Gnade vor seinen Augen finden wird, obgleich es nur ein Mädchen ist, welches ihm aber ebenso ergeben sein wird wie die Jungen. Es wird versuchen, mit der Zeit den Titel Unkraut nicht mehr zu verdienen.

Wenn mein lieber Papa zustimmt, meine Schwestern Ulrike und Amalie zu ertränken, so bin ich zufrieden, daß meine Tochter in ihrer Gesellschaft umgebracht wird. Aber dessen ungeachtet würde ich sie lieber hüten, ich liebe sie sehr, sie hat mir weniger Mühe gemacht als die Knaben . . .«

Der erste große Schmerz trat in das Leben der jungen Mutter, als Görge, der zweite Junge, ihr durch den Tod genommen wurde:

»13. Dezember 1737

Ich bin zutiefst getroffen, denn ich kann gegenwärtig nur sagen, daß es ein hübsches Kind war, Gott hatte bei ihm nichts vergessen. Schließlich ist alles, was mich trösten kann, daß es Gottes Wille war, in den man sich absolut ergeben muß . . . Das Kind ist an den Zähnen gestorben, hinzu kam ein Husten und eine schreckliche Diarrhöe. Er hat ganz außerordentlich gelitten und war von einer erstaunlichen Geduld. Ich habe ihn erst verlassen, als er den letzten Seufzer getan hatte; zum Schluß sah man, daß keine Hoffnung mehr war, ich habe gewünscht, daß der liebe Gott ihn erlöst, um seine Leiden abzukürzen. Man hat bei ihm nichts vernachlässigt, so daß ein weiterer Trost ist, daß ich mir nichts vorzuwerfen habe. Der Herzog ist sehr traurig und war während seiner Krankheit stets um ihn. Gottseidank befinden sich die beiden Kinder, die mir bleiben, sehr wohl.

Charles ist ein bißchen verdrießlich wegen seiner Zähne, aber er hat eine sehr gute Konstitution und ist immer guter Laune, und das Mädchen steht ihm in nichts nach. Der kleine Verstorbene ist immer kränklich gewesen und wenig fröhlich, ich habe niemals geglaubt, daß er es weit bringen würde . . .«

Aus Berlin kam ein Beileidsbrief mit guten Ratschlägen für die anderen

Kinder. Die Stimmung der Eltern gegen die Königskinder war nach
wie vor sehr schwankend. Durchaus nicht alle Geschwister hatten sich
der Sympathie des Königs im gleichen Maße zu erfreuen wie Charlotte.
Friedrich beklagte sich oftmals bei ihr, daß er schlecht und ungerecht
behandelt werde und daß er nicht all sein Geld bekomme, das ihm
zustehe. Er könne nur in Rheinsberg glücklich leben. Das dortige in-
tensive Studium beschäftigte ihn so, daß er mit Charlotte und Wilhelmine darüber korrespondierte. Neben bewegten Klagen über den
Vater standen philosophische Abhandlungen und Ankündigungen,
Charlotte Bücher von Cicero und Epiktet zu senden und ihre Meinung darüber zu hören. Charlotte erwartete im November 1738 ihr
nächstes Kind. Währenddessen bat sie den Bruder um Lesestoff, um
sich die langweilige Zeit der Schwangerschaft zu vertreiben:
»Braunschweig, 17. August 1738
Die Herzogin-Mutter hat mir erzählt, daß der König ihr beim Ab-
schiednehmen gesagt habe, wenn keine bessere Partie für Wilhelm
käme, dann wollte er die kleine Charlotte haben [ihre Schwägerin,
geb. 1724], auch wenn es noch zweifelhaft sei. Ich werde mein Möglichstes tun, um die Kleine zu interessieren, damit sie meinem Bruder
Wilhelm gefällt... Ich erwarte Ihr Buch [Ciceros Tusculanen] mit
viel Ungeduld... im Moment brauche ich das Lesen sehr...«
»28. 8. 1738
Aber kehren wir bitte zu den ›Tusculanen‹ des Cicero zurück. Was
seine Ausführungen über den Schmerz betrifft, so bin ich nicht einverstanden mit seinem Empfinden, denn wenn eine Sache mir wehtut, so
gibt es zweifellos nichts gegen die Tugend einzuwenden, diesen
Schmerz hinzunehmen. Aber es ist Madame la Nature, die ihn verursacht und die nicht immer die Kraft hat, Schmerzen zu ertragen. Man
sieht wohl, daß Cicero niemals ein Kind bekommen hat... Denken
Sie ein wenig an Ihre Magenkoliken und geben Sie zu, wenn das schon
ein Übel ist, welches zwar weder Ihre Ehre noch Ihre Tugend berührt,
so ist es aber doch die Natur, welche undirigierbar wird und wo man
nur mit Arzneien zu helfen versucht. Damit haben Sie meine Meinung
zum ersten Band des Cicero, schlecht und recht gesagt. Sie werden es
mir verzeihen...«
Charlotte entwickelte sich allmählich zu einer kleinen Philosophin,
sie las Fontenelle und seine Ausführungen über die Geduld, die sie
sehr charmant zu kommentieren wußte.
Zu den etwas kläglichen Versuchen, die großen Schulden des Kron-

prinzen tilgen zu helfen, gehörte, daß Charlotte ihm sogenannte Kuxen besorgte. Das waren Anteilscheine an Bergwerken, wie sie im Harz ausgegeben wurden. Allerdings handelte es sich hierbei um langfristige Projekte, die sich erst nach Jahren gewinnbringend realisierten. Wirkungsvoller waren ihre häufigen Lebensmittelsendungen nach Berlin. Für den königlichen Hof des Vaters und den Rheinsberger Hof des Kronprinzen besorgte sie Harzer Käse, Braunschweiger Würste und zuweilen einige Fässer Mumme, was in den Briefen ausdrücklich erwähnt wird. Mumme ist ein spezielles braunschweigisches Starkbier, das man mit Ei verquirlt auch Kranken gab. Sie empfahl es dem allergnädigsten Papa für »brustschwache Soldaten«. Das kulinarische Interesse der jungen Herzogin war sehr rege. Mehrfach spielten im Briefwechsel auch Kochrezepte eine Rolle. Fast kann man es sich nicht vorstellen, daß gute Rindsrouladen-Rezepte die Zeitdauer von zweihundertfünfzig Jahren mühelos überstanden haben sollen.

Aus Berlin kam die Nachricht, daß es derzeit der junge Bruder Heinrich [12] sei, der in der Familie die Ohrfeigen empfange. Charlotte dachte bei ihrer Antwort zweifellos zurück an die für Fritz so unerfreulichen Jugendjahre von 1726 bis 1730 und schrieb zurück, irgend jemand müsse ja wohl immer der Prügelknabe in einer Familie sein, damit müsse man sich abfinden.

Seitenlang philosophierte sie weiter mit Friedrich über gelesene Bücher, und daraus läßt sich entnehmen, wie sie durchaus den Rheinsberger Grundton trifft, wo an diesem jungen Hof an den Vormittagen ebenfalls jeder eifrig studierte, um für die Unterhaltungen des Abends mit genügend Themen gerüstet zu sein. Friedrich hatte jetzt verwirklicht, wonach er sich immer sehnte: eine gepflegte, philosophisch fundierte und witzig interpretierte Aussprache über die Bücher der Alten, aber auch über Voltaire, Racine und Molière.

Für Charlotte war an sich diese Zeit noch nicht gekommen. Sie schlug dann später auch eine andere Richtung ein. Als ihre dreizehn Kinder geboren waren und sie mehr Zeit und Muße für sich selbst gewann, da gingen ihre Interessen in raschem Entschluß, allem Neuen zugewandt, auf die deutsche Literatur zu. Angeregt wurde Charlotte durch die Anwesenheit Lessings in Wolfenbüttel. Zunächst jedoch machte es Charlotte Spaß, an den musischen Bestrebungen des Rheinsberger Hofes von ferne zu partizipieren. Sie teilte das auch Friedrich mit:

»4. 9. 1738
Anbei der Tanz, den ich mir die Freiheit nehme, Ihnen zu schicken,

und von welchem Sie das Air so hübsch gefunden haben. Wenn Sie
noch philosophische Bücher haben, von denen Sie glauben, daß sie für
mich taugen wie die Tusculanen, machen Sie mir das Vergnügen, sie
mir anzugeben und ich werde Ihnen mit der Zeit den Titel eines Bi-
bliothekars verleihen, um mich zu revanchieren...«

»27. Oktober 1738
Mit meinem Gedächtnis geht es genau so wie mit dem Ihrigen, selbst
wenn ich ein Buch dreimal gelesen habe, weiß ich hinterher kein
Wort mehr. Ich habe soviel verschiedene Ideen im Kopf, daß ein Einfall den anderen jagt; das wird mich noch rasend machen. Ich habe in
meiner Lektüre einen schrecklichen Abstieg vollzogen, nach den Tusculanen und Epiktet las ich die ›Amüsements‹ von Schwalbach, die
stark satirisch sind. Man sagt, daß weder unser Meister [der König]
noch irgendein Fürst aus Deutschland vergessen worden ist. Ich glaube,
man muß einen Schlüssel haben um alle herauszubekommen...«
Ihr Vater erhielt unter dem gleichen Tag folgende Nachricht:

»27. Oktober 1738
Diesmal glaube ich, daß ich eine Tochter bekommen werde, und ich
bereite meinen lieben Papa schon darauf vor, damit er sie nicht schon
vorher dazu verurteilt, ertränkt zu werden...«
Lottines Vorahnungen sollten nicht zutreffen. Ihr viertes Kind war
wieder ein Sohn, Christian Ludwig, genannt Louis, der am 13. November geboren wurde. Die Freude war allgemein groß über diesen weiteren kleinen Prinzen. Er trat jetzt als zweiter Sohn an die Stelle des so
schmerzlich vermißten Görge, der im Jahr zuvor gestorben war. In
diesen Jahren war Charlotte am stärksten familiär gebunden. Fast jedes
Jahr bescherte ihr ein Kind, was gewiß nicht immer ohne Beschwerden
in den Monaten davor zu ertragen war. Weiterhin schrieb sie eifrig
dem Vater, ja, der häufige Briefwechsel erregte die Eifersucht der Mutter, daß sie selbst nicht so häufig Post bekam. Auf Friedrichs Anregung,
auch der Mutter öfter zu schreiben, antwortete sie:

»12. Januar 1739
Ich danke Ihnen für den guten Rat, den Sie die Güte hatten mir zu
geben, daß ich regelmäßiger an die Königin schreibe. Ich habe wohl
gemerkt, daß sie sich über mich geärgert hatte, weil ich an einem Posttag versäumte ihr zu schreiben... Das geschah, weil ich schlimme
Augen hatte. Außerdem hat sie mir seit vier oder fünf Posttagen nicht
geschrieben...«
Dem Vater berichtete sie:

»10. April 1739

Charles fängt an, das ABC zu lernen und kann sehr gut beten [4 Jahre
alt]. Er ist manchmal etwas launisch, wie alle Kinder sind, aber wenn er
ein bißchen die Rute bekommt, wird er sehr nett . . . Für das Mädchen
ist es schade, daß es kein Junge ist, denn sie ist ein richtiger Dragoner,
aber sie ist überhaupt nicht schön. Wenn man einmal eine Schönheit
haben will, wird sie sich nicht verheiraten. Was den kleinen Louis
betrifft, so wird er jeden Tag aufgeweckter, aber weil er noch so klein
ist, kann man keine großen Dinge von ihm berichten . . .«

Aus Berlin lag eine dringende Einladung für das Herzogspaar vor, aber
da Charlotte wiederum im vierten Monat schwanger war, wußte sie
noch nicht, ob sie die strapaziöse Reise auf schlechten Wegen auf sich
nehmen könne. Friedrich erfuhr darüber:

»11. Mai 1739

. . . Wenn ich nicht in diesem albernen Zustand der Schwangerschaft
wäre, hätte ich ihr [der Königin] sehr gern meine Aufwartung gemacht.
Aber Sie verstehen wohl, daß es für mich kein Fest ist zu reisen. Man
ist immer leidend und inkommodiert, so habe ich mich so gut es möglich war entschuldigt. Tun Sie mir den Gefallen, diesen Brief zu verbrennen! Wenn die Feder es erlauben würde, sagte ich Ihnen noch
mehr, aber es geht nicht. Ich bin entzückt, daß Sie sich mit Ihren Angelegenheiten etwas arrangiert haben; es ist eine Schande, daß man
Ihnen nicht gibt, was man sollte; das erstaunt einen jeden . . .«

»29. Juli 1739

Ich habe eine kleine Fieberattacke gehabt und habe nicht gezweifelt,
die Reise in die andere Welt anzutreten, aber, wie Sie wissen, Unkraut
vergeht nicht, ich habe dieses Sprichwort wahrgemacht und fange jetzt
an, mich ein bißchen zu erholen. Ich bin hier wie im Lazarett gewesen.
Erst hat der Herzog die Masern gehabt und dann der kleine Charles
und ich selbst habe den Tanz beschlossen . . . Die Königin schrieb mir,
daß meine Schwester in Bayreuth nach Montpellier gehen würde; ich
nehme diese Reise als gutes Zeichen. Ich bitte Sie um Verzeihung für
den Wirrwarr in diesem Brief, aber ich bin noch etwas angeschlagen.
Machen Sie, ich bitte Sie, dem dicken Wilhelm mein Kompliment, ich
hoffe, er wird es nicht übelnehmen, daß ich ihm noch keine Antwort
auf seinen Brief gegeben habe.«

»4. Dezember 1739

. . . Ich danke Ihnen untertänigst für die Gnade, die Sie mir erwiesen
haben, mich in den Bayard-Orden[17] aufzunehmen, womit ich mich

anschicke, diesen Brief zu besiegeln. Ich beteuere Ihnen, die geheilig-
ten Gesetze dieses erhabenen Ordens mit unveränderlicher Exaktheit
einzuhalten und gegenüber allen, die darin eingeschrieben sind, einen
unendlichen Gehorsam zu bezeigen . . .«

Für die junge Herzogin Charlotte war es als eine sehr große Auszeichnung zu betrachten, in den an sich rein militärischen Zielen dienen-
den Freundschaftsorden aufgenommen zu werden, der nach dem französischen Ritter Bayard benannt und von Friedrich in Rheinsberg
gestiftet worden war. Charlottes geistige Zugehörigkeit zum Rheinsberger Kreis fand damit eine ehrenvolle Bestätigung. Sie war, soweit Unterlagen zugänglich sind, die einzige Dame, die darin ihren Platz
fand.

Am 24. Oktober 1739 kam ein weiteres Mädchen im herzoglichen
Schloß von Wolfenbüttel zur Welt. Dies Kind sollte einmal im deutschen Geistesleben eine bedeutende Rolle spielen. Es wurde Anna
Amalia getauft, heiratete später den Herzog von Sachsen-Weimar und
begründete dort den berühmten »Musenhof«. In ihren wesentlich später aufgezeichneten biographischen Notizen beklagte sie sich recht
bitter, eine wie lieblose und strenge Erziehung ihr im Elternhause zuteil geworden sei. All das, was der königliche Großpapa in Berlin als
Scherz ausgelegt wissen wollte, die Attribute »Unkraut« und »Ausschuß« wurden von Anna Amalia tiefernst als Beleidigung genommen.
Es war ihr nicht gegeben, irgendeine Sache von der humorvollen Seite
zu betrachten. Auch ihre Tante Wilhelmine brachte dieses Talent
nicht immer auf.

Zu Beginn des Jahres 1740 bestimmte den Inhalt der Briefe Charlottes
fast nur der Gesundheitszustand des Vaters in Berlin, der sich zusehends
verschlechterte. Nur zu gern wollte sie den Vater noch einmal sehen.
Aber andererseits befürchtete sie, mit einer Berlin-Reise zuviel Staub
aufzuwirbeln. Eilige Stafetten wurden zwischen Friedrich und Charlotte hin- und hergeschickt. Lottine war mit ihrem Gemahl schließlich
erst von Dezember 1739 bis Januar 1740 in Berlin gewesen. Friedrich
erschien eine neue Reise nicht tunlich, um den Vater nicht aufzuregen.
Charlotte schrieb diesem nach wie vor in aller nur möglichen Unbe-
fangenheit:

»20. Januar 1740
Charles hat mich über alles ausgefragt, was ich in Berlin gesehen habe,
und als ich ihm gesagt, daß mon cher papa befohlen hat, ihn mitzu-
bringen, wenn ich wieder einmal nach Berlin gehe, ist er vor Freude in

die Luft gesprungen. Er sagte, er wünschte wohl, dies würde noch zur
Stunde sein und gegenwärtig quält er mich immer, daß er bald nach
Berlin reisen will. Ich fragte ihn, ob er denn meinen lieben Papa noch
kennen würde; er sagte: Ja, und daß er meinen lieben Papa gesehen
hätte in Salzdahl und in Braunschweig und daß er ein blaues Habit
angehabt hätte. Und als ich sagte, er müßte zu Gott beten für meinen
lieben Papa, weil er krank sei, sagte er: ›O, armer Großpapa ist krank!‹
und er war ehrlich betrübt ...«

Friedrich dagegen erhielt einen erheblich prosaischeren Brief:

»25. Januar 1740

... Haben Sie die Gnade, mir das Rezept für die Rindsrouladen zu
schicken, die ich die Ehre hatte, bei Ihnen zu essen und die excellent
waren. Wenn ich noch daran denke, lecke ich mir alle zehn Finger
danach ...«

Ihre große Sorge galt immer wieder dem Befinden des Vaters:

»31. Januar 1740

Keck [der braunschweigische Leibarzt] sagt, daß mon cher papa sich
ruhig verhalten soll, das ist die grundlegende Kur, die er anordnet.
Wollte Gott, daß mein lieber Papa dies tut und von allem profitiert,
was ich ihm schreibe: er wird schon sehen, welch guten Effekt dies
haben wird ... Keck korrespondiert mit Eller [dem Leibarzt des Königs]
und er muß diese Briefe meinem lieben Papa vorlesen, damit er sieht,
daß ich nichts Falsches behaupte. Ich beschäftige mich sehr mit der
Medizin, um den ganzen Gesundheitszustand von meinem lieben Papa
kennenzulernen, der mir so sehr am Herzen liegt ...«

»17. Februar 1740

Ich flehe meinen lieben Papa an, wenn er noch ein wenig Gnade für
mich hat, gute Haltung zu bewahren und den Ärzten Eller und Keck
zu folgen, welche vertrauenswürdige Männer sind und meinem lieben
Papa nicht das geringste Böse zufügen, vorausgesetzt, daß er Geduld
hat ...«

Des Königs Gesundheit war so schwankend, daß er sich vorsorglich
von seinen außerhalb Berlins lebenden Töchtern verabschiedete. Die
Königin mußte diese Billetts absenden. Charlotte war davon sehr betroffen, wie sie dem Vater schrieb:

»11. März 1740

Ich kann wohl sagen, daß ich untröstlich war über den Abschied, den
mein lieber Papa durch Maman von mir genommen hat, und ich war
ganz außer mir, bis ich den gnädigen Brief von meinem lieben Papa

bekommen hatte, der mich mehr gefreut hat als jemals zuvor, weil ich
sehe, daß mein lieber Papa noch lebt und daß er mir durch die Gnade
Gottes zum erstenmal schreibt, er fühle sich ein bißchen besser ...«
»18. März 1740
Wenn mein lieber Papa seine Diät gut durchhält, liebt er mich und
denkt an mich, aber er folgt ja nicht den Vorschriften, die man ihm
gegeben hat, er denkt nicht an seine liebe Tochter, so habe ich doppelten Kummer ...«
»25. März 1740
Ich war entzückt zu erfahren, daß mon cher papa in Potsdam angekommen ist; ich hoffe, daß das schöne Wetter und die frische Luft in
Potsdam meinem lieben Papa mehr Gutes tun als all die Medizinen
und die ganze Fakultät des Hippokrates. Keck hat mir alles erzählt,
was mein lieber Papa hat leiden müssen, und ich habe ein großes Mitgefühl für ihn gehabt. Inzwischen hat er mir sehr gute Hoffnungen
eröffnet für meinen lieben Papa ...«
König Friedrich Wilhelm I. hatte sich in seine geliebte Soldatenstadt
Potsdam bringen lassen, um – wie er wohl vorausgefühlt hat – dort zu
sterben. Die Familie war ihm gefolgt. Am 31. Mai schloß der erst zweiundfünfzig Jahre alte Fürst seine Augen für immer. Er starb unter quä-
lenden Schmerzen: Wassersucht, Gicht und Steinleiden machten seinem Leben ein Ende. Das Einverständnis zwischen dem sterbenden
Vater und Friedrich war zuletzt überaus glücklich und harmonisch.
Von seinen auswärtigen Töchtern kam keine an sein Sterbelager, er
selbst hatte es nicht gewünscht. Die Prinzen waren dort, Ulrike, Amalie, die Königin und ein Teil der Hofgesellschaft.
Nach dem Tode des Vaters setzten sich unverzüglich die Schwestern
in Schwedt und in Bayreuth, in Ansbach und in Braunschweig an ihre
mit farbigem Samt ausgeschlagenen, mit Intarsien verzierten Schreibsekretäre, um dem nunmehr regierenden König Friedrich II. ihre Ergebenheit zu versichern. Die ersten Briefe, darunter auch Charlottes, sind
sehr formell, beginnen mit »Sire« und die Anrede ist »Euere Majestät«.
Aber bald fand der Bruder die Zeit, die Schwestern alle zu bitten, auf
dem gleichen vertrauten Fuße wie vordem mit ihm zu verkehren.
1740 wurde im Zuge der ersten Amtshandlungen des jungen Königs ein
alter Lehrer des jungen Fritz aus seiner Verbannung zurückberufen: es
war Duhan, der Getreue, der während der Ereignisse des Jahres 1730
auf Befehl des damaligen Königs nach Pillau verbannt worden war.
Der Vater hatte ihn in Friedrichs Flucht verwickelt geglaubt und ihn

vom Hof entfernt. Später begab er sich dann heimlich nach Blankenburg. All seine Botschaften an Friedrich gingen in den Blankenburger
Jahren als Geheimkorrespondenz durch Charlottes Hände. Friedrich
hatte Duhan einst in einem kindlich feierlichen Billett eine »Pension
von 2.400 Talern im Jahr« versprochen. Die Zeit war gekommen, dieses Versprechen einzulösen.

Was die Verbindung des Prinzen August Wilhelm mit dem braunschweigischen Hause betraf, so war die Idee, die junge Schwägerin
Charlotte zu wählen, fallengelassen und statt dessen ebenfalls eine
Schwester des Herzogs Karl, Luise Amalie, auserkoren worden. Die
Brautleute hatten sich zwar nichts zu sagen, denn keinerlei Herzensneigung spielte eine Rolle, aber dennoch wurde mit großem Pomp am
20. 9. 1740 in Schloß Salzdahlum die Verlobung gefeiert.

Luise Amalie war die Schwester der Königin Elisabeth Christine und
die beiden Braunschweigerinnen haben am Berliner Hof durch ihre
bürgerliche Erziehung und wenig modische Aufmachung immer einen
schweren Stand gehabt.

Charlottes Familienleben erfuhr weiteren personellen Zuwachs. Am
29. Oktober wurde Friedrich August geboren, das sechste Kind des
Herzogspaares, der dritte Prinz. Schon jetzt schien es, als solle sich das
symbolische Weihnachtsgeschenk des Papas, die zwölf Puppen, in der
Kinderzahl Lottines verwirklichen. Von all ihren Schwestern war sie
diejenige, die auf die größte Kinderschar herabblickte. Wilhelmine
hatte nur eine Tochter, Friederike in Ansbach blieb nur ein Sohn erhalten, Sophie in Schwedt hatte zwar fünf Kinder, aber nur drei Töchter wurden erwachsen. Amalie blieb Junggesellin und Ulrike war 1740
noch nicht verheiratet. Auch sie behielt später nur drei Kinder. So war
es allein Charlotte, die in die Fußstapfen ihrer Mutter trat, welche
vierzehnmal einem Kinde das Leben geschenkt hatte. Die Brüder konnten erst recht nur wenig Kindersegen vorweisen, Friedrich und Heinrich blieben kinderlos, August Wilhelm hatte zwei Söhne und eine
Tochter, lediglich im Hause des Prinzen Ferdinand kamen sieben Kinder zur Welt, die jedoch auch nicht alle groß wurden.

Wer sich heute in unseren Tagen einen überzeugenden Eindruck von
Herzogin Charlotte in ihrer besten Zeit verschaffen will, von Philippine
Charlotte, wie der Vollständigkeit halber unter den Bildern steht, der
müßte das »Ringling-Museum of Arts« in Sarasota/Florida aufsuchen.
Dort hängt ein Original von Pesne, das sie sehr attraktiv darstellt. Von
diesem Ölgemälde gibt es jedoch zwei ebenfalls sehr gute Kopien. Die

eine ist eine Pesne-Werkstattkopie und befindet sich im Schloß in Wolfenbüttel. Dort blickt die Herzogin in einem grünen Samtkleid von einer holzgetäfelten Wand auf den Besucher hernieder. Die zweite Kopie des gleichen Bildes, jedoch mit einer schillernden Brokatrobe, befindet sich im Schloß Bellevue in West-Berlin. Hier hat der Innenarchitekt sich durch den Brokat des Kleides inspirieren lassen und den Damen-Salon des Schlosses mit Seiden-Möbelbezügen in Gelb und Blau mit silbernen Ranken im Muster der Robe Charlottes ausgestattet. Das Stoffmuster ist dem Gemälde fast genau nachgearbeitet.

Betrachtet man all die auffindbaren Bildnisse der Herzogin Charlotte, so besticht immer wieder, mit wieviel Geschmack und Feinheit sie sich kleidete – und natürlich, mit wieviel Kunst und Akkuratesse die damaligen Künstler diese Stoffe, Spitzen, Seiden, Pelze und Mantillen wiedergegeben haben. Charlotte war eine elegante Fürstin, schlank und gepflegt. Selbst im Alter scheute sie sich nicht, lebhafte Farben zu tragen. Das Bild mit der Flügelhaube im Schloß Charlottenburg zeigt sie in einem hellroten Seidenkleide mit feinen Spitzen, obwohl Charlotte nicht mehr jung war, als Anna Rosina de Gasc sie darin malte.

Im Januar 1742 kamen die Königinmutter und etliche Geschwister aus Berlin, um im Schlosse Salzdahlum die Hochzeit August Wilhelms mit Luise Amalie von Braunschweig zu feiern. Man war sich seinerzeit noch nicht einmal völlig der Bedeutung dieser Verbindung bewußt. Da in der Ehe des jungen Königs immer noch Hoffnung auf Nachwuchs herrschte, war August Wilhelm der zweitgeborene Prinz des Königshauses und nichts weiter. Aber schon nach wenigen Jahren gab ihm Friedrich, seine Hoffnung auf Söhne begrabend, den Titel »Prinz von Preußen«; er wurde offiziell Thronfolger und Luise Amalie die Stammmutter aller regierenden Nachkommen des hohenzollernschen Hauses.

Die junge Herzogin Charlotte hatte in ihren ersten Ehejahren einen schnellen Reifeprozeß durchlebt, ohne ihren Charme und ihren Frohsinn zu verlieren. Auffallend trat mit den Jahren immer mehr ihr starker christlicher Glaube hervor, der ihr allein Halt und Kraft verlieh für die Schicksalsschläge der kommenden Zeit.

Geburt und Tod lagen in der Herzogsfamilie im Jahre 1742 nur wenig voneinander entfernt. Im Februar wurde Charlotte ein weiterer Sohn geboren, Albrecht Heinrich, Henri genannt. Doch kaum zwei Monate später verlor sie ihren dreijährigen Louis – Christian Ludwig –, der nach dreiwöchiger Krankheit an einem Wechselfieber starb.

Im Jahre 1743 kam im Dezember Charlottes Tochter Luise Friederike
zur Welt. Das Weihnachtsfest stand ganz im Zeichen der Freude über
dieses Kind, aber schon nach zwei Monaten wurde den Eltern das
kleine Mädchen wieder genommen. Ihren Trost konnte Charlotte nur
finden, indem sie sich dankbar vergegenwärtigte, wie gut ihre übrigen
fünf Kinder heranwuchsen. Erbprinz Karl wurde sieben, Caroline war
fünf, Anna Amalie drei, Friedrich August zwei und Albrecht Heinrich
noch nicht ganz ein Jahr alt.

In vielen deutschen Fürstentümern wurden um die Mitte des 18. Jahrhunderts neue Universitäten gegründet. Herzog Karl I. von Braunschweig wollte darin nicht zurückstehen. Er fand dabei einen wertvollen Helfer in der Person des jungen evangelischen Abtes Jerusalem,
Vorsteher der damals protestantischen Klöster Marienthal und Riddags-
hausen. Dieser junge Geistliche besaß ein immenses Wissen und vertrat seine Ansichten nachdrücklich bei dem Herzog. Mit seiner Hilfe,
durch die Auswahl und Berufung geeigneter Gelehrter, förderte Karl
die bereits bestehende Universität Helmstedt und begründete in Braunschweig eine zweite Hochschule. Es entstand das »Collegium Caroli-
num« am Bohlweg, die heutige Technische Universität.

Abt Jerusalem wurde zum Erzieher des Erbprinzen bestimmt, auch die
anderen heranwachsenden Prinzen hatten später bei ihm erfolgreich
Unterricht[18].

Ungeachtet ihrer immer umfassender werdenden Familienpflichten
– ihr Sohn Wilhelm Adolf wurde 1745 geboren – nahm Herzogin Charlotte regen Anteil am Geistesleben des Landes. Die häufigen Schwan-
gerschaften, die damit verbundenen Unpäßlichkeiten, verschafften ihr
manche Stunde der Muße, die sie bei guten Büchern verbrachte. Am
9. November 1746 kam sie wieder mit einer Tochter nieder, die den
Namen Elisabeth Christine Ulrike erhielt. Dies kleine Mädchen war
einmal dazu bestimmt, die erste Gemahlin des späteren preußischen
Thronfolgers Friedrich Wilhelm zu werden. Die Ehe sollte jedoch unter
skandalösen Begleitumständen geschieden werden.

Charlotte mußte trotz ihrer zierlichen Figur eine unerhört robuste
Gesundheit gehabt haben, vermutlich ein Erbteil der Mutter. Immer
wieder nahmen Mutterpflichten sie in Anspruch. 1748 im April hielt
die kleine Friederike Wilhelmine Einzug im herzoglichen Schloß, 1749
Auguste Dorothee, und als der Erbprinz Charles schon konfirmiert
war, da erschien noch ein Benjamin in der Familie: Leopold, geboren
1752, mit dem sich der Kreis der dreizehn Kinder schloß.

Charlotte muß in jenen Jahren noch immer sehr viel Anziehungskraft
ausgestrahlt haben. Der Kammerherr der Königin in Berlin, Graf Lehndorff, schrieb am 26. Januar 1752 entzückt in sein Tagebuch:
»Der Herzog und die Herzogin von Braunschweig reisen ab; es ist eine
anbetungswürdige Fürstin!« [19]
Der erhaltene oder überlieferte Briefwechsel der Herzogin richtete sich
in diesen Jahren vorwiegend an ihren Bruder Friedrich, den König.
Daneben korrespondierte sie sehr herzlich mit ihrer Schwägerin, der
Königin, der sie aufrichtige Freundschaft entgegenbrachte.

Während Charlottes jüngster Sohn noch in den Windeln lag, sollte sie
bereits ernsthaft daran denken, ihre beiden ältesten Töchter zu verheiraten. Ihr Onkel, König Georg II. von England, lud sie mit Caroline
und Anna Amalie zu einem Inkognito-Besuch nach Hannover ein.
Die Mädchen durften nicht ahnen, worum es ging bei dieser heimlichen Brautschau. König Georg wollte ganz allein entscheiden, ob eine
der jungen Prinzessinnen für seinen Sohn, den Prinzen von Wales,
geeignet sei. Wieder kam das Gespräch auf eine Doppelheirat, die sich
auch auf den Erbprinzen Karl und eine englische Prinzessin erstrecken
sollte, was später übrigens verwirklicht wurde. So angenehm sich der
Besuch in Hannover gestaltete, der Heiratsplan für die Prinzessinnen
zerschlug sich. Dennoch tat der Herzogin die Visite nicht leid; sie hatte
nun einmal viele Kinder und ihre einzige Sorge war, alle so gut wie
möglich zu verheiraten, dafür nahm sie jede Mühe auf sich.

Gegen Ende des Jahres 1753 sah der Herzog große Veränderungen für
sein Haus vor: die Residenz wurde aus dem malerischen Wolfenbüttel
nach dem »Grauen Schloß« am Bohlweg in Braunschweig verlegt.
Karl I. hatte große Neigung, mehr am kulturellen Leben der Hauptstadt
teilzunehmen, das bunte Bild der alljährlichen Braunschweiger Messe
aus der Nähe zu genießen, Schauspiele und Opern in größerem Rahmen zu hören und zu sehen.

Wolfenbüttel und Braunschweig liegen nur zwölf Kilometer voneinander entfernt, man konnte unschwer, selbst mit den damaligen
Kutschwagen, schnell von dem einen zum anderen Ort gelangen. Das
repräsentative Lustschloß Salzdahlum lag ungefähr in der Mitte zwischen beiden Städten.

Das Interesse des Herzogspaars war, anders als beim König in Berlin,
sehr auf deutsche Literatur und Dichtkunst gerichtet. Gottscheds
Werke kannte die Herzogin daher sehr gut, als sie im Jahre 1753 den
Besuch der berühmten und intelligenten Madame Gottschedin bei sich

empfing, die einen ausführlichen Bericht darüber angefertigt hat. Sie urteilte prägnant über ihre Begegnung mit der Herzogin Charlotte: »Das Gespräch der Herzogin verrät einen trefflichen Verstand und weitläufige Belesenheit.« [20]

Die »Braunschweiger Schwester« war ein gerngesehener Besuch am Berliner Hofe. Es standen bei diesen Gelegenheiten dem Herzogspaar besondere Zimmer zur Verfügung, die »Braunschweigischen Kammern«. Ein köstlicher Briefwechsel entspann sich damals zwischen dem in Potsdam befindlichen König und seinem Geheimen Cammerier Fredersdorf über einen seltsamen Fund, den man in diesen Braunschweigischen Kammern gemacht hatte.

»... in den Braunschweigischen Camern, wo das Theewasser gekocht wird, in den Spind, was in der Mauer steht« war, wie Fredersdorf eingehend berichtete, eine große Menge alter Sachen gefunden worden. Fredersdorf erbat vom König eine Weisung, was damit gemacht werden sollte. Dem Brief war ein Verzeichnis beigefügt, das alle Fundstücke einzeln beschrieb. Es gab dort viele Prachtgewänder, aber auch »3 Unterröcke, 10 Schnürbrust, worunter reiche und Schlechte sich befinden und neue Corselets, 1 Goldenen Sonnen-Parasol mit goldenen Fransen, 1 Silberner Nacht-topf, 3 par Pantoffel«. Der König wollte alles verkaufen und erhoffte sich eine gute Einnahme davon. Herzogin Charlotte galt augenscheinlich nicht als Eigentümerin der Fundstücke, sonst hätte man sie ihr wohl zugestellt oder sie aufgehoben [21].

Wie groß das Vertrauen war, das der König zeitlebens in Herzog Karl setzte, zeigte sich einmal mehr im Jahre 1756, als der Herzog mit den komplizierten Verhandlungen mit England beauftragt wurde, die, nach langem Hin und Her, zur Konvention von Westminster führten. Die in diesem Vertrag beschlossenen englischen Subsidien für Preußen in einem Kriegsfalle kamen dem König während des bevorstehenden Siebenjährigen Krieges außerordentlich zustatten.

Der 16. März 1756 ging als ein froher Tag in die Annalen der herzoglichen Familie ein; Anna Amalie heiratete, siebzehn Jahre alt, den jungen Herzog Ernst August Konstantin von Sachsen-Weimar. Die Prinzessin war nicht schön zu nennen, aber schon damals machte sich ihre hohe Intelligenz bemerkbar und ihr reges Interesse an allen geistigen Dingen. Die beiden jungen Leute haben sehr gut zueinander gepaßt und es schien eine sehr harmonische Ehe zu werden.

In späteren Jahren hat Anna Amalie einmal eine Notiz über ihre Jugend niedergeschrieben, die so bitter, so trostlos klingt, daß man ihr fast nicht Glauben schenken möchte. Aber sie selbst hat es ja so erlebt, also muß etwas Wahres wohl daran sein:

»Nicht geliebt, von meinen Eltern immer zurückgesetzt, nannte man mich nur den Ausschuß der Natur. Durch diese harten Unterdrückungen zog ich mich ganz in mich selbst. Ich wurde zurückhaltend, ich bekam eine gewisse Standfestigkeit, die bis zum Starrsinn ausbrach. Ich ließ mich mit Geduld schimpfen und schlagen und tat doch so viel wie möglich nach meinem Sinn.« [22]

Dennoch bewahrte Anna Amalie eine gewisse Anhänglichkeit an das Elternhaus und zog später den Vater in allen Erziehungsfragen zu Rate, da sie schon nach zwei Jahren verwitwete [23].

Das Jahr 1756 brachte den Ausbruch des großen Krieges, der fast ganz Europa als Gegenspieler Friedrichs sah und dem König eine ungeheuere Last an Verantwortung und Mühsal aufbürdete. Für das Braunschweiger Land ergaben sich unverzüglich Beeinträchtigungen durch die einziehenden Franzosen. Man garantierte dem Herzog von Braunschweig lediglich das Fürstentum Blankenburg, forderte aber dafür die kampflose Übergabe der Festungen Braunschweig und Wolfenbüttel. Die Herzogin befahl, in höchster Eile zu packen, und machte sich mit ihren sieben Kindern auf den Weg in den Harz. Zwei ihrer Söhne waren schon bei den Soldaten, Erbprinz Charles und der siebzehnjährige Friedrich August. Wenige Tage zuvor schrieb sie noch an die Königin:

»Ich bin selber erstaunt, wie der liebe Gott mir Kraft gibt, so vielem Unglück zu widerstehen, und daß mein schwacher Körper die körperlichen und seelischen Leiden erträgt. Ich habe noch immer Grund, Gott zu danken für das, was er mir am 26. Juli [bei der Schlacht von Hastenbeck] erspart hat, wo die schrecklichen Ereignisse mir am gleichen Tage Gatten und Sohn hätten rauben können.«

Zwar hatte der französische Herzog von Enghien versprochen, Milde walten zu lassen, aber überall im Lande sah man brennende Dörfer. Die Bevölkerung mußte sich durch hohe Summen an die Franzosen loskaufen von Plünderung und Brand. Wer nicht bezahlen konnte, verlor seine Habe und ihm wurde das Dach angezündet [24].

Im Oktober kam die Nachricht mit Eilstafette, daß auch der Berliner Hof die Hauptstadt verlassen mußte. Er floh zunächst in die Festung Spandau bei Berlin und zwei Wochen später dann in die Festung Magdeburg. Ein Aufenthalt, der bis Januar 1758 dauern sollte.

Am Hofe von Blankenburg herrschten die Masern. Anfang November

war es besonders schlimm, aber vier Kinder schienen gut durchzukommen. Nur bei der neunjährigen Friederike Wilhelmine nahm die Krankheit einen besonders schweren Verlauf. Sie starb nach neuntägigem Leiden. Ihre Mutter klagte nach dem ersten Schmerz dem König ihr Leid in der gänzlichen Ergebenheit einer gläubigen Christin:
»Ihre Majestät können sich wohl denken, wie groß der Schmerz für ein Mutterherz ist. Aber ich ergebe mich dem Willen des Höchsten in allem, ergebe mich in Demut, wie es ihm mit mir und den Meinen gefällt...«
Alle Geschehnisse der letzten Zeit bedeuteten für die Herzogin fast zuviel an Schicksalsschlägen. Das Herzogtum litt schwer in dieser Zeit. Die Franzosen zeigten sich rücksichtslos bei der Eintreibung von Kriegskontributionen. Der Herzog mußte 6.000 Sack Getreide liefern und 45.000 Reichstaler an barem Geld. Handel und Wandel lagen fast gänzlich darnieder, weil die Kaufleute ihrer Ladungen und ihres Lebens nicht mehr sicher waren. Allerdings sollte Hilfe nahen.
Zu einer für damalige Verhältnisse ungewöhnlichen Jahreszeit im Februar, wenn normalerweise die Soldaten noch in den Winterquartieren stationiert waren, machten sich unversehens die hannoverschen und die preußischen Truppen unter ihren Befehlshabern Prinz Ferdinand von Braunschweig und Prinz Heinrich von Preußen auf den Marsch, um die Franzosen auf Wesel zurückzudrängen. In der französischen Armee grassierten Infektionskrankheiten und ihre Kampfkraft war sehr geschwächt. Doch noch während des Rückzuges zeigten sie sich wie die Teufel. Da Braunschweig noch 200.000 Taler Kriegssteuern schuldig war, gab es wüste Ausschreitungen. Den Bürgern wurden die Wohnungseinrichtungen demoliert und die Fenster zerschlagen. Mehl wurde auf Befehl des Kommandanten auf die Straße gestreut und beinahe hätte man die unschätzbar wertvollen Bestände der Herzog-August-Bibliothek in Wolfenbüttel verbrannt, wenn sich nicht einige vernünftige französische Offiziere schützend dem Befehl des Kommandanten entgegengestellt hätten. Bürger Braunschweigs führte man als Geiseln mit den abziehenden Truppen mit und sie wurden erst nach langer Zeit wieder freigelassen. Immerhin, so furchtbar dieser Februar 1758 auch war, das Land sah sich durch die tapferen Truppen des Prinzen Heinrich befreit und im März konnte der Herzog von Braunschweig in seine Residenz heimkehren. Es war alles andere als ein gutes Jahr. Weder die Zeitläufte gaben Anlaß zu Optimismus, noch die familiären Verhältnisse[25].

Das französische Heer hatte die Bevölkerung mit einer Seuche infiziert, deren Name in den Chroniken nicht genannt wird. Zahllose Todesfälle traten auf, sogar viele Ärzte fielen der Epidemie zum Opfer.

Prinz Ferdinand von Braunschweig, der Bruder Herzog Karls, hatte die Genugtuung, im Juni eine entscheidende Schlacht bei Krefeld zu schlagen und damit die Unternehmungen, an denen er im Februar und März so erfolgreich beteiligt war, zu einem äußerst günstigen Abschluß zu bringen.

Der Mai brachte der Herzogsfamilie die Trauerbotschaft vom plötzlichen Tod des Schwiegersohnes in Weimar, wie schon erwähnt wurde. Der junge Ernst August Konstantin war völlig unverhofft verstorben, während Anna Amalia ihr zweites Kind erwartete. Im Juni starb Charlottes Bruder August Wilhelm, der Prinz von Preußen und Thronfolger; Luise Amalie blieb mit drei Kindern als Witwe zurück und erwartete zum Herbst ihr viertes Kind. Der Braunschweiger Hof kam aus den Trauergewändern nicht heraus.

In diesem Jahr wurde Charlotte mit einer völlig neuen Situation konfrontiert, die sie niemals für möglich gehalten hätte. Aber es war nun einmal Mode an den Fürstenhöfen, und Herzog Karl machte diese mehr oder weniger amüsiert mit. Vielleicht wollte er auch bewußt Entspannung und Ablenkung suchen von der Familie mit ihrer Trauer und ihren Sorgen, von der im Moment so unerfreulichen Situation des Landes, vom Krieg, von den schlechten Zeiten. Kurz: Herzog Karl I., Serenissimus, hielt sich zwei Mätressen.

Charlotte war um diese Zeit erst zweiundvierzig Jahre alt. Sie hatte gerade die Silberne Hochzeit gefeiert; zweifellos bedeutete ihr das Verhalten des Gatten eine enorme Enttäuschung. Aber sie fand die Kraft und hatte das Format, die Situation völlig zu beherrschen. Niemals klang auch nur die winzigste Klage in ihren Briefen durch. Nicht ein einziges Mal erwähnte sie diese Umstände auch nur mit einem Wort. In diesem Punkt glich sie ihrer Schwester Wilhelmine, die sich auch bis zum Äußersten mit dem unerträglichen Gebaren der Mätresse des Markgrafen von Bayreuth herumplagte, ehe sie schließlich doch, nach langen Jahren des Kummers, den Bruder ins Vertrauen zog und Friedrich dann Abhilfe schuf. Auch Wilhelmine klagte nicht. Die preußischen Prinzessinnen waren zu stolz.

Obwohl Charlotte und Wilhelmine in jungen Jahren manche Reiberei und manche Kontroverse hatten, so nahmen sie doch immer starken Anteil am gegenseitigen Geschick. Es traf Charlotte daher schmerzlich, inmitten des Krieges zugleich die Nachricht von Friedrichs verlorener Schlacht bei Hochkirch und die Kunde vom Tode der Schwester in Bayreuth zu erhalten.

Das Kondolenzschreiben des Braunschweiger Hofes leitete eine völlig neue Phase der Beziehungen zwischen dem Markgrafen von Bayreuth und Braunschweig ein. Der Markgraf erfüllte einen Wunsch seiner Untertanen, sich baldigst erneut nach einer ehelichen Verbindung umzusehen, um dem Land doch noch den ersehnten Thronerben zu schenken, was in der Ehe mit der ständig kränkelnden Wilhelmine nicht möglich gewesen war.

Jetzt kam es zu Gesprächen über die einundzwanzigjährige Prinzessin Caroline, die einst als Kind »wie ein Dragoner« war, sich inzwischen jedoch zu einer sehr hübschen jungen Dame entwickelt hatte. Caroline sah ihren achtundvierzigjährigen Onkel aus Bayreuth plötzlich in neuem Lichte und fand ihn sehr gut aussehend und präsentabel. 1759 kam es zur Vermählung und in Bayreuth wurde eigens ein neuer Schloßtrakt für die junge Fürstin gebaut: das entzückende Italienische Schlößchen am Neuen Schloß. Leider währte diese harmonische Verbindung, der allerdings auch keine Kinder beschieden waren, nur vier Jahre. Der Markgraf starb unvermutet im Jahre 1763.

Der Krieg selbst oder die Beobachtung seines Verlaufes hielt die Menschen in Spannung und Besorgnis. Es gab Atempausen zwischen den Schwerpunkten der Belastung, aber noch stand viel Not bevor. Im Jahre 1761 verlor das Herzogspaar seinen Sohn Albrecht Heinrich, genannt Henri. Am 20. Juli wurde er im Gefecht bei Ruhne verwundet, lebte noch kurze Zeit und erlag dann mit sehr viel Haltung seinen Verletzungen. König Friedrich hatte eine Ode auf ihn gedichtet, der Abt Jerusalem verfaßte seine Biographie. Man beklagte allgemein den Verlust eines besonders hoffnungsvollen jungen Menschen von bester geistiger Veranlagung und einem vorbildlichen Charakter.

Bald danach mußte der Braunschweiger Hof abermals vor den Franzosen fliehen, diesmal ging man nach Lüneburg, um die Ereignisse abzuwarten. Dort wurden Wilhelm Adolf und Elisabeth Christine Ulrike konfirmiert.

Im Jahre 1762 entstand ein Familienbild des Herzogspaares mit all seinen Kindern, sogar Henri wurde mit ihnen porträtiert. Er war allen noch so lebendig in der Erinnerung – und hätte man den Maler Tischbein nur ein Jahr früher beauftragt, so wäre Henri ohnedies dabeigewesen. Dieses besonders hübsche und gelungene Gruppenbild hängt heute im Schloß Wilhelmshöhe bei Kassel. Vom zehnjährigen Leopold angefangen, der auf einem Pferd sitzt und Husarenuniform trägt, bis zur »schlimmen Elisabeth« am Spinett sind alle Kinder sehr deutlich abgebildet: Caroline, die junge Markgräfin von Bayreuth in einem reichen Kleide mit vielen Volants. Anna Amalia, die erst dreiundzwanzigjährige Witwe in tiefem Schwarz. Charlotte selbst sieht ausgezeichnet aus. Sie ist zu dieser Zeit fünfundvierzig Jahre alt, in den Augen ihrer Zeitgenossen eine Matrone, aber für unsere Begriffe eine Frau in den besten Jahren, hübsch, elegant gekleidet und von einer Schar gutgeratener Kinder umgeben. Herzog Karl präsentiert sich als stattlicher Mann; wie er auf dem Familienbild dargestellt ist, ähnelt er sehr genau den anderen von ihm existierenden Porträts, man darf an eine lebensgetreue Wiedergabe aller Personen bei Tischbein glauben.

Mit dem Jahre 1763 hatten sich die politischen Verhältnisse so weit geordnet, daß im Frühjahr der Siebenjährige Krieg beendet wurde. Nur wenige Wochen später genossen die Geschwister die Freude, einander wiederzusehen und dabei gleichzeitig einen neuen Heiratsplan zu schmieden. Friedrich brachte seinen langen Neffen Friedrich Wilhelm mit in das Schloß Salzdahlum, die Prunkresidenz der Braunschweiger Herzöge. Es war der älteste Sohn August Wilhelms, auf den nach seines Vaters plötzlichem Tode das Thronfolgerecht übergegangen war.

Wer heute Lust verspürt, diese einstmals so kunstvoll errichtete Stätte zu besichtigen, das weitläufige Schloß mit seinen Kunstschätzen, die ausgedehnten Parkanlagen mit Grotten, Felsgruppen und Wasserspielen, mit Statuen und Hecken, Blumenrabatten und gepflegten Bosketten, der erlebt im Ort Salzdahlum bei Wolfenbüttel eine Überraschung. Kein Mensch kennt dieses Schloß. Wie ist es möglich, fragt man sich, daß eine solche Riesenanlage spurlos vom Erdboden verschwindet, während gleichaltrige Schlösser andernorts bestens gepflegt und erhalten sind? Erst das Studium in Büchern und Archiven bringt die Lösung: Salzdahlum war ein Fachwerkbau. Es diente mehr als ein Jahrhundert als »Lustschloß« zu repräsentativen Zwecken. Die Braunschweiger Herzöge feierten ihre Hochzeiten dort, auch Friedrich der Große ist hier getraut worden. Am Ende des 18. Jahrhunderts war das Schloß so baufällig geworden, daß die Reparaturkosten die Mittel des Staates bei weitem überfordert hätten. So blieb es dem Verfall preisgegeben, nachdem man dort alle vorhandenen Kunstschätze in andere Schlösser übernommen hatte. Die Bauern und Nachbarschaft holten sich nach und nach an Holz und Steinen, was sie gebrauchen konnten. Der Park

verfiel, da er nicht mehr gepflegt wurde. Schließlich ist das Land des
Schloßareals aufgeteilt worden und 1814 sind die letzten Reste des
großen Baus abgetragen worden. Heute ist Salzdahlum ein Dorf, das
als einzige Sehenswürdigkeit eine Domäne aufweist. Von einem berühmten alten Schloß in Salzdahlum weiß man nichts. Es ist, als habe
es nie existiert[26].

Aber im Jahre 1763, da spazierte der große König mit seiner Schwester
durch die Gärten und der »lange Neffe« lustwandelte mit seiner künftigen Verlobten, der siebzehnjährigen Prinzessin Elisabeth Christine
Ulrike, hinterdrein. Jedenfalls führten diese Junitage in Salzdahlum
dazu, daß Charlottes Tochter den preußischen Thronfolger heiratete.
1764 war die Verlobung, 1765 die Hochzeit. Alles ließ sich harmlos an
und ohne jeglichen Verdacht auf ein Mißlingen. König Friedrich
schrieb am 9. 7. 1764 an seine vertraute alte Freundin, die Gräfin
Camas:

»Meine Schwester kommt in einer Stunde an, ich gestehe Ihnen, das
macht mir großes Vergnügen, wir werden den langen Neffen verloben.
Seine Liebe ist ebenso kalt wie seine ganze Person.«[27]

Im Jahre 1764 sah Herzogin Charlotte auch zum erstenmal ihre englische Schwiegertochter Augusta, die Frau ihres Sohnes Karl, des Erbprinzen. Die Hochzeit hatte in London stattgefunden, jedoch in Abwesenheit des Bräutigams, per procurationem, mit einem Stellvertreter.
Man bereitete jetzt der englischen Prinzessin einen sehr herzlichen
Empfang in Braunschweig.

In Berlin und im Herzogtum grassierten ziemlich zur gleichen Zeit im
Jahre 1766 die Pocken. Es war die Zeit, daß man die ersten Impfungen
dagegen vornahm. Augusta brachte aus England diese Neuigkeit mit,
aber für Charlotte war es zu spät, sie mußte die Krankheit durchstehen,
was wörtlich zu nehmen ist, denn sie ging umher und sogar in die
Oper.

Je älter Charlotte wurde, um so breiteren Raum nahmen in ihren Briefen politische Betrachtungen ein. Sie las die Zeitungen genau und ausdauernd und sie spürte das Bedürfnis, sich mit ihrem Bruder Friedrich
darüber zu unterhalten. Ihre guten Informationen erlaubten ihr, sich
oft ein treffendes Urteil zu bilden. Die politische Lage in Europa war
auch jetzt, nach dem Kriege, noch recht verworren und durchaus nicht
stabil, so daß jede neue Annäherung zweier Staaten oder die Abküh-
lung von politischen Beziehungen mit ständiger Sorge registriert
wurden.

Der achtundzwanzigjährige Sohn Charlottes, Friedrich August, heiratete 1768 Prinzessin Friederike Sophie, Tochter des letzten regierenden Herzogs von Württemberg-Oels. Doch etwa um die gleiche Zeit war in Berlin an die Öffentlichkeit gedrungen, was man lieber verschwiegen hätte: in welch skandalöser Form das junge Thronfolgerpaar seine Ehe zu führen beliebte. Friedrich beurteilte all dies mit der Milde des Alters. Er schrieb an Charlotte in diesen Tagen:

»Der Gatte, jung und sittenlos, einem ausschweifenden Leben hingegeben, übte täglich Untreue an seiner Gemahlin; die Prinzessin, die in der Blüte ihrer Schönheit stand, sah sich gröblich beleidigt durch die geringe Rücksicht, die man ihren Reizen zeigte. Ihre Lebhaftigkeit und die gute Meinung, die sie von sich selber hatte, brachten sie dazu, sich für das Unrecht zu rächen, das man ihr antat. Bald ergab sie sich Ausschweifungen, die denen ihres Gatten kaum nachstanden; die Katastrophe brach aus und wurde bald publik.« [28]

Ärger und Scham über die Affäre kämpften in der Herzogin um die Oberhand, als sie dieses Schreiben las. Ihr Brief an Friedrich vom 13. September 1768 zeigte, wie tief sie getroffen war, als Mutter, als Fürstin, als Frau:

»Sie können sich nicht den unendlichen Schmerz vorstellen, den ich empfinde, wie ich von Ihnen die empörenden Umstände erfahre über das schlechte Benehmen meiner Tochter. Ich bin verzweifelt, daß sie sich so weit vergessen hat, sich zu so großen Niedrigkeiten und Unwürdigkeiten hinreißen zu lassen, die sie entehren und die ein ewiger Flecken auf dem Ehrenschild der Familie sein werden. Ich begreife nicht, wo sie diese schlimmen Neigungen her hat, für die sie niemals Beispiele gesehen hat. Ich schulde Ihnen noch vielen Dank, daß Sie sie mit soviel Güte und Schonung behandelt haben, die sie nicht verdient.« [29]

Im April des Jahres 1769 kam es in Berlin zur offiziellen Ehescheidung des Thronfolgers von Prinzessin Elisabeth. Die junge Frau wurde in das Stadtschloß von Stettin verbannt, nur wenige Begleiterinnen konnten ihr zugestanden werden, und ihr Leben glich mehr oder weniger dem einer Staatsgefangenen. Erst allmählich trug der König dafür Sorge, daß ihre Daseinsbedingungen verbessert wurden. Es war für sie zweifellos ein tragisches Geschick, für einige Jugendtorheiten im Alter von dreiundzwanzig Jahren lebenslänglich derart in der Verbannung zu leben. Aber erst als König Friedrich starb, erhielt die Prinzessin mehr persönliche Freiheit. Der Mutter gegenüber schrieb Elisabeth wohl einige reumütige Briefe, aber die »schlimme Elisabeth« änderte ihre Ansichten über ihre Handlungsweise auch späterhin nicht, liebte es sogar, darüber völlig frei zu sprechen.

Aus dem Jahre 1806 liegt uns der Bericht ihrer Cousine vor, der Fürstin Luise Radziwill, Prinz Ferdinands Tochter:

»20. Oktober 1806

Die Prinzessin Wilhelm und ich besuchten die Prinzessin Elisabeth von Braunschweig, die Gattin des verstorbenen Königs [Friedrich Wilhelm II.] ... Alter und Unglück hatten sie nicht gebessert. Mit der ganzen Unbesonnenheit ihrer Jugend sprach sie unbegreiflich unvorsichtig über ihre Vergangenheit und ihr Schicksal, und zwar mit so ungeschminkten Ausdrücken, daß sie uns einen traurigen Eindruck hinterließ. Sie besaß viel Geist und Originalität, aber so wenig Feingefühl, daß es betrübend war, eine Frau ihres Ranges und Alters [59] so gesunken zu sehen. Besonders leid tat mir dies wegen ihrer Tochter, der Herzogin von York, die sie nie gesehen hat und die von ihrer Mutter nur die Fehltritte kennt, sie aber für übertrieben hielt.

Die Prinzessin sprach mit unbegreiflicher Lustigkeit und Unbesorgtheit von den Ereignissen, derentwegen sie nach Stettin gekommen war. Sie entsann sich, den Grafen Schulenburg als jungen Offizier gesehen zu haben, und dachte nach, wo es das letztemal gewesen sei. Der Graf wurde verlegen und zauderte. ›Ja‹, sagte sie, ›jetzt fällt es mir ein. Sie kommandierten die Gardes du Corps, die mich nach der Festung eskortierten.‹« [30]

Prinzessin Elisabeth erreichte ein sehr hohes Alter, sie starb erst 1840, vierundneunzigjährig. Aus der Ehe der »schlimmen Elisabeth« und des nicht minder schuldigen Gatten Friedrich Wilhelm II. war eine Tochter, Friederike, hervorgegangen, die zunächst bei ihrer Großmutter Luise Amalie, der Witwe August Wilhelms, erzogen wurde. Später lebte Friederike bei der Königin. Eine Verlobung mit dem dänischen Kronprinzen Frederik ging wieder auseinander, sie heiratete später den Herzog von York. Diese Prinzessin Friederike wurde sehr sorgfältig und liebevoll erzogen und man rühmte ihre Anmut und ihr sanftes Wesen.

Zu den familiären Sorgen gesellten sich, für die Herzogsfamilie in Braunschweig höchst unwillkommen, solche finanzieller Art. Der Herzog war der Ernährer einer sehr zahlreichen Verwandtschaft, etliche Herzogin-Witwen wollten standesgemäß leben, viele Kinder in allen Zweigen der Familie großgezogen und ausgebildet werden. Man versuchte ernsthaft, Sparmaßnahmen einzuführen. Zu allererst erlagen der neuen Situation die Künstler; Opernsänger und -sängerinnen wurden verabschiedet, ihnen folgten die Schauspieler – es war ein trauriger Auszug der Musen, und das kunstliebende Herzogspaar sah dies mit dem größten Bedauern.

Der Herzog war letztlich durch die unerhört hohen Kriegskontributionen in diese bedrängte finanzielle Lage geraten. Das Land konnte sich von diesen zu großen finanziellen Aderlassen einfach nicht erholen. Schließlich wurden 1768 die Landstände einberufen; der Erbprinz Charles war sehr aktiv, die schwierige Situation zu meistern.

Noch vor Weihnachten 1768 enthob die jüngste Tochter, Auguste, Dorothee, ihre Eltern aller Versorgungserwägungen: sie wurde Äbtissin in Gandersheim, einem rings von Bergen eingeschlossenen Stift, einer evangelischen reichsfürstlichen Abtei, zwar ein wenig düster, doch war Charlotte dennoch voller Freude. Die erst neunzehnjährige Auguste Dorothee wuchs der Mutter immer mehr ans Herz und blieb die Stütze ihres Alters.

Noch während der Scheidungsaffäre des Thronfolgers hatte der preußische Hof neue Heiratspläne für Friedrich Wilhelm angebahnt. Die Wahl fiel auf Friederike Luise, Prinzessin von Hessen-Darmstadt, achtzehn Jahre alt, fromm und solide erzogen. Sie sah einmal ein Gespenst, schlief daher niemals mehr nachts, drangsalierte ihren Hofstaat und entpuppte sich als höchst eigenartige, skurrile Person. Man bezeichnete es als ein Wunder, daß Friedrich Wilhelm II. mit ihr dennoch sechs Kinder hatte. In ihrem unmöglichen Lebensstil und ihrem seltsamen Wesen lag der Eifer begründet, mit dem Friedrich Wilhelm sich morganatischen Gemahlinnen zuwandte.

Der Juni 1769 war ein derart unfreundlicher Monat, daß die Menschen verzweifelt waren und um den Ausfall der Ernte bangen mußten. Unaufhörliche Regengüsse verwandelten Wiesen und Gärten in Seen. Charlotte beklagte sich darüber bei Friedrich:

»28. Juni 1769

Ich begreife nichts in dieser unfreundlichen Jahreszeit; ich persönlich mache dafür den Durchgang der Venus durch die Sonne [3. 6.] verantwortlich, was vielleicht diese schrecklichen Überschwemmungen verursacht hat. Aber im Grunde urteile ich über diese Dinge wie ein Blinder über Farben.«

Charlotte verstand es, auch an der neuen Ehe des Thronfolgers Anteil zu nehmen und es Friedrich fühlen zu lassen, wie dankbar sie ihm war, daß er ihr das Fiasko mit ihrer Tochter Elisabeth nicht nachtrug. Ihre Briefe aus der jetzt folgenden Zeit sind beinahe wie früher voll plastischer Schilderungen ihres Lebens und ihrer Umgebung:

»25. Februar 1770

Unsere Karnevalsfeste sind unterschiedlich, es gibt solche, wo der Geist nicht im geringsten obwaltet! Jeder ist beschäftigt mit so leiblichen Sorgen, wie er in seinen Menuetts brillieren kann und wie er seine Cotillons und Anglaisen herunterstampfen kann. Man weiß nicht, wieviele Tänze getanzt werden und verschluckt eine Menge schlechten Staub . . .

Ich bin ganz glücklich, daß mein Porträt Sie ein bißchen an mich denken läßt. Es ist eine Frau, die es gemalt hat, sie ist sehr geschickt darin [Rosine de Gasc geb. Lisiewska, seit 1760 in Braunschweig Hofmalerin] . . .«[31]

»23. 3. 1770

Sie werden eine neue Eheschließung erleben: es heiraten Winter und Sommer, denn es scheint mir selten, Schnee auf Kirschen zu sehen. [Friedrich hatte ihr Früchte aus den Treibhäusern von Sanssouci geschickt.] Wir sind hier ganz zugedeckt mit Schnee; niemals im Monat März hatten wir, soweit ich mich erinnern kann, derart viel davon. Die Neugierigen profitieren, sie machen Schlittenfahrten . . . Ich habe den neuen Zichorienkaffee ausprobiert, den Sie in Ihren Staaten einführen wollen. Mir scheint er gemischt sehr gut zu sein und mit wenig Unterschied im Geschmack. Jeder beeilt sich hier, diese Pflanze auszusäen; die Mediziner finden sie sehr gesund und erwarten, daß sie ein vorbeugendes Mittel gegen die Wassersucht ist. Wenn dieses Getränk einmal die Oberhand gewinnen wird, geht es den Indischen Companien schlecht, aber es würde sehr viel Geld in Europa bleiben . . .«

König Friedrich war jetzt achtundfünfzig Jahre alt, Herzogin Charlotte vierundfünfzig. In dieser völlig anderen Welt vor zweihundert Jahren verstanden sich beide als alt. Friedrich schrieb von seinem Aufenthalt in Salzdahlum am 9. Juni 1770 nach Berlin:

»Meine gute Braunschweiger Schwester fühlt sich gut, aber sie kann nur noch unter Zuhilfenahme eines Stockes im Garten spazierengehen; wir sind miteinander gehumpelt, was die Zuschauer nicht gerade erbaut haben wird . . .«

Am 5. Juni teilte Charlotte ihrem Bruder mit, daß sie eine Summe für die Armen spenden wolle, wenn die Prinzessin von Preußen mit einem Prinzen niederkäme. Am 3. August wurde in Berlin Prinz Friedrich

Wilhelm, später der dritte seines Namens, geboren, der einstige Gemahl der Königin Luise.

Bezaubernd ist ein Selbstbekenntnis Charlottes aus dieser Zeit, an dem man erkennt, wie sehr die Herzogin selbst empfand, wie gereift und weise sie mit den Jahren geworden war:

»8. Juni 1770

Ich bin guter Laune, daß Sie meine Vorsicht bewundern; es ist jetzt zwanzig Jahre her, da gab es eine mutwillige und unbesonnene Lotte, einen rechten Leichtfuß, von dem Sie das nie gedacht hätten. In dieser Beziehung kenne ich mich selbst nicht wieder. Man sieht daraus, daß die Zeit, die Überlegungen und die Vernunft einen Menschen ändern können, denn ich habe gelernt, Wasser in meinen Wein zu tun! Als Ausgleich habe ich viel von meiner Lebhaftigkeit verloren, während ich jedoch versuche, soviel von meiner Fröhlichkeit zu bewahren, wie ich kann . . .«

»26. 7. 1770

Ich nehme Teil an dem Vergnügen, das mein Bruder Heinrich finden wird, meine Schwester in Schweden nach einer so langen Trennung wiederzusehen. Das vergrößert die Ungeduld, die Kenntnis von einander zu erneuern, und wieviele Sachen findet man nicht, die man sich erzählen muß. Ich bin neugierig, ob mein Bruder meine Schwester in der Gemütsart verändert finden wird, denn für keinen, so mutmaße ich, wird jetzt nach zwanzig Jahren der Ehrgeiz bestehen, seine Schönheit konserviert zu haben . . .«

Prinz Heinrich schlug erneut eine Brücke nach Schweden; die Verbindung zu dieser Schwester vertiefte sich in den kommenden Jahren noch. Königin Ulrike verwitwete 1771 und unternahm eine Reise nach Berlin, wo sie viele Geschwister wiedersehen konnte.

In Braunschweig hatte man jedoch im Jahre 1770 zunächst einmal große Pläne mit dem jüngsten Sohn, dem 1752 geborenen Leopold. Hofbibliothekar Gotthold Ephraim Lessing aus Wolfenbüttel war gewonnen worden, Leopold auf einer ausgedehnten Italienreise zu begleiten. Ein nachhaltiges Erlebnis für den Dichter und den jungen Prinzen[32].

Unendlichen Kummer gab es jedoch mit Wilhelm Adolf, dem zweitjüngsten Sohn Charlottes. Rußland führte derzeit einen Krieg gegen die Türkei. Auf Wunsch des preußischen Hofes, des Königs, machte Wilhelm Adolf [25] diesen Feldzug unter Feldmarschall Romanzoff mit. In Bessarabien befiel ihn eine Krankheit, die zunächst als »klima-

tisches Fieber« angesehen wurde, bald jedoch zeigte es sich, daß es
Diphterie war. Am 18. September erhielt der König einen Brief des
Feldmarschalls, worin ihm der Tod des Prinzen mitgeteilt wurde. Charlotte schrieb, daß sie dieser Schmerz »fast um den Verstand« gebracht
hätte.
Bald darauf traf aus Schweden der jüngere Sohn der Königin Ulrike zu
Besuch in Braunschweig ein und lenkte Charlotte ein wenig ab von
ihrer Trauer und tiefen Niedergeschlagenheit. Sie berichtete über diesen Besuch an Friedrich:
»7. Oktober 1770
Der Prinz von Schweden [Karl von Södermanland] hat mich mit seiner
Ankunft überrascht. Mein ganzes Blut hat sich geregt beim Anblick
des Sohnes von unserer Schwester in Schweden. Er ähnelt seiner Mutter überhaupt nicht, indessen ist er sehr liebenswert und perfekt gut
erzogen, denn aus seiner Höflichkeit und seinen Formen sieht man,
daß er eine gute Erziehung genossen hat. Er hat eine Physiognomie, die
Schönheit andeutet, nur ist er ein wenig heikel und er hat mir selbst
gesagt, daß er häufig heftige Magenkoliken und -krämpfe hat, die ihn
zwingen, strenge Diät zu halten. Er ißt sehr nüchtern und am Abend
zum Souper nimmt er nichts außer einer Milchsuppe. Ich bedauere,
daß meine Trauer noch zu frisch ist. Dadurch bin ich verhindert, ihm
die Vergnügungen zu verschaffen, die seinem Alter angemessen sind,
besonders den Tanz, den er sehr liebt . . .«
Charlotte war durch die Zeitläufte gezwungen, ihr Interesse in stärkerem Maße den Armen im Herzogtum Braunschweig zuzuwenden. Es
hatte einige schlechte Ernten gegeben [33] und infolgedessen brach vieler-
orts in Europa große Hungersnot aus. Da dies nur in beschränktem
Maße durch gute Ernten in Nachbarländern kompensiert werden
konnte, wirkten sich die schlechten Jahre fast im biblischen Zyklus
der sieben mageren Jahre aus. Man versuchte, allerlei Auswege zu er-
sinnen, um den unterernährten Menschen zu helfen. Es wurde eine
Art Eintopfgericht proklamiert, das zur Speisung der Armen dienen
sollte. Charlottes Interesse für Kochrezepte führte sie dazu, ihre kulinarische Weisheit dem König mitzuteilen:
»4. April 1771
Um der Teuerung zu begegnen und dem Mangel an Getreide, hat man
in der Schweiz eine Art Brei erfunden, um die armen Leute billig zu
ernähren. Dieser besteht aus einer gewissen Menge Reis, aus Kartoffeln, Rüben und Kürbis. Alles wird zusammen gekocht und mit Butter,

welche ja sehr sättigt, abgeschmeckt. Dies soll sehr gesund sein, selbst für die Kinder der Armen. Auch soll es eine gute Nahrung für Soldaten sein. Man sagt, sie sei von gutem Geschmack . . .«

Zum 56. Geburtstag Charlottes hatte man ihr eine besondere Ehrung zugedacht. Im Rahmen eines festlichen Programms sollte Lessings neues Trauerspiel »Emilia Galotti« uraufgeführt werden, und zwar am 13. März 1772. Der Dichter wollte danach der Herzogin ein Exemplar der soeben fertiggestellten Ausgabe überreichen. Allein die Herzogin konnte nicht anwesend sein, eine Einladung, vielmehr »ein Befehl« des Königs rief sie nach Berlin.

Um so mehr Aufsehen erregte die Theateraufführung in Braunschweig. Die »Neue Braunschweiger Zeitung« berichtete über das Ereignis:

». . . worauf ein von unserem berühmten Herrn Lessing neu verfertigtes Trauerspiel: Emilia Galotti, aufgeführt wurde und den allgemeinen Beifall erhielt, den das vortreffliche und reife Werk eines solchen für das Theater geborenen Schriftstellers verdiente.«[34]

Charlotte hat zweifellos sehr bedauert, bei dieser bedeutsamen Vorstellung nicht anwesend gewesen zu sein. Sie brachte Lessings Schaffen großes Interesse entgegen. Dennoch folgte sie nur zu gern der Weisung des Bruders, denn nichts war schöner für sie, als die Familie, die Geschwister, in Berlin wiederzusehen und reihum zu besuchen:

»[Berlin] 18. April 1772
Ich bin Ihnen sehr verbunden, daß Sie mich zu meiner glücklichen Rückkehr von Wusterhausen beglückwünschen. Es ist sicher, daß ich ohne die gute Gesellschaft, die mich dort geleitet hat, nicht die Neugierde gehabt hätte, dorthin zurückkehren zu wollen. Ich habe dort nichts wiedererkannt als die Mauern. Alles war ohne Möbel, ich wurde an alte Anekdoten erinnert. Die Königin trottete geduldig mit mir vom Keller bis zum Boden, immer darauf wartend, daß ich eine Pause machte, um im Stande zu sein mir zu folgen. Alles verlief sehr vergnügt . . .«

Charlotte ließ es sich nicht nehmen, der Königin in Schloß Schönhausen bei Pankow einen Besuch abzustatten und fand es dort zwar sehr einfach, aber bequem eingerichtet. Der Garten entzückte sie, er wäre charmant, wie ein Wald. Sie fand, daß es für einen Park sehr günstig sei, wenn Wasserflächen darin einbezogen werden können. Dies hatte ihr in Salzdahlum immer gefehlt.

Charlotte genoß diesen Besuch in Berlin besonders, weil sie seit ungefähr sechsundzwanzig Jahren erstmalig wieder Ulrike in Berlin antraf.

Die Königin von Schweden war 1771 verwitwet, ihr ältester Sohn regierte als Gustav III. und hatte große Pläne für sein Land. Ulrike war mit großem Gefolge zu einem langen Besuch in Berlin angelangt. Es gab aus diesem Anlaß besonders viele Veranstaltungen und Einladungen. Bald darauf ergab sich wiederum eine Heiratsmöglichkeit für Auguste Dorothee. Es war ein recht bemerkenswerter Antrag, der auf verwandtschaftliche Bande zurückzuführen war. Der in Scheidung befindliche König von Dänemark hielt um Auguste Dorothees Hand an. Königin Mathilde von Dänemark erlitt ein tragisches Schicksal. Sie hatte sich in den deutschen Arzt am Hofe, Struensee, verliebt, der zu höchsten Ehren aufstieg, im Januar 1772 jedoch gestürzt und dann hingerichtet wurde.

Die unglückliche Königin ertrug nun einen peinlichen Scheidungsprozeß, der mit ihrer Verbannung nach Schloß Celle endete. Königin Mathilde war eine Schwester der braunschweigischen Erbprinzessin Augusta, Karl Wilhelm Ferdinands Frau, eine Engländerin. Charlotte fand die Verbindung zwar sehr ehrenvoll, aber wegen des schwierigen Charakters Christians VII., des Königs von Dänemark, doch nicht wünschenswert. Außerdem war durch die dramatischen Ereignisse die ganze Atmosphäre in Kopenhagen noch zu sehr belastet.

Von Charlottes Berliner Besuch kam ein Echo von seiten des Königs. Er schrieb, die gute Laune seiner Braunschweiger Schwester ließe sich nicht ableugnen, man sähe, die Freude, in ihrer Familie zu sein, habe sie um zwanzig Jahre verjüngt.

Nicht allen Schwestern der Königskinder konnte man dieses Kompliment machen. Unglücklich stand es beispielsweise um die Markgräfin Friederike von Ansbach. Im Juli traf ihr Sohn, der junge Markgraf Alexander, bei Charlotte ein. Der Neffe brachte schlechte Nachrichten. Charlotte vermerkte darüber an Friedrich:

»23. Juli 1772

Ich bin voller Gram, daß der gute Markgraf von Ansbach so wenig tröstliche Nachrichten von seiner Mutter bringt. Das ist wirklich ein trauriger Zustand, der mich schmerzt und betrübt, so oft ich an diese liebe Schwester denke . . .«

Ein schweres Gemütsleiden kam bei Friederike um diese Zeit zum Ausbruch, das keine Besserung erwarten ließ. Die Markgräfin hatte eine langjährige sehr unglückliche Ehe hinter sich und auf diese große seelische Belastung wurde die Krankheit zurückgeführt.

Außer dieser familiären Sorge mußte sich Charlotte auch wieder mit finanziellen Problemen im Herzogtum befassen. Die Sparmaßnahmen im braunschweigischen Land wurden um diese Zeit wesentlich verschärft. Besonders Erbprinz Karl nahm sich dieses Problems an. Er entließ zahlreiche Soldaten und versuchte, überall die Unkosten zu verringern. Dem überschuldeten Land drohte ein reichsgerichtlicher Lehnkonkurs. Noch nie war die Situation so ernst gewesen. Dennoch glückte es dem Erbprinzen, das Verfahren abzuwenden und mit der Zeit die Finanzen wieder in geordnete Bahnen zu leiten.

Der König hatte die Bayreuther Bildhauer Gebrüder Räntz damit beauftragt, die Markgräfin Wilhelmine als Statue im griechischen Gewande für den Freundschaftstempel zu modellieren, den er in seinem Park von Sanssouci aufstellen ließ. Bauwerk und Abbild sind bis heute erhalten geblieben. Bei ihrem nächsten Berlin-Besuch im Jahre 1774 konnte Charlotte dieses Denkmal für Wilhelmine selbst besichtigen. Sie verlebte auch jetzt wieder unvergeßliche Stunden mit den Berliner Geschwistern, mit Amalie in ihrem Sommerpalais in der Wilhelmstraße, mit Ferdinand in Friedrichsfelde, Heinrich in Rheinsberg und mit dem König selbst in Sanssouci. Er schrieb an Heinrich über das Wiedersehen, sie sei »ganz Herz« und vom guten alten Schlag, und diese Würze werde rar in diesen modernen Zeiten. Charlotte selbst fühlte sich mit ihren achtundfünfzig Jahren nicht recht auf der Höhe. Nach einem Souper in Friedrichsfelde brach sie vorzeitig auf und wartete den anschließenden Ball nicht ab: sie tauge nicht mehr für Tanzfeste, meinte sie resignierend.

In einer Beziehung hatte sich Charlotte jedoch geradezu unglaublich jugendlich erhalten, und zwar in ihrer kindlichen Freude an den Sehenswürdigkeiten der Braunschweiger Messe. Sie liebte es sehr, dort die exotischen Tiere zu bestaunen. Zebras, ein Rhinozeros, eine Hyäne hatte sie schon kennengelernt. Diesmal war ein junger Elefant zu sehen. Man muß diese Schaulust richtig werten, denn es gab ja in Europa noch keine zoologischen Gärten, selbst umherziehende Menagerien waren selten. So bedeutete dieser Elefant durchaus ein Ereignis, das Charlotte Friedrich eingehend schilderte:

»7. August 1775

Es gibt hier einen Elephanten, der zwar noch nicht sehr groß ist, etwa so wie eine Kuh, aber er ist so geschickt, wie man ihm nachsagt. Er macht alle Kunststücke, die sein Herr ihm kommandiert, mit seinem

Rüssel. Ich will ihn bestimmt sehen, denn er ist ein seltenes Tier in
Europa und in Deutschland . . .«
Und an Ferdinand schrieb sie:
»[August] 1775
Der Elephant ist erst fünf Monate alt, aber sechs Fuß hoch. Er hat Brot
aus meiner Hand gefressen. Ich habe ihn oft besucht, weil dies Tier
sehr kurios anzusehen ist. Der Engländer, dem es gehört, will den
Winter nach Berlin gehen . . .«
Die Herzogin genoß diese kleinen Amüsements in ihrem Leben sehr
bewußt, gab es doch immer wieder Schweres, was entweder im Fami-
lienkreis oder in der nächsten Umgebung an sie herantrat.
So nahm das Schicksal des Wolfenbütteler Hofbibliothekars Lessing zu
dieser Zeit eine unheilvolle Wendung. Lessings Privatleben verlief im
Grunde so unglücklich, daß es Stoff genug für ein Trauerspiel abgege-
ben hätte. Zunächst mußte er jahrelang warten, ehe er seine geliebte
Eva König heiraten konnte. Dann endlich verlebte das Paar ein Jahr
des Glückes, aber als ein Kind kommen sollte, starb die junge Frau bei
der Geburt. Der Dichter schüttete seinem Freund Eschenburg in einem
Briefe sein Herz aus und schloß mit den Worten:
»Ich wollte es auch einmal so gut haben wie andere Menschen, aber
es ist mir schlecht bekommen.« [35]
Charlotte nahm am tragischen Geschick des Dichters wärmsten Anteil.
Lessing bezog 1777 das heute noch gezeigte Lessinghaus in Wolfenbüttel, das er bis zu seinem Tode 1781 bewohnte [36].
In der Zwischenzeit verdunkelte sich erneut der politische Himmel.
Friedrich griff im Bayerischen Erbfolgekrieg zugunsten Bayerns und
gegen die Österreicher ein. Es entstand die wunderliche Situation, daß
das Porträt des Preußenkönigs in bayerischen Bauernstuben im Herr-
gottswinkel hing, er wurde als »Retter Bayerns« gefeiert. Der Krieg
selbst bestand praktisch nur aus einem, sehr ruhig verlaufenden Feldzug, der als »Kartoffelkrieg« in die Geschichte einging. Es war das
erste Mal, daß die Kartoffel als Nahrungsmittel der Truppen eine bedeutende Rolle spielte. Friedrich hatte sich um den Anbau dieser
Frucht sehr verdient gemacht. Vordem, noch im Siebenjährigen Kriege,
war die Beschaffung des Feldproviants lediglich immer um Getreide,
Brot oder Mehl für die Truppen gegangen. Ernsthafte Kampfhandlungen gab es in diesem Kriege kaum.
Einen tiefen Einschnitt im Leben Charlottes brachte das Jahr 1780.
Siebenundvierzig Jahre währte jetzt ihre Ehe mit Herzog Karl I., Char-

lotte zählte vierundsechzig Jahre, Karl stand im sechsundsechzigsten Lebensjahr. Da erlitt der Herzog im März einen Schlaganfall. Der König wurde von Charlotte sofort davon benachrichtigt:

»12. März 1780

Ich fühle mich verpflichtet Sie teilhaben zu lassen an den beunruhigenden Nachrichten über die Gesundheit des guten Herzogs. Seine Schwäche wird täglich größer, besonders seit einigen Tagen. Ich wurde alarmiert durch eine Verdoppelung der Lähmung, die sich auf die Zunge und den Gaumen gelegt hat, sie beraubt ihn völlig der Sprache und der Schluckfähigkeit.

Er hat sich inzwischen etwas erholt, der Arzt hofft, daß sich das noch wieder bessert, wenn nichts Neues dazukommt. Sein Zustand ist so traurig, so betrüblich zu sehen, daß es mir beinahe mehr Kummer macht [als ihm]; ich bezweifle, daß er sich erholt ...«

»26. März 1780

Mein lieber und unvergleichlicher Bruder,

ich sehe mich verpflichtet, meinen lieben Bruder zu unterrichten, daß der gute Herzog von Tag zu Tag schwächer wird und es ihm schlechter geht. Man muß für ihn fürchten. Er erleidet plötzlich eine starke Ohnmacht, welche noch nicht vorüber ist, und die mich sehr für ihn fürchten läßt, ebenso den Arzt.

Ich möchte meinem lieben Bruder als Folge dieser Ohnmacht ein trauriges Ereignis ankündigen, damit Sie nicht überrascht sind und sich nicht über mich beunruhigen. Mir geht es gut ... Man hat eine Stafette an meinen Sohn nach Halberstadt geschickt. Ich erwarte jeden Moment, daß er hier ankommt. Ich fürchte, er wird den guten Herzog nicht mehr lebend finden ...«

»30. März 1780

In den ersten Augenblicken meines sehr starken Schmerzes war ich nicht imstande, Ihnen zu schreiben, noch Ihnen wenigstens eine Notiz zukommen zu lassen über den Verlust, den ich erlitten habe ... er blieb immer in derselben Ohnmacht ohne das geringste Bewußtsein, obwohl er alle nur denkbaren Mittel bekam, und am 26. um Mitternacht hat er seine Laufbahn beendet. So glücklich, so sanft ist er aus der Welt gegangen, ohne das Herannahen des Todes zu spüren noch seine Schrecken zu sehen. Er ist wirklich eingeschlafen ...«

»Salzdahlum, 3. April 1780

Die Kümmernis, die mir der Verlust des seligen Herzogs bereitet hat, die Anhänglichkeit, die ich für ihn hege, all dies wird mir nicht die

Erleichterung verschaffen wie die Güte meines lieben Bruders, seine
gnädige Teilnahme, mit der er an meinem Schmerz partizipiert...«
»Salzdahlum, 8. April 1780
Die Trauerfeierlichkeit für den verstorbenen Herzog war gestern. Ich
rechne damit, in ein paar Tagen in die Stadt zurückzukehren, wo ich
anfangen werde, mich mit meinem neuen Haushalt zu beschäftigen.
Ich habe mir ein Haus in der Stadt gewählt, das mein Sohn mir noch
bequemer einrichten will. Obwohl es von außen weder schön noch
prächtig ist, die Architektur dort keinerlei Zutat aufweist, ist es das
komfortabelste von allen in Braunschweig, wo ich meine Welt um
mich haben könnte und bequem logiert wäre, das genügt mir.
Wenn irgendetwas fehlt, werde ich mir die Freiheit nehmen, von den
gnädigen Angeboten Gebrauch zu machen, die mein lieber Bruder mir
offerierte, um mir beizustehen in meinen kleinen besoins [Bedürf-
nissen] ...«
Mit dem Tode des Herzogs begann für Charlotte eine Zeit der großen
Umstellung. Regierender Herzog war jetzt ihr Sohn Karl Wilhelm
Ferdinand, genannt Charles. Regierende Herzogin wurde ihre englische
Schwiegertochter Augusta, »die es nie an Höflichkeit fehlen ließ«. Das
junge Herzogspaar bezog die Wohnräume der Eltern im »Grauen Hofe«
am Bohlweg in Braunschweig, und die Herzoginmutter Charlotte stellte
sich ihre Hofhaltung neu zusammen. So nachhaltig sie der Verlust des
langjährigen Lebenskameraden auch getroffen hatte, so dankbar ergriff
Charlotte die Möglichkeit zu neuer intensiver Beschäftigung, um sich
von ihrem Schmerz ablenken zu lassen.
Friedrich bemühte sich, ihr dabei behilflich zu sein. Sie war ihm dankbar dafür:
»14. Mai 1780
Ich akzeptiere Ihr Angebot, das Sie mir machten, mein Kellermeister zu
sein. Ich nehme mir die Freiheit, Sie in die kleinen Details meines
Haushaltes einzuführen, indem ich Ihnen meinen Etat schicke. [Er
betrug jährlich 15.655 Reichstaler und 6 Groschen[37].] Ich unterhalte
achtundvierzig Personen, meine Damen eingeschlossen, meine Frauen
und alle Domestiken, die ich benötige. Der Herzog zahlt extra für
meinen Hofmeister und einen Chambellan [Kammerherren] ...«
»29. Mai 1780
Jetzt will mein lieber Bruder auch noch mein Porzellan-Commissaire
sein, ich glaube, ich bin ein unwichtiger Gegenstand, der seine Wohl-
tätigkeit mißbraucht! Da Sie es jedoch befehlen, gehorche ich und

nehme mir die Kühnheit heraus, Ihnen eine Notiz über die nötigen Stücke für ein Tafelservice zu schicken, wie Sie es befohlen haben ...«

Der König, nun genauestens informiert über die eingeschränkte Finanzlage der Herzoginmutter, schickte auch unverzüglich Reisegeld, damit sie ihre gewohnte Reise nach Berlin machen konnte. Charlotte hielt es jedoch für besser, in diesem Jahre erst zum Herbst in die Hauptstadt zu fahren. Der Gedankenaustausch mit Friedrich war in diesem Sommer von leiser Wehmut erfüllt:

»27. Juli 1780

Ich beobachte wie mein lieber Bruder, daß die angenehmsten Unterhaltungen mit den alten Bekanntschaften sind, deren Art zu denken die gleiche ist wie unsere. Von einem gewissen Alter an ist es schwer, sich zu neuen Gewohnheiten und anderen Sitten zu zwingen. Die Unannehmlichkeit ist nur: wenn man ausschließlich alte Bekannte sieht, findet man sich am Ende völlig isoliert und das läßt einem die Seele leer werden ...«

»6. August 1780

Prinz Ferdinand [von Braunschweig] ist [hier] der einzige, der sich der alten Zeiten erinnern kann, und der sich mit Vergnügen mit meinem lieben Bruder darüber unterhalten wird. Es ist angenehm, sich seiner Jugend zu erinnern, trotz des Bedauerns, daß sie vorüber ist und des Kummers, diejenigen verloren zu haben, die man geliebt hat ...«

»4. September 1780

Ich füge den Plan meines Häuschens bei. Sie werden sehen, es ist nicht Berlin und nicht der Louvre, aber für mich ist es gut genug, weil ich es dort bequem habe. Ich werde das mittlere Stockwerk bewohnen, meine Damen das untere, meine Kammerfrauen das obere. Ihr Porträt gibt das schönste Ornament! ...«

Charlotte kam am 26. 9. nach Potsdam zum König, am 3. Oktober reiste sie nach Berlin, um Amalie, Ferdinand und Heinrich wiederzusehen. Bei der Mittagstafel in Potsdam am 3. 10. 1780, an der außer Charlotte auch die Prinzessin Amalie teilnahm, hatte der König seine geringschätzige Meinung über die deutsche Literatur geäußert; die beiden Schwestern, Kennerinnen und Gönnerinnen der deutschen Literatur, hatten lebhaft widersprochen. Daraufhin zog Friedrich einen alten Aufsatz aus der Schublade, den er in früheren Jahren einmal verfaßt hatte. Dieser wurde überarbeitet und am 4. November erhielt der Minister von Hertzberg den Auftrag, die erweiterte Arbeit »De la Littérature Allemande« sowie eine deutsche Übersetzung derselben, »Über die deutsche Literatur«, drucken zu lassen; beides erschien Ende November 1780[38]. Charlotte trug auf diese Weise, ebenso wie Amalie, maßgeblich dazu bei, daß der König doch noch der deutschen Literatur eine kleine Reverenz erwies. Diese Schrift kam so spät, daß es den deutschen Dichtern kaum faßbar erschien, wie der König sich jetzt noch damit hervorwagen konnte. Sie waren an seine krasse Ignoranz, was die deutsche Dichtkunst betraf, so gewöhnt, daß die freundliche Geste Friedrichs nicht einmal ein günstiges Echo fand. Dennoch ist dieser Aufsatz von großer sprachlicher Schönheit. Wenn er vierzig Jahre früher erschienen wäre, wie gern hätte man Friedrich geglaubt und wieviel Wohlwollen hätte er sich bei den deutschen Literaten schaffen können.

Am 29. November 1780 starb Kaiserin Maria Theresia. Ihr Sohn Joseph II. folgte ihr auf dem Thron, bekannt für sein unruhiges Wesen und als Vertreter grundlegender Reformpläne in Österreich. Immerhin waren erst zwei Jahre seit dem Bayerischen Erbfolgekrieg vergangen. Der Friede von Teschen ließ Österreicher und Preußen keineswegs als Freunde auseinandergehen. In die Briefe Charlottes an Friedrich mischte sich um diese Zeit echte Besorgnis um eine eventuelle erneute Zuspitzung der politischen Lage:

»15. Dezember 1780
Ich gestehe, daß der Tod der Maria-Theresia mir Schmerz bereitet hat, weil sie den Frieden geliebt hat und bemüht war, ihn zu erhalten, so lange sie lebte. Sie hat ihn ihrem Sohn Joseph anempfohlen in ihren letzten Augenblicken vor dem Tode. Es steht nur zu hoffen, daß dieser Wille auf den unruhigen und verwirrten Geist des Kaisers Eindruck macht...«

»1. Februar 1781
Der Herzog von Württemberg [Karl Eugen] ist auf Reisen; er war inkognito in Hannover mit seiner Gräfin [Franziska von Hohenheim], mit der er kein bißchen verheiratet ist, wie man gesagt hat. [Die Eheschließung fand erst 1785 statt.] Und jetzt soll er nach Kassel gekommen sein. Ich ignoriere sie, wenn wir die Ehre haben sollten, sie zu sehen, aber ich bezweifle das...«

Charlotte hatte allen Grund, gegen Herzog Karl Eugen voreingenommen zu sein. Wilhelmines einzige Tochter Friederike war zehn Jahre mit ihm denkbar unglücklich verheiratet gewesen, selten hat eine Ehe einen so schwankenden und stürmischen Verlauf genommen. Sie wurde 1759 getrennt, Friederike kehrte nach Bayreuth und in dessen Umgebung zurück.

Charlotte teilte ihrem Bruder die Ereignisse ausführlich mit:

»22. Februar 1781

Der Herzog von Württemberg kam zwei Tage früher hier an. Er kam von Schwerin, begleitet von der Gräfin Hohenheim und drei Kavalieren. Er bat um Inkognito, das bedeutet, daß er in einem Gasthof logiert, er weigerte sich, im Schloß zu wohnen und gegen jeden Dienst. Gestern hat er bei Hofe diniert, wo ich selbst auch eingeladen war; dort traf ich ihn.

Obwohl ich ihn achtunddreißig Jahre lang nicht gesehen hatte, habe ich ihn gleich wiedererkannt, weil er seinem Vater gleicht wie ein Wassertropfen dem anderen. Er trägt eigene Haare, ist ein guter Unterhalter, spricht gut und mit Lebhaftigkeit.

Die Gräfin Hohenheim ist mit Juwelen bedeckt wie ein Heiligenbild von Loretto; übrigens ist sie nicht schön. Man sagt, sie sei gut und das ist wohl ihr ganzes Verdienst, zumal sie auch keinerlei Esprit gezeigt hat. Sie spricht wenig, aber sie wollte partout mit dem Herzog reisen ... Wir haben Lessing verloren [15. Februar 1781], der einen Erstickungsanfall durch sein Lungenleiden gehabt hat. Der Herzog hat Sorge, einen so geschickten Bibliothekar zu ersetzen, wie er war ...«

»13. März 1781 [Charlottes 65. Geburtstag]

Die prächtige Karosse, die Sie für mich bestimmt haben, ist soeben angekommen ... ich war davon sehr überrascht, ich habe bisher nichts so geschmackvolles und prunkvolles gesehen. Die Arbeit macht den Berliner Herstellern Ehre. Nur finde ich, es war ein Fehler, sie mir zu schenken, sie ist viel zu schön für mich. Die ganze Stadt war in Unruhe, um sie ankommen zu sehen, kaum konnte sie die Straßen passieren, so groß war die Menge. Die Pferde sehen flink und munter aus, woraus man den guten Schlag des Landes erkennt, wo sie herkommen, und den Maître, der es bewohnt. Von diesem superben Wagen werde ich nur an frohen und schönen Tagen Gebrauch machen, die mich zum Vergnügen inspirieren ...«

Charlotte führte ihren Briefwechsel mit Friedrich in großer Freude an diesem Gedankenaustausch fort. Immer wieder klang hin und wann noch der alte Humor durch. Auch in Friedrichs Briefen wurde häufig von »ma vieille carcasse« gesprochen, »mein altes Gerippe«. Es war ein terminus technicus unter den Geschwistern. So auch die würdige Frau Herzoginmutter im nächsten Brief an Friedrich:

»13. Mai 1781

Ich sollte Ihnen einmal sagen, daß ich eine ganz minimale Esserin geworden bin, einfache Kost; diese Diät unterhält mein schwaches Gerippe, welches bald am Boden läge, würde ich anders leben . . .
Ich bedauere sehr, daß Sie während der letzten Reise nach Charlottenburg Tränen vergossen haben, als Sie sich der lieben Personen erinnerten, die wir verloren haben. Die gleichen Überlegungen stelle ich manchmal im Geiste an. Ich unterhalte mich mit ihren Porträts, vor denen ich in Ehrfurcht meditiere, hoffend, sie seien glücklicher, als sie es in dieser Welt voller Unzulänglichkeiten waren. Doch die Verlorenen lassen immer einen Raum für die Sehnsucht frei in der Seele derer, die hiergeblieben sind. Wenn sie wiederkommen könnten, sie würden die Welt sehr verändert finden . . .«
Friedrich liebte es, die Geburtstage seiner Geschwister festlich zu begehen, auch dann, wenn diese nicht anwesend waren. So wurde beispielsweise der 18. Januar schon seit Jahren nicht mehr als »Krönungstag« am Hofe begangen, sondern als »Heinrichs Geburtstag«. Der König ließ an diesem Tage sein goldenes Eßservice aus den Schränken holen. Charlotte wurde am 13. März gefeiert. Sie revanchierte sich damit, daß auch sie den Geburtstag des Königs immer festlich am 24. Januar beging. Dem König dankte sie ausdrücklich für seine Aufmerksamkeit:

»21. März 1782

Mein Sohn Friedrich [32] kommt, um mir Bericht zu erstatten von dem prächtigen Mahl und dem Dessert, für welches man meine antike Gestalt in ein Medaillon plaziert hatte, und von der Güte, die Sie gehabt haben, auf meine Gesundheit zu trinken.
Er erzählte von dem gestickten Gewand, in das mein lieber Bruder gekleidet war, und von der angenehmen Musik, die Sie diesen Abend gehört haben . . .«
Charlotte setzte die gewohnte Berichterstattung an den König sogar dann fort, wenn sie in der Berliner Umgebung Besuche machte, damit der König von allem unterrichtet war:

»Rheinsberg, 4. August 1782

Ich bin in Schönhausen gewesen, um von der Königin Abschied zu nehmen und meine Route nach Oranienburg fortzusetzen. Mein Bruder Heinrich war gekommen um mich zu sehen, ich fand ihn traurig wie immer, ich mußte darauf gefaßt sein. Ich tat mein Möglichstes, ihn zu beruhigen. Er weigerte sich zu bleiben und fuhr ab, Rheinsberg entgegen. Mein Bruder Ferdinand hat mit mir, mit meinem Sohn und den Angehörigen meines Gefolges diniert . . .

Nach dem Diner bin ich aufgebrochen und abends um sieben Uhr war ich hier in Rheinsberg. Ich fand meinen Bruder betrübt, aber ruhiger; er wünschte, ich sollte bis zum 12. des Monats bleiben, an welchem ich heimzukehren gedenke, die Nacht in Stendal zu verbringen und am nächsten Tag in Braunschweig zu sein . . .«

Es lebten nur noch sechs Geschwister. Friedrich war siebzig Jahre, Friederike verdämmerte ihr Dasein in geistiger Umnachtung in ihrem Schloß Unterschwaningen bei Ansbach, sie war achtundsechzig, Charlotte zählte sechsundsechzig, Amalie neunundfünfzig. August Wilhelm war 1758 als erster gegangen, ihm folgte Wilhelmine, schwerkrank, im Oktober des gleichen Jahres. Sophie starb 1765 und schließlich jetzt, im Jahre 1782, Luise Ulrike, die Königin von Schweden. Bruder Heinrich war jetzt sechsundfünfzig und der jüngste von allen, Ferdinand, mittlerweile auch zweiundfünfzig. Selbst er hatte schon ein halbes Jahrhundert erlebt.

Unter den noch lebenden Geschwistern bestand nach wie vor ein starker Zusammenhang und eine enge Familienbindung, mochte dies auch bei Heinrich und Ferdinand mit einer zeitweise sehr starken Aversion gegen den König verbunden sein. Charlottes Berlin-Reisen waren eine Einrichtung, die all die Jahre hindurch erhalten geblieben ist. Erst später, nach Friedrichs und Amalies Tod 1786 und 1787, lockerte sich die enge Bindung. Zudem machten Alter und Krankheiten das gesellige Beisammensein spärlicher.

Noch einmal verlor Charlotte einen Sohn, ihren geliebten Jüngsten, Leopold. Er befand sich im besten Alter von dreiunddreißig Jahren. Seine zufällige Anwesenheit in Frankfurt an der Oder während einer großen Überschwemmung forderte seine Hilfsbereitschaft heraus. In einem kleinen Boot geriet er bei Rettungsaktionen in einen Strudel. Während seine Begleiter gerettet werden konnten, fand man ihn erst nach langem Suchen – tot am Ufer in einem Weidengesträuch hängend.

Mochte Charlotte noch so sehr versuchen, sich dadurch zu trösten, daß dieser Sohn sein Leben aus den edelsten Motiven aufs Spiel gesetzt hatte – der Verlust blieb so schmerzlich, wie bisher jedesmal, wenn sie eines ihrer Kinder verlor.

Charlotte blickte indessen in ihrem Gottvertrauen immer noch voller Dankbarkeit auf die Kinder, die ihr geblieben waren und von denen

sie – sofern sie nicht mit ihnen lebte – regelmäßig an den Posttagen
hörte. Mit Charles, dem jetzigen Herzog, verband sie ein sehr inniges
Verhältnis. Caroline, die verwitwete Markgräfin von Bayreuth, machte
jetzt öfter einen Besuch bei der Mutter und ließ nicht wieder elf Jahre
vergehen, wie es einmal geschehen war. Anna Amalia in Weimar
hatte es verstanden, sich von einer unsicheren, gehemmten jungen
Regentin zu einer fesselnden Frau von großer geistiger Ausstrahlungskraft zu entfalten. Sie galt als Begründerin des berühmten Weimarer
Musenhofes und half mit ihren Bestrebungen, Weimar zum neuen
Mittelpunkt geistigen Lebens in Deutschland zu machen. Der jetzt
fünfundvierzigjährige Sohn Friedrich August war Charlotte erhalten
geblieben, und die sechsunddreißigjährige Auguste Dorothee, die Äbtissin von Gandersheim, verbrachte oft mehrere Wochen im Hause
der Mutter, um sie zu unterhalten und ihr nahe zu sein.

Die einzige, die dem mütterlichen Lebenskreis fernblieb, war die
»schlimme Elisabeth«, die zunächst im Stadtschloß Stettin reguläre
Festungshaft erlitt, nach Friedrichs Tod räumte man ihr das Amtshaus
Jasenitz als Sommersitz ein, später vertauschte sie Jasenitz mit der
sogenannten Pädagogienmühle bei Stettin, ein recht bescheidenes
Sommerhaus, das sie Friedrichsgnade taufte und das sich als Prinzeß-
Schloß in die Erinnerung der Stettiner einprägte [39].

Mit dem Tode Friedrichs im Jahre 1786 fand der lebenslange Briefwechsel zwischen ihm und Charlotte sein Ende. Dreiundfünfzig Jahre
des Gedankenaustausches waren darin eingehend festgehalten worden,
alle kleinen und großen Ereignisse lebhaft kommentiert.

Unsere moderne Zeit ist der Erhaltung solcher und ähnlicher Andenken nicht eben günstig. Zwar wird dem, was noch erhalten ist, in
Archiven Pflege und Aufmerksamkeit gewidmet, aber wie unendlich
viel ist durch den letzten Krieg zerstört worden und verloren! Die
Originalbriefe Charlottes und Friedrichs existieren nicht mehr. Von
Charlottes Briefen gibt es lediglich im Niedersächsischen Staatsarchiv
in Wolfenbüttel ein unscheinbares broschiertes Bändchen mit dem
Wortlaut ihrer Briefe in französischer Sprache bis zum Jahre 1768, der
restliche Brief-Wortlaut von Charlotte liegt als maschinengeschriebe-
nes Manuskript französisch vor. Zwei dicke Aktenbündel enthalten
die Texte. Aber sie bergen in so nüchternem Gewand so viel Lebendig-
keit, Heiterkeit und Weisheit, daß es lohnen würde, sie einmal insgesamt ins Deutsche zu übertragen und ohne Auslassungen zu veröffentlichen.

Herzogin Philippine Charlotte mochte in ihrer Jugend ihrem Bruder Friedrich nicht sehr geglichen haben. Damals behauptete Lehndorff, der Kammerherr der Königin Elisabeth Christine, Friedrichs älteste Schwester Wilhelmine habe die meiste Ähnlichkeit mit dem Bruder. Charlotte überlebte jedoch Wilhelmine und Friedrich um lange Jahre, sie wurde alt – viel älter als der »Alte Fritz«, dem sie auf ihren Altersbildern frappierend gleicht.

Ganz sicher aber ist, daß einfach durch die längere Dauer ihres gemeinsamen Erdenlebens diese braunschweigische Schwester dem König außerordentlich ans Herz gewachsen war. Ein rührendes Billett, das er kurz vor seinem Tode schrieb, faßt diese lebenslange Verbundenheit in ergreifenden Worten zusammen:

»Sanssouci, 10. August 1786

Meine angebetete Schwester,

der hannöversche Arzt hat Ihnen nur sagen wollen, er habe das Äußerste getan, was er konnte, liebe Schwester; die Wahrheit ist aber, daß er mir nicht helfen konnte. Die Alten müssen den jungen Leuten Raum machen, damit jedes Menschenalter seinen Platz finde; und wenn man recht überlegt, was das Leben ist, so ist es nichts, als daß man seine Mitbürger sterben und geboren werden sieht. Indessen fühle ich mich seit einigen Tagen ein wenig erleichtert. Mein Herz bleibt Ihnen unverändert ergeben, meine liebe Schwester . . .« [40]

Friedrich hatte in seinem Testament von 1769 seine Zuneigung und sein Vertrauen in Charlottes Gemahl dadurch bewiesen, daß er Herzog Karl zum Testamentsvollstrecker ernannte. Durch den Tod des Herzogs 1780 mußte diese Bestimmung geändert werden.

Friedrich bedachte seine Braunschweiger Verwandten liebevoll in diesem Testament. Herzog Karl II. erbte »zwei Engländer samt Sattel und Zeug und 10 Anthal [41] Tokaier« . . . »Meinem Neffen Friedrich von Braunschweig 10.000 Taler« . . . »Meiner Schwester in Braunschweig 50.000 Taler und mein silbernes auf Weinstockart gearbeitetes Service, nebst einem schönen Wagen«.

Charlotte wird voller Rührung daran gedacht haben, wie ihr der Bruder jedes Jahr das Reisegeld zu den Fahrten in das geliebte Berlin geschickt hatte. Auch nach seinem Tode sollte sie die Mittel haben, diese Reisen fortzuführen.

Bis zum Jahre 1797 verband noch eine rege Korrespondenz Charlotte und ihre Schwägerin, die Königinwitwe Elisabeth-Christine. Dann starb die alte Königin. Charlottes Briefwechsel fand immer weniger

Partner. Amalie war Friedrich schon 1787 nachgefolgt. Es blieben nur
noch Heinrich und Ferdinand. Höflich korrespondierte »die gute alte
Tante« Charlotte mit der Familie des neuen Königs, zunächst mit
ihrem Neffen Friedrich Wilhelm II. Aber auch er starb 1797, erst dreiundfünfzig Jahre alt, etwa wie sein Großvater. Sein Sohn, Friedrich
Wilhelm III., bestieg den preußischen Thron, mit ihm die vom Volk
vergötterte Königin Luise.

Das letzte überhaupt von Charlotte überlieferte Schreiben ist ein Gra-
tulationsbillett an den königlichen Großneffen Friedrich Wilhelm III.
zum Jahreswechsel 1800/1801:

»26. 12. 1800

Ich glaube, nicht besser dieses Jahrhundert beenden zu können, als
meine demütigen Glückwünsche an Eure Majestät zu richten und ihr
die Wünsche meines Herzens für eine lange Dauer Ihres kostbaren
Lebens auszudrücken . . .«

Die alte Herzoginmutter spürte es in diesen Monaten mehr und mehr,
daß »Madame la Nature«, von ihr einst so übermütig zitiert, auch
ihrer Laufbahn nun bald zwangsläufig ein Ende setzen würde. Ein
Brief an ihren Bruder Ferdinand offenbart noch einmal ganz und gar
die einstige preußische Prinzessin, die eigentlich nie aufgehört hatte,
sich dem rätselhaften Etwas, Preußen genannt, zugehörig zu fühlen,
für das die Menschen Blut und Leben zu geben bereit gewesen sind:

»Seit meiner Jugend bin ich immer eine gute Preußin gewesen und
anhänglich an unsere große Familie, von der Sie und unser lieber Bruder [Heinrich] der Rest sind . . .«

Am 16. Februar 1801 entschlief Philippine Charlotte, Herzogin von
Braunschweig, der Friedrichs letzte Worte gegolten hatten:

»Meine angebetete Schwester – die Alten müssen den jungen Leuten
Raum machen – wenn man recht überlegt, was das Leben ist . . .«

Charlottes Kinder
aus ihrer Ehe mit Herzog Karl I. von Braunschweig:

Erbprinz *Karl* Wilhelm Ferdinand (Charles)
* 9. 10. 1735, † 10. 11. 1806
Vermählt am 16. 1. 1764 mit Augusta, Tochter des Prinzen Friedrich
Ludwig von Großbritannien. Gelangt 1780 als Herzog Karl II. von
Braunschweig zur Regierung.

Georg Franz (Görge)
* 26. 9. 1736, † 10. 12. 1737

Sophie Caroline
* 7. 10. 1737, † 23. 12. 1817
Vermählt am 20. 9. 1759 mit Markgraf Friedrich von Bayreuth, Wilhelmines Witwer. Selbst verwitwet 1763.

Christian *Ludwig* (Louis)
* 13. 11. 1738, † 12. 4. 1742

Anna Amalie
* 24. 10. 1739, † 10. 4. 1807
Vermählt am 16. 3. 1756 mit Ernst August II. Konstantin, Herzog von
Sachsen-Weimar. Verwitwet 28. 5. 1758. Begründerin des »Musenhofes« in Weimar.

Friedrich August
* 29. 10. 1740, † 8. 10. 1805
Vermählt am 6. 9. 1768 mit Friederike, Tochter des Herzogs Karl Christian Erdmann von Württemberg-Oels. Folgt seinem Schwiegervater
im Fürstentum Oels.

Albrecht *Heinrich* (Henri)
* 26. 2. 1742, † 8. 8. 1761

Luise Friederike
* 18. 12. 1743, † 22. 2. 1744

Wilhelm Adolf
* 18. 5. 1745, † 24. 8. 1770

Elisabeth Christine Ulrike (Die schlimme Elisabeth)
* 9. 11. 1746, † 18. 2. 1840
Vermählt am 14. 7. 1765 mit Friedrich Wilhelm, Kronprinz von Preußen. Geschieden 1769.

Friederike Wilhelmine
* 8. 4. 1748, † 22. 1. 1758

Auguste Dorothee
* 2. 10. 1749, † 10. 3. 1810
Ab 1778 Äbtissin zu Gandersheim.

Leopold
* 11. 10. 1752, † 27. 4. 1785

Anmerkungen

[1] »Memoiren der Markgräfin Wilhelmine von Bayreuth«, Ausgabe des Insel-Verlages 1923, aus dem Französischen übertragen von Annette Kolb. – Nachstehend abgekürzt »Wilhelmine« genannt. – S. 245

[2] Ernst Poseck »Die Kronprinzessin«, Steuben-Verlag Paul G. Esser, Berlin 1940. – Nachstehend abgekürzt »Poseck« genannt. S. 66

[3] Poseck S. 86/87

[4] Poseck S. 87

[5] Wilhelmine S. 245/246

[6] Dorothea Luise von Wittenhorst-Sonsfeld, Hofmeisterin Wilhelmines, die sie auch nach Bayreuth begleitete. Zärtlich von ihr Sonsine genannt.

[7] Ramen – allmächtige und intrigante Kammerfrau der Königin Sophie Dorothea. Deren ständige Vertraute. Spionin der österreichischen Partei am Berliner Hof.

[8] Wilhelmine S. 254

[9] Wilhelmine S. 365

[10] Wilhelmine S. 373

[11] Wilhelmine S. 383

[12] Bei den folgenden hier wiedergegebenen Briefen *ohne* Quellenangabe gilt folgende Herkunft: »Quellen und Forschungen zur Braunschweigischen Geschichte« VIII. Band »Aus den Briefen der Herzogin Philippine Charlotte von Braunschweig (1732–1801). Mitgeteilt in französischer Sprache und kommentiert von Prof. Hans Droysen. – Deutsch von Charlotte Pangels. – Bd. I: 1732–1768 – In speziellen Fällen auch »Gedruckte Briefe Charlotte« genannt

[13] Gedruckte Briefe Charlotte S. 12

[14] Poseck S. 363

[15] Poseck S. 264

[16] Wilhelmine S. 441

[17] General Fouqué wurde zum Großmeister gewählt und hatte als solcher die Ehre, Friedrich und die übrigen Kandidaten zu Rittern des Bayard-Ordens zu schlagen. Jeder Ritter trug auf seiner Brust unter den Kleidern eine Dekoration, die in einem Schwert auf Lorbeer bestand. Das Motto lautete »Sans peur et sans reproche«; es waren zunächst zwölf Ritter »ohne Furcht und Tadel«. – Siehe Hamilton »Rheinsberg«, Berlin 1882, R. v. Deckers Verlag. 1, S. 117

[18] Helene Matthies »Lottine«, Waisenhaus-Druckerei und Verlag, Braunschweig 1958 – Nachstehend abgekürzt »Lottine« genannt – S. 50

[19] Ernst Ahasverus Graf von Lehndorff »Tagebücher nach meiner Kammerherrnzeit« Dreißig Jahre am preußischen Hofe, Mehrere Bände und Nachtrag. Siehe Eintragung vom 26. 1. 1752

[20] Lottine S. 66

[21] »Die Briefe Friedrichs des Großen an seinen vormaligen Kammerdiener Fredersdorf«, Herausgegeben und erschlossen von Johannes Richter, Verlagsanstalt Hermann Klemm AG., Berlin-Grunewald, 1926, S. 351

[22] Kurt Meyer-Rotermund »Wolfenbütteler Bilderbogen«, Ernst Fischer-Verlag Wolfenbüttel 1958, S. 11

[23] Otto Heuschele »Herzogin Anna Amalia«, Münchner Verlag, bisher F. Bruckmann 1947, S. 53

[24] Lottine S. 74

[25] Lottine S. 75/76

[26] Friedrich Thöne »Wolfenbüttel – Geist und Glanz einer alten Residenz«, Verlag F. Bruckmann KG, München 1968. – Nachstehend abgekürzt »Thöne« genannt. – S. 222

[27] »Der Briefwechsel Friedrichs des Großen mit der Gräfin Camas und dem Baron Fouqué«. Veröffentlichungen aus den Archiven Preußischer Kulturbesitz, Bd. 1, Grote-Verlag Köln und Berlin 1967, ausgewählt und übersetzt von Prof. Hans Droysen. – S. 47

[28] Lottine S. 90

[29] Lottine S. 90

[30] Friedrich von Oppeln-Bronikowski »Liebesgeschichten am preußischen Hofe«. Verlag Gebr. Paetel, Berlin–Leipzig 1928. – S. 72

[31] Die nun folgenden Briefe, die keinen gesonderten Quellenvermerk tragen, stammen aus den unveröffentlichten französischen Manuskripten von Prof. Hans Droysen, die als II. Band von 12) gedacht waren. Niedersächsisches Staatsarchiv Wolfenbüttel 299 N 58–61 »Aus den Briefen der Herzogin Philippine Charlotte von Braunschweig 1769–1801« – Deutsch von Charlotte Pangels; in speziellen Fällen nachstehend »Unveröffentlichte Briefe Charlotte« genannt.

[32] Lottine S. 120

[33] Unveröffentlichte Briefe Charlotte

[34] Lottine S. 119

[35] Lottine S. 121

[36] Thöne, Bild S. 149

[37] Unveröffentlichte Briefe Charlotte

[38] Unveröffentlichte Briefe Charlotte

[39] Nach Dr. Wilhelm Eggebrecht, vormals Stettin.

[40] »Der König« Friedrich der Große in seinen Briefen und Erlassen, mit biographischen Verbindungen von Gustav Mendelssohn-Bartholdy, Verlag Wilhelm Langewiesche-Brandt, Ebenhausen bei München 1923. S. 527

[41] Anthal = Ein ⅝ Preßburger Eimer = 74,46 Liter, ein früheres ungarisches Weinmaß.

Sophie

25. 1. 1719 Berlin, † 15. 11. 1765 Schwedt/Oder
Markgräfin von Schwedt

Hier ist Tobise!

So blickt sie noch heute, nach beinahe zweieinhalb Jahrhunderten, auf uns hernieder. Ein überaus schönes, guterhaltenes Bild von Antoine Pesne, sonnenbeschienene Attraktion im restaurierten Schloß Charlottenburg in Berlin. Das lebensgroße Bild ihrer königlichen Hoheit, der Prinzessin Sophie von Preußen. Sie trägt ein stahlblaues dunkles Kleid mit großen, dekorativen silbernen Blättern durchwirkt, ziegelrote Tulpen leuchten auf in diesem chinesisch anmutenden Stoffmuster. Der Saum des Kleides ist modisch umgeschlagen, ein silbriger Futterstoff sieht hervor. Sophie wird von ihrem Verlobten am Arm geführt, dem »großen Schöps« Markgraf Friedrich Wilhelm von Brandenburg-Schwedt. Auch er in Gala im silbernen Brokatanzug mit orangegelber Ordensschärpe, im Hintergrund auf einem Kissen die Markgrafenkronen. Dieses so ernst blickende junge Mädchen ist erst fünfzehn Jahre alt, wirkt jedoch viel älter, reifer, gesetzter. Der Markgraf dagegen sieht jung aus, nicht so, als sei er wirklich neunzehn Jahre älter als seine Braut. Er hatte ja seine ersten Abenteuer schon hinter sich, als Tobise auf die Welt kam. Ein neunzehnjähriger junger Rüpel, der die ersten Anstalten machte, sich eines Tages den Beinamen »der tolle Markgraf« mit Recht zu verdienen.

Wie aber sah es in Berlin aus, als Sophie zur Welt kam? Sie wurde 1719 geboren. Lesen wir den Bericht eines aufmerksamen Zeitgenossen, der die Hauptstadt und den Berliner Hof ein Jahr zuvor besucht hatte:

»Ich sehe hier einen königlichen Hof, der nichts glänzendes und nichts prächtiges als seine Soldaten hat. Es ist also möglich, daß man ein großer König sein kann, ohne die Majestät in dem äußerlichen Pomp und in einem langen Schweif buntfärbigter, mit Gold und Silber beschlagener Kreaturen zu suchen. Hier ist die Hohe Schule der Ordnung und der Haushaltungskunst, wo große und kleine sich nach dem Exem-

pel ihres Oberhauptes mustern lernen. Ich habe, so lang ich in Berlin
gewesen, kein ganz mit Galonen besetztes Kleid gesehen. Die kost-
barsten Kleider haben nicht über etlich und zwanzig Lot in Gold oder
Silber: sie sind meistenteils gestickt und dieses so nett, so niedlich und
so wohl an den Leib gepaßt, daß man nichts schöners sehen kann.
Kein Volk kommt dem natürlichen Wuchs und dem edlen Ansehen
der Preußen bei: sie sind meistenteils schlank und wohlgestreckt von
Leibe, frisch und gesund von Farbe und von einem sehr bescheidenen
Wesen. Wenn man von dem Berliner Hof redet, so versteht man darunter schier nur die Kriegsleute; diese allein machen eigentlich den königlichen Hof aus. Die Räte, Kammerherrn, Hofjunker und dergleichen,
wenn sie nicht zugleich Kriegsämter haben, werden sie nicht viel geachtet und kommen meistenteils wenig nach Hof; die Gelehrten haben
sich aber dem König am meisten verächtlich gemacht . . .
Die Königin ist eine höchst verehrungswürdige Dame: sie hat das beste
Herz der Welt und eine gründliche Vernunft. Sie weiß sich vollkommen in die Gemütsart des Königs zu schicken. Sie liebt die Musik als
ihre einzige Ergötzlichkeit. Dem ungeachtet aber finden sich doch
wenig Virtuosen bei Hof. Der König wendet lieber etwas auf einen
guten Waldhornisten. – Im Sommer fährt die Königin insgemein gegen
Abend nach Monbijou, welches ein Garten an der Spree mit einem
kleinen Lustgebäude ist, worinnen vor einem Jahr der Zar [Peter der
Große] sich hat gefallen lassen, sein Quartier zu nehmen. Ein paar
schlechte Kutschen mit sechs alten Pferden bespannt und ein kleiner
Mohr zur Seiten: dieses ist gemeiniglich der ganze Aufzug dieser großen Königin. Hier, dacht ich, können die Großen haushalten lernen . . .
Der schönste Glanz des preußischen Hofes bestehet in der auserlesenen
Mannschaft, die der König auf den Beinen hat; insbesondere ist das
große Grenadier-Regiment zu Potsdam etwas so herrliches und majestätisches, daß kein Potentat in der Welt es darinnen leicht dem König
in Preußen wird vortun können. Man kann nichts schöners, nichts
ordentlichers und zugleich auch nichts kriegerischers sehen. Wann sie
ihre Waffenübungen machen, wann sie schwenken, wann sie Feuer
geben, wann sie auf und ab ziehen, so läßt es, als ob sie zusammen nur
einen Körper ausmachten und von einer einzigen Triebfeder zugleich
angezogen würden . . .
Was im übrigen die Lustbarkeiten bei Hof betrifft, so kommen dieselbe
mit denjenigen des wienerischen und dresdnischen Hofs in keinen

Vergleich. Ja, ich muß schier sagen, man findet hier garkeine, wenn man nicht solche in einem artigen Gespräch, kleinen Spiel, in einer guten Tafel, in angenehmen Gesellschaften und Spaziergängen, in mittelmäßigen Konzerten, in Künsten und Wissenschaften und dergleichen Dingen zu suchen gewohnet ist.

Schauspiele sieht man in Berlin gar nicht, es sei denn, man verstehe darunter die schöne Mannschaft, die täglich auf die Parade ziehet und welche für einen Liebhaber der Soldaten alles übertrifft, was man schönes in der Welt sehen kann . . .« [1]

Dieser begeisterte Chronist ist erst vierundzwanzig Jahre alt und stand sichtlich positiv zum neuen König, als er diese Eindrücke empfing.

Hätte ein älterer Mann, der noch die Prachtentfaltung des verstorbenen Königs und seine offene Hand kennengelernt hätte, diesen Bericht geschrieben, er wäre auf einen anderen Grundton gestimmt gewesen: auf Melancholie und Verdrießlichkeit, wie man vergangenen Zeiten, die einmal gut waren, nachtrauert.

Wir erfahren, daß der König und die Königin wie »einfache christliche Eheleute« zusammen lebten und ihre Kinder mit Strenge und Sorgfalt aufzogen. So jedenfalls hatte es den Anschein nach außen hin, und es war ganz gewiß Königin Sophie Dorothea zu danken, daß dieser Eindruck fast immer vor allen Gästen und nicht zur Hofgesellschaft Gehörenden aufrecht erhalten blieb.

Bei Hofe selbst war es kein Geheimnis, daß zu gewissen Zeiten die Königin kaum jemanden mit einer Frage oder einem unterhaltenden Gespräch beehren durfte, ohne daß der König in immer wieder aufflackernder Eifersucht die unliebsamsten Diskussionen und Szenen herbeigeführt hätte. Sophie Dorothea versuchte wirklich, »sich in die Gemütsart des Königs zu schicken« und vermied nach Möglichkeit jeden Anlaß. Friedrich Wilhelm plagte seine Gemahlin schon in jungen Ehejahren, als kaum die Flitterwochen vorbei waren, mit Verdächtigungen. Sogar auf den damals noch lebenden König Friedrich, der seiner Schwiegertochter sehr wohlgesonnen war, fiel des damaligen Kronprinzen Eifersucht und »er behandelte seine Gemahlin sehr hart«, wie Wilhelmine uns aufgezeichnet hat.

Aus der Zeit vor Sophies Geburt wurde, ebenfalls in Wilhelmines Memoiren, ausführlich berichtet:

»Der König verbrachte den Winter [1718/19] größtenteils in Berlin und wohnte jeden Abend den Gesellschaften bei, die in der Stadt veranstaltet wurden. Die Königin mußte den ganzen Tag im Zimmer des Königs verbringen, der es so haben wollte, und hatte meinen Bruder und mich als einzige Gesellschaft. Wir aßen mit ihr zur Nacht im Beisein der Frau von Kamecke[2], ihrer Oberhofmeisterin, und Frau von Roucoulles[3]. Die erste war aus Hannover von meiner Mutter mitgenommen worden; und obwohl sie vorzügliche Eigenschaften besaß, schenkte ihr die Königin keinerlei Zutrauen. Diese [die Königin] war jetzt fortwährend tief melancholisch, und man fürchtete für ihre Gesundheit, besonders da sie guter Hoffnung war. Dennoch kam sie glücklich mit einer Prinzessin nieder, die die Namen Sophie Dorothea Marie erhielt...«[4]

Der 25. Januar 1719 war Sophies Geburtstag; ein Tag später als Kronprinz Friedrich, der gerade sieben Jahre alt geworden war. Als erstes Porträt Sophies ist uns leider nur eine flüchtige Skizze erhalten geblieben. Hofmaler Pesne machte den Entwurf eines Gruppenbildes der königlichen Familie aus Anlaß des Besuches König Augusts des Starken 1728 in Berlin. Das eigentliche Gedächtnisbild ist verschollen, nur der Nachweis, daß es nach Dresden geliefert wurde, existiert noch. Aber das kleine Entwurfsbild in blassen Ölfarben hängt heute im Schloß Charlottenburg in Berlin. Sophie stand in der Orgelpfeifenreihe der Prinzessinnen als zweite von rechts, unverhältnismäßig groß neben ihrer nur ein Jahr jüngeren Schwester Ulrike. Oder aber Ulrike war zu klein geraten auf dieser eilig hingeworfenen Studie. Die Gestalten des Königs und Augusts des Starken sind jeweils zweimal zu sehen, einmal in der Andeutung, dann mit veränderter Haltung ziemlich genau ausgeführt, wobei der Soldatenkönig so schlank geraten ist, wie er sein Leben lang nicht gewesen! Von Sophie jedoch sehen wir nur ein hingetupftes Gesichtchen mit großen Augen, ein silbrig schimmerndes Kleid mit kleinem Reifrock, einen geschlossenen Fächer, einen schwarzen, schwebenden Kopfputz – das ist das Abbild der neunjährigen Prinzessin, ein Kind im Kostüm einer vollendeten Dame.

Sophie bedeutete für die Königin das neunte Kind, die neunte Entbindung, in damaligen Zeiten mehr als heute eine Sache auf Leben und Tod. Die Säuglingssterblichkeit war hoch. Selbst im Königshaus konnten die Ärzte nicht verhindern, daß die Prinzen Friedrich Ludwig, Friedrich Wilhelm und die Prinzessin Charlotte Albertine im zarten Alter starben. Als Sophie zur Welt kam, lebte Wilhelm noch, der jüngste Bruder im Geschwisterkreis. Aber schon im August, als Sophie gerade ein halbes Jahr alt war, starb der kleine Wilhelm. Und dies obwohl die königlichen Leibärzte den Kindern gewiß alle Sorgfalt und jede damals nur denkbare medizinische Hilfe angedeihen ließen.

Die Königin pflegte dann, wenn so ein kleines Wesen von ihr ging, den königlichen Wachsbossierer zu rufen, der das Kind in Wachs modellieren mußte. Wie ein lächelndes Püppchen lag es dann auf einem samtenen Podest und wurde jahrelang pietätvoll aufbewahrt und betrachtet[5]. In mehreren europäischen Schlössern werden heute noch solche Erinnerungsplastiken gezeigt, beispielsweise im Palacio Real in Madrid kann man noch aus Wachs geformte Babyfiguren auf Samtpolstern liegen sehen.

Von diesem Standpunkt aus betrachtet, war die Geburt Sophies für niemanden in der Familie eine Sensation. Die Kleine ist mit ihren Schwestern Friederike und Charlotte zusammen aufgezogen worden. Fräulein von Montbail, die Tochter der alten Madame von Roucoulles, wirkte als Hofmeisterin der drei mittleren Prinzessinen. Während Wilhelmine und Fritz schon eifrig lernen mußten, spielten die Kleinen noch unbekümmert und begriffen nicht, welche Pläne und Intrigen sich schon um die beiden größeren Geschwister zu ranken begannen.

Damals hat auch niemand daran gedacht, daß ausgerechnet Sophie es sein würde, die einen ständig im Vorrat befindlichen Dauerbräutigam des preußischen Hofes einst heiraten würde, den »tollen Markgrafen« Friedrich Wilhelm von Schwedt.

Wilhelmine schilderte die Entstehung des markgräflichen Hauses von Brandenburg-Schwedt wie einen Kriminalroman. Es gibt bei ihr gleich zu Anfang zwei Giftmorde! Inwieweit diese historisch nachweisbar sind, ist umstritten. Aber ganz sicher herrschte in Hofkreisen unausrottbar diese Ansicht, daß ein »poudre de succession«, die vornehmere Umschreibung für Gift, im Spiele gewesen sei. Der damalige Kurprinz Friedrich floh sogar mit seiner Gemahlin Sophie Charlotte vom Berliner Hofe und erbat von seinem Vater die Genehmigung zum ständigen Aufenthalt in Kleve, was jedoch abgelehnt wurde. Hier Wilhelmines Version:

»Kurfürst Friedrich Wilhelm, der Große Kurfürst, hatte zwei Frauen gehabt. Die Prinzessin von Oranien, seine erste Frau, schenkte ihm Friedrich I. und zwei Prinzen, die bald nach ihrer Geburt starben. Die zweite Gemahlin, Herzogin von Holstein-Glücksburg, Witwe des Herzogs Karl-Ludwig von Lüneburg, schenkte ihm fünf Prinzen und drei Prinzessinnen. Karl, der in Italien auf Befehl seines Bruders vergiftet wurde; Kasimir, der ebenfalls durch eine Prinzessin von Holstein, die zu heiraten er sich geweigert hatte, vergiftet wurde, und die Prinzen Philipp, Albrecht und Ludwig.«[6]

Wilhelmines Angaben sind zwar recht sensationell zu lesen, aber historisch keineswegs haltbar. Sie verschweigt auch, daß die zweite Gemahlin des Großen Kurfürsten eine sehr praktische und tüchtige Frau war, die ihre Kinder so gut wie möglich versorgt sehen wollte. Zwar gab es ein Gesetz, die sogenannte Dispositio Achillea, wonach Kinder aus zweiten Ehen des regierenden Kurfürsten nicht mit eigenem Land und Untertanen im Nachlaß bedacht werden durften. Aber Kurfürstin Dorothea fand Mittel, diese Bestimmung zu umgehen. Sie kaufte das vom Großen Kurfürsten verpfändete Amt Schwedt-Vierraden zurück und bezahlte den Preis von 26.500 Talern aus ihren eigenen Mitteln [7]. Zu diesem Amt Schwedt wurden dann später noch das Amt Wildenbruch in der Neumark und Schloß und Stadt Fiddichow an der Oder hinzu erworben, so daß schließlich die gesamte Herrschaft Schwedt mit ihren drei Schlössern und drei Städten, dreiunddreißig Dörfern und vierundzwanzig Vorwerken einen recht ansehnlichen Besitz darstellte, ein Erbe, an dem die preußische Krone sich hundert Jahre später in nahezu peinlicher Weise interessiert zeigen sollte.

Die Bevölkerung von Schwedt verdankte dieser Kurfürstin den Bau ihres Schlosses, die Abschaffung der persönlichen Dienstbarkeit der Untertanen und die erste Pfahlbrücke über die Oder. Da das Territorium Privateigentum der Kurfürstin war, vermachte sie es ihren Kindern, und ihr ältester Sohn Philipp Wilhelm wurde am 28. 7. 1690 erster regierender Markgraf von Schwedt. Sein Sohn und sein Bruder führten dieses Amt schlecht und recht fort, in schöner Unkenntnis darüber, daß die Regierungsform der Markgrafentümer in Deutschland sich bereits überlebt hatte.

Doch für Wilhelmine war »der Schwedter« noch eine mehr als reale Tatsache, und sie legte uns die Gründe dar, weshalb er zunächst als ihr Bräutigam proklamiert wurde, und zwar von der Clique des Alten Dessauers, der großen Einfluß auf den König hatte [8]:

»Als der Markgraf Philipp von Brandenburg-Schwedt 1711 starb, wurde sein ältester Sohn, der Markgraf Friedrich Wilhelm von Schwedt, erster Prinz von königlichem Geblüt und nächststehender Thronerbe, falls die königliche Linie erlöschen sollte. In diesem Falle fielen alle Allodialländer und Freilehen mir [Wilhelmine] zu. Da der König nur einen Sohn hatte, [der Bericht schildert die Situation von 1715] stellte ihm der Fürst von Anhalt [9] von Grumbkow unterstützt [10] vor, daß es aus politischen Gründen notwendig sei, mich mit seinem Vetter, dem Markgrafen von Schwedt, zu vermählen. Sie gaben vor, die zarte Ge-

sundheit meines Bruders Friedrich gäbe wenig Zuversicht für sein Leben. Und daß die Königin anfange, so beleibt zu werden, daß sie
schwerlich noch Kinder haben würde. Daß der König beizeiten an die
Erhaltung seiner Staaten denken müsse, die zerstückelt würden, wenn
ich eine andere Partie einginge. Und endlich, daß, falls er das Unglück
haben sollte, meinen Bruder zu verlieren, sein Schwiegersohn und
Nachfolger ihm an Sohnes Statt stehen würde.« [11]
Diese Mitteilungen geben einen plastischen Eindruck von der Wahl-
losigkeit der Mittel, mit denen die Gegner der Königin sie in den
Augen des Königs herabzusetzen trachteten. Es gab leider diese Parteien
am damaligen preußischen Hofe. Grumbkow und der Alte Dessauer als
des Königs vertraute Kumpane im Tabakskollegium intrigierten gegen
Sophie Dorothea. Die Königin wollte die englischen Heiraten für ihre
beiden ältesten Kinder, die Gegenpartei suchte die eigene Verwandtschaft mit dem regierenden königlichen Haus zu verheiraten. Heute
versunkene, vergessene Probleme. Aber damals lebten die Königskinder
hautnah mit Freund und Feind am väterlichen Hofe. Und die Gutes
anstrebende Frau Mutter richtete fast noch mehr Unheil an als die
Intriganten der Gegenseite.

Wer in Berlin das berühmte Riesenregiment des Soldatenkönigs so
mustergültig exerzieren sah, dem fiel gewiß nicht ein daran zu denken, daß zuerst Markgraf Philipp Wilhelm von Schwedt auf diese ab-
surde Idee verfallen war. Er hob in den deutschsprachigen Ländern die
ersten baumlangen Rekruten aus, warb sie von überallher an und
brachte dabei oft genug große finanzielle Opfer [12].
Wo lag Schwedt überhaupt? Am Oderflusse, südlich von Stettin, ein
gutes Stück nördlich von Küstrin, umgeben von herrlichen Wäldern.
Zu Anfang des 18. Jahrhunderts, als in Ost- und Westpreußen die Pest
verheerend gewütet hatte, zogen sich die entvölkerten Landstriche bis
in die Gegend von Schwedt hin. Es bedeutete für Markgraf Philip Wilhelm eine große Aufgabe, sein Land wieder zur Blüte zu bringen und zu
halten. Unter der Regierung seines Vaters entstanden in der Schwedter
Gegend große Tabakplantagen, und französische Refugiés fanden dort
eine neue Heimat. Sie kamen aus dem Dauphiné und brachten genaue
Kenntnisse über den Tabak und seine Kultur mit. Das Ackerbürger-
städtchen sah sich noch bis zum Zweiten Weltkrieg als Zentrum des
Tabakanbaus in Preußen. König Friedrich II. investierte später erheb-
liches Kapital »in die Tabakregie« und nahm darauf mehrfach Bezug in

seinem Testament von 1769, als er aus diesem Fonds seinen Nachlaß regelte.

Am 27. Dezember 1700 wurde dem ersten Markgrafen von Schwedt ein Sohn geboren, der aus Verehrung für den Großen Kurfürsten die Namen Friedrich Wilhelm erhielt. Es war die Zeit des Brauches, die gleichen Namen in den regierenden Familien immer wiederkehren zu lassen.

Dieser Friedrich Wilhelm, Sophies späterer Bräutigam, sorgte mit den Jahren dafür, daß man ihn nicht verwechselte. Er entwickelte sich zielstrebig, wie schon erwähnt, nach und nach zum »tollen Markgrafen«.

Zunächst einmal zeigte man ihn, sorgsam im Steckkissen, dem vor dem Schloß versammelten Volke, das die Böllerschüsse herbeigelockt hatten. Da standen sie, die biederen Uckermärker Dirksen, Setzkorn und Blasche, die aus dem Osten gekommenen Einwohner Czerpke, Loycke und Kubatzky und neben ihnen die Nachfahren der französischen Tabak-Cultivateurs: Duvinage, Deleurant und Roquette. Es gab Freibier auf dem Markt und man benutzte eine der wenigen Gelegenheiten des Landstädtchens, ein Fest zu feiern.

Philipp Wilhelm, der glückliche Vater, sorgte sehr für seine Untertanen und tat viel, das Ansehen von Schwedt zu heben. Er vergrößerte das Schloß, legte die Schloßfreiheit an und den dazugehörigen Park und er erbaute das Jagdschlößchen Monplaisir[13].

Von den großen Soldaten des alten Schwedter Markgrafen ist überliefert, daß sie es wesentlich besser hatten als die langen Kerls des Königs von Preußen[14]. Man hielt sie wie Offiziere und sie bekamen ihr Essen aus der markgräflichen Küche serviert. Man hat nie gehört, daß aus diesem Truppenteil jemand desertiert ist. Beim Preußenkönig hingegen waren wenige Jahre später die materiellen Vorteile des Riesenregimentes gering. Sie wurden zwar »meine Kinder« vom König angeredet, aber Fluchtversuche der gewaltsam in den Dienst gepreßten Soldaten waren an der Tagesordnung. Viele der prachtvoll aussehenden jungen Männer mußten den Versuch der Desertion mit tödlichem Spießrutenlaufen bezahlen.

In Schwedt dagegen kannte man diese Erscheinungen nicht. Der kindliche Prinz Friedrich Wilhelm wuchs hinein in eine recht behagliche Welt, wie es kleine Residenzen zu jener Zeit waren. Serenissimus ritt auf die Jagd, abends gab es endlose Tafeleien, danach Tanz, an anderen Tagen wieder Konzerte oder Maskeraden. Man spielte Karten und zog sich bei Hofe aus purem Zeitvertreib gegenseitig das Geld aus der Tasche. Die einzige Unbill, die die Natur Jahr für Jahr verhängte, waren die Hochwasser der Oder, die regelmäßig ihre Verwüstungen anrichteten und oft viele Opfer an Menschenleben forderten.

Politisch segelte die Markgrafschaft im Kielwasser der königlich preußischen regierenden Linie, der Vettern auf dem Thron. Die Mutter des kleinen Schwedters, die schöne Markgräfin Johanna Charlotte, allgemein nur »die Markgräfin Philipp« genannt, war gern gesehen am Berliner Hofe. Sie und ihre Kinder wurden absolut als Verwandte des königlichen Hauses gewürdigt, der kleine Friedrich Wilhelm spielte als Kind oft mit den Königskindern in Berlin. Wilhelmine wußte zu erzählen:

»Die Léti[15], von der Anhaltschen Clique gewonnen, wurde nicht müde, mir unaufhörlich vom Markgrafen von Schwedt zu sprechen und ihn zu loben, immer mit dem Zusatz, er würde dermaleinst ein großer König und es wäre ein großes Glück für mich, wenn ich ihn heiraten könnte.

Dieser Prinz, im Jahre 1700 geboren, war sehr groß für sein Alter. Sein Gesicht ist schön, seine Physiognomie mitnichten einnehmend. Obwohl er erst fünfzehn Jahre zählte, zeigte sich schon sein böser Charakter, er war grausam und brutal, hatte rohe Manieren und niedrige Triebe. Ich hatte eine natürliche Abneigung gegen ihn und suchte ihm Streiche zu spielen und ihn zu erschrecken, denn er war ein Hasenfuß. Die Léti verstand hier keinen Spaß und strafte mich streng. Die Königin, welche den Zweck dieser Besuche nicht kannte, litt sie umso bereitwilliger, als ich auch die anderen Prinzen empfing und ihre Besuche bei meinem zarten Alter [sechs] ohne irgendwelche Konsequenzen schienen ...

Es blieb jedoch nicht lange der Plan meiner Verheiratung verborgen. Der König vertraute ihn ihr an und die Nachricht war für sie wie ein Donnerschlag.«[16]

Hier bekam der junge Markgraf seine erste schlechte Kritik, was sich in den Briefen der Königskinder in späterer Zeit noch so oft wiederholen sollte.

Indessen genoß Friedrich Wilhelm von Schwedt keine schlechtere Erziehung als jeder andere junge Fürst seines Zeitalters. Er machte Bildungsreisen, hatte bemühte Lehrer, gewann einige Weltläufigkeit. 1718 rief man ihn mit Eilstafette aus dem Ausland zurück, weil der König ihn »nun endlich einmal« verheiraten wollte. Obwohl dieser russische

Heiratsplan dann scheiterte, behielt der Soldatenkönig weiterhin den jungen Schwedter in seiner Gunst. Er war immerhin ein »Prinz von Geblüt«, Enkel des Großen Kurfürsten, enger Verwandter des königlichen Hauses, zudem der Neffe seines besten Freundes, des Alten Dessauers. Aber ausschlaggebend für die Sympathie des Königs zu dem jungen Mann war sicher dessen natürlicher Witz, seine Rauhbeinigkeit und seine etwas derben Allüren, die in der abendlichen Tabagie des Königs bestens zur Geltung kamen, weil sie dem dort herrschenden Ton entsprachen. Als Zeichen allerhöchster Gewogenheit erhielt der junge Schwedter 1719, gerade als Sophie zur Welt kam, die höchste preußische Dekoration verliehen: den Schwarzen Adlerorden.

Friedrich Wilhelm von Schwedt hatte 1711 seinen Vater verloren. Seine Mutter führte die Regentschaft bis 1718, dann blieb es dem jungen Markgrafen, der mit achtzehn volljährig wurde, überlassen, seine eigenen Entscheidungen zu treffen. Zunächst einmal verschönerte er sein Schloß und baute es weiterhin aus. Auf der Schloßfreiheit ließ er antike Statuen setzen, wie er sie in Italien gesehen und von dort mitgebracht hatte. Damals gab es Altertümer noch zu relativ geringem Preise. Berichte darüber liegen aus den Aufzeichnungen von Wilhelmines Italienreise ausreichend vor.

Allerdings lebte er leichtsinnig und war besonders den Tafelfreuden zugewandt. Aber die Schwedter waren trotzdem ganz zufrieden mit ihm. Im Oderbruch machte er viel Land urbar und verteilte es an seine Bauern und Tabakzüchter. Sein Beiname »der tolle Markgraf« resultierte vor allem daher, daß mutwillige und verrückte Streiche wesentlich mehr Aufmerksamkeit erregen als alle guten und vernünftigen Taten zusammen.

Wenn er mit großem Gefolge zur Jagd ausritt, weithin sichtbar Feuerwerke abbrannte oder eine neue Dame seines Herzens aufgetan hatte, so kam dies der Schaulust und der Neugier seiner Untertanen so recht entgegen und fiel auf. Seine Abenteuer und seine tollen Reiterkapriolen sprachen sich herum. Was er als Landesherr außerdem noch erledigte, das blieb unerwähnt.

Es war verständlich, daß die Partei der Königin am Berliner Hof im wachsenden Maße Abneigung verspürte, einst ausgerechnet den Schwedter als Schwiegersohn in Betracht zu ziehen, des Königs Liebling jedoch blieb er. Der Historiker Erich Westermann schrieb über den Markgrafen:

»Für ernste Beschäftigung hatte er trotz seiner Klugheit und Bildung allerdings bis in sein hohes Alter wenig Neigung, erst recht aber nicht für den Zwang höfischer Etikette. Seine Freude war die Jagd, das Fischen, das tollste Reiten und ›Rosen zu pflücken, wo sie blühten!‹ Wegen seiner weit und breit bekannten Jagdleidenschaft ernannte ihn der Kaiser [17] zum Jägermeister des Römischen Reiches. In der Grabower Heide hatte er einen großen Wildpark. Er besaß weit über hundert Jagdhunde, und oberhalb der Brücke, in der Nähe der Havelling, stand noch bis 1864 sein riesiges Jagdzeughaus, ein Gegenstück zu dem heute [geschrieben 1929] für Schwedt zum Wahrzeichen gewordenen großen Speicher am Schloßgarten, dem ehemaligen markgräflichen Magazin ... Seinem Pagen Seydlitz, dem nachmals berühmten Reitergeneral, hat er in Schwedt die tollsten Reiterkunststücke beigebracht. Seine Besitzungen hielt er aber in tadellosester Ordnung, gegen seine Untertanen war er freundlich. Unter seiner Verwaltung ging es allen gut; grüßen durfte ihn allerdings niemand. – Bei Krankheiten half er selbst mit seinen Medikamenten aus [18].

Seine Qualitäten als Landesfürst müssen der liebevollen Beurteilung durch Westermann nicht in allen Punkten standgehalten haben. Es ist ein Brief Friedrich des Großen an »den Schwedter« überliefert, der das äußerste Mißfallen des Königs mit der Amtsführung von »Ihro Liebden« ausdrückt. Auch die Briefe, die Friedrich und Sophie in späteren Jahren wechseln, lassen erkennen, wie wenig das Tun und Treiben des Markgrafen von Schwedt in Berlin konvenierte. Er durfte oft jahrelang nicht bei Hofe erscheinen.

Doch vorerst, im Jahre 1730, dräute noch der Schwedter-Bräutigam am Heiratshorizont der jungen Wilhelmine. Noch schwebte der kategorische Befehl des Königs vom 25. Januar 1730 in der Luft, wonach sie nur die Wahl habe zwischen zwei Fürsten: dem Herzog von Weißenfels, einem ältlichen und unsympathischen Herrn, und dem Markgrafen von Schwedt. Die Königin hatte Wilhelmine beschworen, die Entscheidung hinauszuzögern und zu ihr zu halten.

Da versuchte am 5. August 1730 der Kronprinz die Flucht, wurde gefangengesetzt und sein Freund Katte mußte die jugendliche Unternehmungslust mit seinem Leben büßen. Wilhelmine war verstrickt in diese Fluchtaffäre und hatte monatelang strengsten Stubenarrest.

Eine Szene hielt Wilhelmine sehr anschaulich fest, die sich mit der geplanten Verlobung ihrer Schwester Sophie mit dem Erbprinzen von Bayreuth, die auch einmal zur Diskussion gestanden hatte, beschäftigt. Sie muß sich Anfang Mai 1731 abgespielt haben. Wilhelmine war beinahe zweiundzwanzig Jahre alt, Sophie dagegen nur etwas über zwölf Jahre, selbst für damalige Verhältnisse noch zu jung zum Heiraten.

Die widerstreitenden Parteien am Königshof waren nicht müßig, sich immer wieder neue Tatsachen gegenseitig aufzutischen. Gerüchte wurden ausgestreut, was davon Wahrheit war, wußte kein Mensch. Man wollte wohl absichtlich Verwirrung und Unsicherheit stiften: »Mittlerweile nahm Eversmann [19] seine Besuche wieder auf. Er brachte mir eines Tages Grüße von der Königin, und da ich mich nach ihrer Gesundheit und der des Königs erkundigte, sagte er: ›Er ist sehr übler Laune, und die Königin ist traurig, ohne daß ich wüßte warum. Ich habe schrecklich viel zu besorgen. Der König hat mir befohlen, die großen Empfangsräume in Ordnung zu setzen und alles neue Silbergerät dorthin zu bringen. Sie werden viel Lärm über sich hören, Prinzessin, denn es sollen mehrere Feste veranstaltet werden. Die Hochzeit der Prinzessin Sophie mit dem Prinzen von Bayreuth soll bald gefeiert werden. Der König hat viele fremde Gäste dazu geladen; den Herzog von Württemberg, den Herzog, die Herzogin und den Prinzen Carl von Bevern, den Prinzen von Hohenzollern und viele andere. Wie sehr bedauere ich, daß Sie fernbleiben werden; denn der König hat erklärt, daß er Sie nicht in seiner Gegenwart dulden würde.‹

›Ich würde mir nicht viel daraus machen‹, sagte ich, ›doch mache ich mir sehr viel aus der Ungnade des Königs und werde nicht ruhen, bis er sich wieder mit mir versöhnt hat.‹

Ich machte mir nicht viel Gedanken über dieses Gespräch, aber Fräulein von Sonsfeld [20] schien beunruhigt. ›Es zieht ein neues Gewitter auf‹, sagte sie, ›Grumbkow hintergeht ohne Zweifel die Königin, und ich fürchte sehr, Prinzessin, daß diese Vorbereitungen Ihretwegen getroffen werden. Um Gottes willen, halten Sie stand und stürzen Sie sich nicht in Ihr Unglück. Man will Sie dem Prinzen von Bayreuth geben; halten Sie Ihre Antwort im voraus bereit, denn ich fürchte, die Bombe wird platzen, wenn Sie am wenigsten daran denken.‹ Da ich ihr meine Absichten nicht kundtun wollte, gab ich ihr darauf nur zweifelhafte Antworten.« [21]

Drang das Getuschel der Hofdamen über die wahren Gründe der Hochzeitszurüstungen auch an die Ohren Sophies? Wußte sie schon halb und halb, daß der Erbprinz von Bayreuth nicht für sie bestimmt sein sollte? Es wäre ein Wunder gewesen, wenn sie den dramatischen Verlauf jener Maitage nicht verfolgt haben würde. Die Hofdamen waren verwirrt und voller Spannung auf die Entwicklung der Dinge. Die

Königin grämte sich bei dem Gedanken, daß ihr Lebensplan – die englische Doppelheirat ihrer ältesten Kinder – jetzt endgültig zum Scheitern verurteilt sein sollte.

Um dem endlosen Hin und Her ein Ende zu machen, befahl der König kategorisch am 11. Mai 1731, Wilhelmine habe sich mit dem Erbprinzen von Bayreuth zu verloben. Nach allen nur denkbaren Richtungen wurde die Prinzessin unter Druck gesetzt. Vor allem der Bruder sollte Erleichterungen haben, wenn sie sich fügte. Der König kannte auch die Anhänglichkeit seiner Ältesten an die Königin. Unter allen Umständen wollte er den Widerstand der Frauen gegen seine Anordnungen brechen.

Schließlich erklärte sich Wilhelmine einverstanden. Sie hatte zu wählen zwischen Freilassung des Bruders aus der Festung Küstrin und einer eigenen Festungshaft in Memel, die ihr im Falle der Weigerung drohte:

»Nach Verlauf dieser Zeit kehrte Eversmann von Potsdam zurück. Er richtete mir einen äußerst freundlichen Gruß des Königs aus und meldete mir, daß er mich nicht nach Potsdam habe kommen lassen, weil er selbst am 23. Mai nach Berlin zu kommen beabsichtigte und auch der Königin Zeit lassen wolle, sich zu beruhigen. Er fügte hinzu, die Königin sei aufs heftigste wider mich erzürnt und ich müßte darauf gefaßt sein, daß unser erstes Wiedersehen nicht ohne heftige Auftritte verlaufen würde ...

Drei Tage später erschien er wieder vor mir. ›Der König läßt Ihnen mitteilen, Prinzessin, daß er morgen früh hier sein wird und Ihnen und Ihren Prinzessinnen Schwestern befiehlt, sich in seinen Gemächern einzufinden.‹ Meine Angst vor dem Wiedersehen mit der Königin war so groß, daß ich den Tag und die Nacht in tiefster Bestürzung verbrachte.

Ich begab mich tags darauf zum König, der um zwei Uhr nachmittags ankam. Ich erwartete einen gnädigen Empfang, aber wie groß war mein Erstaunen, als ich ihn mit derselben erzürnten Miene eintreten sah, die er zeigte, als ich ihn zuletzt gesehen hatte. Er fragte mich in zornigem Ton, ob ich ihm gehorchen wollte. Ich warf mich ihm zu Füßen, beteuerte ihm meine Ergebenheit und bat ihn, mir seine väterliche Liebe wieder zuzuwenden. Sein Ausdruck veränderte sich bei dieser Antwort. Er hob mich auf und umarmte mich. ›Ich bin mit Ihnen zufrieden‹, sagte er, ›ich werde stets Sorge für Sie tragen und Sie nie verlassen.‹ Dann sagte er zu meiner Schwester Sophie: ›Beglückwünschen

Sie Ihre Schwester, sie ist mit dem Erbprinzen von Bayreuth verlobt; lassen Sie sichs nicht kümmern, ich werde mich nach einer anderen Versorgung für Sie umsehen.‹ Er gab mir ein Paket Stoff und sagte: ›Damit können Sie sich für die Feste schmücken, die ich geben werde. Ich habe jetzt zu tun, erwarten Sie nunmehr Ihre Mutter.‹« [22]
Sophie blieb in jedem Falle nichts anderes übrig, als sich den Befehlen ihres Vaters zu fügen. Sie kannte den Bayreuther Prinzen ebensowenig wie Wilhelmine ihn bis dahin zu Gesicht bekommen hatte. Von Liebe war bei diesen Heiratsplänen nicht ein einziges Mal die Rede.

Charlotte, Wilhelmine, die Kinder und Sophie blieben mit ihren Hofdamen und Erzieherinnen zu dieser Zeit weitgehend sich selbst überlassen. Der Mai 1731 war ihnen ohne Zweifel wie im Fluge vergangen. Man mußte sich auf den großen Tag vorbereiten, die am 3. Juni stattfindende Verlobung Wilhelmines. Von Näherinnen und geschickten Kammerfrauen wurde an allen Höfen Europas emsig gestichelt, genäht und gestickt. Man schnitt zu und suchte Spitzen und Rüschen aus, Tressen und Federn für die phantasievollen Gestecke, die die Damen sich in das weißgepuderte Haar einsetzen ließen.

Ein Kind wie Sophie kam sicher mühelos über die Enttäuschung hinweg, daß man ihr den Bräutigam vor der Nase weggenommen und der älteren Schwester zugesprochen hatte. Wer jedoch mit der Wendung der Dinge absolut nicht einverstanden war, das zeigte sich bald: der Markgraf von Schwedt. Er fühlte sich abgehalftert. Wilhelmine war seine Braut seit Kindertagen! Und nun sollte er zusehen und auch noch dabeisein, wie sie einem anderen Prinzen anverlobt wurde? Nein, das vertrug sein Stolz nur schlecht. Wilhelmine schilderte die Situation:

»Am Sonntag, dem 27. [Mai 1731] ersuchte der König die Königin, mit meiner Schwester [Charlotte], der Herzogin [von Braunschweig] und mir im Phaeton zur Revue zu fahren . . .
Die Truppen standen schon in geordneten Reihen, als wir ankamen. Der König ließ uns die Front abfahren. Es war in der Tat der großartigste Anblick, den man sich denken kann . . . Der Markgraf von Schwedt stand an der Spitze seines Regiments; er schien wütend und grüßte uns mit abgewandten Blicken ... Die Markgräfin Philipp, die auf Befehl des Königs meiner Verlobungsfeier beiwohnen mußte, war im Gesicht blau vor Aufregung. Ihr Sohn, der Markgraf von Schwedt, ließ sich entschuldigen und verließ die Stadt, um den Kanonenschuß nicht vernehmen zu müssen.« [23]

Mit der Zeit wandelten sich am preußischen Hofe die Verhältnisse. Die Kinder wuchsen heran. Die junge Ulrike war im Jahre 1731 elf Jahre alt, Prinz August Wilhelm neun, Amalie acht, Heinrich fünf und der kleine Ferdinand gerade ein Jahr.

Sophie sollte nun auch bald heiraten. Der nächste Bewerber, der sich bei Hofe mit Heiratswünschen für die junge Sophie vorstellte, war der Herzog von Mecklenburg in Mirow. Ein sehr kleiner Fürst, finanziell mühsam dahin vegetierend. Sein ärmlicher Hof ist in ironischen Briefen Friedrichs einmal sehr drastisch geschildert worden. So war es kein Wunder, daß der König über diesen Antrag ehrlich entrüstet war. »Ich gebe Ihro Liebden nicht einmal mein Küchenmädchen zur Frau, geschweige denn meine Tochter!« soll er geantwortet haben. Aber der Mirower hatte ein dickes Fell und machte sich nichts aus der Abfuhr. Er unterhielt weiterhin beste Beziehungen zum Kronprinzen, vor allem, als dieser später in Rheinsberg lebte, wo man dann immer nicht wußte, »wie man ihn wieder los wird«. Der Mirower sparte Haushaltskosten, wenn er recht lange nach Rheinsberg zu Besuch fuhr[24].

Inzwischen war nun einer der Lieblingspläne des Königs herangereift, den er all die Jahre nebenher mit sich herumgetragen hatte: der Markgraf von Schwedt sollte sich um die jetzt fünfzehnjährige Prinzessin Sophie bemühen. Er verbarg sein zweifelhaftes Betragen wenigstens vorübergehend, ging weniger in die Tabagie sondern in die Abendgesellschaften der Königin. Mit lammfrommer Miene erschien er in Hauskonzerten und auf den kleinen Tanzereien, die zuweilen vor oder nach der Abendtafel der Königin abgehalten wurden. Er benahm sich ungewöhnlich vernünftig und ein Wunder geschah: die junge Sophie verliebte sich bis über beide Ohren in den neunzehn Jahre älteren Fürsten und Verwandten.

Dem König ging das Herz auf, als man ihm von der Neigung des Paares erzählte, und im Frühjahr 1734 war es schon eine beschlossene Sache, daß Sophie und der Schwedter heiraten würden. Da die Königin wußte, daß in Schwedt keine großen Reichtümer zu erwarten waren, nahm sie diese Verbindung auch wieder mit recht drastischem Widerstand auf. Wilhelmine war über die Entwicklung ganz bekümmert. Sie schrieb an den Kronprinzen:

»8. April 1734
Die Königin ist in Verzweiflung darüber. Ich fürchte, daß dieser Kummer ihr den Rest geben wird. Stellen Sie sich vor, was ich leide. Bitte, erweisen Sie mir den Gefallen und verlassen Sie die arme Sophie nicht.

Ich versichere Ihnen, daß sie wirklich ein wenig Liebe verdient, denn sie hat das Herz stets auf dem rechten Fleck und einen edlen Charakter. Ich kann wohl sagen, daß sie meine Lieblingsschwester ist. Wollte Gott, daß sie glücklich wird.« [25]

Sogar am Braunschweiger Hof war man etwas befremdet über die schnelle Verlobung der Prinzessin Sophie. Die gemeinsame Schwiegermama von Charlotte und Fritz, die Herzogin Antoinette Amalie von Braunschweig-Bevern, hielt dies dem König ganz offen in ihrem Glückwunschbillett vor:

»9. April 1734 ... Ew. Majestät entledigen sich recht geschwind all ihrer liebenswerten Prinzessinnen.« [26]

Wilhelmine betrachtete diesmal die familiären Ereignisse und Spannungen aus der Ferne und schrieb gleichsam kopfschüttelnd:

»Der Markgraf [von Bayreuth] begab sich nach Himmelkron und der Erbprinz und ich nach der Eremitage. Dort empfing ich einen Brief der Königin, der mich sehr befremdete. Sie teilte mir die Verlobung meiner vierten Schwester Sophie mit dem Markgrafen von Schwedt mit, demselben, der mir bestimmt gewesen war. Sie lobte ihn über alles. Sie wäre nie gegen ihn gewesen, schrieb sie, wenn sie ihn früher gekannt hätte. Ich staunte über die Wandelbarkeit aller menschlichen Dinge und besonders des menschlichen Herzens ...

Der Markgraf hatte durch die Berichte, die er der Königin erstattete, so sehr ihre Gunst errungen, daß sie endlich in seine Heirat mit meiner Schwester einwilligte. Aber sobald er verlobt war, zeigte er sich wieder in seinem wahren Licht, was zur Folge hatte, daß ich wenige Tage später einen anderen Brief der Königin erhielt, der den ersten widerrief und mir die greulichsten Dinge über diesen Prinzen aussagte. Ich war untröstlich über diese Heirat, meiner Schwester wegen, die ich zärtlich liebte ...

Sie war nicht schön, aber ihr guter Charakter, ihre Sanftmut und tausend gute Eigenschaften entschädigten sie reichlich. Es gelang ihr wenigstens, einen solchen Einfluß auf ihren Gatten auszuüben, daß er ihr gegenüber fromm wie ein Lamm wurde; trotz aller Mühe aber, die sie sich gab, vermochte sie nicht, ihn von seinen Fehlern zu befreien; er ist immer der gleiche, ausgenommen, daß er seiner Frau gegenüber ein Engel ist, die sehr glücklich mit ihm lebt.« [27]

Diese Aufzeichnungen Wilhelmines über die Ehe ihrer Schwester wurden ungefähr im Jahre 1742 gemacht. Sie beurteilte die Ehe also gut. Wie das geschehen konnte ist ein Rätsel. Aus anderen Quellen geht hervor, daß das Markgrafenpaar in Schwedt recht unglücklich miteinander lebte und späterhin jahrelang getrennt wohnte; der Markgraf blieb im Schwedter Schloß, die Markgräfin zog ins Jagdschlößchen Monplaisir. Wilhelmine ist niemals in Schwedt gewesen, um sich dort persönlich ein Bild der Verhältnisse machen zu können. Sophie wird in ihren Briefen an Wilhelmine nie geklagt haben. Als zunächst unerfahrene, gutartige und harmlose junge Frau, die ihrem Gatten mit großer Herzlichkeit zugetan war, wird sie in den ersten Ehejahren alles getan haben, um den Eindruck einer intakten Lebensgemeinschaft nach außen hin aufrechtzuerhalten. In den Flitterwochen jedenfalls, im Januar 1735, kurz nach der Vermählung des Paares, war der Markgraf die Aufmerksamkeit selbst für die junge Sophie. Die Hofgesellschaft betrachtete gerührt die zärtliche Romanze der beiden und Kronprinz Friedrich, der in späteren Jahren so abträgliche Bezeichungen wie »le brutal« für den Schwedter Vetter fand, milderte sein Urteil zu einem burschikosen »grand nigaud« herab, er nannte ihn einen »großen Schöps«[28].

Der sechzehnte Geburtstag der jungen Markgräfin wurde zum Anlaß eines rauschenden Festes, das der Markgraf in Schwedt veranstaltete, zu einem denkwürdigen Ereignis für die Bevölkerung. Begeisterte Berichte davon drangen bis nach Berlin:

»Auch in den ersten Wochen nach der Hochzeit sah es so aus, als ob das junge Paar ›ein Herz, eine Seele und ein Sinn‹ wäre. Ganz Berlin sprach Ende Januar 1735 davon, daß der Markgraf den Geburtstag Sophies nicht nur ›bei Anwesenheit einiger Herrschaftlicher Personen mit Maskeraden, Bals, concerts und Illuminationen zelebrieret und sehr splendide begangen‹, sondern auch seine Gemahlin gleichzeitig ›mit einer Equipage, so mit Diamanten, Smaragden und Rubinen besetzet, auch anderen Galanterien, über dreitausend Reichstaler an Wert, beschenket habe‹. Allein der wonnige Honigmond ging für die junge Markgräfin nur allzuschnell zu Ende. Schon nach kurzer Zeit zeigte sich ihr Gatte in seiner wahren Gestalt [Fischen, Jagen, die ›Rosen pflücken, wo sie blühten‹]...

Beinahe dreißig Jahre hatte sie, seelisch und körperlich, unter den Launen des Markgrafen zu leiden, dessen tyrannisches Auftreten gegen seine Schwedter Untertanen nach dem Thronwechsel 1740 zu wiederholten Malen ein energisches Einschreiten König Friedrichs erforderlich machen sollte.«[29]

Alle Schwiegersöhne, die von König Friedrich Wilhelm I. ausgewählt wurden, errechneten sich von den preußischen Königstöchtern eine ansehnliche Mitgift. Es war schließlich landauf landab bekannt, wie reich der Soldatenkönig war und welche Schätze er in seinen Gewölben aufgehäuft hatte.

Die Absprachen über die Mitgiften der Töchter erfolgten meist geheim, so daß es sich zunächst weder in Hofkreisen noch außerhalb derselben herumsprechen konnte, wie die finanzielle Seite der Ehen in Wirklichkeit aussah. Schon Wilhelmine war in dieser Beziehung bitter enttäuscht worden. Der alte Markgraf von Bayreuth räsonnierte, sie wäre ausgestattet wie ein Hirtenmädchen.

Sophie mußte sich ähnliche Redensarten anhören. Sie bekam von ihrem sparsamen Vater eine Mitgift von 100.000 Reichstalern, nicht zu viel, aber immerhin auch nicht wenig. Der Markgraf von Schwedt verwendete diese Summe nach seinem alleinigen Belieben:

»Für die Leibkompanie ließ er auch das baugeschichtlich zur Berühmtheit gewordene Reithaus am Paradeplatz errichten, das leider 1850 ein Raub der Flammen geworden ist. Eine ganze Reiterkompanie, wie man damals sagte, konnte darin exerzieren. Für den Bau dieses großen Exerzierhauses hatte er die 100.000 Taler Mitgift seiner Gemahlin verwandt, die oft genug von ihm zu hören bekam, daß ihre Mitgift gerade zum Bau eines Pferdestalles gereicht habe.« [30]

Auch aus anderen Aufzeichnungen erfahren wir, daß Wilhelmines Darstellungen einer guten Ehe in Schwedt absolut nicht gestimmt haben können. Historiker Poseck erwähnt öfter Zwistigkeiten und Krankheiten:

»Juli 1735
Zwischen den jungen Eheleuten in Schwedt hatte es Krach gegeben; es war nicht der erste in dieser neun Monate alten Ehe.

Der König war hinübergefahren, um ihn zu schlichten oder vielmehr, um seinem Schwiegersohn den Kopf zurechtzurücken, Sophie in den Wagen zu setzen und nach Berlin mitzunehmen. Er lieferte die junge Frau bei der Königin ab und zog sich nach Potsdam zurück. Nun lag Sophie mit einer schlimmen Halsentzündung darnieder. Die Königin und die Kronprinzessin pflegten sie in Monbijou.« [31]

In Anbetracht von Sophies Sanftmut und Gutmütigkeit dürften solche Unstimmigkeiten immer sehr bald wieder beigelegt worden sein. Sie war ganz sicher nicht die erste junge Fürstin, die sich mit den Eigenheiten und Gewohnheiten eines beinahe zwanzig Jahre älteren Ehemannes abfinden mußte.

Am 18. 12. 1736 wurde in Schwedt eine Prinzessin geboren. Friederike Sophie Dorothee. Es wird sich dabei das gleiche Schauspiel entrollt haben wie in allen Fürstenhäusern der damaligen Zeit, wenn ein Mädchen auf die Welt kam. Der Vater grollte, die Mutter weinte, und schließlich fand man sich mit der Existenz eines weiblichen Kindes ab. Poseck berichtete vom Mai 1737:

»Aus Schwedt kam Sophie, leidend und verstört« . . . »zum Überfluß erkrankte ihre Schwester Sophie, kaum, daß sie den Fuß in die Hauptstadt gesetzt hatte, an einem Gallenleiden; sie lag fiebernd zu Bett.« [32]

Doch immer wieder kam der Tag, wo Tobise, wie Sophie zärtlich von den Geschwistern genannt wurde, gesund war, wo sie Abschied nahm vom elterlichen Hof und sich auf die Heimreise nach Schwedt begab. Noch einmal erhielt das junge Markgrafenpaar eine Tochter: Anna Elisabeth Luise, geboren am 22. 4. 1738. Sie sollte einmal ihren Onkel Ferdinand heiraten, der zu dieser Zeit ein achtjähriger Junge war und mit Zinnsoldaten spielte.

Das Jahr 1740 brachte den Tod des Soldatenkönigs in Berlin und Friedrichs Thronbesteigung. Nach diesem einschneidenden Ereignis beeilten sich die Geschwister, dem neuen König, ihrem Bruder, formell ihre Ergebenheit zu bezeigen. Die Briefe sind höchst gesucht und gedrechselt formuliert. Niemals würden sich heute wohl Geschwister so offizielle Briefe schreiben, selbst unter fürstlichen Verwandten nicht. Aber nach dem höfischen Zeremoniell des 18. Jahrhunderts erwies sich dies als unumgänglich. Bald jedoch bat der junge König seine auswärtigen Schwestern dringend, alle Formalitäten zu unterlassen und auf dem alten vertrauten Fuße mit ihm zu verkehren. Doch lediglich Wilhelmine und Charlotte haben in ihren zahlreichen Briefen wieder zum geschwisterlichen Plauderton zurückgefunden.

Die Briefe zwischen Friedrich und Tobise erinnern stets daran, daß hier letzten Endes eine Markgräfin mit dem regierenden König korrespondiert.

Die im Wortlaut erhalten gebliebenen Schriftstücke beginnen kurz nach dem Ersten Schlesischen Krieg:

»Schwedt, 11. Juli 1742

Mein liebster Bruder,

die glückliche Rückkehr Ew. Majestät berührt mich so stark, daß ich nicht anders kann, als Ew. Majestät darüber meine Freude zu bezeugen, ebenso über die ruhmreiche Eroberung, die Sie soeben gemacht haben und die durch einen glücklichen Frieden abgeschlossen ist. Diese Gefühle der Hochachtung, die ich für Sie, mein liebster Bruder, habe, sollten Ihnen bekannt sein. So ist es unnötig Ihnen zu wiederholen, was meine Begeisterung und meine Anhänglichkeit mir in diesem Punkt zu sagen diktiert. Ich hätte nicht ermangelt, Ew. Majestät meine alleruntertänigste Ergebenheit persönlich zu erweisen, wenn die Krankheit meiner jüngsten Tochter mich nicht daran gehindert hätte. Es ging ihr sehr schlecht, es war ein Fieber, das mich außerordentlich beunruhigt hat. Das Herz einer Mutter leidet mit, wenn sie ein Kind, das sie liebt, soviel ertragen sieht. So zweifle ich nicht, daß Ew. Majestät diese schwerwiegende Entschuldigung annehmen werden, denn außer diesem Grund wäre nichts in der Welt fähig mich davon abzuhalten, mein liebster Bruder, den tiefen Respekt darzutun, mit welchem ich bis zum Grabe sein werde meines liebsten Bruders, Ew. Majestät, alleruntertänigste und allergehorsamste und allerergebenste Schwester und Dienerin

Sophie«[33]

In der französischen Ausgabe der Werke Friedrichs des Großen sind – wie auch hier – bei den nun folgenden Schreiben die umfangreichen Unterschriftsfloskeln immer weggelassen worden, um den Text leichter lesbar zu machen. Es werden einfach die Namen hinzugefügt, wie es dem Sinn entspricht.

Sophie hatte in dieser Zeit besonderen Anlaß, um die Gesundheit ihrer beiden kleinen Mädchen besorgt zu sein. Ihr erster, so lange erwarteter Sohn Georg Philipp Wilhelm, geboren am 11. 9. 1741, war am 28. April 1742 gestorben. Die Trauer um den Verlust des Erbprinzen ließ sie für die ihr verbliebenen Kinder besonders wachsam sein. Das Glückwunschschreiben Sophies hatte sich gekreuzt mit einem Brief des Königs:

»Charlottenburg, 14. Juli 1742

Meine Frau Schwester,

nachdem alle Lebenszeichen, die ich von Ihnen erhielt, mich erfreut haben, überlasse ich es Ihnen, die Befriedigung zu beurteilen, die Ihr letzter Brief mir verursacht hat. Wenn auch sonst unsere Meinungen über den in Frage stehenden Streit [des Markgrafen] sich absolut nicht übereinbringen lassen, ist man doch beinahe überzeugt, daß es nicht der Mühe lohnt, sich darüber aufzuregen.

Ich schmeichle mir, daß Sie keine meiner Ansicht entgegenlaufenden Konsequenzen daraus ziehen würden gegen mich und meine zärtlichste Aufmerksamkeit, die ich für Sie habe und für Ihre liebe Person immer haben werde.

Indessen, den Grund der laufenden Sache über den wahren Besitz des Rechtes der Schutzherrschaft werde ich erst entscheiden können, indem ich ihn durch einen Justizminister prüfen lasse, damit man klarer sieht, auf welcher Seite sich das Recht und die Vernunft befinden. Im übrigen – meine glückliche Rückkehr hat mich Ihnen wieder nähergebracht, ich wünsche mir, oft gute Nachrichten über Ihr Wohlergehen zu erhalten und bin bis auf den Grund meines Herzens, Ihr Friedrich«

Kurz danach hielt Sophie auch das Antwortschreiben ihres Bruders auf ihren Brief vom 11. Juli 1742 in ihren Händen:

»Potsdam, 19. Juli 1742

Meine Frau Schwester,

unter all den Komplimenten, die ich aus Anlaß des glücklichen Friedensschlusses und meiner Heimkehr erhalten habe, ist dasjenige, das Sie mir machen wollten, das weitaus angenehmste gewesen, denn ich kenne die Aufrichtigkeit des Herzens, von dem es diktiert wurde. Ich bin Ihnen dafür sehr verbunden und ich schmeichle mir, wäre ich gegenwärtig so wenig weit entfernt von Ihnen wie früher [als er noch in Rheinsberg war], ich würde bald das Vergnügen haben, Sie zu umarmen.

Es ist wahr, daß die Indisposition der Prinzessin, Ihrer lieben Tochter, dies ein wenig verzögern wird. Darüber bin ich wirklich nicht böse. Ich versichere Sie meiner zärtlichen Anteilnahme, ebenso wie ich nicht aufhören werde, Ihnen meine wärmsten Wünsche der Welt für baldige Genesung zu übersenden.

Ich bin mit alleraufrichtigster Freundschaft, Ihr Friedrich

p.s.: Ich bitte Sie um Gottes Willen vernünftig zu sein, meine liebe Schwester, und kein bißchen Ihren Markgrafen in seinem schlechten Betragen seinen Nachbarn gegenüber zu copieren. Man muß mit aller Welt in Frieden leben.«

Wenn man diese Zeilen liest, so kann man sich nur zu gut vergegenwärtigen, was sich im Schwedter Schloß um diese Zeit für Diskussionen zwischen den Eheleuten abgespielt haben mögen. Der Schwedter Markgraf glaubte sich im Recht mit Besitzansprüchen auf ein benachbartes Terrain. Er wußte, daß Tobise sich gut stand mit dem König. Immer wieder überredete er sie, sich beim König in dieser leidigen Prozeßangelegenheit zu verwenden.

Der König reagierte jedoch äußerst ablehnend:

»Potsdam, 21. Juli 1742

Meine Frau Schwester,

Ich ersehe aus Ihrem Brief, daß Sie fortfahren mich zu drängen in dem Streit, der Ihr Gemahl für ratsam findet, mit seinen Nachbarn zu haben. Wie ich Ihnen schon angedeutet habe, was ich über die Streiterei denke, so werden Sie leicht verstehen, daß eine weitere Korrespondenz über eine so wenig angenehme Materie nicht nach meinem Geschmack sein kann. Nehmen Sie also das an, ich bitte Sie, was ich Ihnen als Bruder rate, nämlich sich ruhig zu verhalten, und zeigen Sie gegenüber den Edelleuten Ihrer Nachbarschaft ein sanftes, friedliches Betragen, indem Sie vollständig alles vergessen, was passiert ist. Diese Haltung wird für Sie unendlich vorteilhaft sein und mich überdies sehr entzücken, denn ich bin wahrhaftig mit einer unendlichen Freundschaft, Madame, Ihr Friedrich«

Trotz aller Freundschaftsbeteuerungen glaubte Sophie, einen gewissen Unmut aus dem Briefe des Bruders herauszulesen, den Friedrich nur mit höflichen Worten umschrieb, um sie nicht zu verletzen. Sie reiste unverzüglich nach Berlin, um eine klärende Aussprache zu haben:

»Berlin, den 26. Juli 1742

Mein liebster Bruder,

obgleich meine Tochter noch gar nicht wiederhergestellt ist, hat die Eile, mit der ich Ew. Majestät meine Aufwartung machen möchte, mir nicht erlaubt, ihre Genesung abzuwarten. Ich bin in diesem Moment angekommen und erwarte die Stunde mit Ungeduld, wo ich die Ehre haben werde, Ihnen mündlich meinen tiefsten Respekt zu versichern und die Ergebenheit, mit welcher ich mein Leben lang bin, mein liebster Bruder, Ihre

Sophie«

Tobise war jetzt sieben Jahre verheiratet und hatte zwei Kinder. Sie selbst zählte dreiundzwanzig Jahre und ihr »großer Schöps« zweiundvierzig. Er liebte ein herrschaftliches Leben. Die Untertanen sahen, wie ihr Markgraf die Stadt verschönerte, hier und da etwas für die Armen tat, Land urbar machte und es danach verschenkte.

Wenn die Markgräfin mit ihrer Equipage durch die Stadt fuhr, die mit Diamanten, Smaragden und Rubinen besetzt gewesen sein soll, so grüßte sie mindestens ein Drittel der Bürger mit französischen Komplimenten. Die französischen Refugiés hatten eine eigene reformierte Gemeinde, später erhielten sie die Schloßkirche als Gotteshaus[34].

Sophie liebte Geselligkeit an ihrem kleinen Hof und lud wiederholt den Bruder ein. Dieser hingegen hatte eine unüberwindliche Abneigung gegen den Markgrafen und vermied es tunlichst, mit diesem zusammenzutreffen. Er kleidete seine Absagen meist in die liebreichsten Worte, um seine Schwester nicht zu kränken.

Im Sommer 1744 unternahm Sophie eine Reise an den Berliner Hof, hauptsächlich um ihre achtjährige Tochter Dorothee der Königinmutter vorzustellen. Diese lebte im ausgebauten und verschönerten Schloß Monbijou an der Spree. Herzogin Charlotte von Braunschweig war auch dort und schrieb darüber an Friedrich:

»Berlin, 5. Juli 1744

... Die gute Tobise ist angekommen mit ihrer Tochter, die ganz reizend und amüsant ist; sie hat die Königin-Mutter sehr belustigt mit ihren schlagfertigen Antworten und ihrer Lebhaftigkeit. Meine Schwester hat sie sehr hübsch erzogen ...«[35]

Diese aufgeweckte kleine Dorothee und die jetzt fünfjährige Luise sind für Sophie ganz zweifellos eine Quelle der Freude und Annehmlichkeit gewesen, der die junge Fürstin so sehr bedurfte. Mit den Jahren hatte sie trotz aller Liebe zu ihrem Mann bemerkt, in wie geringem Ansehen er am Königshofe und in der Familie stand. Was seine Streitlust betraf, so war das nicht weiter tragisch zu nehmen. Die Schwestern Friedrichs befanden sich alle in der Vermittlerrolle zwischen den Wünschen des Königs, ihres Bruders, und den Interessen ihrer Männer, die als freie Reichsfürsten oft nicht dem preußischen Kurs folgen konnten. An den Ansbacher und Bayreuther Höfen wurden entsprechende Briefe gewechselt wie in Schwedt, und in dringenden Fällen jagten Eilstafetten mit der hochwichtigen Post über die Landstraßen.

Als dritte Tochter kam am 10. Oktober 1745 Philippine Auguste Amalie zur Welt; wieder ein Mädchen. Dennoch, mit sechsundzwanzig Jahren war Tobise noch viel zu jung, um schon die Hoffnung auf den ersehnten Erbprinzen aufgeben zu müssen. Gewiß, zuweilen war die Markgräfin leidend und das eheliche Einvernehmen schien ernsthaft gestört. Aber Sophie setzte alles daran, wie so viele Fürstinnen jener Zeit in ihrer Gebundenheit an Etikette und Familienrücksichten, daß nur ja nicht allzuviel von den Zerwürfnissen nach außen drang. Im Gegenteil, sie wird alles, was ihr gut erschien in Schwedt, über Gebühr hervorgehoben und herausgestrichen haben.

Bis zum Jahre 1742, als Markgräfin Wilhelmine noch schrieb, der

Markgraf von Schwedt wäre »wie ein Engel« zu seiner Frau, ist kein
Brief überliefert, in welchem sich Sophie jemals über ihren Mann bei
irgendjemand beklagt hätte. Phasen der Entfremdung und solche der
Wiederversöhnung müssen sich abgewechselt haben. Am 3. 5. 1749
wurde Erbprinz Georg Friedrich Wilhelm geboren. Endlich also der ersehnte Sohn. Aber obwohl dies nun doch ein wahrhaft freudiges Ereignis darstellte, muß die Eintracht der Ehegatten bald nach der Geburt
des Kindes wieder dahin gewesen sein. Die Verhältnisse in Schwedt
hatten jetzt ein Stadium erreicht, das so belastend für Tobise wurde,
daß sie königliche Hilfe und brüderlichen Rat erbat. Friedrich antwortete ihr auf ihren, leider nicht erhaltenen Klagebrief:

»Berlin, 30. [oder 31.] Dezember 1749
Meine liebste Schwester,
mit wirklich großem Bedauern habe ich durch Ihre Briefe vom 29.
dieses Monats die wahren Gründe erfahren, die Sie bewegen, sich über
das Benehmen des Markgrafen zu beklagen. Sie kennen nur zu gut
den Anteil, meine liebste Schwester, den ich an allem nehme, was Sie
betrifft, und Sie sollten nicht an der Aufmerksamkeit zweifeln, die ich
dem widme.
Auch habe ich soeben meine Ordres abgefertigt an den Staatsminister
Grafen von Podewils, sehr ernst und energisch in meinem Auftrage
über alles, was Sie betrifft, mit dem Markgrafen zu sprechen, obwohl
ich nicht zweifle, daß der Effekt, den diese Unterredungen ergeben
werden, nicht so sein wird, daß Sie davon restlos befriedigt sein könnten. Ich bin, meine liebste Schwester, Ihr
Friedrich«
Ein Ereignis, das nicht gerade für den »tollen Markgrafen« einnimmt,
wußte Graf Lehndorff zu berichten, Kammerherr der Königin Elisabeth Christine. Er schrieb in seinem Tagebuch:
»Am 28. März [1750] starb in Herford am Schlagfluß die Markgräfin
Philipp, die Mutter des Markgrafen von Schwedt, des Markgrafen Heinrich von Schwedt und der Prinzessin von Württemberg. Sie war eine
Prinzessin aus dem Hause Anhalt. ... Sie besaß sehr viel Geist und
einen Sinn für heitere Geselligkeit, wie es jedem Alter gefällt ... Von
ihrem jüngeren Sohn, dem Markgrafen Heinrich, wird sie sehr beklagt,
der ältere gewinnt zuviel durch diesen Tod wegen der Pension, die er
ihr zu geben verpflichtet war, um traurig zu sein.
Die Königin schickte mich in demselben Augenblick, wo die Nachricht gekommen war, ihm ihr Beileid auszudrücken. Aber wie groß war

mein Erstaunen, ihn mit der Miene eines Mannes zu finden, der eine gute Nachricht erhalten hat! Man erzählt sich von ihm die Äußerung, da ihm auf seinen Gütern viel Vieh gefallen sei, so könne ihm der Tod der Mutter gewissermaßen diesen Verlust ersetzen.«[36]

Die Nachlässigkeit des Markgrafen in der Erledigung seiner Amtsgeschäfte bewirkte einen recht groben und unmißverständlichen Brief des Königs an ihn:

»Potsdam, 12. Maji 1750

Euer Liebden werden aus dem copeylichen Einschlusse mit mehreren ersehen, was der Rat und die gesamte Bürgerschaft zu Bahn wegen verschiedener mit Dero Kammer zu Schwedt seit vielen Jahren geführten und bis hierher nicht zu Ende gebrachten Prozesse bei Mir immediate alleruntertänigst vorgestellet und gebeten hat; Wenn nun Euer Liebden leicht erachten können, daß Meine Geduld durch die wider Dero Person und Bediente täglich fortdauernden Klagen ganz ermüdet ist, also will ich dieselben hierdurch anderweit und zum letztenmale wohlmeinend erinnern, daß Sie denen Beschwerden so vieler Leute doch endlich abhelfen und dadurch sowohl sich selbst als diese in Ruhe setzen, Mich aber zugleich von dem täglichen Überlauf befreien wollen, gestalt, wenn dieses nicht bald folget, Ich Mich werde gezwungen sehen, zu gänzlicher Steurung dieses Unwesens Euer Liebden von Dero Gütern und Untertanen beständig zu entfernen und daneben solche Veranlassungen zu machen, welche Ihnen gewiß nicht angenehm sein, und die Sie hernachmals zu redressieren sich vergeblich bemühen werden . . .«[37]

Das war gewiß eine harte Sprache, die der König gegen den Markgrafen anwendete. Bei all diesen Fragmenten sind uns leider die Ergebnisse der königlichen Drohungen nicht bekannt. Man wird sich über den Markgrafen geärgert haben, man wird zeitweise wütend über ihn gewesen sein, aber dennoch hielt man es für ratsamer, sein seltsames Wesen, sein Tun und Treiben ins Lächerliche zu ziehen. Einige bunt zusammengewürfelte Briefstellen aus den nächsten Jahren geben davon einen Eindruck. In einem Brief August Wilhelms an Friedrich heißt es:

»Berlin, Februar 1751

Der scharfe Frost hat die Lust am Schlittenfahren fast erstickt. Nur der Markgraf von Schwedt veranstaltet noch Picknicks in Charlottenburg in gewählter Gesellschaft, um sich über den Verlust seines Prozesses zu trösten. Ich suche jetzt weniger das kalte Vergnügen; denn ich habe Zahnweh, das schmerzhafter ist als manch andere Unpäßlichkeit

und das man nur mit etwas Geduld los wird. Ein Trost ist mir das
Cello, auf dem ich schlecht und recht kratze . . .« [38]

In einem anderen:

»Berlin, Februar 1752

Sie werden schon gehört haben, daß der Markgraf von Schwedt im Sterben gelegen hat und wieder genesen ist. Beide Nachrichten sind sich so
schnell gefolgt, daß ich nicht weiß, welche die Öffentlichkeit mehr
beschäftigt hat. Indes nahm die Mehrzahl an, daß der Tod es nicht so
eilig haben würde. Offenbar fürchten die Parzen den Zorn der Götter,
wenn sie seinen Lebensfaden durchschneiden und ihnen eine Seele
aufladen würden, die sie nicht unterzubringen wissen. Danach behalten Sie ihn, liebster Bruder, für diesmal noch auf dem Halse. Wenigstens wünsche ich, daß die Furcht, die der Anblick des Todes ihm ein-
geflößt hat, ihn etwas zahmer machen wird, so daß Sie von seinen
Händeln verschont bleiben . . .« [39]

Graf Lehndorffs Tagebuch vermerkt:

»30. August 1753

Der Markgraf von Schwedt könnte liebenswürdig sein, wenn er's wollte. Er ermangelt nicht der Kenntnisse, er ist gereist und er kann höflich
sein, aber das wird alles durch sein schroffes, ungleiches Wesen verdorben, in dem das Schwelgen seine Lieblingsbeschäftigung ist. So
kommt es, daß er viel mit Taugenichtsen verkehrt und daß er von
seiner Familie verachtet wird . . .« [40]

»21. September 1753

Die Königin diniert in Schönhausen mit der Markgräfin von Schwedt,
deren Prinzessin und dem Prinzen von Ansbach. Etwas Schreckliches
ist die Aufschneiderei der Markgräfin. Ich langweile mich entsetzlich
und ich zittere bei dem Gedanken, daß ich noch lange an diesem Hof
[der Königin] leben könnte, wo mich alles anwidert. – Man erwartet
alle Tage die Frau Markgräfin von Bayreuth. Ich sehe voraus, daß deren
Ankunft neuen Aufruhr am Hofe verursachen wird . . .« [41]

Und wieder August Wilhelm an Friedrich:

»Berlin, 21. November 1753

Ich erhalte eine Einladung meiner Schwester aus Schwedt zur Hochzeit ihrer Tochter [Prinzessin Dorothee mit Prinz Friedrich Eugen von
Württemberg], die am 29., also Donnerstag über acht Tage stattfinden
soll. Was soll ich antworten? Denn ich will mich hierin wie in allem
nach dem richten, was Sie für angemessen halten . . .«

Darauf Friedrich an August Wilhelm:

»Potsdam, 23. November 1753

Hoffentlich unterhalten Sie sich bei der Hochzeit Ihrer Nichte gut. Ich bezweifle nicht, daß unser Hanswurst von Schwager Ihnen zu lachen gibt. Bitte bestellen Sie meiner Schwester tausend herzliche Grüße von mir und sagen Sie ihr, wie leid es mir tut, der Hochzeit ihrer Tochter nicht beizuwohnen. Ich hätte mich jedoch nicht dazu entschließen können, weil ich den Vater unumgänglich getroffen hätte . . .«

»Potsdam, 25. November 1753

Lieber Bruder! Mein Bruder Ferdinand soll Ihnen mit diesem Brief meine Reisewünsche überbringen. Möge der Hanswurst Sie belustigen und einmal in seinem Leben sich daran erinnern, daß er dem Königshaus angehört und zum Schwiegervater aufrückt . . .«

»Potsdam, April 1755

. . . Wie können Sie glauben, ich würde Sie, ohne daß Sie je Anlaß gegeben hätten, behandeln wie einen Markgrafen Heinrich oder wie den Schwedter, die zwar unsere Verwandten, aber die erbärmlichsten Menschen sind . . .«[42]

Ungeachtet dessen, daß der »tolle Markgraf« mit die Schuld daran trug, daß sich zwischen Sophie und Friedrich nicht ein so ungezwungener, heiterer und ausführlicher Briefwechsel entfalten konnte wie etwa zwischen Wilhelmine oder Charlotte mit dem Bruder, so lag es sicher auch daran, daß Sophie keine ausgeprägten geistigen Interessen pflegte. Der Markgraf verbrauchte alles Geld für sich und seine Leidenschaften, die Jagd, seine Mätressen. Sophie hatte einfach nicht die Mittel, kunstfördernd zu wirken und sich auf diesem Gebiete einen Namen zu machen wie Wilhelmine. Dazu dominierte der Markgraf zu stark in öffentlichen und familiären Angelegenheiten. Sophie vermochte sich nicht durchzusetzen.

Eine getreue Gefährtin in all den Mißhelligkeiten und Unzuträglichkeiten ihres täglichen Lebens fand Sophie in ihrer Oberhofmeisterin Frau von Winterfeld. In der Familie war diese herzensgute und mütterliche Frau so beliebt, daß man allgemein von ihr als der »guten Tante Winterfeld« sprach. Herzogin Charlotte rühmte ihre Anhänglichkeit, die diese für Sophie hegte.

Trifft man heute jemanden, der um 1900 und danach in Schwedt gelebt hat, so ist es amüsant zu erfahren, wie stark noch die Markgrafenzeit damals in den Unterricht der Schulkinder hereinreichte und wieviel eine alte Dame vom »tollen Markgrafen« weiß:

»Ich habe mehr als ein Jahrzehnt in einer Villa neben dem Schloß in Schwedt gewohnt, meine Jugend verlebte ich dort, ging zur Schule und verheiratete mich später nach Stettin. Ja, dieser zweite Schwedter Markgraf, der Friedrich Wilhelm, das muß ein ganz verrücktes Huhn gewesen sein. Stellen Sie sich doch einmal vor, daß man den Kindern in der Schule beibrachte, er habe sich eine sogenannte ›Liebesbrücke‹ zu den Räumen seiner Favoritin bauen lassen. Damit hat der Bursche das ganze schöne Schloß verunziert. Und dann hatte er einen Schwur getan, die Gemächer seiner Frau niemals wieder zu betreten. Nie wieder würde er seinen Fuß über ihre Schwelle setzen, hieß es feierlich in diesem Gelübde. Und als die arme Markgräfin todkrank wurde und im Sterben lag, da flammte die alte Liebe wieder auf und er wollte sich mit ihr versöhnen. Aber was sollte nun werden mit dem Schwur? Was hat dieser Verrückte getan? Er ist mit dem Pferd in das Zimmer seiner todkranken Frau geritten und hat dabei den ganzen Fußboden von Schloß Monplaisir ruiniert.

Und dann hatte er den Tätigkeitswahn. Wenn er spazierenritt, beobachtete er seine Untertanen genau. Wenn er Frauen müßig aus den Fenstern gucken sah, dann mußte jemand in seinem Gefolge die Namen aufschreiben und sie wurden, nun wir würden heute sagen ›dienstverpflichtet‹ und mußten Soldatenhemden nähen. ›Wenn diese Vetteln aus dem Fenster gucken können, dann können sie auch nähen!‹ war sein Argument.

Sonst war Schwedt ja ein sehr hübscher Ort. Die Oder, die vielen Kahnpartien und Dampferfahrten – die herrlichen Wälder ringsum. Ich habe Schwedt geliebt. Aber jetzt, nach dem Kriege – es muß ja eine fremde Stadt sein, die da entstanden ist. Von den Markgrafen wird man heutzutage nichts mehr wissen wollen . . .«[43]

Im Jahre 1755 entspann sich eine Liebesromanze zwischen dem fünfundzwanzigjährigem jüngsten Bruder von Sophie, Ferdinand, und der siebzehnjährigen Luise, Tochter des Schwedter Markgrafenpaars. Ein gut aussehender und jugendlicher Onkel heiratete seine damals noch bezaubernde Nichte und der König gab nur zu gern seine Einwilligung zu dieser Liebesheirat. »Es ist eine Ehe nach jüdischer Art, denn sie bleibt in der Familie!« scherzte er.

Der Etat für die Hochzeitskosten war genau festgelegt worden. Der König selbst befahl, diese Summe nicht zu überschreiten, die übliche Illumination habe zu unterbleiben. Dennoch war das Fest prächtig genug, denn mit 5000 Talern konnte im Charlottenburger Schloß recht aufwendig gefeiert werden[44].

Ein Jahr darauf brach jener Krieg aus, der einmal als der Siebenjährige in die Geschichte Eingang finden sollte. Im Verlauf desselben sah sich Ulrike, 1720 geboren, Königin von Schweden, die fünfte Schwester der preußischen Königskinder, unvermutet auf der Seite der Feinde ihres Bruders. Sie war dagegen machtlos, aber aus ihren Briefen sprach der Schmerz über diese unglückliche politische Konstellation.

1757, während Friedrich damit beschäftigt war, Sachsen gegen eine große Übermacht der Österreicher zu behaupten, zogen schwedische Truppen im Norden Preußens umher. Sie fielen auch in die Uckermark ein und die Markgrafschaft Schwedt mußte Kontributionen entrichten, um sich von Plünderungen freizukaufen.

Im Jahre 1760 rückte die Armee des russischen Generals Soltikow soweit nach Westen vor, daß Küstrin und Umgebung unter fouragierenden Trupps und Streifzüglern zu leiden hatten. Auch in Schwedt müssen sich Übergriffe der feindlichen Truppen ereignet haben. Aber Friedrich konnte nicht helfen, denn er war in Sachsen mit dem übermächtigen Feind zu sehr engagiert. Zeitweise behauptete er, »keine Katze detachieren« zu können. Er gab jedoch gute Ratschläge und nahm aufrichtig Anteil an der unangenehmen Lage seiner Schwester in Schwedt:

»Freyberg, 26. Februar 1760

Meine liebe Schwester,

Sie werden sich leicht vorstellen können, mit welchem Kummer ich durch Ihren Brief vom 23. dieses Monats von dem ärgerlichen Abenteuer erfahren habe, das sich in Schwedt ereignet hat . . .

Sie sollten vielmehr in Stettin Wohnung nehmen, wo Sie in der Nähe von Schwedt sind und sich selbst und Ihre Person und Ihre Familie nicht ähnlichen schlimmen Abenteuern aussetzen und solchen Affronts und vielleicht noch ärgeren Belästigungen wie jene, die Ihnen zugestoßen sind. Nehmen Sie diesen Rat eines Bruders an, ich bitte Sie dringlichst, der nur zu sehr Anteil nimmt an allem, was Sie betrifft und der immer verbleiben wird mit den Gefühlen der Achtung und der Zärtlichkeit, meine liebe Schwester, Ihr

Friedrich«

Für Tobise hatte in diesen Jahren die Zeit der Resignation begonnen. Den Anstoß dazu gab der Tod des zweijährigen Erbprinzen Friedrich am 14. August 1751. Von dieser Zeit an lebten sich die Ehegatten mehr

und mehr auseinander. Sie fanden sich nur noch in dem Bestreben vereint, ihre Töchter möglichst gut zu versorgen, was ihnen bei Dorothee
und Luise auch gut gelungen war. Im übrigen ging jedoch jetzt jeder
seiner Wege, soweit man von Gehen bei der leidenden Sophie noch
reden konnte. Der Markgraf behielt als Tummelplatz seiner Launen
weiterhin das Markgrafenschloß bei, Sophie jedoch zog in das – leider
nur wenig entfernte – Jagdschlößchen Monplaisir um, wo sie bis zu
ihrem Tode verblieb. Sie war hilfsbedürftig in jeder Hinsicht. Nicht
nur die zunehmende Hinfälligkeit machte sich bemerkbar, seltsam genug bei einer Frau von Anfang dreißig. Sie muß in ungewöhnlichem
Maße Demütigungen von ihrem Mann erfahren haben, so daß sie
kaum Initiative aufbrachte, ein eigenes Leben schlecht und recht zu
gestalten. Sie ließ es bei ein paar hübschen Einfällen bei der Einrichtung des Jagdschlosses bewenden. Ihre Neigung »zu übertreiben«,
»aufzuschneiden«, ist nur dadurch zu verstehen, daß der Markgraf ihr
so gar keine Möglichkeit gab, Hof zu halten, wie es immerhin Wilhelmine in Bayreuth tat, die Künstler und Gelehrte, sogar Voltaire bei
sich sah. Der Markgraf verbrauchte das Geld, die Markgräfin hatte das
Nachsehen. Diese Misere zu verbergen war ihr Lebensinhalt.
Die Aufregungen der Kriegszeit, Plünderungen und Brandschatzungen
ringsumher, all dies war dem labilen Gesundheitszustand der Markgräfin wenig zuträglich. Sophies Leiden war ein hohenzollernsches
Familienübel: die Wassersucht. Man hatte in der damaligen Zeit noch
nicht die Vielfalt der Medikamente, mit denen man die verschieden-
artigen Ursachen dieser Krankheit heute bekämpfen kann. Auch
schmerzlindernde Mittel fehlten fast völlig.
Einmal wurde berichtet, Sophie habe weder Arme noch Beine bewegen
können; dann wieder, nach Kriegsende, kam Kunde von einer Besserung in ihrem Befinden. Friedrich bereiste in den ersten Friedens-
monaten fast alle seine Provinzen, um sich persönlich ein Bild vom
Ausmaß der Kriegsschäden zu machen. Auf der Rückreise von Pommern suchte er Sophie auf und berichtete an Charlotte freudig, Tobise
gehe es besser. Charlotte reagierte unverzüglich und erwiderte auf
Friedrichs Nachricht:
»Braunschweig, 5. Juni 1764
Ich bin entzückt, daß Sie sie so gut wiederhergestellt gefunden haben.
Ich hoffe, daß die Kräfte folgen werden, und das ist ein großer Trost:
die Hoffnung zu haben, welche die Ärzte auf die Verlängerung ihrer
Erdentage geben . . .«[45]

Sophie war nur fünfundvierzig und muß körperlich äußerst hinfällig gewesen sein. Kaum war ein Monat vergangen, als schon wieder ein Umschwung eintrat, sie fühlte sich kränker denn je. Friedrich schrieb recht bedrückt an Ulrike nach Schweden:

»Juli 1764

Unsere arme Schwester in Ansbach [Friederike] ist sehr krank, die von Schwedt hat einen neuen Anfang der Wassersucht bekommen, meine Schwester Amalie ist immer noch in Aachen, sie erholt sich ein wenig, aber ihre Gesundheit ist sehr schwankend. Unsere Familie ist beinahe ganz im Krankenhaus . . .«[46]

Friedrich selbst, gewiß nicht wehleidig und eher hart gegen seine eigenen Beschwerden, war zuweilen nicht imstande, den Schwestern auf ihre Briefe persönlich zu antworten. Er diktierte seine Briefe den Sekretären und entschuldigte sich vielmals deswegen; so in dem folgenden Schreiben an Tobise:

»Potsdam, 22. April 1765

Meine liebste Schwester,

durch meine Gefühle für Sie, die Sie kennen, sollten Sie sich leicht vorstellen können, in welchem Maße ich berührt bin und in welchem Maße es mir schmerzlich war, von Ihrem traurigen gesundheitlichen Zustand zu erfahren und in welcher Zerrüttung Sie sich befinden. Ich leide deshalb außerordentlich mit Ihnen und sende Ihnen meine heißesten Wünsche für eine glückliche Wiederherstellung.

Ich würde es Ihnen mit eigener Hand bewiesen haben, wenn mich nicht das Dahinschwinden meiner Kräfte daran hindern würde, die mir noch geblieben sind nach dem wütenden Gichtanfall, von dem ich seit einigen Wochen attackiert werde. Da ich höre, daß Sie Cothenius[47] dazuhaben wünschen, um ihn wegen Ihrer Beschwerden zu konsultieren, bin ich gern einverstanden, Ihnen diesen zu schicken, damit er Sie behandelt. Ich weiß indessen nicht, ob Sie merken lassen sollten, daß Sie sich nach meiner Ansicht besser an Mutzellius[48] halten sollten, denn er kennt alle Vorgänge Ihrer Krankheit und ist anerkannt sehr geschickt. Ich bin mit der allerzärtlichsten Freundschaft und aller nur denkbaren Achtung, Ihr

Friedrich«

Sophie antwortete postwendend dem ebenfalls kranken Bruder. Friedrich hatte während des Krieges in heiterer Selbstironie vielfach in seinen Briefen Bemerkungen gemacht, wie alt er geworden sei, halb ergraut wie ein Esel, die Zähne würden ihm ausfallen, die alten Knochen nicht mehr so recht wollen. Die Strapazen des Krieges hatten den König gesundheitlich recht mitgenommen.

Die Briefe der Geschwister in den letzten Lebensmonaten Sophies sind eine einzige Krankengeschichte:

»Schwedt, den 1. Mai 1765

Mein liebster Bruder,

ich müßte schon ein völlig undankbares und unempfindliches Herz haben, wenn ich nicht zutiefst durchdrungen wäre, mein liebster Bruder, von der Gnade und Güte, die Sie mir abermals bewiesen haben durch Ihr gnädiges Interesse, das Sie an meiner Gesundheit nehmen. Ich bin davon so lebhaft berührt und weiß es gar nicht genügend auszudrücken, liebster Bruder, wieviel Ihr gnädiger Brief mir bedeutet hat. Seine Wirkung war besser als alle Medizinen der Welt! Herr Cothenius wird die Ehre haben Ihnen zu berichten, daß ich mich seit etwa acht Tagen viel besser fühle, ausgenommen die Kräfte. Der schreckliche Husten beginnt sich zu mildern, was mir Ruhe verschafft, um die ich gänzlich gebracht worden war.

Ich beginne selbst zu glauben, daß ich mich diesmal noch aus der Affäre ziehen kann, ich muß Mutzellius Gerechtigkeit widerfahren lassen, der sich alle nur denkbare Mühe und Sorge mit mir gemacht hat. Herr Cothenius und er sind sich auch völlig einig über den Stand meiner Krankheit. Ich bedanke mich auch sehr respektvoll, mein liebster Bruder, für die Gnade, die Sie mir erwiesen haben, mir Herrn Cothenius zu schicken. Ich war ganz außer mir, ihn zu sehen, Gottseidank mit der Versicherung, daß Sie, liebster Bruder, anfangen, sich von Ihrem gräßlichen Gichtanfall zu erholen . . .

Und ich bitte Sie mir zu glauben, daß wenn das Leben mir teuer war und ich wünschte es zu erhalten, so nur um Ihnen zu beweisen, solange mir der Atem bleibt, daß ich nicht aufhören werde Sie zu lieben, zu bewundern und hoch zu achten, indem ich in einer ganz tiefen Ergebenheit verbleibe, mein liebster Bruder, Ihre

Sophie«

Friedrich konnte sein Versprechen verwirklichen und einen Besuch bei der kranken Schwester in Schwedt abstatten. In Sophies nächstem Brief klingt die ganze Freude noch nach, die sie bei dieser letzten Begegnung, die den beiden beschieden war, durchströmt hatte:

»Schwedt, 1. Juni 1765

Mein liebster Bruder,

Sie waren nicht nur damit zufrieden, mein liebster Bruder, mir alle

26 Prinzessin Luise Ulrike

Vorhergehende Seite: 25 Prinzessin Sophie und ihr Verlobter,
Markgraf Friedrich Wilhelm von Brandenburg-Schwedt

27 *Königin Luise Ulrike von Schweden*

28 König Friedrich Wilhelm I. und Königin Sophie Dorothea mit ihren Töchtern
beim Empfang König Augusts des Starken von Sachsen am Berliner Hof, 1728;
vordere Reihe von links nach rechts: König Friedrich Wilhelm I. (40), August der

Starke (58), Amalie (4), August Wilhelm (5), Königin Sophie Dorothea (41), Wilhelmine (18), Friederike (14), Charlotte (12), Sophie (9) und Ulrike (7)

29 *Königin Luise Ulrike von Schweden*

30 *König Adolf Friedrich von Schweden*

Folgende Seite: 31 Königliches Schloß in Stockholm; 32 Schloß Svartsjö

nur denkbaren Gnaden und alle Güte während Ihres leider nur zu
kurzen Aufenthaltes, den Sie hier hatten, zu bezeugen, sondern bei
meinem Erwachen habe ich einen Brief vorgefunden, der mich bis
zum Grunde meines Herzens ergriffen hat.

Man dürfte nicht das kleinste Gefühl haben, um nicht berührt zu sein
von der Aufrichtigkeit und der brüderlichen Freundschaft, mit welcher
Sie geruhten an mir zu handeln. Alles, was ich Ihnen darüber sagen
könnte, wird nicht genügend sein und alle meine Worte, die ich dafür
finde, zu schwach. Ich nehme Zuflucht zu Ihrer Nachsicht und bin
überzeugt, daß Sie mich zu gut kennen, um nicht sicher zu sein, daß
Sie keineswegs eine undankbare Schwester haben, sondern jemanden,
der Sie zärtlich lieben und bewundern wird sein Leben lang.

Wie traurig ist es doch, daß diese glücklichen Augenblicke, welche ich
das Glück hatte, mit Ihnen zu verbringen, mein liebster Bruder, so
schnell vorübergegangen sind! Und was würde ich nicht darum gegeben haben, wenn ich sie mir wieder zurückrufen könnte! Indessen
muß ich mich tausendmal alleruntertänigst entschuldigen, daß ich nur
eine so schlechte Gastgeberin gewesen bin, und zur gleichen Zeit aller-
untertänigsten Dank, daß Sie sich so gutwillig mit einer armen Kranken gelangweilt haben. Wenn der liebe Gott mir meine Gesundheit
wiedergibt, wie ich Grund habe zu hoffen, werde ich versuchen, das
wieder gutzumachen, wenn Sie uns ein andermal bei einer ähnlichen
Gelegenheit die Ehre erweisen werden.

Das Interesse, das Sie an meiner Gesundheit zu nehmen geruhten,
kann nur dazu beitragen, daß es mir von Tag zu Tag besser geht. Wollte
der Himmel nur die Ihrige bewahren, welche von so unschätzbarem
Wert ist. Und es ist ein so großer Trost für mich, daß ich Sie Gottseidank nach all den schrecklichen Gichtschmerzen, die Sie gehabt haben, so wohlaussehend gefunden habe. Ich hoffe, diese werden jetzt
für lange Zeit verbannt sein und Sie werden sich einer vollkommenen
Gesundheit erfreuen. Dies sind die Wünsche derjenigen, die die Ehre
hat, sich mit tiefstem Respekt zu nennen, Ihre

Sophie«

Im Juni 1765 stand ein festliches Familientreffen bevor. Der Thron-
folger Friedrich Wilhelm, der »lange Neffe«, sollte sich verheiraten.
Die für ihn besonders sorgsam ausgewählte Braut war seine Cousine
Elisabeth Christine Ulrike, eine Tochter Charlottes. Noch wußte man
nicht, daß diese bildhübsche Prinzessin mit einem selten ungebärdigen
Temperament ausgestattet war.

Der Braunschweiger Hof reiste am 10. Juni an, die Vermählungsfeierlichkeiten begannen mit großem Prunk am 14. Juni. Im Anschluß
daran fuhren Herzogin Charlotte und Prinzessin Amalie zu ihrer kranken Schwester Tobise nach Schwedt. An den Gedankenaustausch mit
dem König gewöhnt, berichtete Charlotte ausführlich über diesen Besuch:

»Schwedt, 26. Juli 1765

... Man hatte mich sehr gebeten, meine Contenance zu wahren bei
meiner ersten Zusammenkunft, um meine Schwester nicht allzu sehr
zu erschüttern; mit den besten Vorsätzen der Welt gab ich dieses Ehren-
wort, und bevor ich meine Schwester mit den zärtlichsten Empfindungen umarmte, versuchte ich den Schmerz zu unterdrücken, den
der Anblick ihres Zustandes mir verursachte. Nach den ersten Momenten der Freude und der Ergriffenheit tat ich mein möglichstes, um
zu versuchen sie aufzuheitern. Wir haben alle vier zusammen soupiert,
meine beiden Schwestern, die Prinzessin Philippine [die zwanzig Jahre
alte Tochter Sophies] und ich. Ich finde diese Nichte schön und rundherum liebenswürdig und charmant. Man sagt, meine Schwester befinde sich zur Zeit relativ wohl, zumindest ist sie in der Lage zu gehen.
Für mich, die ich sie seit zwanzig Jahren nicht gesehen habe, hat sie
sich so verändert – wenn ich nicht gewußt hätte, daß sie es ist, ich
würde Mühe gehabt haben, sie wiederzuerkennen ...«[49]

Kurz nach ihrer Rückkehr nach Braunschweig erzählte Charlotte nochmals von ihrem Schwedter Aufenthalt. Sie beschrieb dem König alles
genau und setzte sich sehr für die Schwester ein:

»Braunschweig, den 1. August 1765

Ich habe meine Schwedter Schwester in einem ganz passablen Zustand
verlassen; obgleich man mir einreden wollte, sie sei besser, fand ich
dies nicht. Ihre Gesundheit ist außerordentlich delikat. Sie ist auf sehr
viel Pflege und Behandlung angewiesen, vorwiegend muß man versuchen, allen Kummer und alle Aufregung von ihr fernzuhalten, darauf
reagiert sie sehr sensibel. Kälte und Feuchtigkeit sind ebenfalls zwei
tödliche Dinge für sie. Indessen hat sie versucht, mir alle Annehmlichkeiten zu verschaffen, soweit diese von ihr abhingen.

Sie hat mir Monplaisir gezeigt, das sie mit Geschmack ausgebaut und
sehr reizend möbliert hat. Das Haus, obwohl klein, ist angenehm gelegen und der Garten ergänzt es bestens, der groß und schön ist und
wo es viele Alleen gibt, die oben zusammengewachsen sind und Schatten geben.

Wir haben zu Mittag und zu Abend immer en famille gegessen...
Meine Schwester Amalie hat uns ein kleines Konzert gegeben, in welchem die Prinzessin Philippine mit einer sehr hübschen Stimme gesungen hat... Ich habe bemerkt, daß meine Schwester Skrupel hat, den Leibarzt Mutzellius aus Berlin kommen zu lassen, sie hat mir gesagt, dadurch würde er seine Praxis verlieren und das würde ihm großen Schaden zufügen.

Ich glaube Sie würden meiner Schwester ein großes Vergnügen bereiten, wenn Sie die Gnade hätten, Mutzellius eine kleine Pension zuzuerkennen, damit nichts ihn hält zu kommen, wenn er irgendwo gebraucht wird. Denn er ist ein geschickter Mann, zu dem sie Vertrauen hat... Als ich Schwedt verließ, kam ich abends in Ruppin an, wo mein Bruder Ferdinand und die Prinzessin [Luise, Sophies Tochter] mich mit aller nur möglichen Höflichkeit empfingen ...« 50

Wie sehr hatte Sophie in einem ihrer Briefe zum Ausdruck gebracht, daß sie vom Winter auf den Sommer hoffe und sich davon Besserung ihrer Leiden versprach. Jetzt war der Sommer vorüber, doch die Heilung hatte sich nicht einstellen wollen. Schlechte Nachrichten liefen auch damals schnell. So war es zu erklären, daß im Oktober schon Herzogin Charlotte in Braunschweig genau über die Verschlechterung im Befinden der Schwester informiert war. Sie schrieb an den König:

»27. Oktober 1765
...ich habe es nötig, ein bißchen abgelenkt zu werden von dem Schmerz, den mir der neue Krankheitsbefund unserer armen Schwester in Schwedt verursacht...« 51

Jetzt bereitete sich die Familie ernstlich darauf vor, Tobise bald zu verlieren. Friedrich benachrichtigte einen Monat später Königin Ulrike von Schweden in Stockholm:

»Sanssouci, den 14. November 1765
Mit unserer armen Schwedter Schwester geht es zu Ende. Soviel sich die Ärzte auch bemühen, ihre Krankheit macht immer weitere Fortschritte. Sie erträgt ihre vielen Leiden mit bewundernswerter Geduld und Seelenruhe. Mein Bruder Ferdinand weilt bei ihr; er schreibt mir, ich solle nicht hinkommen, da es ihr zu schmerzlich wäre. Auch weist er sehr richtig darauf hin, daß ein so trauriger Anblick mir selbst nur Schmerzen bereiten würde.
Ich schreibe Ihnen da etwas sehr trauriges und betrübliches, liebe Schwester, aber ich halte es für besser, Sie auf eine schlimme Nachricht vorzubereiten, statt daß Sie sie auf einen Schlag erfahren. Ich wünsche

Ihnen, daß Sie niemals solchen Kummer mit Ihrer Familie erleben möchten und hoffe, Sie gedenken eines Bruders, der zeitlebens mit größter Anhänglichkeit sein wird, Ihr getreuer Bruder und Diener Friderich«[52]

Am 15. November 1765 ertönte von den Türmen der Kirchen in Schwedt anhaltendes Trauergeläute: Markgräfin Sophie hatte die Augen für immer geschlossen. Sie war nur sechsundvierzig Jahre alt geworden und ihr Leben hatte ihr viele seelische und körperliche Leiden gebracht. In ihren letzten Lebenstagen umsorgten sie ihre drei Töchter Dorothee, Luise und Philippine, ihr Bruder Ferdinand war bei ihr. Der Hofstaat der Markgräfin trauerte ehrlich um sie und, soweit er dazu fähig war, bedauerte auch der Markgraf ihren Tod. Er hatte sich vorher mit Sophie ausgesöhnt, als er zu Pferde in ihr Sterbezimmer ritt. Die Familie legte Trauer an und atmete gleichzeitig auf. Für die Kranke war der Tod als Erlöser gekommen. Mit vielen Kondolenzschreiben ist auch eines der Gräfin Camas an den König gelangt. Diese alte Dame kennt heute alle Welt von Ansehen. Menzel hat auf seinem berühmten Bild »Das Flötenkonzert von Sanssouci« ein getreues Abbild der Gräfin Camas, nach einer Miniatur gemalt, der Nachwelt hinterlassen. Sie sitzt rechts von Friedrich mit einer dunklen Mantille, Spitzen an den Ärmeln und einer rostroten Robe über dem Reifrock. Gräfin Camas war Oberhofmeisterin der Königin Elisabeth Christine. Der König liebte sie wie eine zweite Mutter und hat ihr liebevolle, ungemein charmante Briefe geschrieben. Für ihre Beileidsadresse zum Tode Sophies bedankte er sich wortreich:

»Sanssouci, 17. [oder 18.] November 1765

Ich bin Ihnen, gutes Mütterchen, sehr verbunden für Ihre Teilnahme an unserer Trauer. Es ist ein Verlust für alle ehrlichen Leute, denn meine Schwester war im wahren Sinne eine tugendhafte Frau. Seit langem weiß ich, daß die Menschen sterblich sind. Ich war Zeuge ihres Kräfteverfalls, aber das hindert mich nicht, gutes Mütterchen, daß ich den Heimgang meiner Schwester schmerzlich empfinde, die mir der Tod gewissermaßen aus den Armen gerissen hat.

Blutsbande, zärtliche Freundschaft, wahrhafte Hochschätzung – das alles fordert sein Recht und ich fühle, gutes Mütterchen, daß ich mehr gefühlvoll als vernünftig bin. Meine Tränen, meine Trauer sind vergebens, und doch kann ich sie nicht unterdrücken. Unsere Familie kommt mir wie ein Wald vor, in dem der Sturm die schönsten Bäume umgeworfen hat, wo man von Zeit zu Zeit eine entwipfelte Fichte erblickt, die nur noch an ihren Wurzeln zu hängen scheint, um dem Sturz ihrer Gefährten zuzuschauen und all die Sturmschäden und Verwüstungen des Unwetters zu sehen. Ich wünsche, gutes Mütterchen, daß der Hauch des Todes Sie verschont und daß Sie noch lange leben mögen, damit ich Ihnen die Versicherung meiner alten, treuen Freundschaft recht oft wiederholen kann.

Friderich«[53]

Das Bild von dem durch einen Orkan verwüsteten Wald erklärt sich durch die vielen Todesfälle in der Familie zu Ende der fünfziger Jahre. Im Juni 1757 war die Königinmutter Sophie Dorothea im Alter von siebzig Jahren während einer schweren Erkältung einem Erstickungsanfall erlegen. Ihr folgten 1758 August Wilhelm und Wilhelmine.

Kammerherr Graf Lehndorff, dreißig Jahre lang am Hofe der Königin Elisabeth Christine, schrieb zum Tode Sophies in sein Tagebuch: »Sie war eine sehr gute Fürstin, die im Leben wenig Glück genossen hat. Ihr Gatte war der schlechteste Fürst, den es je gegeben hat, und sie hatte deshalb eine traurige Jugend bei ihm verlebt... Ihr Tod macht viele Unglückliche ...«[54]

Der »tolle Markgraf« überlebte seine Frau um sechs Jahre. Einundsiebzigjährig erkältete er sich eines Tages beim Fischen[55] und konnte sich davon nicht wieder erholen. Er starb am 4. März 1771. Da keine männlichen Erben vorhanden waren, fiel die Markgrafschaft an den Bruder des Verstorbenen, den unmilitärischen Privatmann Friedrich Heinrich.

Er benutzte seine Regierungsjahre dazu, die Stadt auch seinerseits zu verschönern, baute das Rathaus um und legte das Erholungswäldchen »Heinrichslust« an. Im Westen des Schloßgartens schuf er ein Operettenhaus, das die Aufschrift trug »Dem Vergnügen und der Sitte«. Markgraf Heinrich erließ eine Verfügung, wonach »jeder anständig Gekleidete freien Zutritt« haben sollte. Offiziere und markgräfliche Beamte waren zweimal wöchentlich zum Besuch des Operettenhauses verpflichtet[56].

Das war alles sicher gut gemeint, aber es erforderte Aufwand an Putz und Kleidung, und so sehr beglückt sind die Schwedter über diesen Erlaß nie gewesen. Immerhin saßen sie einträchtig im Theater und applaudierten den Künstlern.

Als Markgraf Heinrich im Jahre 1788 starb, nahm ein merkwürdiger Erbschaftsstreit seinen Verlauf, bei dem der rechtmäßige Erbe, Tobises Bruder Prinz Heinrich von Preußen, mangels eigener Machtvollkom-

menheit leider der preußischen Krone gegenüber den kürzeren zog.
Ein Chronist des 19. Jahrhunderts weiß davon zu erzählen:
»Vor vielen Jahren, nach Zurückweisung der polnischen Königskrone,
hatte Friedrich der Große, wie man sagt als Balsam oder ein Pflaster
auf die Wunde getäuschter Hoffnung, seinem Bruder Heinrich ein Geschenk mit der Erbfolge von Schwedt gemacht, für den gerade damals
wahrscheinlichen Fall, daß die im Besitze befindliche Linie aussterben
sollte.
Bei Friedrichs Tode war der Besitzer von Schwedt, Markgraf Heinrich,
ein alter Nichtsnutz von achtundsiebzig Jahren und der letzte seines
Stammes. Es war vorauszusehen, daß die Stunde des Abscheidens für
den Markgrafen nicht mehr fern sein konnte; Schwedt war ein sehr
wertvolles Besitztum und die Rente, die es abwarf, würde eine schöne
Zugabe zu den Revenuen von Rheinsberg gewesen sein. Es war eine
bittere Enttäuschung und in der Tat eine Kränkung, sich das vor der
Nase wegschnappen zu sehen, was man so lange erwartet hatte. Daß
aber die Sache in dieser Weise geschah, mittelst eines Dekretes, welches, obwohl in allgemeine Ausdrücke gefaßt, doch ein spezielles Ziel
im Auge hatte, das war eine Beleidigung, ein Insult . . .«[57]
Der neue König Friedrich Wilhelm II. verfügte in diesem Dekret, daß
ab sofort alle Nachfolgebestimmungen der vorigen Regierungen hiermit annulliert seien. Vermutlich ahnte er schon im zweiten Jahre seiner
Regierung, daß sein Geldbedarf für Mätressen und morganatische Gemahlinnen keinerlei Abzweigungen vertragen konnte.

Nirgendwo ist die Vergangenheit vergangener als gerade in Schwedt[58].
Das Markgrafenschloß und Schloß Monplaisir sind im Zweiten Weltkrieg so schwer zerstört worden, daß man sie danach abgetragen hat.
Während man in Ansbach und Bayreuth, in Wolfenbüttel und in
Schloß Charlottenburg, in Drottningholm in Schweden und mit einigen Formalitäten in Potsdam und Sanssouci die teils wunderbar erhaltenen, teils stilecht restaurierten Schlösser besuchen, auf dem gleichen
Parkett wie Wilhelmine und Friederike gehen, Schreibsekretäre, Kin-
derwiegen und Thronhimmel besichtigen kann – nichts von alledem
in Schwedt. Die Spuren der Markgrafen sind vernichtet. Sie hatten sich
den Absolutismus ihres Zeitalters in einer Form ausgelegt, wie sie
ihrem Charakterbild abträglicher nicht sein konnte, in den Sog dieser
Bemühungen kam unglücklicherweise Sophie-Tobise.
Adieu, madame la Margrave!

Sophies Kinder
aus ihrer Ehe mit dem Markgrafen Friedrich Wilhelm von Brandenburg-Schwedt:

Friederike Sophie *Dorothee*
* 18. 12. 1736, † 9. 3. 1798
Vermählt am 29. 11. 1753 mit Franz Friedrich Eugen, Prinz von Würt-
temberg-Stuttgart. Seit 20. 5. 1795 regierender Herzog.

Anna Elisabeth *Luise*
* 22. 4. 1738, † 10. 2. 1820
Vermählt am 27. 9. 1755 mit ihrem Onkel Prinz August Ferdinand von
Preußen.

Georg *Philipp* Wilhelm
* 11. 9. 1741, † 28. 4. 1742

Philippine Auguste Amalie
* 10. 10. 1745, † 1. 5. 1800 in Berlin
Vermählt am 10. 1. 1773 mit Friedrich II., Landgraf von Hessen-Kassel.

Georg *Friedrich* Wilhelm
* 3. 5. 1749, † 14. 8. 1751

Anmerkungen

[1] Loen: »Der Königlich Preußische Hof in Berlin 1718« – Johann Michael von Loen (1694–1776) Jurist und Kunstfreund, von 1752–1765 preußischer Regierungspräsident in Lingen. Er war im Winter 1717/18 in Berlin gewesen. Nach dem Abdruck in seinen »Kleinen Schriften« Bd. I, Teil 3, S. 22 ff. (Frankfurt und Leipzig 1749) – Wiedergabe aus »Friedrich der Große im Spiegel seiner Zeit« von G. B. Volz im Verlag Reimar Hobbing, Bd. I. S. 5

[2] Frau von Kamecke, Oberhofmeisterin der Königin Sophie Dorothea und Erzieherin der Kinder. – Ilse Anna Freifrau von Kamecke, geb. von Brünnow (1675–1749). Vermählt 1707 zu Berlin mit Paul Anton von Kamecke, Grand maître de la garderobe am preußischen Hofe.

[3] Frau Marthe von Roucoulles. Erzieherin Friedrichs in seinen Kinderjahren. Sie erzog schon seinen Vater, den Soldatenkönig.

[4] »Memoiren der Markgräfin Wilhelmine von Bayreuth«, Ausgabe des Insel-Verlages 1923, aus dem Französischen übertragen von Annette Kolb. S. 37 – Nachstehend abgekürzt »Wilhelmine« genannt.

[5] Heinrich Thiel »Wilhelmine von Bayreuth«, Süddeutscher Verlag München 1967, S. 26

[6] Wilhelmine S. 8

[7] »Schwedt an der Oder« – Deutscher Städte-Verlag Hannover 1929, – Nachstehend abgekürzt »Schwedt« genannt. S. 8

[8] Alter Dessauer. Fürst Leopold von Anhalt Dessau.

[9] Der Fürst von Anhalt, Siehe 8

[10] Grumbkow, Friedrich Wilhelm von, 1678–1739. 1713 Staatsminister. 1723 dirigierender Minister, 1737 Generalfeldmarschall. Vertrauter des Königs Friedrich Wilhelm I. Vertreter der kaiserlich österreichischen Partei am preußischen Hofe und härtester Widersacher der Königin.

[11] Wilhelmine S. 8 und 9

[12] Schwedt S. 9

[13] Schwedt, S. 9

[14] Schwedt, S. 17

[15] Signorina Léti, Tochter eines entlaufenen Mönches, verdiente ihr Brot zunächst als Zeitungskorrektorin. Schützling der mächtigen Lady Arlington am englischen Hofe. Unmögliche Erzieherin Wilhelmines während einiger Kinderjahre. Intrigantin, die für die österreichische Partei am Berliner Hofe wirkte.

[16] Wilhelmine S. 9

[17] Kaiser Karl VI., römischer Kaiser 1711–40, als König von Ungarn Karl III., zweiter Sohn Kaiser Leopolds. Geb. Wien 1. 10. 1685 gest. daselbst 20. 10. 1740. Wurde nach dem Aussterben der spanischen Habsburger als Karl III. zum König von Spanien ausgerufen. (Spanischer Erbfolgekrieg)

[18] Schwedt, S. 10

[19] Eversmann, Kammerdiener und Vertrauter des Königs Friedrich Wilhelm I.

[20] Dorothea Luise von Wittenhorst-Sonsfeld, Hofmeisterin Wilhelmines, die sie auch nach Bayreuth begleitete. Zärtlich von ihr Sonsine genannt.

[21] Wilhelmine S. 222

[22] Wilhelmine S. 234

[23] Wilhelmine S. 240

[24] Ernst Poseck »Die Kronprinzessin«, Steuben-Verlag Paul G. Esser Berlin 1940, S. 246. – Nachstehend abgekürzt »Poseck« genannt.

[25] »Briefwechsel Friedrichs des Großen mit Wilhelmine von Bayreuth«, aus dem Französischen von G. B. Volz und F. v. Oppeln-Bronikowski.

[26] Poseck S. 268

[27] Wilhelmine S. 420, 421

[28] Dr. Fritz Arnheim »Am Hofe Friedrichs des Großen«, Band I. Kapitel Sophie. – Nachstehend abgekürzt »Arnheim« genannt.

[29] Arnheim, Kapitel Sophie

[30] Schwedt, S. 10

[31] Poseck S. 318

[32] Poseck S. 391, 392

[33] Alle Briefe, die im folgenden Text ohne Quellenangabe wiedergegeben sind, stammen aus der französischen Ausgabe der »Werke Friedrichs des Großen« (Œuvres de Frédéric le Grand). Xerographie der Staatsbibliothek München. Kapitel »Correspondance de Frédéric avec sa sœur Sophie, Margrave de Schwedt, (11. juillet 1742–23. septembre 1765). – Aus dem Französischen von Charlotte Pangels.

[34] Schwedt, S. 14

[35] Hans Droysen »Aus den Briefen der Herzogin Philippine Charlotte von Braunschweig« 1732–1801, Band I, Wolfenbüttel 1916, Julius Zwisslers Verlag Wolfenbüttel. – S. 65 – Aus dem Französischen von Charlotte Pangels. – Nachstehend abgekürzt »Gedruckte Briefe Charlotte« genannt.

[36] Graf Ernst Ahasverus von Lehndorff »Dreißig Jahre am Hofe Friedrichs des Großen« Tagebücher nach meiner Kammerherrnzeit, Herausgegeben von Schmidt-Lötzen. Bd. I, S. 14 – Nachstehend abgekürzt »Lehndorff« genannt.

[37] »Der König«, Friedrich der Große in seinen Briefen und Erlassen. Mit biographischen Verbindungen von Gustav Mendelssohn-Bartholdy. Wilhelm Langewiesche-Brandt-Verlag, Ebenhausen bei München. S. 228

[38] »Friedrich der Große und Prinz August Wilhelm«, des großen Königs Briefwechsel mit seinem Bruder. Herausgegeben von G. B. Volz, aus dem Französischen von F. v. Oppeln-Bronikowski, Verlag von K. F. Koehler Leipzig ohne Jahreszahl. – Nachstehend abgekürzt »Briefwechsel August Wilhelm« genannt. – S. 173

[39] Briefwechsel August Wilhelm S. 186

[40] Lehndorff I, S. 103

[41] Lehndorff I, S. 103

[42] Vier Briefzitate aus dem Briefwechsel August Wilhelm, S. 213, 125 und 238

[43] Mit Genehmigung von Frau Hildegard Eggebrecht, Berlin-Lankwitz.

[44] »Die Briefe Friedrichs des Großen an seinen vormaligen Kammerdiener Fredersdorf«, herausgegeben und erschlossen von Johannes Richter, Verlagsanstalt Hermann Klemm, Berlin-Grunewald 1926, S. 399

[45] Gedruckte Briefe Charlotte S. 186

[46] »Der Briefwechsel Friedrichs des Großen mit der Gräfin Camas und dem Baron Fouqué«. Ausgewählt und übersetzt von Hans Droysen, Grote-Verlag 1967 – Veröffentlichungen aus den Archiven preußischer Kulturbesitz, Bd. I, S. 51

[47] Cothenius, einer der Leibärzte Friedrichs des Großen

[48] Mutzellius, desgleichen
[49] Gedruckte Briefe Charlotte, S. 196
[50] Gedruckte Briefe Charlotte, S. 196
[51] Gedruckte Briefe Charlotte, S. 197
[52] »Briefe Friedrichs des Großen« Herausgeber Max Hein, Verlag Reimar Hobbing, Berlin 1914, Jubiläumsausgabe Band II, S. 149. Aus dem Französischen von Eberhard König und F. v. Oppeln-Bronikowski. – Nachstehend abgekürzt »Hein« genannt.
[53] Hein S. 148
[54] Lehndorff, November 1765
[55] Schwedt, S. 9
[56] Schwedt, S. 11
[57] »Rheinsberg«, Friedrich der Große und Prinz Heinrich von Preußen, Von Andrew Hamilton, aus dem Englischen von Rudolf Dielitz. Bd II, S. 118, R. v. Deckers-Verlag Berlin 1883.
[58] Eine Impression über das heutige Schwedt gibt Joachim Seyppel in seinem Buch »Ein Yankee in der Mark«, Limes-Verlag Wiesbaden 1967, Seite 148: »Nach Schwedt bin ich natürlich auch gefahren. Neun Schlote eines Erdölverarbeitungswerkes, Öl von Kasan an der Wolga durch die Steppe über die Moskwa, an Stalinogorsk vorbei und Tula, an die Pripjetsümpfe heran, wo ich Soldat war, über den schmerzlichen Fluß, den Bug, wo die ersten Kreuze stehen von 41, durch Polen, viertausend Kilometer pipe-line bis ins preußische Schwedt an der Oder mit dem weiland 1. Brandenburgischen Dragonerregiment Nr. 2 ›Die blauen Dragoner sie reiten...‹ und heuer der Superindustrie und den Neubauten für vierzigtausend Einwohner, wo es am Kriegsende noch ganze sechsundzwanzig gab... Lust von vierzigtausend Einwohnern mit einem Durchschnittsalter von Mitte zwanzig, zu leben. ›Der Mond ist aufgegangen‹, schrieb Johann Peter Schulz, der in Schwedt starb, schrieb die Musik, und der Geruch der Tabakplantagen seiner Zeit, die Kurfürst Friedrich Wilhelm anlegte, ist dem fernen schwachen Dunst der Öltanks gewichen. Und nun, ich sehe es, simulieren Sie. Denken Sie über die Schichten nach, aus denen die Mark besteht, Schicht über Schicht bis an den Rand des Bewußtseins jetzt?«

Ulrike

* 24. 7. 1720 Berlin, † 16. 7. 1782 Svartsjö/Stockholm
Königin von Schweden

Paten wissen manchmal nicht, wie sie zu der Ehre kommen, Gevatter zu stehen. Ohne besonderen Anlaß wäre auch in Berlin wohl niemand darauf gekommen, die schwedische Königin Ulrike Eleonore, Schwester des berühmten Königs Karl XII., zur Patentante für das jüngste Königskind in Berlin zu wählen.

Aber der Vater, König Friedrich Wilhelm I., hatte dafür einen besonderen Grund. Am 20. Juli 1720 konnte er im Berliner Schloß eine Konvention unterzeichnen, die alle preußisch-schwedischen Meinungsverschiedenheiten aus der Welt schaffte und ihm die bisher schwedische Odermündung einbrachte.

Als am 24. Juli 1720 eine Königstochter geboren wurde, das zehnte Kind des preußischen Königspaares, fand man es diesem Ereignis entsprechend, sie Luise Ulrike zu nennen – Ulrike nach der schwedischen Königin, und Luise nach der Urgroßmutter väterlicherseits, Luise Henriette von Oranien.

Da einige Kinder jung gestorben waren, sah sich der König von Preußen nun als Vater von fünf Töchtern und nur einem Sohn. Er war darüber nicht sonderlich beglückt und machte seinem Herzen Luft gegenüber einem vertrauten Freunde, dem Fürsten Leopold von Anhalt-Dessau, genannt »der Alte Dessauer«. Auch dieser hatte viele Töchter und ebenso seine Sorgen, diese eines Tages zu verheiraten. Friedrich Wilhelm entfaltete auch hier wieder einmal seinen grimmigen Humor:
»Gestern ist wieder eine auf die Welt gekommen... Ich werde ein Kloster anlegen; da können Euer Liebden auch Nonnichen fournieren [unterbringen]. Oder man muß sie versaufen oder Nonnen daraus machen; Männer kriegen sie nit alle.«[1]
Dies Wort »versaufen«, auf die weiblichen Kinder angewandt, geistert durch die ganze Familiengeschichte und muß ein Lieblingsausdruck des Königs gewesen sein. Er war ein Mensch mit sehr schnell wechselnder Gemütsverfassung: gutmütig, generös, geizig, gereizt, zum Jähzorn neigend, dann wieder umgänglich. Wenn alles vor ihm zitterte, be-

hauptete er von sich selbst: »Gott weiß, daß ich viel zu tranquil bin!«

Ulrike hat in ihrem zweiundsechzigjährigen Leben sicher nicht oft die deutsche Aussprache ihres Namens gehört. Man schrieb in französischer Manier »Ulrique«, man sagte »Ülriek«. Die Familie sprach fast ausschließlich französisch. Will man das Leben dieser Prinzessin historisch gerecht nachempfinden, so müßte man beim Lesen des Wortes Ulrike jedesmal in Gedanken Ulrique sagen. Dennoch ist es richtig, die deutsche Form ihres Namens hier zu wählen, schließlich war sie eine deutsche Prinzessin, sogar, wie sie selbst behauptete, »eine glühende Brandenburgerin«, die sehr an ihrer Heimat hing.

Als Ulrike etwa ein Jahr alt war, hatte sich ihr Vater förmlich in sie verliebt und völlig vergessen, daß er sich an ihrer Stelle erst so lebhaft einen Sohn gewünscht hatte. Und wenn auch Ulrike, wie Freylinghausen in seinen Hofberichten verzeichnete, »nichts Reelles« vom Vater bekam, so bedachte er sie doch mit »freundlichem Ansehen, Zurufen, seltenen Küssen, mehreren Backenstreicheln und anderen herzlichen, obgleich uneinträglichen Karessen«[2].

Man konnte ohne Übertreibung sagen, daß Ulrike ein schönes und sehr charmantes Kind war. Die Hofgesellschaft flüsterte, wenn sie schon als Mädchen das Herz des Vaters in solchem Maße gewann, wie wäre es wohl erst gewesen, wenn sie ein Junge wäre. Ulrike war noch zu klein, um sich um diese unnützen Betrachtungen zu kümmern. Sie genoß zwei Jahre das ungetrübte Glück, der Liebling des Vaters und im Kreise der Familie die vielbelachte kleine Spaßmacherin zu sein. Als Ulrike zwei Jahre alt war, wurde August Wilhelm geboren, der ersehnte zweite Prinz. Hier machte das kleine Mädchen zum erstenmal in seinem Leben die Erfahrung, plötzlich nicht mehr im Mittelpunkt des Interesses der Umgebung zu stehen. Jetzt drehte sich alles um August Wilhelm, und Ulrike, mochte sie noch so lieb und hübsch sein, trat in den Hintergrund.

Aber noch verblieb ihr der Vorzug, ihr eigenes kleines Reich zu haben. Ihre Spielsachen gehörten wirklich ihr und kein anderes Kind nahm sie ihr weg. Ihr Zimmer wurde nur von ihr bewohnt, ihre Kammerfrauen kümmerten sich nur um sie. Sie stand unter der Aufsicht der wachsamen alten Madame de Roucoulles, die einen unvergleichlichen Ruf als Kinderbetreuerin am Hofe hatte. Sie erzog einst schon den Soldatenkönig, Fritz war ihr bis zum siebten Lebensjahr anvertraut gewesen, jetzt die kleine Ulrike.

Aber das alles änderte sich, als wieder ein Jahr später, völlig unverhofft und nicht einmal von ihrer eigenen Mutter bewußt erwartet, Prinzessin Amalie geboren wurde. Von diesem Novembertag des Jahres 1723 an war es mit Ulrikes Ruhe vorbei. Sie teilte ihr Zimmer mit der kleinen Schwester, das Bedienungspersonal war nun für beide Kinder da, die zwei Kleinen wurden Frau von Roucoulles auch zuviel, Fräulein von Jaucourt übernahm den Dienst bei den beiden Prinzessinnen, von ihnen anhänglich später »das liebe Frölen« genannt. Sie wurde nach etlichen Jahren abgelöst durch das skurrile Fräulein von Montbail, der die Kinder manchen Streich spielten.

Die Gouvernanten hatten es mit den beiden Mädchen keineswegs leicht. Zwar lernte Ulrike sich anzupassen und die Gegenwart Amalies zu ertragen. Aber es war über weite Strecken des Tages hinweg eben wirklich nur ein Ertragen. Amalie begann schon als Kind auf dem Spinett, auf der Laute und später auf dem Klavier zu klimpern, bald auch systematisch zu üben, und das mit solcher Ausdauer und einer gewissen Rücksichtslosigkeit, daß Ulrikes einziger Wunsch in jenen Jahren immer nur dahin ging, ein eigenes Zimmer zu haben, aber er wurde ihr niemals erfüllt. Die dauernde Musikberieselung durch die jüngere Schwester hat zunächst alles ernsthafte Interesse Ulrikes an der Musikausübung im Keim erstickt. Sie hatte gar keine Lust, wenn Amalie fertig war, sich nun ihrerseits ans Instrument zu setzen und die gleichen verhaßten Klänge zu produzieren, die ihr soeben noch auf die Nerven gegangen waren. Erst Jahrzehnte später fing sie an, Freude am Klavierspiel zu haben. Aber da war sie schon Königin von Schweden.

Für den sachlichen Unterricht der beiden Schwestern wurde ein Lehrer des Joachimsthalschen Gymnasiums bestellt, der Informator Hilmar Curas. Als Ulrike größer wurde, nahm sie bei dem Maler Dubuisson Unterricht, einem Verwandten des berühmten preußischen Hofmalers Antoine Pesne. Ulrike war sehr vielseitig interessiert und lernte leicht und gut. Noch leichter und noch besser wäre es gegangen, hätte nicht ständig Amalie ihre Sonatinen dazu als Geräuschkulisse beigetragen, aber das war nun einmal nicht zu ändern. Auch als Erwachsene steckte Ulrike ihre Nase noch in viele Lehrbücher. Nur spielte dann niemand mehr Spinett, wenn sie es nicht ausdrücklich befahl[3].

Zu den Lehrern gehörten ferner so verdienstvolle Männer wie Jacques und Mathurin La Croze. Auch Wilhelmine hatte sehr erfolgreich mit dem Letztgenannten gearbeitet und verdankte ihm viele grundlegende

Kenntnisse. Diese Professoren verstanden es, das Interesse ihrer Schülerinnen an wissenschaftlichen Dingen nachhaltig zu wecken. Ulrike faßte eine lebenslange, tiefe Zuneigung zur Gelehrsamkeit.

Die heranwachsende Ulrike muß ein bezauberndes Geschöpf gewesen sein, obwohl es sicherlich schwer war, aus diesem Kreis junger Mädchen, die alle bestimmte Vorzüge hatten, jung, frisch und unbefangen waren, eine einzige gesondert hervorzuheben.

Als der Kronprinz 1733 heiratete, stand Ulrike kurz vor der Vollendung ihres dreizehnten Lebensjahres. Die junge Kronprinzessin Elisabeth Christine gab im neueingerichteten Kronprinzenpalais die ersten Diners für die Geschwister ihres Gemahls. Auch Ulrike und Amalie wurden eingeladen, obwohl Amalie erst zehn Jahre alt war. Beide genossen die Gastfreundschaft der neuen Schwägerin aus vollstem Herzen. Historiker Ernst Poseck gab in seinem Buch »Die Kronprinzessin« ein Bild vom Aussehen und Wesen der Prinzessin Ulrike:

»Ulrike war von allen Auffallenden die Auffallendste; zwar klein, wie mit Ausnahme des Prinzen Wilhelm alle Kinder waren, und wiederum auch darin auffällig kleiner als die andern, doch beinahe noch lebhafter, temperamentvoller als Lotte, der sie am nächsten verwandt war. Ein zierliches, graziöses Persönchen, von feinstem Gesichtsschnitt, mit den schönsten, strahlendsten und größten blauen Augen von allen: ›les beaux yeux‹ hieß sie in der Familie. Immer lustig, übersprudelnd vor Lebensfreude, gern zu Neckereien und harmloseren Späßen aufgelegt, mit denen sie jetzt schon die alten und jüngeren Palastdamen und würdigen Freundinnen ihrer Mama heimsuchte, gutmütig, immer zum Frieden geneigt und ihn zu stiften und zu wahren, beförderte die Mutter sie zu ihrer Favoritin, seitdem Wilhelmine und dann Lotte nicht mehr da waren, in deren Gunst Ulrike nun eingesetzt wurde. Sie tat nicht viel aus Berechnung dazu, um sie sich zu erwerben und zu erhalten, sie fiel ihrer kleinen Person von selbst zu. Ihr Lieblingsbruder war der zwei Jahre jüngere Wilhelm und die Art dieser schwesterlichen Liebe und ihres Ausdrucks ähnelte der Wilhelmines zum Kronprinzen.« [4]

Als Ulrike vierzehn Jahre alt war, mußte sie von »ihrem lieben Frölen« Jaucourt Abschied nehmen. Sie erhielt die Dame Montbail als Hofmeisterin für sich und Amalie zugeteilt. Darüber waren beide Prinzessinnen keineswegs begeistert. Fräulein von Montbail war eine Tochter aus der ersten Ehe von Frau von Roucoulles. Da man die Mutter bei Hofe sehr schätzte, fand man auch immer wieder eine Verwendung für die

Tochter. Diese beiden Frauen waren völlig erfüllt von dem Geist und der Denkart französischer Emigranten, wie sie nach der Aufhebung des Ediktes von Nantes Ende des 17. Jahrhunderts in Scharen ihr Land verließen. Frankreich war fern für diese treuen Hugenottinnen, aber hier, am preußischen Königshofe, in den Kinderstuben, da blieb Frankreich das Gelobte Land, neben dem nichts Geltung besaß. Es führte zu einer ständigen Überbewertung alles Französischen durch die Königskinder, man hob alles in den Himmel, die Dichter, die Literaten, die Gelehrten, die Gesandten und – die Köche! Fräulein von Montbail war eine skurrile Erscheinung. Wilhelmine erzählte genüßlich von ihr, daß sie nur noch einen Zahn habe, auf dem sie Spinett spiele. Ihr Geschmack in Kleidungsfragen muß auffallend und absurd gewesen sein. Der Historiker Droysen, sonst nicht zu Scherzen geneigt, bemerkt vornehm, daß sich die königlichen Kinder über ihre äußere Erscheinung, bei aller Verehrung, gelegentlich ihre Bemerkungen erlaubten[5].

Allmählich kam Ulrike in das heiratsfähige Alter. Die Kunde von ihrer Schönheit, die – wie im Märchen! – die Lande durcheilte, brachte etliche kleinere Fürsten auf die Idee, es mit einer Werbung beim preußischen König zu versuchen. Zeigte sich der Vater sonst sehr geneigt, seine Töchter recht schnell unter die Haube zu bringen, so zögerte er bei Ulrike unendlich lange und brachte es nicht übers Herz, sie von zu Hause fortzugeben, ohne daß alle, aber auch wirklich alle Voraussetzungen so günstig wie nur möglich waren. Zu seinen Lebzeiten kam es zu keiner Heirat. Aber in den Jahren davor müssen die Königin und ihre lachlustigen Töchter des öfteren Anlaß gehabt haben, sich köstlich zu amüsieren, wenn wieder einmal ein Bewerber für »die schönen Augen der Familie« abgeblitzt war.

1735 kam vorübergehend der Plan auf, sie doch mit ihrem Vetter, dem Prinzen Ludwig von Wales, zu verheiraten. Jedoch eingedenk der Schwierigkeiten, die sich einer Verbindung Wilhelmines und Friedrichs mit dem englischen Königshause entgegengestellt hatten, beeilte sich der König, sein Veto einzulegen und der Plan verschwand in der Versenkung. Zu viele Intrigen und Ränke hatte Friedrich Wilhelm I. dabei erlebt. Dann kam im Jahre 1736 der Erbprinz von Hessen-Darmstadt als Freier zur Sprache und erhielt die recht rauhe Abfuhr, man habe »arme Schwiegersöhne ohnehin schon in genügender Zahl«[6].

Fern im Süden lebte ein König, dem es sehr angelegen war, die schöne preußische Prinzessin zur Frau zu bekommen. Es war Karl III. von

Spanien, der in Personalunion als Karl IV. auch König von Neapel war. Eine wohlgesetzte Depesche wurde abgefaßt und von der spanischen Gesandtschaft dem preußischen Königshause übermittelt. Der allergnädigste Papa war so ungnädig wie nur denkbar. Er kritzelte wütend an den Rand des Dokumentes: »Hundsfötter! Lieber sie den Hals abschneiden als katholisch!«[7]

Aus den Briefen der Herzogin Charlotte von Braunschweig geht hervor, daß sich im Jahre 1739 wieder ein Heiratskandidat bewarb, der aber auch nicht willkommen war und eine Abfuhr erhielt. Während des Herbstes 1739 verschlechterte sich der Gesundheitszustand des Königs rapide. Dennoch sollte er noch den ganzen Winter bei wechselndem Befinden zubringen, ehe er im Mai 1740 sein Leben beschloß. Noch einmal trat ein Bewerber für Ulrike in seinen Gesichtskreis, der ausnahmsweise einmal sein Wohlwollen gefunden hatte. Der junge Pfalzgraf von Zweibrücken-Birkenfeld fand ein zwar zurückhaltendes, jedoch im Grunde günstiges Echo für seine Anfragen. Nach dem Tode des Königs erhob aber die Königinmutter Sophie Dorothea so energischen Einspruch, daß der junge König Friedrich sich entschloß, sich mit der Ausrede von »unüberwindlichen Schwierigkeiten« aus der Affäre zu ziehen. Ulrike war nach wie vor frei.

In diesem unruhigen Hin und Her der Heiratsanträge und abschlägigen Bescheide hatte der sterbende König seine vorsorglichen Maßnahmen getroffen. Er stellte eine größere Geldsumme bereit, um Ulrike im Jahre 1743, wenn wieder Wahlen im Stift Quedlinburg stattfinden sollten, die Teilnahme daran zu ermöglichen und sich als Coadjutorin in dies reichsfreie Damenstift einzukaufen. Das war seine Art der Sicherung seiner zweitjüngsten Tochter vor etwaigen Unbilden des Schicksals, die er an sorgenvollen Tagen vor seinem geistigen Auge sehen mochte, immer eingedenk seines Briefes an den Alten Dessauer am Tage nach Ulrikes Geburt: ». . . einen Mann kriegen sie nit alle!«

Damals dachte noch niemand daran, daß Ulrike einmal Königin von Schweden werden würde. An Schweden wurde man nur erinnert, als Ende November oder Anfang Dezember 1741 die Nachricht aus Stockholm eintraf, daß Ulrikes Patentante, die Königin Ulrike Eleonore, verstorben sei.

1742 war Ulrike zweiundzwanzig Jahre alt und für die Begriffe der damaligen Zeit eigentlich schon »zu alt« zum Heiraten. Ihre Schwester

Friederike war vierzehnjährig mit dem Markgrafen von Ansbach getraut worden, Sophie hatte fünfzehnjährig dem Schwedter Markgrafen die Hand zum Lebensbund gereicht. Aber es war gut, daß Ulrike noch in Berlin war. Sie stand im Zenith ihrer Schönheit, hatte sich zu einer sehr gewandten und geistreichen jungen Dame entwickelt und wurde allgemein sehr verehrt. Als Anekdote ist überliefert, daß der alte Baron Pöllnitz, Unikum des jungen preußischen Hofes, sie eines Tages »anstarrte wie ein Wundertier«, weil sie das »schöne neue französische Kleid« anhatte[8].

Es waren glanzvolle Jahre, die Berlin 1742 und 1743 erlebte. Das Charlottenburger Schloß wurde um einen Flügel erweitert, dessen Bauleitung Knobelsdorff übertragen wurde. Noch heute trägt der Anbau den Namen »Knobelsdorff-Flügel«. Er diente König Friedrich dazu, dort zu logieren, wenn er in Charlottenburg seinen Aufenthalt nahm, um große Familienfeste zu feiern oder einem ausländischen Fürsten seine Reverenz zu erweisen, indem er mit ihm eine sommerliche Lustbarkeit in Charlottenburg abhielt.

Im Dezember 1742 wurde das ebenfalls von Knobelsdorff erbaute Opernhaus in der Straße Unter den Linden in Berlin eröffnet. Sein Grundriß und seine Anlage, seine akustischen Eigenschaften und seine ganze Konzeption sind so vollkommen gewesen, daß dieser Bau jetzt, nachdem er im Zweiten Weltkrieg insgesamt zum drittenmal zerstört worden war, von der Ostberliner Regierung getreu nach alten Vorlagen wieder errichtet worden ist.

Man lebte sorglos an den Höfen und vergnügte sich nach Kräften. Wie es allgemein üblich war, saß man viel an den Spieltischen, doch in den meisten Fällen reichten die Einkünfte der Prinzessinnen nicht einmal aus, um die Unkosten für Putz und Kleider und alle möglichen Kleinigkeiten zu bestreiten. Für Spielschulden blieb schon gar keine Reserve. Und Ulrike und Amalie hatten leider welche. Der Wortlaut eines Briefes ist erhalten geblieben, in welchem die beiden Schwestern ihren Bruder recht herzlich um die Erstattung bitten. Es sind keine hohen Beträge, aber die Prinzessinnen empfanden diese fehlenden Taler als drückenden Mangel:

»Berlin, den 1. März 1743

Mein teuerster Bruder,

Ich weiß nicht, ob es nicht zu kühn ist, Ew. Majestät mit Privatangelegenheiten zu behelligen; aber das große Vertrauen, das meine Schwester und ich in Ihre Güte setzen, ermutigt mich, vor Ew. Majestät ein

aufrichtiges Geständnis von der Lage unserer bißchen Finanzen zu
machen, die gegenwärtig sehr zerrüttet sind, da die Revenuen während
der letzten dreieinhalb Jahre ziemlich schmal waren und nur 400 Taler
jährlich betrugen, was zur Bestreitung all der kleinen, für eine Damen-
ausstattung erforderlichen Ausgaben nicht ausreichte. Dieser Umstand,
dazu unser zwar geringes, aber nicht zu vermeidendes Kartenspiel hat
uns in Schulden gebracht. Die meinigen betragen 1.500 Taler, meiner
Schwester ihre 1.800 Taler.

Wir haben der Königin-Mutter nichts davon gesagt, obschon wir überzeugt sind, daß sie uns beizustehen gesucht haben würde; da aber dies
nicht ohne einige Unbequemlichkeit für dieselbe tunlich gewesen
wäre, und sie sich in ihren eigenen Ausgaben hätte einschränken
müssen, hielt ich es für besser, uns unmittelbar an Ew. Majestät zu
wenden; überzeugt, daß Sie es übelgenommen haben würden, wenn
wir die Königin um das geringste Vergnügen gebracht hätten – und
besonders da wir Sie, mein teurer Bruder, als den Vater der Familie
ansehen und hoffen, daß Sie so gnädig sein werden uns zu helfen. Wir
werden niemals die gütigen Handlungen Ew. Majestät vergessen; und
wir bitten, der vollkommenen und zärtlichen Liebe versichert zu sein,
mit welcher wir stolz sind zeitlebens zu verharren –
Ew. Majestät gehorsamste Schwestern und Dienerinnen
Louise-Ulrique; Anne-Amélie«
Nachschrift von Amalie:
»p.s. Ich bitte Ew. Majestät untertänigst, nichts hiervon der Königin-
Mutter zu sagen, da sie vielleicht den Schritt, den wir hier tun, nicht
billigen möchte.« [9]
Eine Antwort des Königs ist zwar nicht überliefert, aber man darf annehmen, daß er sich den Bitten seiner beiden Schwestern nicht verschlossen hat.
1743 traf Voltaire wieder zu einem Besuch am preußischen Hof ein. Er
wurde sehr gefeiert als Dichterfürst seiner Zeit, als geistiger Sendbote
Frankreichs. Allerdings verstand sich der verschlagene Mann auch als
heimlicher Diplomat und verkappter politischer Unterhändler. Offiziell war er keineswegs dazu autorisiert. König Friedrich jedoch durchschaute ihn und nahm seine politischen Ambitionen in keiner Weise
ernst.
Voltaire war neunundvierzig Jahre alt, Ulrike dreiundzwanzig. Es war
nicht zu verwundern, daß ein so brillanter Gesellschafter, ein Weltmann, dem die charmantesten Redewendungen und amüsantesten

Scherze zu Gebote standen, tiefen Eindruck auf eine junge preußische
Prinzessin machen mußte. Ulrike war klein und zierlich, Voltaire
ebenfalls nicht groß von Gestalt, sie plauderten miteinander, spielten
zusammen Theater, Ulrike lauschte seinen Vorlesungen. In dem schön-
geistigen und literarischen Geplänkel jener Tage verliebte sich Voltaire
in die reizende Ulrike und gestand ihr diese Neigung in einem als
Huldigung gedachten Madrigal, das in seiner deutschen Fassung allerdings etwas an Brillanz verlor:

»Den gröbsten Lügen zeiget sich
Ein wenig Wahrheit oft verbunden;
Ich hatte einen Thron gefunden
Heut nacht – ein Traum betörte mich;
Ich liebte, Fürstin, Dich, ich wagte, Dir's zu sagen –
Und ich erwachte, doch nicht all mein Glück entwich:
Nur meinem Thron muß ich entsagen.«[10]

Friedrich überlegte gemeinsam mit Ulrike, wie man den alten Schwe-
renöter auf die galanteste Art in seine Schranken zurückweisen könne.
Zunächst einmal dichtete Ulrike sehr zuvorkommend und geschmeichelt, doch dann folgten Verse aus der Feder des Königs, die zwar auch
noch sehr liebenswürdig waren, aber doch den Unterschied des Standes
hervorhoben. Er habe, so hieß es von Voltaire, sich aus eigener Kraft
auf den Gipfel des Helikon gehoben, sie verdanke jedoch alles ihren
Ahnen. Als man den Eindruck gewann, diese sehr milde gehaltene
Abfuhr mache nicht den nötigen Effekt, verfaßte Friedrich Verse, die
alles andere als galant waren, sie schienen für den nichtigen Anlaß
eigentlich zu kraß:

»Der Traum, das liegt einmal im Blut,
Stimmt überein mit dem, was man im Wachen tut.
Es träumt der Held, daß er den Rheinstrom überschreite,
Der Kaufmann, daß sich ihm Gewinn bereite,
Der Hund, daß er den Mond anbelle;
Doch wenn in Preußen sich Voltaire, durch Lügenkünste,
Zum König träumt, und nur den Narren bringt zur Stelle:
Das heißt Mißbrauch der Traumgespinste!«[11]

Damit bekam Voltaire einen Stein an den Kopf. Kein berühmter Dichter läßt sich mit einem Hund und einem Narren vergleichen! Voltaire
steckte, seines guten Gedächtnisses sicher, den Stein in seine Tasche
und sann auf eine nachhaltig wirkende Bosheit, die er einmal dem
König zufügen würde. Sie fiel ihm bei der Abfassung seiner fragmen-

tarischen Memoiren dann auch rechtzeitig ein: er bezichtigte den König von Preußen kühl und spöttisch der Päderastie. Dies ist die einzige und psychologisch höchst trübe Quelle, aus der die Kunde von Friedrichs angeblicher Homosexualität stammt. Natürlich ließ sich Voltaire nicht anmerken, wie sehr ihn solche königlichen »Scherze« verletzten. Als gewandter Weltmann ging er darüber hinweg. Mit Königen sollte man es nicht verderben, wer wußte denn, ob er den König von Preußen noch einmal in seinem Leben dringend brauchen würde? So blieb für den Augenblick keinerlei Verstimmung zurück, als Voltaire von Berlin Abschied nahm. In Friedrich war nach wie vor der Wunsch lebendig, diesen so kurzweiligen und bedeutenden Mann für seinen Hof, für seine Akademie zu gewinnen.

In Schweden gab es einen kinderlosen König, Friedrich I., einen gebürtigen Prinzen von Hessen-Kassel, der einst mit der schwedischen Königin Ulrike Eleonore verheiratet gewesen war. Zarin Elisabeth, russische Herrscherin und Schirmherrin des schwedischen Reiches, bestand darauf, daß die schwedischen Reichsstände alsbald einen Thronprätendenten und präsumtiven Nachfolger des Königs wählen sollten, denn man mußte Vorsorge treffen, daß Schwedens Thron nicht einst verwaist dastünde, wenn König Friedrich I. etwas zustoßen würde. Zur Diskussion standen einige Fürsten aus europäischen Häusern, aber die Wahl fiel schließlich durch das Protektorat der Zarin auf den Herzog Adolf Friedrich von Holstein-Gottorp, Fürstbischof von Lübeck.
Schon wenige Tage nach dieser Entscheidung ließ die Zarin dem neugewählten schwedischen Thronfolger nahelegen, er möge sich um eine eheliche Verbindung mit einer preußischen Prinzessin bemühen. Es gab davon noch zwei am Berliner Hof, die dreiundzwanzigjährige Ulrike und die zwanzigjährige Amalie. Der König stand dem Plan, eine seiner Schwestern ins weit entfernte Schweden zu geben, sehr reserviert gegenüber. Die schwedischen Geschäftsträger sondierten die Stimmung und mußten zunächst einmal berichten, daß »Seine Königliche Majestät keine Inclination dazu hätte«, und erst Ende September 1743 erklärte Friedrich II., daß er eine »schwedische Mariage« immerhin nicht prinzipiell »abhorresciren« wolle[12].
Der schwedische Gesandte Rudenskjöld, der sich längere Zeit in Berlin in dieser Angelegenheit aufhielt, urteilte über die beiden Schwestern, nachdem er sie einmal offiziell gesehen: »Die Ältere ist mehr zu einer Königin geschaffen, die jüngere mehr das, was man eine ›bonne femme‹

nennt.« Amalie wirkte sehr bürgerlich, Ulrike dagegen glänzend und geistreich. Aber die beiden Schwestern hatten ein abgekartetes Spiel vor Rudenskjöld aufgeführt, denn Amalie wollte nicht vom calvinistischen zum lutherischen Glauben konvertieren[13].

Am 12. März 1744 erlangte Rudenskjöld auf einer Audienz beim König seine Zustimmung für Ulrike. Der Plan der beiden Schwestern war gelungen. Allerdings ist nicht im einzelnen bekannt geworden, ob nicht Amalie im Innersten ihres Herzens manchmal bedauert hat, diese äußerlich so glänzende Laufbahn einer regierenden Königin von Schweden ausgeschlagen zu haben. Gewiß, auch sie hatte ihre Bewerber, aber niemals stimmte alles zusammen, um eine Heirat für Amalie Wirklichkeit werden zu lassen. Amalie wählte freiwillig das Dasein einer fürstlichen alten Jungfer, vom König erhöht zur Äbtissin von Quedlinburg im Range einer freien Reichsfürstin. Sie hatte ihren Hofstaat in Berlin und zwei Paläste, aber im übrigen galt ihr Leben der Musik, verwahrlosten Kindern, Möpsen, Bolognesern, Papageien, Büchern und ganzen Schränken voller Noten.

Nachdem im März 1744 die Entscheidung gefallen war, daß Ulrike nach Schweden heiraten würde, begann für sie eine arbeitsreiche Zeit. Sie begann sofort, die schwedische Sprache zu erlernen. Friedrich ließ ihr zahlreiche geheime politische Informationen zukommen. Sie hatte sich jetzt nach den Anweisungen des Bruders in die Geschäfte einer Kronprinzessin von Schweden einzuarbeiten.

Mitte April 1744 sandte König Friedrich Ulrikes hartnäckigem Verehrer und Bewunderer Voltaire eine eigenhändige Nachricht von ihrer Verlobung. Der Dichter, der die »divine Ulrique« besungen hatte, wird sehr wohl den versteckten Triumph Friedrichs gespürt haben, der aus diesen Zeilen sprach:

»Ein König begehrt sie zur Gemahlin und die ganze schwedische Nation schwärmt für sie. Es herrscht begeistertes Entzücken, dem meine zärtliche Freundschaft für sie schließlich hat weichen müssen. Sie begibt sich in ein Land, wo sie vermöge ihrer Talente eine große und schöne Rolle spielen wird.«[14]

Die politischen Unterweisungen Ulrikes dauerten bis Ende Mai 1744. Nebenher jedoch lief jener religiöse Unterricht, dem sich Amalie ganz und gar nicht hatte unterziehen wollen: Ulrike bereitete sich darauf vor, vom calvinistischen Bekenntnis zum lutherischen überzutreten. Hofprediger Roloff leitete die Studien und am 28. Juni vollzog Ulrike den Übertritt zur lutherischen Kirche.

Anfang Juni traf, nachdem zuvor Diplomaten aus Stockholm gekommen waren, eine Delegation aus Angehörigen des schwedischen Adels in Berlin ein. Graf Karl Gustaf Tessin stand an deren Spitze. Seine Aufgabe war es auch, die junge Braut nach der per procurationem in Abwesenheit des Bräutigams vollzogenen Trauung, die im Juli stattfinden sollte, sicher in das neue Heimatland zu geleiten. Tessin war fernerhin damit beauftragt, die Verhandlungen über den Heiratskontrakt zum Abschluß zu bringen. In seinem Gepäck führte er, besonders behütet und bewacht, eine Schatulle mit kostbarem Schmuck mit sich. Es war ein Teil des schwedischen Kronschatzes, der Ulrike zur Trauung übergeben wurde. Man vergaß jedoch, ihr genau zu erklären, ob dies nun ihr privates Eigentum sei oder weiterhin Besitz der schwedischen Nation, der künftigen Königin nur zum Gebrauch überlassen. Diese Frage um die Besitzrechte an den »Berliner Juwelen« sollte in späteren Jahren Ulrike noch manche Stunde der Aufregung und des Kopfzerbrechens bereiten. Graf Tessin indessen verstand es, lange Jahre hindurch einer der maßgebenden Männer am schwedischen Hofe zu bleiben [15].

Mit allem nur denkbaren Zeremoniell, Fackeltanz und Strumpfbandverteilung, fand am 17. Juli die Trauung Ulrikes im Berliner Schloß statt. Es waren Hunderte von Gästen geladen, eine drückende Hitze herrschte und man trat sich in dem Gedränge beinahe gegenseitig auf die Schleppen oder auf die mit Agraffen geschmückten Schuhe. Prinz Adolf Friedrich von Schweden, der Bräutigam, war an diesem so wichtigen Tage nicht erschienen, sondern ließ sich durch den Bruder der Braut, den Prinzen August Wilhelm, vertreten. So stand Ulrike zwar inmitten einer glanzvollen Veranstaltung, war der Stern, um den sich alles drehte, dennoch hat sie an ihrem Trauungstage nicht diese geheime Unruhe und Aufregung erfahren, wie sie der Hochzeitstag einer Prinzessin nun einmal mit sich brachte. Mütterliche Unterweisungen mögen wohl erfolgt sein, aber der Vater erlebte ja diesen Tag nicht mehr und so blieb es Ulrike erspart, was Wilhelmine einst vor dem Vollzug der Brautnacht befohlen wurde: das Vaterunser und das Glaubensbekenntnis herzusagen. Wilhelmine hörte kein liebes Wort von ihren Eltern, nur Strenge und Unnahbarkeit walteten. Ulrike durfte heiter und nur durch die Last des kostbar gestickten Festkleides beschwert diesen Tag genießen. Und nicht nur den einen.

An die eigentliche Hochzeitsfeier schlossen sich zahllose Festlichkeiten an, so glänzend, so einfallsreich, wie sie am preußischen Hofe bislang noch nicht abgehalten worden waren. Die Familie nahm Abschied von einem sehr geliebten Kind, einer sehr geliebten Schwester. Doch im Trubel der vielen Gäste und von Fest zu Fest eilend, kam ihnen das Näherrücken der Abschiedsstunde nicht so sehr zu Bewußtsein. Die Berliner Zeitungen aus diesen Tagen berichteten eingehend über alle Diners, Soupers, Maskenbälle, Tanzfeste und Redouten. Der Abreisetag Ulrikes war auf den 26. Juli festgesetzt. Am Abend vorher gab es in der Oper eine Abschiedsvorstellung. Während einer Pause stürzte plötzlich der vierzehnjährige Ferdinand in die königliche Loge und fiel der Schwester um den Hals:

»Ach, liebste Ulrike, alles ist aus. Ich soll Dich also nie mehr wiedersehen!«[16]

Die Anwesenden brachen in Tränen aus und um die Fassung Ulrikes war es auch geschehen.

Bei der letzten Umarmung der Schwester, beim letzten Winken hinter dem anfahrenden Wagen her, schämte sich niemand, nicht einmal der König, seiner Tränen. Die junge Königin Elisabeth Christine schrieb in ihr Vaterhaus nach Braunschweig:

»Berlin, 28. 7. 1744

... Die Abreise war die allertraurigste, der König weint noch, wenn er daran denkt, nur die Königin-Mutter behält die Fassung und weint nicht.«[17]

Die Reiseroute Ulrikes führte in etlichen, nicht zu großen Tagestouren nach Stralsund. Sie wurde eskortiert von ausgewählten Soldaten der Garde du Corps. Von ihren Zwischenstationen richtete sie wehmütige und zärtliche Briefe an Friedrich:

»Neustadt, 26. Juli 1744

Mein lieber Bruder,

ich kann nicht umhin, Ihnen, mein lieber Bruder, all die Sentiments meiner vollkommenen Anhänglichkeit zu wiederholen. Die grausame Trennung erlaubt mir nicht, Ihnen all das zu sagen, was die Zärtlichkeit und die Dankbarkeit mir eingeben; aber in den großen Schmerzen vereinigt sich alles und ich empfinde zuviel, um es ausdrücken zu können. Ich kann nicht leugnen, mein lieber Bruder, es war ein großer Trost für mich, daß Sie so großes Bedauern gezeigt haben, dies ist mir das sicherste Pfand Ihres Wohlwollens und Ihre Güte ist das Glück meines Lebens.

Es gibt viele Gründe, weswegen ich Ihnen so anhänglich bin, so daß ich glaube, Sie sind vom zärtlichsten Respekt überzeugt. Niemals werde

ich all die Wohltaten vergessen, die ich von Ihnen empfangen habe,
und all mein Bestreben wird sein, mich ihrer würdig zu erweisen.
Das sind, mein lieber Bruder, die Gefühle, die ich mein ganzes Leben
bewahren werde. Ich bin mit der vollkommensten Verehrung . . .«[18]
Und an ihre Schwestern Amalie, Charlotte und Friederike:
»Schwedt, den 26.–28. Juli 1744
Meine liebsten Schwestern,
wie meine Freundschaft für Sie immer vollkommen gleichbleiben
wird, hoffe ich, daß Sie mir verzeihen, wenn ich Ihnen dies noch einmal ganz allgemein versichere. Durch alles, was ich bei unserem traurigen Abschied empfand, konnten Sie meine Zärtlichkeit ermessen.
Bewahren Sie mir immer diese Gefühle, die Sie mir bezeugt haben, und
seien Sie überzeugt, daß es unmöglich ist, Sie aufrichtiger zu lieben,
als ich es tue. Niemals wird die Abwesenheit Ihr Andenken auslöschen,
weder in meinem Herzen noch in meinem Gedächtnis, und seien Sie
versichert, daß ich Sie bis an den Tod lieben werde.
p.s.: Ich bitte Sie, mich tausendmal zu Füßen unserer lieben Mutter zu
legen. Sie wissen, wie sehr ich sie liebe und verehre, und das ist das
einzige Zeichen der Freundschaft, das ich von Ihnen erwarte. Die
liebe Lotte möchte tausend compliments weitergeben an den Herrn
Herzog, ihren Gemahl. Meine Schwester [von Schwedt] und meine
Brüder [August Wilhelm und Heinrich] versichern Sie alle ihrer Zärtlichkeit.«[19]
Weiterhin an Friedrich:
»Schwerinsbourg, 29. Juli 1744, um Mitternacht
Mein liebster Bruder,
Da der Marschall von Schwerin das Glück hat, Ihnen seine Aufwar-
tung zu machen, habe ich ihn gebeten, den Brief zu besorgen und mich
Ihnen tausendmal zu Füßen zu legen.
Wir haben uns bei ihm vollkommen wohlgefühlt, und es ist schwierig,
einen besseren Gastgeber zu finden. Morgen verlasse ich all meine
lieben Landsleute und ich gestehe, daß ich nicht weiß, wie ich vor den
Fremden Contenance halten soll. Ich werde Ihnen, mein lieber Bruder,
von Stralsund aus, wo ich übermorgen sein werde, eine Stafette
senden.
Sie werden mir verzeihen, wenn ich meinen Brief so bald beende; mein
Geist und mein Herz würden sich noch mit Ihnen unterhalten wollen,
aber der armselige Plunder (nach Molière: ›Le corps, cette guenille . . .‹
aus ›Les femmes savantes‹) will dem Schlaf nicht länger widerstehen

und verpflichtet mich zu schließen, indem ich Ihnen tausendmal die
aufrichtige zärtliche und respektvolle Anhänglichkeit wiederhole, mit
welcher ich die Ehre habe zu sein, mein lieber Bruder, Ihre
Ulrique« [20]
Und an ihre Mutter:
»Stralsund, 2. August 1744
... Ich bin soeben sehr überrascht worden durch einen gnädigen Brief
meiner liebsten Maman...«
»Vom Schiff ›Ulrique‹, 7. August 1744
Gestern mußte ich meinen Brief hier abschließen, alle Welt fühlt sich
elend. Ich habe geglaubt, mich aus der Affäre ziehen zu können, aber
ich war außerordentlich krank und mußte mich zu Bett legen. Meine
liebe Maman wird entschuldigen, wenn ich hier meinen Brief beende,
aber der Kopf ist mir so schwach, daß ich mich dazu genötigt sehe. Ich
werde die Ehre haben, heute abend noch eine Nachschrift anzufügen,
um meine liebe Maman teilnehmen zu lassen an dem Zusammentreffen... [Gemeint ist die erste Begegnung Ulrikes mit ihrem Gemahl
Adolf Friedrich.]« [21]
Als Ulrike nach überstandener Seekrankheit mit etwas Verspätung
festlich geschmückt am 8. August in Karlskrona die königliche Schaluppe betrat, auf der sie Kronprinz Adolf Friedrich erwartete, da zerbrach
sie vor Aufregung ihren Fächer. Galant hob ihn Adolf Friedrich auf
und küßte ihn, nahm es als gute Vorbedeutung und stiftete zur Feier
dieses Ereignisses einen Orden, der in seiner Zeichnung deutlich das
ausgebreitete Gestell eines Fächers erkennen ließ.
Ulrike hatte vor diesem Augenblick des ersten Zusammentreffens ge-
zittert. Vorher in ihren Briefen klagte sie ängstlich: »Wie kann man
ein Mensch liebhaben, das man nie gesehen?« Sie brauchte all ihre
Beherrschung, um Haltung zu bewahren und diesen gefürchteten Moment zu überstehen. Allerdings muß es ihr der Thronfolger leicht gemacht haben, darüber hinwegzukommen. Es wird berichtet, daß vom
ersten Augenblick an ein sehr herzliches und inniges Einvernehmen
zwischen dem kronprinzlichen Paar geherrscht habe, das ein Leben
lang unverändert Bestand hatte. Von Karlskrona aus machten Adolf
Friedrich und Ulrike eine Huldigungsreise durch Süd- und Mittel-
schweden nach Drottningholm, wo am 29. August die Hochzeitsfeier
auf schwedischem Boden mit großer Pracht begangen wurde [22].
Während Ulrike ihre eigentliche Vermählung nachholte und nun ihr
neues Leben fern der Heimat anfing, war Friedrich am 15. 8. 1744 in

Böhmen einmarschiert; der Zweite Schlesische Krieg hatte begonnen,
dessen Auftakt mit der Einnahme von Prag am 16. September verheißungsvoll erschien.

Von Ulrike kamen unbeschwerte Nachrichten, die nicht zu der An-
spannung des Bruders passen wollten. Sorglos schrieb sie bald nach
ihrer Ankunft in Stockholm:

»Wir lesen, gehen spazieren, machen Handarbeiten, treiben Scherze,
tanzen und singen!« [23]

Der Kontakt zwischen Ulrike und ihren Geschwistern blieb sehr eng.
Sie schrieb bei jeder Gelegenheit und teilte jede Kleinigkeit mit. Sie
wandte sich auch an alle Familienmitglieder einzeln, um nur ja nie-
manden zu vernachlässigen. Friedrich, die liebste Maman, August
Wilhelm, Amalie, Heinrich, der kleine Ferdinand, alle bekamen ihre
Billetts. An den Briefen für Amalie steckten mit Stecknadeln angehef-
tete Stoffproben und Ulrike bat die Schwester, ihr in Berlin bestimmte
Kleider- und Mantillenstoffe auszusuchen. Noch lange waren diese
Originalbriefe mit den Stoffproben erhalten.

Inzwischen war die Kunde vom zerbrochenen Fächer und der Ordens-
stiftung bis nach Deutschland gedrungen und August Wilhelm hatte
Genaueres erfahren. Er berichtete darüber an Friedrich:

»Berlin, 6. April 1745

... Die Königin-Mutter ist letzten Sonntag [4. April] unter den Linden
ausgefahren. Heinrich, Amalie und ich durften sie begleiten, und Ferdinand ritt neben dem Wagen, was die Königin höchst belustigt hat
[Ferdinand war 15].

Ich erhielt einen Brief von meiner Schwester aus Schweden mit dem
Orden, von dem so viel in den Zeitungen stand. Er ist eirund, mit dem
Nordstern auf blauem Email, darunter eine Schaluppe, die auf die
hohe See hinausfährt. Ringsum eine Devise, auf der einen Seite die
Worte ›Einigkeit macht stark‹, auf der anderen ›Uneinigkeit vernichtet‹. Das ganze ist eine Anspielung auf den schwedischen Staat. Fünf
fächerförmige Strahlen gehen kreuzartig von diesem Eirund aus, und
zwar, weil ein Fächer, den meine Schwester beim Betreten der Schaluppe zerbrach, als der Thronfolger sie bei ihrer Landung empfing,
den Anlaß zur Stiftung dieses Ordens gab.« [24]

Der Nordstern-Orden zählt bis heute zu den berühmten Orden Schwedens, außer ihm gibt es den Wasa-Orden, den Seraphinen-Orden, den
Schwert-Orden und den Orden Karls XIII.

Mitte des 18. Jahrhunderts wirkte in Stockholm der große Naturwissenschaftler und Systematiker, Arzt und Forscher Carl von Linné. Seit 1739 war er Präsident der Stockholmer Akademie der Wissenschaften, zu deren Gründung er entscheidend beigetragen hatte. Er schrieb sich eine Zeitlang auch Linnaeus, nach der Gepflogenheit der damaligen Gelehrtenwelt, ihre Namen zu latinisieren. Es war ein in jeder Hinsicht außerordentlicher Mann, der in Ulrikes Leben eine nicht geringe Rolle gespielt hat. Im Jahre 1745 weihte man ein naturwissenschaftliches Museum im Orangeriegebäude des Stockholmer Schlosses ein. Die Ordnung der Sammlung war durch Linné erfolgt und Ulrike lernte ihn nicht nur wegen seiner wissenschaftlichen Verdienste schätzen, sondern vor allem deshalb, weil er ein gewandter und amüsanter Gesellschafter war.

Ulrike hatte einige Bilder zum Andenken aus Berlin mitgenommen, aber im Laufe der Jahre folgten immer neue Porträts aus dem Familienkreise. Die Königinmutter sandte ihrer Tochter 1745 ein Porträt nach Stockholm. Als es eintraf, war Ulrike äußerst bestürzt und besorgt, denn sie fand die Mutter nicht wohl aussehend und machte sich die größten Sorgen. Ihre Briefe an Amalie aus dieser Zeit enthielten dringende Vorstellungen, sich doch mehr um die liebste Maman zu kümmern. Sie erteilte der Schwester genaue Verhaltungsmaßregeln für den Fall einer Erkrankung der Mutter und schloß das Schreiben mit den Worten:

»Um Gottes Willen, verabsäumen Sie nichts; denn jetzt sind Sie es, die uns gegenüber für unsere Mutter einzustehen hat. Ach, könnten Sie sich doch nur einen Begriff davon machen, wie viele traurige Gedanken auf mich einstürmen und wie sehr ich fürchte, sie niemals wiederzusehen!« [25]

Vielleicht war Ulrike allen Empfindungen des Heimwehs in dieser Zeit besonders zugänglich, denn sie erwartete ihr erstes Kind. Am 24. Januar 1746, dem Geburtstag des Königs von Preußen, wurde Gustav geboren, der einst als Gustav III. den schwedischen Thron besteigen sollte. In Stockholm herrschte Jubel und Genugtuung. Es ging sofort ein Beauftragter nach Berlin ab, um dem Berliner Hof das frohe Ereignis persönlich anzuzeigen. Ulrike war froh und dankbar über die glückliche Geburt.

Die politischen Verhältnisse am schwedischen Hof waren kompliziert. Es gab dort eine Königspartei, die vom Hof mit allen Mitteln unterstützt und gehalten werden mußte, dabei war ein nachhaltiger finanzieller

Einsatz erforderlich, der nicht allein aus den Einkünften des kronprinz-
lichen Paares aufgebracht werden konnte. In ihrer Not entsann sich
Ulrike des Erbes, das der Vater ihr hinterlassen hatte, und schrieb dem
Bruder, der es verwaltete:

»Stockholm, 23. 12. 1746
Mein liebster Bruder,
nicht ohne unendliches Widerstreben sehe ich mich verpflichtet, Sie
mein lieber Bruder, um die Zahlung der 30.000 Reichstaler zu ersuchen,
die der selige König mir in seinem Testament ebenso wie meinen anderen Schwestern bestimmt hat. Meine finanziellen Angelegenheiten
sind derangiert, ich habe Schulden machen müssen für den Unterhalt
der Partei. Sie werden die Gnade haben, mein lieber Bruder, sich ins
Gedächtnis zurückzurufen, daß ich während all der Zeit, so lange der
Krieg gedauert hat, niemals davon gesprochen habe und ich wage es
Ihnen zu versichern, daß mich nur die äußerste Mißlichkeit dazu
bringt.
Aber die umfassenden Schulden, die ich verpflichtet war in diesem
Sommer zu machen während der Kronprinz zu den Revuen reiste,
haben mich in eine unabwendbare Notwendigkeit versetzt, Zuflucht
zu Ihrer Gerechtigkeit zu nehmen. Ich wage mir zu schmeicheln, mein
lieber Bruder, daß, indem ich mich direkt an Sie wende, Sie es nicht
übel aufnehmen werden, und daß dieser Schritt nicht die Güte beeinträchtigen wird, die Sie mir immer bezeugt haben . . .« [26]
Friedrich schlug der Schwester die Bitte nicht ab. In der Nachschrift
eines verlorengegangenen Briefes aus dem Jahre 1747 an ihn findet
sich Aufschluß darüber, wie der Bruder die Auszahlung vornahm:

»1747
In diesem Moment habe ich durch Monsieur Rudenskjöld den Wechsel bekommen, den Sie die Güte hatten, mein lieber Bruder, als Ab-
schlag auf die 30.000 Reichstaler zu zahlen. Ich füge meine allerunter-
tänigsten Dankesbezeugungen an und werde Ihre Entscheidung über
den Rest abwarten, mein lieber Bruder, ich hoffe, daß Sie sich bei passender Gelegenheit daran erinnern werden.« [27]
Der Briefwechsel zwischen Ulrike und dem König bestand nicht immer
in klarem Text, sondern wurde häufig in Chiffreschrift übertragen.
Kronprinzessin Ulrike besorgte bis zu ihrer Thronbesteigung 1751 diese
Chiffrierung immer selbst. Ulrike begann in jenen Jahren nachdenklich und rebellisch zugleich zu werden. Die Stellung des Königtums
in Schweden machte ihr Kummer. Sie verglich diese unwillkürlich mit

dem unangefochtenen absoluten Königtum des Bruders in Preußen. In Schweden hatten die Reichsstände ein gewichtiges Wort mitzureden bei allen Regierungsentscheidungen. Ein starkes absolutes Königtum hatte es seit dem Tode Karls XII. nicht mehr gegeben. Von Ulrike sind die bitteren Zeilen aus dem Jahre 1747 überliefert: »Es ist hierzulande unendlich vorteilhafter, eine Privatperson zu sein, als König oder Prinz zu heißen; denn letzteres beides bedeutet justament Null.« [28]

Noch immer griff Ulrike zur schön geschnittenen Gänsefeder, um an die Geschwister zu schreiben. Zärtlich belegte sie alle mit Kosenamen und bestellte Grüße an die »immer lustige Lotte« nach Braunschweig, an die »gute Sophie« von Schwedt, die Bayreuther Wilhelmine, das »Hasenfüßchen« Amalie, den »charmanten Heinrich« und »das liebe Papachen Wilhelm«, den jüngeren Prinzen August Wilhelm, der aus Spaß von den Geschwistern Papachen genannt wurde.

Ihre ersten Berichte vom Hofe des alternden Schwedenkönigs Friedrich I. sind voll guter Laune und Übermut. Sie schilderte die Kunstausübung dort sehr drastisch: der Hofmaler könne nicht mehr sehen, der Hoffechtmeister sei vom Schlage gerührt, der Hoftanzmeister lahmte und der Hofkapellmeister sei taub. Noch war Ulrike nur Kronprinzessin und hatte keinerlei Entscheidungen zu treffen am schwedischen Hof. Eines Tages, das wußte sie sicher, würde es anders aussehen im Stockholmer Schloß, und soweit es an ihr lag, sollte, so bald es ging, dort ein Zentrum europäischer Kultur entstehen. Aber das hatte noch gute Weile.

Im Jahre 1748 kam der zweite Sohn des Thronfolgerpaares zur Welt, Karl, der spätere Herzog von Södermanland. Auch er gelangte Anfang des 19. Jahrhunderts für einige Jahre auf den schwedischen Thron, der Letzte des Hauses Wasa. Von ihm wurde verlangt, wiederum einen auswärtigen Fürsten zu adoptieren, um Schwedens Thronfolge zu sichern. Diesmal war Napoleon jene Macht, die darauf bestand, und der Auserwählte hieß Marschall Bernadotte, Fürst von Pontecorvo. Karl entwickelte sich zu einem geistig außerordentlich regen und hochstehenden Menschen, der durch seine nachgelassenen Werke und autobiographischen Schriften ein vorzügliches Zeugnis vom Leben seiner Zeit hinterließ.

Die politische Lage des Jahres 1748 war durchaus nicht rosig. Der Österreichische Erbfolgekrieg hatte durch den Frieden von Aachen ein Ende gefunden. Darin sah König Friedrich II. von Preußen seine Ansprüche auf Schlesien bestätigt – aber weiter auch nichts. Von den bisher kriegführenden Mächten wurde er nicht mehr als Bundesgenosse umworben, seine Stellung in Europa war in Zukunft sehr isoliert. Mit Schweden hatte Rußland seine eigenen Pläne. Der Kanzler Bestuschew verfolgte seine Lieblingsidee, einen Krieg mit Schweden vom Zaun zu brechen. Um sich den Rücken freizuhalten, versuchte er mit einer ausgeklügelten Geheimdiplomatie in ganz Europa Unfrieden gegen Preußen zu stiften. Es gab einen Geheimanhang zum Petersburger Vertrag von 1746, wonach, falls Preußen sich mit Schweden verbünden würde, Österreich berechtigt sein sollte, zu den Waffen zu greifen und von den Abmachungen des Vertrages entbunden wäre. Auf Grund dieser heiklen Lage in Europa ließ Friedrich seiner Schwester Ulrike zahllose chiffrierte Mahnungen zu politischer Vorsicht zukommen. Allein Ulrike war impulsiv und stürmisch, es sah so aus, als würden diese Warnungen nichts nützen [29].

Der russische Kanzler Bestuschew befand sich hoch in der Gunst der Zarin Elisabeth. Sein Plan war, den Thronfolger Schwedens, Adolf Friedrich, zu stürzen und dafür einen Erbprinzen von Hessen-Kassel einzusetzen. Dabei vergaß er ganz, daß einst Adolf Friedrich von Zarin Elisabeth vorgeschlagen und auf ihr Betreiben gewählt worden war. Aber die Zeiten und die Menschen hatten sich geändert. Nicht zuletzt auch die politischen Strömungen. Man befürchtete – nicht ausschließlich durch die Wirksamkeit der tatkräftigen Kronprinzessin Ulrike –, daß sich die Macht des Königtums in Schweden vielleicht doch einmal wieder stärken und konsolidieren könne, so daß Rußland diesen unerwünschten Machtzuwachs in seinem Einflußgebiet nur höchst ungern sehen würde.

Dem zuvorzukommen war jetzt Bestuschews Bestreben.

Die Lage spitzte sich im Jahre 1749 bedenklich zu. Der Krieg schien unvermeidlich zu sein. Im März liefen beim preußischen König beunruhigende Nachrichten über Truppenzusammenziehungen der Russen und der Österreicher ein. Friedrich ergriff sofort Gegenmaßnahmen. Am 6. März erging eine »Circulaire Ordre« an sämtliche Regimenter, ihre Beurlaubten zum 1. April einzuziehen. Als daraufhin die Gegner einzulenken begannen, schob man die Einberufungstermine in Preußen vorerst bis zum Mai hinaus. In diesen kritischen Tagen flogen viele Schreiben zwischen Friedrich und Ulrike hin und her. Sie war voller Befürchtungen und schrieb einmal darüber:

»1749

Die größten Schicksalsschläge werde ich zu ertragen wissen, wenn mir nur der Kronprinz und meine Kinder nicht genommen werden; denn das wäre für mich schlimmer als der Tod.«[30] Indessen machte sich die Auswirkung der Mobilmachungsverschiebung des Königs von Preußen bemerkbar. Österreich und England lockerten ihre Bindungen zu Rußland, verzichteten auf dessen Unterstützung und zogen sich zurück. Im April schien alle Kriegsgefahr beseitigt und die Folgezeit erwies, daß diese Annahme richtig war und der neue friedliche Status Bestand hatte.

Als dritter Sohn wurde 1750 mit lebhafter Freude Friedrich Adolf in Stockholm begrüßt. Ulrike schrieb von ihren drei Kindern jede Kleinigkeit nach Berlin und der berühmte Pastellmaler Lundberg bekam oft im königlichen Schloß zu tun. Kronprinzessin Ulrike ließ ihre Kinder häufig malen.

Im Verlaufe ihres bisherigen Daseins in Schweden hatte Ulrike Veranlassung, aufgrund von allerlei mißliebigen Vorkommnissen eine Abneigung gegen alles Dänische zu fassen. Trotzdem mußte sie sich dem Drängen ihrer Schutzmacht, Frankreichs, fügen, ebenso dem guten Zureden ihres Bruders, sowie den nachdrücklichen Forderungen des schwedischen Senats: man wünschte die Verlobung ihres kaum fünfjährigen Sohnes Gustav mit der gleichaltrigen Prinzessin Sophie Magdalena von Dänemark. Diese ganze Sache war sehr gegen ihre Vorstellungen, allein was blieb ihr übrig? Sie mußte sich dazu bereitfinden, denn es waren zu viele Stimmen, die dies als »Wohl des Staates« proklamierten.

Politisch vollzog sich zu dieser Zeit ein Wandel bei den beiden größten Parteien des Landes. Bisher hatte es die »Hüte« gegeben, die zu Frankreich hielten, und die »Mützen«, die unter russischem Einfluß standen und diesen geltend machten. Aus diesen parlamentarischen Gruppen, die sich lebhaft befehdeten, entstanden Neugründungen. Aus den »Hüten« wurde die Hofpartei und die »Mützen« wandelten sich in eine Freiheitspartei. Beide wechselten zwar die Namen, aber die alten Funktionen und Bindungen behielten sie bei. Vielleicht kam für den Augenblick etwas mehr Schwung und Elan in ihre Handlungsweise hinein[31].

Mochte sich demnach durchaus nicht alles zufriedenstellend in Ulrikes Sinn entwickeln, so war doch ihr persönliches Leben voller Har-

monie. Die Ehe mit Adolf Friedrich war ausgesprochen glücklich.
Ulrike hatte die Freiheit, sich geistig nach jeder Richtung hin zu betätigen und ihren Interessen nachzugehen, worüber sich August Wilhelm
in einem Brief an Friedrich mokierte: Sie solle weniger Mathematik
treiben, der nächste Reichstag würde für ihre geistige Zerstreuung
schon sorgen[32].

Der Bruder empfand wohl richtig. Noch waren die Gefahren, die dem
Thronfolger durch die Umtriebe Rußlands drohten, nicht völlig gebannt. Noch schwelte verborgen die Gefahr, daß eines Tages Adolf
Friedrich und Ulrike durch russische Intrigen abgewählt würden und
ihre Anwartschaft auf die schwedische Krone verlieren könnten. Da
schuf der plötzliche Tod des schwedischen Königs Friedrich I. eine
neue Situation. Dem schwedischen Gesetz zufolge wurde Adolf Friedrich noch zur gleichen Stunde König. Alles ging so schnell, daß für
Rußland die Gelegenheit zum Eingreifen längst vorüber war, ehe man
in Petersburg den Tod des Schwedenkönigs überhaupt erfuhr. Wieder
diskutierten die Brüder Ulrikes in ihren Briefen darüber:
Friedrich schrieb an August Wilhelm:
»Potsdam, 17. April 1751
Gewiß kennen Sie schon die große Neuigkeit: unsere Schwester ist
Königin von Schweden geworden. Bis jetzt geht alles gut. Es ist zu hoffen, daß alles zur Beschämung unserer Feinde verlaufen wird.«[33]
Auch Friedrich betrachtete die Russen schon damals als seine Feinde.
Tatsächlich ereignete sich nichts in Schweden und das Königspaar
konnte unangefochten seines Amtes walten und seinen privaten Neigungen nachgehen.
Die Freundschaft und Zusammenarbeit mit Linné festigte sich und er
wurde in die unmittelbare Nähe des Königspaares gezogen. Man berief
ihn, die Sammlungen auf Schloß Drottningholm zu ordnen und zu ka-
talogisieren. 1751 wohnte er ein Vierteljahr von Juli bis September
dort, und dann noch einmal im August 1752. Ulrike schrieb damals
an ihre Mutter:
»1751
Ich habe viel Freude an der Sammlung von Schmetterlingen und Insek-
ten, die von einem Professor aus Uppsala geordnet wird, welcher ein
großer Kenner und Physiker ist. Das ist ein außerordentlich amüsanter
Mann, der allen Esprit der Welt besitzt, ohne etwa maniriert zu sein,
er unterhält mich unendlich aus diesem Grunde. Des abends ist er
verpflichtet, mit dem König zu promenieren, und es vergeht kein Tag,

an dem er nicht Mittel findet, alle Anwesenden in gute Laune zu versetzen.«[34]
Seit der Zeit als Schweden um die preußische Königstochter warb, kannte Ulrike den Obersthofmarschall Carl Gustaf von Tessin. Er war ihr engster Vertrauter und Berater. Ihm übertrug man die Erziehung des Kronprinzen Gustav. Gleichzeitig bestätigte man ihn in seinem Amt als Oberster Hofmarschall der Königin. Er bekleidete noch weitere Ämter, unter anderem das des Kanzleipräsidenten. Sein Einfluß war außerordentlich groß und Ulrike folgte eifrig seinen Ratschlägen.
Das persönliche Wirken Ulrikes am schwedischen Hof nahm in jener Zeit seinen Anfang. Kunstwerke wurden erworben oder in Auftrag gegeben, schöne Gebrauchsgegenstände hielten Einzug. Ulrike berief Künstler und Gelehrte an ihren Hof. Bald gab es eine exzellente Hofkapelle und in den Galerien und Sälen sah man die Bilder der namhaftesten Maler der Zeit. Ulrike sorgte dafür, daß französische Schauspieltruppen engagiert wurden, Opernensembles gastierten; Friedrichs Vorbild in Berlin wurde zum Leitstern für Ulrikes Lebensgestaltung. Nur die Schatztruhe der Königin war meistens leer.
1753 fing Ulrike sogar wieder an, Klavier oder Spinett zu spielen. Seit den ersten Fingerübungen ihrer Kinderzeit hatte sie kein Instrument angerührt. Aber jetzt packte sie der Ehrgeiz, Adolf Friedrich zu begleiten, der ein ausgezeichneter Cellist war. Der preußische Hof fiel aus allen Wolken. Ulrike hatte lange Zeit als unmusikalisch und musikfeindlich gegolten. Aber entrüstet schrieb sie zurück, sie sei nie unmusikalisch gewesen, nur sei ihr in frühester Jugend der Geschmack an eigener Musikausübung vergangen, da ja Amalie den ganzen Tag musiziert habe. Und zwei hätten ja wohl schlecht in einem Zimmer zugleich ihre Tonleitern üben können. Sie habe ja immer mit Amalie zusammen leben und arbeiten müssen, die Musikbesessenheit der Schwester habe ihr nur den Umgang mit der Musik auf eine gewisse Zeit verleidet[35].
Ulrikes Familienkreis erweiterte sich 1753 um eine Prinzessin, ihre einzige Tochter Sophie Albertine. Zu den drei Söhnen gesellte sich nun eine Schwester, von allen geliebt und verwöhnt. Sie wurde als junges Mädchen in auffallendem Maße behütet und nicht eine Sekunde alleingelassen von ihren Gouvernanten und der Hofmeisterin, eine Maßnahme, die den späteren Chronisten Thiébault mit äußerster Verwunderung erfüllte.
Sophie Albertine sollte niemals heiraten. Als Nachfolgerin ihrer Ber-

liner Tante Amalie ist sie nach deren Tod 1787 Äbtissin im reichsfreien Damenstift Quedlinburg geworden.

Im Jahre 1753 mußte man in Schweden umrechnen lernen, denn der Gregorianische Kalender wurde eingeführt, und es gab beim Datum einen Sprung vom 17. Februar auf den 1. März. Fritz Arnheim, der Historiker, der sich im 20. Jahrhundert damit beschäftigt hat, Ulrikes Briefe zwar nicht zu übersetzen, aber in französischer Sprache herauszugeben und zu kommentieren, hat sich die Mühe gemacht, alle Daten nach der neuen schwedischen Zeitrechnung zu bearbeiten.

Die Bemühungen Königin Ulrikes um die Wissenschaften in Schweden führten 1753 zu einer ansehnlichen Stiftung. Es wurde die »Schwedische Akademie der historischen Wissenschaften« gegründet. Ferner wuchs die Bildersammlung Ulrikes derart an, daß man in jener Zeit die Begründung des Hohenzollernmuseums in Schloß Drottningholm suchen kann, eine Sammlung von Gemälden, Dokumenten und sonstigen Erinnerungsstücken, die noch heute besteht und zugänglich ist.

In dem Bestreben, trotz ihres lebhaften und starken Einflusses auf den ruhigeren Adolf Friedrich diesem doch stets seinen Vorrang als König und Souverän zu belassen, trug Ulrike ständig Sorge, daß jede Ehrung, die ihr selbst Gelehrte und Wissenschaftler zukommen ließen, auch dem Gemahl in irgendeiner Form zugesprochen wurde. So errichtete man 1754 dem regierenden Herrscher zu Ehren das »Museum Adolphi Friederici« in Stockholm.

Königin Ulrikes interne Kämpfe mit dem schwedischen Senat und den politischen Parteien nahmen um jene Zeit zuweilen groteske Formen an. Sie war vorschnell, schlecht beraten, leidenschaftlich und unbesonnen. Falsch verstandene Wahrheitsliebe ließ sie alle Verstellung ablehnen. So kam es, daß einfachste Höflichkeiten unterblieben. Man stelle sich in einer Monarchie eine Königin vor, die ostentativ einem fremden Botschafter den Rücken zukehrt, die ihren Parlamentsmitgliedern verbietet, mit den Wagen bei Hoffestlichkeiten vorzufahren, die ihnen bei Bällen nur Hocker, also Stühle ohne Lehnen, anbietet. Ulrike hatte in dieser Hinsicht keinerlei Hemmungen. Sie brüskierte den französischen Botschafter, indem sie ihn keines Blickes würdigte; sie sperrte den Senatsmitgliedern die Zufahrt zum Schloß, so daß sie bei Wind und Wetter zu Fuß von der Umzäunung zum Portal laufen mußten und zuweilen mit durchnäßter Kleidung und tropfenden Perücken im Schloß ankamen. Sie bot ihnen, wenn überhaupt, nur Taburets zum Sitzen an, Stühle mit Lehne dagegen erhielten weitaus Rangniederere, alles nur, um politische Gegner oder Kritiker zu ärgern. Das schuf böses Blut. Man beschloß zähneknirschend, das Königspaar in irgendeiner Form zu demütigen. Leider war es zunächst der gutartige Adolf Friedrich, der für die unfreundlichen Handlungen Ulrikes büßen mußte. Da er sich mehrfach geweigert hatte, seine Unterschrift zu leisten, wenn er mit Gesetzesvorlagen oder sonstigen Dokumenten nicht einverstanden war, so schafften die Senatsmitglieder einen Faksimilestempel seines Namenszuges an, um diese Weigerungen zu umgehen. Die Macht des Königs wurde fühlbar untergraben, man sprach ganz offen von einem Schattenkönigtum.

Daß dies nicht nach Ulrikes Sinn war, läßt sich leicht denken. Sie rief sehr vorsichtig, sehr geheim, eine Art Verschwörung ins Leben, die eines Tages stark genug sein sollte, ihr und ihrem Gemahl ein tragfähiges absolutes Königtum zu verschaffen. Alles ging zunächst vortrefflich, aber die Finanzierung dieser Pläne brachte sie wieder einmal in Geldverlegenheiten. Zu Anfang des Jahres 1756 verfiel sie auf die Idee, ihre Juwelen zu verpfänden und bediente sich dabei der Mithilfe ihres Bruders August Wilhelm. Sie sandte die sogenannten »Berliner Juwelen« an ihn mit einem sicheren Kurier. Dabei war sie der Meinung, daß der Schmuck ihr freies, privates Eigentum sei, das ihr von ihrem damaligen Verlobten Adolf Friedrich als persönliches Geschenk in Berlin durch den Grafen Tessin übergeben wurde.

Von diesem Plan muß etwas durchgesickert sein, wie immer an großen Höfen, wo hundert Lakaien und Kammerfrauen mit flinken Augen umherspähen. Jedenfalls verlangte man plötzlich im Senat eine Revision der Kronjuwelen, zu denen man auch die »Berliner Juwelen« rechnete. Ulrike war aufs tiefste bestürzt über die Wendung der Dinge und ersann allerlei Ausflüchte, um auf dem schnellsten Wege die nach Deutschland geschickten Schmucksachen wieder nach Stockholm zu bekommen.

Dabei galt es vor allem, Zeit zu gewinnen. Sie stellte sich zunächst einmal tiefgekränkt, daß man ihr die Schmach antun wolle, ihre Juwelen offiziell zu kontrollieren. Sie drohte, die Steine aus den Fassungen brechen zu lassen, was eine erhebliche Wertminderung bedeutet hätte. Sie bestand auf der Ansicht, die »Berliner Juwelen« gehörten ihr privat und niemand habe das Recht, eine Vorzeigung zu verlangen. Sie verschwor sich, alle Kronjuwelen den Ständen zu übermitteln und fortan überhaupt keinen Schmuck mehr zu tragen. Kurz, sie ersann die tollsten Kapriolen, die nur immer eine erbitterte Frau erfinden kann, wenn es um ihre Pretiosen geht, die, wie sie meinte, ihr selbst gehörten und niemandem sonst. Ihre leidenschaftlichen und unlogischen Argumente brachten die Freiheitspartei gehörig in Wallung. Es wurde eine offizielle Beschwerde über Ulrike bei Seiner Majestät Adolf Friedrich eingebracht und daraus entstand eine lange und erbitterte Korrespondenz zwischen dem Hof und der Freiheitspartei. Erst als es gelungen war, die »Berliner Juwelen« wieder in den Händen zu halten, erhob das Königspaar keine Einwendungen mehr gegen eine Revision. Der 22. Juni 1756 wurde als Tag der Kontrolle bestimmt. Um jedoch nicht persönlich anwesend sein zu müssen, begaben sich die Majestäten nach dem Schlosse Ulriksdal.

Die größten politischen Ereignisse haben zuweilen eine lächerlich geringfügige Ursache. Bislang verhielten sich die geheimen Parteigänger Ulrikes still und stumm, aber ausgerechnet an diesem kritischen Tage trank einer der vielen kleinen Verschwörer über den Durst und plauderte den Plan aus, daß man es »den Freiheitsparteilern noch zeigen« werde, und daß man mit Gott für König und Vaterland kämpfen werde, und daß der König alle seine Feinde davonjagen würde.

Dies verhallte nicht ungehört – die Freiheitspartei geriet in die höchste Alarmstufe. Militär und Politiker ergriffen drakonische Maßnahmen, um einen Aufstand der Hofpartei zu verhindern. Als Adolf Friedrich und Ulrike am Abend des 22. Juni 1756 von Ulriksdal zurückkehrten, herrschte in der Hauptstadt eine Art von Belagerungszustand. Patrouillen zu Fuß und zu Pferde streiften überall durch die Stadt Stockholm. Vor den Toren waren kriegsmäßig Doppelposten aufgestellt, gegenüber dem Schlosse hatte man Kanonen aufgefahren und ihre Mündungen richteten sich drohend gegen den Palast. Noch erfolgten keine Kampfhandlungen, alles blieb ruhig, aber die Atmosphäre war mit düsterer Spannung geladen.

Am nächsten Tage erhielten mehrere Sonderkommissionen vom Senat den Auftrag, allen Spuren der Verschwörer von der Hofpartei nachzugehen und unnachsichtlich Strenge walten zu lassen.

Diese Untersuchungskommissionen der Stände nahmen zahlreiche Verhaftungen vor, und die damals noch in Kraft befindliche Praxis, die Folter anzuwenden, erpreßte Geständnisse über Geständnisse. Schon Ende Juli waren die beschleunigten Gerichtsverfahren abgeschlossen und acht Parteigänger Ulrikes, darunter Graf Brahe und Baron Horn, wurden als Landesverräter öffentlich enthauptet. Ulrike hatte alles nur

Denkbare getan, dieses grausame Schicksal ihrer Anhänger zu verhüten, aber der Senat zeigte sich unnachsichtlich. Die weniger schwer belasteten Angeklagten mußten ihre Beteiligung an dem Komplott mit Amtsenthebung, Vermögensentzug, jahrelanger Kerkerhaft oder Landesverweisung büßen.

Dabei war diese Verschwörung Ulrikes im Grunde ohne jeglichen Nachdruck; ihr fehlte die notwendige Schubkraft durch Unterstützung von außen. Es hatten sich einfach einige königstreue Leute zusammengetan. Das Volk brachte jedoch dies alles in Zusammenhang mit der Juwelengeschichte, und man war genauso empört, wie etliche Jahrzehnte später das Volk von Paris über die Halsbandaffäre der Königin Marie-Antoinette. Ulrike mußte, da ihre Gegner die Oberhand hatten und rigoros handelten, um ihr eigenes Leben und ihre Freiheit besorgt sein. Nicht ganz zu Unrecht sah man in ihr das Herz der Verschwörung, und man diskutierte öffentlich in Schweden, was man wohl mit einer so unbotmäßigen Königin tun sollte.

Einige wollten sie lebenslänglich in Schloß Gripsholm gefangen setzen, andere plädierten dafür, sie zwangsweise von Adolf Friedrich gesetzlich zu trennen und nach Preußen zurückzuschicken. Schließlich beruhigte man sich im Senat und beschloß, lediglich eine Abordnung der Geistlichkeit an die Königin zu senden, die ihr eine schriftliche Erklärung abverlangen sollte.

Am 4. August 1756 kamen die geistlichen Herren nach Schloß Ulriksdal. Sprecher waren der lutherische Erzbischof Benzelius und der Bischof Troilius. In Gegenwart ihres Gemahls wurde die Adresse des Senats verlesen, worin ihr umständlich und salbungsvoll vorgeworfen wurde, sie habe »ihre Pflicht« gegen Gott, ihren Gemahl und das schwedische Reich gröblich verletzt und trage die Hauptschuld an dem kürzlichen Blutvergießen der Verschwörer. Ulrike, der alle Verstellung verhaßt war, mußte sich nun dazu verstehen, eine heuchlerische Erklärung zu unterzeichnen, worin sie »ihre ganz besondere Freude« über die »würdigen Vorstellungen des Priesterstandes« zum Ausdruck brachte, und ihren »Abscheu vor ähnlichen Verschwörungen, wie sie durch Gottes Gnade vor kurzem entdeckt worden« bekundete.

Doch stand ihr eine weitere Demütigung bevor. Die Stände hatten die sogenannte »Reichsakte« ausgeheckt, ein Dokument, das für den König und seine unbotmäßige Gemahlin noch einmal Gnade vor Recht ergehen ließ, und man erklärte sich bereit, die Königsfamilie »noch einmal« beizubehalten, sollten sich jedoch erneut Bestrebungen zu größerer Machtvollkommenheit bei der Herrscherfamilie zeigen, so würden sich die Stände von ihrem Huldigungseid entbunden erklären und, mit Verlaub, Seine Majestät und Ihre Majestät zum Teufel jagen.

Dies alles war für Ulrike natürlich mit immensen persönlichen Krisen, Nervenzusammenbrüchen und Tränenergüssen verbunden. Ein so stolzer Mensch wie sie ertrug diese Abkanzelungen nur mit Aufbietung aller seelischen Kräfte. Zudem wurde ihr Gemahl schwer krank, sie hatte wieder einmal das Gefühl, daß alles von ihr allein ausgefochten und ertragen werden mußte. Dabei stand ihr das Schlimmste noch bevor: der Ausbruch des Siebenjährigen Krieges in Deutschland – Frankreich, Österreich und dann auch Rußland gegen ihren Bruder –, und die Entscheidung dieses vertrackten schwedischen Senats, den Krieg auf der Seite von Preußens Feinden mitzumachen[36].

Der Krieg war ausgebrochen, aber noch bevor es zu irgendwelchen Feindseligkeiten zwischen Schweden und Preußen gekommen war, tauschten Ulrike und Friedrich Briefe aus, und der König berichtete von seinen Sorgen und Kämpfen:

»Leitmeritz, 7. Juli 1757

Liebe Schwester,

von meiner Schlappe vom 18. vergangenen Monats bei Kolin, die mich zwang, die Belagerung von Prag aufzugeben, werden Sie bereits unterrichtet sein. In dieser grausamen Lage traf mich noch der Verlust meiner angebeteten Mutter, und jetzt muß ich darauf gefaßt sein, daß alle meine Feinde, erklärte wie heimliche, ihr Haupt erheben und ein jeder das Seine zu meinem Untergang beitragen will. Unter diesen Verhältnissen, liebe Schwester, werde ich der Zahl meiner Gegner Festigkeit und Mut entgegensetzen; sie sollen den Staat nicht niederwerfen, sie begraben denn seine Verteidiger unter den Trümmern ihres Vaterlandes. Mehr vermag ich für den Augenblick nicht zu sagen. Bei meiner Empfänglichkeit für Ihre Freundschaft schriebe ich Ihnen ganz gewiß öfter, wenn die große Menge der Pflichten und die ewige Unruhe mich dazu kommen ließen. Ich bitte Sie, weder an meinen Untergang noch an meine Erhaltung zu denken; das Leben ist nur schön, wenn Ehre und Wohlbefinden es begleiten, hingegen ist der Tod der Unterdrückung und Schande vorzuziehen.

Ich umarme Sie von ganzem Herzen und bin mit vollkommenster Zärtlichkeit, liebe Schwester, Ihr getreuer Bruder und Diener Friderich«[37]

Der Eintritt Schwedens in den Krieg als Gegner Preußens erklärte sich aus vertraglichen Bindungen. Ulrikes Gegner hatten jetzt das Heft in der Hand und bestimmten den Gang der Regierungsgeschäfte. Man betrachtete derzeit Frankreich als hauptsächlichste Schutzmacht Schwedens, eine Ansicht, zu der sich auch die russophile Freiheitspartei bequemte. Der russische Einfluß war abgeschwächt. Das Interesse Bestuschews an Schweden hatte in der allgemeinen kriegerischen Lage nachgelassen. Entgegen dem offiziellen, nunmehr franzosenfreundlichen Kurs der schwedischen Regierung hatte sich Ulrike längst innerlich von Frankreich gelöst, stand in offenem Gegensatz zu allen frankophilen Bestrebungen und der große Eklat von 1756 war das Ergebnis dieser Haltung gewesen. Die schwedische Ständeregierung schloß am 21. März 1757 mit Frankreich einen Subsidienvertrag ab. Schweden erklärte sich bereit, im Kriegsfalle an Frankreich Hilfsgelder oder Truppenkontingente zu leisten. Damit trat Schweden der Koalition gegen Preußen bei. Die Feindseligkeiten wurden im September 1757 eröffnet. Es verstand sich unter diesen Umständen von selbst, daß schwedische Truppen in Pommern einmarschierten – »Pommerland ist abgebrannt« –, um die Soldaten Friedrichs an möglichst vielen Grenzen zu binden[38].

Ungeachtet der kriegerischen Handlungen war es den Geschwistern möglich, miteinander zu korrespondieren. So nahm Ulrike lebhaftesten Anteil an allen Ereignissen in der Heimat. Schwer bedrückte sie das Pech, das ihr Bruder August Wilhelm im Feldzug 1757 bei Gabel erlitten hatte. In einem langen und eindringlichen Brief vom April 1758 versuchte sie, den Bruder dazu zu bewegen, von sich aus eine Aussöhnung mit dem König anzustreben. Wilhelm reagierte darauf, wie auf alle ähnlichen Versuche seiner Geschwister: er empfand die Ermahnungen als gouvernantenhaft und lehnte es ab, sich derart bevormunden zu lassen. Vor Ärger über diesen Brief hätte er »beinahe das Fieber« bekommen, bekannte er, und mußte »viele Pulver nehmen«.

Es war, als habe die Schwester aus der Ferne geahnt, daß irgend etwas geschehen müsse, um die Brüder zu versöhnen. Wilhelm erkrankte im Frühsommer 1758 schwer und starb am 12. Juni, erst fünfunddreißig Jahre alt. Alle Welt war zutiefst überrascht, am meisten erschüttert zeigte sich jedoch der König, der insgeheim angenommen hatte, bei der Jugend seines Bruders noch genügend Zeit zu haben, sich irgendwann einmal wieder mit ihm zu versöhnen. Nun war es zu spät. Friedrich klagte Ulrike sein Leid über diesen Schicksalsschlag:

»Königgrätz, den 20. Juli 1758
Liebe Schwester,
wir können uns in unserer Trübsal nur die Hand reichen und miteinander den erlittenen Verlust betrauern. Ich habe diesen Bruder stets
zärtlich geliebt, und sein Tod hat mich umso mehr erschüttert, als ich
seine Krankheit für eine Lendengicht hielt, nicht aber für tödlich . . .«
Der Kriegszustand mit Schweden brachte für die brandenburgischen
Länder vielerlei Behelligungen mit sich. Schwedische Truppen foura-
gierten in der Uckermark und drangen bis über Schwedt in die Städte
an der Oder vor. Friedrichs Schwester Sophie bekam dies zu spüren. Es
gab Scharmützel mit den Besatzungen von Garnisonen und all die
unangenehmen Begleiterscheinungen, die feindliche Truppen in einem
Land verursachen.
Der endliche Friedensschluß mit Schweden erfolgte ein Jahr vor den
offiziellen Friedensvereinbarungen mit Frankreich und Österreich. Der
Tod der Zarin Elisabeth hatte in Rußland jenen Stimmungsumschwung
zwischen Rußland und Preußen zur Folge, der eine sofortige Einstellung der Feindseligkeiten zwischen beiden Ländern bewirkte. Der neue
Zar Peter III. war ein leidenschaftlicher Verehrer Friedrichs. Im Kielwasser Rußlands betrieb Schweden den Friedensschluß schon deshalb,
weil es dann der teuren Subsidiengelder-Zahlungen an Frankreich mit
einem Schlage los und ledig sein würde.
Die Unterzeichnung des Friedens zwischen Preußen und Schweden
wurde am 22. Mai 1762 verkündet, sie fand in Hamburg statt, wohin
Friedrich seine Unterhändler gesandt hatte. Die Öffentlichkeit nahm
allerdings kaum Notiz von diesem Ereignis [39]. Von Ulrikes Herz war ein
lastender Druck genommen. Sie bezeichnete sich selbst mehrmals als
»glühende Brandenburgerin auf dem Wasathron«, so sehr hing sie an
der Heimat. Wie schwer mußte es sie getroffen haben, wie mußte sie
gelitten haben, daß ihre eigenen Landeskinder, die Schweden, nicht
so dachten wie sie und für Preußen durch sechs lange Jahre hindurch
keinerlei Sympathie bewiesen hatten.
Zu Beginn des Jahres 1763 konnte Friedrich zu seiner größten Freude
und Genugtuung seiner Schwester in Stockholm von der Beendigung
des langen und zuletzt barbarisch harten Krieges Nachricht geben:
»Leipzig, 15. Februar 1763
Liebe Schwester,
das Ereignis des eben abgeschlossenen Friedens erscheint mir zu interessant, als daß ich es Ihnen nicht unverzüglich mitteilen müßte. Nun

ist also, Gott sei Dank, der Friede in Europa wieder hergestellt. Möchte er lange dauern, und möge die Nachwelt nie mehr eine Vorstellung gleicher Szenen zu sehen bekommen, wie wir sie seit zwei Jahren gehabt haben . . .«[40]

Ulrike antwortete umgehend mit ihren Glückwünschen und einer Huldigungsadresse an den Sieger über so viele und erbitterte Feinde. Friedrich ließ seine Schwester an allem teilnehmen, was ihn bewegte. Die Fremdheit, die seine eigene Hauptstadt Berlin in ihm erweckte, kam in den nachstehenden Zeilen erschütternd zum Ausdruck:

»Berlin, 2. April 1763

Liebe Schwester,

ich habe Ihren Brief mit lebhaftem Vergnügen erhalten. Ich habe durchaus nicht an dem Anteil gezweifelt, den Sie an der Beendigung der Unruhen nehmen werden, die Deutschland verwüstet haben. Ich befinde mich hier in einer Stadt, deren Mauern ich wiedererkenne, in der ich aber die Personen nicht wiederfinde, die der Gegenstand meiner Hochachtung oder meiner Freundschaft waren. Ich bin hier ein Fremder, liebste Schwester; diese sieben Kriegsjahre haben die ganze Stadt verändert; es gibt nur wenige Personen, die ich kenne, und wenn ich die Bauwerke ausnehme, dann würde ich mich hier so fremd fühlen, als wenn ich in London wäre.«[41]

Der Siebenjährige Krieg hatte außerordentlichen Mangel für die Bevölkerung gebracht. Es gab keine amtliche Verteilung von Lebensmitteln, niemand kümmerte sich um die Versorgung, jeder mußte sehen, wo er blieb. Nicht nur die Lebensmittel waren knapp, auch die Fuhrwerke waren radikal dezimiert, so daß jede Art Transport ein Problem darstellte. Alles nur Verwendbare an Pferden und Wagen war für die Armee requiriert gewesen. Es gab wenig Medikamente, der Handel lag am Boden. Die Manufakturen arbeiteten nicht, man bekam keine Stoffe, kaum Schuhe. Nach all diesen überstandenen Leiden, die sich durchaus auch auf die Bewohner der Königsschlösser ausgewirkt hatten, regten sich jetzt, nach Friedensschluß, bei allen Menschen wieder die Lebensgeister. Die königlichen Geschwister nahmen ihre Interessen und Liebhabereien wieder auf. Literatur und schöne Künste gelangten wieder zur Geltung.

In Stockholm wurde 1764 das »Museum Ludovica Ulricae Reginae« errichtet, aber woher für solche und ähnliche Unternehmungen das nötige Geld kommen sollte, das wußte man am schwedischen Hof manchmal selbst nicht recht. Ulrike befand sich auf der Suche nach

neuen Hilfsquellen, eventuell auch durch ausländische Subventionen.
Sie hatte keine Hemmungen, mit Friedrich auch über die Beschaffung
solcher Mittel zu sprechen, und Friedrich antwortete eingehend und
geduldig:

»Den 9. März 1764

... Ich freue mich, Sie in den Sentiments der Ruhe zu sehen, zu denen
ich Sie seit zwanzig Jahren ermahnt habe. Ich habe Ihnen immer wieder die Gefahr und die Nutzlosigkeit Ihres Ehrgeizes wiederholt; ich
kannte die schwedische Nation und ich wußte, daß eine freie Nation
sich die Freiheit nicht leicht entreißen läßt, und ich spürte, daß alle
diejenigen, die Ihnen dazu Hoffnung machten, Sie täuschten.
Was das angeht, was Sie über das politische System wissen wollen, so
fällt es mir schwer, Ihnen nichts zu sagen, da ich heute keines davon
in Europa kenne. Aber außerdem, da es mir scheint, daß Schweden vor
allem Geld nötig hat, rate ich Ihnen, sich deshalb an die Macht [Frank-
reich] zu halten, bei der Sie schon so lange die Quellen dieser Art finden. Ziehen Sie auf die eine oder andere Art Vorteil daraus, denn die,
mit denen ich zu tun habe [Rußland], werden Ihnen niemals auch nur
einen Taler geben.«[42]

Die finanzielle Situation der schwedischen Majestäten muß anhaltend
und über Jahre hinaus recht mißlich gewesen sein, denn immer wieder
kommen die geldlichen Schwierigkeiten in dem lebhaften Briefwechsel
zu Wort. Aus dem Jahre 1767 sind einige Brieftexte erhalten, die von
einem sehr engen Kontakt der Geschwister sprechen. Es ist, als säßen
sie zusammen und unterhielten sich, plaudernd in einem vertrauten
Gespräch.

Zudem wurde das schwedische Königspaar die geheime Besorgnis nicht
los, durch irgendein Vorkommnis, ausländische Einflußnahme oder
eine ungünstige Wendung der Stimmung im Senat, sein Amt zu verlieren. Ulrike wollte in jedem Falle ihre Tochter Sophie Albertine versorgt wissen und kümmerte sich mit Nachdruck um eine Zuflucht für
das Mädchen. Es war an sich noch viel zu früh, über dieses Problem
nachzudenken, aber unter den gegebenen Umständen wohl doch ratsam. Sophie Albertine war vierzehn und es bestanden wirklich gute
Aussichten, die Prinzessin angemessen zu verheiraten. Ulrike jedoch
strebte für sie die gleiche Regelung an, die einst ihr Vater für sie selbst
angeordnet hatte: Sie sollte sich in das reichsfreie Damenstift Quedlinburg als Coadjutorin und spätere Äbtissin einkaufen.

Ulrike muß sich zu dieser Zeit viele Sorgen um die Zukunft gemacht haben. Sei es, daß es sie nach wie vor schwer bedrückte, wie schwankend und unsicher der schwedische Thron auf seinen Füßen stand, sei es, daß sie für ihre eigene Gesundheit fürchtete. Ihre Briefe müssen jedenfalls voller düsterer Prognosen gewesen sein, sonst hätte Friedrich nicht so ausführlich darauf geantwortet. Seine Briefe aus dem Jahre 1767 gehören zu den herzlichsten und mitfühlendsten des ganzen Briefwechsels:

»[Potsdam] 10. Juni 1767

Liebste Schwester,

während Sie mir zur Geburt einer Großnichte gratulieren, trifft mich Ihr Brief in der Trauer über den Verlust eines Neffen [Prinz Heinrich, August Wilhelms zweiter Sohn], der mich weit mehr betrübt, als jene Geburt [Prinzessin Friederike] mich freut. Es ist der teure Neffe, liebe Schwester, den ich gern als Ihren Eidam gesehen hätte. Diesen Jüngling, der mit großen Eigenschaften ausgestattet war, habe ich verloren. Ich habe keine eigenen Kinder, aber ich zweifle, ob ein Vater seinem einzigen Sohn mehr nachtrauern kann als ich diesem Neffen. Er war das Ebenbild seines Vaters; er besaß alle seine guten Eigenschaften ohne einen seiner Mängel. Wenn die Natur sich je in der Erschaffung eines vollkommenen Wesens gefallen hat, so war es dieser liebenswerte junge Mensch, den ich ewig betrauern werde.

Das Menschenleben, liebe Schwester, ist ein Gemisch von Glück und Unglück, aber das Unglück überwiegt, und wir sind scheinbar mehr zum Weinen als zum Fröhlichsein geschaffen. Der Himmel behüte Sie vor solchem Kummer! Er schenke Ihnen all seine Huld und bewahre Sie vor allen Prüfungen und traurigen Ereignissen, die das Herz verwunden! Mit diesen aufrichtigen und innigen Wünschen verbleibe ich, liebe Schwester, Ihr treuer Bruder und Diener

Friderich« [43]

»Potsdam, 14. September 1767

Meine liebe Schwester,

auf die Versicherungen des Grafen Bohlen hin erlaube ich mir, Ihnen einige Pfirsiche aus meinem Garten zu schicken. Er sagt, Sie äßen sie gern und will sie Ihnen in gutem Zustande bringen. Ich wünsche es sehr, fürchte aber, daß sie auf der langen Reise verderben. Sie werden darin einen Freundschaftsbeweis Ihres alten Bruders sehen. Ich möchte Ihnen gern nützlich sein, liebe Schwester, und da ich es im Großen nicht vermag, ergreife ich die kleinen Gelegenheiten, um Ihnen ein Zeichen meines treuen Gedenkens zu geben.

Wir werden hier Hochzeit feiern [August Wilhelms Tochter Wilhelmine heiratete den Statthalter Wilhelm V. von Oranien-Nassau], doch werden die Festlichkeiten nur zehn Tage in Anspruch nehmen, von der Ankunft bis zur Abreise des Prinzen von Oranien gerechnet. Meine alte Fratze wird dabei öffentlich figurieren, aber ein Onkel ist nur ein unnützer Statist bei solchen Gelegenheiten, wo die Liebe allein den Vorsitz führen sollte. Unter ihrer Obhut müßte dies Band geknüpft werden – aber was ist die Liebe in unserem Jahrhundert? Eine vorübergehende Laune, eine augenblickliche Neigung, die schon während der Einsegnung des Brautpaares altert und am Tage nach der Hochzeit achtzig Jahre alt ist. Insbesondere nehmen die Herren Fürsten den Ehebund auf die leichte Schulter und betrachten ihre Frau viel mehr wie ein Familienstück oder wie einen ersten Dienstboten, den ihre Würde zu halten erheischt, als wie eine treue Gefährtin in guten und schlimmen Tagen oder als den einzigen Gegenstand ihrer Liebe.

Doch das ist eine sehr überflüssige Abschweifung, liebe Schwester, denn in unserem Jahrhundert ist es nirgends anders, und Sie sehen in Stockholm das gleiche, was man in Berlin, Paris und Rom erlebt. Was Sie aber in Schweden nicht finden, ist ein Bruder, der Sie so zärtlich liebt und so an Ihnen hängt wie Ihr getreuer Bruder und Diener Friderich«[44]

Im Jahre 1770 lag Ulrikes Abschied von Berlin sechsundzwanzig Jahre zurück. In all der Zeit hatte Friedrich oftmals die Einladungen der Königin an ihre Brüder abschlägig bescheiden müssen aus diesen oder jenen politischen Gründen. Nun aber, 1770, schien ihm der Zeitpunkt gekommen, wo das Entsenden eines persönlichen Botschafters keine Schwierigkeiten bereiten würde. Friedrich selbst wünschte es, und so erhielt Prinz Heinrich eine Einladung seiner Schwester Ulrike und durfte sie annehmen. Der Held des Siebenjährigen Krieges ging als hoher Staatsbesuch nach Schweden. Er sollte so behandelt werden, als käme der König selbst. Friedrich schrieb an Ulrike:

»Er ist mein anderes Ich, und Sie werden guttun, allem, was er in meinem Namen sagt, vollstes Vertrauen zu schenken.«[45]

Die Botschaft, die es auszurichten galt, war im Grunde unwesentlich. Die Frage um die Gewinnung Schwedisch-Pommerns, die 1765 einmal akut war, ließ Friedrich unberührt. Der Prinz hatte zu bestellen, daß Versuche, die Monarchie in Schweden zu stärken oder die Unterstützung Frankreichs hierfür zu gewinnen, durchaus zu billigen seien, solange sie nicht so weit getrieben würden, daß sie Rußland verletzten. Darauf konnte Heinrich nur resigniert an den König berichten, die schwedische Monarchie sei in Wirklichkeit so schwach und die Regierung so sehr durch Parteizwistigkeiten gelähmt, daß es sehr wenig ausmache, ob sie für Frankreich oder für Rußland eingenommen sei [46].

Ulrikes und Heinrichs Wiedersehen hatte viel Rührendes. Vor sechsundzwanzig Jahren war Ulrike eine strahlend schöne, blühende junge Frau von vierundzwanzig Jahren gewesen, Heinrich ein achtzehnjähriger junger Mann, der sich unwillig den Erziehungsmaßnahmen des Königs beugte. Heute standen sich eine von Kummer und Sorgen lebensunsicher gewordene Frau von fünfzig Jahren, die ihre grazile Schönheit fast völlig eingebüßt hatte, und ein ruhmbedeckter Heerführer von vierundvierzig gegenüber. Sie mußten sich von neuem kennenlernen, Kontakt zueinander finden. Ulrike sah, ungeachtet, daß sie stärker geworden war, immer noch gut aus. Heinrich dagegen war klein und schielte etwas. Aber er hatte die Art eines äußerst höflichen Weltmannes, trat als Grandseigneur auf, und seine Leibwache von fünfundzwanzig schmucken Husaren, kommandiert von einem Rittmeister, gab ihm das Air eines wirklich großen Herrn.

Heinrichs Wesen war ungeheuer einnehmend und er wurde lebhaft bewundert wegen seiner umfassenden allgemeinen Bildung und seiner vorzüglichen Unterhaltungsgabe. Ein Schatz, solch einen Fremden an einem Hof zu treffen, wo jeder jeden kennt und ein neues Bonmot voller Entdeckerfreude aufgegriffen wird. Noch während Heinrich alle Freuden des Aufenthaltes in Stockholm genoß, spannen sich diplomatische Fäden von Berlin nach Petersburg, geeignet, das deutsch-russische Verhältnis zu vertiefen. In Schweden gab es Empfänge, Diners, Soupers, Galatafeln, Schau-Essen, Schauspiele, Reitvorführungen, Opern, Balletts und was nur immer an Zerstreuungen für einen so hoch geehrten Gast sich finden ließ. Friedrich, der sich wohl für den Bruder »einen Empfang, als sei er es selbst« gewünscht hatte, wurde fast eifersüchtig auf die Fülle der Ehrungen. Aber er hatte im Moment wichtigere Dinge zu tun, die Heinrich betrafen. Eine Einladung der Zarin Katharina II. erfolgte für Heinrich nach Petersburg. Da der Prinz nun schon auf halbem Wege sei, möge er doch die Mühe nicht scheuen und eine alte Freundin besuchen, mit der er als Kind gespielt habe. Katharina war eine geborene Prinzessin von Anhalt-Zerbst und hörte als kleines Mädchen auf die Namen Sophie Auguste. Friedrich fand diesen Besuch

vorteilhaft, Heinrich war gespannt, einen Blick in das russische Riesen-
reich zu tun und einen so berühmten Hof kennenzulernen. So reiste
er von vielen Segenswünschen geleitet von Stockholm nach Petersburg
weiter.

Heinrichs Besuch hatte einen engeren familiären Kontakt mit dem
schwedischen Hof eingeleitet. Die Söhne Ulrikes waren erwachsen
genug, allein zu reisen, und so sandte Ulrike im Oktober 1770 ihren
zweiten Sohn, Prinz Karl von Schweden, Herzog von Södermanland, an
den preußischen Hof. Prinz Karl hat eigenhändige Aufzeichnungen
darüber gemacht, die seine Begegnung mit dem berühmten Onkel,
König Friedrich, lebhaft und anschaulich schildern. Sie sind der Schrift
»Conversation avec le roi de Prusse« entnommen, die im Reichsarchiv
in Stockholm liegt:

»Nachdem ich am Tage meiner Ankunft in Potsdam [15. Oktober 1770]
die Ehre gehabt hatte, mit dem König in Sanssouci zu speisen, befahl
er mir nach Aufheben der Tafel, am nächsten Vormittag um elf Uhr
wiederzukommen; denn es dränge ihn, von einer zärtlich geliebten
Schwester zu sprechen, die er sechsundzwanzig Jahre nicht gesehen
und die er doch nie vergessen habe.

Zur befohlenen Stunde erschien ich wieder; der König war in seinem
Park. Als der Page mich angemeldet hatte, kam er nach dem Parterre
[der Teil des Parkes, der am Fuß der Terrassen liegt mit der rings von
Blumenbeeten umgebenen großen Fontäne, die zu Friedrichs Lebzeiten
nicht funktionierte]. Bei meinem Anblick rief er: ›Komm, lieber Neffe,
komm, damit ich den Sprößling einer Schwester umarme, die ich so
sehr geliebt und so lange nicht gesehen habe.‹ Der König nahm mich
bei der Hand und sprach weiter, während er mich nach den Bosketten
führte. ›Ich werde Dich langweilen‹, sagte er, ›aber du wirst einen alten
Onkel entschuldigen, der seine Familie liebt und dem es unendliche
Freude bereitet, sich so naher und so geliebter Angehöriger wie deine
Mutter, die Königin, zu erinnern. Je mehr ich dich ansehe, mein Lieber, umso weniger finde ich dich meiner Schwester ähnlich. Ja, es
überrascht mich, bei dir nichts von Familienähnlichkeit zu finden.
Mein Bruder Heinrich sieht dir etwas ähnlich, aber sage mir doch bitte:
würde ich meine Schwester wiedererkennen, wenn ich z. B. in einer
Damengesellschaft wäre, in der ich sie zu treffen nicht erwartete?
Würde ich sie dann erkennen?‹

›Majestät‹, antwortete ich, ›Sie würden ihre Züge nicht nach den Bildern erkennen, die in Potsdam oder Sanssouci hängen, sondern an der

Ausdrucksweise, die sie mit Ew. Majestät teilt, an der Haltung der Frau Herzogin von Braunschweig und an den Augen Ew. Majestät und des Prinzen Ferdinand.‹

›Aber sprich, wie sieht meine Schwester aus? Ist sie sehr verändert? Ich entsinne mich nicht, je eine schönere Frau gesehen zu haben als meine Schwester.‹

›Nach den hiesigen Bildern ist keine Ähnlichkeit vorhanden. Die Kümmernisse, die die Königin bei uns erfahren hat, haben ihre Züge verändert, aber ihre Augen sind die gleichen geblieben; für eine Dame ihres Alters [50] ist sie so gesund wie möglich und hält sich höchst majestätisch; ihren Geist aber können Ew. Majestät besser beurteilen als ich.‹

›Aber sage mir, lieber Neffe‹, fuhr der König fort, ›hat sie sich die Kümmernisse, von denen du sprichst, nicht selbst zugezogen? Bei einem Volke wie dem euren kommt man mit Sanftmut, Verstellung, Keckheit und Entschlossenheit weiter als mit Hochmut, Schmollen und Drohen. Ich habe ihr all ihr Mißgeschick vorausgesagt; man muß ihr freilich zugute halten, daß sie von Anfang an schlecht geleitet worden ist . . . Versetze dich selbst an ihre Stelle: würdest du als Herrscher deine Rechte preisgeben? Nein! Nun, um dasselbe handelt es sich hier. Hat man nun aber, wenn ich so sagen darf, sich unklug benommen, dann muß man, um seine Sache zu retten, behutsam vorwärts gehen, anscheinend keine Veränderung wollen, weder diesen noch jenen begünstigen, gegen jedermann höflich und leutselig sein, die wenigen Geschäfte, die man hat, mit Eifer betreiben, vor allem selbst gut wirtschaften und keine Schulden haben; denn wie kann jemand, der seine eigene Häuslichkeit nicht leiten kann, ein ganzes Volk lenken?‹ . . .

›Majestät‹, entgegnete ich, ›es stünde mir nicht an und ich wäre auch gar nicht in der Lage, die Königin zu entschuldigen oder ihre Partei zu ergreifen. Mit den Staatsgeschäften bin ich nie befaßt worden, und die Königin hat mir nie ihre Geheimnisse anvertraut. Somit gestatten Ew. Majestät, daß ich darüber schweige. Was aber die Feste für den Prinzen Heinrich betrifft, so waren sie unumgänglich, sowohl zur Ehre der Nation wie als Ausdruck der Freude der Königin, einen ihrer Brüder zu empfangen. Das falsche Gerücht, man habe durch dies Mittel eine andere Partei stärken wollen, ist öffentlich dementiert worden, und ich darf versichern, daß der König wie die Königin solche Ausgaben wohl zu machen vermögen, ohne sich zugrunde zu richten.‹

›Du verteidigst eine schlechte Sache gut‹, sagte der König . . . Damit endete das Gespräch ... Mir befahl er, um sieben Uhr wiederzukommen, um dem Abendkonzert bei ihm beizuwohnen.

Demgemäß stellte ich mich am Abend wieder ein, in Begleitung des Grafen Bohlen, der mir als Aufseher oder zu meinem Dienst beigegeben war, eine besondere Auszeichnung, denn er ist Oberst, während zu den übrigen Prinzen nur Majore kommandiert sind.

Der König ließ mich eintreten und sagte dann: ›Es ist vielleicht der letzte Abend, wo ich mit dir allein sein und vertraulich mit dir sprechen kann. Erlaube mir, lieber Neffe, dich meiner ganzen Freundschaft und Hochachtung zu versichern. Zum Beweis meiner Aufrichtigkeit gebe ich dir ein Zeugnis, das dir als Andenken an mich bleiben wird.‹ Bei diesen Worten legte er mir den Schwarzen Adlerorden an und umarmte mich zärtlich. Ich war zu bewegt, um zu antworten; in solchen Augenblicken führen die Augen die deutlichste Sprache.

Der König ließ mich neben sich Platz nehmen, und das Konzert begann. ›Du wirst meiner Schwester erzählen, du hast Porporino und Paolino singen hören [beide seit 1742 in Friedrichs Diensten], alte Diener des Hauses, die sie kennt –, ferner Quantz, der mich das Flötenspiel gelehrt hat. Die beiden anderen, Concialini und Coli sind ihr unbekannt...‹« [47]

Zwei Monate später berichtete Friedrich seinerseits der fernen Schwester von dem Besuch des sympathischen Sohnes, der inzwischen der Mutter von seinem Berliner Besuch vorgeschwärmt hatte:

»[Potsdam] 12. Dezember 1770

Meine liebe Schwester,

mir war, als hätte ich Sie besucht und den Prinzen Karl in Ihre Gemächer begleitet, als hätte ich mit Ihnen geplaudert, Sie gesehen und gehört. Der liebenswürdige Junge hat von allem, was er hier gesehen hat, zu voreingenommen gesprochen. Ein guter alter Mann [58] hat ihn herzlich empfangen und das hat ihm über das übrige Illusionen gemacht.

Ach, liebe Schwester, wie alt fänden Sie mich, wenn Sie mich wiedersehen! Ich tue, was meine Pflicht in diesem Lande erheischt, dessen einzige Stütze seine Wehrmacht ist. Ich tue es guten Mutes, aber bisweilen wird es mir sauer. Früh schon stehe ich auf, denn ich habe viele Geschäfte zu erledigen, sitze aber nicht mehr wie früher die Nächte durch auf. Ich wollte, Prinz Karl hätte Ihnen mein Herz schildern können: das ist unverändert geblieben und ich schmeichle mir, Sie würden es gleich wiedererkennen.

Ich schicke mich an, gegen Ende des Monats zum Karneval nach Berlin zu gehen. Freilich mache ich selbst ihn fast nie mit, aber die Jugend amüsiert sich dabei nach Herzenslust. Das, liebe Schwester, ist alles Neue, was ich Ihnen von hier berichten kann. Denn es ist nichts Neues, daß ich Ihnen in zärtlicher Liebe und Hochschätzung ergeben bin.« [48]

Nach einer siebenundzwanzigjährigen harmonischen Ehe starb am 12. Februar 1771 König Adolf Friedrich von Schweden. Ulrike war zutiefst erschüttert und brauchte lange Zeit, ehe sie sich von diesem Schlag erholen konnte. Der Kronprinz und ihr dritter Sohn, Prinz Friedrich Adolf, befanden sich auf einer Reise durch Frankreich. Die Nachricht vom Tode des Vaters fand sie in Paris, wo sie das Eintreffen des offiziellen Sendboten, des Generals Scheffer, aus Stockholm abwarteten. Dann erkrankte Friedrich Adolf und es wurde sehr spät, erst am 26. März 1771 konnten die Brüder die Heimreise antreten.

Gustav III. hatte schon als Kronprinz außerordentlich enge Kontakte zu Frankreich unterhalten. An den europäischen Höfen blickte man mit einiger Spannung nach Stockholm, wie wohl der junge Monarch seine Regierung einrichten würde. Zunächst ließ er nichts weiter geschehen, als daß man ihn krönte, ihm huldigte und ihn in die bisher seinem Vater zustehenden Rechte und Pflichten einsetzte. Ulrike war entthront, sie mußte sich jetzt damit abfinden, daß eine andere den Vortritt vor ihr hatte. Regierende Königin war Sophie Magdalena, die ehemalige Dänenprinzessin. Ulrike stand ihr nicht wohlwollend gegenüber und eines Tages sollte es noch zwischen den beiden zum offenen Bruch kommen. Zu dieser Zeit schrieb Friedrich an Ulrike:

»Berlin, 20. Mai 1771

... Niemand hat uns gefragt, ob wir zur Welt kommen wollen. Man setzt uns hinein, Gott weiß wie; wir leiden an Leib und Seele und sterben dann, ohne daß jemand uns sagen könnte, warum wir diese Verwandlungen durchmachen und in so viele grausame Lebenslagen kommen, nur um zu sterben und ins Grab zu sinken, tief empört über die alberne Rolle, die wir haben spielen müssen.

Das Sicherste ist, die irdischen Dinge mit philosophischer Gleichgültigkeit zu betrachten und die Welt als einen Durchgangsort anzusehen, als eine Herberge, in der wir nicht lange verweilen, alle Freude so tief auszukosten, als wir vermögen, und sich gegen den Kummer ein dickes Fell anzulegen. Ich gestehe Ihnen, daß ich auch ohne diese schönen Gedanken nicht am Leben hänge.« [49]

Gegen den Herbst des Jahres 1771 hatte Ulrike ihren Schmerz etwas
überwunden. Sie nahm, zu aller Erstaunen, auch wieder lebhaft am
politischen Leben teil. Allerdings war dies nun gar nicht im Sinne ihres
jetzt regierenden Sohnes, König Gustav III. Der sehr gut informierte
Chronist Thiébault sagt darüber in seinen Erinnerungen:

»Als der französische Gesandte in Stockholm, Herr de Vergennes, den
König Gustav zum Entschluß gebracht hatte, die königliche Würde von
der Vormundschaft des schwedischen Senats loszusagen, hielt man es
für nötig, vor allen Dingen die Königin-Witwe fernzuhalten. Sie war
die Schwester Friedrichs, die berühmte Ulrike, deren Geist und Schönheit Voltaire gepriesen hatte...«[50]

Man animierte also Ulrike zu einer Reise nach Deutschland, redete ihr
zu, sich den langgehegten Wunsch zu erfüllen und bewilligte ihr dazu
ausreichende Mittel. Ulrike reiste mit großem Gefolge in ihr Heimatland und trat, für ihre Begriffe, in der preußischen Hauptstadt damit
gerade eben standesgemäß auf. Die Freude der Familie war aufrichtig,
sie nach so langen Jahren wiederzusehen. Friedrich hatte ihr voller
Freude geschrieben, als die Nachricht von ihrem Besuch eintraf: »Ich
werde Sie also wiedersehen! Dieser holde Gedanke, auf den ich schon
für immer verzichtet hatte, wird in Erfüllung gehen!«

Am 3. Dezember traf Ulrike an der Spitze eines endlosen Reisezuges in
Berlin ein. Sie brachte zweiundachtzig Personen mit sich, die unterzubringen selbst in den weitläufigen Berliner Schlössern keine Kleinigkeit war[51]. Das Wiedersehen mit Friedrich war voller Zärtlichkeit und
von beiden Seiten mit all der Spannung geladen, die zwischen Menschen entsteht, die jahrzehntelang getrennt waren und nun voller
Skepsis das Werk der Zeit betrachten, das sich an dem geliebten Verwandten vollzogen hat. Man suchte nach vertrauten Zügen.

Für den König war der erste leise Anstoß des Ärgernisses, daß Ulrike
derart viel Gefolge mitgebracht hatte. Die Gastfreundschaft des sparsamen Friedrich würde bei diesem für so lange Zeit geplanten Besuch
auf eine gewisse Probe gestellt werden. Aber er ließ sich nichts anmerken und war herzlich und voller Liebenswürdigkeit. Alle Wünsche
Ulrikes sollten erfüllt werden, sie brauchte nur zu sagen, was sie sehen,
hören oder besuchen wolle.

Man gab ihr viele Feste und arrangierte vornehmlich Diners, Soupers,
Ausflüge, Konzerte und solche Veranstaltungen, die sich mit dem noch
nicht abgelaufenen Trauerjahr für sie vereinbaren ließen. Ulrike ging
auch in Berlin ihren wissenschaftlichen Interessen nach. Man ver-

anstaltete ihr zu Ehren eine Akademiesitzung, wobei sie einen für sie einmal so wichtig sein sollenden Mann zunächst übersah: den Gelehrten Thiébault. Ulrike, sonst recht leutselig, war sich nicht bewußt, welch bedeutendes Mitglied der Akademie sie da zutiefst gekränkt hatte. Von einem so berühmten ausländischen Gast keines Wortes gewürdigt zu werden, traf Thiébault schwer. Er steckte sich hinter die Hofdame Madame du Troussel, und diese nahm die Gelegenheit wahr, als sie mit der Königin am gleichen Tisch beim Kartenspiel saß. Sie sang Thiébaults Lob in höchsten Tönen, worauf Königin Ulrike sofort einen ihrer Läufer mit einer Einladung zum Diner an Thiébault absandte. Voller Genugtuung und bis ins kleinste hat er als Chronist dies alles aufgezeichnet:

»Die Königin von Schweden nahm mich mit vieler Güte auf und bezeigte mir ihr Vergnügen, meine Bekanntschaft zu machen, erwähnte aber weder die Akademiesitzung, noch die Rede des Königs, noch Frau du Troussel auch nur mit einem Wort. Sie hatte die Gewohnheit, stets lange vor dem Diner in ihrem Salon zu erscheinen und dort angesichts der ganzen Gesellschaft aber doch unter vier Augen, mit einem der Gäste zu plaudern, indem sie mit ihm in eine Fensternische trat.

Während ihres neunmonatigen Aufenthalts in Berlin erzählte sie mir alle Anekdoten über ihre Regierungszeit und verhandelte eine unendliche Menge politischer Fragen, auf die sie stets wieder zurückkam. Ihre junge Tochter, die Prinzessin von Schweden, wich nicht von ihrer Seite; sie kam mit ihr, ging mit ihr und saß bei Tische stets zwischen ihr und ihrer Hofmeisterin. Gewöhnlich saß die Königin in der Mitte der Tafel, rechts und links von ihr die Prinzen und Prinzessinnen und an diese anschließend die Hofdamen und Kavaliere; die lange Seite ihr gegenüber war für die Hofmarschälle und Fremden bestimmt, so daß sich ihre Majestät bequem mit ihnen unterhalten konnte. Wenn die Königin sich von der Tafel erhob, folgte die ganze Gesellschaft ihr in den Salon, den sie aber nur durchschritt, um mit ihrer Tochter und ihren Verwandten in ihren Privatgemächern den Kaffee zu nehmen, denn die Etikette, die ihr erlaubte, uns an ihrem Tische Platz nehmen und sogar von denselben Schüsseln essen zu lassen, verbot zugleich, mit uns zusammen Kaffee zu trinken.

Die Königin Ulrike wollte offensichtlich die Art Unhöflichkeit, die sie gegen mich begangen hatte, in vollem Umfang wieder gut machen, denn seit diesem Diner wurde ich während ihres langen Aufenthaltes wenigstens drei- oder viermal wöchentlich eingeladen. Sie setzte mich

auf die Liste ihrer Gäste selbst an den Tagen, an denen sie ihre Brüder,
Schwestern oder Schwägerinnen bei sich sah und ich wurde deshalb
auch von diesen stets mit eingeladen, wenn die Königin bei ihnen
speiste.«[52]

Mit großer Neugierde hatte der preußische Hof auf das Zusammentreffen der einst so eng verbundenen Schwestern Ulrike und Amalie gewartet. War Amalie, achtundvierzigjährig, schon im Begriff, schrullig
und wunderlich zu werden, weil sie Ulrike gegenüber so sehr das
Zeremoniell betonte? Oder hegte sie noch in sich den uneingestande-
nen Groll, daß ihr einst die zum religiösen Wechsel bereite Schwester
den schwedischen Thronfolger unbedenklich ausgespannt hatte? Wer
konnte es letztlich wissen. Thiébault, dem nichts entging, hatte auch
über das Zusammentreffen seine genauen Informationen:

»Die Königin trat mit größter Zuvorkommenheit auf und entfaltete die
zärtlichste Liebenswürdigkeit. Sie begab sich sofort nach ihrer Ankunft
zu der Schwester, die sie aber mit strenger Förmlichkeit empfing. Die
Königin war darüber tief betrübt und bat die Prinzessin unaufhörlich,
sie möge doch in ihr nur die zärtlich liebende Schwester sehen und
sich durchaus keinen Zwang auferlegen. Aber Amalie blieb aller ihrer
Worte ungeachtet vor ihr in der von der Hofetikette vorgeschriebenen
Haltung stehen.

›O, meine liebe gute Schwester‹, rief endlich verzweifelt die Königin,
›wenn Sie doch wüßten, welche Herzenspein Sie mir machen, indem
Sie sich so hartnäckig weigern, in meiner Gegenwart sich zu setzen!‹
›Ich kenne zu wohl die Achtung, die ich Eurer Majestät schulde.‹
›Sie wollen also wirklich nicht mehr meine Schwester sein?‹
Endlich ließ Amalie sich doch erweichen und die beiden Schwestern
verkehrten später in der freundschaftlichsten Weise miteinander.«[53]

Die Königin von Schweden lebte nun seit langem in einem Land, in
welchem man allen übersinnlichen Dingen sehr aufgeschlossen gegenüber stand. Es lag nahe, daß in ihrer Gegenwart das Gespräch auf den
berühmten schwedischen Geisterseher Swedenborg[54] kam. Sie zeigte
sich bestens informiert über alle bezeugten Geschichten, die von ihm
im Umlauf waren, hatte auch selbst ein Experiment mit ihm angestellt,
das er zu ihrer größten Überraschung auf geheimnisvolle Weise gelöst
hatte. Man sprach am Berliner Hof mehrmals darüber[55].

Ulrike benutzte ihren langen Aufenthalt in Berlin auch dazu, die
Stätten ihrer Kindheit wieder zu besuchen. Für sie waren es keine
Zwingburgen exaltierter Erziehungsmanöver des Vaters gewesen, wie

sie sich beispielsweise in Wilhelmines Erinnerung eingeprägt hatten.
Dieser und Friedrich war Wusterhausen damals gleichermaßen verhaßt gewesen. Ulrike jedoch bezeichnete Wusterhausen als »das verzauberte Schloß«, und als die schöne Jahreszeit 1772 anbrach und zudem Herzogin Charlotte von Braunschweig eingetroffen war, da machten Ulrike, Amalie, Charlotte und die Königin Elisabeth Christine ge-
meinschaftliche Auflüge in die umliegenden Jagdschlösser des verstorbenen Vaters. Sie besahen alle Räume, die jetzt verödet und ohne
Möbel waren. Allerdings schien dies ein ziemlich mühevolles und
langweiliges Unterfangen. Thiébault schrieb, die Ermüdung danach
war jedesmal wesentlich größer als der Reiz der Erinnerung[56].

Der einzige, der diesen Erinnerungen jetzt wirklich nachhing, war der
König, dem man von diesen Wagenfahrten und Schloßbesuchen erzählte und schrieb.

Er hatte noch viele Einzelheiten im Kopf, die er jetzt der Schwester
wieder ins Gedächtnis zurückrief:

»[Potsdam] 15. April 1772

... Auf Ihrer Pilgerfahrt nach Wusterhausen hat Sie also, liebe Schwester, der alte Baron [Pöllnitz], unsere wandelnde Chronik, begleitet.
Ich kann mir denken, was er Ihnen gesagt hat: ›Hier war es, wo Frau
von Kamecke [Hofmeisterin der damaligen Königin Sophie Dorothea]
immer so viel aß, bis sie sich den Magen verdorben hatte; hier gab
Astralicus [Hofnarr des Soldatenkönigs] seine Mordsgeschichten zum
besten. Da pflegte der verstorbene König zu sitzen und zu rauchen, und
an jener Stelle unterhielt sich die Gesellschaft mit meinen Reise-
erinnerungen. Dort nach der Küche zu saß Holwedel [der Oberküchen-
meister] und die Köche wurden, bevor der Tisch gedeckt wurde, regelmäßig mit Stockschlägen traktiert.
In diesem Saal feierte man den Hubertustag, bis alles berauscht war;
auf den Tischen standen Henkelkrüge und Würstchen. Dort waren die
Hoboisten aufgestellt, die aus den alten Opern spielten, die Buononcini
[1672–1750] im Auftrag von Königin Sophie Charlotte in Charlottenburg komponiert hatte. Hier bekamen die Hunde ihr Jagdrecht. Hier
wohnten Grumbkow und Seckendorff, und endlich an dieser Stelle
kriegten sich der Fürst von Anhalt und Grumbkow beinahe in die
Haare.‹
Gut sechzehn Jahre sind es her, daß ich nicht mehr den Fuß in dies
verzauberte Schloß gesetzt habe, und doch ist meine Erinnerung an
alles noch recht frisch. Ich für meine Person kann mich noch recht gut

auf eine Reihe von für mich recht unerquicklichen Auftritten besin-
nen. Das alles kommt uns jetzt nur noch wie ein Traum vor.«[57]
So gab sich Friedrich liebenswürdig, schickte Obst aus seinen Gärten
und Treibhäusern an Ulrike, war humorvoll und ein freundlicher Gastgeber. Aber im Laufe des Sommers muß es Anzeichen gegeben haben,
daß ihm der Besuch der Schwester mit ihrem großen Anhang doch auf
die Dauer eine Last bedeutete. War es Wahrheit oder ein Gerücht, daß
man ihr den preußischen Koch, der so lange zu ihrer Verfügung stand,
kurzerhand abkommandierte? Ulrike feierte jedenfalls ihren zweiund-
fünfzigsten Geburtstag am 24. Juli 1772 noch in der Heimat, dann begab sie sich am 4. August in kleinen Tagereisen auf die Rückfahrt nach
Schweden. Sie blieb unter den verschiedensten Vorwänden noch so
lange in Stralsund, bis endlich das Ereignis eingetreten war, weswegen
man sie eigentlich von Stockholm entfernt wissen wollte: der Hand-
streich des Sohnes gegen die Macht des schwedischen Senats.
Am 19. August 1772 fand diese »kleine, aber sehr gewagte« Revolution
statt und dem Sohn gelang es tatsächlich, die Macht der Monarchie
wieder zu befestigen und ihr das entschiedene Übergewicht über die
Stände zu geben, selbstverständlich mit der Unterstützung Frankreichs
und unter so geschicktem Verhalten, daß auch Rußland nicht brüskiert
wurde und irgendwelchen Grund zum Eingreifen sah[58].
Gustav III. schuf sich durch Reformen und volkstümliche Maßnahmen
wie Abschaffung der Folter und eine Erweiterung der Rechte des
Bauernstandes einen gewissen Rückhalt im Volk, so daß man seinen
Staatsstreich als durchaus gelungen ansehen konnte. So hatte es jedenfalls zunächst den Anschein. Aber er sollte nicht unangefochten bleiben. Friedrich bemühte sich, Ulrike die im Grunde sehr heikle Lage
auseinanderzusetzen und sie vor Unbesonnenheiten zu bewahren.
Nach einiger Zeit konnte er ihr jedoch eine Entspannung der Lage berichten, die Kaiserin in Rußland habe die Lage »hinlänglich geduldig«
aufgenommen und man würde sich wohl in Rußland bald beruhigen.
Aber sie solle sich hüten vor den »falschen Brüdern« in Schweden, die
nur darauf brennen würden, Gustav III. zu verraten[59].
In Berlin und Stockholm begann nun wieder der Alltag. Ulrike mochte
zurückdenken, wie sehr sich diesmal der Abschied von Deutschland
unterschieden hatte von ihrem ersten großen Aufbruch ins Unbekann-
te im Jahre 1744. Damals umstanden die Geschwister weinend ihren
Wagen. Nur Wilhelmine und Friederike fehlten, von ihrer Anwesenheit war nichts berichtet. Aber alle übrigen waren jung und hoff-

nungsfroh, sie selbst ein zierliches Püppchen mit den schönsten Augen der Familie.

Diesmal hatten in Berlin die hageren ältlichen Geschwister Amalie, Heinrich und Ferdinand ihr die Hand zum Abschied gereicht, die alle in den vierziger Jahren waren. In Potsdam dann umarmte sie noch einmal der sechzigjährige Bruder, dem mancher Zahn fehlte und unter dessen gepuderter Perücke jetzt schon viel graues Haar hervorlugte, wenn sie sich, nachlässig, wie er war, verschob.

Die Mutter hatte sie bei Lebzeiten nicht wiedersehen dürfen, ebenso fehlten August Wilhelm und Sophie; Wilhelmine war ebenfalls tot, Friederike unheilbar krank. Die Zeit war weitergeschritten, die Geschwister hatten sich gewandelt. Aus dem eleganten, lebenslustigen jungen König war in einsamer Hagestolz geworden, der nur noch an hohen Festtagen einen gestickten Rock aus dem Schrank nehmen ließ. Er vergrub sich in seine Arbeit und betrachtete zu dieser Zeit das Weltgeschehen vorwiegend vom Lehnstuhl aus, den er nur zu Paraden mit einem Pferderücken vertauschte. Ein Brief voller humorvoller Philosophie erreichte Ulrike:

»[Potsdam] 15. Februar 1773

Ich lebe hier wie eine Ratte im Kellerloch, ich lerne der Welt entsagen und habe nur die Vergnügungen gern, die ich am Kamin genießen kann. Wollte Europa freundlich auf mich hören, so würde es fein still bleiben und keine neuen komisch-tragischen Szenen mehr vorbereiten, die nur Verwirrung stiften, kleinliche Gehässigkeiten und kleinliche Selbstgefälligkeit erzeugen, die niemals Einfluß auf das allgemeine Wohl gewinnen sollten.

Doch Europa ist wie ein leichtfertiges Frauenzimmer; es glaubt mir nicht; seine Leidenschaften sind stärker als die Stimme der Weisen, und es macht ihm Spaß, wie den Kindern, aufzubauen und umzureißen. So folge ich denn Ihrem Vorbild, liebe Schwester: ich beuge mich dem Schicksal, das nach Belieben die Ursachen verkettet. Allein das hält mich nicht ab, mich als eines seiner Werkzeuge zu betrachten, und so mache ich es mir zur Pflicht, nach Kräften dem Bösen zu steuern und Wetterstürme, die ich heraufziehen sehe, zu beschwören.« [60]

Ulrike war, ebenso wie Friedrich, eine eifrige Briefschreiberin, und der Gedankenaustausch der Geschwister zeigte sich nach Ulrikes Besuch besonders belebt und rege. Ulrikes Sohn Karl hatte zwar einmal von seiner Mutter gesagt, sie sei »für eine Dame ihres Alters so gesund wie möglich«, aber Anfang 1775 muß sie einmal eine schwere Erkrankung durchgemacht haben, denn ein höchst besorgter Brief Friedrichs an seinen Neffen, den regierenden König Gustav III. von Schweden, ist im Wortlaut erhalten geblieben:

»Den 28. März 1775

... Möge das Schicksal mir nicht den Schmerz bereiten, als Ältester unseres Hauses alle meine jüngeren Geschwister vor mir sterben zu sehen und somit meine ganze Familie zu begraben. Ich bitte Ew. Majestät um Ihr Mitgefühl mit meiner Besorgnis, Angst und Unruhe. Wenn mein Brief etwas wirr ausgefallen sein sollte, wollen Sie es gütigst entschuldigen, denn ich war aufs äußerste überrascht. Gebe der Himmel mir den Trost, von Ew. Majestät selbst zu erfahren, daß unsere Befürchtungen verfrüht waren.« [61]

Ulrike wurde danach nicht nur wieder gesund, sie war frischer als zuvor und behauptete sich in der geachteten Stellung der Königinmutter ohne Komplikationen und mit gutem Erfolg viele Jahre. Man muß sich fragen, ob sie diese sorgenfreie Zeit zu selbstsicher werden ließ. Jedenfalls glaubte sie, sich im Jahre 1778 wieder einmal eine fundamentale Unklugheit erlauben zu können, die besser unterblieben wäre. Aber Ulrike hatte noch nie mit ihren Ansichten zurückhaltend sein können, darin ähnelte sie ihrer Mutter, die auch nie ein Geheimnis für sich behalten konnte. So nahm denn das Unheil seinen Lauf, das ihr nochmals eine schwere öffentliche Demütigung einbringen sollte.

Die Ehe Gustavs III. mit seiner dänischen Gemahlin Sophie Magdalena bestand seit nunmehr zwölf Jahren kinderlos. Chronist Thiébault, unterrichtet wie stets, vermerkte recht unvoreingenommen den Hofklatsch der damaligen Zeit:

»Es ist in Schweden allgemeine Überzeugung, daß mit Vorwissen des Königs Gustav des Dritten der Kronprinz, nachmals Gustav der Vierte, seine Geburt dem Hofstallmeister Baron Munck verdankte, und daß die Mittel, den Prinzen herbeizuschaffen, auch für ein zweites Kind der Königin in Anwendung gebracht worden seien.

Gustav des Dritten Mutter, Königin Ulrike, machte aus dieser Sache gar kein Hehl und zerfiel darob gänzlich mit dem sonst von ihr angebeteten Sohn.« [62]

Historiker Droysen wußte noch eingehender Bescheid:

»Als Anfang 1778 bekannt wurde, nach zwölfjähriger Ehe sei die Königin guter Hoffnung, bestritt die Königin-Mutter Ulrike auf das entschiedenste die Legitimität des zu erwartenden Kindes. Es kam zu sehr unerfreulichen Szenen, die junge Königin weigerte sich, fernerhin ihre

Schwiegermutter zu sehen, der König zwang seine Mutter, in Gegenwart von sechs Beichtvätern einen Widerruf zu unterschreiben. Damit war der Familienzwist da, um nicht wieder zu weichen.« [63]

Die Geschichte dieser Vorkommnisse machte an allen europäischen Höfen die Runde und Charlotte aus Braunschweig schrieb dazu als erfahrene und kluge Frau nachdenklich dem Bruder in Berlin:

»Braunschweig, den 17. 8. 1778

Es gibt gewisse Sachen, bei welchen man besser tut zu schweigen, als darüber zu sprechen, zumindest, wenn man nicht die Gewalt in den Händen hat, um sie in Ordnung zu bringen.« [64]

So war es im Grunde Ulrikes übermäßige Wahrheitsliebe, die bewirkte, daß die so lebhafte und geistreiche Königinmutter, die nach Gesellschaft und Anregung nur so lechzte, sich selbst am Hofe isolierte. Von vielen Veranstaltungen und Ablenkungen schloß man sie aus, zu denen sie ohne diese Vorkommnisse gebeten worden wäre. Ulrike muß darunter außerordentlich gelitten haben. Sie wird, ihren Neigungen entsprechend, ihr Heil in der Philosophie, in Büchern und allerlei Studien gesucht haben. Sie lebte während ihrer letzten Lebensjahre völlig in ihrer privaten Sphäre mit ihrem immer noch stattlichen Hofstaat im Schlosse Svartsjö. Vom politischen Schauplatz hielt sie sich völlig fern.

Es mochten zwiespältige Empfindungen sein, die sie beherrschten. Ihr Leben lang hatte sie für die Stärkung der absoluten Monarchie gekämpft. Solange sie selbst auf dem Thron saß, litt sie darunter, nur so wenig Machtvollkommenheit und Ansehen zu haben. Als dann dem Sohn mit viel Glück der Wandel gelang, da war sie ausgeschaltet und durfte nur noch von einem seitlichen Logenplatz zuschauen, was sich auf der Bühne des schwedischen Hofes zutrug.

Nach dem großen Eklat von 1778 sollte es nur vier Jahre dauern, bis sich die »schönsten Augen der Familie« für immer schlossen. Ulrike befand sich in einem Lebensalter, wo man von Kräfteverfall und Dahinschwinden der Lebenskraft noch in keiner Weise sprechen konnte. Sie stand kurz vor ihrem zweiundsechzigsten Geburtstag, sie war nicht krank, sie hatte keine Depressionen. Sie starb am 16. Juli 1782 in Svartsjö. Ihr Tod kam für ihre Kinder in Schweden, für ihre Geschwister in Berlin völlig überraschend und ohne jedes Vorzeichen durch eine beginnende Krankheit. Aus der allgemeinen Bestürzung sind die Zeilen Friedrichs an seinen Neffen Gustav III., Ulrikes Ältesten, erhalten geblieben:

»Den 30. Juli 1782

Mein Herr Bruder und Neffe,

der plötzliche Tod meiner Schwester, der Königin-Witwe von Schweden, hat mich umso schwerer getroffen, als ich gar nicht darauf vorbereitet war. Ich kannte sie zu gut, um nicht überzeugt zu sein, daß sie stets ein liebevolles Mutterherz behalten und bei jeder Gelegenheit die unauflöslichen Bande achten würde, die sie an ihre Familie knüpften. Ich gestehe Euerer Majestät, daß dieser Verlust mir das Herz zerreißt. Er hat mich zu tief erschüttert, als daß ich mich über einen so traurigen Gegenstand noch weiter verbreiten könnte. Ich wünsche Ew. Majestät, daß Ihnen ähnliche Verluste für lange erspart bleiben, und versichere Sie meiner ausgezeichneten Hochachtung.« [65]

So hatte Friedrich wirklich, wie er befürchtete, seine leidenschaftliche und impulsive Schwester verloren, die acht Jahre jünger war als er und von der er gewiß angenommen hatte, daß sie ihn überleben würde. In seinem privaten Testament von 1769 hatte er unter Punkt 11 festgelegt:

»Meiner Schwester, der Königin von Schweden eine goldene Dose, 10.000 Taler werth, 20 Anthal Tokaier und ein Gemälde von Pesne, das im Schlosse von Sans-souci hangt und ich von Algarotti bekommen habe.« [66]

»Anthal« sind ein ungarisches Weinmaß. Das Bild von Pesne stellte eine Bäuerin, aus einem Fenster sehend, dar. So wollte er Ulrike bedenken, wenn einmal der Tod an ihn herantrat. Diese Bestimmung trat nun außer Kraft.

Wieder war der Geschwisterkreis kleiner geworden und vor allem Charlotte bedauerte dies mehrfach in ihren Briefen aus Braunschweig: »... da ich die einzige Person, die mir anhing, verlor!«

»Divine Ulrique – göttliche Ulrike!« so nannte sie einst Voltaire. Ihr Stern war strahlend und verheißungsvoll am europäischen Himmel aufgegangen, hatte in seiner Laufbahn viel von seinem Glanz eingebüßt und war nun jäh erloschen. »Eine wenig glückhafte Herrscherin!« so wird Ulrike genannt. Immerhin war sie nicht eigenständig regierende Herrscherin wie etwa die russischen Zarinnen oder Maria Theresia. Sie stand an der Seite ihres Gemahls Adolf Friedrich und weiter nichts. Mochte sie auf politischem Gebiet manches Fiasko erlitten haben, im privaten Bereich war ihr, wie wenigen Fürstinnen, ein reiches Glück beschieden durch eine harmonische und immer glückliche Ehe, was sie auch stets als großes Geschenk dankbar empfand.

Eine Durchschnittsfrau mit oberflächlichen Interessen wäre, mochten die Zeitumstände sein wie auch immer, vermutlich mit ihrem Dasein als schwedische Königin mit einer Geltung »gleich Null« zufrieden gewesen: Ein guter Ehemann, gesunde Kinder, ein »ausreichendes Leibgedinge«, immerhin die Würde einer Königin, wenn ihr Einfluß auch nichts galt.

Aber Ulrike hatte den Ehrgeiz, alles so gut und perfekt wie möglich zu machen. Sie bildete sich rastlos weiter, die Dinge sollten sich unter ihrer Ägide gestalten und fortentwickeln. Etwas Motorisches war in ihr und ließ ihr keine Ruhe. Sie kam aus der Sphäre des funktionierenden preußischen Absolutismus und fand, daß die Welt in Schweden verbesserungsbedürftig war. Daran setzte sie die besten Kräfte ihres Lebens. Sie war eine ungeheuer bemühte Königin, die bei all ihrer Klugheit nicht im geringsten bereit war, sich den fragwürdigen Vorzug der Weltklugheit auch nur ein wenig anzueignen.

»Divine Ulrique!«

Ulrikes Kinder
aus ihrer Ehe mit König Adolf Friedrich von Schweden:

Gustav III.
* 24. 1. 1746, † 29. 3. 1792
Vermählt am 4. 11. 1766 mit Sophie Magdalena, Tochter des Königs
Friedrich V. von Dänemark. Regierungsantritt 1771.

Karl von Södermanland
* 7. 10. 1748, † 5. 2. 1818
Vermählt am 7. 7. 1774 mit Hedwig, Tochter des Herzogs August von
Oldenburg. Regierungsantritt als Karl XIII. 1809 in Schweden. König
von Norwegen ab 1814.

Friedrich Adolf
* 18. 7. 1750, † 12. 12. 1803

Sophie *Albertine*
* 8. 10. 1753, † 17. 3. 1829
Ab 1787 Äbtissin von Quedlinburg.

Anmerkungen

[1] Dr. Fritz Arnheim: »Am Hofe Friedrichs des Großen«, Berlin 1912, zwei Bände, Band I. – Nachstehend abgekürzt »Arnheim« genannt.

[2] Arnheim I.

[3] Arnheim I.

[4] Ernst Poseck »Die Kronprinzessin«, Steuben-Verlag Paul G. Esser, Berlin 1940, S. 248

[5] Hohenzollern-Jahrbuch 1914, Artikel Prof. Hans Droysen »Die Briefe der Königin Sophie Dorothea von Preußen«.

[6] Arnheim I.

[7] Arnheim I.

[8] Arnheim I.

[9] Thomas Carlyle »Geschichte Friedrichs des Zweiten genannt Friedrich der Große«, aus dem Englischen von J. Neuberg. R. v. Deckers-Verlag Berlin 1917, sechs Bände, Band III, S. 530

[10] Franz Kugler »Geschichte Friedrichs des Großen«, Verlag E. A. Seemann Leipzig ohne Jahresangabe. – Nachstehend abgekürzt »Kugler« genannt. – S. 178

[11] Kugler S. 178

[12] Luise Ulrike, die schwedische Schwester Friedrichs des Großen. Unveröffentlichte Briefe an Mitglieder des preußischen Königshauses. Herausgeber Dr. Fritz Arnheim. Zwei Bände in französischer Sprache mit deutschem Kommentar. Gotha 1909/1910. Seite XXIII. – Nachstehend abgekürzt »Luise Ulrike« genannt.

[13] Luise Ulrike S. XXIII.

[14] Luise Ulrike Bd. I.

[15] Luise Ulrike Band I.

[16] Luise Ulrike Band I.

[17] »Der Briefwechsel Friedrichs des Großen mit der Gräfin Camas und dem Baron Fouqué«, ausgewählt und übersetzt von Prof. Hans Droysen, Grote-Verlag Köln und Berlin. Veröffentlichungen aus den Archiven Preußischer Kulturbesitz. S. 6

[18] Œuvres de Frédéric le Grand, Berlin 1856, »Correspondance de Frédéric avec sa sœur Ulrique, Reine de Suède«, Nr. 4 S. 418. Aus dem Französischen von Ch. Pangels. – Nachstehend abgekürzt »Œuvres« genannt.

[19] Luise Ulrike. Wenn der Übersetzer im folgenden nicht näher bezeichnet ist, stammen die Übertragungen aus dem Französischen von Charlotte Pangels.

[20] Œuvres, S. 420 Nr. 6

[21] Luise Ulrike, Band I.

[22] Luise Ulrike, Band I.

[23] Luise Ulrike, Band I.

[24] »Friedrich der Große und Prinz August Wilhelm«, des großen Königs Briefwechsel mit seinem Bruder. Herausgegeben von G. B. Volz, aus dem Französischen von F. v. Oppeln-Bronikowski. Verlag von K. F. Koehler, Leipzig S. 64 – Nachstehend abgekürzt »Briefw.AW« genannt.

[25] Luise Ulrike Band I.

[26] Œuvres S. 422, Nr. 8
[27] Œuvres S. 423, Nr. 9
[28] Luise Ulrike Bd. I.
[29] »Die Briefe Friedrichs des Großen an seinen vormaligen Kammerdiener Fredersdorf«, herausgegeben und erschlossen von Johannes Richter. Verlagsanstalt Hermann Klemm AG., Berlin-Grunewald 1926. S. 136
[30] Luise Ulrike Bd. I.
[31] Luise Ulrike Band II.
[32] Briefw.AW S. 175
[33] Briefw.AW S. 177
[34] Heinz Goerke »Carl von Linné«, Wissenschaftliche Verlagsgesellschaft Stuttgart 1966, S. 70
[35] Luise Ulrike Band II
[36] Luise Ulrike Band II., S. XXII ff.
[37] »Briefe Friedrichs des Großen«, herausgegeben von Max Hein, aus dem Französischen von F. v. Oppeln-Bronikowski und Eberhard König, Verlag Reimar Hobbing Berlin 1914. Zwei Bände, Bd. II, S. 18. – Nachstehend abgekürzt »Hein Briefe« genannt.
[38] Briefw.AW S. 288
[39] Prof. Chester V. Easum »Prinz Heinrich von Preußen«, Musterschmidt-Verlag Göttingen 1958. – Nachstehend abgekürzt »Easum« genannt. – S. 278
[40] »Der König«. Friedrich der Große in seinen Briefen und Erlassen. Mit biographischen Verbindungen von Gustav Mendelssohn-Bartholdy. Wilhelm Langewiesche-Brandt-Verlag, Ebenhausen bei München 1923. – Nachstehend abgekürzt »Der König« genannt. – S. 400
[41] Der König S. 407
[42] Œuvres S. 426 Nr. 12, dt. von Waltraud König
[43] Hein Briefe, II, S. 167
[44] Hein Briefe, II, S. 167
[45] Easum S. 371
[46] Easum S. 371
[47] Friedrich der Große im Spiegel seiner Zeit. Herausgegeben von G. B. Volz. Verlag Reimar Hobbing Berlin, Copyright 1901. Drei Bände, Bd. II. S. 223
[48] Hein Briefe II., S. 194
[49] Hein Briefe II., S. 199
[50] Dieudonné Thiébault »Friedrich der Große und sein Hof«. Verlag Robert Lutz Stuttgart 1901, aus dem Französischen von Heinrich Conrad, Zwei Bände. Bd. I., S. 220. – Nachstehend abgekürzt »Thiébault« genannt.
[51] Niedersächsisches Staatsarchiv Wolfenbüttel 299 N 58–61: Maschinenschriftliches Manuskript des Prof. Hans Droysen zur Fortsetzung seiner Veröffentlichung »Aus den Briefen der Herzogin Philippine Charlotte von Braunschweig 1732–1801« (Quellen und Forschungen zur Braunschweigischen Geschichte Bd. 8, 1916). – Nachstehend abgekürzt »Unveröffentlichte Briefe Charlotte« genannt.
[52] Thiébault Bd I S. 228
[53] Thiébault Bd. I S. 252
[54] Swedenborg, Emanuel von, geb. 1688, gest. 1772. Ursprünglich Naturwissenschaftler von Rang und schwedischer Bergrat. Seit 1736 visionäre Erscheinungen und Hellseherei. Seine religiösen Gesichte ließen ihn eine neue Religionslehre schaffen. Noch heute zählen die Anhänger der »Kirche des Neuen Jerusalem« und die Swedenborgianer Tausende von Mitgliedern in aller Welt.

[55] Thiébault Bd. I S. 241

[56] Thiébault Bd. I S. 252

[57] »Ausgewählte Werke Friedrichs des Großen«, herausgegeben von G. B. Volz, Reimar Hobbing-Verlag Berlin 1916, Zwei Bände, Bd. II, S. 323. – Nachstehend abgekürzt »Ausgewählte Werke« genannt.

[58] Thiébault Bd. I S. 255

[59] Œuvres S. 429 Nr. 15, dt. von Waltraud König

[60] Ausgewählte Werke Bd. II S. 324

[61] Hein Briefe Bd. II S. 217

[62] Thiébault Bd. I S. 265

[63] Unveröffentlichte Briefe Charlotte 1778

[64] Unveröffentlichte Briefe Charlotte 1778

[65] Hein Briefe Bd. II S. 253

[66] Der König, S. 532

August Wilhelm

* 9. 8. 1722 Berlin, † 12. 6. 1758 Oranienburg
Prinz von Preußen

Zehn Jahre lang war Kronprinz Friedrich der einzige männliche Nach-
komme der preußischen Königsfamilie. Sechs Geschwister kamen in
diesen zehn Jahren zur Welt. Charlotte Albertine und Wilhelm starben als kleine Kinder. Gesund und groß wurden vier Mädchen, auf
die es nicht ankam, die sich abschätzige Attribute gefallen lassen mußten. Friedrich Wilhelm I. in seiner derben Art hatte viele Zeugnisse
hinterlassen, daß er sie »Unkraut« und »Ausschuß« titulierte. Man
erinnert sich zweifellos, daß er bei Ulrikes Geburt 1720 meinte, man
müsse die Mädchen entweder versaufen oder ein Kloster anlegen,
einen Mann bekämen sie nicht alle.

Nun kam August Wilhelm zur Welt, ein wohlgestalter, großer und
kräftiger Sohn. Am 9. August 1722 war sein Geburtstag und man feierte
ihn voller Freude mit unzähligen Kanonenschüssen, wie man nach
alter Tradition vom Berliner Schloß aus die Geburt eines Prinzen weithin ins Land verkündete. Endlich stand die Nachfolge des Soldatenkönigs nicht mehr »nur auf zwei Augen«, ein zweiter gesunder Knabe
lag in der Wiege und die Thronfolge war damit gesichert.

Er war als kleines Kind sehr drollig, ein Kobold von hinreißender Ko-
mik. Man verglich ihn mit dem populärsten Spaßmacher der damaligen
Bühne: dem Harlekin Hulla, und fortan hieß er Hulla, sogar noch bis in
die Jahre hinein, wo er ein junger Mann war und eigentlich solchen
Kindernamen schon entwachsen. Die Komödie »L'Arlequin Hulla«
von Dominique und Romagnesi war damals ein Zugstück der heiteren
Muse wie vergleichsweise in neuerer Zeit »Charlys Tante«.

Wie bei fast allen Kindern sprach man seinen Namen französisch aus:
Üllah. Sein Rufname dagegen wurde Wilhelm und eine zeitlang hieß
er seiner Rundlichkeit wegen auch »der dicke Wilhelm«, aber diese
Zeit ging vorbei. Dieses vielversprechende Kind sollte einmal der Urgroßvater des alten Kaiser Wilhelm I. werden. Der heutige Chef des
Hauses Hohenzollern, Prinz Louis Ferdinand, ist die achte Generation
nach diesem Ahnherrn August Wilhelm. Jener wurde zu einem Zeit-

punkt Thronfolger, als es für Friedrich II. feststand, daß er keine Kinder haben würde. Alle heutigen Hohenzollern der vormals regierenden Linie stammen von August Wilhelm ab.

So gesehen ist Prinz August Wilhelm eine Persönlichkeit von historischem Gewicht. Er spielte eine kurze, aber wesentliche Rolle in der preußischen Geschichte. In seinem ganzen Leben kannte er nur zwei wirkliche Herzenswünsche: seine große Liebe zu heiraten und ein militärisches Kommando zu bekommen. Der erste Wunsch ging niemals in Erfüllung und dies hätte ihm »beinahe das Herz gebrochen«, wie man damals sagte. Der zweite Wunsch erfüllte sich 1757. Aber jenes erste eigene Kommando endete unter denkbar ungünstigen Sternen im größten Unglück. Es war das zweite Mal, daß ihm ein Ereignis an den Lebensnerv ging, und dies zu überwinden fehlte ihm die seelische Widerstandskraft. Er starb, völlig unvermutet und nur fünfunddreißig Jahre alt.

Aus seinen Kinderjahren fand man Aufzeichnungen des getreuen Chronisten Faßmann:

»Des Königs Majestät konnten sich recht herzlich laben und ergötzen, wenn sie diesen kleinen Prinzen zu Wusterhausen und in Potsdam, im Schloßhof oder auch in denen Zimmern, bei der Hand führten und mit ihm diskutierten. Des abends, wenn man den Prinzen zu Bette bringen wollte, kam er erst allemal zu dem König in die Abendgesellschaft [das Tabakskollegium], eine gute Nacht zu wünschen, küssete dem König die Hand und sprach: ›Gute Nacht, gnädigster Papa!‹ Da hielten ihn des Königs Majestät öfters eine gute Weile bei der Hand, taten verschiedene Fragen an denselben, hoben ihn auch wohl in die Höhe und küsseten ihn.« [1]

König Friedrich Wilhelm I. liebte den kleinen Kerl ganz besonders. In ihm sah er seine schönsten Hoffnungen beschlossen, denn der im Jahre 1727 fünfzehnjährige Kronprinz Friedrich begann damals, recht eigenwillig zu sein und Manieren anzunehmen, die dem Vater nicht gefielen. Der fünfjährige August Wilhelm war noch unbelastet und weit davon entfernt, in seiner unbekümmerten Kinderart seinem gnädigsten Papa Kummer zu machen.

Der König hatte den Stifter des Halleschen Waisenhauses, Francke, als einen sehr verdienstvollen Mann geachtet und geschätzt. Francke lebte nicht mehr, aber an seinen Platz war sein Schwiegersohn getreten, Prof. Johann Anastasius Freylinghausen. Wohlempfohlen, wie man da-

mals sagte, kam dieser Mann im September 1727 nach Wusterhausen und blieb dort eine Woche als Gast des Königs. Freylinghausen erzählte, daß der fünfjährige Prinz regelmäßig das Tischgebet hersagen mußte, und er saß während der Tafel immer an der linken Seite des Königs. Der Professor berichtete, es sei »recht lieblich anzusehen, wie leutselig und kindlich der König mit dem Prinzen spielen konnte, ihn auch bei Tisch embrassierete und küssete. Der König nahm sein Händchen und hub ein groß Messer in die Höhe und sagte, er wolle ihm seine Finger abschneiden. Worauf der Prinz sich ein wenig entfärbete, aber gleich mit einer lächelnden und zuversichtlichen Gebärde sagte: ›O, Papa, Sie haben mich ja viel zu lieb, als daß Sie das tun sollten.‹«
Am nächsten Sonntag dann, als der Gelehrte in der Wusterhausener Kirche gepredigt hatte, fragte der König während der Mahlzeit plötzlich sein Söhnchen:
»›Wilhelm, was hast Du behalten aus der Predigt?‹ Worauf der Kleine – zur allgemeinen Heiterkeit der Anwesenden und unter recht innigem Lachen des königlichen Fragestellers – keck erwiderte: ›Papa, was hast Du behalten?‹
Tags darauf machte August Wilhelm bei Tische auf einmal ein artig interscenarium, indem er anfing, dem König die Hände zu küssen und an den Backen zu streicheln. Als Friedrich Wilhelm hierauf lächelnd äußerte: ›Du willst gewiß was haben?‹ rief der Kleine sofort: ›Ja, Papa!‹ und antwortete auf dessen Frage: ›Was denn?‹ ›Laß doch den langen Kerl, der weggelaufen ist, nicht anhängen.‹
Anfangs schwieg der König. Als aber die übrigen Tischgäste eifrig den kleinen Prinzen sekundierten, nahm er plötzlich diesen auf den Schoß, um ihn zu küssen und ihn lange in solcher Positur in den Armen zu halten. Man konnte, so schrieb der Chronist, aus dem ganzen Bezeigen des Königs merken, daß die Fürbitte wohl nicht vergeblich sein würde, und in der Tat erfuhr er schon am folgenden Tag zu seiner Freude, daß Friedrich Wilhelm dem betreffenden Deserteur seiner Leibgarde Pardon erteilt hatte.« [2]
Die Erziehung des Jungen wurde mit den besten Absichten in Angriff genommen. Wie alle preußischen Prinzen mußte er sich schon sehr früh mit militärischen Dingen befassen. Im Tiergarten in Berlin ließ der König eine Schanze errichten, wo der Prinz mit einer kleinen Kanone nach der Scheibe schoß. Auch er sollte, wie einst Friedrich, nur in neuerer Geschichte unterrichtet werden. Sein Religionslehrer wurde Hofprediger Noltenius.

Man kann sagen, daß August Wilhelms Ausbildung freier, liebenswürdiger und humaner gehandhabt wurde als die Erziehung des Kronprinzen. Wilhelm hat in späteren Jahren, wie fast alle seine Geschwister, selbst komponiert. Von ihm verfaßte Militärmärsche wurden noch 1893 preußischen Regimentern als Parademärsche verliehen[3].

1726 gab es erneut männlichen Nachwuchs am königlichen Hofe, Prinz Heinrich kam zur Welt und war nun das Nesthäkchen. Vielleicht verwöhnte man diesen Prinzen bewußter und mit einem Anklang von Mitleid, denn er war klein von Wuchs und schielte, ein Fehler, der damals noch nicht operativ behoben werden konnte. Friedrich sagte später einmal von diesem Bruder, der Vater habe Heinrich immer sehr geliebt. Sein Vorleser de Catt berichtete uns darüber in seinen Aufzeichnungen. Dennoch verdrängte niemand den Prinzen Wilhelm aus des Vaters Herzen. Er blieb »in Gnade«, wie man es damals formulierte. Und des Vaters Augenmerk richtete sich im Krisenjahr 1730 ganz besonders auf August Wilhelm, nach dem Kronprinzen der Nächste am Thron.

Als Friedrich 1730 zu fliehen versuchte, als seine Gefangenschaft in Küstrin angeordnet, Festungshaft beschlossen und sein Prozeß eröffnet wurde, als Kattes Haupt vor seinem Fenster in den Sand fiel und alle Freude des Lebens für den Kronprinzen in weite Ferne gerückt schien, da trug sich der König ganz ernsthaft mit dem Gedanken, Fritz die Nachfolge zu nehmen, ihn zum Thronverzicht zu bestimmen und die Krone einst dem jüngeren Sohn August Wilhelm zu übertragen.

Mit der Zeit indessen verflog der Zorn des Königs. Der monarchische Gedanke war zu stark in ihm verankert, als daß er das Gesetz der Primogenitur umgestoßen und eine Erbfolgeänderung beschlossen hätte. Das Schicksal hat später eine freundlichere Wendung genommen. August Wilhelm wurde der Thronfolger Preußens, aber ohne Zorn und Eifer, auf ausdrückliche Anordnung seines Bruders Friedrich.

Der elfjährige August Wilhelm wurde von seinem Vater zum Leutnant bei der Potsdamer Riesengarde ernannt und mußte ab 1733 regulär Dienst tun, was seiner schulischen Ausbildung bestimmt nicht sehr förderlich war. Dabei fiel es Wilhelm nicht ganz so schwer, bei Paraden mit den langen Kerls Schritt zu halten, denn er war groß und stattlich für sein Alter und seine Schritte im Parademarsch fielen gewandter aus, als es später bei den jüngeren Brüdern Heinrich und Ferdinand der Fall war, die beide von kleiner Statur waren[4]. Jahrelang teilte Wilhelm mit seinem vier Jahre jüngeren Bruder Hein-

rich das Schlafzimmer im Berliner Schloß. Sie galten überhaupt als ein
Gespann, das auch zusammen zu Kindereinladungen gebeten wurde.
Als im Jahre 1733 die schüchterne junge Prinzessin Elisabeth Christine
von Braunschweig-Wolfenbüttel als Gattin des Kronprinzen Friedrich
nach Berlin kam, gab sie sämtlichen Geschwistern ihres Gatten reihum
Diners, und so wurden auch hier Wilhelm und Heinrich gemeinsam
eingeladen[5].

Die Vorliebe des Vaters, Wilhelm oft auf Reisen mitzunehmen und ihn
auf alle nur mögliche Weise von den Unterrichtsstunden fernzuhalten,
hatte zur Folge, daß der talentierte junge Prinz nicht nur eine sehr
lückenhafte Ausbildung bekam, sondern auch recht ungehobelte Manieren im gesellschaftlichen Umgang bemerken ließ. Es war im Grunde
ein Jammer, daß ein so begabter Junge wie August Wilhelm keinen
stetigen und gründlichen Unterricht erhielt. Aber sein Vater erachtete
die militärische Ausbildung für absolut vorrangig. Auch außer dieser
gab es im Hofleben noch viele Ablenkungen, so daß die Lehrer machtlos waren und der Unterricht nicht von Grund auf durchgeführt werden konnte. Wilhelm selbst hat in späteren Jahren versucht, diesem
Mangel abzuhelfen. Er zeigte sich immer sehr aufgeschlossen, und
schaffte sich schon früh eine ständig wachsende Bücherei an. Und ihm
erging es nicht wie dem Kronprinzen, daß der zornige Vater eines
Tages die geheime Bücherei entdeckte und verkaufen ließ. Wilhelm
durfte seine Bücherschätze behalten und davon profitieren.

Mit zwölf Jahren wurde er zum Rittmeister der Leibschwadron seines
eigenen Regimentes ernannt, des »Kürassierregiments Nr. 2 Prinz Wilhelm zu Pferde«. Der König schrieb ihm seine Dienstpflichten vor. Er
sollte frühzeitig lernen, nicht nur seine militärischen Aufgaben zu erfüllen, sondern ein übriges tun und sich als vorbildlich und unüber-
trefflich dabei erweisen[6].

Mit seinem ältesten Bruder stand sich Wilhelm um diese Zeit vorzüglich. Der Kronprinz wußte, daß Wilhelm ein heller Kopf war und er
forschte ihn manchmal aus, wie denn die Stimmung in Berlin am
Hofe sei, während er in Rheinsberg lebte. Als Wilhelm 1736 die Pocken
bekam, zeigte sich Friedrich sehr besorgt, aber Wilhelm konnte ihn
bald beruhigen, er überstand sie fast ohne Narben. Zum Ende des
Jahres war Wilhelm wieder in der Lage, dem Bruder kleine »Spionen-
Berichte« zu schicken:

»Wusterhausen, den 4. November 1736

Da Sie alles wissen wollen, was der König von Ihnen spricht, so erlaube ich mir Ihnen eigenhändig mitzuteilen, daß er heute Mittag sagte, er baue lauter schöne Häuser in Berlin; denn er wisse wohl, nach seinem Tode werde mein lieber Bruder Komödien und Feste, Mätressen und Bälle haben; es würde ihm ein wahres Vergnügen bereiten zu sehen, wie alles Geld, das er seit vielen Jahren mühsam aufgehäuft habe, wie nichts draufgehen würde, aber er frage nichts danach. Zweitens sagte er, er könne die Gecken nicht leiden, auch wenn er einen in seiner Familie habe. Er wisse wohl, wer das sei, aber er könne es ihm nicht mehr sagen, denn er sei schon zu groß.

Sie werden sich wundern, lieber Bruder, woher ich die Zeit nehme, aber weil ich nicht mehr in Gunst stehe, hat man mich diesmal zur Strafe nicht auf die Jagd mitgenommen. Trotzdem habe ich nichts verbrochen, außer daß ich den Namen eines Dorfes nicht wußte. Schon gut, wenn er mich nach dem Muster von hundert anderen nicht härter straft! Ich fürchte sehr, ich langweile Sie, darum schließe ich mit der Versicherung, ich werde nie die guten Ratschläge eines Bruders vergessen, dessen Huld ich dereinst zu verdienen hoffe.« [7]

Der Briefwechsel der beiden Brüder ging in freundschaftlichem Ton weiter. Diese kleinen Billetts von damals sagen uns heute so viel, sie sind Teile von Lebensläufen, kleine Chroniken. Die Lebenswege der Königskinder wären lange nicht so deutlich nachzuzeichnen, gäbe es diese Briefwechsel nicht.

Friedrich lebte und studierte in seinem Turmzimmer in Rheinsberg, das mit lila Gardinen, lila Möbeln mit silbernen Füßen, zierlichen Schreibzeugen und Streusandbüchsen auf seinem Schreibtisch, Leuchtern mit einem grünen Blendschirm ausgestattet war. In diesem Raum hat er 1738 die »Epistel an meinen Bruder« verfaßt, ein langes Gedicht in französischen Versen. Es ist ein Zeugnis der Zeit vor mehr als zweihundert Jahren:

Epistel an meinen Bruder
Remusberg, 28. November 1738

O Du, in dem mein Herz an Liebe reich,
Das Blut noch liebt, das uns das Leben schenkte,
Du meinen teuersten Verwandten gleich
Auf den sich ihre ganze Tugend senkte,
O Bruder, der an Jahren noch so jung,
Die schönsten Gaben eint mit weisem Sinn,
Nimm meines Herzens freie Huldigung

Und meines Denkens leichte Skizze hin! . . .
Und sorge, daß Dein Geist sich stets bezähmt:
Du möchtest sonst in einen Abgrund gleiten!
Mit Wissen paare stets Bescheidenheit;
Dem Wohl des Landes sei Dein Tun geweiht.
Wer lernt, nur um zu glänzen, taugt nicht viel.
Nicht den Verstand zu bilden sei Dein Ziel:
Das Herz veredle. Sei der Künste Vater
Und der Talente Schirmherr, Freund, Berater . . . [8]

Das Gedicht ist im Original etwa dreimal so lang. Fest entschlossen,
nicht zurückzustehen, ergriff auch Wilhelm die Feder, um seinem Bruder ebenfalls in wohlgedrechselten französischen Versen zu antworten
[hier, wie Friedrichs Gedicht, in deutscher Fassung wiedergegeben]:

August Wilhelm an Friedrich

Für die Epistel, die Du mir gesendet,
Das Lob, das Du darinnen mir gespendet,
Bin ich voll Dank! Du wünschst mir Nestors weisen Sinn,
Mit dem Du selbst, mein Bruder, reich begnadet.
O würd er uns doch allen zum Gewinn,
Dir nachzugehn, wohin Dein Geist uns ladet.
Dann würd auch ich dem schnöden Garnichtswissen
Durch Dich, erlauchter Bruder, noch entrissen!
Du bist in allem ein vollkommenes Wesen,
An Geist und auch an Körper auserlesen . . . [9]

So hochtrabend und theatralisch unterhielten sich im Jahre 1738 zwei
junge Leute. In diesen Jahren, kurz bevor der Vater starb, befand sich
Wilhelm noch in einer Situation, die ihn gleichsam zum Bundesgenos-
sen des oftmals ungerecht behandelten Kronprinzen machte. »Ich bin
nicht mehr in Gunst!« schrieb der älter werdende Hulla. Kein Kind
mehr, aber auch noch kein fertiger junger Mann. Er und Friedrich
konspirierten ein wenig hinter dem Rücken des gestrengen Vaters. Es
waren harmlose Informationen, die sie tauschten, Kleinigkeiten betreffend. Der König war damals oft krank, launisch, und stellte eine
harte Prüfung dar für seine gesamte Umgebung. August Wilhelms Einstellung zu Friedrich änderte sich schlagartig, als sein Vater starb und
der Bruder König wurde. Da auf einmal wurde dem jungen Prinzen
bewußt, daß der zehn Jahre Ältere an die Stelle des Verstorbenen gerückt war und nun die volle Autorität über seine Brüder ausübte.

Aber noch wußte keiner der Brüder, wann einmal dieser Zeitpunkt kommen würde. Die kräftige Natur des Königs ließ ihn seine Krankheiten nach einer Weile stets wieder überwinden, so daß niemand an seinen frühen Tod glaubte. Über die Zukunft machte man sich keine Gedanken. Friedrich war Hulla jedenfalls herzlich zugetan. Ein Brief an seine Schwester Wilhelmine nach Bayreuth handelte nur von Wilhelm:

»Anfang 1739

Mein Bruder hat den besten Charakter der Welt. Er besitzt ein vortreffliches Herz, scharfen Verstand, Ehrgefühl und einen sehr stark entwickelten Menschlichkeitssinn, er hat den festen Willen, Gutes zu tun, was mich viel von ihm erhoffen läßt.

Seine Manieren sind mehr naiv als geschliffen, und in seinem ganzen Benehmen verrät sich eine gewisse Unbeholfenheit, die nicht sehr für ihn einnimmt, die aber diejenigen nicht zu täuschen vermag, die eine verdienstvolle Gediegenheit einem glänzenden äußeren Scheine vorziehen. Ich liebe ihn sehr und habe allen Grund, mich zu der freundschaftlichen und anhänglichen Gesinnung zu beglückwünschen, die er für mich hegt. Er erweist mir alle kleinen Dienste, die er zu leisten vermag, und bezeugt mir bei jeder Gelegenheit Empfindungen, die man nur bei nahen Freunden antrifft.« [10]

Ein Brief Friedrichs vom März 1739 an August Wilhelm bezieht sich auf den Tod Grumbkows. Dieser vertraute Ratgeber des Königs war am 18. März gestorben. Er und Seckendorff, der kaiserlich österreichische Gesandte, waren die bösen Geister am preußischen Hofe gewesen. Sie beeinflußten Friedrich Wilhelm I., seine familiären Verhältnisse bis zum Zerreißen zu überspannen. Dabei befand sich Friedrich in der unangenehmen Lage, diesem hintergründigen und falschen Grumbkow auch noch schöntun zu müssen. Trotzdem spielte ihm Grumbkow manchen bösen Streich bei seinem Vater. Auch nach der Aussöhnung von 1731 grollte der König häufig seinem Ältesten und ließ es ihn empfindlich merken. Daher Friedrichs Hoffnung in seinem letzten Brief, »nun endlich einmal in Frieden« leben zu können. Friedrich besang Grumbkows Tod in einer »Grabschrift«:

»Im Grabe fand allhie
Ein Feldmarschall seine Ruh'
Staatsmann und Finanzgenie
Und Kanonikus dazu.
Wandrer, hörst du, wie verhaßt er

War als Ränkeschmied der Zeit,
Beides, Tugenden und Laster
Weihe der Vergangenheit.« [11]

Am 11. April sandte Friedrich diese Verse an Wilhelmine, aber er hatte
sie ganz sicher im Rheinsberger Kreis vorgetragen und Wilhelm hatte
davon gehört. Er erbat sich vom Kronprinzen das Spottgedicht und
Friedrich antwortete ihm sogleich und schickte es, riet jedoch zur strik-
ten Geheimhaltung. Friedrich war zu dieser Zeit siebenundzwanzig
Jahre, Wilhelm siebzehn. Beide vermieden alles, um dem König unlieb-
sam aufzufallen. Wilhelm war der Berichterstatter für Friedrich aus
Potsdam, Berlin und Wusterhausen, je nachdem, wo sich der König
gerade aufhielt. Friedrich verschlang alle Briefe voller Interesse, selbst
wenn nichts Weltbewegendes drinstand. Aus jeder Kleinigkeit zog
er seine Schlüsse und erhoffte sich gute Laune vom obersten Gebieter.

Im Dezember 1739 erwähnte Charlotte in Braunschweig erstmals Ver-
lobungsgedanken, die sich mit August Wilhelm und Charlottes Schwägerin Luise Amalie von Braunschweig-Bevern beschäftigten. Luise
Amalie war die Schwester der Kronprinzessin. Der König hatte die
Bevernsche Familie in sein Herz geschlossen. Die Prinzessinnen aus
diesem Haus, Nichten der Kaiserin, galten für besonders geeignet,
königliche Prinzen zu heiraten. Dabei waren sie weder von besonde-
rer Schönheit noch besonders reich, weder anpassungsfähig noch charmant. Es war, als sei der König von einer fixen Idee besessen, seine
Söhne mit Bevernschen Töchtern zu verbinden. Die offizielle Verlobung August Wilhelms geschah allerdings nicht mehr zu Lebzeiten
des Vaters.

Der Gesundheitzustand des Königs gab immer mehr zu ernsten Be-
sorgnissen Anlaß. Seine überaus kräftige Natur wehrte sich jedoch
lange und hartnäckig gegen die zahlreichen Krankheiten, die ihn plag-
ten. Es waren vor allem Steinleiden und die Wassersucht. Schließlich
gaben die Leibärzte kaum noch Hoffnung und Friedrich schrieb an
August Wilhelm als seinem einzigen Vertrauten am Berliner Hof:

»Ruppin, 3. Mai 1740
Verzeihen Sie bitte, wenn ich auf Ihren ersten Brief nicht geantwortet
habe, aber ich hatte soviel zu tun, daß ich es nicht vermochte. Nach
Ihren Nachrichten verschlimmert sich der Zustand des Königs derart,
daß ich zu glauben beginne, es wird Zeit ernstlich zu bedenken, was
im Todesfalle zu geschehen hat.
Wenn ich nicht dort bin, so geben Sie bitte diesen Brief bekannt,

nach dem man sich richten kann. Sollte also das Unglück eintreten, vor dem Gott uns behüte, so soll man mir sofort einen Offizier schikken, der zugleich schleunigst die Pferde unterwegs bestellen muß, damit ich unverzüglich abreisen kann, sobald er eingetroffen ist. Ferner sollen zwei Generale, Buddenbrock und Waldow, Oberstleutnant Saldern, ein Major, drei Hauptleute und zwei Leutnants vom Königsregiment sofort die Totenwache übernehmen, bis ich eintreffe. Die Stadttore sollen geschlossen werden bis auf das Nauener Tor, durch das ich komme. Oberstleutnant von Einsiedel soll alle Vorkehrungen treffen, um einen Aufruhr oder Aufstand unter den Unrangierten zu verhüten. [Die Unrangierten waren die Ersatztruppen für die gesamte Garde. Sie wurden nach Bedarf eingesetzt.] Man soll auf das Benehmen der Unzufriedenen achten und alle Wachen sofort verdoppeln; d. h., es sollen da, wo gewöhnlich 100 Mann sind, 200 sein; wo 30 sind 60; Offiziere und Unteroffiziere im gleichen Verhältnis.

Der Hauptmann Hacke nimmt das Siegel und die Schlüssel des Königs an sich. Die Mappen mit den Papieren und Schriftstücken in dem Zimmer, wo der König die Expeditionen vornimmt, werden sofort versiegelt.

Ich wohne in meinem gewöhnlichen Zimmer und begebe mich nach der Ankunft sogleich zur Königin. Vorher will ich nur Sie, Einsiedel und Hacke sehen, von den anderen Offizieren keinen außer Wartensleben. Doch gebe ich mich der süßen Hoffnung hin, noch eine Weile hier meine Freiheit zu genießen, bevor der Fall eintritt. Stellen wir alles der Vorsehung anheim und lassen wir sie die Ereignisse bestimmen, denen wir uns stets unterwerfen müssen.« [12]

Friedrich hatte das richtige Gefühl. Und doch kam alles anders. Der Vater ließ sich nach Potsdam bringen, und als er fühlte, es würde nun sein Ende nahen, befahl er, den Kronprinzen aus Rheinsberg zu holen. Friedrich traf den Vater lebend an, umarmte ihn mit großer Rührung und hatte einige Tage Zeit, alle Maßnahmen zu besprechen, die der sterbende König anordnete. Ende Mai schloß der Vater seine Augen für immer und Friedrich trat die Nachfolge an.

Für August Wilhelm brach jetzt die Zeit an, wo er sich mehr den jüngeren Brüdern zuwandte. Heinrich war vierzehn, Ferdinand zehn. Die beiden Kleinen der Familie, altersmäßig und körperlich, blickten zu dem schönen, großgewachsenen August Wilhelm wie zu ihrem Abgott auf. Friedrich dagegen rückte mit den Jahren immer mehr in die Rolle des Vaters der Familie. Der Altersunterschied zum jüngsten Bruder

Ferdinand betrug immerhin achtzehn Jahre, beinahe das Zeitmaß einer Generation.

Zunächst machte jedoch Friedrich all seinen Geschwistern eine Freude, nachdem er den Thron bestiegen hatte. Amalie und Ulrike bekamen Stoffe und Schmuck, die Brüder wertvolle Kleinigkeiten, Bernstein-Dosen und elegante Etuis, die bisher vom Vater streng verboten gewesen waren. August Wilhelm wurde 1740 Oberst seines Kürassier-Regiments. Zwei Jahre später wurde er zum Chef des Infanterie-Regiments Derschau in Spandau ernannt[13].

Chronist Bielfeld stellt in seinem Tagebuch in einer Notiz über August Wilhelm fest:

»Der Prinz Wilhelm ist der schönste Mann, den ich je sah, er ist groß und vollkommen regelmäßig gebaut. Er hat braunes Haar, blaue Augen und sehr angenehme Züge. Aber er drückt sich nicht gut aus, seine Erziehung scheint vernachlässigt worden zu sein, dabei hat er etwas Schüchternes und nimmt auf den ersten Blick durchaus nicht ein; doch ist seine Unterhaltung nicht ohne Geist.«[14]

Nach der Thronbesteigung Friedrichs gab sich der achtzehnjährige August Wilhelm unendliche Mühe, seine Bildungslücken aufzufüllen. Er beschäftigte sich neben den Kriegswissenschaften mit Literatur, Philosophie und Geschichte. Es war die Zeit, wo seine Bücherei rapide anwuchs. Er arbeitete, machte Auszüge aus Büchern, schrieb Aufsätze über das Gelesene und übte sich im Verfertigen französischer Verse. Zunächst einmal sollte er jedoch nicht dichten, sondern sich verloben.

Friedrich verharrte, wie der Vater, bei dem Plan, die Schwester seiner Frau für August Wilhelm zu wählen. Von einer Herzensneigung zwischen den beiden Verlobten war keine Rede. Die gut erzogene Tochter aus regierendem Hause Braunschweigs war es gewohnt, Befehlen zu gehorchen. Über August Wilhelm hat ein zeitgenössischer Diplomat aufgezeichnet, diese Verlobung sei durchaus nicht »die Würkung einer etwan auf selbige geworfenen Hochachtung«, sondern sie geschehe lediglich »aus einer blinden Gefälligkeit und einem fast kindlichen Gehorsam gegen des Königs, seines Herrn Bruder, Willen«[15].

Ungeachtet all dieser Begleitumstände fand am 20. September 1740 die feierliche Versprechung mit angemessenem Gepränge statt. Wieder war es das Lustschloß Salzdahlum bei Wolfenbüttel, wo sich die Feierlichkeiten vollzogen. Friedrich kam von einer Reise und war persönlich anwesend.

Noch im gleichen Jahr erhielt August Wilhelm seinen eigenen Hofstaat, was den jetzt achtzehnjährigen Prinzen sicher außerordentlich erfreut haben wird. Damit hatte das Herumvagabundieren bei den ihm unterstellten Regimentern oder im Gefolge des Königs ein Ende. Der Generalmajor Graf von Truchseß-Waldburg wurde Oberhofmeister bei ihm[16].

Es waren außergewöhnliche Zeiten. Der Erste Schlesische Krieg war ab Dezember 1740 im Gange. August Wilhelm wurde zum Generalmajor der Kavallerie ernannt und zog mit seinen Truppen ins Feld. Allerdings war er ohne eigenes Kommando. In diesem Falle galt mit Recht der Grund, daß er noch zu jung dafür war.

Im Winter, wenn die kriegerischen Handlungen ruhten, lebte man in Berlin fast wie im Frieden. Die Vermählung des Prinzen August Wilhelm mit Luise Amalie von Braunschweig war auf den 6. Januar 1742 festgesetzt worden. Der König, der sich von der Heirat seines Bruders endlich Nachkommenschaft erhoffte, die ihm selbst und seiner jungen Gemahlin versagt geblieben war, schenkte Wilhelm als Stadtwohnung das Kronprinzenpalais, das einst der Vater 1733 für Friedrich eingerichtet hatte. Bald darauf belehnte Friedrich seinen Bruder auch mit einem Sommersitz, dem einst so kostbar und elegant eingerichteten Lustschloß Oranienburg. Es war der Lieblingsaufenthalt der Urgroßmutter gewesen, Luise Henriette von Oranien. Diese erste Gemahlin des Großen Kurfürsten hatte dort mit Vorliebe residiert. Das Schloß lag indessen verödet und all seiner Schätze beraubt. Wilhelm würde in Zukunft viel aufzuwenden haben, um Oranienburg wieder in Stand zu setzen.

Sein ganzes Leben lang gab sich Prinz August Wilhelm mit allen Dingen viel Mühe. Er wollte alles richtig machen, nirgends fehlgehen. So akzeptierte er klaglos die dem Bruder genehme Frau, die ihm persönlich so gar nicht behagte und eher unsympathisch war. Aber Wilhelm hielt als oberstes Gesetz seines Lebens fest, daß er unter allen Umständen in der »Gunst« und in der »Gnade« des Königs bestehen wollte. So wurde auch sein Vermählungsfest eine glänzende und strahlende Zeremonie, von der uns Kammerherr Bielfeld eingehend zu erzählen wußte. Die Feier fand unter großer Beteiligung im Berliner Schloß statt:

»10. 1. 1742

Am Vermählungstage versammelte sich der ganze Hof in den prächtigen Paradezimmern. Sie waren hell erleuchtet, so wie der weiße Saal,

worin man unter einem rotsamtnen und mit Gold gesticktem Himmel
einen Altar errichtet hatte, vor welchem das hohe Paar die priesterliche
Einsegnung erhalten sollte. Die Damen waren in Roben, die Kavaliere in den prächtigsten Gala-
kleidern. Überall glänzte Silber und Gold mit Perlen und Diamanten.
Gegen sieben Uhr trat der König in den Saal. Er war von den beiden
jungen Prinzen und vielen Stabsoffizieren begleitet; sie erschienen
sämtlich in reicher französischer Kleidung. Das Kleid des Königs war ein einziges Stück Silber mit Epauletten;
Weste und Aufschläge waren aus einem prächtigen, mit Gold und Sil-
ber durchwirkten Stoffe. Dieser Anzug wurde durch das gelbe Ordens-
band und den Stern noch erhöht, und machte den Monarchen so
jugendlich, glänzend und schön, daß ich ihn hätte lieben müssen,
wenn ich eine Dame gewesen wäre. Bald darauf trat die Königin ein. Ihre grüne Samtrobe war reich mit
Bouqueten von Diamanten besät und die Schleppe ebenso besetzt. Die
Grazien schienen ihre Kammerfrauen gewesen zu sein. Ihr Kopf war
mit Brillantnadeln geziert und über der Stirn erhob sich ein großer
Diamant ... Vier Hofdamen trugen ihre Schleppe. Der Königin folgte die königliche Frau Mutter; sie trug eine mit Her-
melin aufgeschlagene schwarze Samtrobe, reich mit Brillanten besetzt.
Ihre Töchter, die Prinzessinnen Ulrike und Amalie begleiteten sie in
höchster Gala. Nach der Trauung und dem Fackeltanz verließ die verwitwete Königin
zuerst den Saal, worauf der König den Prinzen Wilhelm und die Königin die hohe Braut in ihre Zimmer führten, worin die höchste Pracht
herrschte. Das Bett war von karmoisin Sammet, mit ächten Perlen besetzt. Der ganze Hofstaat war den hohen Herrschaften gefolgt. Jetzt
nahm der Prinz die sogenannten Strumpfbänder der Prinzessin, schnitt
sie in kleine Stücke und verteilte sie unter die Gesellschaft, die sich
hierauf zurückzog.« [17]
Prinzessin Luise Amalie ähnelte ihrer Schwester, der Königin von
Preußen. Sie war in ihrer Jugend recht hübsch, und wenn sie sorgfältig
zurechtgemacht und elegant gekleidet war, sah sie gut aus. Aber die
Bevernschen Töchter waren alle sehr bürgerlich erzogen worden. Die
junge Königin hatte es einst schwer gehabt, sich am eleganten Berliner
Hof zurechtzufinden. Ebenso ging es Luise Amalie. Einige Toiletten-
kniffe, modischen Schick, das mußten die Braunschweiger Damen erst
erlernen.

Im Jahre 1743 kam an den Hof der Königinmutter nach Monbijou ein junges Mädchen, das einst große Bedeutung für August Wilhelm gewinnen sollte. Es war das erst vierzehnjährige Fräulein Sophie von Pannwitz, das in so jugendlichem Alter schon zur Hof- und Staatsdame ernannt wurde. Sie wohnte jedoch noch einige Zeit im Hause ihrer Eltern und trat ihren Dienst erst im Jahre 1744 an.

Über die Damen Pannwitz lohnt es, ein Wort zu sagen. Seit Wilhelmines Memoiren ist der Name Pannwitz bekannt, also zweieinhalb Jahrhunderte nahezu. Neuere Bücher greifen ihn auf und bringen ihn in falschen Zusammenhang. Man muß festhalten, daß es zwei Damen Pannwitz von einiger Bedeutung im preußischen Königshause gegeben hat.

Man nahm es damals mit der Schreibweise der Namen nicht so genau. Die von Wilhelmine erwähnte Hofdame von Pannwitz war eine Baronesse von Pannewitz. »Sie war schön wie ein Engel«, schrieb Wilhelmine, und der sonst so herbe Papa der Königskinder, hatte, ganz gegen seine Gewohnheit, allergnädigst ein Auge auf sie geworfen. Der Engel ließ ihn recht handfest abblitzen und seine Majestät hatte Nasenbluten. Diese Baronesse von Pannewitz war reguläre Hofdame bei Königin Sophie-Dorothea gewesen, heiratete einen Herrn von Schöning und wurde von Antoine Pesne als »Madame Schöning née Baronesse de Pannewitz« porträtiert[18].

Dann gab es eine Frau von Pannwitz, Johanne Marie geborene von Jasmund aus dem Hause Trollenhagen in Mecklenburg, verheiratet mit Wolff Adolph von Pannwitz, Besitzer des Rittergutes Schönfließ bei Oranienburg. Dieses Paar waren die Eltern der jungen Hof- und Staatsdame Sophie von Pannwitz, die 1743 an den Hof der Königinmutter kam.

Die Berliner hatten Anfang des Jahres 1744 reichlich Gesprächsstoff über eine berühmte junge Tänzerin. Mademoiselle Barberina Campanini hatte einen Vertrag mit dem preußischen König geschlossen, in seiner Oper aufzutreten. Doch dann verlobte sie sich mit einem Engländer, Lord Stuart Mackenzie, und wollte ihren Kontrakt nicht erfüllen – oder nicht jetzt erfüllen. Friedrich machte nicht viel Umstände und wandte sich an den Senat von Venedig, wo die Tänzerin sich gerade aufhielt. Man ergriff strenge Maßnahmen, um die unzuverlässige junge Dame, damals dreiundzwanzig Jahre alt und sehr hübsch, zur Erfüllung ihrer Verpflichtungen anzuhalten. Sie erhielt auf königlliche Veranlassung vom preußischen Geschäftsträger einen Reisebefehl, vom venezianischen Senat eine Eskorte, und mit dieser militärischen Begleitung mußte sie die Reise nach Berlin antreten. Sie traf dort wohlbehalten ein, hatte außerordentlichen Erfolg und söhnte sich schließlich mit ihrem Schicksal aus. Den Lord hat sie nie geheiratet.

August Wilhelm schrieb an Friedrich über diese außergewöhnliche Künstlerin, die in Berlin soviel von sich reden machte:

»Berlin, 17. Mai 1744

... Aus Neugier habe ich mich heute nach Spandau begeben, das Regiment Württemberg soll morgen oder übermorgen dort eintreffen.

Hier ist Fräulein Barberina in aller Munde. Gestern hat sie der Königin-Mutter ihre Aufwartung gemacht. Diese war sehr befriedigt von ihren Antworten betreffs des Lord Mackenzie. Bisher soll sie sehr entgegenkommend sein.«

Im gleichen Zusammenhang ließ sich auch Prinz Heinrich später im Jahr, am 22. Dezember, über eine Aufführung der Oper »Alessandro e Poro« von Graun, an den König aus:

»Die Barberina tanzt mit einem Tamburin zusammen mit Lany [dem Ballettmeister]; sie hat es wie gewöhnlich ganz vortrefflich gemacht.«[19]

Der König und Prinz August Wilhelm verstanden sich zu dieser Zeit außerordentlich gut. Man kann sagen, daß August Wilhelms Leben sich auf einem Höhepunkt befand. Der König machte ihn jetzt offiziell zum Thronfolger und ergriff besondere Maßnahmen, um diese Regelung zu fixieren. Er verlieh ihm den Titel »Prinz von Preußen«, wie in unseren Tagen noch bis vor kurzem der spanische Thronfolger Juan Carlos »Prinz von Spanien« genannt wurde. Deshalb ist auch die Formulierung der Prinzennamen im preußischen Königshause einigermaßen diffizil. August Wilhelm war der »Prinz von Preußen«, bei den jüngeren Brüdern jedoch sagte und schrieb man »Prinz Heinrich von Preußen« und »Prinz Ferdinand von Preußen«.

Das amtliche Dekret König Friedrichs über die Erhebung seines Bruders August Wilhelm lautete unter anderem:

»30. Juni 1744

Wir haben allergnädigst resolviert, daß Unseres Bruders, des Prinzen August Wilhelm Liebden, fortan in allen Expeditionen [Schriftstücken], worin deroselben gedacht wird, und sonst in allen Gelegenheiten bloß der ›Prinz von Preußen‹, ohne weder Deren Taufnamen noch sonst dergleichen beizufügen, geschrieben und genannt werden sollen.«[20]

Diese Bestätigung als Thronfolger und Thronerbe erfolgte noch während der ersten Schwangerschaft der Prinzessin Luise Amalie. Welches Glück und welche Genugtuung für die Familie August Wilhelms, als am 25. September 1744 ein junger Prinz geboren wurde, Friedrich Wilhelm genannt nach dem Großvater und dem Großen Kurfürsten. Er sollte in der Reihe der regierenden Fürsten als Friedrich Wilhelm II. erscheinen, vom Volke später mit dem halb liebevollen, halb abschätzigen Beinamen »der dicke Willem« bedacht.

August Wilhelm wurde von seinem Bruder, dem König, wieder in seinem militärischen Rang angehoben: 1744 ernannte man ihn zum Generalmajor, ein Jahr darauf zum Generalleutnant. Die Zeit schien reif, daß man August Wilhelm ein eigenes militärisches Kommando anvertraute. Der dreiundzwanzigjährige Generalleutnant brannte auf militärischen Ruhm.

Durch den Briefwechsel der Brüder zieht sich wie ein roter Faden die unaufhaltsame Neckerei des Königs, der seinen Bruder dazu ermahnt, sein Augenmerk auf den Nachwuchs zu richten und Kinder zu haben. Friedrich drückt sich da gar nicht besonders zimperlich aus. Durch die Ermahnungen hindurch schimmerte die Sorge, auch hier könne beim Thronfolger die Nachfolge wieder einmal »nur auf zwei Augen« stehen, die ewige Besorgnis des alten Königs, die erst durch August Wilhelms Geburt gegenstandslos wurde. Friedrich wünschte Neffen, und zwar möglichst viele.

Der politische Himmel hatte sich für den König erneut derart verfinstert, daß er, um seine Erwerbung von 1740 zu behalten, in den Zweiten Schlesischen Krieg eintreten mußte. Als die Feldzüge begannen, bestürmte August Wilhelm den Bruder:

»30. März 1745

Ich bitte Sie immer wieder inständigst, liebster Bruder, geben Sie mir Befehl, Ihnen zu folgen! Ich kann Ihnen gar nicht genügend schildern, in welcher Lage ich bin. Außer meinem Bruder Heinrich [19] ist nur der Markgraf von Schwedt und sein Bruder hier; und mit ihnen werden Sie mich hoffentlich nicht auf eine Stufe stellen. ... Ich wäre trostlos, wenn Sie mich nur für brauchbar hielten, Kinder zu erzeugen, aber solange Sie mich hier lassen, muß ich es glauben. Wie Sie sehen, schreibe ich Ihnen rückhaltslos und öffne Ihnen mein Herz ...« [21]

Friedrich sah der kommenden Zeit durchaus nicht so sorglos und scherzend entgegen, wie er sich dem Bruder gegenüber gab. Er hatte schwere Sorgen und gab seinem Minister Podewils für alle Fälle Anweisungen, daß der Silberschatz des Königshauses im Notfall nach Magdeburg gebracht werden sollte, daß auch der Hof sich dorthin zu begeben habe, denn dort sei eine starke Festung, während Berlin dem Feind gegenüber eine offene Stadt wäre.

Dann jedoch kam der denkwürdige Tag, den die älteren Generationen der Leser noch in der Schule lernen mußten: die Schlacht von Hohenfriedberg wurde geschlagen und gewonnen. Der »Hohenfriedberger Marsch« wird noch in unseren Tagen bei Aufmärschen und militärischen Paraden gespielt. König Friedrich schrieb am gleichen Tage einen halb sachlichen Report, halb jedoch einen stolzen Triumphbericht nach Berlin. Alle Sorgen waren plötzlich zerstreut:

»Schlachtfeld von Hohenfriedberg, 4. Juni 1745

Lieber Podewils,

ich berichte Ihnen in drei Worten, daß wir soeben einen vollständigen Sieg über den Feind davongetragen haben. Wir haben fünftausend Gefangene gemacht, darunter dreißig Offiziere, fünf oder sechs Generale, sechsundsechzig Fahnen, drei Standarten und acht Pauken erobert. Österreicher und Sachsen zusammen haben drei- bis viertausend Mann an Toten und Verwundeten auf dem Schlachtfelde gelassen. Unsere Kavallerie hat Wunder getan, ebenso die Infanterie, alle Truppenteile haben sich ausgezeichnet. Sie waren alle im Feuer, kurz, nichts hat versagt . . .

Ich habe mein Wort gut eingelöst. Alle anderen und meine Brüder haben wie die Löwen für das Vaterland gekämpft. Niemals haben die alten Römer etwas Glänzenderes geleistet.

Leben Sie wohl. Gebe der Himmel, daß ich Grund habe, ebenso zufrieden mit der Staatskunst zu sein wie mit den Waffen.« [22]

Friedrich hatte nicht nur August Wilhelm zu sich berufen, sondern auch den jungen Heinrich zu einer Bewährungsprobe in diesem Feldzug herangezogen. Da alles gut ging, kehrten die Brüder, die sich tapfer geschlagen hatten, als strahlende Helden mit dem König aus dem Krieg zurück.

Zu diesem Zeitpunkt nahm das persönliche Schicksal August Wilhelms eine besondere Wende, an die er niemals gedacht, der er sich niemals versehen hätte. Die große Liebe seines Lebens begegnete ihm, eben jenes junge Hoffräulein Sophie von Pannwitz, die in ihrem Tagebuch später darüber eingehend zu berichten wußte:

»Endlich hatte der Krieg durch Gottes Gnade ein Ende genommen und am 28. Dezember 1745 war der König mit seinen Brüdern und seinen

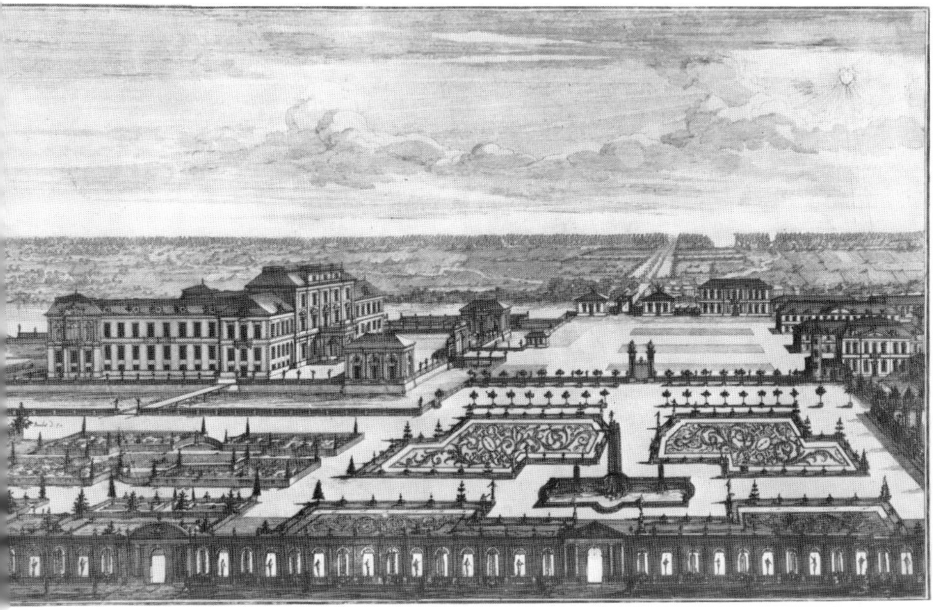

33 Schloß Oranienburg
34 Kronprinzenpalais Unter den Linden,
Stadtwohnung des Prinzen August Wilhelm

35 *Prinz August Wilhelm und Prinzessin Anna Amalie*

36 *Prinz August Wilhelm, »Prinz von Preußen«* ▷

37 Prinzessin Luise Amalie von Preußen, Gemahlin Prinz August Wilhelms,
geb. Prinzessin von Braunschweig-Bevern, Schwester der Königin

38 Sophie Maria Gräfin von Voss, geb. von Pannwitz

39 *Friedrich Wilhelm II., König von Preußen, Sohn August Wilhelms*

40 *Prinzessin Anna Amalie*

41 Prinzessin Anna Amalie als Schäferin

Generalen festlich wieder in Berlin eingezogen. Eine Zeit des Rausches und der allgemeinen Freude trat jetzt nach all den überstandenen Ängsten ein. Der Prinz von Preußen war mit dem König gekommen und war sehr viel in Monbijou bei seiner Mutter, die ihn besonders liebte, und ehe ich noch ahnen konnte, daß er mich nur beachtete, hatte er eine Leidenschaft für mich gefaßt, die für mein und sein ganzes Leben ein großes Unglück geworden ist. Diese Neigung, die fast vom ersten Augenblick an, wo er mich wiedersah, in ihm erwachte, ist nicht rasch vergangen wie sie gekommen war: nur zu treu und standhaft hat er sie mir bewahrt bis zuletzt...«[23]

»Damals hätte ich dieser unglücklichen Sache für immer ein Ende machen sollen, aber die dazu nötige Entschlossenheit fehlte mir und andererseits habe ich mir ja auch nie etwas anderes darin vorzuwerfen gehabt, als die innigste, aber stumme Erwiderung der Gefühle, die der Prinz auf eine so ergreifende und rührende Weise mir bewies, und habe niemals die Gebote der strengsten Sittsamkeit und Tugend auch nur einen Augenblick vergessen...«[24]

»Im Sommer 1746 gingen wir zum ersten Mal mit der hochseligen Königin nach Oranienburg, was der Prinz vom König zum Geschenk erhalten hatte, und von dort aus nach Rheinsberg. Aber wo wir auch waren, der Prinz folgte uns überall und war überall derselbe. Jeder Morgen brachte mir einen Brief oder ein Billett von ihm, und nichts konnte ihn von dem einzigen Gedanken zerstreuen, der ihn beherrschte und unglücklich machte...«[25]

Ein anderer Chronist hat diese ganze Liebesgeschichte selbst miterlebt und gab seinen Kommentar, das Akademiemitglied Thiébault. Er ist es, von dem wir auch einiges über Amalies angebliche Romanze mit Trenck wissen:

»Die Dame, welche dem Prinzen von Preußen eine so heftige Neigung einflößte, war Fräulein von Pannwitz, und die Welt mußte wenigstens zugestehen, daß sie es ganz wert war, der Gegenstand einer so leidenschaftlichen und unüberwindlichen Liebe zu sein. Groß und schlank gewachsen, mit der Gestalt einer Diane chasseresse [einer Diana auf der Jagd] und zugleich schön und blond wie eine Venus, war sie ebenso reizend, so unschuldig und so liebenswürdig, wie sie schön war. Der Prinz wollte es mit Gewalt durchsetzen, von seiner Gemahlin geschieden zu werden, um ihr seine Hand anzubieten, und die höchste Autorität selbst ward gezwungen, in dieser Sache einzuschreiten...«[26]

Die Liebesgeschichte zwischen August Wilhelm und der schönen Sophie zog sich über qualvolle fünf Jahre hin. Es ist fast sicher, daß der Prinz in dieser Zeit mehrere Versuche unternommen hat, den König zu einer Scheidung zu bewegen. Allein vergeblich. Der König konnte weder das Haus Braunschweig-Bevern noch Luise Amalie selbst, als Nichte der einstigen Kaiserin, noch konnte er seine eigene Gemahlin dadurch brüskieren. All diese Gespräche über diesen heiklen Punkt haben sich mündlich abgespielt, denn der Briefwechsel enthält nichts darüber. Die Brüder unterhalten sich unbeschwert und sorglos, als gäbe es keine schwerwiegenden Probleme zu lösen.

So schreibt August Wilhelm an Friedrich:

»Berlin, August 1746

».. . Am Morgen lese ich die Geschichte Englands von Rapin und am Nachmittag Lukian in der Übersetzung von Ablancourt. So lehrreich jenes Buch ist, so unterhaltend ist dieses, ein höchst angenehmer Zeitvertreib. Der Rest des Tages ist mit Ausreiten und Spazierengehen angefüllt. Abends bin ich in Monbijou oder ich sehe Gäste bei mir ...«[27]

»4. September 1746

Heute nur eine belanglose Nachricht. Aber man muß aus jedem Holz Pfeile schnitzen. Gestern war ich in großer Gesellschaft im Tiergarten, wo wir ein Picknick veranstalteten. Wir speisten unter einem Zelte zu Mittag, soupierten und tanzten im Garten des Generals Kleist. Bei dem schönen Wetter war das Fest besonders nett. Es dauerte bis zwei Uhr morgens, wo die ganze Gesellschaft auf einem Jagdwagen zur Stadt zurückkehrte. General Kleist [70] machte die Honneurs des Balles und tanzte wie ein Jüngling ...«[28]

Und Friedrich ließ August Wilhelm wissen:

»Potsdam, 9. Oktober 1746

Ich halte Sie weder für so beständig wie Corydon, noch für so treu wie Seladon. Diese Hirten zeugten alle neun Monate Kinder mit ihren Hirtinnen; Sie aber, lieber Bruder, sind seit fünf Jahren verheiratet und die Prinzessin hat nur ein einziges Kind ...«[29]

Da der König diese Anspielungen nur zu oft wiederholte, ärgerte sich August Wilhelm jedesmal sehr, wenn wieder eine derartige Mahnung eintraf. Schließlich hatte er auf Befehl eine ungeliebte Frau heiraten müssen. Und dieser sich jetzt zu nähern, wo sein Herz für eine andere entflammt war, dürfte ihm besonders verdrießlich gewesen sein.

Aber es war so gut wie keine Hoffnung, daß seine Liebe zu ihrem Recht

kommen könnte. Der Unterschied zwischen dem preußischen Thronfolger und einem Hoffräulein aus einfachem Dienstadel, nicht von
Reichsfürsten abstammend, nicht aus regierendem Hause – das war um
die Mitte des 18. Jahrhunderts eine allzu große Distanz.
Der Hofklatsch allerdings wollte den Liebenden wohl. Man anerkannte
die jahrelange treue Liebe der beiden und betrachtete sie mit ebensol-
cher Neugier wie Rührung und echter Anteilnahme. Vor aller Augen
vollzog sich in allen Ehren eine Herzenstragödie, die nur dadurch an
Wirkung und Sensation einbüßte, daß sie sich über fünf Jahre erstreckte.

Im Jahre 1747 ließ es sich der König angelegen sein, den Bruder nach
Potsdam kommen zu lassen, um ihn dort in die Regierungsgeschäfte
einzuweihen. Auch hier wieder fehlte es nicht an dringlichen Ermahnungen, daß August Wilhelm sich nur genügend in die Materie vertiefen möge. Sollte dem König etwas zustoßen, so sei er ahnungslos der
wohldurchdachten Staatsmaschinerie gegenüber. Er möge sich doch
zum Wohle des Staates darein finden. Leider war die Zeit der Unter-
weisung sehr kurz, aber die Brüder standen in ständiger brieflicher
Verbindung:
»Sanssouci, 24. Juli 1747
Der Philosoph von Sanssouci erhielt Ihren letzten Brief mit dem Vergnügen, das ihm alles, was von Ihnen kommt, bereitet.
Ich hoffe, Sie unterhalten sich gut und lassen nicht die glänzende Tat
in Vergessenheit geraten, die Sie vor fünf Monaten vollbrachten. [Die
Prinzessin Luise Amalie erwartete zum Dezember ein Kind.] Gern
würde ich mich selbst zum Kuppler hergeben. Ich verspreche Ihnen
diesen Dienst jedesmal, wo die Prinzessin guter Hoffnung sein
wird.«[30]
Zur Freude des Königs und des ganzen Hofes bekam die Prinzessin
Luise Amalie wieder einen Sohn, Prinz Heinrich, geboren am 30.12.
1747. Er wuchs zu einem außergewöhnlich begabten und liebenswürdigen jungen Mann heran, der leider mit zwanzig Jahren sterben sollte,
unendlich betrauert vom König, der ihn liebte wie einen Sohn. Er
wurde »Prinz Heinrich der Jüngere« genannt. Friedrich sagte einmal
von ihm, er habe alle Vorzüge seines Vaters geerbt, ohne dessen Fehler
aufzuweisen.
August Wilhelm machte Anfang des Jahres 1749 eine Reise nach Bayreuth. Er holte einen Besuch nach, der eigentlich schon im vorigen
Jahre, zur Vermählung von Wilhelmines Tochter, fällig gewesen wäre.

Damals hatten Heinrich und Ferdinand den König vertreten. Nun begab sich August Wilhelm auf die gleiche Reise. Es ging in der eigenen Kutsche mit stets wechselnden Postpferden von einer Station der schmalen Landstraßen zur anderen. Staub wirbelte auf von den Sommerwegen neben den Chausseen, man überholte hochbepackte Transportwagen und andere Fuhrwerke. Oft brach ein Rad oder eine der schmalen Brücken fiel zusammen und man lag im Bach. August Wilhelm, ein junger kräftiger Mann von sechsundzwanzig Jahren, war total erschöpft und wie gerädert von dieser Unternehmung. Er erstattete dem königlichen Bruder, der für diese Ortsveränderung die Vorspannpässe ausgestellt hatte, einen genauen Bericht über seine Erlebnisse in Bayreuth:

»Baireuth, 8. Februar 1749
Gestern abend bin ich hier angelangt. Die Wege waren furchtbar. Ich habe fast alle Widerwärtigkeiten ausgekostet, die in diesem Falle möglich sind. Meine Schwester traf ich bei guter Gesundheit an. Ihre Dankbarkeit für Ihr liebevolles Gedenken muß ich hervorheben. Sie sind zweifellos der hiesige Schutzgott und hoffentlich überzeugt, daß es Ihren Altären nicht an Weihrauch fehlt, solange ich hier weile. Ich bin von der Reise noch so betäubt, daß ich Ihnen nichts weiter von hier melden kann . . .« [31]

»15. Februar 1749
Ich kann Ihnen nur vom Theater erzählen. Ich sah alle möglichen Aufführungen, Lustspiel, Trauerspiel, Oper, Redoute und Pantomime, und ich kann Ihnen versichern, es war alles geschmackvoll. Die Oper hat hervorragende Dekorationen und Beleuchtung, aber man vermißt die Sänger und Tänzer von Berlin. Die Redouten sind recht stark besucht, die Pantomimen wurden von Pagen gespielt . . .«

»21. Februar 1749
. . . Meine Schwester hat ein sehr hübsches Fest veranstaltet: Die Tafel war im Schauspielsaal aufgeschlagen. Gegen Ende des Mahles ging der Vorhang hoch. Ein Quacksalber erschien auf der Bühne und tat seinen ganzen Laden auf. Nachdem er seine Arzneien angepriesen, bot er sie jedermann an. Ich bekam das Pulver der Beständigkeit in der Liebe in einer sehr hübschen goldenen Dose. Nach dieser Quacksalberszene wurde das Lustspiel ›Der Franzose in London‹ aufgeführt, und zwar von Herren und Damen vom Hofe . . .« [32]

Im Mai 1749 dachte sich der König einen Scherz aus. Seine Lieblingshündin Biche erwartete Nachwuchs und er ließ einen Gevatterbrief drucken, den Prinz August Wilhelm erhielt. Biches Einladung ist in deutscher Sprache abgefaßt, berichtet von Biches »liederlichem« Leben, den »Annehmlichkeiten des Hundes Mylord«, den Hundekindern, und stellt dem Herrn Gevatter »einen schönen alten Knochen« als Mahlzeit in Aussicht.

Da der Prinz die Vorliebe des Königs für dieses kleinrassige englische Windspiel, ein Whippet, kannte, machte er sich den Spaß, ganz ernsthaft auf den Brief einzugehen:

»Spandau, 27. Mai 1749
Ferdinand übergab mir den Brief, worin Biche mich einladet, bei ihren Jungen Pate zu stehen. Ich nehme dies Angebot gern an. Ich wage nicht zu sagen: ›Wer den Herrn liebt, liebt auch seinen Hund‹, um nicht Sancho Pansa nachzuahmen, der in Sprichwörtern redete. Jedenfalls können Sie sich denken, daß ich es mir zur Ehre anrechne, Biches Gevatter zu sein. Treue und Anhänglichkeit, bei den Menschen so selten, sind bei ihresgleichen fast allgemein, zur Beschämung derer, die diese Eigenschaften nicht besitzen. Ja, es gibt nichts auf der Welt, woraus sich nicht eine gute Moral ziehen ließe! Biche allein würde Stoff für mehrere Bogen liefern. Möchten ihre Abkömmlinge alle ihre guten Eigenschaften erben, und möchte sie selbst, nach glücklich überstandenem Wochenbett fortfahren, Ihnen Proben ihrer Treue zu geben. Nachdem ich Biches Lob gesungen, bleibt mir nichts weiter zu sagen . . .«

Friedrichs Antwort kam umgehend:

»Potsdam, 29. Mai 1749
Verzeihen Sie bitte Biches Dreistigkeit, Sie als Paten zu bitten. Es gibt nichts Zynischeres als die Hunde. Somit tun Sie gut, sich über ihre Frechheit nicht zu ärgern . . .«[33]

Das Leben bestand jedoch auch damals nicht nur aus amüsanten Intermezzi, sondern der Alltag bot, neben einigem Vergnügen, selbst einem Prinzen allerlei harte Arbeit. Man muß befürchten, daß August Wilhelm nicht gerade enchantiert war, solche tägliche Routinearbeit zu verrichten. Er ließ den Dingen nur allzu gern ihren Lauf. Wieder einmal kümmerte er sich nicht so gründlich um seine Regimenter, wie Friedrich das für notwendig hielt. Prinz Wilhelm war »gütig«, was der König als Laxheit auffaßte. Er ließ hier und dort Duelle unbestraft, er wußte von Schulden, die seine Offiziere machten, aber er schritt nicht ein. Heimliche Verlobungen oder gar ungenehmigte Ehen wurden ge-

schlossen – August Wilhelm ließ es durchgehen. Es gab Unzuträglichkeiten aller nur erdenklichen Art, und Friedrich äußerte sich etliche
Male darüber sehr bestimmt und sehr souverän:
»Potsdam, 24. April 1750
... Haben Sie nicht selbst zugegeben, daß Ihr Kavallerieregiment nicht
in Ordnung ist? Und nun ärgern Sie sich, daß ich den Offizieren Vorwürfe mache? Sind denn Ihre Infanterieleutnants geheiligte Personen,
die ungestraft jede Unbotmäßigkeit begehen können, die ihnen in den
Sinn kommt? Sie sehen selbst, lieber Bruder, worüber Sie sich bei mir
beklagen und worauf Ihre Beschwerden hinauslaufen. Kurz gesagt:
hätte die Sache mit Heinrich keinen Stachel in Ihrer Seele zurückgelassen, hätten Sie mir dann so geschrieben wie jetzt? Denken Sie doch
bitte etwas nach und verleumden Sie die Freundschaft nicht, die ich
stets für Sie gehegt habe und unbeschränkt hegen werde. Ich kenne ja
doch Ihr gutes Herz und schreibe solche kleinen Aufwallungen nur der
Übereilung oder dem siegreichen Einfluß zu, den Übeldenkende auf
Sie erlangt haben...«[34]
Eine Eigenschaft des Prinzen machte den König zuweilen nervös:
August Wilhelm fand kein Ende, eine Sache durchzudiskutieren. Wieder und wieder kam er mit großer Hartnäckigkeit auf ein für den König
längst erledigtes Thema zurück. In solchen Fällen sprach aus den Zeilen des Königs offene Ungeduld, jedoch nie ohne mildernde und
freundliche Worte:
»Potsdam, April 1750
Lieber Bruder,
aus Ihrem Briefe ersehe ich, daß Sie mich in einen langen Prozeß ver-
wickeln wollen. Erlauben Sie mir Ihnen zu sagen, daß ich die Folgen
davon zu gut voraussehe, um mich darauf einzulassen. Wenn Sie noch
einen freundschaftlichen Rat annehmen wollen, so ist es der, nicht
immer wieder eine Sache aufzurühren, die schließlich unerquicklich
werden könnte. Ich nehme alle billige Rücksicht auf Sie; ich will Ihnen
nicht durch meine Schuld Kummer bereiten. Nur in militärischen Fragen kenne ich keine Schonung. Gehen meine Brüder mit gutem Beispiel voran, so freue ich mich unendlich darüber. Tun sie es nicht, so
vergesse ich mit dem Augenblick jede Verwandtschaft und tue nur
meine Pflicht, nämlich bei meinen Lebzeiten alles in guter Ordnung
zu halten. Nach meinem Tode mögen Sie verfahren wie Sie wollen,
und wenn Sie von den Grundsätzen und von dem System abweichen,
die mein Vater hier zu Lande eingeführt hat, werden Sie zuerst die

Folgen spüren. Das ist in kurzen Worten alles, was ich Ihnen sagen kann. Im übrigen sind wir gute Freunde ...«[35]

Dieser Brief gehört zu denen, die kennzeichnend für Friedrichs Einstellung waren und der im Grunde schon jetzt genau den Kurs seines Verhaltens für das Jahr 1757 festlegte. Die große Katastrophe zwischen den beiden Brüdern resultierte aus Friedrichs unbeugsamer Haltung in militärischen Dingen. Er »vergißt mit dem Augenblick jede Verwandtschaft« und »tut nur seine Pflicht«. August Wilhelm verstand das nicht. Im Grunde könnte man sogar den König aus seinen eigenen Schriften widerlegen, denn er äußerte sich einmal sehr pikiert darüber, daß man einem General nicht seinen guten Ruf rauben solle, wenn er einmal Pech in der Schlacht habe. Aber all diese schönen Worte schienen vergessen, wo Friedrich eine bestimmte Aufgabe als vordringlich erkannte: den Thronfolger »zu formen«.

Das Privatleben des Prinzen wurde im Dezember 1750 davon überschattet, daß die Hof- und Staatsdame der Königinmutter Sophie Dorothea, das berühmte schöne Fräulein Sophie Marie von Pannwitz, sich dazu durchrang, der langjährigen großen Liebe des Prinzen ein Ende zu bereiten. Sie verlobte sich mit ihrem Vetter, einem Herrn von Voß. In ihren Lebenserinnerungen berichtete die spätere Gräfin Voß über diese entscheidungsreichen Monate, die schicksalsschwersten in ihrem ganzen Leben:

»Meine eigene Bedrängnis, die täglichen Nöte und Leiden, die diese unglückliche Sache mir verursachte, vor allem der Wunsch des Königs, den es immer mehr beunruhigte, den Prinzen einer so heftigen Leidenschaft einzig und allein nachhängen zu sehen, zwangen mich, gewaltsam einen Entschluß zu fassen. Der einzige Ausweg, der sich mir bot, war die Heirat mit meinem Vetter; ich schwankte lange, aber der verzweifelten Stimmung des Prinzen gegenüber schien es mir endlich meine gewiesene Pflicht, denselben zu ergreifen.

Soll ich verhehlen, daß ich keine Neigung für meinen Vetter hatte? Mein einziges Gefühl für ihn war die Achtung; aber er wußte ja dies alles und war zufrieden.

Meine Mutter wünschte, ich solle zu ihr zurückkehren; aber anstatt an Hof nur in der Stadt zu leben, dies allein hätte in meiner Lage dem Prinzen gegenüber nichts geändert; nur indem ich mich verheiratete machte ich für ihn jeder ferneren Hoffnung ein Ende.

Dieser Augenblick meines Lebens war furchtbar; ich kämpfte einen harten Kampf mit mir selbst. Der Gedanke, zugleich den Hof und den

Prinzen für immer zu verlieren, war mir ein Kummer, als ob ich sterben sollte; aber was konnte ich tun? – ich hatte keine Wahl; ich durfte nicht vor diesem Schmerz zurückweichen, es mußte sein.

Der König selbst bat meine Mutter, in meine Verheiratung zu willigen und wünschte dieselbe dringend, und so ward endlich meine Verlobung den 17. Januar 1751 feierlich an Hof vollzogen und ebenso meine Vermählung an meinem unglücklichen Geburtstage, den 11. März 1751.

Dieser Tag war in jeder Beziehung einer der entsetzlichsten, die ich erlebt habe. Nicht ohne Wehmut schied ich von dem Hof, an dem ich einstmals so glücklich gewesen war und den tiefsten Gram im Herzen betrat ich einen neuen Lebensweg, an den ich selbst mich für den ganzen Rest meines Daseins gefesselt hatte. Meine Hochzeit war genau wie alle, die an Hof gefeiert werden. Man hatte eine Unmasse Menschen eingeladen und alles ging äußerst rauschend und festlich vor sich, so daß ich kaum recht zur Besinnung kam.

Die Königin hatte mir sehr schöne Spitzen und 1000 Taler geschenkt, um dafür mein Brautkleid, einen weißen Moor [Moiré] mit silbernen Blättern zu kaufen. Gleich nach der heiligen Handlung sollte ich mit meinem Mann abreisen, aber leider gab man diesen Plan wieder auf und nichts blieb mir erspart. Der Prinz war in Verzweiflung; er hatte dennoch der Trauung beiwohnen wollen, aber während derselben stürzte er ohnmächtig zu Boden und mußte fortgetragen werden . . .«[36]

Dieser aufsehenerregende Vorfall während der Trauung war sofort dem König gemeldet worden und man darf sicher sein, daß er herzliches Mitleid mit August Wilhelm empfand. In seiner Art suchte der König den Bruder abzulenken, er sandte ihm Bücher und bemühte sich, ihn auf andere Gedanken zu bringen. Als Friedrich im Juni 1751 seine »Denkwürdigkeiten zur Geschichte des Hauses Brandenburg« fertiggestellt hatte, verfaßte er eine lange Widmung an August Wilhelm, die so herzlich gehalten war, daß an der Aufrichtigkeit der Gefühle des Königs für seinen derzeit so unglücklichen Bruder nicht gezweifelt werden kann.

Am 3. August 1751 brachte Prinzessin Luise Amalie eine Tochter zur Welt, Prinzessin Wilhelmine. Als 1763 der König aus dem großen Kriege nach Hause kam, sah er die beinahe zwölfjährige Prinzessin, deren Aufwachsen er sechs Jahre lang nicht hatte verfolgen können, und fragte: »Wen haben wir denn da?« Er schloß seine Nichte sehr ins Herz. Sie heiratete 1767 den Erbstatthalter der Niederlande. Als dieser

Ende des 18. Jahrhunderts, von den Franzosen vertrieben, seinen Wirkungsbereich verlassen mußte, fand die Familie Zuflucht im Schlosse Schönhausen, das nach dem Tode von Friedrichs Gemahlin ab 1797 leer stand. Man sprach vom »Schönhauser Hof« zu jener Zeit. So lange Friedrich lebte, liebte er diese Nichte sehr und korrespondierte regelmäßig und herzlich mit ihr.

Das gesellschaftliche Leben in Berlin und Potsdam nahm seinen Fortgang. Voltaire lebte damals noch in Potsdam, hochdotiert und verehrt. Friedrich fand seine Zerstreuung durch ihn und unternahm alles nur Denkbare, seinen Bruder August Wilhelm teilhaben zu lassen an dem Wesen des charmanten und geistreichen Franzosen, um den Prinzen von seinen düsteren Betrachtungen abzubringen.

Der älteste Sohn des Prinzen von Preußen, Friedrich Wilhelm, war nun sieben Jahre alt, und wie man einst Friedrich »aus dem Frauenzimmer getan«, so sollte der Junge jetzt weiblicher Erziehung entzogen werden und einen eigenen Gouverneur bekommen. Die Wahl fiel auf Major Graf Adrian Heinrich Borcke, einen verdienten Offizier, der das Vertrauen des Königs genoß. Friedrich selbst befaßte sich mit der Instruktion, nach der die künftige Erziehung des jungen Prinzen ausgerichtet werden sollte. Er würde schließlich einmal Kronprinz sein.

Wie ein Fremder den Prinzen August Wilhelm beurteilte, das läßt sich nachlesen in einem der Gesandtenberichte, die Lord Tyrconnel, der französische Geschäftsträger in Berlin, an seine Regierung in Paris schickte. Die Eindrücke Tyrconnels beruhen allerdings nur auf flüchtigen Studien und es ist ihnen keine profunde Kenntnis der Persönlichkeit des Prinzen zu entnehmen:

»Ende 1751

Der Thronfolger ist von schüchternem Geiste, aber persönlich tapfer. Er wird in Staatsgeschäften weder den Scharfsinn noch die Begabung seines königlichen Bruders besitzen; sein Geist ist langsam und schwach. Die Kriegskunst ist das einzige, worin er Scharfblick zeigt, und worin er richtig und kenntnisreich urteilt. Sein militärischer Blick ist fast stets richtig; man kann sagen, daß er ein geborener Offizier ist und sich in der Kriegskunst durch seine Studien täglich vervollkommnet. Dies ist auch das einzige, worin er sich nicht wird leiten lassen, und obwohl er hart, fühllos und falsch ist, wird er sich allem Anschein nach bei allem übrigen, was ihm obliegt, nur nach den Ratschlägen dessen richten, der, ohne ihn irgendwie bevormunden zu wollen, sein Vertrauen zu gewinnen versteht. Man kann ihm allzu große Indiskretion vorwerfen, aber dieser Fehler sowie seine Härte sind die Folgen seiner allzu mangelhaften Erziehung. Vielleicht wird sich beides geben, wenn die Hitze seiner Leidenschaften nachgelassen hat. Man muß gerechterweise sagen, daß er sehr franzosenfreundlich ist und dem jetzigen System ehrlich zugetan scheint; wofern seine Gesinnung sich nicht ändert, was aber unwahrscheinlich ist, denn die Art, wie er davon spricht, macht den Eindruck der Aufrichtigkeit und er scheint zu glauben, daß für sein Haus kein System vorteilhafter sein kann ...« [37]

Diesem grobgezeichneten Porträt, das auf nicht viel Sachkenntnis beruhte, steht die Skizze eines Chronisten gegenüber, der häufig treffende Urteile über Menschen abgegeben hatte: Thiébault:

»... Voller Verstand, voller Talent und dabei von unwiderstehlicher Liebenswürdigkeit erhöhte dieser Prinz den Wert der seltensten Eigenschaften noch durch seine ungemeine Bescheidenheit ...« [38]

Lord Tyrconnel starb kurz nach Abfassung seines fragwürdigen Berichtes, der übrigens erst nach Jahrzehnten an die Öffentlichkeit gelangte. Damals wußte man nichts darüber, denn die diplomatischen Schriftsachen gingen mit geheimer Kurierpost an die Regierungskanzleien. Friedrich benutzte den Anlaß von Tyrconnels Tod zu einem medizinisch-philosophischen Brief an den Bruder, in dem er seine Meinung über Obduktionen ausdrückte:

»Potsdam, März 1752

Ach, lieber Bruder, ist man einmal tot, so entsteht erst recht die Frage, ob man leben konnte. Der arme Lord Tyrconnel hätte, wenn er dazu imstande gewesen wäre, die ihn sezierenden Ärzte ausgelacht, von denen der eine mit seiner Leber und der andere mit seiner Lunge beschäftigt war, und die all die Albernheiten losließen, die die Fakultät bei solchen Gelegenheiten ausspricht.

Was mich betrifft, so habe ich es verboten, mich nach dem Tode zu öffnen. Es ist genug, wenn man bei Lebzeiten den Leuten Stoff zu Witzeleien gibt, und es ist zu viel, mit seiner Milz, seiner Leber und seiner Lunge nach dem Tode Komödie spielen zu lassen.

Mein Reisen hat mir nicht viel genützt. Jeden Abend leide ich an Kolik, und in der Nacht ist es noch schlimmer. Ich bessere ein altes Bauwerk aus [Friedrich war 40], das im Begriffe ist, zusammenzufallen: während ich mit dem Dache beschäftigt bin, fängt das Fundament an, nachzugeben.

Sie, lieber Bruder, sind voll Jugendkraft, frisch und stark; genießen Sie also das Leben, das für Sie nur Reize hat. Sie können Blumen pflücken,

für mich bleiben die Dornen. Doch das brauche ich Ihnen nicht zu
sagen, Sie wissen es selbst. Ich begnüge mich also damit hinzuzufügen,
daß niemand größeren Anteil an Ihnen nimmt wie ich, und daß Ihnen
kein Glück begegnen kann, über das ich mich nicht ebenso freue als
Sie selbst . . .«[39]
Indessen nahm bald ein anderes Ereignis alle Aufmerksamkeit in Berlin in Anspruch: Prinz Heinrich heiratete Prinzessin Wilhelmine von
Hessen-Kassel. Diese Hochzeit gehörte zum Glanzvollsten, was Hof
und Bürgerschaft seit langem in Berlin gesehen hatten. Friedrich sprach
in seinen Briefen von den »Heinrichsfesten«, die in der Hauptstadt
abgehalten würden. Die junge und schöne Prinzessin Wilhelmine,
allgemein nur die »Prinzessin Heinrich« genannt, wurde bald ein Liebling der königlichen Familie und des Hofes. August Wilhelms Freundschaft erwarb sie sich in besonderem Maße und beide korrespondierten
während des unglücklichen Zeitraumes von 1757 bis 1758 sehr offen
und häufig miteinander. Friedrich selbst nahm an den vielen Feierlichkeiten, die der Trauung folgten, nicht teil.
Selbst im November dieses Jahres wurden noch Ausflüge gemacht, und
eine Fahrt in den Tiergarten galt als Landpartie. Er lag damals noch
nicht mitten in Berlin. Graf Lehndorff notierte in seinem Tagebuch
über die Kochkünste August Wilhelms:
»13. November 1752
Die drei Prinzen und ich machen eine Partie in den Tiergarten nach
demselben Platz, wo der Prinz von Preußen diesen Sommer ein reizendes Fest gegeben hat. Wir besorgen selbst die Küche. Das ist zwar keine
leichte Sache, indes belustigt es uns doch sehr. Der Prinz von Preußen,
der ein Frikassée zuzubereiten glaubt, macht daraus eine Suppe...«[40]
Lehndorff machte oft treffende Bemerkungen zu seinen Beobachtungen. Eine der am häufigsten zitierten schrieb er anläßlich des Geburts-
tages der Prinzessin von Preußen, Luise Amalie, nieder:
»29. Januar 1753
Geburtstag der Prinzessin von Preußen. Der König gibt aus dieser Veranlassung ein großes Mittagessen, bei dem alles großartig und höchst
langweilig ist. Es ist einzig und allein die Wirkung, die die Anwesenheit des Königs verursacht. Ich habe diese Bemerkung heute morgen
gemacht. Die vierzig Personen, die im Vorzimmer bei schönster Laune
waren, stellten, sobald der König eintraf, nur noch vierzig Bildsäulen
dar. Warum flößt die Macht mehr Furcht als Liebe ein?«[41]
Die Briefe Friedrichs und August Wilhelms enthalten zumeist keine

weltbewegenden Mitteilungen, aber sie geben ein treues Bild, wie die
Geschwister gelebt haben, so, wenn August Wilhelm an Friedrich
schreibt:

»Oranienburg, 6. Juli 1754
Ich genieße die Freude, die Früchte selbstgepflanzter Bäume zu essen.
Aber in meinen ländlichen Freuden vergesse ich nicht, daß ich sie
Ihnen verdanke. Da die Königin Oranienburg nicht gesehen hat, seit-
dem Sie es mir geschenkt haben, war ich so frei, sie einzuladen, aber
sie kehrt am Abend nach Schönhausen zurück. Frau von Camas kommt
mit; ich werde Sorge tragen, daß sie ihre Sänfte erhält. Da noch ein
Rollstuhl aus der Zeit des ersten Königs vorhanden ist, hoffe ich, sie
kann Schloß und Park ohne Ermüdung durchstreifen. Das ist, liebster
Bruder, das wichtigste Ereignis meines hiesigen Aufenthaltes.« [42]
Im nächsten Brief des Königs kann man mit Vergnügen wahrnehmen,
wie impulsiv und gänzlich frei von Etikette die Korrespondenz der
Brüder zuweilen war:

»Spandau, 9. August 1754
Lieber Bruder,
ich bin ein Esel, ein Rindvieh, ein Schafskopf, daß ich nicht an Ihren
heutigen Geburtstag gedacht habe. Seien Sie überzeugt, daß meine Ver-
geßlichkeit nichts an den Gefühlen meines Herzens ändert, und daß
ich den lebhaftesten Anteil an einem Tage nehme, der mir einen so
lieben Bruder geschenkt hat . . .« [43]
Bemerkenswert und viel zu wenig bekannt ist die Tatsache, in wie
aufwendiger und von viel Geschmack zeugender Weise Prinz August
Wilhelm das ihm im Dezember 1742 geschenkte Schloß Oranienburg
einrichtete und ausbaute [44]. Wie sich das gesellige Leben in diesem
Landsitz in den vierziger und fünfziger Jahren abspielte, beschrieb
die Gräfin Voß, das ehemalige Fräulein von Pannwitz, in ihrem Memoiren:

»Das Schloß, das während der siebenundzwanzigjährigen Regierung
Friedrich Wilhelms des Ersten unbewohnt geblieben war, erstand jetzt
in neuem Glanz und ward nach langer Vernachlässigung auf das sorg-
fältigste und eleganteste wiederhergestellt. Der große, nach Le Nôtres
Plan angelegte Garten hatte sich durch die lange Verwilderung nur verschönt. Die seit 1713 nicht mehr verschnittenen Buchenhecken waren
zu dichten buschigen Alleen emporgewachsen und bildeten jetzt Laub-
gänge, deren üppiges Grün weder Sonne noch Wind eindringen ließ.
Nur wenig von innen gelichtet, boten dieselben auch in heißester

Sommerhitze schattige Wege voll kühler, lauschiger Dämmerung, und bei den Tanz-Festlichkeiten und Abendtafeln bildeten sie, von Lampen und Kerzen erleuchtet, die hübschesten Salons de verdure. Nach dem Geschmack jener Zeit waren diese Gartenfeste aber nicht bloß Bälle, bei denen man sich mit den damals üblichen Tänzen: rigodons, Sarabanden, passe-pieds und Aimable-Vainqueurs belustigte, sondern ebenso häufig wechselten Concerte und Liebhaber-Theater mit denselben ab und tausend Scherze, Verkleidungen, dramatisierte Scharaden und kleine Ballets wurden von der munteren Gesellschaft in bunter Reihenfolge improvisiert, wobei die übermütig heitere Laune und dichterische Erfindungsgabe des Prinzen von Preußen vor allem glänzend zur Geltung kam. Im Herbst reihten sich an diese Feste, die aus dem Park nun in die Säle des Schlosses verlegt waren, noch Reit- und Schießjagden an, bei denen, wie es damals an allen Höfen Sitte war, auch die Damen eifrig teilnahmen.« [45]

Das Jahr 1755 brachte eine endlose briefliche Debatte zwischen den Brüdern wegen der Überlassung eines Regimentes des Prinzen an den General Driesen. August Wilhelm offenbarte wieder einmal seine Neigung, eine Sache nicht kurz und bündig abzutun und ohne viele Worte auf sich beruhen zu lassen. Wieder und wieder hieb er in die gleiche Kerbe mit seiner Argumentation und der König wurde ungeduldig, nervös und gereizt. Schließlich erhielt General Driesen, dem sich August Wilhelm verpflichtet fühlte, das Bredowsche Regiment und seine Einkünfte, und die Sache wurde endlich beigelegt. Auch dies Vorkommnis war ein Vorspiel zu der Auseinandersetzung von 1757, die man nur versteht, wenn man Wilhelms Charakter anhand solcher kennzeichnenden Vorkommnisse studiert hat.

Im Jahre 1756 wurde August Wilhelm, der jetzt vierunddreißig Jahre alt war, zum General der Infanterie befördert [46]. Das war eine seinem Stande gebührende Rangerhöhung und sollte ihn für den drohenden Krieg in die Lage versetzen, ein eigenes Kommando mit der nötigen Machtvollkommenheit zu führen.

Das Jahr verging für den König mit schweren Sorgen, diplomatischen Bemühungen nach den verschiedensten Seiten hin, ein Abtasten der wirklichen Lage, geheime Fühlungnahmen, wo sich Bündnismöglichkeiten vielleicht doch noch abzeichnen würden. Allein die Situation war so verfahren wie nur möglich. Die Koalition Frankreich–Österreich–Rußland fand Friedrich schon so fest verankert vor, daß sich aus dieser Mauer kein Stein mehr lösen ließ.

Inmitten angespanntester Tätigkeit vergaß Friedrich auch in diesem
Jahre nicht, an August Wilhelms Geburtstag zu denken und er schickte
ihm mit seiner Gratulation ein Gemälde, eine Landschaft des Hollän-
ders Wouverman. Auf des Prinzen Dankesworte antwortete er ihm mit
ungewohnter Zuversicht:

»Potsdam, den 12. August 1756

Lieber Bruder,
ich bin glücklich darüber, daß Ihnen das Gemälde von Wouverman
Freude gemacht hat: das war mein Zweck, als ich es Ihnen schickte.
Was mich anlangt, so glaube ich jeden Abend mit meinem Werke
fertig zu sein, und am nächsten Morgen muß ich wieder von vorn anfangen. Aber das schadet nichts: Ich kehre mich an keine Gespenster,
da ich der Überzeugung bin, daß alle diese Berge nur mit Mäusen
niederkommen werden. Die Tapferkeit der preußischen Soldaten ist
immer noch dieselbe, ebenso wie die Feigheit unserer Feinde. Niemand
erreicht Großes, der keine Gefahr laufen will.
Mit diesem Troste und der festen Absicht, allen auf die Finger zu
klopfen, die uns über den Weg laufen, können wir der Hölle und dem
Teufel trotzen, ruhig die Zeitungen lesen, brauchen nicht vor den
leeren Prahlereien unserer Feinde zu zittern und haben Grund zu hoffen, daß wir die Sache in Ehren zu Ende bringen werden.« [47]
Ungeachtet von Friedrichs Zuversicht spitzte sich die Lage unvermutet
zu. Friedrich hatte eine offizielle Anfrage nach Wien gerichtet, ob die
Zurüstungen Österreichs und die Allianz mit Rußland gegen ihn gerichtet seien. Heute mutet diese Fragestellung wohl etwas naiv an, aber
damals bedeutete die Antwort des Wiener Hofes, die ganz sicher nicht
offen ausfallen würde, praktisch die Legitimation Friedrichs, allen Vorbereitungen seiner Feinde zuvorzukommen und von sich aus loszu-
schlagen. Unverzüglich berichtete der König dem Thronfolger die neue
Lage und den Ausbruch des Krieges:

»Potsdam, 26. August 1756
... Meinen Erlaß an Klinggräffen haben Sie gelesen. Die Wiener Antwort besagt, sie hätten durch den Abschluß einer Offensiv-Allianz mit
Rußland nichts gegen mich Feindliches getan. Die Antwort ist unver-
schämt, hochmütig und verächtlich, kein Wort darin von der Zusiche-
rung, die ich verlange, so daß allein das Schwert diesen gordischen
Knoten durchhauen kann.
Ich bin unschuldig an diesem Kriege. Ich habe alles getan, um ihn zu
vermeiden. Wie groß auch die Friedensliebe sein mag, Ehre und Sicher-

heit dürfen ihr nicht geopfert werden. Ich glaube, Sie werden bei Ihren mir bekannten Gesinnungen ebenfalls meiner Ansicht sein.

Jetzt dürfen wir nur noch daran denken, wie wir den Krieg in einer Weise führen können, die unseren Feinden die Lust benimmt, den Frieden allzubald zu brechen.«[48]

So zog dann auch August Wilhelm ins Feld nach Sachsen. Von seinem Leben im Kriege war der verwöhnte und elegante Prinz in keiner Weise begeistert. Ein Billett aus diesen Monaten, das er an seine Schwägerin, die Prinzessin Heinrich, sandte, gab seine Stimmung treffend wieder:

»Quartier Falkenhain, 2. November 1756

Ich beginne zu hoffen, daß wir ruhige Winterquartiere haben werden. Wo der Himmel mich hinführen wird, weiß ich nicht. Bisher wohne ich in einem elenden Dorfe bei einem Bauern, wo der Rauch mich erstickt und die Fliegen mich auffressen. Der Weg nach Sedlitz führt durch Schluchten und Hohlwege. Zum Glück ist kein Glatteis, sonst könnte man sich bei jedem Schritte den Hals brechen.

Dieser Feldzug hat mich alt gemacht und keineswegs gemästet. Die Haare fallen mir aus. Wenn es so weiter geht, werden die wenigen, die ich noch habe, vor der Zeit grau werden. Kann ich meine Brüder sehen, so bildet das meinen einzigen Trost. Unser Schicksal ist das gleiche und wir lieben uns herzlich. Ich weiß, daß Sie Anteil nehmen, und daß unser Einvernehmen Ihnen nicht gleichgültig ist; darum schreibe ich es Ihnen.«[49]

Prinz Wilhelm sah sich im Januar 1757 genötigt, dem König von einem gefährlichen Husten der Königinmutter zu berichten. Man fürchtete für das Leben der siebzigjährigen alten Dame. Jedoch nach einiger Zeit erholte sie sich wieder. Ein halbes Jahr später erkrankte sie jedoch erneut und diesmal sahen die Ärzte keine unmittelbare Gefahr, aber sie war in ihrer allgemeinen Konstitution so schwach, daß sie am 28. Juni 1757 einem plötzlichen Erstickungsanfall erlag. Der Tod der Mutter hat alle Geschwister, auch August Wilhelm und Friedrich, tief getroffen. In Berlin fanden die umfänglichen Trauerfeierlichkeiten für die sehr beliebt gewesene Fürstin statt. Prinzessin Amalie als letzte Betreuerin der Mutter und alle Prinzessinnen des königlichen Hauses hatten Kondolenzbesuche entgegenzunehmen. Der Hof trug sechs Wochen lang tiefe Trauer in Wolle und Krepp, und als noch während der Hoftrauer die gesamte königliche Familie nach Magdeburg fliehen mußte, da sahen die schwarz drapierten Kutschen aus, als fahre man erneut zu einem Leichenbegängnis.

Kammerherr Graf Lehndorff berichtete über die Kondolenzbesuche nicht ohne Sarkasmus:
»Berlin, 20. 7. 1757
Alle sind ungehalten darüber, daß die Prinzessin von Preußen ihren Empfang auf vier Uhr angesetzt hat, wo eine gräßliche Hitze herrscht, daß wir beinahe umkommen. Die Frau Prinzessin von Preußen, sonst wenig angesehen, ist doch glücklicher als die anderen Prinzessinnen des königlichen Hauses [Amalie, Prinzessin Heinrich], insofern sie hoffnungsvolle Kinder und darum ein angenehmes Familienleben hat. ... Von hier begibt sich die schwarze Rotte zur Prinzessin Amalie, wo wir ebenso unsere Bücklinge machen.« [50]
Der Krieg befand sich derzeit in einem kritischen Stadium. Erstmalig bekam Prinz August Wilhelm ein eigenes Kommando. Leider gehörte zu seiner etwa 34.000 Mann starken Armee auch derjenige Teil des Heeres, der vor kurzem bei Kolin schwer geschlagen worden war. Die Angriffslust dieser Leute, ihre seelische und körperliche Verfassung hatten gelitten und die Soldaten waren nicht auf der für preußische Truppen gewohnten Höhe. Trotzdem hätte ein geborener Feldherr, der mitzureißen verstand, wie etwa Friedrich selbst, wahrscheinlich vorzügliche Leistungen mit ihnen vollbracht. Aber August Wilhelm war, bei allem Vorstudium der Kriegskunst, kein Feldherr! Wo blieb das preußische »Attaquez-donc toujours?«, das von Friedrich geforderte: »Vorwärts, dem Feind in den Hosen gesessen!«? August Wilhelm fragte den König um jede Kleinigkeit wie ein Schulkind seinen Lehrer.
Gewiß, seine Aufgabe war nicht leicht. Friedrich beauftragte ihn, sein Armeekorps von Leitmeritz so in die Lausitz zurückzubringen, daß dieses Land die Verbindungsbrücke darstellen konnte und dadurch die militärischen Bewegungen zwischen Sachsen und Schlesien ermöglicht wurden:
»Neu-Lysa, 24. Juni 1757
... Ich bestimme Ihnen den Befehl über die hiesige Armee. Sie soll zunächst die Elbe decken, und wenn uns kein glücklicher Erfolg zur Hilfe kommt, sich im Winter nach Schlesien zurückziehen. Eine günstige Viertelstunde kann uns die Überlegenheit über unsere Feinde wieder verschaffen. Bleibt der Erfolg aus, so muß bis zuletzt für das Wohl des Staates gekämpft werden. Adieu, lieber Bruder.«
August Wilhelm bestätigte diesen Auftrag:
»Lager bei Leitmeritz, 25. Juni 1757
... Die Ehre, die Sie mir erweisen, indem Sie mir den Befehl über die

Truppen geben, die die Elbe decken sollen, ist mir als Vertrauensbeweis von höchstem Wert. Ich bin Ihnen ungemein dankbar dafür. Seien Sie überzeugt, daß mein Ziel erreicht sein wird, wenn es meinem Eifer gelingt, Ihre Absichten zu erfüllen und Ihren Beifall zu erringen.« [51]

Weitere Befehle Friedrichs an August Wilhelm ergingen:

»Leitmeritz, 13. Juli 1757

Die Lage ist zweifellos übel, aber wir müssen versuchen, folgendes so gut wie möglich auszuführen. Sie müssen die Lausitz und Schlesien decken; denn decken Sie die Lausitz nicht, so wird ein Schwarm leichter Truppen mit Feuer und Schwert bis Berlin vordringen; decken Sie Schlesien nicht, so wird das Land verwüstet und die Festungen werden erobert, weil die Hilfe ausbleibt. Wie Sie es ausführen, kann ich Ihnen nicht vorschreiben. Das alles ist sehr schwierig, aber beraten Sie sich mit Ihren Generalen, die Sie bei sich haben, und fassen Sie je nach den Umständen den besten Entschluß. Ich will Sie deshalb weder betreffs Ihrer Stellungen noch wegen Ihrer Märsche bevormunden . . .« [52]

Am gleichen Tag schrieb August Wilhelm an Friedrich:

»Lager bei Leipa, 13. Juli 1757

. . . Morgen schicken wir zwei Bataillone nach Zittau, um für neun Tage Mehl herzuschaffen. Falls Sie mir den Abmarsch befehlen, brauche ich 36 Stunden, um die vielen Wagen voranzuschicken. Hier bleiben uns 32 Bataillone, 35 Schwadronen Kavallerie und 15 Schwadronen Husaren. Heute erhielt ich keine Nachrichten vom Feinde. Wir wechseln heute nachmittag das Lager, damit keine Lücke in den Linien entsteht.«

Friedrichs Antwort darauf war:

»Leitmeritz, 14. Juli 1757

Wenn Sie sich immer weiter zurückziehen, werden Sie binnen vier Wochen auf Berlin zurückgedrängt sein. Der Feind tut nichts, als Ihnen zu folgen. Es fehlt Ihnen hier an Schlachtvieh; lassen Sie es aus der Lausitz kommen. Ziehen Sie sich zurück, so fehlt es Ihnen an Fourage und Sie haben stets das verfluchte Geschmeiß in der Flanke, wohin Sie sich auch wenden mögen. Ich sehe, man schüchtert Sie mit Nachrichten ein und bauscht alle Dinge auf.

Sie haben das Proviantfuhrwesen, das Ihnen Mehl herbeischaffen kann, soviel Sie wollen.« [53]

Doch August Wilhelm sah nur Probleme:

»Lager bei Leipa, 14. Juli 1757

Dauns Armee, mit der des Prinzen Karl vereinigt, hat heute früh das

Lager bei Niemes bezogen und ist am Nachmittag auf Gabel gerückt. Bei dem sehr lebhaften Geschützfeuer ist mir jede Verbindung abgeschnitten; die 5 Schwadronen von-Werner-Husaren treffen soeben auf Umwegen ein. Ich bin in Sorge um Zittau und um die Wagen, die Mehl holen sollen und die der General Puttkamer mit zwei Bataillonen führt. Ich weiß, daß er Gabel erreicht hat, und daß man ihn angreift. Ich muß unbedingt über Reichstadt und Gabel marschieren. Das ist jetzt nicht mehr möglich. Ich werde die befragen, die die Wege über Rumburg kennen. Schlägt das fehl, so zwingt mich der Brotmangel, auf Leitmeritz zurückzugehen.«

Nun wurde Friedrich ernstlich böse:

»Leitmeritz, 15. Juli 1757

Ihr habt wohl alle samt den Kopf verloren! Wollen Sie Ihre Magazine preisgeben und auf die Deckung der Lausitz verzichten? Zehn Schlachten wären besser gewesen, als es soweit kommen lassen. Prinz Karl hat sich mit Daun vereinigt, gewiß! Dafür haben sie Kheul nach Schlesien detachiert, andere Truppen zur Reichsarmee und Nadasdy hierher. Sie folgen schwächlichen Ratschlägen, die Sie, den Staat und mich verderben werden. All diese falschen Operationen kommen von den Ratschlägen Schmettaus, der ein Schwarzseher ist. Ich wollte, der Teufel hätte ihn geholt, statt daß ich ihn Ihnen beigegeben hätte.

p.s.: Sie lassen mich das Vertrauen, das ich Ihnen schenkte, recht teuer bezahlen.« [54]

Als Antwort kamen von August Wilhelm nur erneute Klagen:

»Lager bei Leipa, 15. Juli 1757

Wir sind in einer kritischen Lage. Das feindliche Heer lagert bei Niemes, wir sehen sein Lager. Sie haben ein Korps detachiert, das Gabel angegriffen hat. Wir wissen nicht, ob sie es genommen haben; denn das Geschützfeuer von gestern war sehr stark. Heute hört man Kleingewehrfeuer. Ist Gabel genommen, so sind wir von Zittau auf diesem Wege abgeschnitten. Es bleibt uns nur der über Georgenthal nach Löbau, der nur für eine Kolonne benutzbar ist, und besetzt der Feind ein Défilé, so kommt man auf keinerlei Weise durch ...

Um standzuhalten müssen wir Mehl haben; das unsere geht zu Ende, und unser Brot reicht nur bis zum 19. Wenn Sie so gütig sein wollten, uns welches zu schicken, so wäre das vielleicht das einzige Mittel, um die Dinge wieder einzurenken.« [55]

«Lager bei Leipa, 16. Juli 1757

Gabel ist genommen. Ich habe nur noch für vier Tage Brot. Morgen marschiere ich über Kamnitz nach Rumburg auf Zittau und suche es wenn möglich zu erreichen, bevor der Feind es einnimmt.« Jetzt sah sich Friedrich gezwungen, seinen Bruder hart anzufassen: »Leitmeritz, 18. Juli 1757

Zu meinem größten Befremden ersah ich aus Ihrem Schreiben vom 16., daß Sie den Abmarsch noch vier Tage hinausgezögert haben, bevor Sie Zittau zu Hilfe eilen. Sie machen alles verkehrt; warum sind Sie nicht Gabel am 14. mit der Armee zur Hilfe gekommen? Nach alledem ist es mir unmöglich, Ihnen den Befehl über eine Armee anzuvertrauen.

Ich habe sofort befohlen, von Pirna nach Bautzen unverzüglich für sechs Tage Brot für Ihre Armee zu schicken; Sie werden es von dort in Ihr Lager abholen lassen.

Ich sehe wohl, daß ich genötigt sein werde, dorthin zu kommen, um zu sehen, ob ich Ihre schönen Operationen wieder gut machen kann...«[56]

»Leitmeritz, den 19. Juli 1757

Sie wissen nicht, was Sie wollen noch was Sie tun. In einem Briefe verlangen Sie, daß ich Ihnen von hier Brot schicke, und dabei geben Sie feige Gabel preis, das Ihnen die Verbindung mit Zittau, Ihrem Magazin, sicherte! Sie werden stets nur ein kläglicher Heerführer sein. Kommandieren Sie einen Harem, wohlan; aber solange ich lebe, vertraue ich Ihnen keine zehn Mann mehr an. Wenn ich tot bin, machen Sie soviel Dummheiten wie Sie wollen; sie kommen auf Ihr Konto; aber solange ich lebe, sollen Sie keine mehr machen, die den Staat schädigen. Das ist alles, was ich Ihnen sagen kann. Mögen Ihre besten Offiziere jetzt die Schweinerei, die Sie angerichtet haben, wieder gut machen; prüfen Sie sich selbst, was Sie leisten können, ehe Sie um ein Kommando bitten. Was ich Ihnen sage ist hart, aber wahr. Sie zwingen mich dazu, indem Sie es dahin bringen, daß die Armee und ich ihren Ruf einbüßen und der Staat zu Grunde geht.«

Jetzt schien August Wilhelm mit seiner Fassung am Ende: »Lager bei Löbau, 25. Juli 1757

Ich erhielt Ihr Schreiben vom 19. Wir sind aus dem Lager bei Zittau hierher gekommen, ohne daß der Feind uns belästigt hat. Der Brotmangel hat uns gezwungen, Zittau zu räumen. Wie Sie wissen werden, ist die Stadt bombardiert und in wenigen Minuten in Asche verwandelt worden. Wir konnten keinen Mann mehr hineinwerfen und hatten große Mühe, die Besatzung herauszuziehen... Morgen schicken wir einen Wagenzug ab, um das Brot aus Bautzen zu holen. Übermorgen rückt der General Manteuffel mit dem Regiment Bevern nach Pommern ab.

Ich habe nie um das Kommando über eine Armee gebeten, weil ich mir etwas auf meine Talente einbildete, und wenn Sie es befehlen, werde ich diesen Ehrenposten ohne Bedauern aufgeben, in der Hoffnung, daß ein Geschickterer als ich Ihre Absichten besser erraten wird. Es ist möglich, daß ich in der kritischen Lage, in der ich mich befand, Fehler gemacht habe. Trotzdem wird keiner Ihrer Generale mich der Laune, Feigheit oder der geringsten Unordnung in den getroffenen Anordnungen zeihen.

Mein gutes Gewissen ist also mein einziger Trost; es läßt mich Ihre Vorwürfe mit Ergebung tragen.

Ich verbleibe, liebster Bruder, bis zum Grabe der gehorsamste Diener und Knecht und arme

Wilhelm« [57]

Die letzten Worte dieses französischen Briefes waren im Original gesperrt und deutsch geschrieben. Es war ganz offensichtlich, daß der Prinz vergeblich um Fassung rang und einem Nervenzusammenbruch nahe war, obwohl er sich durch seine eigene Version der Vorfälle immer wieder zu trösten und aufrechtzuerhalten suchte.

Der 29. Juli 1757 brachte das Wiedersehen der Brüder nach diesen unglücklichen Vorkommnissen. Der Prinz wollte Meldung erstatten, allein der König würdigte ihn keines Blickes, keiner Anrede, und den Generalen des Prinzen ließ er sagen, »daß sie allesamt meritiereten, daß ihnen die Köpfe vor die Füße gelegt würden«. Darauf legte der Prinz tiefgekränkt das Kommando nieder und setzte den König davon in Kenntnis. Friedrich entgegnete ihm, immer noch in großer Erregung:

»Lager von Bautzen, 30. Juli 1757

Durch Ihre schlechten Maßregeln haben Sie meine Lage verzweifelt gemacht. Nicht meine Feinde haben mich ins Unglück gestürzt, sondern die Unvollkommenheit Ihrer Anordnungen. Meine Generale sind nicht zu entschuldigen, weil diese Sie entwedet schlecht beraten oder zugelassen haben, daß Sie so unheilvolle Entschlüsse faßten.

Ihre Ohren sind nur an die Stimme von Schmeichlern gewöhnt, Daun schmeichelt Ihnen nicht, und nun sehen Sie die Folgen.

Mir bleibt in dieser traurigen Lage nichts anderes übrig, als die verzweifeltsten Entschlüsse zu fassen. Ich muß mich schlagen, wir lassen uns alle niedermachen, wenn wir nicht siegen können.

Ich klage nicht Ihr Herz an, sondern Ihre Ungeschicklichkeit und den Mangel an Urteil, der Sie verhindert hat, das Rechte zu sehen. Ich spreche aufrichtig mit Ihnen. Wer nur noch einen Augenblick zu leben hat, braucht nichts zu verheimlichen.

Ich wünsche Ihnen mehr Glück, als ich gehabt habe. Mögen Sie nach all dem schweren Unglück, das uns betroffen hat, in der Folge lernen, wichtige Dinge mit mehr Gründlichkeit und Entschlossenheit zu behandeln.

Das Unglück, das ich kommen sehe, ist zum Teil durch Ihre Schuld herbeigeführt worden. Sie und Ihre Kinder werden schwerer darunter leiden als ich. Halten Sie sich trotzdem davon überzeugt, daß ich Sie stets geliebt habe und in dieser Gesinnung sterben werde.«[58]

Kurz darauf bat August Wilhelm in einem nicht erhaltenen Brief, der König möge ihm die Erlaubnis erteilen, nach Berlin zurückzukehren. Zornig antwortete der überlastete Monarch:

»Weißenberg, 7. August 1757

Lieber Bruder,

auf Ihren Brief antworte ich nicht, weil Ihr Kopf verwirrt ist. Sie haben ihn, glaube ich, in einem Fieberanfall geschrieben.«

»Weißenberg, 12.August 1757

Was? Sie wollen fliehen, während wir kämpfen? Sie wollen Feiglingen im Heere ein Vorbild geben, so daß sie sagen können: ›Wir verlangen nichts, als was dem Prinzen von Preußen gewährt wurde.‹ Erröten Sie bis in den Grund Ihrer Seele über die Vorschläge, die Sie mir machen. Sie reden von Ihrer Ehre. Sie lag darin, die Armee gut zu führen und nicht auf einen Hieb vier Bataillone, Ihr Magazin und Ihre Bagage zu verlieren.

Ich werde Ihnen, solange ich lebe, kein Kommando über eine Armee geben, es sei denn, daß ich eine zuviel hätte. Aber Sie können bei der Armee bleiben, die ich führe, ohne daß Ihre Ehre dadurch verletzt wird. Gehen Sie nach Berlin, so setzen Sie sich der Gefahr aus, über kurz oder lang von einem Streifkorps aufgegriffen zu werden oder sich mit den Weibern in irgendeine Festung zu retten. Eine schöne Rolle für einen präsumtiven Thronfolger!«[59]

»Bautzen, 26. August 1757

Ich weiß nicht, was für merkwürdige Briefe ich von Ihnen empfange. Ich habe Sie nie einen Feigling genannt, noch Sie dafür gehalten; Sie schreiben mir darüber ein unverständliches Kauderwelsch. Geschrieben habe ich Ihnen: Wenn Sie nach Berlin gehen, würden alle Feig-

linge und bequemen Leute im Heere Ihr Beispiel zum Vorwande nehmen, um Brunnen zu trinken oder Gott weiß was zu tun, nur um sich
zu drücken. Vielmehr habe ich diese schöne Reise lediglich als Laune
eines großen verzogenen Kindes aufgefaßt, dem man ein Messer weg-
nimmt, mit dem es sich verletzen und anderen Schaden zufügen
könnte...«

August Wilhelm machte keinen weiteren Versuch, sich zu rechtfertigen. Er antwortete:

»Dresden, 29. August 1757

Liebster Bruder!

Seit Sie mir meine Fehler nochmals vorgehalten haben, bin ich so überzeugt von meiner Unfähigkeit und von meiner Zwecklosigkeit in der
Armee, daß ich mich wohl hüten werde, Ihnen dort zur Last zu fallen.
Ich kann jedoch nicht leugnen, es schmerzt mich empfindlich, daß
all meine Mühe und mein Fleiß umsonst waren und daß ich mich in
meinem Alter als unnützes Glied des Staates sehe. Mir bleibt also
nichts übrig, als ein zurückgezogenes Leben zu führen.

Nichtsdestoweniger können Sie überzeugt sein, daß ich stets an allem
teilnehmen werde, was zur Erfüllung Ihrer Wünsche beitragen kann,
obwohl Sie mich ungehört verurteilt haben und mir vielleicht mehr
Fehler zuschreiben, als ich verdiene.« [60]

Friedrich hatte dafür nicht das geringste Verständnis:

»Dresden, 30. August 1757

Lieber Bruder!

Es ist besser, ein unnützes als ein schädliches Glied eines Heeres zu
sein. Tun Sie was Sie wollen; ich kümmere mich nicht mehr um Ihre
Angelegenheiten. Aber es stände Ihnen besser an, in meinem Heere
zu sein, wie Sie es immer waren, als sich in Dresden aufzuhalten, auf
die Gefahr hin, dort belagert zu werden. Das müßte die gesunde Vernunft und die Ehre Ihnen gebieten. Was Ihre Launen und Einfälle
betrifft, so müssen Sie wissen, daß ich sie nicht beachte; denn ich habe
genug mit meinen Feinden zu tun. Danach werden Sie es eher müde
werden zu schmollen, als ich, mich um Ihre Verkehrtheiten zu
kümmern.«

»Dresden, 30. August 1757

Lieber Bruder!

Sie können nur in Torgau Sicherheit finden. Sie müssen morgen dorthin abreisen und werden dort das Ende des Feldzuges abwarten.« [61]

Der Prinz richtete sich nach diesem Befehl und blieb in Torgau, bis im

November endlich der König die Erlaubnis erteilte, daß August Wilhelm nach Berlin reisen könne. Der Thronfolger schrieb noch etliche Male an den König, doch Friedrich beantwortete die Briefe nicht mehr eigenhändig, sondern durch einen Sekretär. Der letzte Brief August Wilhelms zum Geburtstag des Bruders war nochmals eine rührende Versicherung seiner Ergebenheit, ein Zeichen seiner ehrenhaften Gesinnung und – leider auch seiner gänzlichen Ohnmacht, das gestörte Verhältnis zum König von sich aus wieder herzustellen.

Parallel mit dem heftigen Briefwechsel der beiden Brüder lief die Korrespondenz August Wilhelms mit der ihm so vertrauten Schwägerin Prinzessin Heinrich. Ihr konnte er offen von seinem Kummer sprechen, ihr so recht sein Herz ausschütten. Einige der Briefe gehen zurück auf die kritischen Tage im Juli 1757:

»Lager bei Bautzen, 27. Juli 1757

Endlich kann ich Ihnen ungefährdet schreiben. Seit dem 1. des Monats, wo ich das Kommando der Armee übernahm, habe ich alle Mißgeschicke des Krieges erfahren, nur geschlagen worden bin ich nicht. Ich habe vor allem, was mir zustieß, gewarnt und Abhilfe vorgeschlagen. Man hat meine Vorschläge verspottet, und jetzt, wo ich tief im Unglück stecke, bezichtigt man mich, es verschuldet zu haben, behandelt mich unerträglich hart, und ich glaube, ich kann das Kommando nicht mit Ehren behalten.

Um das Unglück zu vollenden, fühle ich mich hundeelend; ich bin von Anstrengungen erschöpft und so schwach, daß ich mich kaum auf den Beinen halten kann, abgemagert wie ein Hering. Sicherlich kommen Ihnen viele Reden über meine Märsche und Bewegungen zu Ohren. Bitten Sie die Leute doch, daß sie ihr Urteil aufschieben, bis sie mich gehört haben. Der König greift meine Ehre an. Ich habe ihm meine Gesundheit geopfert und mehr als hundertmal mein Leben aufs Spiel gesetzt. Es wäre zu hart, ihm noch meine Ehre preiszugeben, um seine Fehler zu decken . . .«[62]

»Dresden, 1. August 1757

Sie werden überrascht sein, mich hier zu wissen. Ich konnte meine Rolle nicht weiter spielen, man wollte mir Ehre und Ruf nehmen . . .

Heinrich hat etwas getan, was ich ihm zeitlebens nicht genug danken kann. Er hat das Kommando über das Heer, das ich verlassen habe, abgelehnt, denn er wollte seinen Ruhm nicht auf mein Verderben gründen. Das werde ich ihm zeitlebens nicht vergessen.

Ich bin so entkräftet, daß ich stündlich Kraftbrühe trinken muß. Ich

bin abgemagert, aber mein Geist ist ruhig, denn ich habe mir nichts
vorzuwerfen . . .«[63]
Als August Wilhelm nach Berlin kam, fuhr er unverzüglich zu seinem
Schloß Oranienburg. Hier in der ländlichen Ruhe und Abgeschiedenheit hoffte er, seine Gesundheit am schnellsten wiederherstellen zu
können. Einer seiner Briefe aus diesen Tagen an den Minister Friedrich
Wilhelm von Borcke gab ein markantes Bild, wie es zur Zeit des Siebenjährigen Krieges in der Heimat aussah. Damals wurde die Versorgung der Bevölkerung nicht von Staats wegen geordnet, es gab weder
Lebensmittelkarten noch sonst irgendwelche Regelung. Jeder war sich
selbst der Nächste und die verknappten Lebensmittel stiegen unerhört
im Preis, so daß die ärmeren Teile der Bevölkerung bitteren Mangel
und arge Not litten.
»Oranienburg, 25. November 1757
. . . Inzwischen nimmt das Elend seinen Lauf. Berlin ist nicht wiederzuerkennen. Die Häuser stehen noch, aber das Gras wächst auf den
Straßen, die Arbeiter aus den Fabriken ziehen in Scharen als Bettler
umher, und keine Kutsche rollt mehr. Die Gehälter werden nicht
mehr gezahlt. Wie Gotter mir neulich sagte, bestreitet er sein tägliches
Mittagessen mit einem silbernen Teller. Die Minister halten täglich
lange Konferenzen ab, in denen nichts beschlossen wird.
Weiter kann ich Ihnen nichts berichten. Es ist eine Schande, wie es
hier zugeht. Keinerlei Anstalten werden getroffen, es gibt keine Ordnung und so viele verschiedene Meinungen, wie man hier findet, sind
nicht bei dem Turmbau zu Babel gewesen.«[64]
Im Laufe dieses Winters ging dann der Prinz auch wieder in sein
Stadtpalais nach Berlin oder man traf sich in Magdeburg. In jedem
Falle fand August Wilhelm in seiner Gemahlin eine sanfte Gefährtin,
und das Ehepaar kam in aller Not und Depression so weit wieder einander näher, daß Prinzessin Luise Amalie zum Frühjahr feststellen
konnte, sie würde zum Herbst ihr viertes Kind erwarten.
Das Zerwürfnis zwischen dem König und dem Thronfolger beschäftigte alle Welt lebhaft und besonders der Kreis der Geschwister sann
darauf, wie man diese Sache wieder einrenken könne. Aber August
Wilhelm stand allen Vorstellungen ablehnend gegenüber. Er mied auch
in der Folgezeit die Hofgesellschaft und ging im Frühjahr wieder nach
Oranienburg.
Sein Befinden verschlechterte sich zusehends. Man rief seine Schwester Amalie, in der Familie hinlänglich als resolute und erfahrene

Krankenpflegerin bekannt. Sie brachte zunächst einen Arzt mit, der Prinz wollte jedoch niemanden sehen. Es begann ein listiges und makabres Spiel, dem todkranken Prinzen im Delirium Medikamente einzugeben, die er dann, wenn sie geholfen hatten, nicht mehr nahm. So behielten endlich die Krankheit und die Schwäche des Prinzen die Oberhand und nach langem und verzweifeltem Ringen starb August Wilhelm im Alter von nur fünfunddreißig Jahren. Amalie war niedergeschmettert von dieser unerwarteten Wendung und schrieb an den König:

«Oranienburg, 12. Juni 1758, 3^1/$_2$ Uhr morgens

Liebster Bruder!

Es ist geschehen, mein Bruder lebt nicht mehr. Der Tod, der schreckliche Tod hat ihn uns eben genommen. Ein Stickfluß hat ihn der Welt entrissen. Ich beweine ihn als Bruder, betrauere ihn als Freund. Sein Tod war äußerst qualvoll. Bis zum letzten Atemzuge habe ich ihn nicht verlassen. Das ist alles, was ich Ihnen in einem so bitteren und schmerzlichen Augenblick sagen kann.« [65]

Die Eilstafette mit der Todesbotschaft erreichte Friedrich im Felde, im Lager bei Proßnitz. Zwar hatte man ihm von der Krankheit August Wilhelms geschrieben und er hatte teilnehmend und freundlich an Amalie geantwortet. Doch dies rasche Ende hatte niemand vermutet, am allerwenigsten der König. Er fühlte sich verpflichtet, die Geschwister persönlich zu benachrichtigen, obwohl die Kunde vom Tode des Thronfolgers sich blitzschnell im Lande verbreitet haben dürfte.

An Heinrich schrieb er:

»Lager bei Proßnitz, 25. Juni 1758

Ich habe aus Berlin die traurige und schmerzliche Nachricht vom Tode meines Bruders erhalten. Ich bin umso tiefer niedergeschlagen, als ich ihn immer zärtlich liebte, und ich habe allen Ärger, den er mir verursachte, auf seine Schwäche für schlechte Ratgeber und sein cholerisches Temperament zurückgeführt, das er nicht immer in der Gewalt hatte. Im Blick auf seine Herzensgüte und seine guten Qualitäten ertrug ich vieles in seinem Lebenswandel mit Langmut, was höchst regellos war und worin er in seinen Pflichten mir gegenüber versagt hat. Ich weiß, wie zärtlich Sie ihn geliebt haben ... Gebrauchen Sie Ihre Vernunft und die Philosophie als die einzigen Hilfsmittel, durch welche Leiden erträglich werden.« [66]

Heinrich antwortete ihm:

»Juni 1758

... Ich habe tief unter dem Mißverständnis, das zwischen Ihnen und

meinem Bruder bestand, gelitten, und Ihre Erinnerung daran hat mich
noch mehr bekümmert . . .

Wäre er noch am Leben, so würde ich mit Freuden meine Tage abkür-
zen, um jeden der Tage auszulöschen, an denen Sie mit ihm zürnten,
aber dafür ist es jetzt zu spät. Ich werde meinen Kummer mit Geduld
tragen; aber wenn die Seelenstärke auch den Menschen zum Herrn
seiner eigenen Handlungen machen kann, so braucht sie doch nicht
seine Gefühle zu ersticken; und wenn man auf Glück und Zufriedenheit im Leben verzichten kann, so ist doch in der Gleichgültigkeit nur
wenig Tugend.«[67]

Zur Zeit dieses Briefaustausches hatten Friedrich und Heinrich noch
keine genauen Berichte über die letzten Stunden August Wilhelms in
Händen. Dagegen fand man Jahrzehnte später in den Papieren des
ehemaligen Fräuleins von Pannwitz, der späteren Gräfin Voß, einen
sehr aufschlußreichen Brief. Die Verfasserin ist Madame du Troussel,
die ehemalige Frau von Kleist, geborene von Schwerin, einstmals Hofdame der Königinmutter, die die Vorgänge um den Prinzen mit be-
sonderer Wachsamkeit verfolgt hatte:

»20. Juni 1758

. . . Der Prinz hat sehr gut gewußt, daß er dem Tode entgegen ging, und
er wußte es nicht etwa erst in den letzten Tagen. Bereits vier Wochen
vor seinem Ende bereitete er seinen alten Regiments-Chirurgus, den er
immer bei sich hatte, darauf vor und sagte ihm, daß er deshalb Berlin
verlasse, um in Oranienburg ruhig sterben zu können. Zugleich untersagte er ihm auf das strengste, dies an irgend jemand zu verraten, wem
immer es auch sei, da er entschlossen sei, weder einen Arzt vorzu-
lassen noch Heilmittel zu nehmen; denn eine feste und gewisse Hoffnung sage ihm, daß es bald mit ihm aus sein werde. Dafür erlaube
er ihm, zur Belohnung seiner Verschwiegenheit und Treue, nach seinem Tode ihn zu sezieren, falls es ihm wichtig sei, den physischen
Grund seines Endes zu erfahren.

Der unglückliche Chirurgus war in Verzweiflung, doch kam zu seinem
Trost nicht lange darauf plötzlich Herr von Forçade, der frühere Oberst
von des Prinzen Regiment, in Oranienburg an, um diesen zu besuchen.
Forçade ist nun entsetzt über das schlechte Aussehen des Prinzen, der
Chirurgus vertraut ihm den Entschluß desselben an und jener schickt
sofort eine Stafette an die Prinzessin Amalie, um ihr die Krankheit des
Bruders zu melden.

Die Prinzessin kommt auch unverzüglich mit dem berühmten Dr. Mekkel an, aber der Prinz hört nicht auf sie. Trotz ihrer Bitten und Tränen will er Meckel nicht sehen und dieser muß wieder abreisen. Die Prinzessin jedoch läßt sich nicht beschwichtigen und abweisen, sie bleibt standhaft bei dem Kranken und hat ihn nicht verlassen bis zu seinem letzten Augenblick. Wenige Tage, nachdem er Meckel fortgeschickt hatte, war er bereits so krank, daß er das Bewußtsein verlor und nicht mehr das Bett verlassen konnte.

Die Prinzessin benutzt diesen Augenblick, läßt eilends nicht nur Dr. Meckel, sondern noch drei andere Ärzte aus Berlin rufen, diese erklären den Zustand für eine Art Gehirn-Entzündung und wenden alle Mittel an, des Fiebers Herr zu werden. Es gelingt ihnen, die Krankheit zu brechen, die Delirien hören auf, der Kranke scheint gerettet, aber kaum kommt er wieder zu sich, so schickt er die Ärzte fort und verweigert hartnäckig, fernerhin irgendein Mittel zu nehmen.

Und so ist es fort und fort gegangen. Wenn das überhandnehmende Fieber ihn betäubte und die heftigen Phantasien zurückkehrten, konnte man allein die Mittel anwenden, die sein Zustand verlangte und die die Entzündung bekämpften. Dann trat jedesmal sofort eine Besserung ein und kaum war diese soweit fortgeschritten, um dem Unglücklichen das Bewußtsein wiederzugeben, so war auch damit jede Möglichkeit genommen, ihn weiter zu pflegen oder ärztlich zu behandeln.

Er nahm nichts ein, erlaubte nicht einmal, daß man ihm den Puls fühlte, wies jede Annäherung der Ärzte mit größter Heftigkeit und Aufregung zurück und tat alles, was ihm nur möglich war, um seinen Zustand zu einem verzweifelten zu machen.

Endlich schien in der Tat keine Hilfe mehr möglich und er in vollem Ernst verloren; man sagte es ihm und anstatt jeder Antwort faltete er nun die Hände und rief mehrere Male hintereinander mit Inbrunst: ›Jesus, erbarme dich meiner!‹ Darauf verlangte er nach dem Geistlichen des Ortes und bewies, als dieser kam, und fortan bis zuletzt die größte Andacht und Frömmigkeit.« [68]

Manche Quellenwerke, so die Tagebücher des Grafen Lehndorff und die Aufzeichnungen der Prinzessin Heinrich, sprechen von einem Gehirntumor, den die Ärzte bei der Obduktion des Verstorbenen gefunden haben sollten. Dies dürfte jedoch auf einem nicht zutreffenden Gerücht beruhen [69].

In den Urkunden über das Ableben des Prinzen befanden sich die Obduktionsprotokolle der Ärzte. Sie brachten seinen Tod in Verbindung mit einem schweren Sturz, den er 1744 bei der Belagerung von

Prag mit seinem Pferde erlitten hatte. Eine Kommission moderner Ärzte hat Anfang des 20. Jahrhunderts nochmals alle Unterlagen geprüft und man glaubte damals, darüber einen sehr kargen und nüchternen Befund abgeben zu müssen:

»Es dürfte mithin über die Krankheit und den Tod des Prinzen, was dessen Abhängigkeit von einer Differenz mit Friedrich dem Großen betrifft, anzunehmen sein, daß ein direkter Zusammenhang nicht besteht.« [70]

Das Volk aber sagte damals, der Thronfolger sei »an gebrochenem Herzen« gestorben. Medizinisch und chirurgisch war das nicht nachweisbar, aber im tiefsten Grunde von August Wilhelms Wesen lag die Disposition dazu begründet: »Ich gehöre zu den Menschen, die nur ein Gedanke beherrscht!« wie er einmal schrieb [71].

Prinzessin Luise Amalie, die sich in anderen Umständen befand, war in Berlin im Kronprinzenpalais und ahnte nichts von alledem, was sich in Oranienburg zugetragen hatte. Ihr Hofstaat tat alles, sie hermetisch von den Nachrichten der Außenwelt abzuschirmen, man fürchtete für das ungeborene Kind. Es war schließlich die Königin, ihre Schwester, die sich der schwierigen Aufgabe unterzog, ihr den Tod des Prinzen mitzuteilen. Der König billigte es, daß man der Prinzessin so lange wie möglich das traurige Ereignis verheimlicht hatte. Er schrieb an seine Gemahlin:

»Lager bei Proßnitz, 19. 7. 1758
Gnädige Frau,
Sie haben sehr recht daran getan, meiner Schwägerin den großen Verlust, den sie erlitten hat, zu verheimlichen. Ich bin überzeugt, daß Sie bei der Mitteilung jede nur mögliche Vorsicht anwenden werden. Gleichzeitig wollen Sie ihr mitteilen, daß niemand größeren Schmerz über dieses Unglück empfinden kann als ich, und daß ich in allem, was von mir abhängt, zu ihrem Glücke beizutragen suchen will. Ich werde versuchen, ihr durch meine Liebe ihren schweren Verlust zu erleichtern, soweit ein derartiger Verlust überhaupt erleichtert werden kann. Ich sehe ihre Kinder als meine eigenen an. Sie kann darauf rechnen, daß ich auf das eifrigste für sie sorgen und das Bild meines armen Bruders im Grunde des Herzens bewahren werde, aus dem es allein der Tod entfernen kann.« [72]

Es hatte eine vorläufige Beisetzung August Wilhelms in Oranienburg stattgefunden. Graf Lehndorff schritt, ehrfürchtig das Gefäß mit den Gedärmen tragend, hinter dem Sarge des einbalsamierten Thronfolgers

einher[73]. Man würde den Prinzen noch mit allen Ehren in der Gruft
des Domes zu Berlin bestatten – aber als man ihn jetzt zur Ruhe
setzte, da wußte seine eigene Frau noch nichts von seinem Tode.
Am 30. Oktober 1758 kam ein dritter Sohn August Wilhelms zur Welt:
Emil. Er trug den Namen des einstigen Lieblingssohnes des Großen
Kurfürsten. Ihm war kein langes Leben beschieden. In Magdeburg geboren, als der Hof wieder einmal aus Sicherheitsgründen Berlin verlassen und die Festung aufgesucht hatte, wurde Emil nur wenige Monate alt und starb am 15. Februar 1759.

Prinzessin Luise Amalie, von der Lehndorff sagte, sie habe doch ein
»angenehmes Familienleben« durch ihre Kinder, hatte es im Grunde
nicht sehr leicht und schön, denn jede Entscheidungsfreiheit wurde
ihr, zumindest bei den Söhnen, aus der Hand gewunden und vom
König übernommen. Es zeichnete sich früh ab, daß der älteste Sohn,
Friedrich Wilhelm, der beim Tode seines Vaters vierzehn Jahre alt
war, über kein besonders glückliches und angenehmes Temperament
verfügte. Der jüngere dagegen, Heinrich, elf Jahre alt, »besaß alle Vorzüge seines Vaters ohne dessen Fehler«, wie Friedrich es einmal formuliert hatte. Der König liebte »Prinz Heinrich den Jüngeren« wie seinen
eigenen Sohn. Heinrich aber starb im Juni 1767 als Zwanzigjähriger –
ein Prinz, der wirklich zu den schönsten Hoffnungen berechtigt hatte.
Er war ungemein beliebt und Friedrich widmete ihm eine feierliche
Ode.

Die Tochter Wilhelmine, bei August Wilhelms Tod sieben Jahre alt,
war noch zu klein, um den Verlust des Vaters in seiner ganzen Tragik
zu begreifen. Sie wuchs heran zu einer sehr hübschen Prinzessin und
verheiratete sich nach den Niederlanden. Der König liebte sie herzlich
und korrespondierte mit ihr bis zu seinem Lebensende. Wilhelmine
starb erst 1820.

Prinz August Wilhelm war der Stammvater der heutigen Hohenzollern. Geht man zurück in der Ahnenreihe, so ist wohl der wirksamste
Kunstgriff, sich seine Nähe oder Ferne zu vergegenwärtigen, wenn
man sagt, daß er der Urgroßvater Kaiser Wilhelms I. gewesen ist. Es
hat keine durchgehende Erbfolge in der Primogenitur stattgefunden,
da Kaiser Wilhelm I. bekanntlich der Bruder des damals erkrankten
und zurückgetretenen Friedrich Wilhelm IV. war. Noch einmal über-
nimmt ein Bruder die Erbfolge als Chef des Hauses Hohenzollern. Das
war 1940, als Prinz Wilhelm fiel und Prinz Louis Ferdinand d. J. an
die Spitze des Hauses trat.

In August Wilhelms Nachlaß fand man eine Art von Aufzeichnungen, die sich aber einseitig auf die militärischen Begebenheiten seines Lebens bezogen. Hauptsächlich war die Schlacht bei Lobositz Gegenstand seiner Betrachtungen. Allerdings schrieb er sich auch den Kummer seines Lebens vom Herzen, eine »Relation über den Feldzug von 1757«, die er sofort nach Beendigung der Kampfhandlungen 1757 anonym herausgab, und zwar unter dem Titel: »Anekdoten zur Erläuterung der Brandenburgischen Geschichte und des letzten Krieges«. Der König ließ die Schrift sofort beschlagnahmen. 1771 und 1772 ist diese »Relation« dann doch in französischer Sprache erschienen und hat bei den Militärs einiges Aufsehen erregt. Man darf mit Recht vermuten, daß Prinz Heinrich sich der Veröffentlichung angenommen hatte, wie er alles nur Erdenkliche zu tun gedachte, um seinen Bruder Wilhelm zu rehabilitieren.

Im Herzen Prinz Heinrichs hatte August Wilhelm sich durch sein Leiden und seinen Tod den Platz eines Märtyrers erobert. Die Ehrung und Würdigung des Bruders war Heinrichs einziger Wunsch und er ruhte nicht eher, bis er nach Friedrichs Tod in den neunziger Jahren einen weithin ragenden Obelisken im Park von Rheinsberg errichtet hatte. Dieser trug die Namen verdienter Gefallener des Siebenjährigen Krieges, allen voran ein umkränztes Medaillon für den Bruder. Der Name Friedrichs, des Königs, wurde auf diesem Gedenkstein nicht erwähnt.

Der Rückblick auf das Leben des Prinzen August Wilhelm ist insofern deprimierend, als er eigentlich niemals seine Herzenswünsche im Leben erfüllt bekam. Er durfte nicht die Frau heiraten, der sein ganzes Herz gehörte, er durfte sie nicht einmal umarmen oder mit ihr eine Lebensgemeinschaft ohne gesetzliche Bindung begründen. Als sein größter Wunsch in Erfüllung ging, eine Armee zu kommandieren, da traten einem Erfolg so viele Hindernisse und eine so unerwartete Kriegskunst des Feindes entgegen, daß er um so kläglicher Schiffbruch erlitt, als er sich dessen überhaupt nicht gewärtig war. Wahrscheinlich war wirklich das größte Desaster seines Lebens, daß er sofort, wie man damals sagte, so tief »in Ungnade« fiel, daß ihm jede Aussicht genommen wurde, begangene Fehler gutzumachen. Niemals würde er Friedrich zeigen dürfen, was er als Soldat wirklich leisten könnte. Diese Hoffnungslosigkeit, diese Aussichtslosigkeit mußten ihn um so schwerer bedrücken, als er vorher so umschwärmt, von Glück begünstigt und zukunftsreich erschienen war.

August Wilhelm ist als ein Mann gestorben, dessen Lebenshoffnungen total zerbrochen waren, der keine Aufgabe mehr auf Erden sah und der nicht die Leichtigkeit der Lebensauffassung hatte, sich mit der Zeit darüber hinwegzusetzen. Er beging in seiner Art und durch das Mittel einer höchst willkommenen Krankheit einen Selbstmord auf legitime und besondere Weise, mit einer gewissen vertrauensvollen Raffinesse seinem Schöpfer gegenüber, dessen Erbarmen er in seiner letzten Stunde anrief.

August Wilhelms Kinder
aus seiner Ehe mit Prinzessin Luise Amalie von Braunschweig-Bevern:

Friedrich Wilhelm II.
* 25. 9. 1744, † 16. 11. 1797
Vermählt in 1. Ehe am 14. 7. 1765 mit Elisabeth, Tochter des Herzogs
Karl I. von Braunschweig-Wolfenbüttel. Ehe geschieden 1769.
Vermählt in 2. Ehe am 14. 7. 1769 mit Friederike, Tochter des Landgra-
fen Ludwig IX. von Hessen-Darmstadt.
König seit 1786.

Heinrich
* 30. 12. 1747, † 9. 6. 1767

Wilhelmine
* 3. 8. 1751, † 9. 6. 1820
Vermählt am 4. 10. 1767 mit Wilhelm IV. Prinz von Nassau-Oranien,
Erbstatthalter der Niederlande.

Emil
* 30. 10. 1758, † 15. 2. 1759

Die Erbfolge im Hause Hohenzollern seit dem Prinzen August Wilhelm:

1 Friedrich der Große
  kinderlos
2 Prinz August Wilhelm
  Thronfolger 1744–1758, Bruder von 1
3 Friedrich Wilhelm II.
  König von 1786–1797, Sohn von 2
4 Friedrich Wilhelm III.
  König von 1797–1840, Sohn von 3
5 Friedrich Wilhelm IV.
  König 1840–1861, Sohn von 4
6 Wilhelm I.
  König 1861–1871
  Kaiser 1871–1888, Bruder von 5
7 Friedrich III.
  Kaiser März–Juni 1888, Sohn von 6
8 Wilhelm II.
  Kaiser 1888–1918, Sohn von 7
9 Kronprinz Wilhelm
  kam nicht zur Regierung, Sohn von 8
10 Prinz Wilhelm
   Gefallen 1940, Sohn von 9
11 Prinz Louis Ferdinand
   Chef des Hauses Hohenzollern, Bruder von 10

Anmerkungen

[1] Dr. Fritz Arnheim »Am Hofe Friedrichs des Großen« 2 Bände, Berlin 1912, Bd. 1 – Nachstehend abgekürzt »Arnheim« genannt.

[2] Arnheim Bd. I

[3] Friedrich von Oppeln-Bronikowski »Liebesgeschichten am Preußischen Hofe«, Verlag Gebr. Pestel, Berlin–Leipzig 1928. – Nachstehend abgekürzt »Liebesgeschichten« genannt. – S. 48

[4] Liebesgeschichten S. 49

[5] Ernst Poseck »Die Kronprinzessin«, Steuben-Verlag Paul G. Esser, Berlin 1940. – Nachstehend abgekürzt »Poseck« genannt. – S. 244

[6] Liebesgeschichten S. 49

[7] »Briefwechsel Friedrichs des Großen mit seinem Bruder August Wilhelm«, Herausgegeben von G. B. Volz und F. v. Oppeln-Bronikowski, Verlag K. F. Koehler, Leipzig – Nachstehend abgekürzt »Briefwechsel AW« genannt. – S. 26

[8] Briefwechsel AW S. 29

[9] Briefwechsel AW, S. 33

[10] Arnheim Bd. I

[11] Briefwechsel AW S. 36

[12] Briefwechsel AW S. 40

[13] Liebesgeschichten S. 49

[14] Baron Jakob Friedrich Bielfeld »Lettres familières et autres«, Den Haag 1763, 2 Bände – Nachstehend abgekürzt »Bielfeld« genannt –

[15] Arnheim Bd. I

[16] Quellen und Forschungen zur Braunschweigischen Geschichte, VIII. Bd. »Aus den Briefen der Herzogin Philippine Charlotte von Braunschweig«, mitgeteilt in französischer Sprache von Prof. Hans Droysen. Deutsch von Ch. Pangels. Bd. I. S. 55.

[17] Bielfeld 1742

[18] Antoine Pesne. Monographie. Jahresgabe des Deutschen Vereins für Kunstwissenschaft. Berlin 1958. – Nachstehend abgekürzt »Pesne« genannt. – S. 173

[19] Briefwechsel AW S. 58

[20] Arnheim Bd. I

[21] Briefwechsel AW S. 62

[22] »Der König«, Friedrich der Große in seinen Briefen und Erlassen, mit biographischen Verbindungen von Gustav Mendelssohn-Bartholdy, Verlag Wilhelm Langewiesche-Brandt, Ebenhausen b. München 1923. – Nachstehend abgekürzt »Der König« genannt.

[23] Sophie Marie Gräfin von Voß »Neunundsechzig Jahre am preußischen Hofe«, Verlag von Duncker & Humblot, Leipzig 1900 – Nachstehend abgekürzt »Gräfin Voß« genannt. – S. 17

[24] Gräfin Voß S. 22

[25] Gräfin Voß S. 21

[26] Gräfin Voß S. 26

[27] Briefwechsel AW S. 82

[28] Briefwechsel AW S. 85

²⁹ Briefwechsel AW S. 91
³⁰ Briefwechsel AW S. 113
³¹ Briefwechsel AW S. 139
³² Briefwechsel AW S. 139
³³ Briefwechsel AW S. 143
³⁴ Briefwechsel AW S. 163
³⁵ Briefwechsel AW S. 165
³⁶ Gräfin Voß S. 24/25
³⁷ »Friedrich der Große im Spiegel seiner Zeit«, Herausgeber G. B. Volz, Verlag Reimar Hobbing Berlin. – Bd. I, S. 264
³⁸ Gräfin Voß S. 13
³⁹ Der König S. 243
⁴⁰ Ernst Ahasverus Heinrich Graf von Lehndorff »Dreißig Jahre am Hofe Friedrichs des Großen«, Herausgeber K. E. Schmidt-Lötzen, Verlag K. F. Koehler und Koehler & Amelang Leipzig ohne Jahreszahl. – Nachstehend abgekürzt »Lehndorff« genannt. – 1752
⁴¹ Lehndorff 1753
⁴² Briefwechsel AW S. 223
⁴³ Briefwechsel AW S. 224
⁴⁴ Liebesgeschichten S. 50
⁴⁵ Gräfin Voß S. 13
⁴⁶ Pesne S. 101
⁴⁷ Der König S. 285
⁴⁸ Der König S. 286
⁴⁹ Briefwechsel AW S. 307
⁵⁰ Lehndorff 1757
⁵¹ Briefwechsel AW S. 277
⁵² Briefwechsel AW S. 288
⁵³ Briefwechsel AW S. 290
⁵⁴ Briefwechsel AW S. 291
⁵⁵ Briefwechsel AW S. 293
⁵⁶ Briefwechsel AW S. 292
⁵⁷ Briefwechsel AW S. 293
⁵⁸ Der König S. 311
⁵⁹ Briefwechsel AW S. 296
⁶⁰ Briefwechsel AW S. 296
⁶¹ Briefwechsel AW S. 298
⁶² Briefwechsel AW S. 318
⁶³ Briefwechsel AW S. 319
⁶⁴ Briefwechsel AW S. 329
⁶⁵ Briefwechsel AW S. 299
⁶⁶ Chester V. Easum »Prinz Heinrich von Preußen«, Musterschmidt-Verlag Göttingen 1958 – Nachstehend abgekürzt »Easum« genannt – S. 73
⁶⁷ Easum S. 76
⁶⁸ Gräfin Voß S. 29
⁶⁹ Easum S. 72
⁷⁰ Briefwechsel AW S. 20
⁷¹ Briefwechsel AW S. 333
⁷² Der König S. 330
⁷³ Lehndorff 1758

Amalie

* 9. 11. 1723 Berlin, † 30. 3. 1787 Berlin
Äbtissin von Quedlinburg

Amalies Charakterbild ist zwiespältig, beinahe so irritierend wie ihr großer Bruder Friedrich auf seine Zeitgenossen wirkte. Was an authentischen Zeugnissen über Amalie vorliegt, ist nicht unbedingt erfreulich und kennzeichnet sie als widersprüchliche Natur. Vor allem entbehrt dieses Material völlig der Anhaltspunkte, woraus man auf Charme und Anziehungskraft bei Amalie hätte schließen können. In ihrer Jugend hatte sie wohl Verehrer, aber es fand sich niemals ein passender Ehemann. Alle Spuren Amalies vermitteln den Eindruck einer mit den Jahren ständig zunehmenden kauzigen Originalität.

Seltsamerweise erfuhr Amalie als einzige der Geschwister eine geradezu ans Wundersame grenzende Glorifizierung in der neueren Literatur. Um sie rankt sich nun schon mehr als zwei Jahrhunderte die herzbewegende Liebesgeschichte mit dem »preußischen Trenck«, eine derart haltbare Nachrede, daß sogar ein Standardwerk wie der Brockhaus sie erwähnt.

Dieser Friedrich Freiherr von der Trenck, drei Jahre jünger als Amalie, war selbst der erste Schriftsteller, der von seiner Liebe zu »einer hohen Dame« sprach, mit der unzweifelhaft Amalie gemeint sein sollte. In seinen verschiedenen Memoirenfassungen umschrieb er dies zunächst zwar, aber der Mantel des Geheimnisses war durchscheinend genug. Trenck romantisiert sein angebliches Abenteuer recht wenig. Was er geschrieben hat sind recht nüchterne Tatsachenberichte, an denen besonders abstoßend wirkt, daß er unverzüglich von der finanziellen Hilfe spricht, die Amalie ihm von Anfang an habe zukommen lassen.

Trencks Memoiren sind voller Irrtümer und ungenauer Zeitangaben und er hat selbst nach den ersten Veröffentlichungen bekannt, diese Fehler seien ihm höchst bedauerlich, setzten sie doch die gesamte Glaubwürdigkeit seiner Aufzeichnungen bedeutend herab. Vor allem alle diejenigen unter den Historikern, die seine Liebesgeschichte nicht glauben wollen, drehten und drehen ihm daraus einen Strick und stell-

ten ihn gleich nach deren Erscheinen als aufschneiderischen Abenteurer
hin, der den Leuten ein hochtönendes Märchen aufgetischt habe, um
ihnen mühelos Geld aus der Tasche zu ziehen für solche »haltlosen
Phantastereien«.

Gustav Berthold Volz hat sich in seinem Buch »Friedrich der Große
und Trenck« 1926 die Mühe gemacht, alle erreichbaren Akten und Urkunden mit Trencks Lebensbeschreibung zu vergleichen und ihn vollends als unglaubwürdigen Schwätzer zu entlarven. Aber selbst der
gleichfalls so ablehnende Friedrich von Oppeln-Bronikowski macht in
seinem Buch »Abenteurer am preußischen Hof« ein seltsames Zuge-
ständnis:

»An sich wäre es natürlich nicht unmöglich, daß zwei Herzen sich
über alle Schranken hinweg gefunden hätten.« [1]

Leise Zweifel bleiben also auch bei denjenigen, die Trenck verteufeln
und die Liebesgeschichte verneinen.

Es gibt in der Tat Fakten, die nicht abzuleugnen sind. Amalie soll
Trenck wirklich mit Geld unterstützt haben, sie kannte ihn und seine
spätere Familie so gut, daß sie eine seiner Töchter als Hofdame annehmen wollte. Nach Friedrichs Tode sollen sich die beiden Liebenden tatsächlich einmal wiedergesehen haben, krank, gebrochen von vielen
Leiden, Amalie an der Schwelle des Todes. Es gibt, wenn auch wenige,
so doch beachtenswerte Hinweise in Tagebüchern von Mitgliedern der
Hofgesellschaft, die jene Liebesgeschichte als einfach vorhanden vor-
aussetzen. Aber sie, die das aufgeschrieben haben, können ebensogut
zu den gutgläubigen Lesern der ersten Auflage von Trencks Märchen-
Memoiren gehört haben.

Man kann heute nicht mehr entscheiden, ob Amalie und Trenck einst
verbunden waren oder nicht. Es ist auch müßig, leidenschaftlich die
Partei der Gegner oder Befürworter Trencks zu ergreifen, zu lange ist
dies alles her. Aber als Begründung für Amalies frühes Altern und ihre
Schrullenhaftigkeit läßt sich kaum etwas Glaubwürdigeres finden als
eine unglückliche Liebe. Und für Trencks harte Kerkerstrafen allein
Insubordination als Ursache anzunehmen, ist gerade bei einem vormaligen Günstling des Königs kaum denkbar. Trencks unglaublicher
Leichtsinn und seine Indiskretion, mit der er Amalies Miniatur am
russischen Hofe bei Tische herumzeigte, das sind Dinge, die ihm viel
plausibler Friedrichs Zorn zugezogen haben könnten als alles andere.

Die Wahrheit? Sie ist versunken und vergessen. Aber wir können heute
davon profitieren, daß die zündende Kombination: die Liebe einer

schönen jungen Prinzessin zu einem hervorragenden preußischen Offizier, einige Dichter beflügelt hat, uns unvergeßliche Bilder zu zeich-
nen. Bruno Frank und Eckart von Naso stellen Amalie und Trenck in
ihren Dichtungen nahezu auf eine Stufe mit Romeo und Julia.
Man muß sie kennen, die bezaubernde Szene in Bruno Franks »Trenck«,
wie der Kornett und Amalie sich zuerst begegneten. Die Handlung
wird verlegt in das Stadtschloß von Potsdam, der König examinierte den
jungen Trenck. Doch dieser hatte nebenher ein waches Auge und Ohr
für seine Umgebung:
»Im nächsten Zimmer machten sie Halt. Es war ein kleiner wohnlicher
Raum, fast gleichseitig, die Decke leicht gekuppelt, der Boden quadra-
tisch parkettiert. Die Wände bestanden aus einem besonders schönen
braunen Material, das gewiß Cedernholz war, aber wie Schildpatt
wirkte, silbernes Palmen- und Lorbeergezweige zog sich darüber hin.
Zwei große silberne Armleuchter brannten. Ein hoher Spiegel war ein-
gelassen, sein Rahmen war Silber. Ein kleiner Sekretär mit einem Ses-
selchen davor, ein ovaler Tisch und einige Stühle machten die ganze
Einrichtung aus. Alle Sitze waren mit silberfarbenem Tuch überzogen.
Eine lichtbraune Tür, vom gleichen silbernen Rankenwerk überspielt,
führte in ein Nebenzimmer, aus dem sich Gespräch und leises Lachen
und Kristallklirren vernehmen ließ. Selbst diese Laute wirkten silbern,
und sie vermischten sich für den jungen Trenck, der salutierend auf
der Schwelle stehen geblieben war, mit dem Schmuck, der hier schimmerte . . .
Er kam nicht weiter. Es öffnete sich jene Tür, hinter der es so silbern
tönte, und eine junge Dame erschien auf der Schwelle. Trenck sah
auch sie wiederum im Spiegel, in dem er den König gesehen hatte. Er
verstummte.
Inmitten ihrer ungeheuer gebauschten starrseidenen Röcke sank die
junge Dame in eine tiefe, offenbar scherzhaft gemeinte Reverenz und
sagte mit einem entzückend kindlichen Ausdruck von Bitte und Drole-
rie dies eine Wort: ›Sire!‹
Sie war die Abgesandte der so lange harrenden Gäste. Hinter ihr tat
sich in Silber und Zartgrün und Rosa, von Licht überrieselt, überflim-
mert, als ein wahrer Himmel von Heiterkeit und zierlich geschwunge-
ner Pracht das große Festzimmer auf.
›Ich komme, ich komme, Amélie‹, sagte der König, ›Ihr seid ja zu
fünft, liebe Schwester! Ich habe nur noch wenige Minuten.‹
Sie sank lächelnd abermals in ihre Beugung zurück, wundervoll und

kostbar anzusehen mit ihrer schmalen türkisfarbenen Taille, die aus
der schweren Pracht der Röcke aufwuchs, der leuchtenden Brust und
dem blühenden Halse, mit ihrem hellen, frischen, lebensvollen Gesicht
unter der schneeig gepuderten Haarwoge, diesem schönen Gesicht,
das den gezeichneten Zügen des Bruders ähnlich war. Ein Hauch von
verwöhnter, gepflegter Jugend wehte von ihr durchs Zimmer . . .
Nun erst schlug er den Heimweg ein, vorbei am großen Bassin. Er ging,
den innern Sinn in starrer Entzückung auf ein helles Phantom gerichtet.

Er sah nicht den König, er blickte auch nicht, Glorienträumer, der er
doch war, in seine Zukunft, die das Gefallen des Herrschers so phanta-
stisch, so über alles Hoffen weit vor ihm auftat. Die Ergriffenheit, die
ihn aufs Knie genötigt hatte, war dahin, von der Entscheidungsstunde
im Schlosse war nichts übrig in ihm als Ein Augenblick, als Ein Anblick. Er sah sie – in der türkisfarbenen Taille, aus der mit allem be-
törenden Zauber der Jugend Brust und makelloser Hals sich aufhoben
zum blühend schönen Antlitz unter schneeiger Krone. . . . Sie erschien
ihm, die Schwester dieses Königs, die Tochter von Königen, als das
Weib selber, als die vollkommene Lockung des Geschlechts.« ²

Dies ist eine mit absoluter dichterischer Freiheit gestaltete Schilderung
des ersten Zusammentreffens der beiden Liebenden. Bruno Frank ist da
ganz eigenwillig verfahren hinsichtlich Schauplatz und Gelegenheit.
Und doch, wie zwingend, wie überzeugend ist dies alles. Ihm war das
Potsdamer Stadtschloß noch zugänglich mit all seinen räumlichen
Einzelheiten, die er liebevoll schildert. Frank schrieb seinen »Trenck«
im Jahre 1926. Das Stadtschloß von Potsdam gibt es heute nicht
mehr.
Einen anderen Weg beschritt Eckart von Naso in seiner Novelle »Preußische Legende«. Er erteilt der Hauptperson Amalie das Wort und läßt
sie gleichsam im Stile eines Tagebuches oder eines inneren Monologes
die Geschehnisse erzählen. Wie anders nimmt sich hier die erste Begegnung aus; auch noch dichterisch überhöht, aber dennoch mehr der
angeblichen Historie angepaßt, wie Trenck sie schilderte. Der um-
strittene Held der Geschichte erzählte, daß bei den Hochzeitsfeierlichkeiten von Amalies Schwester Ulrike die Bekanntschaft geschlossen
wurde:
»Drüben, wo der König Cercle hielt, nahm ein Kornett Haltung an
und ließ sich von dem durchdringenden Auge betrachten. Er stand

dort, im roten Leibrock der Garde du Corps, wie ein junger Gladiator anzusehen, mit breitgewölbten Schultern und schmalen Hüften vor dem König, den er um mehr als Hauteslänge überragte, und die Gäste blickten gespannt.

Von meinem Platz aus wirkte es wie der Ausschnitt aus einem Schauspieldivertissement, nur daß man den Text der gesprochenen Worte nicht verstehen konnte. Eben jetzt ließ der König den Rotröckigen eine Wendung beschreiben, so zwar, daß er ihn von allen Seiten mustern konnte, wobei er ihm einige offenbar gutgelaunte Worte zurief, die im Kreise der Zuschauer ein beflissenes Lachen weckten. Dann winkte Friedrich ihm ab. Der Kornett grüßte in militärischer Form und entfernte sich. Da aber die Herren und Damen, die bisher den König umdrängt hatten, jetzt ebenfalls zurückwichen, um den Weg freizugeben, so bildete sich gleichsam eine Furt, durch die der Kornett im roten Leibrock hindurchschritt, als wäre er allein auf der Welt. Er ging dem Ausgang zu und näherte sich dabei der Säule, an der ich stand.

Während es geschah, bemerkte ich den Grund der allgemeinen Heiterkeit. Es waren, wohl im Gedränge des Festes, die Tressen vom Uniformrock des Kornetts abgerissen worden und hingen jetzt in traurigen Fetzen herab. Das rote Kollett selbst zeigte einen klaffenden Riß, als käme sein Träger nicht von einem königlichen Ballvergnügen, sondern von einer Rauferei. Daß ihn aber die Lächerlichkeit solchen Aufzuges nicht im geringsten zu stören schien und er durch die Reihen der mit inbrünstiger Sorgfalt gekleideten Kavaliere und Damen hindurchging, als wäre er der einzige, dessen Rock richtig und nach der Mode adjustiert sei – diese Selbstverständlichkeit der Anmaßung machte auch mich lachen. Und da ich vom Wein beschwingt, vom Rausch des Festes ergriffen war, ließ ich jede Regel des Zeremoniells außer acht und trat dem Kornett in den Weg. ›Trösten Sie sich, Monsieur‹, rief ich ihm zu, ›besser der Rock muß dran glauben als die Haut.‹

Der Rotberockte blieb stehen, sah mich verwundert von oben her an und sagte: ›Wer ist sie denn überhaupt, Sie kleine trostreiche Demoiselle?‹

Ehe ich noch dazu kam, über die Ungeheuerlichkeit dieser Antwort zu staunen, fuhr er schon fort: ›Aber wenn Ihre Hand so adroit ist wie Ihr Mund, so laufe sie schnell, besorge Nadel und Zwirn und nähe die Dinger wieder an.‹

Hätte ich in diesem Augenblick nachdenken können – aus einem mir schwer erklärlichen Grunde konnte ich es nicht –, so hätte ich mich

für verrückt halten müssen. Denn ich war wahrhaftig schon bereit,
Nadel und Zwirn zu holen, wie er es verlangt hatte, als er selber mich
zurückhielt, indem er meine Hand ergriff, sie zwischen seine beiden
Hände nahm und sie aufmerksam betrachtete. ›Ja, die Hand ist adroit,
sie ist sogar hübsch.‹ Er bog die Finger ein wenig abwärts und blickte
schnell und scharf in die Innenfläche der linken Hand. ›Aber die
Schicksalslinien sind nicht gut, da muß sie sich vorsehen. Hört sie
auch zu?‹

Ich hörte nicht mehr zu. Es war etwas geschehen, das ich nicht begriff. Ich hatte keinen Willen mehr. Der fremde Kornett im roten Rock
der Garde du Corps, dessen Namen ich nicht kannte, von dem ich
nichts anderes wußte, als daß er neben mir stand und meine Hand
hielt, hatte bis zu einem solchen Grade Besitz von mir ergriffen, daß er
plötzlich auf dem ganzen Erdkreis mit mir allein war. Er hätte mit mir
fortgehen können, und ich wäre ihm gefolgt. Er hätte mich hier im
Angesicht des ganzen preußischen Hofes küssen können, und es hätte
mich nicht überrascht. Das war weder bestürzend noch ein Schmerz,
noch eigentlich ein Glück – es war ein einziges, überwältigendes Gefühl ohne Grenzen und Sinn. Ich hob den Kopf, um wenigstens sein
Gesicht zu betrachten, denn ich kannte ja bisher, außer meinem Gefühl für ihn, nur die wenigen leichtfertigen Worte, die er gesagt und
den spöttischen Blick, mit dem er mich von oben her angesehen
hatte.

Wie nicht anders zu erwarten, war auch sein Gesicht mir tief vertraut,
das Gesicht des jungen Alexander, als er auszog, weil Mazedonien ihm
zu eng war. Ich kannte die Augen, die, weit auseinandergestellt, zwischen Glut und Kälte wechselten, die Nase und den kühnen sinnlichen
Mund. Ich kannte seine Schultern und Hände, die Hüften und die
federnden Beine des Reiters bis zu den Füßen herab. War es ein früh-
gereifter Knabe oder ein ephebischer Mann? Ich hätte nicht einmal
sagen können, ob er schön oder häßlich war.

Das alles vollzog sich im Ablauf einiger weniger Minuten, die unendlich vervielfacht waren, als hingen die Gewichte von Jahrhunderten
ihnen an. Es gab keine Zeit mehr. Es gab nur noch eine schwer zu be-
greifende Stille inmitten einer leeren Welt.

In diese Stille hinein drang eine blecherne Stimme: ›Dieser Trenck
wird so geliebt, daß ihm die Damen schon die Tressen von der Uniform reißen, um sie als Andenken zu bewahren.‹ Es war die Stimme
einer Frau.

Der Kornett hob jetzt ebenfalls den Kopf. Aber seine Augen suchten die Stimme nicht, sondern mein Gesicht. Der Spott war aus seinen Zügen verschwunden, er wollte etwas sagen, sprach es nicht aus, eine große Verwunderung machte ihn stumm, und alles in allem schien es ihm nicht viel anders zu gehen als mir, obwohl es dessen nicht bedurft hatte. Denn daß er überhaupt da war, hätte mir schon für ein Leben genügt.

Ich weiß nicht, wie kurz oder wie lange wir voreinander standen und uns ansahen. Dann riß der Nebel entzwei, der bisher die Geräusche gedämpft, die körperlichen Gestalten verborgen hatte. Es wurde klar, hell und laut um uns. Wir waren wieder im Weißen Saal des Berliner Schlosses, und neben dem Kornett tauchte das listenreiche Fuchsgesicht des Oberzeremonienmeisters von Poellnitz auf. Des Königs Majestät, sagte er und drehte sich wie ein Pfau, wünsche mit der Hoheit Schwester auf das Wohl der schwedischen Herrschaften anzustoßen.

Es war nun nicht so, daß ich etwa aus einem Traum aufgeschreckt wäre. Im Gegenteil merkte ich, daß ich die ganze Zeit hellwach gewesen war, wie es den gottgeweihten Männern und Frauen gehen soll, wenn sie eine Vision empfangen, sie nehmen Irdisches und Überirdisches gleichermaßen wahr. Es fiel mir sogar wieder ein, daß ich die blecherne Stimme der Gräfin Nesselrode erkannt hatte, als sie von den liebenden Damen und den Tressen der Uniform sprach. Indessen war ich aufs äußerste gespannt, wie die Anrede des Kammerherren sich in der Haltung des Kornetts widerspiegeln würde, da er mich ja für eine Demoiselle von Hofdienst gehalten hatte.

Seine Haltung änderte sich nicht. Es mochte sein, daß ich eine Prinzessin und die Schwester des Königs war. Was sich aber in den Minuten vorher begeben hatte, blieb um vieles wichtiger. Zwar gab der Kornett meine Hand frei – weder er noch ich hatten bemerkt, daß er sie noch hielt – sein Körper straffte sich, er stand jetzt eher als Soldat denn als Liebender vor mir, aber er rührte sich noch immer nicht vom Fleck, und es schien ihm die Rede verschlagen zu haben.« [3]

Unseren Dank an die Phantasie der Dichter! So mußte sie ablaufen, die erste Begegnung, der »coup de foudre«, der Blitzschlag, die »Liebe auf den ersten Blick« – wenn es sie je gegeben hätte!

Wie nüchtern, ja beinahe peinlich in der sofortigen Erwähnung auch finanzieller Dinge mutet der Bericht des »großen Liebenden« selbst an, die gleiche Stelle in den Memoiren des Friedrich Freiherrn von der

Trenck. Er gibt 1743 an statt 1744, gleich eine Lüge, um Raum für sein Abenteuer zu gewinnen:

»Im Winter 1743 war das Beilager [die Hochzeit] der Schwester des Königs, der gegenwärtigen verwitweten Monarchin in Schweden und Mutter des regierenden Gustavs. Ich hatte als Offizier der Garde dabei die Ehrenwache und das Glück, die königliche Braut bis nach Stettin zu eskortieren. Bei diesem Beilager, wo das Gedränge im Saal zum Erstaunen war, und ich die Inspektion hatte, wurde mir selbst, als wachhabendem Offizier, der hintere Teil der rotsamtenen Überweste mit der reichen Stickereiarbeit von einem Spitzbuben weggeschnitten und zugleich die Uhr gestohlen.

Dieses verursachte ein scherzendes Gespött mit dem gestutzten wachhabendem Offizier, und eine große Dame sagte mir bei vorteilhafter Gelegenheit: Sie würde mich über meinen Verlust beruhigen ...

Der Ausdruck war von einem Blick begleitet, den ich gern verstand; und innerhalb von wenigen Tagen war ich der glücklichste Mann in Berlin.

Es war unsere beiderseitige erste Liebe. Und da sie meinerseits mit der tiefsten Ehrfurcht verbunden war ... so reut mich ewig kein Unglück, welches aus so edler Quelle sich in mein ganzes Schicksal verbreitete – das Geheimnis folgt mir sicher bis zum Grabe.

Und ob gleich dieses Schweigen einen leeren Raum in dem wichtigsten Vorfall meiner Lebensgeschichte verursacht, und einige Haupträtsel dem Leser hierdurch unauflöslich bleiben, lieber hin und wieder in meinem Roman undeutlich erscheinen, als an einer Freundin und Wohltäterin undankbar handeln. Sie lebt noch, und denkt für mich noch ebenso wie vor dreiundvierzig Jahren. Ihrem Umgange habe ich die Politur meiner sittlichen und persönlichen Eigenschaften zu danken. Auch im Unglück hat sie mich nie verachtet, nie verlassen; und meinen Kindern allein werde ich sagen, wem sie für meine Erhaltung Dank schuldig sind.

Nun war ich also in Berlin und auf allen Seiten glücklich. Ich war geachtet, mein König zeigte mir Gnade bei allen Gelegenheiten, meine Freundin gab mir mehr Geld als ich brauchte, und bald war meine Equipage die prächtigste bei der Garde ...«[4]

Es klingt so unwahrscheinlich, das »sie gab mir mehr Geld als ich brauchte«. Waren doch die Apanagen der preußischen Prinzen und der Prinzessin Amalie gerade auf ihren eigenen Bedarf zugeschnitten und reichten eben, ihre Hofhaltung zu bestreiten und die wichtigsten Ausgaben. Friedrich wußte, wie knapp seine Geschwister sich in finanzieller Hinsicht halten mußten und er schenkte zu den Festen meist Geld, wie aus mancherlei Dokumenten hervorgeht. Einzig Heinrich erhielt zuweilen eine höhere Zuwendung wegen seiner Verdienste als Feldherr und Diplomat. Hingegen ist auch in späteren Lebensjahren Amalies Rendite von ihrem Amt als Äbtissin von Quedlinburg eher kärglich als üppig.

Trenck als Memoirenautor schilderte sein anfängliches Glück und alle seine Leiden. Zunächst der »glücklichste Mann von Berlin«, in der Gunst des Königs sehr hoch stehend, von einer »hohen Dame« geliebt, dann ein Arrest nach dem anderen, Auflehnung dagegen, Ausbrüche aus den Gefängnissen, erneute Verhaftungen, immer härtere Strafen. Es folgten Festungsaufenthalte in Glatz und, nach einem gelungenen Ausbruch und erneuter Gefangennahme in Danzig, schwerster Kerker in Magdeburg. Ketten wurden um seinen Hals, seinen Leib, seine Arme und Beine geschmiedet, sein Grabstein lag auf dem Boden des Verlieses. Das ist der Leidensweg des preußischen Trenck. Nüchterne Historiker sprechen davon, er habe Landesverrat begangen und sei daher so hart bestraft. Auf abenteuerliche Weise kam er Weihnachten 1763 frei. Trenck heiratete 1765 und bekam acht Kinder. Thiébault, das preußische Akademiemitglied, berichtet von dem angeblichen Besuch des gealterten Trenck bei Prinzessin Amalie im Jahre 1787, kurz vor dem Tode der Prinzessin. Inwieweit Thiébault unter dem Einfluß von Trencks eigenen und daher wohl nicht immer glaubwürdigen Erzählungen stand, bleibt dahingestellt:

»In Berlin war sein erster Gang zu der hohen Dame, die so verhängnisvoll in sein Schicksal eingegriffen hatte.

Welch ein Wiedersehen! Die Unterredung dauerte mehrere Stunden, die ganz unter Tränen verbracht wurden. Ein Mann mit weißem Haar, den Rücken gekrümmt von den sechzig Pfund schweren Eisenketten, die zehn Jahre lang seine Glieder belastet hatten – war das der prächtige Jüngling, dessen Bild die vielen Jahre her im Herzen der Prinzessin Amalie gelebt hatte? Und sie selbst noch mehr entstellt, sie, die einst in der Blüte der Jugend von zauberischer Schönheit gewesen war.

Aber Prinzessin Amalie hatte einen starken Geist; sie gewann es über sich, ihren früheren Geliebten nach seinen Verhältnissen zu befragen, sich zu erkundigen, wie viele Kinder er hätte, wie alt und wie sie erzogen wären; sie versprach ihm, für diese Kinder zu tun, was in ihren Kräften stünde und das älteste Mädchen als Gesellschafterin zu sich zu nehmen. Hierauf nahmen sie Abschied voneinander, um sich niemals wiederzusehen. Als er nach Berlin zurückkam, hatte die Dame, deren letzte Kräfte das Wiedersehen erschöpft hatte, inzwischen ihr trauriges Dasein abgeschlossen.« [5]

Frank, Eckart von Naso, Thiébault – für diese Dichter und Schriftsteller hat die Trenck-Romanze mit Amalie stattgefunden. Es ist nur gerecht, auch einen Autor ausführlicher zu Wort kommen zu lassen, der ein erklärter Gegner Trencks war: Friedrich von Oppeln-Bronikowski. Verblüffend ist nur, daß selbst in seinem Text zuweilen leise Zweifel auftauchen, ob nicht doch eine Möglichkeit bestanden haben sollte, daß die Trenck-Romanze wahr gewesen sein könnte:

»Nur ein Umstand scheint für das Bestehen näherer Beziehungen zwischen Amalie und Trenck zu sprechen: daß er ihr in Magdeburg einige Gedichte und einige der berühmten Zinnbecher gewidmet hat, die er in seinem Kerker verfertigen durfte. Aber solche Gedichte, flehentliche Bitten um Fürsprache beim König, hat Trenck ebenso an die Königin, an andere Mitglieder des Königshauses und an fürstliche Personen gerichtet, und ebenso hat er der Königin und anderen Personen [z. B. Poellnitz] eine Anzahl der von ihm mit einem Nagel gravierten Becher gewidmet. Die königliche Familie befand sich nämlich seit der Katastrophe von Kunersdorf dauernd in Magdeburg, da das offene Berlin stets gefährdet war, und so ist es nicht erstaunlich, daß Trenck sich an sie gewandt hat ...

Was aber hat Trenck bewogen, sich der Liebe der Prinzessin zu rühmen? Wir haben es schon angedeutet: er wollte sich aus einem, wegen unerlaubter, vermutlich hochverräterischer Verbindung mit dem Feinde verhafteten, als Deserteur verurteilten und entehrten Offizier zum Märtyrer der Liebe machen, sich aus seiner Unehre einen Ruhmeskranz flechten. Eine Lüge aber zog die andere nach sich. Er fälschte Daten, um Platz für seine Liebschaft zu gewinnen, spielte sich als Günstling des Königs auf, um sie zu motivieren, behauptete, als achtzehnjähriger Fähnrich zum Lehrmeister der preußischen Kavallerie erkoren worden zu sein und, während er in Glatz gefangen saß, die Schlacht bei Soor als Adjutant des Königs mitgemacht zu haben. Hat man ihn aber erst bei zwei oder drei solcher Unwahrheiten ertappt, so glaubt man auch nicht an seine große Liebe zu der Schwester des Königs, für die nur eine Frist von knapp drei Wochen gegeben ist.

Erst für weit spätere Zeiten ist ein persönliches Verhältnis zwischen
Trenck und Amalie nachweisbar. 1771 erklärte sie sich in einem von ihr
unterzeichneten Kanzleischreiben bereit, die Patenschaft für Trencks
zweite Tochter anzunehmen. Aber das war ganz gewiß nur menschli-
ches Rühren mit dem einstigen Gefangenen der Sternschanze, vermutlich sprachen auch persönliche Beziehungen zu Trencks Gattin mit,
die aus einer der ersten Familien in Aachen stammte, wo Amalie
1763/64 Jahr und Tag zur Kur gewesen war. Im März 1787 hat Trenck
die Prinzessin dann noch einmal gesehen. Nach seiner Angabe trug
sie ihm damals auf, seine Frau und seine zwei ältesten Töchter zu
Besuch nach Berlin zu schicken. Wahrscheinlich wollte sie sich einfach nur ihres Patenkindes annehmen. Da sie aber ein paar Tage darauf
starb, vereitelte ihr Tod, wie Trenck mit dürren Worten sagte, ›die
Hauptabsicht seiner Reise‹. Zum Dank für Amalies Güte gab er nunmehr im dritten Band seiner ›Merkwürdigen Lebensgeschichte‹ ihren
Namen preis, den er bisher in ein Geheimnis gehüllt hatte. Die Tote
konnte ihn so wenig Lügen strafen wie ihr Bruder, König Friedrich, der
ein halbes Jahr vor ihr gestorben war! Mit diesem häßlichen Streich
eines sensationslüsternen Schriftstellers endete seine ›große Liebe‹.«[6]
Das Rätsel um Trenck und Amalie wird sich nicht mehr lösen lassen,
hätte vielleicht zu keiner Zeit eine Auflösung finden können.

Eine streng calvinistisch erzogene preußische Prinzessin wird alles tun,
um eine echte große Liebe zu einem Mann, den sie nicht heiraten
kann, geheim zu halten. Schon Amalie selbst hätte also alle Spuren
systematisch verwischt, die einen Konflikt mit ihrem Bruder Friedrich
wohl heraufbeschwören könnten. Die preußischen Prinzessinnen, die
sich je den Luxus einer Herzensneigung geleistet haben, sind alle in
die Verbannung geschickt worden und haben ihr Leben elend dahin-
gebracht. Es war dies vornehmlich die Prinzessin von Ahlden, Amalies
Großmutter mütterlicherseits, die den Grafen Königsmarck geliebt
hatte. Sie lebte dürftig dahin im Amtshause von Ahlden und durfte
ihre Kinder nicht sehen. Es war ferner die leichtsinnige preußische
Kronprinzessin von 1765–69, Elisabeth Christine Ulrike, die »schlimme
Elisabeth«, eine Tochter Charlottes, die Festungshaft in Stettin erlitt
und insgesamt zweiundsiebzig Jahre lang in der Verbannung zubrach-
te. Aus älterer Zeit ist der Fall einer unbotmäßigen Markgräfin von
Bayreuth bekannt, die auf eine Festung im Ansbachischen gebracht
wurde, die Mutter Friedrichs von Bayreuth, Wilhelmines Gemahl.

Amalie hatte das Schicksal der Prinzessin von Ahlden ein Leben lang
und schon in jungen Jahren vor Augen gehabt und besaß zweifellos
Intelligenz genug, um sich nicht selbst in eine so düstere Lebensbahn
zu bringen.

Amalie hat keine Memoiren geschrieben wie Wilhelmine, sie hat keinen Briefwechsel hinterlassen wie Charlotte und Ulrike, aber es gibt
dennoch von ihr heute noch genügend Spuren in der Historie, um auch
ihr Bild erstehen zu lassen, frei von den Spekulationen um Trenck,
unbeeinflußt von dieser hartnäckigen Legende. Von ihr selbst stammen
nur ganz wenige schriftliche Zeugnisse. Sie lebte immer am Berliner
Hofe und es fehlte ihr das Motiv des Heimwehs und der Sehnsucht,
um sie zur Feder greifen zu lassen. Sie war jedoch auch ein wunderlicher Mensch und wir dürfen von ihr eine systematische Briefsammlung auch von an sie gerichteten Briefen nicht erwarten.

Mit seinem Erscheinen auf dieser Welt bereitete das Kind Amalie seiner eigenen Mutter eine vollkommen geglückte Überraschung. Weder
die Königin selbst noch ihre Ärzte noch irgendjemand am Hofe hatten
von der Schwangerschaft eine Ahnung. Die Königin war schon sehr
stark im Jahre 1723, ob ein wenig beleibter oder nicht, es muß damals
nicht aufgefallen sein. Die Familienchronistin Wilhelmine beschrieb
es höchst vergnüglich in ihren Erinnerungen:
»Schon seit sieben Monaten war die Königin sehr unpaß; ihr Übel war
so seltsam, daß die Ärzte keinen Rat wußten. Ihr Körper schwoll jeden
Morgen mächtig an, und diese Geschwulst verging gegen Abend. Eine
Zeitlang schwankte die Fakultät, ob es sich um eine Schwangerschaft
handelte; aber sie erachtete zum Schluß, daß dieses Unwohlsein von
einer anderen Ursache herrühre, welche sehr unbequem, jedoch keineswegs gefährlich sei.
Die Reise des Königs nach Göhrde war für den 8. November [1723] angesetzt, er sollte frühmorgens fahren und wir verabschiedeten uns von
ihm, aber die Königin machte alles zunichte. In der Nacht erkrankte sie
an heftiger Kolik, verheimlichte aber ihr Übel, so gut sie es konnte, um
den König nicht aufzuwecken. Als sie auf gewisse Anzeichen hin
merkte, daß ihr eine Entbindung bevorstand, rief sie um Hilfe. Es blieb
keine Zeit, einen Arzt und eine Wärterin zu holen, und sie brachte
glücklich eine Prinzessin zur Welt, ohne andere Beihilfe als die des
Königs und einer Kammerfrau. Es waren weder Windeln noch eine
Wiege bereit, und alles geriet in Verwirrung.

Der König ließ mich um vier Uhr morgens rufen. Ich habe ihn nie so
guter Laune gesehen; er hielt sich die Seiten vor Lachen, wenn er
des Amtes gedachte, dessen er bei der Königin gewaltet hatte. – Der
Herzog von Gloucester, mein Bruder, Prinzessin Amalie von England
und ich wurden zu Paten und Patinnen des Kindes gewählt; ich hielt es
nachmittags über die Taufe, und meine Schwester erhielt den Namen
Anna Amalie.« [7]

Demnach trat Amalie mit höchst spektakulärem Effekt ins Leben, eine
Überraschung für ihre Maman und die ganze Familie; sie war die
sechste Tochter des preußischen Königspaares, das achte der lebenden
Kinder, die zwölfte Entbindung für die Mutter. Drei Brüder und eine
Schwester waren zuvor als kleine Kinder gestorben.

Das erste Bild, das wir von Amalie finden, ist wiederum das Ereignis-
bild vom Mai 1728, als August der Starke seinen Besuch in Berlin ab-
stattete. Die jüngste Königstochter steht zwischen dem Gast und ihrer
Mutter, fünf Jahre alt, rundlich und niedlich, im langen Reifrock, gepudertem Haar, mit Blumen bekränzt, einen geschlossenen Fächer in
der Hand wie eine Erwachsene. Rechts neben ihr der Bruder August
Wilhelm.

Gerade diese beiden Kinder sind verhältnismäßig gut und genau ausgeführt auf dieser Ölskizze, so daß man wohl Vergleichsmerkmale finden kann zu einem zwei Jahre später gemalten Bild des Hofmalers
Antoine Pesne, dem reizenden Doppelporträt von August Wilhelm und
Amalie aus dem Jahre 1730. Es hat seinen Standort im Malmö-Museum
in Schweden, leider ist die Identität der Kinder nicht völlig gesichert,
aber man darf sagen, daß es mit »an Sicherheit grenzender Wahrscheinlichkeit« dieses jüngere Geschwisterpaar der Königskinder darstellt. Die große Pesne-Monographie des Deutschen Vereins für Kunstwissenschaft aus dem Jahre 1958 führt das Bild im Werks-Katalog auf,
und namhafte Gelehrte haben sich seither erneut für die Annahme
ausgesprochen, daß es nur diese beiden Königskinder sein können.
Ganz sicher hat sich Ulrike dieses Kinderbild ihrer Geschwister aus-
gebeten, als sie 1744 dem väterlichen Hofe für immer Adieu sagte und
sich auf ihre schwedische Brautfahrt begab. Sie trennte sich nur schweren Herzens von daheim, dies Bild mag ihr ein Trost gewesen sein und
eine Erinnerung an die mit Amalie gemeinsam verbrachte Kindheit.

Ulrike und Amalie hatten ineinandergehende Schlafräume und ein
gemeinsames Wohnzimmer im Berliner Schloß. In ihren frühen Kinderjahren machte dies nichts weiter aus, aber als die Mädchen heran-

wuchsen, trat die Verschiedenartigkeit der Temperamente hervor und sie gingen sich gegenseitig zuweilen weidlich auf die Nerven[8]. Vor allem Ulrike war es, die unter der Musikbegabung und Musikbegeisterung von Amalie litt. Sie mußte lesen, Unterricht haben und studieren im gleichen Raum, wo Amalie am Spinett saß und ausdauernd übte und musizierte. Amalie bekam von ihr den Spottnamen »Heilige Cäcilie«, weil die musikalischen Geräusche überhaupt nicht verstummen wollten.

Schon als Kind war Amalie rundlich und mollig, was ihr den weiteren Spitznamen »die dicke Lily« eintrug. Normalerweise wurde sie mit der französischen Form ihres Namens gerufen: Amélie.

Sie entwickelte sich frühzeitig zu einer launischen kleinen Person mit ausgeprägten Vorlieben und Abneigungen. Die Mädchen balgten sich genau wie alle Kinder, die zusammen aufwachsen, und warfen sich gegenseitig die Pantoffeln an den Kopf. Ebenso schnell war auch die Eintracht wieder hergestellt. Amélie hatte keine Geduld, lange bei Tisch auszuharren, und die endlosen Abendtafeln der Königin waren recht unangenehm für sie, obwohl sie sehr gerne aß. Besonders alle Gerichte, die mit Parmesankäse überbacken waren, konnten sie in Entzücken versetzen. Diese Vorliebe teilte sie mit ihrem Bruder Fritz, dessen Lieblingsgericht im Alter noch eine überbackene italienische Spezialität wurde, die er über alles liebte.

Der Historiker Poseck charakterisierte Amalie recht originell: »Dagegen war das Nesthäkchen, die fette, naschhafte, phlegmatische Amalie der launischste Tyrann; friedlich war sie nur, wenn sie ›essend für acht Große‹ sich mit einem Buch vor der Nase in einen Sessel hineinrollen konnte und sie niemand störte, oder wenn sie am Klavier saß und ihre Zimmergenossin stundenlang mit Übungen auf diesem Instrument oder auf der Laute peinigte, bis Ulrike alle Musik zum Teufel wünschte. Die Königin hätschelte ihre pausbäckige Jüngste, die älteren Geschwister lachten über den kleinen faulen Koloß, der sich ihnen gegenüber jede Respektlosigkeit erlaubte und die beiden jüngeren Brüder, Heinrich und Ferdinand, despotisch regierte. Amalie hatte immer eine fertige Zunge, aber es kam auch vor, daß sie sie tagelang nicht gebrauchte, keinen eines Blickes würdigte, auf keine Frage und Anrede antwortete, vom Klavier nicht fortzubringen war oder sich in ihrem Sessel lesend, essend und auf der Laute klimpernd vergrub. Ihr Taschengeld pflegte sie in Nahrungsmitteln anzulegen oder am Spieltisch zu vertun. Die Spielleidenschaft prägte sich ziemlich früh bei ihr aus und verführte auch die gute Rechnerin, die sie später wurde, zu unbedachten Verlusten und sogar zum Schuldenmachen. Noch war sie harmlos. In einem Versteck hatte sie noch eine kleine ›Speisekammer‹ angelegt, wo sie ihre Mundvorräte zusammentrug und eifersüchtig behütete. Später gesellten sich kostspieligere Neigungen hinzu, in deren Befriedigung sich Amalie keine Einschränkungen auferlegen ließ; und immer setzte sie sich gegen ihre Familie durch. Sie war die vollendete Egoistin.«[9]

Zwischen ihrem ein Jahr älteren Bruder August Wilhelm, dem vom Vater so sehr geliebten kleinen Hulla, und Amalie entstand ein ähnlicher Zusammenhalt wie bei dem älteren Geschwisterpaar Wilhelmine und Fritz. Nur hatte ihre kindliche Freundschaft nicht jene Belastungsproben auszuhalten wie bei den älteren Kindern. Als es zu der großen Krise im Elternhaus 1730 durch die Flucht des Kronprinzen kam, waren Wilhelm und Amalie Kinder von sechs und sieben Jahren, die nur die Erregung und Unruhe spürten, die Zornausbrüche des Vaters miterlebten und fürchteten – aber um was es eigentlich ging, das erfaßten sie nicht. Später dann, als sie älter wurden, hörten sie durch Erzählungen davon; das Verständnis für die Geschehnisse erwachte und sie begriffen, wie sehr die Familie damals erschüttert worden war.

Die pummelige Amélie wuchs heran zu einem sehr hübschen jungen Mädchen, das sich im Wachsen reckte und streckte und bald kein »kleiner Koloß« mehr war, sondern eine schlanke Taille bekam, wie man auf Bildern sehen kann. Es wurde ihr allerdings nachgesagt, sie sei bürgerlicher und hausbackener als zum Beispiel Ulrike, die gegen sie elegant und faszinierend wirkte.

Im Jahre 1743 begannen die Verhandlungen mit dem schwedischen Hofe wegen einer möglichen Heirat einer der beiden preußischen Prinzessinnen mit dem schwedischen Thronfolger Adolf Friedrich. Er war ein Herzog von Holstein-Gottorp und Bischof von Lübeck gewesen. Die Anfrage des schwedischen Hofes war neutral gehalten, obwohl man dazu neigte, der jüngeren Prinzessin Amalie zunächst den Vorzug zu geben. Ulrike war »schon recht alt« für damalige Begriffe, schon dreiundzwanzig.

Amalie setzte ihrer Einbeziehung in diesen Vermählungsplan jedoch selbst ein Hindernis entgegen. Sie war in ihrem christlichen Glauben außerordentlich stark an das calvinistische Bekenntnis gebunden, in dem sie erzogen und aufgewachsen war. Ulrike jedoch nahm gerade

diesen Punkt nicht schwer, hielt ihn nicht für wesentlich und ausschlaggebend und war durchaus bereit, zur lutherischen Lehre zu
konvertieren, denn in Schweden war das Königshaus lutherisch.
Der jungen Amalie war es jedoch peinlich, sich auf ihre strenge religiöse Auffassung herauszureden zu sollen. So schlug sie Ulrike vor, sie
würde sich bei der Ankunft der schwedischen Delegation so unfreund-
lich benehmen, daß die Wahl von selbst auf Ulrike fallen müsse, womit Ulrike einverstanden war. Dieser Plan gelang, man entschied sich
für die »viel sanftere Ulrike«, obwohl gerade sie gelegentlich recht
hochfahrend und unbeherrscht sein konnte.

Ulrikes Vermählung wurde im Juli 1744 mit großem Prunk in Berlin
gefeiert, allerdings fehlte Thronprätendent Adolf Friedrich, der Bräutigam, dabei. An seiner Stelle stand Prinz August Wilhelm mit Ulrike
vor dem Altar; solche Trauungen per procurationem waren in Fürstenhäusern durchaus üblich. Nach Beendigung der Hochzeitsfeierlichkeiten begab sich die junge Braut auf die Reise nach Stettin, wo sie ein
schwedisches Schiff bestieg, das man ihr verbindlicherweise mit dem
Namen »Ulrique« versehen entgegengesandt hatte, und auf diesem
segelte sie, schwer seekrank, nach Stockholm.

Ulrikes Hochzeitsfeier wird als diejenige Gelegenheit bezeichnet, da
Amalie und Trenck sich kennenlernten. Da jedoch weder der Briefwechsel der Prinzessin mit Ulrike noch irgendeine andere Hinterlassenschaft Amalies auch nur den leisesten Anhaltspunkt für die historisch nachweisbare Wahrheit dieser Romanze gibt, so werden im nachstehenden Bericht über Amalie alle Trenck betreffenden Daten und
Ereignisse nicht erwähnt. Für denjenigen, der sich über Trenck kurz
weiter informieren möchte, ist am Schluß des Kapitels eine Liste mit
seinen wichtigsten Lebensdaten angefügt.

In den Jahren nach 1744 war der Briefwechsel der beiden Schwestern
Amalie und Ulrike recht unregelmäßig. Manchmal schrieb Amélie
jeden Posttag, dann wieder hatte sie irgendetwas übelgenommen und
ließ monatelang nichts von sich hören. Ulrike nahm diese Launen von
der scherzhaften Seite, sie konnte ihrem »Schlingelchen« auf die Dauer
nicht böse sein:
»Bim, bam, bum, reizende Lily, ich habe beim Empfang Deines Briefes
alle Glocken läuten lassen, denn es ist hundert Jahre her, seit ich den
letzten bekam!« [10]

Die Originalbriefe waren einst charmant und rührend anzusehen. Ulrike heftete Stoffmuster und Spitzenproben mit Stecknadeln an die Blätter, nach denen Amélie für sie im heimatlichen Berlin neue Stoffe für elegante Roben besorgen sollte.

Nach Ulrikes Fortgang begann für Amélie ihr eigentliches, selbständiges Leben. Fortan hatte sie ihren eigenen Hofstaat für sich, teilte die Räume im Berliner Schloß mit niemandem mehr und repräsentierte bei Hofe oftmals in stärkerem Maße, als es ihr als einer Schwester des Königs zukam. Friedrich bevorzugte das hübsche Mädchen mit Vergnügen, denn es war gewandt und schlagfertig in der Unterhaltung. Amalie repräsentierte häufig auch dann, wenn es eigentlich die Sache der regierenden Königin gewesen wäre, dieser Pflicht nachzukommen.

Wie ungezwungen Amalie lebte, schilderte Oberzeremonienmeister Poellnitz [11] in einem Stimmungsbild aus dem Jahre 1745, das sich in seinem Tagebuch findet:

»Die Damen machten nach beendigter Toilette zuerst dem Prinzen und der Prinzessin von Preußen [August Wilhelm] und dann der Prinzessin Amalie ihre Aufwartung. Die letztere befand sich in ihrem Boudoir beim Flötenspielen, bekleidet mit einem Corset von weißer Seide und einem weißen Rocke, der mit natürlichen Blumen in Silber bestickt war. Sie sollte eben zu einem Porträt auf einer Meißener Porzellan-Untertasse sitzen. Nach dem Diner setzte sich die Königin [Königinmutter Sophie Dorothea] an ihre Goldfädenarbeit und Pöllnitz las ihr aus einem französischen Roman vor. Um sieben Uhr abends fand ein Ball statt und die Königin spielte bis zum Souper im Ballsaale Karten.« [12]

Von 1744 bis 1752 galt Prinzessin Amalie als alleinige Stütze der verwitweten Königinmutter. Ihr Verhältnis zueinander war nicht immer ungetrübt. Vollends fragwürdig wurde es im Jahre 1752, als Prinz Heinrich sich verheiratete und seine bezaubernde Gemahlin Wilhelmine von Hessen-Kassel an den preußischen Hof brachte. Die Königinmutter und Wilhelmine faßten sofort große Sympathie füreinander und fortan wurde die Prinzessin Heinrich zumindest genauso häufig in Monbijou gesehen wie Amalie. Die versteckte Rivalität zwischen diesen beiden Prinzessinnen führte zu mancher Unzuträglichkeit. Die launische und rechthaberische Amalie durfte oft monatelang nicht am Hofe ihrer Mutter erscheinen.

Als der junge Kammerherr Graf Lehndorff 1747 nach Berlin an den Hof kam, war er voller Begeisterung über die junge Prinzessin Amalie.

Die von ihm Bewunderte war vierundzwanzig Jahre, Lehndorff zwanzig. Er schien regelrecht verliebt in sie, und zwar über einen längeren Zeitraum hinweg. Noch im Jahre 1753 stand in seinem Tagebuch, daß sie eine Fürstin sei, die wohl alles Glück der Welt verdiene. Seine Aufzeichnungen sind ein einziges Loblied auf Amalie:

»Ihr Äußeres ist bezaubernd, und nach meiner Ansicht ist sie die schönste Frau der Welt. Sie ist nicht groß und ein wenig beleibt, jedoch dabei von einer Erscheinung, die jedem imponiert, und man sieht in ihrem ganzen Wesen ihre Seelengröße ... Ihre Augen sind von hinreißender Schönheit, was sie mit ihrer ganzen erlauchten Familie gemein hat, ihr Mund ist klein und verleiht ihr beim Sprechen eine unendliche Anmut. Kurz, sie ist in außerordentlichem Maße liebenswürdig.« [13]

Graf Lehndorffs Begeisterung kühlte sich allerdings im Laufe der langen Jahre, die er Kammerherr der Königin Elisabeth Christine war, erheblich ab. Er lernte Amalies wahres Wesen kennen und ließ sich später auch durch körperliche Vorzüge nicht mehr blenden. Weibliche Mitglieder der Hofgesellschaft waren schon früher als er wenig eingenommen von Amalie, so beklagte sich Frau von Voß [14] in ihren Memoiren:

»Volle sieben Jahre blieb ich am Hof der Königin Sophie Dorothea ... Von ihren Töchtern lebte damals nur noch die jüngste bei ihr, die Prinzessin Amalie, welche am 9. November 1723 geboren, erst nach meinem Abgang, im Jahre 1755, Äbtissin von Quedlinburg wurde. Damals war sie noch jung, wenn auch sechs Jahre älter als ich; aber trotz ihrer Jugend war sie sehr boshaft und sehr gefürchtet und machte uns allen viel Not und Unannehmlichkeiten.« [15]

Thiébault dagegen, der alle Mitglieder des preußischen Königshauses sehr genau kannte, stimmte in das Lob des Grafen Lehndorff mit ein:

»Die jüngste Schwester Friedrichs, Prinzessin Amalie von Preußen, wurde in ihrer Jugend geradezu angebetet, nicht nur wegen ihrer Schönheit und Klugheit, sondern noch mehr wegen ihrer Sanftmut und Herzensgüte. Ihre Begabung war übrigens sehr bedeutend, besonders für die Musik. Ich habe Kompositionen von ihr noch zu einer Zeit bewundern hören, wo man durchweg nicht mehr zu ihren Gunsten eingenommen war.

In ihrer geistigen Anlage ähnelte Amalie vielleicht am meisten von allen Geschwistern dem großen Friedrich; sie glich ihm an Klugheit, an Lebhaftigkeit und in der Vorliebe für sarkastische Schärfe. Dieser

letztere Zug trat allerdings erst in ihren späteren Jahren hervor. Ihre
sehr beträchtliche Bibliothek hatte dadurch eine gewisse Merkwürdig-
keit, daß alle Bücher von ihr mit Randbemerkungen versehen waren.
Ich erinnere mich, einen Band Voltaire in der Hand gehabt zu haben,
wo die Prinzessin bei einer Stelle, die von den Pariser Maulaffen handelte, an den Rand geschrieben hatte: ›Um Maulaffen zu sehen, braucht
man nicht nach Paris zu gehen. Haben wir hier in Berlin auch!‹« [16]
Mosaikartig setzt sich Amalies Charakterbild zusammen aus den Äußerungen ihrer Zeitgenossen, die auf uns gekommen sind. Von besonderem Interesse, wenn auch keineswegs zu überschätzen, sind die Berichte der damals am preußischen Hofe akkreditierten Gesandten.
Hierzu gehörten Lord Tyrconnel [17] und der Chevalier Latouche [18], die
mit ihren Rapporten immerhin das Bild zeichneten, das sich die französische Regierung von den Geschwistern Friedrichs machte.
Lord Tyrconnel schilderte Amalie 1751 so:
»Des Königs Schwester, Prinzessin Amalie, könnte das Benehmen des
Thronfolgers [August Wilhelm] gleichfalls beeinflussen, wenn er eines
Tages zur Regierung käme. Sie ist keck, unternehmend und würde
alles mögliche aufbieten, um einiges Ansehen zu erlangen. Da sie klug
und noch weit falscher ist, wäre sie zu fürchten, wenn sie es verstände,
sich zum Ratgeber aufzuwerfen. Bei ihrem ruhelosen Wesen würde sie
viele Ränke spinnen . . .«
Und der Chevalier Latouche schrieb 1756:
»Sie ist in der Tat hochmütig und von anspruchsvollster Höflichkeit.
Sie ist stolz und sucht stets das Benehmen des Königs, ihres Bruders,
zu durchschauen. Ein Beweis dafür ist, daß sie gelegentlich der Unterzeichnung der Konvention mit England [19] zur Gräfin Camas aus tiefster
Seele sagte: ›Na, liebe Mama, das ist wieder ein neuer Geniestreich des
Königs, unseres lieben Bruders, der ihn für immer die Freundschaft und
das Vertrauen der übrigen Fürsten kosten muß.‹« [20]
Wenn man in jenen Jahren vom Berliner Hof sprach, so meinte man
damit immer noch vornehmlich den Hof der Königinmutter Sophie
Dorothea in Schloß Monbijou an der Spree. Friedrich war nur zu den
Karnevalsfesten im Januar und Februar im Berliner Schloß. Sonst lebte
er im Winter im Potsdamer Stadtschloß und im Sommer in Sanssouci.
Die regierende Königin Elisabeth Christine war bereits daran gewöhnt,
von ihrem Gemahl getrennt zu leben und bewohnte im Winter ihre
Räume im Berliner Schloß, im Sommer das Schloß Schönhausen, nahe
Pankow. Von den Geschwistern war als einziger schon etabliert in

seinen Häusern der Thronfolger August Wilhelm. Er bewohnte im Winter das Kronprinzenpalais, im Sommer zog er nach Oranienburg, in jenes Lieblingsschloß seiner Urgroßmutter, das so elegant und prachtvoll für ihn restauriert worden war.

So fanden sich die Königskinder nur zu gern bei ihrer Mutter als dem Mittelpunkt der Familie zusammen. Die geistige Zentrale jedoch, von der alle entscheidenden Impulse für den Geschwisterkreis ausgingen, war König Friedrich. An ihn schrieben Wilhelmine und Charlotte fast mit jedem Posttag. Friederike und Sophie baten ihn um Rat und klagten ihren Kummer mit den Ehemännern. Ulrike hielt Kontakt aus dem fernen Stockholm. Amalie schrieb wenig, jedoch sie trug auf ihre Weise mit sarkastischen Bemerkungen zum Familienleben bei.

Der Berliner Hof – das war ein Kreis sich immer gleichbleibender Geselligkeit. Man tat wirklich alles, um die immer im Hintergrunde lauernde gähnende Langeweile des Hoflebens zu überwinden. Einen unverhältnismäßig großen Anteil an diesem Bemühen hatten die abendlichen Stunden am Spieltisch, die alle Beteiligten teuer zu stehen kamen. Spielschulden zu machen, das war ein Kavaliersdelikt, dessen sich auch die Damen schuldig machten. Mehr als einmal hat Amalie alleruntertänigste Gesuche um geldliche Hilfe an den König gerichtet. Eine heitere Nichtigkeit berichtete Kammerherr Graf Lehndorff in seinem Tagebuch:

»14. Nov. 1751
Währenddessen gibt es einen schrecklichen Lärm bezüglich eines Kammerdieners der Prinzessin Amalie, den sie wegjagt. Man urteilt darüber verschieden. Sie klagt ihn an, daß er ohne ihre Befehle viele Schulden gemacht habe; er behauptet das Gegenteil.« [21]

»13. Februar 1752
Probe des Trauerspiels ›Das gerettete Venedig‹ mit der Prinzessin Amalie, dem Prinzen Heinrich und dem Prinzen Ludwig von Württemberg.« [22]

Amalie sah um diese Zeit noch recht gut aus, dennoch machte sich merklich ein Bruch in ihrem Wesen bemerkbar. Statt Sanftmut und Herzensgüte zeigte sie immer mehr ein bissiges Wesen und eine scharfe Zunge. Sie war jetzt dreißig Jahre alt, intelligent und gebildet, in der Musik über alle Kritik erhaben, hoch befähigt und schon damals als Komponistin tätig. Doch der Umgang mit ihr war zuweilen schwierig und keineswegs erfreulich. Lehndorff, einer derjenigen, die unmittelbar darunter zu leiden hatten, vermerkte das mehrmals:

»16. Sept. 1753

Man klagt allgemein über die Prinzessin Amalie, daß sie niemand ansieht und daß sie von aller Welt übel redet. Es ist recht schade, daß diese Prinzessin, die wirklich liebenswürdig ist, ein so launisches Wesen hat. Ich besuchte die alte Gräfin Schwerin, die Hofmeisterin der Frau Prinzessin Amalie. Es ist eine Frau von viel Verdienst. Sie hat noch die Feinheit des alten Hofes.«[23]

So war es im Jahre 1753. Man lebte für die Begriffe der damaligen Menschen in »modernen«, das will heißen: vergröberten Zeiten, und man trauerte den feinen Sitten und der Lebensart vergangener Epochen nach.

Der Alltag eines Rokokomenschen setzte sich genau so wie bei Menschen anderer Zeitalter aus tausend Kleinigkeiten zusammen, die besorgt und erledigt sein wollten. In bezug auf Amalie geben uns Lehndorffs Tagebücher unzählige literarische Momentaufnahmen, die es uns ermöglichen, das Porträt der Prinzessin zu vervollständigen:

»9. November 1754

Vormittags hatte ich die Prinzessin Amalie besucht... Ich fand sie in ihrem Morgenkleide, wie ein Gelehrter im Studierzimmer arbeitend und mit der ernstesten und solidesten Lektüre beschäftigt.«[24]

Ende des Jahres beratschlagte König Friedrich mit seinem Geheimen Kämmerer Fredersdorf, welche Weihnachtsgeschenke sich wohl die einzelnen Geschwister wünschten. Fredersdorf sollte das feststellen. Er antwortete dem König am 15. November 1754, die Prinzessin betreffend, wie es für ihren chronischen Geldmangel typisch sein mußte:

»Die Prinzessin Amalie K. H. [Königliche Hoheit] Bittet um Bahrgeldt...«[25]

Beinahe gleichzeitig mit dem schwedischen Heiratsantrag lag 1743 auch eine Anfrage des russischen Hofes vor; Kaiserin Elisabeth von Rußland streckte ihre Fühler aus, um eine preußische Prinzessin für ihren Neffen, den Großfürsten Peter, zu gewinnen. Er gelangte zwar 1762 auf den Zarenthron, wurde jedoch kurz danach ermordet, man munkelte, durch Mithilfe seiner Gemahlin Katharina. Der König von Preußen hatte die Partie des russischen Thronfolgers ausgeschlagen, weil sie ihm zu dieser Zeit nicht opportun erschien.

Eine andere Heiratsmöglichkeit ergab sich für Amalie im Jahre 1746, als Ludwig XV. für seinen Sohn Louis, den Dauphin, anfragen ließ. Auch hier stimmte König Friedrich nicht zu, und es mag für Amalie

nicht immer leicht gewesen sein, die Gründe des Bruders für die Ab-
lehnungen zu verstehen, weshalb sie diese großartigen und reichen
Partien nicht eingehen sollte. Der Dauphin ist übrigens niemals zur
Regierung gelangt, er starb 1765 [26].
Es war also kein Ausgleich, daß Friedrich seiner jüngsten Schwester
erst die Ernennung zur Coadjutorin von Quedlinburg, später die Wahl
zur Äbtissin ermöglichte. Lediglich als kleine Ablenkung und als eine
– wenn auch geringe – Versorgung konnte man diese Maßnahmen
ansehen. Quedlinburg war ein reichsunmittelbares Frauenstift. Die
Kurfürsten von Brandenburg hatten 1697 die Schutzherrschaft erworben. Es umfaßte ein Gebiet von einhundertzehn Quadratkilometern
und hatte dreizehntausend Einwohner [27].
Im Jahre 1755 berichtete Lehndorff über die Begleitumstände, unter
denen Amalie ihre neue Würde antrat:
»10.–23. 7. 1755
Die Äbtissin von Quedlinburg stirbt. Die Prinzessin Amalie ist ihre
Nachfolgerin, worüber allgemeine Freude in der ganzen Stadt herrscht,
da diese Prinzessin verabscheut wird.
Es ist recht schade, daß sie sich nichts daraus macht, bei den Leuten
beliebt zu werden. Die Prinzessin Amalie wird nicht eher in Quedlinburg Wohnung nehmen, als bis sie ihre Schulden im Betrage von 30.000
Talern, die der König vorgestreckt hat, bezahlt hat.« [28]
Amalies Einkünfte als Äbtissin waren recht bescheiden, wenn man bedenkt, daß von jeder genannten Summe auch noch Unterhaltsver-
pflichtungen für Bediente und Beamte abgehen. Aber es ging ihr nicht
besser und nicht schlechter als ihren Schwestern. Sowohl die Markgräfinnen von Schwedt, Bayreuth und Ansbach als auch die Herzogin
von Braunschweig hatten finanziell zuweilen sehr zu kämpfen. Ebenso fand sich Königin Ulrike in Schweden nicht genügend ausgerüstet
mit ihrem »Leibgedinge« für ihre Stellung bei Hofe. Streng genommen hatte eigentlich niemals jemand von den Geschwistern genügend
Geld, nicht einmal Friedrich selbst, der in seinen persönlichen Ausgaben genau so geizig sein konnte wie bei den Gesuchen seiner Untertanen.
Chronist Thiébault wußte über Amalies Finanzen ziemlich genau Bescheid:
»Ihre Einkünfte waren übrigens ziemlich mäßig; sie beschränkten sich
auf ihre Apanage, die für eine preußische Prinzessin recht klein ist,
und auf die Bezüge der Abtei Quedlinburg, die sich vielleicht auf fünf-

undzwanzig bis dreißigtausend Taler jährlich belaufen konnten. Der König hatte ihr diese Pfründe verschafft, nachdem es entschieden war, daß sie niemals heiraten würde.

Als sie zur Besitzergreifung dieser Abtei, die übrigens zugleich ein Reichsfürstentum war, nach Quedlinburg reiste und durch Potsdam kam, bat Friedrich sie, einen oder zwei Tage bei ihm zu verweilen und gab ihr bei dieser Gelegenheit ein Prunkmahl wie einer souveränen Fürstin.«[29]

Noch mehrmals trat das Bemühen Friedrichs hervor, Amalie besonders auszuzeichnen, ihr hohe Ehren zu erweisen, ihr huldigen zu lassen wie einer regierenden Königin. Dem König mochte in seinem Herzen die Stellung einer Äbtissin für diese gescheite und vom Leben stiefmütterlich behandelte Frau als herzlich unzureichend erschienen sein.

Frau von Voß, das ehemalige Hoffräulein von Pannwitz, lebte jetzt mit ihrem Mann in Magdeburg und erinnert sich, wie Amalie auf ihrer Reise dorthin kam:

»Im Jahre 1756 kam die Prinzessin Amalie durch Magdeburg auf ihrem Weg nach Quedlinburg, um sich dort als Äbtissin inthronisieren zu lassen. Sie bat mich sehr, sie zu begleiten und so ging ich mit und blieb die ganze Zeit ihrer Anwesenheit in Quedlinburg mit ihr dort.«[30]

Die Feierlichkeiten der Inthronisierung fanden am 11. April in Quedlinburg statt. Da Amalie sich auch bei ihrer Schwester, der Herzogin Charlotte von Braunschweig, angesagt hatte, so verfehlte diese nicht, in einigen Briefen darüber an Friedrich zu berichten:

»11. März 1756

... und dann werde ich [in Blankenburg] meine Schwester Amalie erwarten, welche mich benachrichtigt hat, daß sie am 1. April abreisen wird zu ihrer Abtei. Sie lud mich zu ihrer Installation ein. Da es nicht die geringste Möglichkeit in Quedlinburg gibt zu übernachten, werde ich in Blankenburg bleiben. Ich kann sie trotzdem alle Tage sehen, denn es sind nur zwei kleine Meilen bis zur Abtei. Ich werde mir ein Vergnügen daraus machen, an dieser Hochzeit, wo Jesus Christus der Bräutigam ist, teilzunehmen, und ich werde nicht ermangeln, meinem neuen Schwager die gebührende Ehre zu erweisen und meine Schwester zu bitten, daß sie mich seiner Gnade empfiehlt.«

»Blankenburg, 11. April 1756

Ich habe meine Schwester überhaupt nicht verändert gefunden und ganz dieselbe, wie ich sie letztes Mal sah, als ich in Berlin war. Ich habe bei ihr diniert und wir haben den Tag miteinander verbracht bis zum Abend; nachdem ich Abschied genommen hatte, bin ich nach Blankenburg zurückgekehrt . . .«

»April 1756

Meine Schwester hat mir das Vergnügen gemacht, zu mir zu kommen; ich habe versucht, sie zu amüsieren so gut ich konnte. Wir hatten verabredet, einen Spaziergang zusammen zu machen, aber ein ganz unvermutet aufziehendes Gewitter mit Blitzen, Hagel und Donner machte unsere Absicht zunichte und wir mußten im Haus bleiben. Unter dem Schutz der Heiligen Äbtissin hat uns, glaube ich, der Donner die Gnade erwiesen, nicht einzuschlagen, denn er war sehr stark, und der Mut meiner Schwester würde bald wankend geworden sein. Diese zwei Tage, die ich mit meiner Schwester zusammen gewesen bin, haben wir sehr angenehm verbracht. Sie hat mich in der ganzen Abtei herumgeführt und wir haben in ihrem Garten Tee getrunken. Sie ließ Kaskaden springen wie in Versailles und Marly, und wir sind durch den Garten gegangen, in dem es herrliche Ausblicke gibt. Die Gegend von Quedlinburg ist charmant und der Ort ist wirklich außerordentlich angenehm. Meine Schwester ist sehr hübsch logiert, nur die Treppe ist nicht sehr gut. Was mir viel Spaß gemacht hat ist, daß meine Schwester sehr zufrieden zu sein schien und sich in der Lage, in welche Sie sie placiert haben, gefällt . . . Ich bin überzeugt, daß sie Sie teilnehmen läßt an ihrer Neugierde, welche sie dazu veranlaßt hat, in die Gruft zu gehen und sich die Särge öffnen zu lassen.« [31]

Die politischen Verhältnisse spitzten sich zu. Bald sollte der Berliner Hof keine Gelegenheit mehr haben, sich entweder zu langweilen oder Feste zu feiern, denn der Krieg brach aus, der später als der »Siebenjährige« in die Geschichte eingehen sollte. Lehndorff erwies sich in diesen Tagen als eindrucksvoller Reporter:

»[Berlin] 27. August 1756

Wir leben in einer belagerten Stadt; alle Tore sind geschlossen und niemand erhält die Erlaubnis, sie zu verlassen. Das geht so weit, daß man den Küchenwagen der Königin nicht hinauslassen will, so daß diese in Schönhausen in Gefahr steht, hungern zu müssen . . . Endlich, nach vielen Vorstellungen bei dem neuen Kommandanten, einem Herrn von Rochow, daß alle Befehle der Welt gewisse Ausnahmen zulassen müßten, willigt er ein, daß ihre Majestät zu essen erhält.«

»[Berlin] 11. Januar 1757

Ihre Majestät die Königin-Mutter ist sehr unpaß . . . Man sagt, daß viel

Schuld an ihrem Kummer die Prinzessin Amalie trägt, die oft in der
Nacht den Zufall verwünscht, daß sie als Prinzessin geboren wurde,
und am Tage ihre ganze Umgebung durch ihren Hochmut und ihre
Launen fühlen läßt, daß sie eine königliche Prinzessin ist... Die Wo-
gen des Meeres sind nicht aufgeregter als ihr Gebaren. Gut und böse,
Philosophin, Weltkind, Betschwester, alles das ist sie nacheinander;
zehnmal ist sie in der Woche zufrieden und unzufrieden. Dieses wet-
terwendische Wesen ist für ihre Umgebung natürlich eine schreckliche
Pein. Am wohlsten ist ihr, wenn alles drunter und drüber geht.«[32]
Die Königinmutter Sophie Dorothea stand kurz vor der Vollendung
ihres siebzigsten Lebensjahres; nach wie vor war sie außerordentlich
korpulent und die Leiden des Alters hatten sie recht hinfällig werden
lassen. Sie wurde derzeit eine schwere Erkältung nicht wieder los und
die Sorge um ihre Gesundheit ergriff die ganze Familie. Amalie blieb
bei ihr in Monbijou, um sie zu pflegen und ihr die Zeit während des
Krankenlagers zu vertreiben. Sie berichtete auch an die Geschwister
über den Zustand der Mutter. Friedrich antwortete ihr im Frühjahr
1757 sehr anteilnehmend und ausführlich:
«Lockwitz, 25. März 1757
Teuerste Schwester,
Ich danke Ihnen tausendmal für die Nachrichten, die Sie mir durch
Eller[33] von der Krankheit unserer teueren Mutter verschafft haben. Das
hat mich sehr beruhigt, und befestigt mich wieder einem Unglück gegenüber, das ich als ein sehr großes für mich hätte ansehen müssen.
Was uns betrifft, liebe Schwester, so hat sich weder in unserer politischen noch in unserer militärischen Lage bis zu diesem Augenblick
etwas geändert; alles steht noch gleich, ausgenommen, daß wir die
Kantonierungsquartiere bezogen haben, und daß der Feind anfängt,
sich zu sammeln und zu verstärken. Stellen Sie sich, ich beschwöre
Sie, über alle Ereignisse; denken Sie an das Vaterland und erinnern Sie
sich, daß seine Verteidigung unsere erste Pflicht ist. Wenn Sie erfahren,
daß einem von uns ein Unglück zustößt, so fragen Sie, ob er kämpfend
gestorben ist, und wenn das der Fall ist, so danken Sie Gott dafür. Es
gibt nur Tod oder Sieg für uns; eins von beiden ist notwendig. Jedermann denkt hier so. Wie, Sie wollten, daß jeder sein Leben für den
Staat opfere, aber nicht, daß Ihre Brüder das Beispiel dazu geben? O,
meine liebe Schwester, in diesem Augenblick gibt es nichts zu scho-
nen. Entweder auf dem Gipfel des Ruhmes, oder vernichtet...
Man darf an nichts verzweifeln, aber man muß jedes Ereignis voraus-

sehen und das, was die Vorsehung uns zuweist, mit ruhigem Antlitz aufnehmen, ohne Stolz über gute Erfolge und ohne sich durch schlechte erniedrigen zu lassen ...« [34]

Die Mutter der Königskinder war recht krank, aber sie liebte es, ihren Zustand zu bagatellisieren und den Anschein aufrechtzuerhalten, als sei alles gar nicht so schlimm. Amalie glaubte keinen Anlaß zu haben, besonders besorgt um die Mutter zu sein, sie war zwar in Monbijou, diskutierte mit den Ärzten und unterhielt die Mutter, aber unmittelbare Gefahr schien nicht zu bestehen. Lehndorff war in diesen Wochen einmal dort eingeladen:

»3. Juni 1757

... ich gehe nach Monbijou, um bei der Äbtissin von Quedlinburg zu soupieren. Alle Prinzessinnen sind da. Unsere Äbtissin ist heute voller Liebenswürdigkeit. Sie ist wirklich wie manche große Männer; nichts ist mittelmäßig an ihr, entweder ist sie himmlisch oder teuflisch.« [35]

Die Lebensuhr der alten Königin schien abgelaufen zu sein. Sie wurde zusehends schwächer und hilfloser, und am 28. Juni morgens gegen neun Uhr erlitt sie einen Erstickungsanfall, der, so geringfügig er war, zu ihrem Tod führte. Amalie übernahm es, die traurige Kunde den Geschwistern mitzuteilen. Den König erreichte die Nachricht in Leitmeritz und er antwortete zutiefst betroffen:

»Leitmeritz, 1. Juli 1757

Meine liebe Schwester,

Alles Schwere kommt auf einmal über mich. Ach, meine geliebte Mutter! Guter Gott, so werde ich nicht mehr den Trost haben, dich wiederzusehen. Gott, Gott, welch ein Verhängnis für mich! Ich bin mehr tot als lebendig. Ich erhielt einen Brief von der Königin, der mich von allem unterrichtete. Vielleicht hat der Himmel unsere teure Mutter von der Erde genommen, damit sie nicht all das Unheil unseres Hauses miterlebt. Ich bin außerstande, liebe Schwester, Ihnen hierzu noch mehr zu sagen. Ich umarme Sie von ganzem Herzen.« [36]

Friedrich befand sich seit der schweren Niederlage bei Kolin am 18. 6. in einer außerordentlich deprimierten Stimmung, die der Tod der Mutter noch vertiefte. Im Juli kam zu diesen gravierenden Ereignissen noch hinzu die unglückliche militärische Operation des Prinzen August Wilhelm bei Gabel, die zum Zerwürfnis zwischen den Brüdern führte. Die ganze Familie war außer sich über August Wilhelm, der sich vom militärischen Dienst zurückzog. Alle bestürmten ihn mit Briefen, unter anderen auch Amalie, die sich gern als Vermittlerin zwischen dem

König und dem jüngeren Bruder gesehen hätte. August Wilhelm schrieb
darüber etwas indigniert an seine Schwägerin, die Prinzessin Heinrich:
»9. August 1757
Amalie schreibt mir Episteln wie eine Gouvernante, die einen Knaben
über die Pflichten gegen sich selbst und gegen das Vaterland belehrt;
ich weiß nicht, woher sie soviel Moral schöpft. Sie hält mich für traurig, tief bekümmert und verzweifelt. Nichts trifft weniger zu. Ich bin
sehr guter Laune, habe ein ruhiges Gewissen und sinne nur darauf,
meinen Ruf in Schutz zu nehmen, denn in keinem Heere der Welt ist
der Heerführer so in Gefahr wie bei uns, seine Ehre zu verlieren.« [37]
Während August Wilhelm auf seinem Standpunkt verharrte und zurückgezogen lebte, plagte sich Friedrich herum mit der mißlichen militärischen Lage in der Lausitz und den lästigen vielen kleineren Schar-
mützeln mit den Österreichern. Im September schilderte er seine Lage
mit bitterem Humor seiner Berliner Schwester, dazu schickte er ihr
selbstgedichtete französische Verse:
»Erfurt, 27. 9. 1757
Liebe Schwester,
Unsere Sache ist noch auf dem gleichen Punkt wie neulich, als ich
Ihnen schrieb. Ich handle so, wie Leute, die von Fliegen belästigt, sie
von ihrem Gesicht wegscheuchen, aber wenn die eine von der Backe
wegfliegt, so kommt eine andere sich auf die Nase zu setzen, und kaum
hat man diese vertrieben, so fliegt eine neue daher und setzt sich auf
die Stirn, auf die Augen und überallhin. Kurz, diese Geschichte wird,
glaube ich, so lange dauern, bis die Kälte diesen unerträglichen Schwarm
erstarren macht.
Oft möchte ich mich betrinken, um den Ärger zu ertränken. Aber da
ich nicht trinken kann, zerstreut mich nur das Versemachen, und solange diese Zerstreuung dauert, fühle ich mein Unglück nicht. Das hat
meinen Geschmack an der Poesie erneuert, und wie schlecht auch
meine Verse sind, sie leisten mir in meiner traurigen Lage den größten
Dienst. Ich habe einige für Sie geschrieben, liebe Schwester, und schicke
sie Ihnen, damit Sie sehen, daß auch die traurige Stimmung mich
nicht daran hindert, meinen Geist völlig mit der Erinnerung an Sie zu
beschäftigen.« [38]
Im Oktober 1757 machte sich der Krieg auch in der preußischen Hauptstadt sehr unangenehm bemerkbar. Die Österreicher marschierten mit
einem starken Détachement auf Berlin zu, das zwar Garnisonstadt,
aber sonst unbefestigt war. Friedrich hatte strikt den Befehl erteilt,

daß der preußische Hof im Falle einer feindlichen Bedrohung Berlins unverzüglich nach Magdeburg gehen sollte, wo sich eine starke Festung befand. Kammerherr Graf Lehndorff berichtete als Augenzeuge dieser unruhigen Tage:

»[Berlin] 14. Oktober 1757

Neuer Alarm! In der ganzen Stadt ist die Nachricht verbreitet, daß ein österreichisches Corps direkt auf Berlin zukomme und dem Fürsten Moritz von Anhalt zwei Tagemärsche abgewonnen habe. Ich soupiere mit der Prinzessin von Preußen, wo man sich zuflüstert, der Feind habe schon Wusterhausen und mehrere Ämter der Prinzen geplündert. Der Staatsminister Graf Finck, der auch da ist, erhält fortwährend Stafetten, welche die unangenehmen Nachrichten bestätigen. Nach Tisch hat er lange Konferenzen mit der Prinzessin Amalie, die alle das Ergebnis haben, daß der königliche Hof, falls der Feind bis Berlin kommt, die Stadt verlassen muß.«

»16. Oktober 1757

Der bewegteste und traurigste Tag meines Lebens! Kaum bin ich aufgestanden, da heißt es: der Feind ist vor den Toren. Man sieht auf allen Seiten halbnackte Menschen herbeiströmen, die sich aus der Umgebung hierher geflüchtet haben. Um 8 Uhr läßt mich die Königin rufen. Ich finde diese würdige Fürstin in Tränen. Sie beauftragt mich, alle Prinzessinnen zu benachrichtigen, daß sie um 11 Uhr abreisen werde; sie möchten sich ihr anschließen. Ich begebe mich zunächst zur Prinzessin Amalie, die ich mitten unter Koffern finde. Sie erklärt mir, daß sie durchaus nicht bedaure, die gewohnten Bequemlichkeiten verlassen zu müssen; ihr tue nur ihre Dienerschaft leid, da sie diese, seit ihr nach der Besetzung Quedlinburgs durch die Franzosen die Einnahmen als Äbtissin fehlen, nicht habe besolden können ...

Da langt ein Trompeter vom Feinde an, mit der Forderung an den Magistrat, sofort dreihunderttausend Taler zu bezahlen, widrigenfalls die Stadt der Plünderung verfalle. Gleich danach verbreitet sich das Gerücht, daß der Feind schon durch das Kottbusser Tor in die Stadt gedrungen sei und die paar Soldaten, die der törichte Kommandant vor den Toren aufgestellt hatte, niedergemacht oder gefangengenommen habe. Nun herrscht die äußerste Verzweiflung ... Die Gepäckkarren stehen im Schloßhof, und eine unendliche Menschenmenge, die sich dahin geflüchtet hatte, schreit und stöhnt. Der Kommandant läßt um das Schloß Soldaten aufstellen und an den Zugängen Kanonen auffahren, da wir überzeugt sind, daß uns eine Belagerung droht ...

Endlich erscheint der Perückenmacher Rossin mit der Nachricht des
Kommandanten, daß wir abfahren sollten. In diesem Augenblick
kommt der Markgraf von Schwedt und versichert uns, daß wir unterwegs ohne Frage massakriert werden würden, da in der Jungfernheide,
die wir passieren müßten, die Panduren umherschwärmen. Die Königin aber erklärt, daß sie getrost dem Befehle des Königs nachkommen
werde und fährt ab . . .«[39]

Amalie allerdings zeigte recht wenig Anpassungsvermögen an diese
turbulenten Verhältnisse vor der Flucht des Hofes nach Magdeburg.
Während sich draußen halbnackte, hungernde Menschen im Schloßhof
drängten, kostümierte sie sich wie für einen Ball. Thiébault versicherte
diese Unglaublichkeit in seinen Memoiren:

»Als im Kriege der Hof Befehl erhielt, nach Magdeburg zu fliehen,
kam Frau du Troussel, deren Mutter im Sterben lag, ins Schloß, um der
Königin und den Prinzessinnen Lebewohl zu wünschen. Sie traf die
Prinzessin Amalie im höchsten Staat, mit allen ihren Diamanten geschmückt und freudestrahlend. Sie amüsierte sich über die vielen Wagen, die den ganzen Schloßhof anfüllten und mit Paketen beladen
wurden, die man der größeren Schnelligkeit wegen einfach aus den
Fenstern warf.«[40]

Der Hof gelangte ungeachtet der Gefährdung durch Panduren und
Streifzügler unangefochten nach Magdeburg. Im Januar 1758 kehrte er
nach Berlin zurück. Amalie jedoch wurde vom König nach Breslau gerufen, wo sie mit größter Auszeichnung behandelt wurde.

Lehndorff berichtete, daß alle schlesischen Damen den Befehl hatten,
Amalie genauso den Hof zu machen, als ob sie die Königin wäre. Die
Prinzessin war damals noch gut anzusehen und eine durchaus präsen-
table Dame. Sie war vierunddreißig, gewandt und schlagfertig in der
Unterhaltung, amüsierte den König mit ihren absonderlichen Einfällen
und zeigte sich körperlich und geistig voll auf der Höhe. Ihr Interesse
für die Wissenschaften und ihr stetiges Bemühen, sich mit irgend etwas Ernsthaftem zu beschäftigen, gehen aus Lehndorffs weiteren Berichten hervor:

»Vom excentrischen Wesen der Prinzessin möchte ich an dieser Stelle
noch etwas berichten: ich habe sie manchmal an ihrem Schreibtisch
sitzen sehen inmitten von Büchern über Physik und Mathematik, und
vor ihr menschliche Gliedmaßen, die sie seziert hatte, während sie
über Politik schrieb; alles nur darum, um behaupten zu können, daß
sie alles verstünde und nichts unversucht gelassen hätte.

Auch sagte man von ihr, daß sie Untersuchungen über gewisse Unterschiede zwischen Negern und Weißen angestellt habe. Sie war ein nach allen Richtungen außergewöhnliches Wesen. An einem Tage war sie die Pracht, der Luxus selbst, an anderen bereitete sie sich ihr Essen selbst in ihrem Kamin und kleidete sich wie ein Mädchen auf der Gasse. Sie wohnte entweder in prachtvoll ausgestatteten Räumen oder in einem kleinen weißgetünchten Zimmer mit einem hölzernen Stuhl und Tisch... Sie las sich Kinder auf den Straßen auf, um sie erziehen zu lassen, sie hatte immer Kinder um sich und behandelte sie so zärtlich, daß die Leute behaupteten, es seien ihre eigenen. So weiß ich dies von kleinen Juden, Negern und Bauernkindern.«⁴¹

Bei aller Unausgeglichenheit konnte Amalie als zuverlässiger Mensch gelten. Sie hat Beweise menschlicher und geschwisterlicher Nächstenliebe erbracht, deren nicht jede Prinzessin ihres Zeitalters ohne weiteres fähig gewesen wäre. Eine solche Bewährungsprobe kam auf sie zu, als Prinz August Wilhelm im Schloß Oranienburg im Mai 1758 ernstlich erkrankte. Seine Ehe war nicht gut, er mied den Umgang mit seiner Gemahlin, dies wußte man. So benachrichtigte seine Umgebung Amalie, um eine verantwortliche Person bei ihm zu wissen, an die man sich wenden konnte. Das Leiden des Prinzen war sehr seltsam. Es war gleichsam undefinierbar und er wollte keine Ärzte. Er glich einem tödlich leidenden Tier, das sich in einen einsamen Winkel zurückgezogen hatte, um dort sterben zu können. Amalie hat ihren Bruder August Wilhelm während seiner mehrere Wochen dauernden Krankheit in rührender Weise betreut und gepflegt, bis schließlich die Krankheit siegte und der Prinz am 12. Juni starb.

Innerhalb eines Jahres hatte die Familie die Mutter und den hoffnungsvollsten Bruder, den Thronfolger, verloren. Beidemale war es Amalie gewesen, die an den Krankenlagern und Sterbebetten ausgehalten hatte. Es waren dies Vorkommnisse, die die Prinzessin tief beeindruckt hatten. Sie hielt sich in den kommenden Jahren für einzig kompetent in Sachen Leben und Tod. Wenn jemand in der Familie erkrankte, war sie sofort zugegen und trachtete danach, möglichst die ganze Organisation des Krankenzimmers an sich zu bringen, um alles zu dirigieren. Je älter sie wurde, um so stärker trat dieser Zug hervor bis zu jenem Tage im Jahre 1785, wo Amalie persönlich geradezu gekränkt und tief beleidigt war, daß ihr Bruder Ferdinand ihr nicht den Gefallen getan hatte, das Zeitliche zu segnen, obwohl sie es ihm fest vorausgesagt hatte. Dieses eine Mal räumte Amalie wie eine zürnende Göttin das Feld.

Thiébault machte uns mit einem weiteren Charakterzug der Prinzessin
bekannt, der nicht recht zu ihrer Gelehrsamkeit und ihrem Bildungs-
hunger passen wollte. Er darf wohl als Auswirkung ihrer außerordentlichen Neugierde gewertet werden:
»... Frau du Troussel hat mir des bestimmtesten versichert ... daß
Amalie während der ganzen Dauer des siebenjährigen Krieges und
besonders, wenn die Sachen bedenklich standen, ganze Tage lang für
den König die Karten schlagen ließ, ohne jedoch seinen Namen zu
nennen. Die Antworten auf diese Orakelfragen wurden regelmäßig
dem König übersandt...« [42]
Thiébault selbst bemerkte allerdings mit mildem Spott über diesen
Punkt, er sei persönlich der Meinung, Friedrich habe niemals Zeichen
von Schwachsinn erkennen lassen und er habe sicher andere Mittel
gehabt, um herauszubekommen, was seine Gegner Daun und Soltykow
gerade vorhatten, dazu bedürfe er nicht der Wahrsagerinnen. Man darf
also annehmen, daß es auf das Konto von Amalies persönlichem For-
schungsdrang ging, wenn sie versuchte, den Schleier der Zukunft mit
so primitiven Mitteln zu heben.
Im Hofstaat Amalies trat im Jahre 1759 eine Änderung ein: Frau von
Maupertuis wurde wieder Oberhofmeisterin bei ihr, eine gute, freundliche Dame, die jedoch keineswegs als Glanzlicht der Hofgesellschaft
galt. Vielleicht war diese im Grunde einfache und betuliche Frau genau
die Richtige, um für Amalie einen angenehmen Umgang darzustellen
und mit ihrem ruhigen Wesen der launenhaften Prinzessin ein natürlicher Ausgleich zu sein.

Geht man die Memoirenliteratur des 18. Jahrhunderts durch, um Hinweise auf die »preußische Legende« Amalie–Trenck zu finden, so ist
die Ausbeute mager genug. Nur zwei kurze Abschnitte sprechen davon,
und auch diese können zeitlich so spät niedergeschrieben worden
sein, daß ihre Verfasser die erste Ausgabe der Memoiren Trencks schon
gelesen hatten und die »hohe Dame« enträtseln konnten. Einmal ist es
die Gräfin Voß, die auf die unglückliche Romanze Bezug nimmt:
»Die arme Prinzessin, welche für die Befreiung des schönen, tollküh-
nen Abenteurers so große Treue und Aufopferung bewies, schien ihre
ganze Liebesfähigkeit in dieser einzigen Neigung erschöpft zu haben.
Von Kummer und frühzeitiger Kränklichkeit verdüstert, war sie nach
und nach so schroff und bitter geworden, daß sie nach einem Epi-
gramm ihres Bruders Heinrich nur noch ›la fée malfaisante‹ hieß [die

böse Fee] und durch ihre Torheiten und ihr argwöhnisches Mißtrauen
bald der Schrecken des ganzen Berliner Hofes war . . .«[43]
Der andere Chronist, der die Trenck-Affaire als wahr voraussetzt, ist
Thiébault, der mehrfach darauf anspielt und einmal schreibt:
»Die Prinzessin, die in so manchem Betracht und besonders in allem,
was ihr teuer war, vom Unglück heimgesucht wurde, empfand lebhaft,
daß sie nur von ihrem Bruder eine Linderung ihrer Leiden erwarten
konnte. Diese Leiden gingen allerdings von ihm selbst aus, aber sie
wußte sehr wohl, daß er nur aus Gründen der Politik hatte strenge
sein müssen, und daß er trotzdem oder gerade deshalb ein brüderlich
mitfühlendes Herz für sie bewahrte. Der König andererseits mußte sich
sagen: meine arme Schwester, die in jeder Hinsicht so liebenswürdig
war, ist jetzt so unglücklich und ist es sogar durch mich geworden. So
will ich ihr wenigstens zeigen, wie sehr ich sie bedaure, wie schmerzlich ich unter ihrem Kummer mitleide. – Wenn man Friedrich kennt
wie ich, wird man diesem Urteil sicherlich beipflichten.«[44]
Es gibt sicher genügend verbürgte Tatsachen, die die Auffassung Thiébaults untermauern: das Prunkmahl in Potsdam, die überwältigende
Auszeichnung in Breslau, das sich immer wiederholende Begleichen
von Amalies Schulden.
Psychologen meinen, die unglückliche Liebesgeschichte könne durchaus bestanden haben. Amalie habe zweifellos einmal einen seelischen
Schock erlitten, an dem sie ihr Leben lang trug und auf den zurückzuführen sei, daß sie immer wunderlicher wurde, fast bis zur Unbegreif-
lichkeit. So ist es doch nur als eine Tat innerster Verzweiflung zu werten, wenn sie ausgerechnet in einem so empfindlichen Bereich wie
ihrem Augenlicht einmal einen Akt der Selbstzerstörung vornahm, der
ohne Kenntnis der Hintergründe völlig unfaßbar erscheinen müßte.
Thiébault berichtete:
»Ich kann dafür zum Beweis eine wohlverbürgte, mir von ihrem Arzt
selbst mitgeteilte Tatsache anführen.
Dieser Arzt, Herr Meckel, verordnete ihr gegen eine Augenentzündung,
an der sie einmal litt, eine Flüssigkeit, die erhitzt werden mußte, um
in ihren Dämpfen die Augen zu baden, doch mußte die Medizin selbst
in einer Entfernung von sieben bis acht Zoll gehalten werden. Der Arzt
legte ihr dringend ans Herz, ja nicht mit dem Gesicht näher heranzu-
kommen und vor allen Dingen nicht die Augen mit der Flüssigkeit
selbst zu benetzen, weil sie sonst Gefahr liefe, die Sehfähigkeit zu verlieren.

Kaum hatte sie die Medizin empfangen, so wusch sie kräftig die Augen damit! Die Wirkung war, wie der Arzt vorausgesagt hatte, so unheil-voll, daß sie beinahe blind geworden wäre; ihre Augen, die bis dahin sehr schön gewesen waren traten zur Hälfte aus ihren Höhlen hervor und wurden abschreckend häßlich.« [45]

Wenn die Kriegsereignisse es erlaubten, ging das Hofleben in Berlin oder Magdeburg nach Möglichkeit seinen gewohnten Gang. Amalie spielte dabei, ihrem Range angemessen, immer noch eine Rolle. Wohl kränkelte sie, aber sie nahm am geselligen Leben teil, gab Konzerte und veranstaltete Maskenfeste. Gräfin Voß hat in ihren Memoiren aus diesen Jahren einige Notizen darüber gemacht:

»15. März 1761
Concert bei der Prinzessin Amalie; ein Mönch, welcher als Geisel hier-her gesandt worden ist, spielte sehr schön Violine.«

»April 1761
Abends waren wir bei der Prinzessin Amalie, die immer die tollsten Ideen hat. Sie will, daß die Herren bei dem nächsten Fest, das sie gibt, als Damen gekleidet erscheinen und hat diese törichte Maskerade auf den kommenden Mittwoch angesetzt.«

»21. April 1761
Ich machte einen langen Spaziergang mit der Divina [Prinzessin Hein-rich]; sie schlug mir vor, mit ihr nach Helmstädt zu fahren und ich war ganz entzückt von diesem hübschen Plan; dann sprachen wir über die schwierigen Charaktere der Königin und der Prinzessin Amalie ...«

»22. April 1761
Heute war alles bei der Prinzessin Amalie, welche denn in der Tat de-kretiert hatte, daß die Herren als Damen und die Damen als Herren erscheinen müßten. Sie selbst trug den Anzug eines Geistlichen! Ich hatte ein Reitkleid angezogen und eine runde Männer-Perücke auf-gesetzt, und die Gräfin Finckenstein dasselbe getan. Der Prinz von Nassau und Wrede waren wirklich ganz im Damen-Kostüm, aber beide wütend über ihre unkleidsame Verkleidung. Geuder kam als Magd, höchst burlesk ausstaffiert. Nach dem Souper erschien Musik und es sollte getanzt werden, aber dies glückte nicht, man gab es bald wieder auf und setzte sich an die Spieltische, und so endete dies törichte Fest ziemlich früh am Abend.« [46]

Anderthalb Jahre später neigte sich der Siebenjährige Krieg seinem Ende zu. Aus Torgau erreichte Amalie ein überaus gutgelaunter, ja

sprühend witziger Brief des Königs, der ihren Stand als Äbtissin sanft
verspottete:

»Torgau, 7. November 1762

Liebe Schwester,

Ich bin vollständig überzeugt von dem Anteil, den Sie an unseren
glücklichen Erfolgen und an dem Siege nehmen, den mein Bruder
[Heinrich] soeben [bei Freiberg] über die Feinde errungen hat. Das
kam sehr zur rechten Zeit bei den gegenwärtigen Umständen, wo es
sich darum handelt, unsere Feinde wenn möglich dahin zu bringen,
einen für uns ehrenvollen und vernünftigen Frieden zu schließen.

Sie, die Sie Beziehungen zum Himmel haben, die ich nicht habe, Sie
können wissen, wieweit Ihr ewiger Schwiegervater uns begünstigt oder
uns entgegenarbeitet; ich armer Sterblicher, der nicht einen Hund des
Paradieses kennt, lebe in der größten Unwissenheit darüber; ich empfange alles Gute, das mir begegnet, mit Vergnügen und trage das
Schlimme mit Geduld. Erlauben Sie indessen, daß ein armer Laie Ihnen
einige Schwierigkeiten klarlegt, die sich auf dem innersten Grunde
Ihrer erhabenen Lehre bilden . . .

Adieu, liebe Braut Christi. Wenn Sie mich nicht orthodox befinden,
so kommen Sie wenigstens nicht auf den Einfall, mich verbrennen zu
lassen, und seien Sie überzeugt, daß ich Sie, für so ketzerisch Sie mich
auch halten, mit wahrhafter Zärtlichkeit liebe und, liebe Schwester,
Ihr treuer Bruder und Diener bin,

Friedrich« [47]

Das Jahr 1763 brachte endlich den Friedensschluß in für Preußen sehr
vorteilhafter und ehrenhafter Form. Friedrich und Heinrich kehrten in
ihre Schlösser zurück, voller Freude, sich wieder »ihrem Kohlanbau«
zuwenden zu können. Der König reiste viel durch seine Provinzen, um
das daniederliegende Land so bald wie möglich wieder in Flor zu bringen und mit seinen Landräten die ersten Hilfsmaßnahmen zu besprechen.

Für Amalie schloß das Jahr 1763 mit einer kleinen Festlichkeit von
bestrickendem Charme, die der König sich ausgedacht hatte. Im Potsdamer Stadtschloß und auch in Sanssouci gab es sogenannte Confidenz-
Tafel-Zimmer. Inmitten dieser relativ kleinen, sehr hübsch ausstaffier-
ten Räume befand sich ein Mechanismus, mit dem der Eßtisch ver-
senkt und gedeckt wieder heraufgewunden werden konnte. Behälter
für die Weinflaschen waren am Fuße des Tisches eigens konstruiert
worden. Jeder Anwesende legte zu Beginn des Mahles einen Zettel mit

seinen Wünschen auf sein Gedeck, der Tisch verschwand – und stieg
reich besetzt mit guten Speisen wieder aus der Tiefe empor. Man tafelte
ohne Bedienung, vertieft in vertrauliche Gespräche.
Diese besondere Confidenztafel zu Silvester fand insgesamt nur viermal statt. 1763 bis 1766. Die Teilnehmerinnen waren Damen, die dem
König besonders ans Herz gewachsen waren. Außer Amalie sein gelieb-
tes »Mütterchen« Camas, die er sehr verehrte, ferner Frau von Kannen-
berg, Frau von Kamecke und Frau von Morrien[48]. Da am Silvesterabend
der offizielle Karneval in Berlin begann, die »Herrschaft der Frauen«,
fanden die Damen unter ihren Servietten Krone und Szepter aus Zucker
nachgebildet. Nach dem Tode der Gräfin Camas fand diese »table de
confidence« nicht mehr statt.
Der gesundheitliche Verfall der Prinzessin Amalie wurde zum erstenmal hervorgehoben von der Gräfin Camas, als sie am 26. 10. 1764 an
den König berichtete:
»Eure Majestät würden schmerzlich berührt sein, wenn Sie die Frau
Prinzessin Amalie, welche sich so schrecklich verändert hat, wiedersehen. Wozu nutzen alle Bäder, die man am Ende der Welt aufsucht,
während ich, ohne aus meiner Stube herauszugehen, mich aus der
Affäre ziehe und das in Wahrheit noch ganz gut für mein Alter.«[49]
Amalie hielt sich mehrmals längere Zeit in Aachen auf und machte
dort langwierige Badekuren, die ihr jedoch meist nicht geholfen haben.
Sie fuhr auch nach Spa, wo sie sich gleichfalls Erfolg erhoffte, aber
ebenso oft enttäuscht wurde. Sie war manchmal monatelang auf Reisen
und kehrte kränker zurück als sie abgefahren war.
Zum König muß in diesen Jahren ein sehr gutes und freundschaftliches
Verhältnis bestanden haben. Einmal richtete der König im Hause seiner
Schwester ein Diner aus und schrieb ihr dazu:
»Berlin, 19. Januar 1765
Meine liebe Schwester,
In meiner Eigenschaft als Ihr Haushofmeister nehme ich mir die Frei-
heit, Ihnen Ihren Küchenzettel für den Abend zu schicken, um zu
wissen, ob Sie damit zufrieden sind. Nachtisch und Wein, alles ist glei-
chermaßen nach Ihren Befehlen besorgt. Ich empfehle mich Ihnen zu
Gnaden bis heute abend, wo ich die Ehre haben werde, Ihnen meine
Aufwartung zu machen.«
Amalie fügte auf diesem Billett die Notiz hinzu:
»Diesen Abend führten meine Braunschweiger Neffen und meine
Nichte Racines ›Iphigenie‹ auf.«[50]

Einige Briefe Friedrichs voller Humor und guter Laune geben Zeugnis vom wiederauflebenden geselligen Leben am preußischen Hofe nach Beendigung des Krieges und in den Aufbaujahren danach:

»Berlin, 24. Januar 1765

Meine liebe Schwester,

Tausend Dank für Ihren Anteil am Vorhandensein meiner Wenigkeit. Ich wünschte nur, sie vermöchte Ihnen von einigem Nutzen zu sein. Doch so ein alter Bruder [Friedrich feierte seinen dreiundfünfzigsten Geburtstag], der bald zum Schwätzer werden wird, darf sich dessen nicht schmeicheln. Mir geht's, liebe Schwester, genau wie Ihren alten Kutschpferden: ehedem zogen sie Sie, jetzt verzehren sie in Ihrem Stalle das Gnadenfutter, das Ihr Mitleid ihnen gewährt.

Wenn Sie erlauben, werde ich morgen abend kommen und mich bedanken, daß Sie so liebevoll meiner gedacht; von da gehe ich zu Bruder Ferdinand, bei dem ich eingeladen bin, auf Ihr Wohl zu trinken . . .«

»Sanssouci, 3. Juli 1765

Meine liebe Schwester,

Ich weiß nicht, welches Verhängnis über unserer Familie schwebt, so daß wir stets den Teufel im Portemonnaie haben. Und doch, liebe Schwester, ist das schließlich immer noch besser, als wenn wir den Teufel im Leibe hätten, denn das ist eine ganz schlimme Sache. Dann sind die Teufelsbanner vonnöten, Weihwasser und eine ganze Zeremonie, um ihn zu vertreiben. Infolge der Hochzeit meines Neffen sitze ich selbst auf dem Trockenen. Meine Börse ist so leer, wie der Kopf eines Hirten, der immer nur mit Kühen und Ziegen gelebt hat. Sobald jedoch dieses kleine Ungemach durch eine Finanzoperation behoben ist, will ich zusehen, wie ich den Teufel aus dem Geldbeutel meiner Schwester austreiben kann; nur fürchte ich, es wird nicht lange vorhalten. Hätte ich auch alles Gold des Großmoguls zur Verfügung, es reichte nicht hin, um alle leeren Portemonnaies zu füllen, alle Begierden, Leidenschaften und Launen und alle Verschwendungssucht zu befriedigen, die in unserem Jahrhundert überhand genommen haben.

Meine Schwester Charlotte aus Braunschweig kommt am 10. hier an. Die Hochzeit findet am 14. statt und die Feierlichkeiten dauern bis zum 21. einschließlich. Ich werde mit der großen Masse der Gäste als Statist auftreten, aber Sie kennen mich zu gut um zu glauben, ich fände Geschmack daran. Ein Greis [Friedrich war 53!] hat andere Vergnügungen als die Jugend, und wenn man von allem gekostet hat, kehrt man

schließlich zum stillen Leben zurück. Es ist das einzige, bei dem man
glücklich sein kann, soweit es in der menschlichen Natur liegt. Aber
ich habe schon so viel gesagt, liebe Schwester, daß ich Sie langweile.
Ich bitte um Vergebung dafür und bleibe mit der Versicherung aufrichtiger Liebe, Ihr getreuer Bruder und Diener
Friderich«[51]

Das gute Einvernehmen zwischen den beiden Geschwistern hatte jedoch auch eine Kehrseite, von der Thiébault zu erzählen wußte:

»Die so offen zur Schau getragene Vorliebe Friedrichs für seine jüngste
Schwester hat die unangenehme Wirkung gehabt, daß man sie bei
Hofe und in der Stadt allgemein als seinen Hauptspion ansah; die
scharfen und strengen Urteile, die sie zu äußern liebte, haben diese
Annahme noch sehr verstärkt. So kam es, daß die Prinzessin zuletzt
sehr gefürchtet wurde. Prinz Heinrich hat sogar ganz laut und in großen Gesellschaften von seiner Schwester schlecht gesprochen. Hatte
er irgendeinen besonderen Anlaß, sich über sie zu beklagen? Das weiß
ich nicht; aber er hat mir gegenüber niemals ihren Namen ausgesprochen, ohne die Bezeichnung ›Hexe‹ oder einen ähnlich klingenden
Schmeichelnamen hinzuzufügen. Ich persönlich habe niemals etwas
entdecken können, was die Meinung des Prinzen und des Hofes gerechtfertigt hätte.«[52]

Im Jahre 1769, vier Jahre nach der Hochzeit, ging die Ehe des jungen
Thronfolgers Friedrich Wilhelm, als König später »der Zweite« genannt,
mit der Prinzessin Elisabeth Christine Ulrike von Braunschweig unter
spektakulären Umständen auseinander. Kurz nach der offiziellen
Scheidung heiratete der Kronprinz wieder, diesmal die Prinzessin Friederike Luise von Hessen-Darmstadt. Diese neue Heirat löste eine La-
wine von Briefen an die Mutter der Braut aus; die alte hessische Land-
gräfin war selbst auch eine sehr schreibfreudige Dame, die mit allen
Mitgliedern des preußischen Hofes gleichzeitig im Briefwechsel stand.
Dabei brachte sie das Kunststück fertig, auf die Querelen und Mei-
nungsverschiedenheiten unter den Geschwistern, der Königin und den
Frauen der Prinzen einfach nicht zu reagieren. Sie spielte in keiner
Weise die Zwischenträgerin für Klatsch und stand daher mit allen gut.
So gut, daß man ihr nun in bester Absicht die Herzen ausschüttete.
Man wollte die junge Braut informieren und vor allem »warnen«, als
sei der preußische Hof um 1769 eher eine Schlangengrube denn ein
angenehmer Aufenthalt, an den zu gelangen zu den erstrebenswerten
Dingen des Lebens gehörte.

Auch Amalie fühlte sich verpflichtet, der alten Landgräfin eine ausführliche Charakterskizze des Königs zu schicken, die »mehr als stark« ausfiel. Die übrigen Schilderungen der königlichen Familie waren nicht viel besser. Amalie ließ an keinem ein gutes Haar, gab sich jedoch den Anschein, als empfinde sie dies selbst als höchst unangenehm, so harte Dinge schreiben zu müssen:

»Frühjahr 1769

... Ich leide darunter, daß ich Ihnen dergleichen enthüllen muß ... Lassen Sie mich, Madame, einen Augenblick Atem schöpfen ... Ich habe kein anderes Interesse, alle diese fürchterlichen Mysterien zu entschleiern als das, jemanden [Friederike Luise] vor Unglück zu bewahren, der Ihnen teuer ist ... Ich kann unmöglich ein Vergnügen darin finden, die Schlechtigkeiten meiner nächsten Verwandten an die große Glocke zu hängen ... Ich fühle, Madame, daß ich anfange, Ihre gute Meinung einzubüßen, indem ich so unverhohlen spreche. Sie werden denken, daß ich recht maliziös geworden sei, wenn Sie sehen, daß ich an Niemandem etwas Gutes lasse; aber, um die Wahrheit zu sagen, und bei mir selbst angefangen: toute la boutique ne vaut rien! [Der ganze Laden taugt nichts!]« [53]

Eine zweite Stimme erhob sich in diesem Briefkonzert, Heinrich, und von ihm las die Landgräfin nun eine Beurteilung über Amalie, die allerdings recht milde ausfiel:

»Was eine gewisse Äbtissin anlangt, so haben die Zurückgezogenheit, in der sie lebt, und ihre körperliche Gebrechlichkeit einen großen Einfluß auf ihren Geist. Sie ist von Herzen gut, aber ihre Stimmung wechselnd und ihr Urteil selten bestimmt; man verbirgt ihr daher alles, was sie beunruhigen könnte, obgleich sie sehr neugierig ist.« [54]

Wenn die Landgräfin ihrer Tochter von all diesen Briefen Kenntnis gab, so muß es der jungen hessischen Prinzessin angst und bange geworden sein vor ihrer zukünftigen Verwandtschaft. Aber sie wird sich den Spruch aller Bräute vorgesagt haben, daß sie schließlich den Thronfolger Friedrich Wilhelm heirate und keineswegs seine zahlreiche Familie.

Gesundheitlich verschlechterte sich der Zustand Amalies von Jahr zu Jahr. Aus einem Brief Friedrichs an seine Schwester Ulrike nach Schweden ging dies hervor:

»30. 8. 1770

... Amalie erträgt ihr Los mit großer Standhaftigkeit, und es gibt sogar Tage, an denen ihre gute Laune den Sieg über ihre Leiden davonträgt.

Sicherlich muß jedermann, der sie kennt, sie aufs zärtlichste lieben.«[55]

Wenn auch Amalie an den großen und anstrengenden Hoffestlichkeiten schon lange nicht mehr teilnahm, so veranstaltete sie doch noch,
wenn auch selten, Kammerkonzerte oder ein Abendessen im kleinen
Kreise; zu diesen Gelegenheiten bat sie Künstler, Gelehrte oder Geistliche zu sich.

Im Jahre 1772 erwarb Amalie für 21.500 Taler Gold das ehemalige
Palais Vernezobre in der Wilhelmstraße, das bisher dem Freiherrn von
Hagen gehört hatte. Im Winter bewohnte Amalie das Palais Unter den
Linden Nr. 7, die nachmalige Russische Botschaft in Berlin[56].

Charlotte gab in einem Brief an den König zu dem Wohnungswechsel
ihrer Schwester keinen zustimmenden Kommentar:

»[Braunschweig] 17. Mai 1772

Es schien mir schon so, daß meine Schwester Amalie viel Vergnügen
daran gefunden hatte, sich in ihrem neuen Haus einzurichten. Es ist
viel geräumiger als das andere. Sie ist nur ganz außerhalb der ganzen
Familie und zu weit weg. Ich gestehe, daß ich ihr anderes Haus vorziehen würde.«[57]

Am 13. September 1775 mußte sich die Prinzessin einer Operation
am rechten Auge unterziehen, die glücklich verlief. Ihre Wiedergenesung
war zu erwarten[58]. Thiébault schilderte in diesen Jahren den Zustand,
in dem Amalie ihrer Umwelt erschien, als recht bedauernswert:

»Man wird begreifen, daß die Prinzessin, kränklich und verkrüppelt,
wie sie war, dazu von jedermann gefürchtet, sehr zurückgezogen und
beinahe einsam lebte. Man sah sie niemals bei einer der anderen Hof-
haltungen, sie selbst empfing sehr selten Gäste. Wahrscheinlich würde
ich ohne den Besuch der Königin-Witwe von Schweden [Ulrike] ihr
niemals nahe gekommen sein, und ich habe sie stets nur in ihrem eigenen Palais gesehen ... ich glaube nicht, daß sie während meines ganzen Aufenthaltes [zwanzig Jahre] ein einzigesmal einen ihrer Brüder
besucht hat.

Ihr Hof bestand aus der Oberhofmeisterin, der guten und sehr beschränkten Frau von Maupertuis, zwei Hofdamen, einem Kammerherrn und zwei Pagen. Diesen engen Kreis verließ sie niemals; an ihrer
Tafel sah sie höchstens einmal im Monat Gäste.«[59]

Im Oktober 1776 muß Amalie eine besonders gefährliche Krankheits-
attacke ausgestanden haben. Friedrich war noch sehr bewegt, als er an
die Landgräfin von Hessen darüber schrieb:

»30. Oktober 1776

Meine Schwester Amélie hat uns ganz schön in Alarm versetzt, sie hat gedacht, zu Grunde gehen zu müssen, das waren die Anfänge eines Schlaganfalles, von dem sie glücklicherweise die Medizin gerettet hat.«[60]

Wenn berichtet worden ist, daß die Prinzessin außergewöhnlich kinderlieb gewesen sei, so scheint sich dies nur auf Jungen erstreckt zu haben. Eine Chronistin erinnerte sich aus ihrer Jugendzeit noch einiger Züge Amalies: es ist Prinzessin Luise von Preußen, spätere Fürstin Anton Radziwill, eine Tochter von Amalies jüngstem Bruder Ferdinand.

»Prinzessin Amalie behandelte mich stets mit Härte. Sie liebte im allgemeinen keine kleinen Mädchen und bedauerte, daß sie nicht selber ein Knabe war.«[61]

Amalie zeigte große Vorliebe für Luises Bruder, den begabten und schönen Prinzen Louis Ferdinand. Sie erweckte allgemein die Hoffnung, als würde sie ihn in ihrem Testament besonders bedenken. Sie hat jedoch nichts dergleichen getan.

In welchem Maße selbst die seltenen Besuche des Königs für Amalie anstrengend waren, berichtete die Tochter einer Hofdame der Prinzessin, Gräfin Sophie von Schwerin:

»Das wichtigste Ereignis am Hofe der Prinzessin war aber der Besuch des Königs, der äußerst selten, aber dann immer zur Mittagstafel stattfand. Diese Tage gereichten der armen, kranken Prinzessin zu unsäglicher Pein, denn auch sie war mit in den Zauberbann begriffen, den Friedrich der Zweite über all seine Umgebungen geworfen hatte. Horchend und zitternd saß sie dann neben ihm und konnte nicht einmal essen, um Contenance zu gewinnen, da der königliche Bruder es sich nicht nehmen ließ, ihr Brot und Fleisch zu schneiden, und es bei der Gelegenheit mit dem Spaniol [spanischen Schnupftabak], der seine Hände und Uniform bedeckte, so zu besudeln, daß es ganz ungenießbar war.«[62]

Auf einem Gebiet war das Wirken der Prinzessin Amalie über jeden Zweifel und jede Kritik erhaben: die Musik. Amalie genoß ihre musikalische Ausbildung durch einen so renommierten Musiker wie Johann Philipp Kirnberger, der 1754 in ihre Dienste trat. Bei ihm erhielt sie den »letzten Schliff« und ging mit ihm ihr Leben lang einig in der strengen kontrapunktischen Auffassung in der Komposition. Kirnberger hat unter all seinen vielen Schriften auch eine mit dem

Titel »Methode, Sonaten aus'm Ermel zu schüddeln« verfaßt, eine
Satire auf die Modekomponisten der damaligen Zeit.
Amalie musizierte, wie Ulrike uns überlieferte, seit frühester Jugend,
spielte Spinett, später Klavier, Laute und Flöte. Sie hat die Beschäftigung mit der Musik niemals aufgegeben, im Laufe ihres Lebens eher
intensiviert, bis Alter und Krankheit sie zwangen, das eigene Musizieren einzustellen. Sie komponierte Choräle, Kammermusik und schuf
die Musik zu Ramlers Oratorium »Der Tod Jesu«. Ein kriegerisches
Lied Amalies ist ebenfalls in ihrem Nachlaß aufgefunden worden:
»Auf, tapfere Krieger!« beginnt es. Mit Vorliebe komponierte sie Militärmärsche, von denen vier sogar heute auf einer Schallplatte vorlie-
gen[63]. Es sind die Regimentsmärsche Graf Lottum (1767), General
Bülow (1767), General von Saldern (1768) und General von Möllendorf
(1777). Diese Märsche sind schwungvoll und von einer gewissen Spär-
lichkeit in der Instrumentation, ganz dem Stil der damaligen Militär-
musik entsprechend[64].
Das musikalische Talent und die hohen geistigen Anlagen Amalies
würden ihr in unserem Jahrhundert die Stellung einer Professorin an
einem Konservatorium oder einer Musikhochschule sichern, wenn sie
es nicht vorgezogen hätte, Konzertpianistin zu werden und auf diese
Weise Beruf und Neigung zu verbinden. Ihr Zeitalter legte ihr die Be-
schränkung auf, in ihrem Stande als preußische Prinzessin zu verharren und immer eine Dilettantin, wenn auch im besten und anerken-
nendsten Sinne des Wortes, zu bleiben.
Die Neigung Amalies, recht krasse Urteile zu fällen, ist uns in einem
Brief erhalten geblieben, den sie an den Komponisten Johann Abraham
Peter Schulz gerichtet hatte, als dieser ihr Urteil erbat. Er sprach die
Bitte aus, »dies Werk einer so erhabenen Kennerin« widmen zu dürfen
und erhielt auf sein höfliches Ansuchen eine schreckliche Abfuhr,
denn Amalie liebte die »moderne« Auffassung der Komposition nicht
und hielt fest an Kirnberger und am Kontrapunkt. Der Brief war in
deutscher Sprache abgefaßt:
»Ich stelle mir Vor, Herr Schulz! daß er sich Versehen, und statt seiner
Arbeit Mir das Musikalische Notengekläckere seines Kindes geschickt
hat, dieweil ich nicht die allergeringste wissenschaftliche Kunst darin
bemerket, hingegen Von Anfang bis zu Ende durchgängig fehlerhaft
sowohl in dem Ausdruck, Sinn und Verstand der Sprache als auch in
dem Ritmus. Der Motus contrarius ganz hintenangesetzt keine Harmonie, kein Gesang, die Terze ganz ausgelassen, kein Ton festgesetzt,

man muß rathen, aus welchem es gehen solle. Keine kanonischen Nachahmungen, nicht der allergeringste Contrapunkt, lauter Quinten und Oktaven und das soll Musik heißen. Gott wolle diejenigen, welche eine so heftige Einbildung von sich selbst besitzen, die Augen öffnen, den Verstand erläutern und erkennen Lehren, daß sie nur Stumper und Fuscher sind. Ich habe hören sagen, dass das Werk den Meister rühmen müsse, anitzt ist alles Verkehrt und Verworren, die Meister sind die einzigen, die sich loben, wenn auch ihre Werke stinken; hiermit genug.

gez. Amalie« [65]

Dieser Brief entspricht genau dem Bild, das die Chronisten von Amalie entworfen haben. Man darf nur bedauern, daß uns nicht mehr Briefe von ihrer Hand und Schreibweise überliefert sind, in denen sie ihren Gefühlen, Zorn, Abneigung oder Empörung, so unbekümmert freien Lauf läßt.

Und dennoch, trotz aller persönlichen Schroffheit, liegt über der Person Amalies etwas im tiefsten Sinne Rührendes. Sie war in jedem Falle einem menschlich nicht leicht zu ertragenden Schicksal unterworfen. Eine sich nach Tätigkeit und Selbstbestätigung sehnende Natur, der jede Aktivität auf die engsten Grenzen beschränkt blieb. Der Aspekt des Rührenden tritt vielleicht am sinnfälligsten zu Tage in einem Zeitbild, das uns der märkische Edelmann F. A. L. von der Marwitz (1777 bis 1839) in seinen Jugenderinnerungen malte. Er schilderte einen Besuch Friedrichs bei Amalie in Berlin, vom Manöver kommend:

»21. Mai 1785

Er kam geritten auf einem großen weißen Pferde – ohne Zweifel der alte Condé, der nachher noch zwanzig Jahre lang das Gnadenbrot auf der Ecole vétérinaire bekam; denn er hat seit dem Bayerkrieg beinahe kein anderes Pferd mehr geritten. Sein Anzug war derselbe wie früher auf der Reise, nur daß der Hut ein wenig besser conditioniert, ordentlich aufgeschlagen und mit der Spitze nach vorn, echt militärisch, aufgesetzt war. Hinter ihm waren eine Menge Generale, dann die Adjutanten, endlich die Reitknechte. Das ganze Rondell [der spätere Belle-Alliance-Platz] und die Wilhelmstraße waren gedrückt voll Menschen, alle Fenster voll, alle Häupter entblößt, überall das tiefste Schweigen und auf allen Gesichtern ein Ausdruck von Ehrfurcht und Vertrauen, wie zu dem gerechten Lenker aller Schicksale. Der König ritt ganz allein vorn und grüßte, indem er fortwährend den Hut abnahm . . .

Durch dieses ehrfurchtgebietende Schweigen tönte nur der Hufschlag

der Pferde und das Geschrei der Berlinischen Gassenjungen, die vor
ihm hertanzten, jauchzten, die Hüte in die Luft warfen, oder neben
ihm hersprangen und ihm den Staub von den Stiefeln abwischten.
Ich und mein Hofmeister hatten so viel Platz gewonnen [Marwitz war
noch ein Junge, als er dies miterlebte], daß wir mit den Gassenjungen,
den Hut in der Hand, neben ihm herlaufen konnten.
Bei dem Palais der Prinzessin Amalie angekommen (welches in der
Wilhelmstraße gelegen auf die Kochstraße stößt), war die Menge noch
dichter; denn sie erwarteten ihn da.
Der Vorhof war gedrängt voll, doch in der Mitte, ohne Anwesenheit
irgendeiner Polizei, geräumiger Platz für ihn und seine Begleiter. Er
lenkte in den Hof hinein, die Flügeltüren gingen auf, und die alte,
lahme Prinzessin Amalie, auf zwei Damen gestützt, die Oberhofmeisterin hinter ihr, wankte die flachen Stiegen hinab, ihm entgegen.
Sowie er sie gewahr wurde, setzte er sich in Galopp, hielt, sprang
rasch vom Pferde, zog den Hut, den er nun aber mit herabhängendem
Arm ganz unten hielt, umarmte sie, bot ihr den Arm und führte sie die
Treppe wieder hinauf. Die Flügeltüren gingen zu, alles war verschwunden, und noch stand die Menge, entblößten Hauptes, schweigend, alle
Augen auf den Fleck gerichtet, wo er verschwunden war, und es dauerte
eine Weile, bis ein jeder sich sammelte und seines Weges ging.« [66]
Marwitz erlaubt uns mit seinem Bericht, einmal persönlich dabeigewesen zu sein, wenn Friedrich von den großen Paraden oder einer anderen militärischen Übung auf dem Tempelhofer Feld zurückkam und
anschließend seine alte Schwester besuchte.
Eine andere, sehr lebendige Schilderung hinterließ uns Amalies Nichte,
Luise Radziwill, vom Auftauchen der Prinzessin im Hause Ferdinand,
als dieser sehr krank war. Amalie setzte sich als personifizierter Un-
glücksrabe bei ihm fest:
»Eines Donnerstags, als es meinem Vater sehr schlecht ging, erklärte
Prinzessin Amalie, er werde morgen sterben, denn ihrer Überzeugung
nach stürben die Menschen nur am Freitag. Es trat jedoch gerade an
diesem Tage eine günstige Krisis ein, so daß mein Vater für außer
Gefahr erklärt werden konnte.
Weit entfernt, unsere Freude darüber zu teilen, entrüstete sich die Prinzessin geradezu über unsere Leichtgläubigkeit und blieb noch bis Mitternacht im Palais, indem sie so tat, als ob mein Vater im Sterben
läge.« [67]
Im August 1786 ereilte der Tod König Friedrich in seinem fünfund-

siebzigsten Lebensjahr. Amalie war elf Jahre jünger als er, dennoch
wird sie gespürt haben, daß sie ihm nach nicht langer Zeit folgen
würde; zu sehr war sie mitgenommen von den verschiedensten Leiden.
Thiébault erzählte, daß sie vor Schwäche nicht mehr in der Lage war,
ihren Kopf aufrecht zu tragen, er wackelte auf ihrem dürren Halse hin
und her, die Arme und Beine versagten zeitweise völlig ihren Dienst,
die Sehkraft hatte nachgelassen und ihre Stimme klang rauh und
dumpf, für Fremde völlig unverständlich, wie »die Stimme eines halb-
erdrosselten Menschen«.
Von ihrem Bruder Friedrich wurde Amalie in seinem Testament von
1769 angemessen bedacht, jedoch nicht bevorzugt:
»Meiner Schwester Amalie 10.000 Taler Einkünfte von dem Kapital
so auf den Tabak angelegt ist, eine Dose aus meiner Schatulle, 10.000
Taler wert, 20 Anthal Tokaier und das silberne Geschirr, worauf meine
Adjutanten speisen.«
Amalie überlebte den König in der Tat nur um ein halbes Jahr, sie starb
am 30. März 1787. Ihre Nichte, die Fürstin Luise Radziwill, hat sie
noch auf ihrem Sterbelager gesehen:
»Die Prinzessin Amalie starb ... völlig unvorhergesehen an einer
Krankheit, die man für so ungefährlich gehalten hatte, daß wir von
einem großen Diner bei meinen Eltern hinweg an ihr Sterbebett beru-
fen wurden. Sie verschied in demselben Augenblick, in dem wir ihr
Zimmer betraten.
Alle Hoffnungen, die sie bei der Prinzessin Friederike [Friedrich Wilhelms Tochter aus erster Ehe] und meinem Bruder Louis [Louis Ferdi-
nand] in bezug auf eine Erbschaft erweckt hatte, wurden enttäuscht.
Sie vermachte ihre beiden Palais dem Kronprinzen und seinem Bruder
Ludwig, für die sie niemals irgendwelches Interesse oder gar Zuneigung
an den Tag gelegt hatte, ihre Kapitalien, ihre Bibliothek und Musikaliensammlung hinterließ sie verschiedenen Armenschulen und Gym-
nasien. Abgesehen von einigen Vermächtnissen von Möbeln und Diamanten, hatte sie meinem Vater keinerlei Vorzug gegeben gegenüber
dem Prinzen Heinrich, obwohl sie den einen [Ferdinand] zu vergöttern
und den anderen [Heinrich] zu hassen schien. Mit einem Wort: Ihr
Tod, ihr Testament und sogar die Art und Weise, wie sie die Hoffnungen ihrer Erben vernichtete, zeugten von ihrem wunderlichen Charakter.« [68]
Nicht nur die Kinder des Prinzen Ferdinand fühlten sich geprellt, auch
die Braunschweiger Neffen, Charlottes Söhne, hatten sich von ihrer

Tante eine Hinterlassenschaft erhofft. Derjenige, der sich für den Liebling seiner Tante gehalten hatte, erbte nichts anderes als ihren ganzen Vorrat an Spaniol-Tabak[69].
Der letzte Schabernack der »fée malfaisante«!

Die Bestände der ehemaligen »Amalien-Bibliothek«, die das Joachimsthalsche Gymnasium in Berlin erbte und vorzüglich instandhielt, sind heute geteilt aufbewahrt in der Staatsbibliothek in Ostberlin und in einer Abteilung der Staatsbibliothek Westberlin im Gebäude des Geheimen Staatsarchivs in Berlin-Dahlem.
Es gibt einen gedruckten ausführlichen Katalog dieser umfangreichen und sehr wertvollen Musikaliensammlung, der 1965 im Verlag Merseburger in Berlin erschien. Man muß sich Zeit nehmen, darin mit wirklichem Gewinn zu blättern.
Im Verzeichnis der Autoren gibt es Original-Manuskripte von Johann Sebastian Bach und seinen Söhnen, von den beiden Graun, von Pergolesi und Hasse. Außer den umfangreichen Notenbeständen gibt es Musiklexika der damaligen Zeit und Gesang- und Erbauungsbücher.
Unter der Registernummer 604 sind die Werke der Prinzessin Anna Amalie von Preußen selbst aufgeführt, etliche Choräle, die sie sehr gern komponiert zu haben scheint, Duette und Lieder. Es gibt eine zweistimmige Fuge für Violine und Viola, eine Sonate für Querflöte, kontrapunktische Übungen und einige Entwürfe zu Oratorien. Die ausgebildete Musikerin Amalie reicht mit ihrer musikalischen Hinterlassenschaft bis in das Musikleben unserer Tage hinein.
Ihr Kriegslied taucht auf, und daneben eine Weise auf den sanften Text: »Wenn ich einsam zärtlich weine ...«[70]

Lebensdaten des Friedrich Freiherrn von der Trenck:

16. 2. 1726	Geburt Trencks
1. 7. 1744	Eintritt in die Garde du Corps
28. 6. 1745	Festungshaft in Glatz
3. 1746	Fluchtversuch
26. 11. 1746	Ausbruch Trencks aus Glatz
12. 4. 1747	Kriegsgericht
1747–1749	Aufenthalt in Wien
1749	Aufenthalt in Danzig–Riga–Moskau
1750	In Moskau, Rückkehr über Stockholm nach Wien
1753	Trenck in Ungarn
1754	Reise nach Danzig
6. 7. 1754	Gefangennahme in Danzig
25. 7. 1754	Einlieferung in Magdeburg
26. 6. 1755	Überführung in die Sternschanze
28. 6. 1756	Erneuter Fluchtversuch, wurde entdeckt
4. 8. 1756	Kriegsgerichtliche Verurteilung auf Lebenszeit
24. 12. 1763	Freilassung Trencks aus Magdeburg Geleit nach Prag und Wien
1765	Trenck heiratet die Aachener Bürgermeisterstochter Franziska Elisabeth Gabriele von Bro, acht Kinder
1786	Trencks Rückkehr nach Berlin
3. 1787	Trencks Besuch bei Amalie
30. 3. 1787	Tod Amalies
27. 7. 1794	Hinrichtung Trencks in Paris, da als Spion verdächtig, dies geschah während der Französischen Revolution [71]

Anmerkungen

[1] Friedrich von Oppeln-Bronikowski »Abenteurer am Preußischen Hofe« 1700–1800, Verlag Gebr. Paetel, Berlin–Leipzig 1927, S. 98 – Nachstehend abgekürzt »Abenteurer« genannt.

[2] Bruno Frank »Trenck – Roman eines Günstlings«, Verlag Th. Knaur Nachf., Berlin 1926, Copyright by Ernst Rowohlt, S. 22, 28, 29

[3] Eckart von Naso »Preußische Legende«, Wolfgang-Krüger-Verlag Berlin 1939, S. 29

[4] Eberhard Cyran »Trenck – Memoiren und Kommentar«, Haude & Spenersche Verlagsbuchhandlung Berlin 1966, S. 29. – Nachstehend abgekürzt »Trenck-Cyran« genannt.

[5] Dieudonné Thiébault »Friedrich der Große und sein Hof«, erste deutsche Bearbeitung von Heinrich Conrad, Stuttgart 1901, Verlag Robert Lutz, Bd. II – Nachstehend abgekürzt »Thiebault« genannt.

[6] Abenteurer S. 99

[7] »Memoiren der Markgräfin Wilhelmine von Bayreuth«, Ausgabe des Insel-Verlages 1923, aus dem Französischen von Annette Kolb, S. 63

[8] Dr. Fritz Arnheim »Am Hofe Friedrichs des Großen« Band I. – Nachstehend abgekürzt »Arnheim« genannt.

[9] Ernst Poseck »Die Kronprinzessin«, Steuben-Verlag Paul G. Esser, Berlin 1940, S. 248 – Nachstehend abgekürzt »Poseck« genannt.

[10] »Luise Ulrike – unveröffentlichte Briefe an Mitglieder des preußischen Königshauses«, in französischer Sprache mitgeteilt und kommentiert. Gotha 1909/10, Band I

[11] Karl Ludwig Freiherr von Pöllnitz, preußischer Kammerherr

[12] Andrew Hamilton »Rheinsberg – Friedrich der Große und Prinz Heinrich von Preußen«, deutsch von Rudolf Dielitz, R. v. Deckers-Verlag Berlin 1882, Zwei Bände. Bd II, S. 17 – Nachstehend abgekürzt »Hamilton« genannt.

[13] Arnheim Bd. I

[14] Frau von Voß: Sophie Marie Gräfin von Voß, geb. Baronesse von Pannwitz. Hofdame der Mutter der Königskinder, große Liebe des Prinzen August Wilhelm. Spätere Oberhofmeisterin der Königin Luise von Preußen.

[15] Sophie Marie Gräfin von Voß »Neunundsechzig Jahre am preußischen Hofe«, Verlag Duncker & Humblot Leipzig 1900, S. 10 – Nachstehend abgekürzt »Gräfin Voß« genannt.

[16] Thiébault I, S. 254

[17] Tyrconnel, Richard Franz Talbot Lord, Nachfolger Valorys als französischer Gesandter in Berlin, gestorben 1752.

[18] Latouche, Chevalier Charles Nicolas de, Nachfolger Lord Tyrconnels in Berlin 1752

[19] Am 16. Januar 1756 hatte Friedrich die Neutralitätskonvention von Westminster mit England unterzeichnet.

[20] »Friedrich der Große im Spiegel seiner Zeit«. Herausgeber G. B. Volz, Verlag von Reimar Hobbing Berlin ohne Jahreszahl. Drei Bände. Bd I. S. 265 – Nachstehend abgekürzt »Spiegel« genannt.

[21] Ernst Ahasverus Graf von Lehndorff »Tagebücher nach meiner Kammer-

herrnzeit«, drei Bände. Bd. I – Nachstehend abgekürzt »Lehndorff« genannt.

[22] Lehndorff I, 1752
[23] Lehndorff I, 1753
[24] Lehndorff I, 1754
[25] »Die Briefe Friedrich des Großen an seinen vormaligen Kammerdiener Fredersdorf«, herausgegeben und erschlossen von Johannes Richter, Verlagsanstalt Hermann Klemm AG., Berlin-Grunewald 1926, S. 346. – Nachstehend abgekürzt »Fredersdorf« genannt.
[26] Fredersdorf S. 347
[27] Forschungen zur Brandenburgischen und Preußischen Geschichte, Bd. XIII, Beitrag Krauel
[28] Lehndorff I
[29] Thiébault I, S. 264
[30] Gräfin Voß S. 46
[31] »Quellen und Forschungen zur Braunschweigischen Geschichte«, VIII. Bd. »Aus den Briefen der Herzogin Philippine Charlotte von Braunschweig 1732–1801«. Mitgeteilt in französischer Sprache und deutsch kommentiert von Prof. Hans Droysen. – Deutsch von Ch. Pangels. Band I = 1732–1768. S. 110/111
[32] Lehndorff Band I
[33] Eller, Leibarzt des Königs Friedrich Wilhelm I.
[34] »Der König«. Friedrich der Große in seinen Briefen und Erlassen. Mit biographischen Verbindungen von Gustav Mendelssohn-Bartholdy. Verlag Wilhelm Langewiesche-Brandt, Ebenhausen bei München 1923. S. 304 – Nachstehend abgekürzt »Der König« genannt.
[35] Lehndorff I
[36] Der König S. 309
[37] »Friedrich der Große und Prinz August Wilhelm«, des großen Königs Briefwechsel mit seinem Bruder. Herausgeber G. B. Volz, aus dem Französischen von F. v. Oppeln-Bronikowski. Verlag K. F. Koehler, Leipzig ohne Jahreszahl, – Nachstehend abgekürzt »Briefwechsel August Wilhelm« genannt. – S. 320
[38] Der König S. 313
[39] Lehndorff I
[40] Thiébault I, S. 258
[41] Lehndorff I
[42] Thiébault I, S. 260
[43] Gräfin Voß S. 52
[44] Thiébault I, S. 261
[45] Thiébault I, S. 266
[46] Gräfin Voß S. 93
[47] Der König S. 397
[48] Hamilton Band I, S. 182
[49] »Der Briefwechsel Friedrichs des Großen mit der Gräfin Camas und dem Baron Fouqué«. Veröffentlichungen aus den Archiven Preußischer Kulturbesitz. Bd. I, Grote-Verlag Köln und Berlin 1967. Ausgewählt und aus dem Französischen übersetzt von Prof. Hans Droysen. S. 43
[50] »Briefe Friedrichs des Großen«. Herausgegeben von Max Hein. Aus dem Französischen von F. v. Oppeln-Bronikowski und Eberhard König. Verlag Reimar Hobbing Berlin 1914. Zwei Bände. Band II, S. 145 – Nachstehend abgekürzt »Hein« genannt.

[51] Hein II, S. 147
[52] Thiébault I, S. 263
[53] Hamilton II, S. 323
[54] Hamilton II, S. 318
[55] Arnheim I
[56] »Berlin und seine Umgebungen« von S. H. Spiker 1833, S. 45
[57] Niedersächsisches Staatsarchiv Wolfenbüttel, Aktenstück 299 N 58–61: »Aus den Briefen der Herzogin Philippine Charlotte von Braunschweig 1769–1801«, mitgeteilt in französischer Sprache und deutsch kommentiert von Prof. Hans Droysen. Manuskript zum geplanten II. Bd. von Nr. 31). Aus dem Französischen von Ch. Pangels. – Nachstehend abgekürzt »Ungedruckte Briefe Charlotte« genannt.
[58] Ungedruckte Briefe Charlotte
[59] Thiébault I, S. 263
[60] Forschungen zur Brandenburgischen und Preußischen Geschichte, Bd. XIII, Beitrag Krauel S. 383
[61] Prinzessin Luise von Preußen, nachmalige Fürstin Anton Radziwill »Fünfundvierzig Jahre aus meinem Leben 1770–1815«. Aus dem Französischen von E. V. Kraatz, Verlag Georg Westermann, Braunschweig 1912. – Nachstehend abgekürzt »Radziwill« genannt.
[62] Werner Hegemann »Das Jugendbuch vom großen König«. Verlag Jakob Hegner in Hellerau 1930, S. 267
[63] Schallplatte »Deutsche Fürsten machen Musik« AVRS 6390 St. Amadeo, Österr. Schallplatten-Ag.
[64] Plattentext siehe Nr. 63
[65] Hamilton II, S. 142
[66] Spiegel II, S. 201
[67] Radziwill
[68] Radziwill
[69] »Die Berlinerin in Scherz, Satire und Anekdote« herausgegeben von Werner Engelbrecht. F. W. Peters-Verlag Berlin-Charlottenburg 1961, S. 15
[70] Eva Renate Blechschmidt »Die Amalien-Bibliothek« Musikbibliothek der Prinzessin Anna Amalia von Preußen 1723–1787, Verlag Merseburger Berlin 1965
[71] Trenck-Cyran S. 386

Heinrich

* 18. 1. 1726 Berlin, † 3. 8. 1802 Rheinsberg

Prinz Heinrich tritt uns auf fast allen Gemälden, die aus seiner Zeit
erhalten sind, als Soldat und Feldherr entgegen. Knapp sitzt der blaue
Uniformrock mit den Abzeichen seiner militärischen Würde, wachsam
blicken die Augen aus dem hageren Gesicht und die höflichen Maler
haben sich gehütet, uns zu überliefern, daß er erheblich geschielt hat.
Wie anders als der Feldherr Prinz Heinrich erscheint uns sein Porträt
als Zivilist, das sein Freund und Zeitgenosse Graf Henckel von Donnersmarck entwarf – Heinrich mochte damals etwa sechzig Jahre alt
gewesen sein – so, wie er die meiste Zeit seines Lebens als Privatier
gelebt hat:

»Seitdem er in den letzten Jahren der Achtziger in Paris gewesen, hatte
er sich ganz französisiert. So affektierte er, nicht recht deutsch zu können und es wurde beinahe immer französisch gesprochen.

Sein Anzug war französisch von den achtziger Jahren her, im Sommer
in Seide oder Atlas, im Winter in gesticktem oder mit Borten besetztem
Tuch, stets in seidenen Hosen und Strümpfen und in Schuhen mit
großen Schnallen. Ein paar ungeheure Uhrketten hingen vorn herunter, dazu eine geblümte seidene Weste, große Brillantringe an den Fingern, ein Stock mit goldenem Knopfe und einem langen seidenen
Stockbande daran, ein dreieckiger kleiner Hut mit einer Stahl- oder
bei Galatagen mit einer Brillant-Agraffe, in der Hand eine goldene
Tabatière und eine Art Opernglas in der Tasche, eine gepuderte Perücke
mit Locken und einem kleinen Zopf; des morgens wohl auch mit
einem Cadogan, der das eigene Haar nachahmte, und, was sich von
selbst versteht, Jabots und Manschetten.« [1]

Wenn man nur wüßte, was ein Cadogan ist! Kein Lexikon, kein Fremd-
wörterbuch verzeichnet dies Wort. Nur in einem alten französischen
Dictionnaire steht: Catogan – aufgeschürzter Zopf bei der Infanterie im
18. Jahrhundert. Nun, es muß in jedem Falle eine Art Haarteil, vielleicht in Kombination mit einem Seidentuch gewesen sein. Vielleicht
ist der Catogan identisch mit den im späten Zopfzeitalter gebräuch-

lichen Haarbeuteln? Bei den Schilderungen Prinz Heinrichs und seiner
Lebensweise begegnen uns noch mehr Ausdrücke, die völlig aus dem
Gebrauch und aus der Mode gekommen sind. »Seine Perücke wurde
auf Papilloten gesetzt!« heißt es an anderer Stelle. Das bedeutete, daß
sein Kammerdiener oder sein Friseur die frisch gepuderte und mit Sei-
fenschaum durchgekämmte Perücke mit Lockenwicklern versehen
hatte, aber nicht mit dicken Rollen, wie wir sie heute aus Draht oder
Kunststoff kennen, sondern es waren Streifen aus Pergament- oder
Zeitungspapier, die kunstvoll zusammengezwirbelt und immer wieder
verwendet wurden. Die Damen bedienten sich der gleichen Papier-
streifen und manche Madame trug die neuesten Tagesnachrichten
über Nacht in ihrer Haarfrisur – als Papilloten.

Nach der Geburt des neuen Prinzen am 18. Januar 1726 herrschte nur
Glück und Freude im Berliner Schloß. Es wurde geziemend »kano-
niert« und aus der großen Anzahl der Freudenschüsse konnten sich
die Berliner unschwer ausrechnen, daß ein dritter Prinz in der königlichen Familie das Licht der Welt erblickt hatte. Auf die Geburt folgte
eine prunkvolle Taufe mit viel Zeremoniell, wobei das Kind den Namen Heinrich erhielt, nur diesen einen Namen und keinen anderen,
so, wie Friedrich nur seinen einen Vornamen trug und keinen weiteren.

Die älteste Schwester, Wilhelmine, war eine perfekte junge Dame von
siebzehn Jahren und der Kronprinz ein etwas aufsässiger Heranwachsender von vierzehn, mit dem der Vater seine Sorgen hatte. Friederike
und Charlotte waren zwölf und zehn Jahre, die sanfte kleine Sophie
zählte sieben, und Ulrike und Amalie sechs und drei Jahre. Heinrich
kam in die Kinderstube des preußischen Hofes als neuntes Kind, das
am Leben bleiben und groß werden sollte.

Das heißt: erwachsen werden sollte. Von körperlicher Länge war in
späteren Jahren leider nichts zu spüren, zu seinem größten Leidwesen.
Es wurde berichtet, daß seine Statur kleiner sei als die des Königs und
beinahe ebenso zart wie die Ferdinands, des 1730 geborenen letzten
Bruders der Königskinder. Diese körperliche Kleinheit hat ganz sicher
dazu beigetragen, in Heinrich unberechtigte Komplexe heranzuzüch-
ten, die ihre Ausgangsbasis alle darin hatten, daß er sich von der Natur
vernachlässigt glaubte. Die Ausrichtung seiner Augen war von Kindheit an nicht korrekt und in manchen Momenten schielte er stark. Es
war noch nicht die Zeit, wo man solche Schönheitsfehler operativ

hätte beheben können. Dennoch ging aus allen Schilderungen, die Chronisten von ihm niederschrieben, hervor, wie ungemein liebenswürdig, ja bestrickend charmant dieser Prinz sein konnte – wenn ihm der Sinn danach stand.

Als Heinrich fünf Jahre alt war, durften er und der neunjährige August Wilhelm öfters abends das Tabakskollegium aufsuchen, wo die militärischen Übungen der Vormittage ihre Fortsetzung fanden. Unter den Augen des gestrengen Papas »Exercierete sie ein Offizier nach Soldatenart«, wie ein Zeitgenosse berichtete. Auch »nach dergleichen Exercitiis, wozu sie eine ungemeine Lust gehabt«, durften die Kinder in der ausschließlich aus Männern bestehenden Abendgesellschaft des Königs bleiben und im Saale umhertollen, »bis man sie zu der Königin Majestät an die Tafel rufte«.

Der kleine Heinrich hatte noch mit seiner neuen Ausrüstung als Offizier zu kämpfen. Gar zu ungewohnt war es ihm, daß er jetzt einen Degen tragen durfte. Dieser Gegenstand war beim Spielen und Toben höchst lästig. Hatte er das Pech, daß ihm in der Tabagie einmal der Degen zwischen die Füße kam und er stolperte »bei dem munteren und lebhaften Herumspringen«, so zuckte der König angeblich jedesmal erschrocken zusammen. Dann jedoch stellte er sich sehr zornig und forderte den kleinen Sohn auf, seinen Degen abzugeben, zum Zeichen, daß er »im Arrest seie«. »O, da ging es an ein Weinen und Lamentieren«, so erzählte der Augenzeuge. »Der Prinz küssete dem König unter Vergießung vieler Tränen die Hand, bat um Verzeihung und sprach: ›Ach, gnädigster Papa, ich will es nicht mehr tun.‹ Aber da half ihm nichts.« Heinrich mußte sofort das Tabakskollegium verlassen und begab sich mit betrübtem Gesicht zu seiner Mutter. Den Degen bekam er jedesmal erst dann zurück, wenn die Königin zum Schein »eine Vorbitte vor ihn eingelegt hatte«[2].

Der Vater nahm die Söhne schon in jungen Jahren mit auf den Exerzierplatz, und der Anblick eines Paradefeldes war ihnen vertraut von frühester Jugend an. Im Mai 1738 wurde Prinz Heinrich, ein zwölfjähriger Knirps, zum Fähnrich im Grenadierregiment ernannt. Bei seiner kleinen Statur dürfte er kaum halb so groß gewesen sein, wie der Flügelmann der hochgewachsenen Soldaten[3].

Der Altersunterschied zwischen Prinz Heinrich und dem Kronprinzen betrug immerhin vierzehn Jahre, das ist sehr viel. Für ein Kind von zwölf ist ein Sechsundzwanzigjähriger ein völlig ins Erwachsenen-Dasein entrückter Fremder, zu dem sich brüderliche Gefühle zunächst kaum finden lassen. Schon bei Friedrich und August Wilhelm wirkten sich die zehn Jahre Altersunterschied zuweilen ungünstig aus. Weit schlimmer wurde es bei Heinrich, denn an ihm sollte Friedrich nur zu bald Vaterstelle zu vertreten haben, wie an allen drei jüngeren Brüdern.

Als König Friedrich Wilhelm I. starb, war Friedrich achtundzwanzig und Heinrich vierzehn. Der jüngere Bruder befand sich also genau in jenem schwierigen und aufsässigen Alter, in welchem damals Friedrich bei Heinrichs Geburt gestanden hatte, was für ihn und seinen Vater eine unangenehme Zeit gewesen war. Es erscheint uns heute gänzlich unbegreiflich und ist überhaupt nur aus der damaligen Tradition heraus zu verstehen, daß Friedrich den jüngeren Brüdern gegenüber so kurz nach seiner eigenen unglücklichen Jugend in den gleichen Fehler übertriebener Strenge verfiel, den sein Vater ihm gegenüber begangen hatte.

Indessen verfolgte Friedrich die Entwicklung der Brüder mit großer Aufmerksamkeit. Im Zweiten Schlesischen Krieg von 1744 bis 1745 machte er den jungen Prinzen Heinrich zu seinem eigenen Generaladjutanten und nahm ihn in beiden Feldzügen des Krieges mit an die Front.

Ende 1744 erkrankte Heinrich an den leidigen Pocken, die ihn ziemlich entstellen sollten. Jedoch überwand er die Krankheit ohne weitere körperliche Schäden als eben den häßlichen Narben. 1744 war auch das Jahr der Heirat Ulrikes, die als Kronprinzessin und Gemahlin des Thronfolgers Adolf Friedrich nach Schweden zog. In ihren Briefen hat sie liebevolle Worte gefunden für den »lieben kleinen Heinrich«, der inzwischen schon achtzehn Jahre alt war. Sie nannte ihn manchmal »einen charmanten Jungen«, dann wieder, wenn er etwas angestellt hatte, »einen kleinen Bruder Liederlich«[4].

Als Heinrich wieder völlig gesund war, durfte er am siegreichen Einzug des Königs nach Beendigung des Zweiten Schlesischen Krieges in Berlin teilnehmen. Der König hatte ihm 1744 sein Sommerschloß Rheinsberg zum Geschenk gemacht. Das sollte in dem jungen Bruder die Hoffnung aufrechterhalten, eines Tages sein eigener Herr zu sein und unabhängig einen eigenen Hofstaat halten zu können, ein eigenes Leben zu führen. Bis jetzt litt Heinrich noch sehr unter der Bevormundung durch den König, obwohl dieser alle Maßnahmen, die er für den Bruder traf, stets mit freundlichen Worten zu begleiten pflegte.

Es muß für einen jungen und temperamentvollen Prinzen nicht einfach gewesen sein, derartigen Beschränkungen zu unterliegen. Zudem fühlte sich der König auf der Höhe seiner körperlichen Kraft und Macht und sorgte in jedem Falle dafür, daß seine Befehle auch ausgeführt wurden und nicht nur auf dem Papier standen.

Wenn aber der unternehmungslustige junge Mann in Verkleidung heimlich von Potsdam nach Berlin oder anderswohin ritt und bei Nacht und Nebel erst zurückkam und dem König wurde diese Sache gemeldet, so gab es unwiderruflich Arrest. Natürlich sah Heinrich nicht ein, daß alle Befehle des Königs einer gewissen Sorge um sein Wohlergehen entsprangen. Im Gegenteil, er verstand unter brüderlicher Liebe wenigstens zuweilen die Erfüllung eines Wunsches, eine Vergünstigung, einen Urlaub. Doch nichts von alledem. Und dabei sollte er seinen Bruder und König ehren und lieben und ihm herzlich zugetan sein. »Wenn Sie mich ein wenig lieben könnten«, schrieb Friedrich in mehr als einem der vielen Briefe, die zwischen den Brüdern gewechselt worden sind. Aber das konnte Heinrich schon damals nicht, und ganz sicher sind seine später so ablehnenden Sentiments gegen den König auf die Kontroversen dieser Jugendjahre zurückzuführen [5].

Immerhin wird Seine Majestät dem Bruder wenigstens einmal die Erlaubnis erteilt haben, Rheinsberg zu besichtigen. Um diese Zeit befand sich der Prinz noch nicht in der Lage, das großzügige Geschenk schon selbst zu verwalten, dazu fehlten ihm die eigenen Angestellten. Aber ein Besuch des Schlosses, so, wie es Friedrich verlassen hatte, dürfte sehr reizvoll gewesen sein.

Bis zum vorigen Jahrhundert war ein Inventarverzeichnis erhalten, das in der Oberförsterei des Schlosses Rheinsberg hinterlegt war und dem »von Sr. Königlichen Majestät allergnädigst ernannten neuen Castellan Jacob Gulen am 4. September 1741« übergeben worden war [6].

Heinrich ging mit Oberst Stille durch die Zimmer, fand in der Vorkammer das beschriebene englische Canapé mit einem »gelben, mit silbernen Tressen besetzten leinen Küssen«, eine »nußbäumene Commode mit 6 Griffe«, kam dann in die »Vergüldete Kammer«, wo inmitten aller Möbel so nützliche Gegenstände waren wie ein »Lavoir aus Dresdner Porcellan« und »ein Etui aus violet Samt mit Zahninstrumenten«, das Friedrich hier vergessen haben dürfte.

Im alten und im neuen Schlafkabinett fanden sich so hehre Gegenstände wie »ein Nachtstuhl mit grünem Atlas beschlagen« oder ein »Nachtstuhl mit gelbem Damast und silberner Borte, Dresdner Porcellan Nachttopf«. In Heinrichs Augen dürfte das alles alter Trödel gewesen sein und sicher hatte er schon Vorstellungen davon, wie er sich einst schön und neu und elegant einrichten würde, wenn er erst einmal das nötige Geld dazu haben würde. Heute ahnt man wahrscheinlich nicht einmal, daß es in Rheinsberg dort einstens derart elegant ausgestattete Nachtstühle gab, daß sie in der Aufmachung eher einem Nähkästchen glichen als einem Gegenstand mit so profaner Bestimmung.

Damals war auch Friedrichs Schreibzimmer genau beschrieben, jenes Turmzimmer mit der Büste Voltaires, die der junge König dann allerdings mit nach Berlin genommen hatte. Das Canapé, mit violettem Atlas und silberner Borte bezogen, hatte versilberte Füße. Ein großer Sessel und ein Kaminschirm waren in den gleichen Farben gehalten. Es gab zwei Schreibzeuge, ein »stark vergüldetes mit zwei Leuchtern«, ein »Cristall Schreibzeug mit einem Leuchter«, einen »Lichtschirm von grünem Taft mit einem porcellan Fuß«, ferner ein »Silbern Tintenfaß mit Sand Büchse und Deckel« und eine »Gewirkte Fuß-Tapete«. Die Gardinen waren von violettem Atlas.

Der Bestand an Möblierung, den Heinrich in Rheinsberg vorfand, war ziemlich reichhaltig. Sicher hat er manches aufarbeiten lassen, denn finanziell war er auch dann nicht auf Rosen gebettet, als er endlich heiraten durfte und seinen eigenen Etat bekam. Das sollte jedoch erst nach sieben langen Jahren geschehen, 1752.

Der König sorgte sich um seinen Bruder, auch wenn sie sich zu dieser Zeit gar nicht gut miteinander verstanden. Der Chronist des Prinzen Heinrich aus dem vorigen Jahrhundert, der Engländer Andrew Hamilton, übermittelt die Texte dreier Briefe Friedrichs an Heinrich, leider ohne genaues Datum, aber alle aus der Zeit, da Heinrich zwanzig Jahre alt war:

»1746
Mein lieber Bruder!
Ich denke, wir haben uns gegenseitig nichts vorzuwerfen und stehen einander gleich kühl gegenüber. Sie haben es einmal so haben wollen, mag es denn so sein. Das Einzige, was Sie zuweilen zu veranlassen scheint, mildere Saiten gegen mich aufzuziehen, ist der Umstand, daß Sie meiner guten Dienste bei Ihren Liebeshändeln bedürfen. Übrigens kann mich das außerordentlich geringe Maß freundlicher Gesinnung, das Sie mir bei jeder Gelegenheit zeigen, wahrhaftig nicht dazu aufmuntern, immer wieder von neuem einen Anlauf zur Zärtlichkeit zu

nehmen einem Bruder gegenüber, der mir so wenig Dank weiß. Das ist alles, was ich Ihnen für diesmal zu sagen habe . . .«

»1746
Mein lieber Bruder!
Ihre beredte Feder bringt merkwürdige Dinge zu Tage. Offenbar verstehen Sie sich auf Finessen; was mich betrifft, so gestehe ich offen meine Dummheit; ich verstehe sie eben nicht. Wenn Sie mich lieben, so muß Ihre Liebe eine metaphysische sein, denn bis jetzt habe ich noch nicht gesehen, daß sich Leute auf diese Weise einander ihre Liebe kundtun; d. h., indem sie sich keines Blickes würdigen, kein Wort miteinander wechseln, kurz, sich gegenseitig nicht das geringste Zeichen von Zuneigung geben. Glücklich sind diejenigen, denen Sie Ihre Liebe schenken; das will ich gern glauben; allein wenn Sie mich unter dieselben zählen, dann kann ich Ihnen versichern, daß ich mich über die zärtlichen Gefühle, die Sie für mich hegen, in völliger Unwissenheit befinde. Ich weiß nur, daß Sie sich von mir fernhalten, mich mit Kälte behandeln, und mir gegenüber eine Gleichgültigkeit zeigen, wie sie sich nicht vollkommener denken läßt. Ich bin, monsieur mon frère . . .«

»1746
Mein lieber Bruder!
Allerdings hatte ich nicht erwartet, einen Brief von Ihnen zu erhalten. – Allein, nachdem Sie für gut befunden haben, sechs Monate lang zu schmollen, und mich, obwohl Sie mit mir in demselben Hause wohnen, weder anzusehen noch mit mir zu reden, es sei denn, daß Sie es schicklichkeitshalber gar nicht vermeiden konnten, vermag mich nichts mehr in Erstaunen zu setzen . . .«[7]
Friedrich schien also mit dem bockigen und halsstarrigen Heinrich erhebliche Schwierigkeiten gehabt zu haben. Heinrich hatte die Absicht, in fremde Militärdienste zu gehen, nur um der Aufsicht Friedrichs zu entrinnen. Natürlich war er auch abenteuerlustig wie junge Leute sind. Der König, vierunddreißig Jahre alt, mußte ihm diesen Wunsch abschlagen. Dennoch ist es bemerkenswert, wie er immer wieder dem aufsässigen jungen Mann seine Hand hinstreckt, um mit ihm zu besseren Beziehungen zu gelangen.
Heinrich und Friedrich hatten, ungeachtet ihrer Gegensätze, die sie eigentlich ein Leben lang im brüderlichen Kleinkrieg miteinander austrugen, viel Ähnlichkeit in Veranlagung und Neigung. Beide waren eingeschworen auf den französischen Lebensstil, sahen in Frankreich

das gelobte Land aller Kultur, was nur gelegentlich in kriegerischen Zeiten von politischen Ereignissen verschattet wurde. Sie interessierten sich nur für französische Literatur, antike Schriften in französischen Übersetzungen standen jeweils in den Bibliotheken der Brüder. Ihre Festkleidung entsprach der französischen Mode, ihre Alltagssprache war Französisch, meist hatten sie, neben anderen Köchen, auch einen französischen Küchenchef, so daß die Speisen, die auf ihre Tafeln kamen, ebensogut in Paris oder Lyon hätten gekocht sein können.

Im Rahmen dieser Begrenzung wurde Heinrich, ebenso wie Friedrich, ein hochgebildeter Mann, der wundervoll Konversation zu machen verstand, dem kein Thema fremd war und der über alles mit einer geradezu lexikalischen Belesenheit zu sprechen wußte. Diese Fähigkeiten traten besonders in den späteren Jahren hervor, als er seine berühmte Hofhaltung in Rheinsberg begann und jahrzehntelang aufrechterhielt. Er wurde in den achtziger und neunziger Jahren ein Klausner mit eigenem französischem Theater, eigenem Orchester und einem ständigen Kreis hoher französischer Gäste, meist Flüchtlingen vor der Guillotine der Revolution, die sorglos auf Kosten ihres Gastgebers in Rheinsberg Monate und selbst Jahre zubrachten.

Wie über alle Geschwister, so existiert auch über Heinrich ein Gesandtenbericht des französischen Geschäftsträgers in Berlin, Lord Tyrconnel. Diese 1751 niedergeschriebenen Zeilen unterscheiden sich außerordentlich von denen, die fünf Jahre später Tyrconnels Nachfolger Latouche nach Paris berichtete:

»Prinz Heinrich, des Königs zweiter Bruder, ist von sanfterem Charakter als seine prinzlichen Brüder. Sein Wesen ist ruhiger, er ist im allgemeinen mitleidig, und seine einzige Leidenschaft ist anscheinend die Prunkliebe. Er zeigt keinen Hochmut und lehnt sich nur gegen seinen Bruder, den König, auf, der ihn in stetem Zwange hält. Er hat keinerlei Neigung für den Militärstand, und wäre er sein eigener Herr, so würde eine seiner Hauptbeschäftigungen sein, seinen Hofhalt prunkvoll zu gestalten. Wie man annehmen darf, würden seine Absichten in Staatsgeschäften stets gut sein; um jedoch sicherer zu gehen, würde er alle möglichen Leute um Rat fragen, und wenn ihre Ratschläge verschieden ausfielen, würde er stets schwanken und könnte nie zu einem Entschluß kommen. Die Folge wäre Langsamkeit, und somit hätte dieser allzu gute Wille oft schlimme Wirkungen. Auch ihn scheint seine Neigung nach Frankreich zu ziehen; ich glaube, nur ein sehr starkes Interesse könnte ihn zu einem Gesinnungswechsel bewegen.

Der Thronfolger scheint viel auf die Ratschläge des Prinzen Heinrich zu geben, und käme er eines Tages zur Regierung, so würden diese Ratschläge meines Erachtens sehr ins Gewicht fallen und seine Entschlüsse gewaltig beeinflussen.« [8] Im Spätsommer des Jahres 1751 konnte man endlich einmal lesen, daß ein Wandel in Heinrichs Wesen eingetreten sei. Anscheinend war die Zeit seiner Rebellionen beendet. Heinrich zählte fünfundzwanzig Jahre, allmählich wurde der Wunsch nach eigenem, selbständigem Leben übermächtig und Heinrich erkannte den Weg, der einzig und allein dahin führte: Anpassung an den König und zumindest Wahrung einer guten Form in seinem Benehmen ihm gegenüber. So konnte Friedrich in seinem Briefe an Wilhelmine vom 16.9.1751 schreiben, er fände Heinrich sehr zu seinem Vorteil verändert, freundlicher und vorsichtiger, und er sei sehr befriedigt davon [9].

Es wurde jetzt daran gedacht, für Prinz Heinrich eine passende Gemahlin auszusuchen. Der König hatte veranlaßt, daß eine gewisse Vorauswahl getroffen wurde. Die Braut sollte evangelisch sein und möglichst aus regierendem fürstlichen Hause stammen. Eine Prinzessin von Darmstadt fiel als Bewerberin aus, weil es sich herausstellte, daß sie schon verlobt war. Aber am Hofe des apanagierten Fürsten Maximilian von Hessen-Kassel hatte man vier Töchter, von denen besonders zwei sehr schön und geistreich sein sollten.

Friedrich schickte Prinz Heinrich auf Reisen; aber diese Brautfahrt war das Nüchternste und Sachlichste, was man sich denken kann. Aus Heinrichs Briefen sprechen tausend Nichtigkeiten, die er unterwegs sah und beobachtete. Köln, Düsseldorf, Ansbach und anderes wurden genau beschrieben – von den schönen Prinzessinnen in Kassel kein Wort. War Heinrichs Begeisterungsfähigkeit verkümmert? Wie ließ sich dies Verschweigen des Wichtigsten erklären?

Nun, heimgekehrt, entschied er sich schließlich für die Prinzessin Wilhelmine von Hessen-Kassel und meinte, so am leichtesten dem Wunsch des Königs zu entsprechen und gleichzeitig seiner Aufsicht los und ledig zu werden. Nach Rückkehr und Berichterstattung des Prinzen sandte Friedrich »auf den Flügeln der Liebe«, wie er sich ausdrückte, einen offiziellen Brautwerber nach Kassel, nachdem man sich vergewissert hatte, daß die Werbung angenehm sein würde. Nach Liebe fragte kein Mensch, ja, der Prinz war sicher erstaunt gewesen, daß er unter den vier Prinzessinnen in Kassel überhaupt eine nach eigenem Geschmack hatte auswählen dürfen.

Mit großem Eifer machte sich jetzt Heinrich daran, seinen eigenen
Haushalt zusammenzustellen und einzurichten. Noch war Rheinsberg
unbewohnt und er hatte nicht das Geld, es auszustatten und zu reno-
vieren. Aber ein Stadthaus war ihm vom König sehr elegant eingerichtet worden, so daß er dort seine Hofhaltung unterbringen konnte. Der
amerikanische Historiker Chester Easum konnte sich den genauen Etat
des Prinzen beschaffen und übermittelt ihn uns:
»Jetzt brauchte er eigene Köche und Diener, Kutschen und Pferde und
seine eigene Hofhaltung.

Als Beispiel wählte er den schon in Oranienburg für den Prinzen Wilhelm eingerichteten Haushalt und stellte eine Liste des von ihm geschätzten Bedarfs zur Genehmigung durch den König auf.

Ein Haushofmeister für 400 Taler im Jahr, ein Stallmeister für 300, das
Haushaltspersonal bestehend aus einem Sekretär, vier Pagen, zwei
Kammerdienern und fünfzehn Lakaien; neun Personen Küchenperso-
nal, an ihrer Spitze ein Küchenmeister mit einem Gehalt, das dem des
Haushofmeisters gleichkam, bis hinab zu einem Silberputzer und einer
Wäscherin für 40 Taler pro Jahr und einem Küchenmädchen für 38 Ta-
ler; drei Personen Kellerpersonal mit Gehältern von 120, 48 und 24 Talern; und für die Ställe und Kutschen außerdem 20 Mann und fünfzig
Pferde. Vier Kutscher sollten je 66 Taler erhalten. Vorreiter und Stall-
jungen 60. Der Kaufpreis der Pferde war nicht geschätzt, lediglich die
jährlichen Unterhaltskosten waren angesetzt. Obwohl dann der Prinz
einen Mann anforderte, dessen Aufgabe die Futterbereitung für die
Pferde sein sollte, wurden die Kosten für das Futter, die bei einem
Preis von 4 Taler für das Pferd und Monat den Betrag von 2.400 Talern
ausmachten, von anderer Hand hinzugesetzt. Vielleicht hatte er diesen
trivialen Posten vergessen; vielleicht hatte er ihn von einem Sekretär
feststellen und einsetzen lassen wollen. Der Gesamtkostenvoranschlag
für den Haushalt betrug allein an Gehältern 5.392 Taler; einschließlich
der Futterkosten für die Pferde 7.792 Taler.«

Es war allen Mitgliedern der Hofgesellschaft und selbst Friedrich voll-
kommen klar: der Prinz heiratete nicht aus Liebe, sondern um seiner
Freiheit willen. Hatte es nicht Friedrich damals ebenso gemacht? Wollte
nicht auch er dem lästigen Garnisondasein und der Oberaufsicht des
Vaters entfliehen? Hatte Friedrich etwa 1733 die braunschweigische
Prinzessin Elisabeth Christine geliebt?

Die Vermählung Heinrichs wurde auf den 25. Juni 1752 festgesetzt.
Unglücklicherweise erkrankte der König an einem heftigen Fieber,

nahm jedoch alle nur denkbaren Medikamente, um an den Festlichkeiten teilnehmen zu können. So war denn Friedrich zwar bei der Trauung anwesend, fuhr dann jedoch sofort wieder nach Potsdam, um weiter Chinin zu schlucken. Er ließ sich vom alten Zeremonienmeister Baron Pöllnitz später von den »Heinrichsfesten« berichten, denn so eine Prinzenhochzeit dauerte normalerweise zehn Tage. Historiker Easum berichtete aus seinen Quellen über diese Hochzeit:

»Am 25. Juni 1752 wurde in der Kapelle des Königlichen Schlosses Charlottenburg in Berlin die Trauung feierlich vor einer glänzenden Versammlung von Mitgliedern der preußischen königlichen Familie und des Hofes und vor Vertretern der anderen herrschenden Häuser Norddeutschlands vollzogen. Der König hatte keine Unkosten gescheut; alles war aufs eleganteste ausgerichtet, die Gewänder waren prächtig und die Braut war lieblich. Der Bräutigam, nicht die Braut, machte den Eindruck eines Lammes, das zum Opferaltar geführt wurde. Alle Beobachter waren betroffen von der ›ernsten und feierlichen Weise‹, in der er die Fragen des Geistlichen beantwortete, und der ›düsteren Miene‹, die er zur Schau gestellt hatte, als er seine Braut bei der Ankunft empfing, und die er auch noch während der Hochzeit trug.
... am Verhalten der Braut war nichts auszusetzen. Höflinge und andere Beobachter zeigten einstimmig Begeisterung über ihren Geist und ihre Schönheit, ihren Charme und ihr untadeliges Benehmen. Sie gewann sofort Friedrichs Beifall und erhielt sich auch seine Freundschaft ... Auch die anderen Brüder waren offen entzückt über die neue Schwägerin. Insbesondere Prinz Wilhelm bezeigte ihr jede Aufmerksamkeit und Freundlichkeit und wurde mit ihrer Teilnahme und ihrem Verstehen selbst in seinen dunkelsten und letzten Tagen belohnt.
Die Königin-Mutter nahm sie sofort als Tochter an, mit so großer Herzlichkeit, daß sie gelegentlich die Eifersucht ihrer eigenen Tochter, der Prinzessin Amalie erregte.« [10]
Gräfin Voß berichtete später in ihren Denkwürdigkeiten über die zu Anfang einmalige Stellung der Prinzessin Heinrich am preußischen Hofe:
»Der hellste Stern dagegen war die schöne, jugendliche Gemahlin des Prinzen Heinrich, des zweiten Bruders des Königs. Diese wegen ihrer Schönheit viel gefeierte Fürstin, Wilhelmine, Tochter des Prinzen von Hessen-Kassel, war 1726 geboren und 1752 dem Prinzen vermählt worden. Sie hatte keine Kinder, erreichte ein sehr hohes Alter und starb

erst im Jahre 1808 während des Aufenthaltes des Hofes in Königsberg. In ihrer Jugend scheint jene geistvolle Prinzessin der Liebling des Hofes und der Gesellschaft gewesen zu sein, und anstatt mit ihrem Namen oder Titel nur mit einer ganzen Reihe schmeichelhafter Beinahmen als: die Schönheit, la bella Fée, la divine [die Göttliche] oder l'incomparable [die Unvergleichliche] genannt worden zu sein.

Thiébault erwähnt sie in seinen ›Souvenirs de vingt ans‹ immer nur mit Ausdrücken der Bewunderung und sagt unter anderem über sie: ›Die Gemahlin des Prinzen Heinrich war in der Tat von großer Schönheit und der frischesten Jugendlichkeit. Nicht ihre Züge allein waren reizend, auch ihre Gestalt, schlank und voll zugleich, war unvergleichlich, und die angeborene Würde ihrer Haltung erhöhte noch den Eindruck ihrer Erscheinung.‹« [11]

Der Prinz jedoch, sich noch immer in der Haltung eines unkonventionell Handelnden gefallend, war durchaus kein zärtlicher und problemloser Ehemann, ebenso wenig wie er ein problemloser Bruder war. In Berlin lief das Stadtgespräch um, daß Heinrich seine »schöne Fee« zu Hause vernachlässigte und seine Neigung einer Gräfin Bentinck zuwandte. Aus Graf Lehndorffs Tagebuch sind darüber sehr persönliche Notizen zu entnehmen:

»November 1752

Am Nachmittag komme ich an einen Ort, wo man sich viel über die Liebschaft des Prinzen Heinrich mit der Gräfin Bentinck unterhält, der, die von jedermann verabscheut wird. – Ich gestehe, daß diese Unterhaltung mich schrecklich ärgert . . .«

»8. März 1753

Zum Diner bei der Gräfin Bentinck. – Es ist doch etwas Schreckliches, ein so intrigantes Weib; wieviel Mittel und Wege wissen sie, um zu ihrem Ziele zu gelangen! Es ist ein Weib von außerordentlich viel Geist.«

»14. März 1753

Um 4 Uhr schickt der durchlauchtigste Prinz Heinrich zu mir, um mir sagen zu lassen, daß er spazierengehen wolle. Ich habe die Ehre, ihn zu begleiten. Wir dehnen den Spaziergang sehr weit aus und befinden uns zufällig vor dem Garten der Gräfin Bentinck. Wir treten ein und der Prinz bleibt bis 7 Uhr dort.«

»16. März 1753

Zum Diner bei der Gräfin Bentinck. Sie ist ein rätselhafter Charakter, eine gute, manchmal innige Freundin, schlau, moralisierend, kokett,

42 Friedrich der Große und seine Brüder;
von links: Friedrich, Ferdinand, August Wilhelm und Heinrich

43 *Prinzessin Wilhelmine von Hessen-Kassel, Gemahlin Prinz Heinrichs*

44 *Prinz Heinrich*

45 *Prinz Heinrich als Feldherr*

46 *Prinz August Ferdinand im Alter von fünf Jahren*

47 Prinz August Ferdinand, 65 Jahre alt

48 Anna Elisabeth Luise von Schwedt, Gemahlin August Ferdinand
Tochter der Markgräfin Sophie von Schwedt

49 *Prinz Louis Ferdinand, Sohn August Ferdinands*

kurz, eine Mischung aus allem, sehr oft gut und sehr oft das Gegenteil.
Sie hat eine große Zuneigung zu unserem lieben Prinzen.«

»14. 7. 1753

Von Schönhausen kehre ich mit der Gräfin Bentinck zurück. Je mehr
ich diese Frau kennenlerne, umso außerordentlicher erscheint sie mir;
ich gestehe, daß ich ganz entzückt von ihr bin.« [12]

Graf Lehndorff, der leicht hinkende Kammerherr der Königin Elisabeth
Christine, liebte den Prinzen Heinrich von ganzem Herzen. Er glaubte,
in ihm einen wirklichen Freund fürs Leben gefunden zu haben. Daraus, daß der Prinz ihn in das Verhältnis zu der Gräfin Bentinck mit
hineinzog, schloß der Kammerherr auf echtes Vertrauen und wahre
Zuneigung. Doch Prinz Heinrichs kühle Natur legte es später darauf
an, diese Freundschaft zu lockern und abklingen zu lassen, was dem
Grafen Lehndorff fast das Herz brach.

Finanziell ist es Heinrich noch nicht sehr gut gegangen in den ersten
Jahren seiner Ehe. Der Talersegen, den Friedrich später auf ihn herab-
regnen ließ, war noch keineswegs in Sicht. Heinrich hatte Schulden,
wie fast alle Königskinder. Man spielte, man kaufte Juwelen, und
plötzlich war das Geld ausgegeben. Der König malte Heinrich ein fin-
steres Zukunftsbild, als er es erfuhr:

»November 1753

... Sie werden noch ins Armenhaus kommen, mein lieber Bruder,
wenn Sie fortfahren, Ihr Kapital auszugeben und Schulden zu machen ... Ich habe geglaubt, Ihre Schulden wären alle bezahlt.« [13]

In dem berühmten Friedensjahrzehnt, das eine seltene Blüte für das
Land Preußen und alle seine Bewohner brachte – man zählt es von
1746 bis 1756 – lebte auch Heinrich ein höchst angenehmes Dasein
voller Unterhaltung und Ablenkung. Er musizierte mit seinem Bruder
Ferdinand, wobei Heinrich die Geige spielte, und zwar so vorzüglich,
daß der König im Dezember 1754 fand, es sei »für Prinzenmusik fast
zu gut«.

Inzwischen hatte der Prinz sich auch in Schloß Rheinsberg eingerichtet und es steht zu vermuten, daß diese Unternehmung die Ursache
seiner ständigen Geldverlegenheit war. Sein Haushalt war installiert,
die Bedienten trugen neue weiß-rote Livreen. Die Prinzessin glänzte in
jenen Jahren am Hofe von Rheinsberg und der Prinz ließ ihr jede nur
denkbare Ehre zuteil werden. Keine Komödie, kein Ballett begann,
bevor nicht Wilhelmine mit ihrem Hofstaat erschienen war. Kein
Diner, kein Souper war denkbar, wo sie nicht in ihrer reizenden Weise

der umschwärmte Mittelpunkt war, der von allen Seiten Huldigungen empfing. Wilhelmine und Heinrich hatten keine Kinder. Dennoch möchte man sagen, daß diese Ehe unbedingt gut gegangen wäre, würden nicht nachhaltiger Klatsch und üble Redereien sie unterminiert haben. Heinrich hatte leider für diese Dinge ein offenes Ohr. Dabei stammt das einzige abträgliche Urteil, das in der allgemeinen Schwärmerei für die Prinzessin jemals gefällt worden ist, aus so fragwürdiger Quelle, wie es alle Gesandtenberichte darstellen, die uns überliefert sind. Monsieur Latouche, der französische Geschäftsträger, meldete 1756 kurz vor Kriegsausbruch nach Paris:

»1756
Prinz Heinrich ist gegen jedermann hochmütig, aber anscheinend mehr, um sich Ansehen zu geben, als um seine Umgebung zu demütigen. Gegen seine Gattin trägt er mehr Rücksicht als sein Bruder zur Schau. Die Prinzessin ist von übel angebrachtem Hochmut, den sie an falscher Stelle zeigt, besitzt aber alle glänzenden und liebenswürdigen Eigenschaften. Dabei hat sie ein reizendes Gesicht, das ihrem Gatten aber gar keinen Eindruck macht; denn er hat eine ganz entgegengesetzte Neigung.« [14]

Der Krieg von 1756 brach aus. Friedrich erkannte aus dem langen diplomatischen Vorspiel, daß er nur eine Chance haben würde, sich seinen an Zahl weit überlegenen Feinden gegenüber zu behaupten: sie durch Überraschungsangriffe mattzusetzen, ehe sie ihre Vorbereitungen völlig beendet haben würden. Es gab keinen anderen Ausweg.

Schloß Rheinsberg wurde in den ganzen langen Jahren, die der Prinz von dort ferngehalten wurde, durch eine Gunst des Geschickes von allen Mißhelligkeiten des Krieges verschont. Kein Feind betrat die Säle, kein Plünderer raubte die Kostbarkeiten, keine Brandfackel durchschlug die Dächer oder Fensterscheiben. Im Gegenteil, man konnte dort sogar bauen und Verbesserungen treffen, so weit ab lag es von den allgemeinen Heerstraßen. Nur einmal lagerten Schweden in gefährlicher Nähe, aber auch diese Bedrohung ging glimpflich vorüber. So fand Heinrich, als die Mühsal der Feldzüge endlich beendigt war, ein vollkommenes Paradies vor, wie seine Sehnsucht in trüben Tagen sich das immer erträumt hatte [15].

Man könnte, so schreibt Historiker Easum, der das Leben des Prinzen Heinrich studiert hat wie ein Liebender den Wandel seiner Geliebten, noch heute aus alten Korrespondenzen und Reposituren in den Archiven jeden Tag und jeden Schritt sowohl des Prinzen Heinrich als auch des Königs rekonstruieren, den sie während dieser sieben Jahre Kriegsgeschehens getan haben. Was sie sagten, was sie aßen oder nicht aßen, welche Entscheidungen sie fällten, welche Stimmungen sie überkamen. Es wäre ein vollendetes Panorama, das man vom Leben der beiden Brüder entrollen könnte. Wollte man es nachzeichnen in aller Genauigkeit, es gäbe dies allein ein mehrbändiges Werk [16].

Im Januar 1757 geschah es das einzige Mal in der ganzen Kriegszeit, daß der König für eine Woche nach Berlin zurückkehrte, sonst blieb er immer in seinem Winterquartier und reorganisierte seine Armee. Prinz Heinrich begleitete ihn diesmal, benahm sich jedoch seiner Gemahlin gegenüber sehr seltsam:

»Die Prinzessin Heinrich berichtete in ihrem Tagebuch, daß sie überglücklich, aber völlig überrascht gewesen sei, als der König und ihr Gatte, die ihre ersten Schritte zum Wohnsitz ihrer Mutter lenkten, sie dort zufällig angetroffen hätten. Die ganze darauffolgende Woche ging der Prinz ihr zwar nicht aus dem Wege, suchte aber ihre Gesellschaft auch nicht lieber als die anderer Mitglieder des Hofes. Am fünften Tage des Besuches bekam sie einen Beutel mit Brillanten von ihm als Geschenk. Am frühen Morgen des siebenten Tages besuchte er sie mit seinen Brüdern, die nachts aus Dresden angekommen waren, und ihr schnell ihre Aufwartung machen wollten.« [17]

Schon früh im Jahre 1757 begannen die militärischen Operationen wieder mit der Schlacht bei Prag. Friedrich konnte seinen österreichischen Gegnern am 6. Mai 1757 eine schwere Niederlage zufügen und an August Wilhelm ging die Nachricht: »Unser Bruder Heinrich hat Wunder vollbracht!« Heinrich war der einzige der Brüder, der an diesem Treffen teilgenommen und sich dabei sehr ausgezeichnet hatte.

Das Verhältnis zwischen Heinrich und Friedrich hatte sich entscheidend gebessert. Der Prinz wahrte stets Haltung dem König gegenüber, zeigte sich äußerst geschickt in allen militärischen Dingen und Friedrich fand in ihm, wie er es sah, in all den schweren Kriegsjahren einen Vertrauten.

Die kriegerischen Handlungen nahmen die Brüder in diesem Jahr, das sehr lebhaft werden sollte, vollauf in Anspruch. Friedrich war ein sieggewohnter und kampfesmutiger König in einer kraftvollen Lebensphase, seine Brüder waren jung oder im besten Mannesalter. Die Armee bestand noch aus der ersten Garnitur von hervorragend ausgebildeten Truppen alter Schule. Mit solchen großartigen Soldaten wollte Friedrich Siege erkämpfen. Fast unglaublich erschien es ihm daher, daß er

am 18. Juni 1757 von den Österreichern bei Kolin eine schwere Niederlage einstecken mußte. Sein Ärger stieg, als sich bald darauf unter
dem Kommando des Prinzen August Wilhelm das unglückliche Gefecht bei Gabel ereignete und der Zugang zur Lausitz verlorenging.
Doch Friedrich lavierte geschickt während des Sommers und konnte
schließlich im Spätherbst zu einem erneuten Schlag ausholen. Am
5. November errang er einen entscheidenden Sieg bei Roßbach gegen
den französischen General Soubise. 22.000 Preußen standen gegen
64.000 Franzosen. Es gab auf preußischer Seite nur geringe Verluste an
Gefallenen und Verletzten. Heinrich hatte einen sehr großen Anteil an
diesem Sieg.

In gewaltigen Märschen kehrte Friedrich nach Schlesien zurück und
beschloß die Feldzüge des Jahres 1757 am 5. Dezember durch seinen
überwältigenden Sieg bei Leuthen, die »vorbildlichste Schlacht«, die er
jemals geschlagen hatte. Am Tage danach warf er sofort an Heinrich
eine Nachricht auf ein Stück Papier:

»Lissa, 5. Dezember 1757

Liebes Herz,

heute, einen Monat nach Ihrem Ruhmestage [Roßbach], bin ich so
glücklich gewesen, die Österreicher ebenso zu behandeln. Ich glaube,
wir haben achttausend Gefangene und ungeheuer viel Kanonen und
Fahnen. Ferdinand geht es gut. Kein General ist gefallen. Unser Verlust
beträgt im ganzen zweitausend Mann.

Um ein Uhr griff ich mit meinem rechten Flügel an, seit sieben Uhr
bin ich hier. Morgen verfolge ich sie nach Breslau.« [18]

Ungeachtet der negativen Ergebnisse des Feldzuges bei Kolin, Gabel,
Schweidnitz und Breslau, fanden im Jahre 1757 diese glänzendsten
und am stärksten ausstrahlenden positiven Ereignisse des ganzen Krieges statt: die Siege von Prag, Roßbach und Leuthen. Das waren die
Höhepunkte, deren man sich in den kommenden dunklen Stunden
erinnerte. Die Teilnehmer an diesen ruhmreichen Schlachten trugen
für den Rest ihres Lebens gleichsam eine Gloriole mit sich herum.

Prinz Heinrich, der in seiner Jugend vom Militärwesen absolut nichts
wissen wollte, gewann Geschmack an Strategie und Taktik, denn der
Erfolg ermutigte ihn und brachte sein natürliches Talent für diese
Dinge zutage.

Man muß in der Geschichte lange suchen, ehe man ein Brüderpaar
findet, das zusammen soviel Einfallsreichtum und Genialität entfaltet
hat wie Heinrich und Friedrich im Siebenjährigen Kriege. Sie waren

Künstler in ihrem Fach und beide zeigten der staunenden Welt eine
Zusammenarbeit, die perfekter und besser nicht hätte funktionieren
können. Die internen Schwierigkeiten gingen von Heinrichs Seite aus.
Es war im Grunde ein Jammer, daß er sich bei all diesen Operationen
und Erfolgen immer noch um einige Grade weiser dünkte als der scharf
kalkulierende und sehr entschlossen handelnde König. Heinrich fühlte
sich zumindest ebenso verdienstvoll wie Friedrich und neidete ihm den
wärmenden Schein einer weltweit erstrahlenden Aureole des Ruhms,
die sich um ihn zu bilden begann. Das wahrhaft trennende Ereignis
zwischen diesen so füreinander geschaffenen Männern, war jedoch die
Affäre des Prinzen August Wilhelm. Hier konnte Heinrich dem König
nicht verzeihen, daß er dem Bruder nicht zumindest die gleichen
Rechte einräumte wie seinen Generalen Zastrow oder Schmettau, die
auch nicht immer glücklich im Felde gewesen waren oder bei Belage-
rungen der Übermacht weichen mußten. Friedrich merkte davon
nichts, oder besser – er wollte nichts wahrnehmen. Er sah in August
Wilhelm den großen Versager und in Heinrich den zuverlässigen
Kampfgenossen, dasjenige Familienmitglied, das Preußen und dem
Staate unbedingt ergeben war, genau wie er selbst, während August
Wilhelm sich seinen militärischen Pflichten entzog. Die Korrespondenz zwischen den Brüdern war äußerst lebhaft, manchmal gingen an
einem Tage mehrere Berichte oder Briefe zwischen den beiden hin und
her. Der König öffnete Heinrich sein Herz:
»Grüssau, 5. April 1758
Ich hoffe, Sie werden mit mir für den Augenblick übereinstimmen und
einsehen, daß jeder Mensch, so wie man ihn nimmt, Fehler macht,
und daß derjenige die meisten Meriten hat, der solche Fehler macht,
die am wenigsten schaden. Das, mein lieber Bruder, ist der charakteri-
stische Zug der Menschheit. Die Reichweite der menschlichen Weisheit ist beschränkter als man annimmt. Vollkommenheit findet man
bei keinem, der Mensch nähert sich ihr aus dieser oder jener Richtung
an, erreicht sie aber nie. Sie werden mich mit meinen moralischen
Betrachtungen zum Teufel wünschen, aber ich kann sie nicht unterlassen. Diese Wahrheiten sind für die Menschheit erniedrigend, aber
sie treffen nichtsdestoweniger zu, und sie können uns auch nicht davon abhalten zu handeln, als wären wir vollkommen.
Adieu, mein lieber Bruder, ich umarme Sie. Vergessen Sie mich nicht,
lieben Sie mich ein bißchen, und seien Sie der Zärtlichkeit versichert
mit der ich bin . . .«[19]

Im Juni 1758 starb der Thronfolger, Prinz August Wilhelm. Dieser
Todesfall brachte für den König Überlegungen rein sachlicher Natur
mit sich, in denen Heinrich keine unbedeutende Rolle zu spielen
hatte. Nach dem Prinzip der Primogenitur mußte die Anwartschaft
auf den Thron an August Wilhelms ältesten Sohn Friedrich Wilhelm
gehen. Der Prinz war im Jahre 1744 geboren und beim Tode seines
Vaters vierzehn Jahre alt. Sollte nun dem König im Felde, wo er sich
oft Gefahren aussetzte, etwas zustoßen, wer sollte dann wirklich regie-
ren? Denn daß ein vierzehnjähriges Kind dies nicht tun könne, darüber war sich alle Welt im klaren.
Heinrich war jetzt der nächstgeborene Prinz. Ihm vertraute der König
nicht allein die Stellvertretung im Oberbefehl der Armee an, sondern
auch die mögliche Regentschaft für den unmündigen Friedrich Wilhelm[20]. Auch mit der Vermögensverwaltung des verstorbenen Thronfolgers wurde Heinrich betraut.
Am 25. August 1758 schlug Friedrich die Russen bei Zorndorf in einer
wahrhaft mörderischen Schlacht. Der russische General Fermor war
sein Gegner und es war zu verwundern, daß sich dieser nicht angriffs-
lustiger zeigte, da er eine große Übermacht an Truppen hatte. Andererseits hatten die Russen in diesem Kriege immer das Gefühl, vorge-
schoben zu werden, um ihre Haut für Österreich zum Markte zu tragen. Infolgedessen hielt sich Fermor zurück und Friedrich begab sich
in sieben Tagen mit gewaltigen Eilmärschen nach Sachsen, Heinrich
zu Hilfe gegen Daun und die Österreicher.
Ungeachtet der Tatsache, daß Prinz Heinrich jetzt General und Oberbefehlshaber war, unterlag sein Privatleben nach wie vor harten Beschränkungen, die sich nicht allein aus den Erfordernissen des Krieges
erklären ließen. Heinrich bat dringend um einen kurzen Urlaub nach
Berlin, den der König ihm rundheraus abschlug. Allerdings hielt er
ein Pflaster für diese Wunde schon parat:
»Wenn es sich um eine Geldangelegenheit handele, sagte der König,
dann habe er sich dieser bei den beschränkten Mitteln, die ihm noch
zur Verfügung stünden, bereits angenommen, daß er dem Prinzen zu-
sätzliche 1000 Taler im Monat als ›besondere Tafelgelder‹ bewilligt
und außerdem den Schatzmeister der Torgauer Kriegskasse angewiesen
habe, ihm jeden Betrag, den er für die Zahlung von Spionen anfordere,
auszuzahlen.«[21]
Häufig brachte Prinz Heinrich in seinen Briefen zum Ausdruck, wie
sehr er seine Armee als zweit- oder drittrangig betrachte. Die Soldaten

hätten keine gute Ausbildung, die Ausrüstung sei bei weitem nicht so gut wie bei der Armee des Königs und er müsse sich in unendlich vielen Dingen mit weit minderwertigerem Truppenmaterial begnügen als Friedrich selbst. Friedrichs Entgegnung war ein einziges Kompliment an Heinrich:

»Ein wirklich guter Handwerker, sagte der König, könne auch mit minderwertigen Werkzeugen ein löbliches Stück hervorbringen, und ein Befehlshaber mit Heinrichs gottgegebenen Gaben und seinem Genie könne durchaus eine Aufgabe lösen, die für einen gewöhnlichen General zugegebenermaßen zu schwer sei. Er habe das volle Vertrauen, daß sich der Prinz seiner Aufgabe gewachsen zeigen werde, wenn er nur sorgfältig auf seine Gesundheit achte und seinen Geist für konstruktive Arbeit dadurch freimache, daß er sich ein wenig aufheitere.« [22]

Der Krieg brachte am 14. Oktober 1758 für Friedrich die schwere Niederlage bei Hochkirch, genau an dem gleichen Tage, als Markgräfin Wilhelmine in Bayreuth die Augen für immer schloß. Der König brauchte all seine Widerstandskraft, um den militärischen Schlag und den persönlichen Verlust zu überwinden.

Kurze Zeit nach Hochkirch vereinigten sich die Armeen des Prinzen Heinrich und des Königs bei Bautzen. Sie stellten immer noch, ungeachtet der Verluste, für die Österreicher eine so achtunggebietende Macht dar, daß diese am 7. November die Stadt Neiße räumten und deren Belagerung aufgaben. In der Zwischenzeit hatte Schmettau mit großer Tapferkeit Dresden gegen starke Übermacht gehalten. Friedrich entsetzte ihn jetzt und richtete sich darauf ein, den Winter in Dresden zu verbringen. Heinrich ging zurück nach Sachsen. Er befand sich häufig im Hauptquartier des Königs und jetzt erhielt er auch endlich den ersehnten Urlaub nach Berlin.

Er besuchte ringsum seine Familie. Königin Elisabeth Christine war außerordentlich freundlich und zuvorkommend zu ihm. Er seinerseits dachte sich tausend Aufmerksamkeiten für seine Schwägerin Luise Amalie, August Wilhelms Witwe, aus. Die Kinder Friedrich Wilhelm, Heinrich und Wilhelmine waren seine Mündel und er nahm sich die Zeit, sich um sie zu kümmern [23].

Der einzige Mensch, an dem er nicht zu hängen schien und der keine besondere Freundlichkeit von ihm erwarten durfte, schien seine Gemahlin zu sein, die vom Hof vergötterte »schöne Fee«. Nicht sie, sondern die Prinzessin Amalie, seine Schwester, hatte er eingeladen, ihm nach Wusterhausen entgegenzufahren. Wilhelmine versuchte es trotz-

dem, erhielt aber die Botennachricht nicht, daß er verspätet eintreffen
würde, so daß sie eine Nacht in einer der primitiven Posthaltereien
verbrachte, deren Passagierstuben zwar warm, aber muffig und nicht
gerade sauber waren.

Dies alles ereignete sich am 17. Januar 1759, am Vorabend zu Heinrichs
dreiunddreißigsten Geburtstag. Amalie sollte diesmal das große Diner
für ihn geben. Die Prinzessin Heinrich fuhr also resigniert durch die
Winternacht zurück, zog sich rasch um und wartete bei der festlich
geschmückten Amalie auf ihren Gemahl, der erst spät in der Nacht
ankam, als alle Braten verbrutzelt, alle Gemüse verkocht, alle Pasteten
zusammengefallen und auch sonst die Stimmung nicht mehr sehr er-
frischend und heiter war.

Heinrich hatte zwei Wochen Urlaub bekommen und verbrachte diesen
wohl in Berlin, war aber so viel auf Besuch und unterwegs, daß die
arme Prinzessin Heinrich nicht oft in ihr Tagebuch eintragen konnte,
man habe »chez nous« soupiert[24].

Dann kehrte Heinrich zurück nach Sachsen, kümmerte sich um die
Reorganisierung und Neurekrutierung seiner Truppen und begann
seine militärischen Operationen im April 1759 mit einem außerordentlich geglückten Beutezug in der Gegend von Teplitz, Aussig, Lobositz,
Leitmeritz, Budin, Komotau, Saaz und den umliegenden Orten. Dann
kam Heinrich einem Befehl des Königs nach und begab sich mit dem
größten Teil seiner Armee nach Franken, hielt sich einige Zeit in der
Nähe von Bamberg auf und zog dann über Hof nach Sachsen zurück.

Heinrich verlangte seinen Leuten das äußerste ab und gönnte sich
selbst keine Ruhe. Er saß Tag und Nacht bei seinen Berichten und
Rapporten. Es ist bekannt, daß er die Hälfte jener Briefe des Monats
Juli 1759, die an den König gerichtet waren, zwischen Mitternacht und
drei Uhr morgens geschrieben hatte. Dabei ließ der Prinz größte Sorgfalt walten und schrieb sie vollständig aus, selbst dann, wenn er in
größter Eile oder am Rande seiner Kräfte war[25].

Das Hauptquartier des Königs befand sich zu dieser Zeit in Schmott-
seifen. Friedrich bemerkte einmal scherzhaft, er kenne jetzt die Gegend
dort schon ebenso gut wie seinen Park in Sanssouci[26]. Die Lage war
durchaus kritisch. Am 23. Juli war Wedell bei Züllichau empfindlich
von den Russen unter Soltikow geschlagen worden, doch das war nur
ein Vorspiel.

Am 11. August standen sich 70.000 Russen und 43.000 Preußen bei
Kunersdorf gegenüber, und einen Tag später erlitt Friedrich eine Nie-

derlage, die zunächst außerordentlich schwer und bedrohlich erschien. Es war der Tag, wo er wahrhaft verzweifelt gegen die Übermacht der Russen anging. Eine Kugel traf ihn, blieb jedoch in einer kleinen goldenen Dose stecken. Diese lebensrettende Dose ist heute noch auf der Burg Hohenzollern zu sehen. Die Russen nutzten jedoch ihren Sieg strategisch nicht aus und erleichtert konnte der König vierzehn Tage später an Heinrich schreiben:

»Waldow, den 1. September 1759
Ich habe Ihr Billet vom 25. erhalten, und ich verkündige Ihnen das Mirakel des Hauses Brandenburg. In der Zeit, da der Feind die Oder überschritten hatte und eine zweite Schlacht hätte wagen und den Krieg beendigen können, ist er von Müllrose nach Lieberose marschiert. Ich bin sofort nach Triebatsch marschiert und gestern hierher nach Waldow gekommen, wo ich ihn durch meine Stellung von Lübben abschneide, das ich besetzen ließ. Ich schneide ihn dadurch gerade von dem ganzen Teil der Lausitz ab, der ihm hätte Lebensmittel liefern müssen. Der Hunger wird ihn zwingen, einen Entschluß zu fassen.« [27]

Im Oktober erkrankte der König schwer an der Podagra, der Gicht. In jenen Tagen, als man von gutem Essen und Trinken sehr viel, von Diät und magerer Kost jedoch sehr wenig hielt, war die halbe Menschheit von diesem Leiden befallen und die Briefwechsel der damaligen Zeit sind angefüllt von ausführlichen Krankheitsberichten und der Erörterung der Mittel dagegen. Heinrich befürchtete, der König möge länger leidend sein und auf ihn käme eine vermehrte Arbeitslast zu. Jedoch der König erholte sich bald und die Brüder trafen sich bei Hirschstein. Historiker Easum ging sorgfältig einem »On dit« nach, von dem man nicht recht weiß, ob es für Heinrich eine echte Schmeichelei darstellen sollte, oder lediglich einem verborgenen Sarkasmus des Königs entsprang:

»13. November 1759. Eine der das persönliche Verhältnis der königlichen Brüder umrankenden Legenden besagt, daß Friedrich bei dem Zusammentreffen in Hirschstein Heinrich als den einzigen seiner Generale gepriesen habe, der niemals einen Fehler begangen hätte – der fehlerlose Feldherr.

Im Lichte ihrer Briefe ist diese Erzählung unglaubwürdig. Wenn Friedrich jemals diese Phrase gebrauchte, so muß dies nach dem Kriege gewesen sein. Die Armee dagegen würde zu jener Zeit bereit gewesen sein, dem Prinzen diesen Ruhmestitel zukommen zu lassen. Ihr Ver-

trauen in ihn war unvermindert. Als de Catt sich wieder dem König
anschloß, sagte Friedrich zu ihm: ›Mein Bruder hat sein Boot wirklich
großartig geführt. Ja, das ist ein Steuermann, mein Lieber!‹« [28]
Friedrich selbst dagegen erwies sich in diesem Frühwinter 1759 als kein
geschickter Heerführer. Der König sprach mit Heinrich über die Ent-
sendung eines Détachements nach Maxen, einem exponierten Platz.
Heinrich opponierte leidenschaftlich dagegen. Die Stellung der frideri-
zianischen Truppen sei zu ungünstig. Heinrich sagte voraus, daß dieser
Truppenteil abgefangen werde, was dann auch tatsächlich geschah.

Während der Prinz im Felde bis über die Ohren verstrickt war in Auseinandersetzungen mit dem König, mit Kassandra-Rufen und den weisen Redensarten beschäftigt, die alle diejenigen parat haben, die eine
Sache schon »vorher genau gewußt« haben, standen die Sterne für
seine so arg vernachlässigte Gemahlin in Berlin oder Magdeburg nicht
besser. Dabei befremdete die Rolle des Prinzen Ferdinand, der es geradezu darauf abgesehen hatte, die schöne Fee von ihrem Gemahl noch
mehr zu separieren, als dies ohnehin schon der Fall war.

Das Tagebuch der Prinzessin Heinrich vermerkt mit viel Bitterkeit die
Sinnesänderung Ferdinands und gleichzeitig schwingt der Unmut mit,
in so schlechten und bedrohten Zeiten von so viel Klatsch und Nichts-
nutzigkeit umgeben sein zu müssen und dem nicht entfliehen zu
können:

»14. 12. 1759
Ich bin über die Maßen erstaunt über die gezwungene und frostige
Haltung, die der Prinz Ferdinand mir gegenüber zeigt; es berührt mich
höchst schmerzlich, umsomehr, als er mir stets viel Freundschaft bewiesen hat. Ich weiß, worauf ich diese Veränderung zurückzuführen
habe, ich bin jedoch still und sage nichts. Ich hasse alles Gerede und
ich verachte die Buben und Bübinnen.« [29]

Für die Soldaten im Felde, für den König und den Prinzen Heinrich,
gab es in diesem Jahre noch lange nicht die gewohnte Ruhepause, die
sonst zu dieser Jahreszeit einzutreten pflegte. Der Winter wurde außerordentlich hart und die feindlichen Truppen blieben einander auf den
Fersen. Man litt Mangel und den Soldaten wurden unter schlechtesten
Bedingungen höchste Strapazen abgefordert.

Erst im Januar 1760 hatten die Österreicher es satt, die gleiche Unbill
an Hunger und Kälte wie die Preußen zu ertragen. Als für das preußische Heer ein Entsatz durch den Erbprinzen von Braunschweig mit
seinen Truppen kam, zogen sich alle, Freund und Feind, in die Winter-

quartiere zurück und man beschäftigte sich mit so dringenden Arbeiten, wie es die neue Rekrutierung und die Wiederherstellung der Kampfkraft der preußischen Armee war.

Im April 1760 wartete Heinrich ungeduldig und gereizt auf die endliche Zuteilung seines Befehlsbereichs für den kommenden Feldzug. Immer wieder zögerte Friedrich die Festlegung hinaus. Endlich fiel die Entscheidung. Heinrich erhielt die Front gegen die Russen bis zur Ostsee. Sein Gebiet erstreckte sich bis hinunter nach Landeshut in Schlesien, wobei der Bober die Grenze bildete. Es standen sich sehr ungleiche Gegner gegenüber, was die Zahlen betraf. 20 000 Österreicher und 60 000 Russen kämpften als Verbündete gegen die vergleichsweise geringe Anzahl von Preußen, Heinrich befehligte 40 000 Mann und der General Fouqué 15 000. Eine fast unlösbare Aufgabe, auf dieser Frontbreite die Stellungen zu halten und noch Siege zu erringen.

Der König hatte diesmal den Oberbefehl in Sachsen übernommen. Seine Armee war auch nicht stärker. Er führte 40 000 Preußen gegen 100 000 vereinigte Österreicher und Reichstruppen. Ein noch ungleich höheres Zahlengefälle von Freund zu Feind, als dies an Heinrichs Frontabschnitt der Fall war. Die Gesamtstärke der preußischen Truppen errechnete sich Friedrich auf knapp 118 000 Mann. Er schrieb an Heinrich:

»... Das ist die Grenze unserer Anstrengungen. Möge es dem Himmel gefallen, sie zu segnen, damit endlich diesem mörderischen und fast unerträglichen Krieg ein Ende gesetzt wird.« [30]

Heinrich klagte zu dieser Zeit über körperliche Beschwerden, eine allgemeine Erschöpfung, die auch die mildere Jahreszeit nicht besserte. Er bauschte möglicherweise seine Krankheit bewußt auf, um bei Gelegenheit um so leichter einen Rücktrittsgrund zu haben, wenn wieder einmal solche Auseinandersetzungen mit dem König auftreten würden wie vor und nach Maxen. Der Prinz bereiste zu dieser Zeit Pommern und die Neumark, die sehr unter russischen Plünderungen gelitten hatten. An Friedrich berichtete er darüber:

»Frühjahr 1760
... Das flache Land ist derartig von Karren und Pferden entblößt, daß man es nicht glauben mag, wenn man es nicht gesehen hat; der größte Teil des Landes ist unbebaut, und man sieht nur wenige eingesäte Felder. Das Elend, das überall herrscht, ist ein sehr pathetisches Schauspiel.« [31]

Heinrich beließ es jedoch nicht bei diesem Bericht, sondern säuberte diese beiden Provinzen alsbald von den russischen Plagegeistern. Er war in dieser Zeit ganz besonders aktiv und ließ seine Truppen keinen Augenblick in Ruhe, galt es doch eine außerordentlich lange Front zu halten und zu beobachten. Ärgerlich waren ihm nur die ständigen Mahnbriefe Friedrichs, der ihn anzufeuern suchte und nicht wußte oder nicht wahrhaben wollte, daß Heinrich ohnedies sich selbst und seine Mannschaft bis zum Äußersten einsetzte.

Zu einem Höhepunkt dieser Anstrengungen kam es Ende Juli und Anfang August 1760, als Heinrich einen großen Teil seiner Armee in mörderischen Tagesmärschen nach Schlesien zog, da dort eine Zusammenballung des Feindes bevorstand. Heinrich gab sein letztes an Kraft und Kombinationsgabe und fühlte sich obendrein von Friedrich schlecht und ungerecht behandelt. Friedrich meinte dazu, man müsse in einer solchen schlimmen Lage nur alles tun, was man könne, um vor der Nachwelt bestehen zu können, als ob dies von Heinrichs Seite nicht längst geschah.

Am 15. August schlugen sich die Preußen wie die Berserker mit den Österreichern in der Schlacht bei Liegnitz, die zu einem der größten, aber auch am schwersten erkämpften Siege wurde, die der König errang. Laudon stand ihm mit 95 000 Mann gegenüber, wogegen die Preußen nur 30 000 zählten, ein wahrhaft unglückliches Verhältnis. Doch der Kampfgeist der preußischen Armee war ungebrochen.

Anstatt nun den großen Sieg gemeinsam zu feiern und alle Streitigkeiten zu begraben, trafen sich Heinrich und Friedrich zwar eine Woche nach der Schlacht von Liegnitz bei Breslau, aber das schwelende Zerwürfnis war schon zu tief eingefressen. Beide taten nichts es auszugleichen, sondern hieben mit scharfen Worten und Anspielungen nur immer wieder in die gleiche Kerbe des Mißverständnisses. Jetzt zog sich Heinrich auf eine immer im Hinterhalt sorglich bereitgehaltene Position zurück und spielte seinen schlechten Gesundheitszustand aus; er erklärte, nicht mehr aktiv sein zu können und bat neuerlich und sehr dringend den König um Dispens von all seinen Aufgaben als Oberbefehlshaber.

Friedrich zögerte begreiflicherweise, dies zu bewilligen. Durch diese eine gewonnene Schlacht war die Lage noch lange nicht gesichert, wenngleich zu spüren war, wie sehr sich der Sieg von Liegnitz auf die Kampfmoral der Truppen und die Stimmung in der Heimat auswirkte. Aber der Heimat ging es keineswegs gut. Zwar war die Besetzung Berlins durch die Russen unter Tottleben noch halbwegs glimpflich verlaufen. Tottleben hatte eine horrende Ablösungssumme verlangt und erhalten und seine Soldaten benahmen sich vorbildlich und krümmten der Bevölkerung kein Haar. Dagegen fiel ein österreichisches Détachement, das unter Lacy in Berlin eintraf, aus Wut darüber, daß Tottleben die Kassen der Stadt restlos geleert hatte, wie die Vandalen über die Schlösser und Bürgerhäuser her. Der Hof befand sich in Magdeburg, aber alle Schreckensnachrichten von Besudelung und Zerstörung, die dorthin drangen, beruhten leider auf Wahrheit.

So raffte sich der König auf, stellte die Österreicher zu Anfang des November bei Torgau und errang, nicht zuletzt durch Zietens Eingreifen, einen überraschenden und vollständigen Sieg. Die Verluste waren diesmal sehr hoch. 13 000 Preußen und 16 000 Österreicher blieben auf dem Schlachtfeld. Daun zog sich nach Dresden zurück, die Russen gingen nach Polen. Die Vereinigung der beiden gewaltigen Armeen war verhindert worden, dies stellte das glänzende Ergebnis des Feldzuges von 1760 dar.

Um Heinrichs Rücktrittsforderungen überwarfen sich er und der König völlig. Das ging so weit, daß die beiderseitige Korrespondenz zum Stillstand kam. Dabei war man sich bei der Armee und sicher auch im Hauptquartier des Königs darüber im klaren, daß Heinrichs Krankheit durchaus nicht so gravierend war, daß er sich aus dem militärischen Dienst zurückziehen mußte. Zweifellos war es ihm schon schlechter gegangen und er hatte dennoch durchgehalten. In Diplomatenkreisen sprach man von »einem vollkommenen Bruch« zwischen Heinrich und dem König. Desto einiger erschienen dagegen Heinrich und Ferdinand und um diese Zeit bildeten diese beiden jüngeren Brüder die »geheime Fronde«, die sich auch dann noch gegen Friedrich richtete, als dieser selbst längst tot war und es nur noch galt, seinen Nachruhm zu schmälern.

Heinrichs und Ferdinands Charaktere wurden geradezu von Haß verdüstert und von sich aus taten sie nichts, um ein erträgliches Verhältnis zum Bruder herzustellen oder zu erhalten. Ein Rest von Klugheit gebot ihnen, wenigstens einigermaßen dem König gegenüber Haltung zu bewahren, denn – Haß hin, Haß her – er blieb schließlich der Machtfaktor in ihrem Leben und sie mußten, ob sie wollten oder nicht, mit ihm rechnen.

Die Zeit bewirkte, daß Heinrich schließlich sogar eine Rückkehr in seinen Dienst erwog, er wollte sich jedoch nichts vergeben und ging dabei sehr vorsichtig zu Werke. Während der Prinz seine Angelegenheiten in Ordnung zu bringen begann, wachte ein Schutzengel über seiner Gemahlin. Es war dies die ehemalige große Liebe des Thronfolgers August Wilhelm, das einstige Fräulein von Pannwitz, jetzt Frau von Voß. Sie lebte mit ihrem eifersüchtigen Mann in Magdeburg und genoß trotz aller Kriegssorgen die ihr so wohltuende Anwesenheit des Hofes. Frau von Voß und die Prinzessin Heinrich wurden aufrichtige Freundinnen. Eine Tagebuchnotiz der vormaligen Hofdame spricht von echter Sorge um den Ruf der Prinzessin:

»Magdeburg, 8. 2. 1761

Ich sprach mit der guten Knesebeck von der Toute-divine [Prinzessin Heinrich] und dem Prinzen von Nassau. Er ist zum Totschießen verliebt in sie und wenn sie sich nicht in acht nimmt, so kann die Leidenschaft dieses Mannes ihr noch viel Unannehmlichkeiten bereiten. Man kennt den Charakter der Prinzessin Amalie leider hinreichend; wenn diese jemals die Neigung des Prinzen entdecken sollte, so wird sie vor allem es sein, welche der armen Fee Not und Verlegenheiten ohne Ende schaffen wird. Überdem gibt es auch sonst noch Leute genug, welche die Divina aus Eifersucht nicht lieben, und sie hat allen Grund, noch tausendmal vorsichtiger zu sein als jede andere Frau. Der bloße Gedanke daran, was ihr drohen und was eine einzige Unvorsichtigkeit sie kosten kann, macht mich ganz unglücklich.«[32]

Der Hof in Magdeburg lebte räumlich beengt, ohne Prunk und ohne große Roben, aber doch vergleichsweise friedensmäßig. Man unterhielt sich, hörte Musik und spielte Karten, feierte wohl auch bescheidene Feste. Natürlich gab es Einschränkungen bei der Lebensmittelzufuhr und während man sich dort über den gänzlichen Mangel an Delikatessen und andere Unzulänglichkeiten aufhielt, bereiteten Friedrich und Heinrich den neuen Feldzug des Jahres 1761 vor.

Friedrich und Heinrich hatten sich nun doch einander wieder soweit genähert, daß sie wie früher korrespondierten. Das Winterquartier befand sich in Leipzig. Friedrich umriß die Situation in seinen Ländern in einem Brief im frühen Frühjahr:

»Meißen, 20. März 1761

Lieber Bruder!

Trotz aller guten Nachrichten, die ich Ihnen gegeben habe, müssen Sie sich doch nicht einbilden, der Friede sei geschlossen. Es ist zehn gegen eins zu wetten, daß die Franzosen noch vor der Eröffnung des Feldzuges sich [mit den Engländern] vergleichen; ich glaube, daß man ebenso die Schweden als außerhalb des Spiels stehend ansehen kann;

ich zweifle, ob die Russen sich in den nächsten Feldzug wagen werden;
aber man muß damit rechnen, daß die Österreicher, obwohl sie kein
Geld haben, nach ihrer löblichen Gewohnheit die letzten sein werden,
die sich zu einer Verständigung entschließen ...«[33]
Heinrich befand sich derzeit in Glogau und ging vorübergehend noch
einmal nach Berlin, um eine Augenentzündung auszukurieren. Bei der
Beurteilung der militärischen Lage glich der Prinz einem wahren Gift-
mischer, wenn er an Ferdinand schrieb:
»Frühjahr 1761
... Unsere Landsleute müssen ja blind sein, wenn sie glauben, sie seien
durch eine wirkliche Armee geschützt; aber vielleicht lassen sich aus
österreichischen Kriegsgefangenen und preußischen Knaben zwei be-
waffnete Streitmachten, die man so nennen kann, zusammenbrin-
gen.«[34]
Der König dagegen versäumte nicht, bei jeder Gelegenheit Gutes von
Heinrich zu sagen. So schrieb er um die gleiche Zeit, als Heinrich seine
Armee reorganisiert hatte, an die Prinzessin Amalie, daß der Prinz geradezu Übermenschliches leiste:
»2. Mai 1761
... Ich kann wohl sagen, daß ich ihn wirklich liebe und daß ich ihm
für seinen guten Willen vielen Dank weiß. Ich verlasse mich auf ihn;
er hat Verstand und Begabung, zwei Dinge, die äußerst selten zu finden
und in der jetzigen Zeit höchst begehrt sind.«[35]
Allen Bemühungen Friedrichs gelang es nicht, diesmal die Vereinigung
der Österreicher unter Laudon und der Russen unter Buturlin zu verhindern. Beider Armeen bildeten einen Koloß von Streitmacht. Friedrich blieb nichts anderes übrig, als in eine wachsame Defensive zu
gehen; seine Träume von siegreichen Schlachten waren für dieses Jahr
ausgeträumt. Er verschanzte sich in einem fast uneinnehmbaren Lager
bei Bunzelwitz. Dort saß er unbequem, ohne Heu, Hafer, Fleisch und
Bier mit 30 000 Mann und ließ sich nach allen Regeln der Kunst vom
Feind belagern. Seine Zufuhr erfolgte aus Schweidnitz und der Weg
dorthin war nicht einmal sehr sicher. Aber es gelang, das Lager bei
Bunzelwitz acht Wochen lang zu halten. Währenddessen plagte sich
Heinrich in Sachsen mit den Franzosen und den Reichstruppen herum.
So verlief der Feldzug des Jahres 1761 nach einigen weiteren Truppen-
bewegungen, dem Lager bei Strehlen, der Verratsaffäre des Barons
Warkotsch an Friedrich und nach allgemeiner erzwungener Untätig-
keit buchstäblich im Sande.

Der König betrachtete unter seinen Gegnern drei Frauen als seine Haupt-Feindinnen: Maria Theresia, die Pompadour und Elisabeth von Rußland. Damals brauchte eine Nachricht aus dem Zarenreich genau so lange, wie eine Kurierkutsche mit ständig wechselnden Postpferden, nämlich vierzehn Tage! Während Heinrich und Friedrich noch sannen, wie sie sich aus ihrer bedrängten Lage befreien könnten, griff das Schicksal selbst ein: Zarin Elisabeth starb am 5. Januar 1762. Nachfolger auf dem Zarenthron wurde ihr Neffe Peter III., ein begeisterter Verehrer Friedrichs II., der nun sofort die Einstellung aller Feindseligkeiten gegen Preußen befahl.

Das war die Rettung aus nahezu ausweisloser Lage und sofort hob sich der Druck von den Gemütern des Königs und seines Feldherrn Prinz Heinrich. Aber ungeachtet der Vorverhandlungen für einen Frieden mit Rußland, hatten die Vorbereitungen für den nächsten Feldzug gegen Österreich, Frankreich und die Reichsarmee weiterzugehen. Dabei entstanden neue Meinungsverschiedenheiten zwischen den Brüdern. Zum anderen Male forderte Heinrich im Frühjahr 1762 seine Entlassung, denn Friedrich hatte mehrfach Befehle gegeben, die seine eigenen Anordnungen durchkreuzten und unwirksam machten[36].

Der König antwortete bei allem Ärger mit einigem Humor:

»Breslau, 3. April 1762

Sparen Sie sich, Monseigneur, Ihren Zorn und Ihre Entrüstung gegen Ihren Diener; Sie, der Sie immer Nachsicht predigen, zeigen Sie doch selbst ein wenig gegen Leute, die gar nicht die Absicht haben, Sie zu beleidigen oder ihren Verpflichtungen gegen Sie nicht nachzukommen, und geruhen Sie, die bescheidenen Vorstellungen, welche die Lage der Dinge mich bisweilen zwingt Ihnen zu machen, mit etwas mehr Wohlwollen aufzunehmen.«[37]

Die Entlastung vom Feind im Osten wurde am 5. Mai 1762 Wirklichkeit. Friedrichs Diplomaten konnten den Friedensvertrag mit Rußland unterzeichnen. Kurz darauf, am 22. Mai, wurde nahezu in aller Stille der Friede mit Schweden in Hamburg unterzeichnet. Im Norden und jenseits der Oder sollte die Ruhe wieder einkehren.

Für Heinrich gab es jedoch zu dieser Zeit noch keinerlei Entspannung der Lage. Wieder hatte er den Oberbefehl in Sachsen, während Friedrich in Schlesien verblieb. Heinrich unternahm außerordentliche Anstrengungen zum Durchbruch an der Mulde. Am 12. Mai hatte er einen Angriff auf den linken Flügel der österreichischen Armee angeordnet, der von Generalmajor von Zedtwitz befehligt wurde. Diese

Aktion verschaffte dem Prinzen etwas Luft und erlaubte ihm, seine Stellungen unverändert zu halten.

Kaum zwei Monate später erfolgte in Petersburg die Ermordung des Zaren Peter III., der sich durch seine verfrühten Reformen und seine Preußenfreundlichkeit verhaßt gemacht hatte. Seine Nachfolgerin war seine eigene Gemahlin, Katharina II. Zunächst war diese voller Abneigung gegen den Preußenkönig, doch das Studium der Papiere des toten Gatten ergab, wie wohlwollend und klug Friedrich versucht hatte, diesen zugunsten Katharinas zu beeinflussen. Dies verschaffte Friedrich unversehens die Achtung seiner mächtigen Kollegin auf dem Zarenthron. Katharina II. hielt den Frieden und blieb neutral.

Heinrich, der den ganzen Sommer über alles getan hatte, um seine Feinde zu ermüden und zu irritieren, sah sich Ende Oktober in einer so günstigen Position, daß er trotz allem Pessimismus glaubte, eine Schlacht wagen zu können. Lakonisch stand in seinem Tagebuch: »Am 29. halb sechs Uhr morgens setzte sich die Armee in Marsch. Schlacht bei Freiberg. Lager bei Freiberg.«[38] Heinrichs Feldherrntalent wurde hier noch einmal glänzend bestätigt. Es wurde ein großer Sieg, gleichzeitig die letzte Schlacht des Siebenjährigen Krieges überhaupt und die letzte militärische Großtat des Prinzen. Einen guten Anteil daran hatte General Seydlitz. Wie gewöhnlich hatte man einer großen Übermacht von Österreichern und Reichstruppen gegenüber gestanden[39].

Sehr befriedigt und froh, voll geheimen Stolzes berichtete Heinrich umgehend an den König:

»29. Oktober 1762

Mon très-cher frère,

es ist mir eine Freude, Ihnen die angenehme Nachricht zu geben, daß Ihre Armee heute einen beträchtlichen Erfolg über die vereinigte Armee der Österreicher und des Reiches errungen hat . . . Ich unternahm zwei wirkliche und zwei Scheinangriffe. Der Feind leistete erbitterten Widerstand, aber die nicht nachlassende Tapferkeit Ihrer Truppen gewann die Oberhand, und nach einem Feuer von drei Stunden mußte der Feind überall das Feld räumen . . .

Der Gegner hatte die Absicht, mich morgen anzugreifen, aber daran wird er im Augenblick wohl kaum denken. General Wied wird morgen, glaube ich, die Elbe überschreiten, das kommt mir gerade im rechten Augenblick.«[40]

Diesmal schien Heinrich von seiner Freude so beflügelt gewesen zu sein, daß er sogar seiner ungeliebten Prinzessin sofort eine Nachricht zukommen ließ. Graf Lehndorff berichtete, sie hätte seinen Sieg mit einem großen Ball gefeiert, sobald die Nachricht in Magdeburg eingetroffen war. Ihre Gäste hätten bis vier Uhr morgens getanzt [41].

Ausgesprochen entzückt zeigte sich der König über diesen Erfolg seines Bruders. Wie die Dinge lagen, erfaßte er sofort, daß dies der entscheidende Schlag war, dessen die Gegner noch bedurft hatten, um endlich friedensbereit zu sein. Er antwortete Heinrich:

»Löwenberg, 2. November 1762

Mein lieber Bruder!

Die Ankunft Kalckreuths [Adjutant des Prinzen] mit Ihrem Briefe, lieber Bruder, hat mich um zwanzig Jahr verjüngt; gestern war ich sechzig, heute bin ich achtzehn. Ich preise den Himmel dafür, daß er Sie gesund erhalten hat, und daß sich die Dinge so gut gestaltet haben ...« [42]

Beide Brüder fühlten mit Bestimmtheit, daß der eigentliche Krieg jetzt seinem Ende entgegenging. Der Feldzug des Jahres 1762 war höchst ehrenvoll beendet worden. Schon fanden erste Fühlungnahmen mit Österreich und mit Frankreich statt, um endlich zu einem Friedensvertrag zu gelangen.

Jetzt war auch die Zeit gekommen, wo es Ehrungen und Auszeichnungen auf Heinrich herabregnete:

»Friedrich ordnete an, daß der Prinz zukünftig stets von einer Leibwache von fünfundzwanzig Husaren umgeben sein sollte – einer Leibwache, die seiner eigenen gleichkam, eine Ehre, die er nur noch mit Prinz Ferdinand von Braunschweig teilte.

Er machte ihm zwei Lehen zum Geschenk, die Güter Wegeleben und Westerburg, mit einem jährlichen Einkommen von zehntausend Talern und dem Recht der lebenslänglichen Nutzung für seine Gemahlin [43].

Mit der Unterzeichnung des Waffenstillstandes war der Soldatenprinz nicht länger mehr so dringend benötigt; und obwohl er noch nicht siebenunddreißig Jahre alt war, stand er schon im Begriff, in das lange Zwielicht seines Lebens einzutreten, das im Schatten des Thrones und seiner eigenen Heldentaten gelebt wurde.« [44]

Nun gab es keinen Beweggrund mehr, der den Prinzen hätte hindern können, nach Berlin zurückzukehren, was er dann auch baldigst tat. Dennoch war es weder ein glorioser Triumphzug, noch wartete auf ihn ein herzliches Willkommen in der Familie. Noch befand sich der

Hof in Magdeburg, also auch seine Gemahlin und Prinzessin Amalie. Allein und verlassen ließ Heinrich seinen siebenunddreißigsten Geburtstag ohne Feier vorübergehen. Die Prinzessin lud in Magdeburg zu seinen Ehren einige Gäste ein. Aber Graf Lehndorff berichtete, daß dies Fest keinerlei Glanz hatte, dazu befand sich in der Stadt jedermann in einer so ärmlichen Lage, daß rauschender Pomp weder möglich noch angebracht gewesen wäre [45].

Am 15. Februar preschte ein Kurier vom König zum Prinzen Heinrich mit der lakonischen Botschaft »Der Friede ist unterzeichnet«. Der Prinz antwortete, noch nie sei ein Kurier mit größerer Freude empfangen worden als der, der gestern angekommen war, um ihm die Nachricht vom Frieden zu überbringen [46].

Der Frieden brachte für beide Brüder viel Arbeit mit sich. Die sorgende Hand des Hausherren hatte sowohl in Sanssouci als auch in Rheinsberg gefehlt, und wenn auch während des Krieges gute Berichte über den vorzüglichen Zustand der Parks und der Gebäude eingetroffen waren, so galt es doch jetzt hundert Kleinigkeiten zu erledigen und zu regeln, Personalfragen zu entscheiden und was noch alles an sie herantrat. Bisher hatten die Brüder über Tod und Leben von Tausenden entschieden, jetzt kümmerten sie sich um den Anbau von Korn und Kohl auf ihren Gütern und die Anlage von Blumenrabatten in ihren Parks. Friedrich bemühte sich, den Bruder nach wie vor liebevoll zu behandeln und ihn möglichst zu bevorzugen. Nach dem Kriege wurde des Prinzen Geburtstag, der zufällig auf den Krönungstag des königlichen Hauses, den 18. Januar, fiel, immer in höchstem Glanz und Pomp gefeiert. Es gab zwei gleichrangige luxuriös gedeckte Tafeln, an denen sich alles versammelte, was Rang und Namen hatte. Friedrich ließ das goldene Staatsgeschirr aus den Schränken nehmen, die Damen trugen ihre Courschleppen und alles erschien in höchster Gala. Der König präsidierte an der einen Tafel, Heinrich nahm den bevorzugten Platz an der anderen ein. Dies Fest von Heinrichs Geburtstag wurde viele Jahre hindurch mit immer gleichem Aufwand und gleichem Pomp gefeiert.

Nachdem Friedrich nach dem Kriege seine Provinzen bereist hatte, nahm er unverzüglich die Baupläne für das riesige Neue Palais im Park von Sanssouci in Angriff. Es sollte die ungebrochene Kraft Preußens darstellen und diente zugleich als umfassendes Arbeitsbeschaffungsprogramm.

Der Herbst des Jahres 1763 brachte eine Konstellation, die um ein Haar geeignet gewesen wäre, Heinrich auf einen Königsthron zu erheben. Aber die große Politik spielte hinein, Friedrichs Kulanz gegenüber Rußland und dazu seine grundsätzlichen Bedenken.

Auslösendes Moment für diese Vorgänge war der Tod des Sohnes von August dem Starken, der dreißig Jahre hindurch still und unangefochten auf dem polnischen Thron gesessen hatte.

»[ca. 12. Oktober 1763]
Was sagen Sie zu dem König von Polen, dieser Dummkopf, der sich hinlegt und stirbt. Ich gestehe, ich kann die Leute nicht leiden, die alles immer zur unrechten Zeit tun...«[47]
Der gleiche Brief des Königs enthielt außer dieser sarkastischen Notiz im nächsten Satz die aufrichtige Bekümmerung darüber, daß sein damaliger Lieblingshund Alkmene im Sterben lag, was ihm gerechtfertigter und vorrangig vor dem Tod des königlichen Kollegen zu sein schien.

Bald danach traf in Berlin eine polnische Abordnung ein. Sie setzte sich aus Anhängern einer antiösterreichischen und antirussischen Bewegung zusammen, die keinesfalls den Thronanwärter der Zarin, Stanislaus Poniatowski, gewählt wissen wollten. Sie fragten den König von Preußen, ob er damit einverstanden wäre, wenn Prinz Heinrich König von Polen würde. Aber Friedrich hatte inzwischen der Zarin Katharina sein Wort verpfändet, daß Poniatowski auf seine Unterstützung rechnen könne. So lavierte er diplomatisch hin und her und schließlich mußte die polnische Delegation unverrichteter Sache wieder heimreisen. Hierbei ging alles im strengsten Geheimnis vor sich, aber Heinrichs Beziehungen zur Staatskanzlei waren gut genug, daß er davon erfuhr, was seine Sympathie für Friedrich nicht eben befestigte[48].

Dabei kam es Friedrich vor allem darauf an, sein Verhältnis zu Rußland möglichst zu stabilisieren und der Kaiserin jeden nur denkbaren Gefallen zu tun. Später ist übrigens Prinz Heinrich selbst mit der russischen Zarin außerordentlich befreundet gewesen; hätte er die Dinge gleich 1763 so durchschaut, wie sie sich Friedrich darstellten, so wäre wahrscheinlich kein Groll in ihm aufgekommen.

Im Laufe des Jahres 1764 warteten auf Prinz Heinrich so angenehme Dinge wie die Fertigstellung seines neuen Palastes. Das Prinz-Heinrich-Palais in der Straße Unter den Linden in Berlin diente ihm bis zum Jahre 1802 als Wohnsitz, wurde dann nach einiger Zeit Universität und beherbergt noch heute die Ostberliner Universität. Damals jedoch war in diesem Hause keine Spur von Nüchternheit und Sachlichkeit zu erblicken. Heinrich kam seiner Liebe zu prunkvollen Wohnsitzen mit großem Eifer nach, und selten gab es schöner ausgestattete Zimmerfluchten, ausgesuchtere Möbel, blankere Parkettböden, reicher livrierte Diener und kostbarere Spitzen an den Fenstern als im Prinz-Heinrich-Palais in Berlin.

Im Mai 1764 fanden wieder die großen Revuen statt, bei denen es üblich war, daß jeder Kommandeur eines Regiments als Abzeichen seines Ranges eine kleine Lanze trug, den sogenannten Sponton. Warum Heinrich ihn wegließ und welche Folgen dies hatte, hat der Historiker Easum genauestens untersucht:

»Die Stellung, die er in Wirklichkeit einnahm, obwohl sein Name noch an der Spitze der Rangliste der Generäle der Infanterie stand, wurde ihm erst anläßlich der Mairevue 1764 in Spandau ganz klar. Auf dieser hatte das Regiment ›Prinz Heinrich‹ den Ehrenplatz, und an seiner Spitze stand Prinz Heinrich ohne den Sponton. Der Sponton war eine Art Holzstab oder Halbpike, die von den Infanterie-Offizieren der Linie als Zeichen ihres Ranges getragen wurden, und vor dem Kriege hatte der Prinz selbst genau wie andere Regimentskommandeure den Sponton getragen; nachdem er sich aber während des Krieges als ein Heeresgeneral ausgezeichnet hatte, schien er entschlossen zu sein, ihn fortan nicht mehr zu tragen. Das hätte seiner Meinung nach bedeutet, daß er die, wie er meinte, unverdiente Zurückversetzung in den Rang eines Truppenoffiziers hingenommen hatte. Daher erregte er in schweigendem Protest mit Absicht Auffallen, indem er auf der Parade ohne den Sponton erschien.

Der König bemerkte natürlich die Unterlassungssünde, erkannte sofort, daß sie ebenso sehr beabsichtigt wie deutlich war, und nahm sie als das, was sie war – eine Infragestellung seines stillschweigend vorausgesetzten Standpunktes, daß Preußen nunmehr wieder nur eine Armee und diese Armee nur einen Oberbefehlshaber habe, und daß sein alter Stellvertreter im Oberkommando während des Krieges in Friedenszeiten nur ein Soldat mit dem Namen eines Prinzen, dem Titel eines Generals, der Dienststellung eines Obersten und den Vorrechten war, die es dem König beliebte, ihm einzuräumen. Nicht mehr. Obwohl Friedrich kein Wort über die Angelegenheit fallen ließ, zeigte er seine Verstimmung offen genug.

Der Briefwechsel mit seinem Bruder beschränkte sich das ganze folgende Jahr hindurch auf die notwendigsten Mitteilungen bei besonderen Gelegenheiten . . .

Prinz Heinrich wurde dieses Jahr auch nicht eingeladen, den König zu den Manövern in Schlesien zu begleiten, was er vor dem Kriege regelmäßig getan hatte. Da er eine Aussöhnung suchte, kam er nach Spandau, um dort Friedrichs Rückkehr zu erwarten, und bat um die Erlaubnis, ihn dann zu sehen. Er erhielt eine Absage und kehrte in bitterer Enttäuschung nach Rheinsberg zurück . . .

Erst auf der Mai-Revue 1765, ein ganzes Jahr nach dem Zwischenfall, wurde die völlige Unterwerfung des Rebellen in der Öffentlichkeit kundgetan und seine unausgesprochene Bitte um Verzeihung gewährt. Da stand er an der Spitze seines Regiments, so steif wie der Sponton selbst, mit dem verhaßten Symbol seiner Rangerniedrigung in der Hand. Als der König ihn sah, sprach er ihn gnädig an und forderte ihn auf, den Sponton einem anderen Offizier zu übergeben, ein Pferd zu besteigen und ihn während der Revue zu begleiten . . . Die Disziplin der Armee und das Prinzip der Subordination waren in Gefahr gewesen, nun aber gerettet.« [49]

Heinrichs Adjutant Kalckreuth schrieb einmal, wie Graf Lehndorff überlieferte, der Prinz habe die Bemerkung gemacht, daß nie wieder, seitdem die Seite des Heilands durch einen Speer durchbohrt worden sei, ein schlanker Holzschaft eine solche Aufregung erzeugt habe [50].

Um diese Zeit, da Prinz Heinrich so außerordentlich mit der Wahrung seines Ansehens als Heerführer beschäftigt war, und während sich dieses ganze Schauspiel um den Sponton abspielte, schien die Stimmung des Prinzen auf dem Nullpunkt gewesen zu sein. Die Entfremdung zwischen ihm und seiner Gemahlin wurde immer spürbarer, so daß schließlich völlige Trennung ihrer Wege das Ergebnis war. Dabei ist zu bemerken, daß der Hofstaat der Prinzessin Heinrich, obwohl vielerlei Vergnügungen beraubt, mit geradezu rührender Treue zu der Prinzessin hielt. Nach Rheinsberg durfte sie beispielsweise nicht mehr kommen. Der Historiker Hamilton ist den Gründen nachgegangen, die zu diesem unerfreulichen Zustand geführt hatten. Man denkt dabei unwillkürlich an die besorgte Tagebucheintragung der Gräfin Voß, die sich mit der Verliebtheit des Prinzen von Nassau in die Prinzessin, die sich in Magdeburg aufhielt, beschäftigte:

»Aber all die Fröhlichkeit und gesellige Harmonie sollte eine Wandlung und Einbuße erleiden; und zwar . . . recht trauriger Art. Zwischen dem Prinzen und der Prinzessin entstand eine Uneinigkeit. Wer dabei Recht, wer Unrecht hatte, will ich hier nicht untersuchen. Das, was uns darüber in den Büchern berichtet wird, läßt unserer Phantasie

einen weiten Spielraum. So lesen wir, daß man einen scheinbaren
Anlaß künstlich geschaffen habe; und von einer Seite wird uns versichert, daß für die Entfremdung der Gatten gar kein wirklicher Grund
vorhanden gewesen sei. Es kann vernünftigerweise kaum bezweifelt
werden, daß Kalckreuth, der Adjutant, einen aktiven Anteil an der
Sache gehabt hat, ob lediglich aus Bosheit und Freude am Unheilstiften,
ist eine andere Frage ... Kalckreuth verließ infolgedessen den Dienst
des Prinzen, und wurde vom König in eine entlegene Garnison versetzt ... Auf alle Fälle war eine sofortige und endgültige Trennung der
prinzlichen Gatten die Folge ... Sie hatten jeder seine besondere Treppe und sahen einander nie in ihrem eigenen Hause. Wenn sie bei Hofe
oder wo es sonst die Etikette erforderte sich begegneten, sprachen sie
nicht miteinander. Dieses Leben haben sie sechsunddreißig Jahre geführt, bis zum Tode des Prinzen Heinrich im Jahre 1802.« [51]
Das Benehmen des preußischen Hofes gegenüber der Prinzessin wurde
einzig und allein von der Haltung des Königs bestimmt. Sie war nicht
geschieden und sollte auch nicht behandelt werden, als habe sie sich
das geringste zu schulden kommen lassen. Sie nahm weiterhin an den
öffentlichen Familientreffen teil und Friedrich behandelte sie mit vollendeter und prononcierter Höflichkeit, vielleicht eine Spur zu demon-
strativ. Bald nachdem Heinrich sie nicht mehr treffen wollte, erhielt
sie vom König ein kostbares Geschenk: einige neue Gobelins, die in
ihrem Flügel des Palastes aufgehängt wurden. Sie schrieb dem König,
seine Güte wäre ihr einziger Trost. Die »schöne Fee« befand sich somit
in derselben Lage wie Königin Elisabeth Christine, separiert von ihrem
Ehemann, auf bescheidene Einkünfte gesetzt, und während der Königin immer noch die fremden Diplomaten ihre Aufwartung machten,
befand sich Prinzessin Heinrich merklich isolierter in ihrer Stellung
bei Hofe.
Von einem zeitgenössischen Chronisten ist eine zuverlässige Schilderung der äußeren Erscheinung des Prinzen Heinrich auf uns gekommen, welche die von anderen Personen gemachten Beobachtungen nur
bestätigt:
»Prinz Heinrich war sehr klein und unproportioniert gebaut; sein Gesicht war nicht nur häßlich, sondern auf den ersten Blick abstoßend.
Niemals wurden eine schöne Seele und große Talente so unwürdig
logiert. Große, blaue, sehr lebendige, aber harte und schielende Augen
trugen dazu bei, ihm diesen erschreckenden Ausdruck zu geben. Sobald man ihn aber reden hörte, schwanden diese Eindrücke, und das

Feuer, der Geist, ja man möchte sagen, das Graziöse seines Gesichts-
ausdrucks sprachen zur Seele.«[52]
Die Lebensführung des Prinzen tritt in einem Ausschnitt zu Tage, wie
es ein Zeitgenosse, Thiébault, in Rheinsberg miterlebt hatte:
»Gegen vier Uhr nachmittags konnte man, wenn nicht in den Wald
gegangen wurde, beim Prinzen vorgelassen werden, wo dann zwei
oder drei Stunden Vorlesung stattfand ... und zwar von Werken über
allgemeine Geschichte, Reisebeschreibungen und dergleichen. Der Vorleser hatte seinen besonderen Platz; jedem Zuhörer war es gestattet,
denselben zu unterbrechen, um ihm seine Zweifel zu äußern, oder
irgendeine Reflexion anzustellen. Alle Zuhörer saßen im Halbkreise
rangiert, dem Vorleser gegenüber; jeder hatte vor sich einen kleinen
Tisch mit einer Schere und einigen Bogen, die mit buntkolorierten Ab-
bildungen von Blumen und Tieren bedruckt waren. Man schnitt dieselben aus, um später damit die Wände von Zimmern und Kabinetten
zu bekleben. In Rheinsberg wurden mehrere Räume gezeigt, die auf
diese Weise tapeziert waren.«[53]
Im Jahre 1769 wurde der Prinz vom König eingeladen, ihn nach Neiße
in Schlesien zu begleiten. Es war beabsichtigt, bei den schlesischen
Revuen ein Treffen mit dem österreichischen Kaiser Josef II. durch-
zuführen, dem Sohne Maria Theresias. Der König legte größten Wert
darauf, den Bruder bei dieser wichtigen Gelegenheit dabeizuhaben. Im
Vorjahre hatte Friedrich ein übriges getan: in seinem politischen Testament bestimmte er Heinrich wieder, wie einst im Siebenjährigen
Kriege, im Falle seines Todes zum Oberbefehlshaber des Heeres bei
Ausbruch eines Krieges. Heinrich war damit auf militärischem Gebiet
der Ersatzmann des Königs. Spätere ernstliche Erwägungen, Heinrich
als Mitregenten des jungen Neffen Friedrich Wilhelm zu nominieren,
wurden dann doch nicht durchgeführt. Aber Friedrich hatte mehrfach
darüber mit Heinrich korrespondiert.
Immer bedacht, sein Verhältnis zu Rußland ungetrübt zu erhalten,
beobachtete Friedrich mit Wachsamkeit die Entwicklung der Beziehungen zu Schweden. Er sah auf Grund geheimer Verträge für die
Zukunft die Gegebenheit, die Besitzverhältnisse von Schwedisch-Pommern eines Tages zugunsten Preußens zu verändern. Noch war alles
im Stadium allererster Erwägung, aber dennoch wünschte er, daß seine
Schwester, die schwedische Königin Ulrike, unterrichtet werde. Kein
passenderer und geschickterer Bote stand ihm zur Verfügung als Prinz
Heinrich. So wurde die Reise zu Ulrike schon 1769 geplant und zwi-

schen Heinrich und Friedrich gab es einen lebhaften Briefwechsel über die Einzelheiten der Aufgabe. Dabei tat Heinrich einen köstlichen Ausspruch:

»1. Dezember 1769

»Es gibt keine Mächte, die nicht Freunde sein können, solange sie Verträge machen, in denen sie sich gegenseitig Vergrößerungen versprechen.«[54]

In Anspruch genommen von der hohen Politik, versäumte jedoch der Prinz keineswegs, seinen Beitrag zum geselligen Leben Berlins zu leisten. Dabei fiel besonders schmerzlich auf, ein wie sorgenfreies Leben Heinrich führte, und ein wie trauriges Dasein die Prinzessin zu fristen gezwungen war:

»Nicht allzuviel übertrieb die Prinzessin Amalie in der Beschreibung, die sie 1769 von dem Leben ihrer Schwägerin entwarf: ›Während der Prinz seine Festlichkeiten veranstaltete, habe sie nicht satt zu essen; sie sitze einsam am anderen Ende des Hauses, langweile sich mit ihren Damen zu Tode, und sie beklagten unter sich ihr unglückliches Geschick.‹«[55]

So verging der gesellige Winter 1769/70 und Prinz Heinrich hatte im Frühjahr nichts Besseres zu tun, als sich mit seinem ganzen Hofstaat und einigen angenehmen Gästen wieder nach Rheinsberg zu begeben. Im Sommer jedoch empfand der Prinz es zweifellos als angenehm, das komfortable, aber eintönige Rheinsberger Leben zu unterbrechen, weil er »vom Staate gebraucht« wurde. Königin Ulrike von Schweden hatte bei der ersten Nachricht darüber, daß Friedrich ihr einen vertraulichen Boten zu schicken wünschte, eine lebhafte Einladung an Heinrich folgen lassen, die vom König nur zu gern genehmigt wurde, da sie ja diesmal so vorzüglich in die politischen Pläne hineinpaßte.

Ende Juli reiste Prinz Heinrich nach Stockholm. Seit sechsundzwanzig Jahren geschah es zum erstenmal, daß Ulrike jemanden von ihren Geschwistern wiedersah. Auf Heinrich wartete eine Fülle von Ehrungen. Ulrike konnte sich nicht genugtun, den Bruder zu feiern und in ihm gleichzeitig dem König zu huldigen, den sie vorbehaltlos anbetete. Die Aufwendungen des schwedischen Hofes bei diesem Anlaß waren so verschwenderisch, daß böse Zungen behaupteten, eigentlich könne sich das schwedische Staatssäckel diese Ausgaben gar nicht leisten.

Heinrich erledigte seinen Auftrag in Stockholm vorzüglich, und nachdem er einige Zeit dort verbracht hatte, trafen dringende Handschreiben der Zarin Katharina II. bei Friedrich ein mit der Aufforderung, Hein-

rich möge sich doch ja, wo er jetzt schon auf halbem Wege befindlich
sei, gleich anschließend nach Petersburg begeben.
Friedrich war einverstanden. Heinrich würde in der Zarin keine Un-
bekannte treffen, mochte es seinem Gedächtnis auch zuweilen entfal-
len sein, daß er als Kind mit einem unscheinbaren Mädchen gespielt
hatte, das so landläufige Namen wie Sophie Auguste trug und die
Tochter des Fürsten Christian August von Anhalt-Zerbst war. Sie hatte
sich im fernen Rußland als Gemahlin Peters III., als dessen mutmaß-
liche Mörderin oder zumindest Anstifterin zu seinem gewaltsamen
Tode sie galt, eine ungeheure Machtstellung verschafft. Man erkannte
sie als Zarin an. Sie hatte sich schon beim Übertritt zur griechisch-
orthodoxen Kirche Katharina genannt, und ihre Vitalität sowie ihr
staatsmännischer Blick für die Notwendigkeiten des Landes trugen ihr
das Prädikat »die Große« ein.

Als Heinrich sich zu seiner Reise rüstete, war er selbst vierundvierzig
und seine ehemalige Gespielin einundvierzig. Die Zarin empfing den
wichtigen Besuch mit offenen Armen. Hamilton berichtete darüber:
»Heinrich langte am 12. Oktober 1770 in Petersburg an und wurde auf
das wärmste willkommen geheißen. Katharina freute sich sehr, ihren
alten Freund wiederzusehen, sie hatten einander als Kinder gekannt,
und zeigte ihm große Herzlichkeit. Ob es dazu gekommen ist, daß sie
Gefallen aneinander fanden, weiß ich nicht, jedenfalls war ihr Verkehr
ein sehr vertraulicher. Er blieb bis zum 30. Januar 1771, und natürlich
ließ man ihm alle Ehren und Aufmerksamkeiten zuteil werden, die
einem Bruder des Königs von Preußen zukamen. Bei seinen diplomatischen Unterhandlungen, die delikater und schwieriger Natur waren,
stieß er auf Hindernisse, zuguterletzt indessen wurde er doch, in einem
gewissen Sinne, ›das Hauptwerkzeug der Pazifizierung Europas‹ ...
Es war gegen Ende seines Aufenthaltes, daß der Plan der Ersten Teilung
Polens sozusagen Form und Gestalt annahm. Die Kaiserin selbst machte, gesprächsweise, dem Prinzen gegenüber die erste darauf bezügliche
Anspielung in Form eines Scherzes. Erst anderthalb Jahre nach Heinrichs Rückkehr trat das Projekt in die Wirklichkeit. Und obwohl er in
keinem Sinne der Urheber desselben genannt werden kann, so nahm
er doch die Ehre der Erwerbung Westpreußens für sich in Anspruch,
und sie wurde ihm auch mit Recht zuerkannt; denn ohne seine Anwesenheit während jener ereignisreichen Wintermonate und sein diplomatisches Geschick, würden die Dinge sehr wahrscheinlich einen
anderen Verlauf genommen haben ...« [56]

Dabei schritt Heinrich durchaus nicht nur frohbeschwingt durch die Gemächer der Zarin, sondern hatte seinen Ärger mit Bestechungen und Spionen, mit dem König, der seine Bestechungsgelder zu hoch fand und seine freigebig an die Hofleute verteilten Geschenke zu teuer. Überdies lastete auf ihm eine gewisse Arbeitsmenge. Er erstattete Friedrich in einem doppelt geführten Briefwechsel ständig Bericht: Für die Augen der russischen Polizei bestimmt, auf dem normalen Postweg; alles Wesentliche chiffriert über Kanäle, die mehrfach gewechselt wurden. Vom König wußte Heinrich, daß dieser schon im Herbst 1770 einen sogenannten »cordon sanitaire« legen wollte, der vom Fürstentum Teschen aus über die Neumark, Tuchel und Marienwerder führen sollte, und der ganz Ostpreußen einschließen würde. Angeblich dachte man dabei an die Eindämmung der Pestepidemien. Heinrich würde auf seiner Rückreise von Rußland keine Angst vor der Pest zu haben brauchen. Daß diese lose Postenkette jemals den Charakter einer festen Grenze annehmen könnte, dieser Gedanke lag damals noch in ferner Zukunft[57].

Prinz Heinrich fühlte sich fortan dem russischen Hofe so eng verbunden, daß er mit Billigung und Förderung des Königs die Freundschaft zur Zarin Katharina II. mit großer Sorgfalt zu erhalten suchte. Oftmals begleiteten die Briefe kleinere oder größere Geschenke, Bücher, Gemälde, Sonderdrucke, kleine Kostbarkeiten und Nippes, ein Musikstück oder Delikatessen[58].

Im Sommer 1772 war die Erwerbung Westpreußens eine Tatsache geworden und Friedrich hatte die neue Provinz zum erstenmal bereist. Der König schrieb eingehend über seine Beobachtungen:

»Potsdam, 12. Juni 1772

Ich habe dieses Preußen gesehen, das ich gewissermaßen aus Ihrer Hand empfangen habe. Es ist eine sehr gute und sehr vorteilhafte Erwerbung, sowohl was die politische Lage des Staates als die Finanzen anlangt. Um jedoch weniger Eifersucht zu erregen, sage ich jedem, der es hören will, daß ich bei meiner Durchreise nur Sand, Tannen, Heide und Juden gesehen habe.

Allerdings legt mir dies Stück Land auch viel Arbeit auf; denn ich glaube, Kanada ist ebenso zivilisiert wie Pomerellen; keine Ordnung, keine Einteilung. Die Städte sind in einem bejammernswerten Zustande. Culm soll zum Beispiel achthundert Häuser haben, es stehen aber nur hundert. Die Einwohner sind entweder Juden oder Mönche; und andere Städte sind noch erbärmlicher...«[59]

Der König ließ dem Bruder aus dem Steueraufkommen der neuen Provinz einen Anteil als monatliche Zulage überweisen, was Heinrich gewiß nicht unangenehm gewesen ist. Er bedankte sich mit vollendeter Höflichkeit:

»Sommer 1772

Ich erfahre soeben durch den Präsidenten Domhardt, daß Sie mir auf die neue Erwerbung, die Sie gemacht, tausend Taler mehr pro Monat angewiesen haben. Indem ich dafür meinen untertänigen Dank sage bitte ich Sie, davon überzeugt zu sein, daß ich mich völlig belohnt fühle in dem Glücke, sowie in dem schmeichelhaften Gedanken, daß es in meiner Macht gestanden hat, Ihnen nützlich zu sein.« [60]

Nach diesen erfreulichen Dingen, eine neue Provinz für den König, höheres Einkommen für Heinrich, sollte man den Eindruck gewinnen, daß der alte Bruderzwist auf immer begraben sein würde und auch nie wieder aufflackern könnte. Aber da saß immer mit kaltem Blick und flinker Zunge Prinz Ferdinand in seiner Höhle, damals noch in Friedrichsfelde und im Ordenshaus in Berlin, um wie ein böser Orakelsprecher die alte Abneigung gegen »den alten Mann« zu schüren.

Am Tage vor seinem Geburtstag 1774 erhielt Prinz Heinrich eine erneute Einladung der Zarin Katharina, die in sehr schmeichelhafter Form gehalten war. Sie schrieb, eigentlich müßten Männer wie er mehrere Jahrhunderte lang zum Nutzen der Menschheit leben, er sollte sich sein ganzes Leben lang ungebrochenen Glücks erfreuen, damit die anderen ermutigt werden, sein Beispiel nachzuahmen [61].

Zwei Jahre lang war diese neue Rußlandreise Gegenstand vieler Korrespondenzen. Heinrich schützte sein Alter und Abgespanntheit vor, jedoch Friedrich kannte seine Geschicklichkeit in Unterhandlungen und redete ihm zu. Katharina war immerhin ein Machtfaktor im europäischen Kräftespiel. Mit ihr gutzustehen war von nicht geringem Nutzen. Friedrich schrieb einmal an Heinrich, man müsse, wie die Inder, den Teufel anbeten, damit man ihn davon abhielte, einem zu schaden [62].

Im März 1776 machte sich Prinz Heinrich auf seine zweite Rußlandreise, wieder im prunkvollen Reisezug mit Leibwache und allen Attributen einer hochgestellten Persönlichkeit. Sein Palais in Petersburg wartete auf ihn und alles schien sich so schön anzulassen, wie es beim vorigen Besuch geendet hatte. Da geschah es unvermutet, daß sich im Kindbett der jungen Großfürstin Natalie, Gemahlin des Thronfolgers Großfürst Paul, Komplikationen einstellten. Vier Tage lang lag die

Fürstin auf Leben und Tod, dann starb sie qualvoll und hinterließ einen untröstlichen jungen Ehemann und eine bedauernd den Kopf wiegende Zarin, die sich gleichzeitig Gedanken machte, wie man den Thronfolger wieder günstig verheiraten könne. Die junge Großfürstin hatte auf ihrem Sterbebett den Gatten angefleht, sich nur ja bald wieder zu verehelichen.

Als daher die ersten Tage und Wochen der Trauer vorüber waren und Großfürst Pauls Schmerz abgeklungen, hatten die beiden flinken alten Herren Heinrich und Friedrich schon einen Plan geschmiedet. Man hatte eine Großnichte, die Prinzessin Sophie Dorothea von Württemberg, im Sinn. Sie war die Enkelin der Markgräfin Sophie von Schwedt, der verstorbenen Schwester Friedrichs und Heinrichs.

Es gehörte zu den glücklich verlaufenen Kunststücken in Heinrichs und Friedrichs Gefälligkeits-Diplomatie gegenüber der Zarin, daß man die württembergische Großnichte überhaupt noch verfügbar hielt. Sie war zwar schon verlobt, und zwar unglücklicherweise mit dem Bruder der verstorbenen Großfürstin Natalie, dem Erbprinzen von Hessen-Darmstadt. Kurz vor der Hochzeit wurde jedoch diese Verbindung nunmehr rückgängig gemacht, wobei der verlassene Bräutigam sich eine angemessene Abfindungssumme errechnete, die ihm die Zarin wohl aussetzen würde [63].

Sobald man in Petersburg im freundschaftlichstem Geiste alle politischen Dinge besprochen und geregelt hatte, machte sich Prinz Heinrich, versehen mit den besten Segenswünschen der Zarin und in Begleitung des getrösteten Witwers, Großfürst Paul, auf den Weg nach Berlin. Graf Lehndorff berichtete über den Empfang in Memel:

»Memel, 6. 7. 1776

Am 6. 7. trifft der durchlauchtigste Prinz Heinrich ein. Er zeigt sich so erfreut, mich wiederzusehen, daß ich darüber ganz entzückt bin ... Den ganzen Tag verbringe ich in Gesellschaft meines angebeteten Prinzen, der mir tausend Anekdoten über Rußland, über die Kaiserin und ihren ganzen Hof erzählt, die alle aufgezeichnet zu werden verdienten.«

»Memel, 7. 7. 1776

Die Tafel ist gedeckt, die ganze Dienerschaft und die Pagen des Königs sind in Galalivree. Das Diner verläuft sehr heiter. Der Großfürst und Prinz Heinrich speisen immer von goldenen Tellern, kurz, der König hat keine Ausgabe gescheut.« [64]

In einem glänzenden Triumphzug reisten Heinrich und der Großfürst

weiter nach Berlin. An jedem Haltepunkt waren Ehrenpforten errichtet
und wurden ländliche Tänze aufgeführt, Huldigungsgedichte, von
weißgekleideten Ehrenjungfrauen vorgetragen, Militär zog auf, Schulkinder winkten mit Fähnchen und was nur immer zu damaliger Zeit
bei solchen Anlässen üblich war, wurde aufgeboten.

Seltsamerweise entsprang aus all diesen bis ins kleinste getroffenen
Vorbereitungen nicht eine jener langweiligen, konventionellen Für-
stenehen, sondern Großfürst Paul und die junge Sophie Dorothea von
Württemberg verliebten sich auf den ersten Blick, und so nahm der
ganze Berliner Hof mit doppelter Rührung und Anteilnahme die Kunde
von der vollzogenen Verlobung auf. Sechs Monate nach dem Tode
Natalies sah sich Großfürst Paul wieder als glücklicher Ehemann. Seine
jetzige Gemahlin hatte bei der griechisch-orthodoxen Taufe den Namen Maria Feodorowna angenommen, und noch lange Jahre hindurch
trafen aus Petersburg die reizendsten Briefe voller Dankbarkeit für die
Ehestiftung bei Prinz Heinrich ein[65].

Nachdem der Prinz diese Großtat vollbracht, zog er sich wieder völlig
nach Rheinsberg zurück und nahm sein gewohntes elegantes Einsied-
lerleben wieder auf. Als sich im Jahre 1778 die Wolken am politischen
Himmel verdunkelten und der Bayerische Erbfolgekrieg unausbleiblich
schien, trug ihm Friedrich wieder ein Oberkommando in der Armee
an. Nach langen Ausflüchten ließ sich der Prinz schließlich dazu herbei, den Wünschen des Königs nachzukommen.

Im Frühjahr 1778 gab Goethe in einem Brief an Frau von Stein eine
kleine Reportage von der Stimmung in Berlin:

»17. Mai 1778
Es ist ein schön Gefühl, an der Quelle des Krieges zu sitzen in dem
Augenblick, da sie überzusprudeln droht. Und die Pracht der Königs-
stadt und Leben und Ordnung und Überfluß, das nichts wäre ohne
die tausend und tausend Menschen, bereit, für sie geopfert zu werden.
Menschen, Pferde, Wagen, Geschütz, Zurüstungen, es wimmelt von
allem. Wenn ich nur gut erzählen kann von dem großen Uhrwerk, das
sich vor einem treibt; von der Bewegung der Truppen kann man auf
die verborgenen Räder, besonders auf die große alte Walze F. R. [Friede-
ricus Rex] gezeichnet mit tausend Stiften schließen, die diese Melodien
eine nach der anderen hervorbringt ...«[66]

Am gleichen Tag hat Goethe, im Gefolge des Herzogs von Weimar,
beim Prinzen Heinrich in dessen Palais diniert[67]. Diese Begegnung
verlief jedoch ohne jeglichen gegenseitigen persönlichen Eindruck. Die

Bahn des zweiundfünfzigjährigen Prinzen und der Weg des neunundzwanzigjährigen Dichters hatten sich zwar gekreuzt, aber Heinrich war weit entfernt, auch nur die geringste Notiz vom Wirken des jungen Literaten zu nehmen. In Goethes Augen dagegen war Heinrich schon ein Relikt aus vergangenen Zeiten.

Am 1. Juli 1778 reiste Prinz Heinrich aus Berlin ab und begab sich ins Feld. Wieder übernahm er den Oberbefehl in Sachsen, aber die Zeiten hatten sich geändert und alles war anders als vor fünfzehn Jahren, als Heinrich hier so erfolgreich gegen eine große Übermacht von Feinden nicht nur durchgehalten hatte sondern sogar Siege errang.

Natürlich gab es wieder Meinungsverschiedenheiten zwischen dem Prinzen und dem König, und bald stellte sich eine grundsätzliche Gereiztheit bei dem Prinzen ein. Sowohl Friedrich wie auch Heinrich hielten sich viel darauf zu gute, kein Blatt vor den Mund zu nehmen und stets die Wahrheit auszusprechen, aber alle beide konnten diese Wahrheiten nur schlecht vertragen [68].

Der Bayerische Erbfolgekrieg dehnte sich erfreulicherweise nicht lange aus. Er ging als »Kartoffelkrieg« in die Geschichte ein. Einmal spielte die Kartoffel, deren Anbau inzwischen in Preußen forciert worden war, erstmalig eine Rolle als Hauptnahrungsmittel der Armee, und zweitens befanden sich die streitenden Militärs auf einem derart friedfertigen Fuße, daß an den Fronten anstelle von Kanonenkugeln vielfach Fourage und vor allem Kartoffeln ausgetauscht wurden.

Heinrich, der sich in seiner tiefgreifenden Verstimmung abermals mit dem Gedanken an ein Ausscheiden aus dem aktiven Dienst getragen hatte, fand dazu keinen Grund mehr. Die Dinge entwickelten sich so, daß bald genug feststand, es würde keinen Feldzug 1779 mehr geben. Eine Ablösung im Oberkommando in Sachsen war nicht mehr akut [69].

Nach diesem letzten Krieg richtete der Prinz den Rheinsberger Hof so glänzend und elegant wie möglich ein. Manches Mobiliar wurde erneuert, Innendekorationen verändert. Er beschäftigte dort, wie überliefert wurde, einhundertzehn Personen. Es war möglich, daß man außer seinem Adjutanten, den Kammerherren, Sekretären, Pagen, ja außer den Bedienten, auch noch die Schauspieler und Musiker in diese Zahl einschloß. Lediglich die Leibwache von vierundzwanzig Husaren und ihr Rittmeister gehörten nicht zu Heinrichs Etat. Sie lebten zwar an seinem Hof, wurden aber auf Kosten des Königs unterhalten. Die Hofhaltung kostete den Prinzen normalerweise mehr Geld, als er zur Verfügung hatte. Er war daher ständig in Geldverlegenheiten, zumal es ihm auch nicht lag, kleinliche Berechnungen anzustellen. Eher handelte er großmütig an falscher Stelle, als daß er sich geizig zeigte [70]. In dem Prinzen kristallisierte sich, je älter er wurde, in immer zunehmendem Maße die Abneigung gegen den König heraus. Er legte ihr immer weniger und immer lässiger Zügel an, so daß sein Verhalten Fremden gegenüber oftmals einen schockierenden Eindruck hinterließ. Unverhohlen wünschte er Friedrich einen baldigen Tod und ließ durchblicken, daß er dann neben seinem Neffen der »große Mann im Hintergrund« zu sein wünschte, der die eigentliche Politik in Deutschland maßgebend bestimmen würde. Man nannte den Rheinsberger Hof deshalb schon bald den »Hof der Mißvergnügten«.

Im Jahre 1783 war ein guter Freund des Prinzen, Wilhelm Ludwig Graf Henckel von Donnersmarck, bei ihm zu Gast und gab einige Eindrücke vom Leben des Prinzen wieder. Über Heinrichs äußere Erscheinung schrieben wir gleich zu Anfang dieses Lebensberichtes. Graf Henckel wußte jedoch noch mehr Einzelheiten:

»Der Herr hatte eine sonderbare Passion, Leichen zu besehen; da er aber keine blassen Leichen leiden konnte, so mußten sie erst, wenn sie nicht rot waren, geschminkt werden. War nun jemand in der Stadt gestorben, so richtete er dahin allemal seine Schritte. Dann machte er Visiten bei den Actricen, auch ging er in die Proben und dirigierte da auf eine gewisse Art selbst; denn wenn der Schauspieler oder die Schauspielerin ihm nicht mit dem gehörigen Anstande auftraten, so mußten sie es so oft wiederholen, bis es richtig war. Natürlich war es ein französisches Theater, was er hielt . . .

Um dreiviertel auf zwei Uhr versammelte man sich. Sobald alles da war, trat er so, wie ich ihn vorher beschrieben [ausfrisiert und in eleganter französischer Kleidung] ein. Nun wurde angesagt, daß angerichtet sei, dann traten zuerst die Damen und darauf er mit den Herren in den Speisesaal. Ein Bedienter nahm ihm Hut und Stock ab. Der Prinz setzte sich immer an eine Ecke und sagte gewöhnlich, wer neben ihm und wer ihm gerade gegenüber sitzen sollte. Die ganze Dienerschaft mußte hinausgehen, wer etwas haben wollte klopfte daher mit dem Messer an das Glas. Übrigens waren Servanten an allen vier Ecken des Tisches plaziert.

Es wurde alles in zwei Gängen auf den Tisch gesetzt, dann folgte das Dessert. Der Prinz aß viel, trank aber wenig. Beim Dessert befahl er jedesmal, welchen feinen Wein er haben wollte, den er dann auch selbst in kleine Gläser einschenkte.

Das Gespräch war fast immer interessant. Wie vieles wäre wert gewesen, schriftlich aufbewahrt zu werden! . . .
Der Prinz aß etwas unangenehm für die Zuschauer, denn er aß viel mit den Fingern. Gleich nach dem Aufstehen wurde Kaffee herumgegeben, und dann machte der Prinz eine Verbeugung und zog sich zurück.« [71] Heinrich hatte es in den vergangenen Jahren geflissentlich vermieden, größere Reisen zu unternehmen. Ein umfassender Reiseplan gelangte jedoch im Jahre 1784 zur Ausführung. Der Prinz reiste, wieder in einer diplomatischen Mission, unter dem Pseudonym eines Grafen von Oels nach Frankreich:
»Im Jahre 1784 geht er nach Paris und nimmt seinen Weg durch die Schweiz. Es lagen für die Reise politische Gründe vor. Vor allem die Hoffnung, das Band zwischen Frankreich und Österreich zu lockern. Diesmal hatte er indes kein Glück mit seiner diplomatischen Mission, die er natürlich hübsch im Hintergrunde hielt.
Seine beste Freundin war Madame de Sabran, und ihr Haus bildete seinen hauptsächlichen geselligen Zufluchtsort. Die innigen Beziehungen zwischen dieser bezaubernden Frau und ihm haben viele Jahre gedauert, und es kam eine Zeit, wo er ihr und den Ihrigen mehr denn zehnfach die Gastfreundschaft vergelten konnte, die sie ihm erwiesen.
Madame Vigée-Lebrun läßt uns einen Blick in das Privatleben Prinz Heinrichs tun. Sie sagt:
›Als die Gräfin de Sabran mich in ihrem Hause dem Bruder des großen Friedrich vorstellte, sah ich den Prinzen zum ersten Male und würde um einen Ausdruck in Verlegenheit gewesen sein, wenn ich hätte sagen sollen, wie häßlich ich ihn fand.
Er mag damals fünfundfünfzig [er war achtundfünfzig] Jahre alt gewesen sein. Von untersetztem Wuchs und mager, hatte er, obwohl er sich sehr gerade hielt, nichts Edeles in seiner äußeren Erscheinung. Er sprach mit stark ausgeprägtem deutschen Akzent und lispelte bedeutend. Die Häßlichkeit seines Gesichts war beim ersten Anblicke geradezu abstoßend. Dennoch lag in dem Blicke dieser beiden großen Augen, von denen das eine etwas nach rechts, das andere nach links hin schaute, etwas unbeschreiblich Anmutiges, das sich auch im Tone seiner Stimme kundgab; und stets hatten seine Worte, wenn man ihnen zuhörte, etwas Verbindliches. Man gewöhnte sich allmählich an seinen Anblick . . .
Er war gutherzig und legte auch bei anderen großen Wert auf Herzens-

güte. Für die Kunst und namentlich für die Musik hatte er eine angeborene Leidenschaft; für letztere in solchem Maße, daß er sich auf
Reisen stets von seinem ersten Geiger begleiten ließ, um im Stande zu
sein, sein Talent den Tag über zu pflegen. Dies Talent war ein ziemlich
mittelmäßiges, allein Prinz Heinrich ließ sich niemals eine Gelegenheit entgehen, es auszuüben. Während der ganzen Dauer seines Aufenthaltes in Paris kam er stets in meine musikalischen Gesellschaften,
und war durchaus nicht leicht eingeschüchtert durch die Anwesenheit
der größten Virtuosen; ich habe nie bemerkt, daß er Umstände gemacht hätte, neben Violtis in einem Streichquartett mitzuwirken, in
welchem dieser die erste Violine spielte.‹

Diese beiden Monate waren die glücklichsten in Heinrichs ganzem
Leben. Ich glaube nicht, daß die schmeichelhaften Worte, welche er
beim Abschied dem Herzog von Nivernois sagte, irgendwie übertrieben
waren:

›Ich habe die Hälfte meines Lebens in der Sehnsucht, Frankreich zu
sehen, verlebt, und werde nun die andere Hälfte in der Erinnerung an
dasselbe verbringen.‹« [72]

Anläßlich dieser Reise traf Heinrich ein zweites Mal mit Goethe zusammen, und zwar auf der Durchreise in Weimar. Der Dichter berichtete später, der Prinz sei »sehr gnädig« gewesen [73]. Aus dem Jahre
1785 datiert eine Aufzeichnung eines Zeitgenossen, der in anschaulich-
ster Weise einen offiziellen Besuch des Königs beim Prinzen Heinrich
in Berlin schilderte:

»Wie Friedrich während des Karnevals in Berlin zum Schloß auszu-
fahren pflegte. Voran gingen acht Läufer mit ihren Stäben, Federmüt-
zen und Läuferschürzen in zwei Gliedern. Da diese aber sonst gar nicht
gebraucht wurden, so war es ein Versorgungsposten für Invalide aus
der Garde. Daraus folgte, daß der König auch immer im langsamen
Schritt fahren mußte. Seine Wege waren aber keine anderen, als vom
Schlosse in die Oper, wöchentlich zweimal, und während des ganzen
Aufenthaltes ein- oder zweimal zum Prinzen Heinrich oder zur Prinzessin Amalie. Dann ruhten die Läufer wieder ein Jahr lang. Hinter
ihnen kam dann der achtspännige königliche Wagen mit acht Fenstern rundherum, die Pferde mit altmodischen Geschirren und Federbüschen auf den Köpfen. Kutscher und Vorreiter in der damaligen
königlichen Livree, blau, Kragen und Aufschläge, Taschen und alle
Nähte mit roten Tuchstreifen besetzt, dieser aber wieder mit zwei
schmalen goldenen Tressen eingefaßt, welches sehr gut aussah. In den

vier Nebentritten der Kutsche standen vier Pagen, rot mit Gold, seidenen Strümpfen und Federhüten, (aber nicht etwa Federbüschen!) – hinten der Bediententritt leer –, und hinter demselben, unten, wo man zu dem Bediententritt aufsteigt, stand ein Stallknecht.
So bewegte sich der Zug langsam heran und fuhr in das Portal ein. Wir sahen von der Treppe herunter. Der Prinz Heinrich stand an der Wagentür, nahm ihn bei der Hand, stieg die Treppe herauf, und so gingen sie nahe bei uns (die wir auf die Treppe zum zweiten Stock retirierten) vorbei, in die Zimmer hinein, wo jetzt die Studenten umherstampfen.« [74]
Als Friedrich im August 1786 gestorben war, ging derjenige Mann aus Heinrichs Leben, den er ein Menschenalter lang gehaßt und vor dem er diese Abneigung ebensolange erfolgreich verborgen hatte. Während Friedrichs Briefe an Heinrich immer mit vielen Worten aufrichtiger Liebe und Zuneigung erfüllt sind, merkt man beim Prinzen oftmals, wie schwer es ihm fällt, die höfliche Form zu wahren. Niemals leuchtet bei ihm die Wärme wirklicher Zuneigung auf.
In seinem Testament hatte Friedrich den Bruder am reichlichsten von allen Geschwistern bedacht. In den Absätzen 9 und 10 traf er seine Verfügungen für Heinrich und dessen Gemahlin:
»9. Meinem Bruder Heinrich 200.000 Taler, 50 Anthal Tokaier und den schönen Lustre von Bergkristall zu Potsdam, den Ring mit dem grünen Diamanten, den ich trage, zwei Handpferde samt ihren Schabracken und einen Zug preußischer Pferde.
10. Der Prinzeß Wilhelmine von Hessen[-Kassel], seiner Gemahlin, 6.000 Taler Einkünfte, die ich von einem in der Tabakspachtung angelegten Kapital beziehe.« [75]
Aus dem ewigen jüngeren Bruder eines alternden Königs war nun mit einem Mal der alte Onkel eines jungen neuen Königs geworden. Würde man ihn als Respektsperson behandeln, seine reichen militärischen und politischen Erfahrungen nutzen? Alle Hoffnungen, die Heinrich an eine eventuelle Beratertätigkeit für Friedrich Wilhelm II. geknüpft hatte, zerschlugen sich in einer unschönen Weise. Der neue Hof wahrte nicht einmal die Form, sondern ließ kalt und ungerührt den »Klausner von Rheinsberg« völlig aus dem Spiel. In keiner, aber auch in gar keiner Frage wurde sein Rat benötigt, wurde seine Meinung überhaupt einmal in Erwägung gezogen. Man sprach allerorts darüber und der wie immer bissige Mirabeau gab hierzu die Bemerkung ab:

»5. September 1786

Er wird das Land verlassen, wahnsinnig werden oder sterben.«[76]
Wahnsinnig geworden ist er nicht, gestorben auch noch lange nicht,
erst sechzehn Jahre später als Friedrich. Aber das Land zu verlassen,
dieser Plan geisterte durch seine Träume.

Der neue König feierte zwar nach altem Herkommen den 18. Januar,
Heinrichs Geburtstag, ebenso pomphaft und prachtvoll, wie es beim
alten König der Fall gewesen war. Aber wenige Tage später verweigerte er dem Prinzen die Stellung eines Generalinspekteurs der preußischen Armee. Eine Aufgabe, die Heinrich interessiert hätte. Heinrich
schrieb einen höflichen, aber bitteren Brief, den der junge König geschmeidig, aber voll verborgener Unverschämtheit beantwortete[77]. So
waren diese beiden denkbar schlecht aufeinander zu sprechen.

Mit Friedrich Wilhelm II. gab es noch weiteren Ärger um die Erbschaft
in Schwedt. Die dortigen Markgrafen starben aus und Friedrich hatte
Heinrich damit eine Freude machen wollen:

»Vor vielen Jahren, nach Zurückweisung der polnischen Königskrone,
hatte Friedrich der Große, wie man sagt als Balsam oder ein Pflaster
auf die Wunde getäuschter Hoffnung, seinem Bruder Heinrich ein
Geschenk mit der Erbfolge von Schwedt gemacht.

Einer der ersten Akte des neuen Königs bei seinem Regierungsantritt
war die Anullierung aller Nachfolgerechte, Anwartschaften auf Grund-
besitztum etc., welche unter früheren Regierungen verliehen worden
und noch nicht in Wirksamkeit getreten waren ...

Binnen sehr kurzer Zeit, so wird uns versichert, kannte die Abneigung
zwischen dem Prinzen Heinrich und seinem Neffen Friedrich Wilhelm
dem Zweiten keine Grenzen mehr.«[78]

Doch Heinrich dachte bald an anderes. Das Jahr 1787 gestaltete sich
für ihn außerordentlich spannungsreich und bot ihm eine neue Beschäftigung, die in die hohe und höchste ausländische Politik nach
Übersee hineinreichte. Der Historiker Easum berichtete über die sen-
sationellen Versuche des Generals Steuben, den Prinzen Heinrich als
Oberhaupt der Vereinigten Staaten von Amerika zu gewinnen:

»Durch General von Steuben wurde sondiert, ob er eventuell bereit
sei, die Regentschaft oder die Statthalterschaft der Vereinigten Staaten
anzunehmen!

Die Annäherung erfolgte durch einen Brief des Generals von Steuben, der damals in der Nähe von New York lebte.

›Ihr Brief vom 2. November [1786] hat mich erreicht‹, antwortete der

Prinz Anfang April 1787 seinem früheren ›Schüler‹. Der Brief war
freundlich und vorsichtig gehalten.

Mit anderen Worten, der vorsichtige Prinz wollte mit einer zu zwie-
lichtigen Stellung wie der eines Statthalters einer Republik nichts zu
tun haben. Nichts geringeres als eine legitime, wenn auch konstitutio-
nelle Monarchie konnte für ihn von Interesse sein; und selbst zu einer
solchen wollte er sich nicht verpflichten, wenn er nicht sicher sein
könnte, daß sie die aufrichtige Unterstützung des ganzen amerikani-
schen Volkes oder einer überwältigenden Mehrheit desselben hatte.
Auch die volle Zustimmung der Franzosen mußte der Anwärter haben.
Diese Bedingung, ließ der Prinz zurückhaltend, aber indirekt durchblicken, konnte er durchaus erfüllen.

Joseph Gardner Swift, einer der ersten Zöglinge der Militärakademie
der Vereinigten Staaten und Vorsteher dieser Schule von 1812 bis 1817
schreibt in seinen Denkwürdigkeiten, daß Monroe ihm im Jahre 1817
gesagt habe: ›Während N. Gorham Präsident des Kongresses war, teilte
er Prinz Heinrich von Preußen seine Befürchtungen mit, daß Amerika
seine Unabhängigkeit nicht mehr wahren könne, und fragte den Prinzen, ob er bewogen werden könne, beim Zusammenbruch unserer
freien Institutionen die königliche Gewalt anzunehmen. Der Prinz antwortete, daß er die Möglichkeit eines solchen Zusammenbruchs tief
bedaure, und daß er nichts zu einem solchen Zusammenbruch beitragen wolle, daß er aber zu alt sei, um in seinem Leben noch neue
Mühen auf sich zu nehmen.‹ [Die Memoiren von General Joseph
Gardner Swift, Seite 164, Privatdruck 1890]« [79]

Immerhin waren dies für Heinrich sehr ehrenvolle Vorgänge gewesen,
die seinem Selbstbewußtsein gewiß ungeheuer geschmeichelt haben.

Eigentlich wollte Heinrich schon im Herbst 1787 wieder nach Frankreich reisen, wurde dann aber durch wichtige Dinge davon abgehalten.
So geschah es erst ein Jahr später, im Herbst 1788, daß der Prinz über
Gotha und Frankfurt erneut auf die Reise nach Paris ging. Wie vier
Jahre zuvor wählte er den Decknamen eines Grafen von Oels. Doch
allein schon die Reisegenehmigung vom jungen König zu erhalten,
bereitete Schwierigkeiten. Immerhin verlebte der Prinz einen abwechs-
lungsreichen Winter, wohl aufgenommen und gesellschaftlich bestens
ästimiert. Bei alledem war er jedoch wachsam genug, um die politische
Situation richtig zu beurteilen. Sein Lieblingswunsch war es ja, sich in
Paris ansässig zu machen. Jedoch schien ihm dies nicht mehr der sorglose Ort zu sein, an dem betagte Fremde von Distinktion ihre alten

Tage verbringen sollten. So gab er alle Pläne von Hauskauf und Land-
villa auf und kehrte in seine Waldeinsamkeit von Rheinsberg zurück.

Seltsamerweise sollte es der Sturm auf die Bastille am 14. Juli 1789 sein,
der die feindlichen Verwandten, den König und seinen Onkel Heinrich, wieder zusammenführte. Friedrich Wilhelm II., gleichgültig und
uninteressiert wie er war, hatte seinen Onkel in keiner Weise befragt,
was er denn für Neuigkeiten aus Paris mitgebracht habe. Als jedoch die
blutigen Ereignisse die Welt erschütterten, schickte er nach Rheinsberg. Nun folgten lange und häufige Konferenzen über die politische
Situation in Frankreich und damit waren die beiden Widersacher wenigstens im Gespräch miteinander.

Jetzt strömten Flüchtlinge aus Frankreich über die Grenzen. Es dauerte
nicht lange, so fanden sie sich bei Heinrich als liebe oder weniger gern
gesehene Dauergäste in Rheinsberg zusammen. Heinrich war gastfrei
und hilfsbereit über alle Maßen.

Nach eingehenden Vorbereitungen konnte der alte Prinz einen langgehegten Plan zur Ausführung bringen. Dabei hatte er besonders lange
über die präzise Form dessen, was er vorhatte, nachgedacht. Für die
Helden des Siebenjährigen Krieges, besonders jedoch für seinen Bruder
August Wilhelm, sollte ein Ehrenmal errichtet werden. Die Besonder-
heit dieses Monumentes würde jedoch darin bestehen, daß der Name
König Friedrichs darauf keinen Platz finden durfte. Die Wahl des Prinzen fiel schließlich auf einen Entwurf eines Obelisken, an dessen Sok-
kel die Medaillons und Inschriften der Helden angebracht werden
sollten. Er betrieb dies Vorhaben fortan mit großem Eifer, und endlich,
am 4. Juli 1791, war der große Tag gekommen, daß in Gegenwart von
Veteranen und vielen Tausenden von Zuschauern dies Mahnmal ent-
hüllt werden sollte [80].

Dies war ein Tag der Genugtuung für Heinrich. Jedoch seine friedliche
Stimmung hielt nicht lange an. Als im Jahre 1792 der Feldzug in die
Champagne stattfinden sollte, war Heinrich sehr dagegen und begriff
nicht, mit welcher Leichtfertigkeit der König und der Kronprinz diesen
»Spaziergang nach Paris« antraten. Man kann ohne weiteres sagen,
daß Heinrich gegen alle Könige seines Lebens eine profunde Abneigung gehabt hatte. Zuerst war es sein strenger Vater Friedrich Wilhelm I. gewesen, der ihm die Kinderzeit mit Degen-Wegnahme, Arrest
und tausend anderen Dingen vergällt hatte. Dann kam der ebenfalls
für ihn so unerfreuliche Vater-Ersatz Friedrich II., dem er immer nur

vorübergehend Sympathie entgegenbrachte. Nun dieser unmögliche dicke, lange Neffe mit seinen verteufelten Sitten und seiner ungeschickten Politik. Heinrich äußerte seine Meinung über ihn beim Feldzug von 1792 ziemlich unverblümt in einem Brief an Graf Henckel: »Denken Sie sich einen gekrönten Wollsack, im Feuer der feindlichen Kanonen hinter ein Bataillon gestellt, so werden Sie mir zugeben, daß weder dem Bataillon noch der Armee daraus irgendein Vorteil erwächst, diesen bei sich zu haben. Da haben Sie meine Antwort in betreff dieses Punktes in Ihrem Briefe . . .«[81]

Zum Hause des Prinzen Ferdinand unterhielt Heinrich die liebevollsten und herzlichsten Beziehungen. Auch dessen Kinder hatte er in sein Herz geschlossen und der strahlende Sohn des Bruders, Prinz Louis Ferdinand, sollte einmal Heinrichs Erbe sein. Diese Kinder hingen an Heinrich, und das mußte ihm wohlgetan haben. Wieviele andere Menschen in seiner Umgebung gab es nicht, die er vor den Kopf stieß und die keine Sympathie für ihn empfanden?

Wie eigenwillig und schon beinahe skurril der alternde Prinz Heinrich wurde, erzählte einmal Graf Henckel von Donnersmarck in seinen Briefen. Er beschrieb, wie er mit seiner eigenen Schwester getraut wurde. Und zwar hatte Prinz Heinrich sich anheischig gemacht, die Trauung der jungen Gräfin Henckel mit einem Hauptmann von Pogwisch auf seine Kosten und nach seinem Geschmack auszurichten. Der Bräutigam, Hauptmann und an Termine gebunden, konnte nicht rechtzeitig kommen. Prinz Heinrich als Veranstalter jedoch wollte seine vorzüglich vorbereiteten festlichen drei Tage, die sorgsam geplant waren, nicht verschieben. Die Enten und Gänse waren geschlachtet, die Kuchen gebacken. Graf Henckel wurde also »per procurationem« mit seiner Schwester getraut und alle Festlichkeiten nahmen ihren Verlauf. Am dritten Tage während des Balles wurde Henckel herausgerufen – der Schwager war angekommen, auf seiner eigenen Hochzeit, »wütend, daß alle diese Ceremonien ohne ihn vor sich gegangen waren. Der Prinz wollte aber keine Notiz von ihm nehmen. Er mußte im Wirtshause übernachten und wurde am Morgen beim Déjeuner mit meiner Schwester getraut, wobei aber keiner in Gala erscheinen durfte, und der Prinz selbst seine Perücke in Papilloten hatte setzen lassen, um seine Geringschätzung zu zeigen.«

Das älteste Kind aus dieser so seltsam geschlossenen Ehe, Ottilie von Pogwisch, wurde später die Gattin Augusts von Goethe, des Sohnes des Dichters[82].

Man behauptete von Prinz Heinrich, er sei allem Französischen so ungemein zugetan gewesen, daß er sogar die Revolution noch wunderschön fand, nur weil sie in Frankreich stattgefunden habe. Harmlos und die wahre Situation völlig verkennend, begann er sogar, mit den neuen Herren der Republik in Briefwechsel zu treten, wo er nur immer Zugang zu ihnen fand. So geriet er, eigentlich unverdient, in den Ruf eines Demokraten[83]. Die politische Lage in Preußen war nicht gut. Der französische Feldzug war ein Desaster gewesen. Danach zwang die Lage in Polen die preußische Regierung, Frieden mit der französischen Republik zu suchen. In Ermangelung geeigneter Anknüpfungspunkte besann sich der König in Berlin schließlich auf den »demokratischen« Onkel in Rheinsberg. So geschah, was der König stets hatte vermeiden wollen: Heinrich wurde zur Hilfe gerufen. Ein Lebenswunsch seiner letzten Jahre hatte sich erfüllt.

Heinrich ließ sich danach wieder für längere Zeit in Berlin sehen und folgte geselligen Einladungen bei Hofe, wenn sie an ihn ergingen. Im Sommer kam er zu einem Diner in das Schloß Bellevue zu Ferdinand. Allerdings war er, so scheint es, nicht besonders geschätzt bei den Angehörigen des Berliner Hofes. So notierte die Oberhofmeisterin der Kronprinzessin Luise, die alte Gräfin Voß, in ihrem Tagebuch:

»22. Juni 1797

Zu Tisch waren wir in Bellevue, wo auch der Prinz Heinrich war, der mir unerträglich ist ...«[84]

Es läßt sich denken, daß die penible alte Gräfin, die einstige große Jugendliebe des Prinzen August Wilhelm, die noch »feinsten Anstand« und zierliche Sitten von der alten Königin Sophie Dorothea gelernt hatte, nicht entzückt war zu sehen, wie der Prinz manche Dinge mit den Fingern aß, falls es diese Gewohnheit war, die ihr Mißfallen erregte.

Heinrichs Leben neigte sich seinem Ende zu. Wenn je ein Fürst es durch eigenes Verschulden dazu gebracht hat, unglücklich und – bis auf wenige echte Gefährten – vereinsamt zu sein, so war es dieser Prinz. Ihn beherrschte, wie einst August Wilhelm, »nur ein Gedanke«, sein Haß gegen Friedrich wurde zur Manie, zu einer alles überwuchernden seelischen Ausgeburt, die nicht nur seine Gesellschaft für andere unangenehm machte, sondern die auch ihm selbst das Leben verbitterte. Trost und Ablenkung fand er wie ehedem in der Kunst, aber auch hier war sein Blick nach rückwärts gerichtet und seinen Ohren klang nur das schön, was er von Kindheit an zu hören gewohnt war. Die Begeg-

nung mit einer geistlichen Musik von Mozart machte ihm einen unangenehmen Eindruck, wie er der Gräfin Henckel schrieb:

»15. 11. 1800

Man hat letzten Freitag eine Kirchenmusik von Mosar gegeben, viele
Leute waren voller Bewunderung; im Vertrauen sage ich Ihnen, daß
ich sie scheußlich gefunden habe. Diese Musik ähnelt derjenigen, die
Crispin der Mellomane schildert: Musik von höllischer Wut, es fehlen
nur noch Kanonenschüsse, alle Instrumente machen einen Höllen-
lärm, man sagte, dies sei sehr kunstvoll. In diesem Falle habe ich geantwortet: Das ist wie mit dem Messias von Klopstock, den man be-
wunderungswürdig findet, aber den kein Mensch versteht.« [85]

Wie sich Heinrichs Zustand im Sommer 1802 nach einigen kleinen
Schlaganfällen bald verschlimmerte, wie er unvorsichtig beim Baden
war, sich erkältete und schließlich sein Ende nahte, das erzählte seine
Nichte, Ferdinands Tochter Luise, die Fürstin Radziwill, mit großer
Treue:

»Ende Juni begaben wir uns nach Rheinsberg, wo Prinz Heinrich viele
Gäste um sich versammelt hatte. Er klagte sehr über seine Gesundheit
und sagte mir sogar, daß er kurz vor meinem Eintreffen einen neuen
Anfall durchgemacht habe. Seine Zunge sei während mehrerer Tage
behindert gewesen, und seiner Ansicht nach müsse ich sehen können,
daß sein Mund noch ein wenig verzerrt sei. Ich versicherte ihm das
Gegenteil, da tatsächlich keine Spur von dem schlimmen Vorfall zu-
rückgeblieben war, aber er schien besorgt und wiederholte mir gegenüber mehrfach: ›Ich liebe Anfälle, die rasch ein Ende machen, aber ich
frage nicht nach solchen, die nur die Gesichter verzerren und möchte
nicht der Blödsinnige von Rheinsberg genannt werden.‹

Am 18. Juli verließen wir den Prinzen. Als er am letzten Abend beim
Souper auf mich zukam, um Abschied von mir zu nehmen, hatte ich
das Gefühl, daß ich diesen Onkel, dem ich mein Leben lang ebensoviel
Achtung wie Dankbarkeit entgegengebracht hatte, in diesem Augenblick zum letztenmal sähe.

Schon wenige Tage nach unserer Rückkehr nach Bellevue teilte Royer
uns brieflich mit, daß es dem Prinzen Heinrich keineswegs gut ginge,
und am 29. Juli bewahrte der Prinz sein volles Bewußtsein und glaubte
nicht, daß er sich in Gefahr befinde.

Indessen bestimmte eine am 2. August eintreffende Stafette Louis,
August und mich, ohne Verzug nach Rheinsberg aufzubrechen.

Louis begab sich in das Zimmer des Prinzen, ohne von ihm gesehen zu

werden, denn er war schon nicht mehr bei Besinnung. Er fand seine
Züge so entstellt, daß er mir den Zutritt nicht gestatten wollte. Prinz
Heinrich hatte am 1. August seinen letzten Schlaganfall erlitten, der
ihn der Sprache beraubte, und hatte sich sogleich so schlecht befunden, daß der Arzt kaum glaubte, er werde den Tag überleben. Mein
Onkel hatte ausdrücklich verboten, ihm ein Brechmittel einzugeben,
falls ein Schlagfluß eintreten sollte, selbst wenn man ihn durch ein
solches zu retten hoffen sollte, denn, wie er sagte, ›wollte er nicht als
Blödsinniger weiterleben‹.

Trotz dieses Verbots hielt es der Arzt für seine Pflicht, alles zu tun, was
in seiner Macht stand, um das Leben des Prinzen zu verlängern. Er
bereitete ein Brechmittel zu, indem er allerlei Drogen hinzutat, um
den Kranken über die Natur der Arznei zu täuschen, und trug die
Medizin zu der Chaiselongue am Kamin hin, auf welche man den
Prinzen gebettet hatte.

Mein Onkel vermochte nicht zu sprechen, doch sein Verstand war un-
beeinträchtigt geblieben. Er nahm die ihm dargebotene Tasse in die
Hand, betrachtete sie prüfend, heftete einen strafenden Blick auf den
Arzt und schleuderte sie in den Kamin.

Es bedarf sicher einer großen Charakterfestigkeit, um mit sechsund-
siebzig Jahren das einzige Mittel zurückzuweisen, das einem das Leben
erhalten kann.

Von diesem Moment an nehmen die Kräfte des Prinzen stetig ab. Er
gab allen, die ihn mit Fürsorge umgaben, rührende Beweise von Freundschaft und Dankbarkeit. Genießen tat er fast nichts mehr, schien aber
nicht zu leiden.

Am 3. August gab er bei Tagesanbruch ein Zeichen, daß man die Gardinen zurückziehen sollte. Einer seiner Leute tat es und sagte dabei:
›Es wird ein schöner Tag!‹ worauf er eine abwehrende Handbewegung
machte, als ob er sagen wollte: ›Nicht für mich!‹

Louis stand, durch den Vorhang verdeckt, zu Häupten des Bettes, und
auch Herr de la Roche-Aymon, Royer und sein Bruder befanden sich
im Zimmer. Als ich Louis mit Royer herauskommen sah, begriff ich,
daß alles zu Ende war und weinte aufrichtige Tränen um den großen
Mann, der sein Leben ausgehaucht hatte und für mich stets der wohl-
wollendste Verwandte gewesen war . . .

Er untersagte in seinem Testament ›jegliche Zeremonien, forderte einen
ganz einfachen Sarg und verbot alle bei Prinzen von Geblüt üblichen
Formalitäten der Etikette . . .‹

Die Beisetzung meines Onkels fand um vier Uhr nachmittags statt.
Alles geschah genau nach seinen Bestimmungen. Der schlichte Sarg
war nur mit einem von meiner Hand niedergelegten Lorbeerkranz
geschmückt und wurde von seinen Dienern getragen; meine Brüder
und die Kavaliere und Beamten des prinzlichen Hofstaats folgten. So
wurde er in dem Grabmal niedergelegt, das er selbst hatte errichten
lassen.«[86]

Das Grabmal in Rheinsberg war zunächst mit einer kunstvoll ge-
schmiedeten Gittertür verschlossen, danach fand man es jedoch
zweckmäßiger, die Öffnung zu vermauern.
Weithin ragt der Obelisk über den Park und die Gärten des Schlosses.
Das gut erhaltene Gebäude wird heute als Kurheim genutzt. Noch
immer stehen im Park zahlreiche Statuen, die im Laufe der Zeit bisher
dem Verfall entgingen.

Die Prinzessin Heinrich überlebte ihren Gemahl um sechs Jahre. Sie
starb mit zweiundsechzig Jahren am 8. Oktober 1808, noch immer
eine gut aussehende Dame. Ihr Erbteil von Friedrich dem Großen
hatte ihr seit 1786 das Leben erleichtert. Sie brauchte nicht mehr
»Hunger zu leiden«, konnte sich unterhalten und etwas auf ihre Garderobe verwenden. Friedrichs Taler brachten stillen Glanz in ihren
Lebensabend.
Prinz Heinrichs Andenken in der Geschichte ist in eine Größenord-
nung zurückgestuft worden, die ihm selbst viel Grimm und Groll ein-
flößen würde. Wenn man heute das Wort »Rheinsberg« nennt, so erinnern sich die wenigsten Menschen an Friedrich oder Heinrich, sondern es fällt ihnen bestenfalls Tucholsky ein. Niemand denkt darüber
nach, was der seltsame Preußenprinz, der dort ein Leben lang gewohnt
hat, eigentlich für ein Mensch war: ein großer Feldherr, ein boshafter
Gnom, ein gutherziger Landedelmann, ein wohlwollender Verwandter
oder was sonst? All diese Charakterzüge vereinigten sich in eigenartiger
Weise in ihm. Doch mit seiner Erdenlaufbahn konnte Heinrich eigentlich zufrieden sein: Zweimal sollte er Staatsoberhaupt werden, einmal
in Polen und einmal in der weiten Landschaft des fernen Nordamerika.
Und dann hatte er fast sein Leben lang eine Leibwache von fünfundzwanzig schmucken Husaren. Wie der König selbst!

Anmerkungen

[1] Andrew Hamilton »Rheinsberg« Friedrich der Große und Prinz Heinrich von Preußen. Aus dem Englischen von Rudolf Dielitz. R. v. Deckers Verlag Berlin 1883. Zwei Bände. Bd. II, S. 158 – Nachstehend abgekürzt »Hamilton« genannt.

[2] Dr. Fritz Arnheim »Am Hofe Friedrich des Großen«, Bd. I. – Nachstehend abgekürzt »Arnheim« genannt.

[3] Prof. Chester V. Easum »Prinz Heinrich von Preußen«, Musterschmidt-Verlag Göttingen 1958, S. 22. – Nachstehend abgekürzt »Easum« genannt.

[4] Arnheim I

[5] Hamilton II/2

[6] Willy Norbert »Friedrichs des Großen Rheinsberger Jahre«, Vita, Deutsches Verlagshaus Berlin Charlottenburg 1911, S. 223

[7] Hamilton II/7–9

[8] »Friedrich der Große im Spiegel seiner Zeit«, Herausgegeben von G. B. Volz, Verlag von Reimar Hobbing Berlin, Copyright 1901, Drei Bände. Bd. I/264. – Nachstehend abgekürzt »Spiegel« genannt.

[9] Easum 34

[10] Easum 43/44

[11] Sophie von Voß »Neunundsechzig Jahre am Preußischen Hofe«, Verlag Duncker & Humblot Leipzig 1900, S. 54. – Nachstehend abgekürzt »Gräfin Voß« genannt.

[12] Graf Ernst Ahasverus von Lehndorff »Tagebücher nach meiner Kammerherrenzeit«, Herausgeber K. E. Schmidt-Lötzen, Gotha 1907, Zwei Bände, ein Nachtrag. – Nachstehend abgekürzt »Lehndorff« genannt. – siehe 1752

[13] Hamilton II/31 und 35

[14] Spiegel I/265

[15] Hamilton II/58

[16] Easum 61

[17] Easum 59

[18] »Der König«, Friedrich der Große in seinen Briefen und Erlassen. Mit biographischen Verbindungen von G. Mendelssohn-Bartholdy. Verlag W. Langewiesche-Brandt, Ebenhausen bei München, 1923. – Nachstehend abgekürzt »Der König« genannt. – S. 326

[19] »Œuvres de Frédéric le Grand«, Correspondance avec son frère Henri, S. 172, Brief Nr. 33

[20] Easum 113

[21] Easum 99

[22] Easum 95

[23] Easum 131

[24] Easum 132

[25] Easum 145

[26] Easum 145

[27] Der König 350

[28] Easum 167

[29] Quellen und Untersuchungen zur Geschichte des Hauses Hohenzollern,

Band IX, Berlin 1908, Artikel Berner-Volz »Aus der Zeit des Siebenjährigen Krieges«. – Nachstehend abgekürzt »Berner-Volz« genannt.

[30] Easum 185
[31] Easum 188
[32] Gräfin Voß 86
[33] Der König 369
[34] Easum 224
[35] Arnheim I.
[36] Hamilton II/53
[37] Hamilton II/53
[38] Easum 301
[39] Franz Kugler »Geschichte Friedrich des Großen« Verlag E. A. Seemann Leipzig ohne Jahresangabe. S. 42
[40] Easum 312
[41] Lehndorff Nachtrag I, 359
[42] Der König 397
[43] Easum 320
[44] Easum 322
[45] Lehndorff Nachtrag I.
[46] Easum 330
[47] Hamilton II/63
[48] Hamilton II/64
[49] Easum 346
[50] Lehndorff Nachtrag I, 399, 427
[51] Hamilton II/67
[52] Adalbert von Caysen »Die äußere Erscheinung Friedrichs des Großen«, Berlin 1891, Zitat Bouillé, S. 33
[53] Hamilton II/65
[54] Easum 365
[55] Berner-Volz S. XXII
[56] Hamilton II/69
[57] Easum 376
[58] Easum 390
[59] Der König 438
[60] Hamilton II/74
[61] Easum 404
[62] Easum 404
[63] Easum 405
[64] Lehndorff, Nachtrag 1776
[65] Easum 412
[66] Der König 463
[67] Hamilton II/100
[68] Hamilton II/85
[69] Easum 444
[70] Hamilton II/92
[71] Hamilton II/158–60
[72] Hamilton II/108
[73] Easum 454
[74] Spiegel III/201
[75] Der König 528, Testament von 1769
[76] Easum 479
[77] Easum 480

[78] Hamilton II/118
[79] Easum 481
[80] Hamilton II/122
[81] Hamilton II/130
[82] Hamilton II/156
[83] Hamilton II/130
[84] Gräfin Voß 187
[85] Hamilton II/151
[86] Fürstin Anton Radziwill, vormalige Prinzessin Luise von Preußen »Fünfundvierzig Jahre aus meinem Leben«. Aus dem Französischen von E. v. Kraatz, Berlin 1912.

Ferdinand

* 25. 5. 1730 Berlin, † 2. 5. 1813 Berlin

Man schrieb seinen Namen August Ferdinand, aber man rief ihn
Ogüst!
Nach der damaligen Mode, französisch zu sprechen, wurde August
zu Ogüst und von Ferdinand verschluckte man das zweite d und sprach
die letzte Silbe mit jenem schönen Nasallaut aus, der sich in dem
Worte Gong anfindet, wenn man es getragen ausspricht. Manche
nannten Ferdinand auch Fernand, aber das geschah erst später. Die
ersten zwei Jahre seines Lebens wurde Ferdinand überhaupt nur Ogüst
genannt, und zwar zu Ehren des Königs von Polen, August des Starken,
der sein Patenonkel war. Aber dann neigte sich die Waage der Zuneigung tiefer hinab zum Herzog Ferdinand Albrecht von Braunschweig-
Bevern, des Kindes zweitem Patenonkel, und aus dem kleinen Ogüst
wurde unversehens ein Ferdinan' – mit Nasallaut am Ende[1].
Kurz vor seiner Geburt war seine Mutter, Königin Sophie Dorothea,
genötigt, sich trotz ihrer extremen Leibesfülle noch ein Staatskleid an-
messen zu lassen. Am 19. Mai 1730 fand in Berlin die Verlobung der
Prinzessin Charlotte von Preußen, des vierten Königskindes am preußischen Hofe, mit dem jungen Erbprinzen Karl von Braunschweig
statt. Wegen »ihrer Majestät auf das äußerste gekommenen gesegneten
Zustandes« fand alles »mit gebührender Zeremonie, aber ohne Weit-
läufigkeit« statt, wie ein Chronist berichtete[2].
Wenige Tage später wurde Ferdinand geboren, am 25. Mai 1730, das
vierzehnte Kind seiner Eltern, das zehnte, das frisch und lebendig die
Strapazen der Geburt und der Taufe überstand. Als jüngstes Kind im
Familienkreise konnte Ferdinand sich zunächst allen nur denkbaren
Wohlwollens erfreuen. Seine ältesten Geschwister waren schon er-
wachsene Menschen, der vier Jahre ältere Heinrich stand ihm von
Anfang an am nächsten, was das Alter anbetraf und ebenso, was die
seelische Übereinstimmung anlangte.
Der Charakter des Kindes Ferdinand muß schon in frühester Jugend
Anlaß zu Bedenken gegeben haben, denn der Historiker Ernst Poseck

fand in seinen Unterlagen Anhaltspunkte, sich sehr skeptisch über ihn zu äußern:

»Der Kronprinz erwartete nichts Gutes von den Knirpsen [Heinrich und Ferdinand], besonders Ferdinand flößte ihm Bedenken ein und er behauptete gelegentlich, der Junge habe alle schlechten Eigenschaften seines Vaters ererbt ohne die guten; er prophezeite sogar, daß Ferdinand noch einmal der niederträchtigste von allen sein würde, sobald sich seine jugendliche Tollheit einmal gelegt hätte.« [3]

Die Familie war natürlich weit davon entfernt, sich der Meinung des sarkastischen Kronprinzen anzuschließen, für sie blieb er »das liebe Ferdinandchen« oder »notre petit Fernand«. Seine Kammerfrauen allerdings hatten vielfach Ursache, seinen Namen mit äußerster Entrüstung und anhaltendem Abscheu auszurufen, denn immer noch geschah es, daß der vierjährige Ferdinand ungeachtet aller Aufsicht nicht Herr seiner Darm- und Blasenschließmuskeln war, so daß dieses ewig und ewig nicht saubere Kind in einer Art Quarantäne zu leben gezwungen war.

Als die junge Kronprinzessin Elisabeth Christine 1733 in Berlin anfing Hof zu halten und Gäste bei sich zu sehen, da ließ sie es sich besonders angelegen sein, auch die Geschwister ihres Gatten einzuladen. Der Historiker Poseck hat auch da eine Notiz über Ferdinand entdeckt:

»Elisabeth übernahm es, die Geburtstagsfeier für den Prinzen Wilhelm in ihrem Palais auszurüsten, lud Heinrich und Wilhelm zum Diner ein, und am Nachmittag kamen die übrigen Kinder, sogar der unzuverlässige Hosentrompeter Ferdinand, den man sonst lieber zu Hause ließ, durfte mit. Sie tanzten und sprangen bis zum Abend mit ihrer Schwägerin herum ›was unsere Prinzessin sehr belustigt hat‹.« [4]

Dies Kind Ferdinand, abgebildet in engelhafter Reinheit als kleiner Soldat mit geknöpften Gamaschen, ernsthaft und etwas listig vor sich hinblickend, muß es verstanden haben, seine Umgebung pausenlos in Atem zu halten. Poseck weiß aus seinen Quellen, vermutlich von David Faßmann, weiter zu berichten:

»... und schließlich ein Hauptthema, der schlimme Benjamin, der fünfjährige Ferdinand, der immer noch nicht stubenrein war, mit seinem Säbel alle erreichbaren Fensterscheiben zertrümmerte und wegen beider Delikte alle Woche einmal Stubenarrest und manchmal Prügel erhielt.« [5]

Über die Freuden und Leiden des allmählich heranwachsenden Ferdinand und seine Reinlichkeitsprobleme ist Poseck der einzige, der sich unterrichtet zeigt. So erzählte er aus dem August 1736, als das liebe Ferdinandchen schon sechs Jahre alt war und eine große Enttäuschung erlebte. Der Vater wollte allen Geburtstagsfeierlichkeiten entgehen, er war nicht in der Stimmung, sich von Scharen von Menschen gratulieren zu lassen:

»Der König hatte sich diesmal mürrisch jede Erinnerung an seinen Geburtstag verbeten. Er war schon einen Tag vor der Abfahrt des Kronprinzen nach Potsdam gegangen und hatte Wilhelm und Heinrich mitgenommen. Sein Jüngster, dem er es auch versprochen, machte, als er aufwachte, die kränkende Entdeckung, daß er genasführt worden sei. Die Vögel waren ausgeflogen. Tränenüberströmt lief er zu seiner Mama und beklagte sich schluchzend: ›Ich bin doch hiergeblieben!‹ Er tröstete sich aber, als er in die Reitbahn durfte und, auf ein Pferd gehoben, ein paarmal um das Hippodrom geführt wurde.«[6]

So sehen wir das Kind Ferdinand vor uns als munteren Knaben und mit allerlei kindlichem Zeitvertreib beschäftigt, gekleidet in elegante Miniaturuniformen, aber bei allem kindlichen Charme leider nicht »stubenrein« bis nach seinem sechsten Lebensjahr.

Erst später konnte man es wagen, ihn, wie alle seine Brüder, einem Regiment zuzuteilen, und zwar wurde er dem Regiment des Kronprinzen in Ruppin 1738 als Fähnrich überstellt. Es soll ein sehr rührender Anblick gewesen sein, das soldatenmäßig gekleidete Kind mit seinen kurzen Beinen beim Parademarsch neben dem riesigen Flügelmann einhermarschieren zu sehen, mehr hüpfend als laufend, denn er bemühte sich vergeblich, mit den ausgewachsenen Burschen Schritt zu halten[7].

Als 1740 der Vater starb und Kronprinz Friedrich zum König aufrückte, erhielt Ferdinand einen Militär-Gouverneur, den Obersten von Stille, einen verdienten Offizier, als Erzieher. Aus dessen Berichten, die sich bei den hohenzollernschen Hausakten befanden, ließ sich entnehmen, daß Ferdinand ein eigensinniger und schwer zu bändigender Junge war. Im Mai 1741, Ferdinand war elf Jahre alt, kam es zu einem besonders heftigen Zusammenstoß zwischen dem Oberst und seinem Zögling, wobei wieder einmal das letzte und schwerste Strafmittel, der ehrenrührige Entzug des Degens, angewendet werden mußte. »Wird wohl ein andermal fromm sein«, war der lakonische Kommentar König Friedrichs zur neuesten Heldentat des jüngsten Bruders. Oberst Stille konnte nach einigen Tagen bekanntgeben, daß Ferdinand »seit der letzten Katastrophe fügsamer denn je geworden« sei[8].

Ein heiteres Vorkommnis entnahm der englische Schriftsteller Hamilton den Tagebüchern des alten Ober-Zeremonienmeisters Poellnitz:
»Am Karfreitag 1745 wurde im Vorzimmer der Königin Gottesdienst
abgehalten, wobei Monsieur Des Champs, welcher zu diesem Zwecke
mitgegangen war, die Predigt hielt, und Prinz Ferdinand, der damals
fünfzehn Jahre alt war, die Choräle vorsang.

›Zwar sang Seine Königliche Hoheit etwas falsch, denn seine Stimme
gehörte nicht gerade zu den harmonischen, allein, das diente nur dazu,
den Gottesdienst etwas weniger traurig zu machen, als er sonst gewöhnlich in dieser Woche zu sein pflegt, die ganz den Betrachtungen
über Leiden und Sterben geweiht ist. Die Damen schüttelten sich vor
Lachen.

Als der Gottesdienst zu Ende war, wurde der Prinz tüchtig ausgescholten und zwar selbst von denen, die am meisten über ihn hatten lachen
müssen.‹« [9]

1747 übernahm Ferdinand das Infanterieregiment als Chef, das einst
König Friedrich als Kronprinz gehabt hatte. Jetzt kam der Siebzehnjährige in die Garnison Ruppin und gab sich alle Mühe, ein vorbild-
licher Vorgesetzter zu sein. Die letzten zwei Jahre hatte er einen Menschen um sich gehabt, dem er sehr zugetan war: den Kammerherrn
von Bielfeld. Dieser war ebenfalls ein noch junger Mann, sehr belesen
und gesellschaftlich gewandt. Bielfeld hat zweifellos viel getan, um
den geistigen Horizont des jungen Prinzen zu erweitern.

Jene Jahre nach dem Zweiten Schlesischen Krieg, das vielgerühmte
Friedensjahrzehnt in der Regierung des jungen Königs Friedrich, waren
für die jüngeren Brüder die relativ unbeschwertesten und schönsten
ihres ganzen Lebens. August Wilhelm residierte im Sommer in Oranienburg, Heinrich erhielt 1744 Schloß Rheinsberg zum Geschenk,
und auch Ferdinand hatte seine eigene Hofhaltung, wenn auch in be-
scheidenerem Stil, in Ruppin. Er trat auf seine Weise auch in die Fußstapfen des königlichen Bruders, denn auch in Ruppin hatte Friedrich
einst einige Jahre gelebt, seine Tage einteilend zwischen der Garnison
und dem anmutigen jungen Hof zu Rheinsberg, wo Heinrich einst ein
Leben lang residieren sollte.

Die jungen Männer waren damals das, was man heute »nette Kerls«
nennen würde. Sie hingen zusammen wie die Kletten und bildeten in
ihrer Unbeschwertheit und Lebenslust einen gewissen Gegensatz zu
dem mit Regierungsgeschäften überhäuften Bruder, der eher wie ein
strenger Vater für sie war. Der Altersunterschied machte sich sehr be-

merkbar. In Friedrichs Händen lag all die Autorität und Verfügungs-
gewalt, die sonst in damaliger Zeit nur Eltern gegenüber ihren Kindern
hatten. Friedrich konnte bestimmen, wie sie zu leben hatten, welche
Rangstufen sie beim Militär einnahmen, wo sie sich aufhielten, wieviel Geld, ja, sogar wie viele Kerzen zu verbrauchen ihnen erlaubt war.
Wollten sie reisen, so hatten sie um einen Vorspannpaß für die Pferde
einzukommen, und erst, wenn ihnen dieser gewährt war, durften sie
sich auf den Weg machen. Die kleinste Ortsveränderung hing von der
Gnade und der Entscheidung des ältesten Bruders ab. Kein Wunder,
daß die drei jüngeren Brüder ein wenig konspirierten und sich ihre
Tage so angenehm wie möglich zu machen suchten. Sie gaben sich
gegenseitig Einladungen, und ländliche Schäferfeste in Oranienburg
machten noch Jahre danach von sich reden. Graf Lehndorff, der Kammerherr der Königin Elisabeth Christine, war sehr eingenommen von
diesem Dreigespann:
»Es ist ein Vergnügen, diese Brüder zusammen zu sehen, es gibt keine
Freundschaft, keine Zärtlichkeit, die sie sich nicht bezeugen und alles
das so natürlich, daß sogar der Zuschauer davon entzückt ist.« [10]
Der junge Ferdinand war der einzige der Brüder, der dem Jagdvergnü-
gen etwas abzugewinnen vermochte. Der König schrieb einmal:
»Potsdam, 18. Juni 1746
. . . Heute ist große Jagd, bei der Ferdinand glänzen wird.« [11]
Bei anderer Gelegenheit bemühte sich August Wilhelm, dem kleinen
Bruder zu einem Jagderfolg zu verhelfen und teilte es Friedrich mit:
»Berlin, 20. September 1747
Da die schönen Tage zu Ende gehen, glaube ich, sie noch ausnutzen
zu sollen. Deshalb will ich morgen einen Ausflug ähnlich wie das
letztemal nach Oranienburg machen. Da meine Brüder freundlich zu-
gesagt haben, will ich versuchen, jeden auf seine Weise zu belustigen.
Da Ferdinand der Nimrod der Familie ist, habe ich den Forstmeister
gebeten dafür zu sorgen, daß er ein Dutzend Hasen zur Strecke bringt.
Hoffentlich wird ihn das in gute Laune versetzen.« [12]
Ferdinand soll in seinen jungen Jahren dem König außerordentlich geglichen haben. Als er älter wurde, trat seine Nase stärker hervor und
krümmte sich zu einer Adlernase. An Ferdinand war jedoch alles kleiner und zierlicher als an Friedrich, ohne daß er jedoch im geringsten
feminin gewirkt hätte. Er war durch und durch ein Mann und wußte
sich militärisch in jeder Weise durchzusetzen. Seine Autorität wurde

niemals angezweifelt, er zeigte im Kriege auch viel Mut und Tatkraft.

Vorerst jedoch erging es ihm so, wie einst Friedrich. Seinerzeit war es
Friedrich Wilhelm I. gewesen, der den Kronprinzen aus Ruppin oder
Rheinsberg nach Potsdam kommandiert hatte. Heute zitierte König
Friedrich den jüngsten Bruder herbei.

»Den 6. März 1750

Mein lieber Ferdinand,

Sie werden die Güte haben, sich unverzüglich nach Berlin zu begeben,
wo Sie am Sonntag das Abendmahl nehmen sollen. Beschäftigen Sie
sich schon immer mit bußfertigen Gedanken, und brechen Sie so
rechtzeitig auf, daß Sie Freitag pünktlich da sind. Anbei die Vorspannpässe für die Pferde. Ich bin mit viel Freundschaft, Ihr sehr treuer Bruder und Diener

Frédéric« [13]

Ferdinand war erwachsen geworden, er hatte sich verändert. Seit der
Episode, da er so wunderlich falsche Choräle sang, hatte sich sein Empfinden für Musik anscheinend völlig gewandelt. Er musizierte, wahrscheinlich am Spinett oder Klavier, es ist nicht aufzufinden, welches
Instrument er gespielt hat. August Wilhelm spielte Cello, Heinrich
Geige. Ferdinand muß in jedem Falle eine gewisse Fertigkeit erlangt
haben. König Friedrich erwähnte einmal August Wilhelm gegenüber
sein Spiel sehr lobend:

»Potsdam, 13. Dezember 1754

Vor ein paar Tagen hörte ich unsere Brüder musizieren. Ihr Spiel war
für Prinzenmusik fast zu gut. Sie spielen sehr hübsch.« [14]

Allmählich wurde es Zeit, den jungen Prinzen Ferdinand zu verheiraten. Wie immer in solchen Fällen erging sich die Hofgesellschaft in
allerlei Mutmaßungen, wer wohl die Glückliche sein würde. Ferdinand
wußte jedoch seine Neigung lange Zeit gut zu verbergen, so daß niemand ahnte, wem er nun eigentlich sein Herz zuwenden würde. Baron
Bielfeld schrieb in sein Tagebuch:

»21. II. 1754

Der Prinz Ferdinand hat in Ruppin, wo sein Regiment steht, kein pas-
sendes Palais gefunden, besonders für den Fall seiner Vermählung. Er
kaufte daher einige Häuser und Gärten, die er vereinigte und bequem
und schön einrichtete. Der Garten ist besonders freundlich, und alle
Nachtigallen der Gegend scheinen darin zusammenzukommen.« [15]

Ferdinand schloß keine lieblose Fürstenehe, sondern durfte sich nach

Wunsch verlieben. Seine Auserwählte hieß Anna Elisabeth Luise, wurde Luise gerufen und war am 22. April 1738 geboren, also acht Jahre jünger als ihr Bräutigam. Ferdinand war jedoch nicht nur ihr Verlobter, sondern gleichzeitig ihr Onkel. Die Braut stammte aus dem markgräflichen Hause von Schwedt und war Sophies Tochter. König Friedrich sah diese Verbindung nicht ungern und machte seine humorvollen und sarkastischen Bemerkungen dazu.

Der Mai 1755 war erfüllt von lebhafter Korrespondenz Friedrichs mit Ferdinand über die Modalitäten der offiziellen Werbung am Hofe von Schwedt. Luise war schließlich auch die Tochter des »tollen Markgrafen« von Schwedt, der es liebte, zu Pferde in die Wohnräume seiner Mätresse zu reiten und auch sonst allerlei närrisches Zeug anzustellen. Immerhin – zu Luises Vermählung taten sich die zerstrittenen Ehegatten Sophie und der Markgraf wieder einmal zusammen, um nach außen hin das Dekorum zu wahren. Die Königinmutter Sophie Dorothea gab ihren Segen zu der Verbindung und Friedrich bemühte sich, die Finanzen des Bruders so zu regeln, daß er in Ruppin sein Auskommen haben würde, und daß ihm auch der Unterhalt seines Stadthauses, des »Schulenburgschen Palais'«, keine Schwierigkeiten bereiten würde.

Im Juli fiel der König vom Pferd, was zuweilen vorkam, weil er sich nicht genügend auf sein Tier konzentrierte. Die Familie sandte besorgte Billetts, und Ferdinand erhielt auf das seinige eine freundlich-ungeduldige Antwort:

»25. Juli 1755
Mein lieber Bruder,
ich bin etwas verärgert, daß man Sie wegen einer solchen Kleinigkeit alarmiert hat. Ich bin vom Pferd gefallen, mein lieber Bruder, wie jährlich hundert Reiter vom Pferd fallen; ich habe mich ein wenig verletzt und gequetscht, aber sonst bin ich ganz zu Ihren Diensten, und, wenn ich nicht gerade tanzen soll, bin ich im Stande alles zu tun, was Sie wünschen. Das rechte Auge ist ein wenig blaugeschlagen, aber nicht so, daß ich davon blind oder sonstwie entstellt sein werde. Adieu, mein lieber Bruder, ich umarme Sie. Mit dem Auge geht es zu schlecht, als daß ich Ihnen davon mehr erzählen könnte.« [16]

Aus den Kommentaren Friedrichs zur Ehe seines Bruders Ferdinand mit der hübschen jungen Nichte sind einige überliefert.

»Es ist eine Ehe nach jüdischer Art, denn sie bleibt in der Familie...« [17], so scherzte der König in einem ungenannten Schreiben. Und an seine Schwester Wilhelmine nach Bayreuth schrieb er im Juli 1755:

»Sie werden sehen, daß aus dieser Verbindung ganze Völkerschaften hervorgehen.«[18]

Was den Hof indessen am meisten bewegte war die Tatsache, daß es sich hier um eine ausgesprochene Liebesheirat handelte, wenn man das Vorspiel auch lange verschwieg. Graf Lehndorffs Tagebücher geben einen Eindruck, wie nachhaltig sich die Hofgesellschaft mit der Schwedter Heirat beschäftigte:

»Mai 1755
Die Vermählung des Prinzen Ferdinand mit der zweiten Prinzessin von Schwedt wird proklamiert. Man verspricht sich Gutes von dieser Heirat, da beide Teile sich kennen und der Prinz unter mehreren Prinzessinnen sich diese gewählt hat.«

»Vom 10.–23. Juli 1755
... geht hier alles seinen gewöhnlichen Gang. Man spricht viel von der Hochzeit des Prinzen Ferdinand, der seinen Hof aus dem Besten, was die Provinzen ihm liefern können, zusammengesetzt hat. Eine Frau Eimbeck ist Hofmeisterin, zwei Fräulein vom Lande Hofdamen, Herr von Schellendorff Hofmeister, und Ribbeck, der einst vom Hof des Prinzen Heinrich entfernt wurde, Kavalier der Prinzessin. Das wird niemals der Hof des Prinzen Heinrich werden.«

»31. Juli 1755
Ich finde Prinz Ferdinand in Ruppin mitten unter Handwerkern und Baumaterialien. Er läßt ein Haus bauen, das dem großen Aufwand entspricht, den er jetzt machen soll.«

»9. 8.–25. 9. 1755
... und nun dreht sich die ganze Unterhaltung um die Hochzeit des Prinzen Ferdinand, um die Kleider und die Schönheit der Prinzessin, auf die man sehr gespannt ist. Endlich kommt sie an, und wie es bei Neuangekommenen gewöhnlich der Fall ist, sind die Meinungen über sie sehr geteilt. Der ganzen königlichen Familie gefällt sie sehr und besonders ihrem künftigen Gatten.«[19]

Während alle Welt an das bevorstehende Vergnügen dachte, überschlug König Friedrich im Geiste die Kosten. In einem Brief an seinen Geheimen Kämmerer Fredersdorf setzte er alles genau fest. Es wurden 5.000 Taler und kein Pfennig mehr spendiert. Sie sollten reichen; es wurde sogar an festlicher Beleuchtung gespart:

»Juli 1755
... ich Schike an Köpen [Geheimrat Köppen] 5.000 Taler, davohr Müssen die Hochtzeits-Kosten, ingleichen das feüerwerk getzahlet wer-

den, die Elumination [Illumination] gehet vohr dieses mahl nicht an, also wirdt Sie gestrichen.«[20]

Der große Tag brach an am 27. September 1755 und man feierte tagelang mit großer Pracht im Schloß Charlottenburg. Prinzessin Luise, oder, wie man sie jetzt nannte, Prinzessin Ferdinand, blieb vorerst in Berlin, während Ferdinand sich darum kümmerte, daß der Ruppiner Wohnsitz bald beziehbar wurde. August Wilhelm hatte sich angesehen wie der Neubau aussah und schilderte Friedrich seine Eindrücke:

»Berlin, 17. November 1755

Heute bin ich in Berlin angekommen, bedauere aber sehr, Sie verfehlt zu haben. Ich reiste über Rheinsberg und Ruppin, um meine Brüder zu besuchen. Ferdinand zeigte mir sein Haus, in dem er die notwendigen Veränderungen zur Aufnahme der Prinzessin getroffen hat. Er hat aus einer ziemlich üblen Baracke das menschenmöglichste gemacht. Wären die Räume höher, so könnte man sagen, die Wohnung ist ausgezeichnet.«[21]

Prinzessin Luise gefiel es in Berlin sehr gut und mit der Unbekümmertheit ihrer siebzehn Jahre lebte sie sich schnell ein. Lehndorff berichtete vom Januar 1756, daß sich »die kleine Prinzessin Ferdinand« bei Meister Antoine Pesne porträtieren ließ.

Ferdinand dagegen war mit militärischen Dingen beschäftigt und wartete sehnlichst auf eine längst fällige Beförderung. In einem Brief an Friedrich erklärte er sich für »den glücklichsten aller Sterblichen«, als endlich im Mai 1756 seine Ernennung zum Generalmajor erfolgte[22].

Was die allgemeine Beurteilung des Wesens und Charakters des Prinzen angeht, so sind zu diesem Thema zwei Berichte nicht uninteressant, die die beiden nacheinander in Berlin akkreditierten französischen Gesandten an ihre Regierungen schickten. Man muß bei diesen Berichten allerdings immer den Vorbehalt machen, daß sie auf nicht sehr gründlichen persönlichen Studien beruhen.

Lord Tyrconnel schrieb 1751:

»Prinz Ferdinand, des Königs dritter Bruder, scheint bisher keine ausgesprochene Neigung noch einen bestimmten Charakter zu haben. Aus seinen geistigen Anlagen läßt sich in keiner Weise schließen, ob noch mehr aus ihm wird, als er bisher verspricht.«

Und Chevalier Latouche berichtete 1756:

»Dieser Prinz besitzt in der Tat gar keinen Charakter, und seine Gutmütigkeit kommt wohl nur von seinem sehr beschränkten Geiste. Er ist ebenso geizig, wie Prinz Heinrich freigebig und verschwenderisch.

Ihm macht nichts Spaß und er beschäftigt sich nur mit Nichtigkeiten
und mit dem militärischen Dienstbetrieb. Er hat seine Nichte zur Frau,
eine Prinzessin, die in den rechten Händen liebenswerte Eigenschaften
entwickeln könnte. Anscheinend jedoch schenkt sie ihr Vertrauen
zwei jungen geistlosen Frauen von ausgesprochener Gefallsucht. Im
übrigen hat sie ein gutes Herz, aber ihre Oberhofmeisterin [Frau von
Eimbeck] vermag aus dieser guten Anlage nichts zu machen.« [23]
Zum Herbst des Jahres 1756 erfuhren die militärischen Interessen des
Prinzen nicht nur eine gewisse Rechtfertigung, sie erhielten sogar den
absoluten Vorrang, denn der Krieg brach aus. Mit welchen Worten der
König seinen jüngsten Bruder darüber unterrichtete, ist überliefert:
»Potsdam, August 1756
Lieber Bruder,
Sie können Ihre versiegelte Marschorder morgen nachmittag öffnen
und alle darin enthaltenen Befehle ausführen, denn der Krieg ist nicht
mehr zu vermeiden, und das Schwert muß unsere Feinde zur Vernunft
bringen.« [24]
Aus dem Briefwechsel des Prinzen August Wilhelm mit der Prinzessin
Heinrich ist zu entnehmen, daß Prinz Ferdinand im Kreise der Geschwister einen Spitznamen gehabt hat. Er wurde bisweilen »Herr
Keske« genannt. Man kann die Herkunft nur erraten. Vielleicht von
seiner Angewohnheit, französische Fragesätze mit »Qu'est-ce que c'est«
zu beginnen, man weiß es nicht. Einmal, zum 30. Dezember 1756,
schrieb jedenfalls August Wilhelm der Schwägerin »Herr Keske und
ich werden Ihnen unsere Aufwartung machen«. Aber noch viele weitere Male tauchte der Name auf [25].
Ferdinand zog ins Feld und erwies sich als ein tapferer und unerschrok-
kener Soldat. Der Historiker Droysen berichtete, daß bei der Belagerung
von Prag in der Nacht vom 23. zum 24. Mai 1757 ein Ausfall zurück-
geschlagen wurde, wobei dem Prinzen Ferdinand ein Pferd unter dem
Leib erschossen wurde. Er selbst erlitt einen Streifschuß am Kinn [26].
Im Sommer des gleichen Jahres, als der unglückliche Feldzug des Prinzen August Wilhelm schon stattgefunden hatte, schrieb Ferdinand
an die gemeinsame Freundin Prinzessin Heinrich:
»Lager bei Pirna, den 31. Juli 1757
Die Lage meines Bruders August Wilhelm bereitet mir unsäglichen
Kummer. Sie wissen, wie ich ihn liebe und Sie werden sich leicht
sagen, wie nahe mir mit Fug und Recht der Verdruß geht, der ihm
bevorsteht. Ich weiß, daß man ihm allein die Schuld für die Mißerfolge

in der Lausitz zuschreibt... Soeben erfuhr ich, daß mein Bruder August Wilhelm in Dresden eingetroffen ist. Sie werden verstehen, was das bedeutet. Weiter wage ich nichts zu sagen.«[27]
Die Frau des Prinzen Heinrich, Wilhelmine, eine geborene Prinzessin von Hessen-Kassel, war in diesen Monaten die Vertraute der Brüder. Ihr schütteten beide ihr Herz aus und sie war stets teilnehmend. Von Ferdinand wurde ihr diese freundschaftliche Gesinnung sehr übel vergolten, als der Krieg zu Ende war.
Nach seinem militärischen Mißerfolg hatte August Wilhelm an die Prinzessin Heinrich geschrieben:
»Dresden, 9. August 1757
Meine geschlagene Armee steht noch bei Bautzen, wo ich sie verließ, und Feldmarschall Keith mit neun Bataillonen bei Bischofswerder; Herr Keske ist bei ihm...«[28]
Zur gleichen Zeit, als sich August Wilhelm zutiefst gekränkt und gedemütigt nach Oranienburg zurückzog, erhielt Ferdinand vom König Lob und Beförderung. Am 3. Dezember ernannte ihn Friedrich zum Generalleutnant, »wegen der bei allen Gelegenheiten, absonderlich im gegenwärtigen Kriege erwiesenen Bravour und tapferen Konduite«. Ferdinand nahm auch an der Schlacht bei Leuthen am 5. Dezember 1757 noch aktiv teil, aber wenige Tage danach erkrankte er sehr schwer und sein Zustand war bedenklich. Seine Gesundheit war nicht sehr fest und er schonte sich nicht. Bei der Belagerung von Breslau hatte er wochenlang im tiefen Schnee gelegen und biwakiert und sich dabei eine schwere Erkältung zugezogen. Für mehrere Wochen war er ans Krankenlager gefesselt[29].
Diese Erkrankung, die wahrscheinlich die Lunge ernsthaft in Mitleidenschaft gezogen hatte, hatte zur Folge, daß sich Ferdinand im Jahre 1758 aus dem militärischen Dienst zurückziehen mußte. Zu den körperlichen Leiden kamen seelische Depressionen. Im Juni 1758 starb August Wilhelm und die jüngeren Brüder waren außer sich über seinen Tod. Sie gaben Friedrich alle Schuld daran. Der Haß der jüngeren Brüder gegen Friedrich fand jetzt seine stärkste Nahrung. Hatte Ferdinand anfangs noch gehofft, einmal wieder seinen Dienst im Heer versehen zu können, so mußte er jetzt einsehen, daß sein Zustand ihn zwingen würde, den Kriegsschauplätzen für immer fern zu bleiben. Die Briefe des Königs an den jungen Bruder waren voll Sorge und Zärtlichkeit, und Ferdinand verfehlte nie, dem König freundlich und respektvoll zu antworten. Insgeheim jedoch wurde der Prinz zum erbitterten Fron-

deur, der sich mit Heinrich in nahezu verschwörerischer Tätigkeit gegen Friedrich fand, wenn diese auch niemals konkrete Formen annahm. Aber ihr Briefwechsel enthielt Beleidigungen gegen den König, die, wären sie diesem bekannt geworden, zum offenen Bruch geführt hätten.

In den Augen aller Welt erschien Ferdinand als harmlos, »er beschäftigte sich nur mit Nichtigkeiten«. In Wirklichkeit lebte er in einer feindseligen Mentalität gegen den König. Wenn andere Völker Kriege führten und Provinzen eroberten, was laufend vorkam, so waren dies »berechtigte Interessen einer Nation«. Friedrich jedoch wurde als »raubgieriger Mensch«, »Schurke« und »Tyrann« gebrandmarkt. Das waren noch die gelindesten der Worte, die die Brüder sich ausdachten, um ihre versteckten Haßgefühle wenigstens brieflich abzureagieren[30].

Friedrich hatte sich in früheren Jahren also nicht getäuscht, als er prophezeite, Ferdinand würde noch einmal »der niederträchtigste von allen werden«. Doch Heinrich stand diesem nicht nach, im Gegenteil, er wurde in späteren Jahren und nach Friedrichs Tod noch wesentlich aktiver in seinem Haß als Ferdinand. Das Verhalten der Brüder war im Grunde absolut unfair, denn der König erwies beiden viel Güte und Nachsicht, was aber von ihnen nie ehrlich anerkannt wurde. Man opponierte einfach gegen die Macht, die Friedrich verkörperte.

Es mag sein, daß Ferdinand nicht immer von der königsfeindlichen Stimmung beherrscht wurde. So wären die vielen freundlichen Briefe zu verstehen, die er dem Bruder schrieb. Oder aber er verstand es vollendet, Zuneigung und positive Gesinnung vorzutäuschen. Friedrich jedenfalls schien von den konspirativen Neigungen der Brüder entweder wirklich nichts zu ahnen – oder er wollte sie bewußt ignorieren. Seine Briefe sind rührend in ihrer vertrauensvollen Offenheit, so, wenn er in ihnen sein Herz ausschüttet, wie in den Zeilen an Ferdinand:

»Waldow, den 5. September 1759

Lieber Bruder,

Ich bin nur ein Mensch; Sie interessieren sich aus Freundschaft für meine Erhaltung, aber, lieber Bruder, der Staat hat vor mir bestanden und wird sich, wenn es Gott gefällt, nach meinem Tode halten. Sie können sich wohl vorstellen, was ich, empfindlich wie ich von Natur bin, während dreier Wochen für ein Martyrium erlitten habe. Unsere Lage ist weniger verzweifelt, als sie vor acht Tagen war, aber ich sehe mich von Klippen und Abgründen umgeben, meine Aufgabe ist sehr schwierig, und ohne ein Wunder oder die göttliche Eselei meiner

Feinde wird es mir unmöglich sein, den Feldzug glücklich zu beenden.

Meine Grüße an alle unsere Verwundeten. Sagen Sie bitte Seydlitz, daß ich mehr leide als er; mein Geist ist kränker als seine Hand, meine Lage ist ohne Ende schlimm: Es gibt keine Ehre mehr bei den Truppen, der Teufel hat sie fast alle besessen, man weiß nicht, welchem Heiligen man sich verschreiben soll. Trotzdem habe ich eine gute Haltung mit meinen Feiglingen [nach der Niederlage bei Kunersdorf], aber ich wage nicht, etwas Kühnes mit ihnen zu unternehmen.

Ich verstehe sehr wohl, daß diese Katastrophe Ihre Gesundheit nicht gebessert hat; aber man muß es bei solchen Gelegenheiten auf sich nehmen. Das Unglück, das uns zu Boden drückt, kam nicht durch Ihre Schuld, Sie müssen sich also darüber nicht grämen. Jeder Mensch erleidet, sofern er nur im mindesten lebt, Unglücksfälle und sieht manchmal durch die Wolken hindurch Strahlen des Glücks; man muß das eine wie das andere ertragen, gute wie schlimme Zeiten gehen vorüber, und schließlich führt unsere Bestimmung uns zum Grabe. Das Leben ist zu kurz für lange Leiden.«[31]

Friedrich war zu dieser Zeit siebenundvierzig Jahre alt, Ferdinand neunundzwanzig. Auf Friedrich lastete die Verantwortung für das Staatswesen, an ihm zehrten die unablässigen Krisen, wie sie der Krieg mit sich brachte. Ferdinand dagegen führte schon in jungen Jahren das Leben eines wohlsituierten Privatiers, dessen einzige Sorge war, wie er bei den schlechten Zeiten die Hühner für seinen Suppentopf und die Weine für seine Tafel auftreiben könne.

Für Heinrich hatte der Prinz allzeit ein offenes Ohr. Ende des Jahres 1760 schrieb Heinrich voller Überdruß, »tausendmal in einer Viertelstunde« bedauere er, daß er so närrisch gewesen sei, in diesem Feldzug einen Befehl zu übernehmen. Klug und glücklich seien die, welche den Dienst quittiert und sich aus diesem Kriege zurückgezogen hätten [wie Ferdinand es getan habe]. Er, Heinrich, habe einigen zu diesem Schritt verholfen und sie nicht mit schönen Phrasen über das Wohl des Staates, die Erfüllung der Pflicht, den allgemeinen Nutzen und dergleichen mehr bearbeitet[32].

Vielleicht war es gut so, daß Prinz Heinrich in Ferdinand einen so willigen Tröster und Gesinnungsgenossen fand. Hätte er mehr von seinen Klagen dem König gegenüber laut werden lassen, die beiden hätten überhaupt nicht mehr zueinander gefunden. Ferdinand war die willkommene Ablenkung und vor allem – er konnte schweigen! 1761 be-

klagte sich Heinrich bei ihm recht bewegt über die Zustände im
Heer:

»Nur wer mitten drinsteht vermag die Erschöpfung unserer Hilfsquellen, den bejammernswerten Zustand unserer Truppen oder die Stupi-
dität derer, die sie befehligen, voll zu ermessen ... Ich will lieber als
Bauer meinen Handwagen durch den Schmutz schieben und von Rüben und Salz leben – oder auch als Galeerensklave fronen –, als weiterhin unter solchen Bedingungen und ohne Aussicht auf ein Ende Oberbefehlshaber sein.« [33]

Im Hause des Prinzen Ferdinand wurde am 1. November 1761 das erste
Kind geboren. Keinesfalls der Beginn »ganzer Völkerschaften«, wie
Friedrich einst vorausgesagt hatte, sondern ein kränkliches und schwa-
ches Mädchen. Es erhielt die Namen Friederike Elisabeth Dorothee
Henriette Amalie. Friederike dem König zu Ehren, und es wurde auch
so gerufen; Elisabeth der Königin zuliebe; Dorothee zum Gedenken
an die verstorbene Königinmutter; Henriette dem Prinzen Heinrich zu
Gefallen und Amalie um ihrer Patentante Amalie willen. Friedrich
gratulierte eigenhändig und fügte hinzu:
»Strehlen, 5. November 1761
Ich wünsche, mein lieber Bruder, daß die Tochter, die Ihnen geboren
wurde, einmal glücklicher als ihr Onkel sein möge.« [34]
Friederike war die Sorge ihrer Eltern und Gegenstand ständiger Pflege.
Sie starb, nicht ganz zwölf Jahre alt, an ihren verschiedenen Krankheiten. Ferdinands Kinder stellten sich in größeren Abständen ein. Zwei
von ihnen mußte er noch jung wieder hergeben, sie fielen den Pocken
zum Opfer. Von sieben Kindern wurden nur drei groß, diese erlangten
jedoch alle eine gewisse Berühmtheit.

Der Siebenjährige Krieg ging weiter und Heinrichs Erbitterung wuchs
je länger die Kampfhandlungen andauerten. Friedrich nahm ständig
die besten der ohnehin schon nicht mehr guten Truppen für sich in
Anspruch und gab seinen Bruder Heinrich eine Armee, die er ihm
wahrscheinlich vor einigen Jahren nicht anzubieten gewagt haben
würde, so miserabel war sie in Stand. Heinrich war von großem Zorn
erfüllt und schrieb, völlig außer sich, an Ferdinand:
»4. Januar 1762
... Hätte es doch Gott gefallen, daß unsere verstorbene Mutter am
24. Januar 1712 eine Fehlgeburt gehabt hätte!« [35]

Und bald darauf:

»Ich habe niemals eine sehr hohe Meinung von den Meriten eines gewissen Menschen [Friedrich] gehabt, aber . . . nach sechs Jahren, während deren ich ihn immer besser kennen lernen konnte, hat er in mir nur die größte Verachtung und Entrüstung erregt . . . Die Person weiß wohl, daß ich sie kenne [durchschaue] . . .« [36]

Besorgt äußerte Heinrich weiter, daß er nach dem Kriege von der »Person«, die eitel, neidisch und boshaft sei, wohl verfolgt werden würde für die Dienste, die er ihr jetzt leiste. Alles Befürchtungen, die niemals eingetroffen sind [37].

Im Herbst 1763, nach Beendigung des Krieges, hatte Friedrich seinem jüngsten Bruder eine Ehre zugedacht, die auch Ferdinands finanzielle Misere etwas aufbesserte. Am 13. September trat der Prinz die Nachfolge des kürzlich verstorbenen Markgrafen Karl von Schwedt an. Er wurde zum Herrenmeister des Johanniterordens zu Sonnenburg ernannt. Mit dieser Würde war eine jährliche Einnahme von 30.000 Talern verbunden. Außerdem stand Ferdinand in seinem neuen Amt die Nutzung des am Wilhelmplatz in Berlin gelegenen Herrenmeisterhauses frei, das allgemein »das Ordenspalais« genannt wurde. In späteren Zeiten war der Bau den Berlinern als »Palais des Prinzen Leopold« bekannt. Wie erinnerlich hatte Ferdinand bisher noch kein eigenes Haus in Berlin besessen. Friedrich hatte ihm das ehemalige Schulenburgsche Haus in der Wilhelmstraße zur Verfügung gestellt. Dies Gebäude erlangte in neuerer Zeit als Reichskanzlerpalais einige Publizität [38].

Aus dem Nachlaß eines anderen Onkels seiner Frau, des Markgrafen Albrecht von Schwedt, erwarb Ferdinand von seinem neuen Reichtum im November 1762 das Schloß Friedrichsfelde bei Berlin. Damals lag es weit vor den Toren der Stadt. Er zahlte dafür 16.000 Taler. Der Bau war 1719 von Martin Böhme errichtet worden und entsprach, den geringen finanziellen Mitteln des Markgrafen Albrecht angemessen, eher einem Herrenhaus als einem Schloß.

Immerhin lag es in seiner gelblich-terrakottafarbenen Bemalung inmitten eines der schönsten Barockgärten Europas. Hier wuchsen Ferdinands Kinder auf, hier machten sie ihre Abendspaziergänge mit dem Vater. Erst später gab der Prinz diesen Wohnsitz auf und erbaute sich Schloß Bellevue am Berliner Tiergarten.

Nach 1945 wurde der barocke Charakter des Gartens in Friedrichsfelde völlig wieder hergestellt und die modernen Gartenarchitekten schufen in dieser herrlichen Umgebung einen Tierpark, der jährlich

unzählige Besucher anzieht. Das Schloß selbst war bisher mit allen
Mitteln erhalten worden, aber 1972 wurde sein Abbruch beschlossen,
jedoch nur, um es stabiler und mit zweckmäßigerer Innenausstattung
wieder aufzubauen und der Tierparkverwaltung eine angemessene Un-
terkunft zu geben [39].

Im Herbst des Jahres 1762 zogen Handwerker im Schloß von Friedrichsfelde ein, um es für das prinzliche Paar und seinen Hofstaat instand zu
setzen. Mehr als zwanzig Jahre lang gedachte man, es im Sommer zu
bewohnen. Im Augenblick bedrückten den Familienvater Ferdinand
jedoch noch Sorgen um seine Stadtwohnung. Lange muß er sich un-
schlüssig gewesen sein. Kammerherr Graf Lehndorff wußte da eine
Episode zu berichten:
»März 1763
Prinz Ferdinand hatte das Haus des verstorbenen Staatsministers Marschall gekauft und schon die größten Veränderungen vorgenommen,
wobei er fortwährend seiner Freude über den Besitz dieses Hauses Ausdruck gab. Da kommt der Prinz Heinrich und sagt ihm, daß das Haus
häßlich sei. Von Stund an ist es ihm zuwider und er verkauft es an
Gotzkowsky. Jetzt will er im Ordenshause Wohnung nehmen. Es ist
der wankelmütigste Prinz, den ich kenne, und sie besitzt zwar das
hübscheste Gesicht von der Welt, aber auch recht viel Bosheit.« [40]
Auf dieses »hübscheste Gesicht der Welt« war Ferdinand lange Jahre
hindurch sehr eifersüchtig und hütete seine Prinzessin wie einen kostbaren Schatz, was ihr gar nicht sehr angenehm war. Sie ging gern in
Gesellschaften und sah Besuch bei sich, denn das Hofleben auf dem
Lande war derart einförmig, daß man sich schon am späten Nachmittag an die Spieltische rettete, um die Langeweile zu überwinden.
Ein Phänomen stellte der Umschwung in Ferdinands Betragen gegenüber seiner Schwägerin, der Prinzessin Heinrich, dar. Die Prinzessin
notierte in ihrem Tagebuch, er habe ihr bisher immer viel Freundschaft erwiesen und sie könne einfach nicht verstehen, daß er plötzlich
eine so feindselige Haltung einnehme. Das hing damit zusammen, daß
Ferdinand unter allen Umständen mit Heinrich in gutem Einvernehmen bleiben wollte. Und da Heinrich sich von seiner Gemahlin nach
Beendigung des Krieges völlig zurückzog, so tat es Ferdinand ihm
gleich. Das Zerwürfnis zwischen der Prinzessin Heinrich und der Familie des Prinzen Ferdinand wurde erst in den neunziger Jahren, lange
nach Friedrichs Tod, beigelegt.

Der Herbst des Jahres 1765 war erfüllt mit der Besorgnis um den schlechten Gesundheitszustand der Markgräfin Sophie von Schwedt, Friedrichs und Ferdinands Schwester, zugleich Ferdinands Schwiegermutter, wie die Verhältnisse nun einmal lagen. Prinzessin Luise eilte unverzüglich an das Krankenlager ihrer Mutter und Ferdinand begleitete sie. Friedrich sandte seinen Leibarzt Cothenius nach Schwedt, aber es war zu spät; die Wassersucht trat bei der Markgräfin so heftig auf, daß alle Hilfe umsonst war. Ferdinand hielt den König durch seine Briefe auf dem laufenden, was in Schwedt geschah. Schließlich blieb ihm nichts anderes übrig, als eine Eilstafette abzufertigen, die den Tod Sophies meldete. Friedrich kondolierte ihm unverzüglich:

»13. oder 14. November 1765

Mein lieber Bruder,

Sie geben mir den Verlust einer zärtlich geliebten Verwandten bekannt, einer treuen Freundin, und einer Person, die dazu dienen könnte ein Vorbild an Tugend zu sein, drei Vorzüge, die sich nur selten in der Welt finden. Ich fühle all die Schwere des Verlustes, den ich erlitten habe; er ist mir überdies deswegen so empfindlich, weil er in meinem Alter irreparabel ist. Aber ich versichere Ihnen, daß ich immer wieder darüber nachdenke, daß ich in dem schicksalhaften Augenblick nicht anwesend war, obwohl mein Schmerz der gleiche ist.

Umarmen Sie alle ihre Kinder in meinem Namen und sagen Sie ihnen, sie können sicher auf mich zählen durch meine Anhänglichkeit und meine Zärtlichkeit für sie, ich werde versuchen den Schmerz zu lindern, den ihnen der Verlust einer so würdigen Mutter verursacht hat...« [41]

Bald darauf kehrte Ferdinand zurück und brachte eine neue Hausgenossin mit: die Schwester seiner Frau, Prinzessin Philippine von Schwedt. Sie lebte im Haushalt Ferdinands bis zu ihrer Eheschließung mit dem Landgrafen Friedrich II. von Hessen-Kassel am 10. 1. 1773. Prinzessin Ferdinand hat gewiß die Nähe der Schwester begrüßt. Sie war zu dieser Zeit nicht gesund. Sie litt unter Furunkulose. Gut informiert wie immer wußte auch hierüber Graf Lehndorff Bescheid:

»März 1767

Man hat sicher geglaubt, daß die Prinzessin Ferdinand guter Hoffnung sei, das erweist sich aber als Irrtum. Sie ist sehr ungesund, hat am ganzen Körper und besonders an der Brust Geschwüre und trägt den Arm in einer Binde.« [42]

Ferdinand beschäftigte sich in jenen Jahren hauptsächlich mit Lektüre und Musik. In einem Brief versicherte er, an seinem Hofe sei jeder heiter und zufrieden und »in unserer kleinen Gesellschaft« wisse man gottlob nicht, was Gekläff und Zänkerei seien.

Im Jahre 1767 wurde der Prinz, der noch immer sein Regiment in Ruppin befehligte, zum General der Infanterie befördert. Noch nahm er teil an den alljährlichen Revuen und versäumte es nicht, dem König sein Regiment vorzuführen, obwohl er wußte, daß Friedrich ihm gelegentlich zum Vorwurf machte, er kümmere sich nicht genug um seine Soldaten. Nach 1767 machte sich bei Ferdinand jedoch eine zunehmende Schwäche bemerkbar und er mußte notgedrungen allen militärischen Betätigungen entsagen. Lediglich die Wachmannschaften in Friedrichsfelde, die aus Invaliden bestanden, blieben das Objekt seiner Kontrolle und seiner wechselnden Befehle.

Von Zeit zu Zeit machte er Badereisen nach Spa, die ihm und der hautleidenden Prinzessin gut bekamen. Friedrich erhielt laufend Berichte über den Gesundheitszustand der Familie und sandte Obst aus Sanssouci, begleitet von seinen allerbesten Wünschen. Ferdinand korrespondierte auch mit seiner Schwester Charlotte in Braunschweig, aber dieser Briefwechsel ist, bis auf wenige Bruchstücke, nicht erhalten.

Am 21. Oktober 1769 wurde dem Hause Ferdinand ein Prinz geboren, der dem König zu Ehren den Rufnamen Friedrich erhielt, ferner hieß er nach seinem Onkel Heinrich, nach dem jungverstorbenen Sohn des Großen Kurfürsten Emil, und schließlich Karl nach seinem Schwedter Onkel, dem Markgrafen. Dieses Kind sollte nur vier kurze Jahre seine Umgebung mit seiner Fröhlichkeit erfreuen.

Im Mai des Jahres 1770 sandte Friedrich seine »heißesten Wünsche« nach Friedrichsfelde, denn seine Schwägerin erwartete damals ihr drittes Kind, das am 24. Mai gesund zur Welt kam, eine Prinzessin, die nach der Mama Luise genannt wurde. Ferner hieß sie wieder einmal Friederike nach dem König, Dorothee nach der Großmutter, und Philippine, um der Tante eine Freude zu bereiten, die ja jetzt im Hause lebte. Prinzessin Luise wurde in späteren Jahren zu einer anschaulich schreibenden Chronistin, der wir viele Nachrichten und Eindrücke vom damaligen Leben verdanken. Luise heiratete am 17.3.1796 den fünf Jahre jüngeren Fürsten Anton Radziwill, und ihre schöne Tochter Elisa Radziwill wurde des alten Kaiser Wilhelms große Liebe.

Die Gesundheit der Prinzessin Ferdinand schien sich gefestigt zu haben, denn schon im Jahre 1771 schenkte sie wieder einem Kind das

Leben; am 11. November kam Heinrich zur Welt, der wie alle Kinder mehrere Vornamen erhielt. Er wurde als sehr junger Mann schon zum Coadjutor des Heermeistertums zu Sonnenburg gewählt und sollte einmal Nachfolger seines Vaters beim Johanniterorden werden. Jedoch, er war so schwer lungenleidend, daß er starb, als er noch nicht neunzehn Jahre alt war[43].

Als fünftes Kind im Hause Ferdinand stellte sich am 18. November 1772 Ludwig ein, wieder ein jubelnd begrüßter Prinz. Auch er hieß Friedrich nach dem König, ferner Christian und dann noch Ferdinand nach dem Vater. Der französischen Mode entsprechend nannte man ihn Louis. Schon bald versuchte man ihn von einem anderen Prinzen Ludwig zu unterscheiden, dem ein Jahr später geborenen Sohn des damaligen Thronfolgers. Zwei Prinzen Louis – welche Verwechslungen mußte das ergeben. Also gewöhnte man sich daran, den Jungen aus Friedrichsfelde Louis Ferdinand zu nennen. Er sollte einmal der Abgott eines ganzen Jahrzehnts werden. Vom »tollen Markgrafen«, dem Schwedter Großvater, erbte er die große Gestalt und das Temperament. Seine künstlerischen Talente hatte er jedoch zweifellos aus der regierenden hohenzollernschen Linie. Man dichtete über ihn, man besang ihn, die Frauen liebten ihn heftig und die jungen Mädchen himmelten ihn an.

Dies Kind sollte im November 1772 getauft werden und der König erhielt eine Einladung, ob er wohl der Familie die Ehre erweisen würde, Pate zu stehen. Der erfreute königliche Onkel bedankte sich bei Ferdinand mit einem zierlichen Billett für die Einladung:

»Den 24. November 1772
Mein lieber Bruder,
Ich hoffe das Vergnügen zu haben, mein lieber Bruder, bei Ihnen Sonnabend mittag zu dinieren, bei der Taufe anwesend zu sein, und Ihnen persönlich Glück zu wünschen zu der glücklichen Vergrößerung Ihrer Nachkommenschaft. Ich bitte Sie mir zu glauben, daß ich mit aller nur denkbaren Zärtlichkeit verbleibe . . .
Geruhen Sie, der Wöchnerin meine Grüße zu übermitteln!«[44]

So freudig das Jahr 1773 begann – Schwägerin Philippine heiratete ihren Landgrafen –, so traurig endete es für die Familie Ferdinand. Die ohnehin kranke und schwächliche Friederike starb am 28. August an den Pocken und der kleine Friedrich erlitt die gleiche Krankheit und starb am 8. Dezember. Der Schmerz und die Bestürzung über diese beiden Todesfälle waren außerordentlich und der ganze Hof nahm Anteil. König Friedrich genehmigte, daß der Schwarze-Adler-Orden, der dem kleinen Friedrich verliehen worden war, nun auf Heinrich übergehen sollte[45]. Doch was bedeutete diese Ehrung schon in der tiefen Traurigkeit, in der sich die Eltern befanden.

Aber das Leben ging weiter und man kam damals, im Zeitalter einer vergleichsweise hohen Kindersterblichkeit, mit mehr Fassung über solche Verluste hinweg. Die Zeit tat das ihre und bald normalisierte sich der Haushalt und das alte gesellschaftliche Leben wurde wieder aufgenommen.

Im Sommer 1774 machte Herzogin Charlotte von Braunschweig ihren üblichen Besuch in Berlin und sie konnte auch über eine Einladung im Hause Ferdinands an den König berichten:

»Berlin, 25. Juli 1774

Mein Bruder Ferdinand hat einen Ball in Friedrichsfelde gegeben. Nach dem Diner bin ich im Garten spazierengegangen, den er sehr hübsch angelegt hat. Ich habe das Haus klein gefunden, aber sehr gut möbliert. Nach dem Souper bin ich aufgebrochen, ich tauge nicht mehr für Tanzfeste.«[46]

Die Urteile, die die Mitwelt über Ferdinand fällte, waren teilweise geradezu grotesk. So schrieb der Herzog von Lauzun, der ein Vierteljahr in Berlin war, eine Art Buch »Erinnerungen an den Hof von Berlin«. Vor allem dienten diese Aufzeichnungen jedoch dazu, an das Ministerium des Auswärtigen in Paris gesandt zu werden. Er teilte mit, Prinz Ferdinand, des Königs dritter Bruder, sei früher sehr liebenswürdig gewesen, aber infolge eines tückischen Fiebers sei er geistesschwach geworden, so daß er sich sehr unbeholfen und lächerlich ausdrücke. Er habe in Berlin gar nichts zu bedeuten[47].

Dies ist eine der böswilligen und unzutreffenden Verzerrungen, unter denen der zurückhaltende und bescheidene Ferdinand immer wieder in seinem Leben zu leiden hatte. Ferdinand war sehr belesen und interessierte sich, wie Amalie, auch für die zu jener Zeit zu Bedeutung gelangende deutsche Literatur, für die Friedrich bekanntlich gar nichts übrig hatte. Aus dem spärlichen Briefwechsel Charlottes und Ferdinands ist ein Hinweis auf Ferdinands literarische Interessen erhalten: Charlotte schrieb an Ferdinand:

»7. März 1775

Ich bedaure, daß Sie nicht die Bekanntschaft von Lessing gemacht haben, der sich letzthin in Berlin aufgehalten hat, bevor er hierher zurückkehrte. Er ist ein Genie für die Antike, er hat sich darin während seiner Italienreise geschult. Seine Theaterstücke scheinen mit die besten auf deutsch zu sein.« [48]

Im Januar 1776 wurde Friedrich derart von der Gicht geplagt, daß er darauf verzichten mußte, am 18. Januar an der großen Festlichkeit zu Prinz Heinrichs Geburtstag teilzunehmen und den Vorsitz an einer der großen Schautafeln zu führen. Er bat Ferdinand, ihn voll und ganz als Gastgeber zu vertreten. Er möge Heinrich alle nur denkbaren Liebenswürdigkeiten erweisen, und ihm alle Schmeicheleien, die ihm nur einfielen, sagen. Friedrich würde Ferdinand in diesem Falle gewiß nicht Lügen strafen [49].

Prinzessin Ferdinand erwartete wiederum ein Kind, aber diesmal lagen Glück und Schmerz eng beieinander. Der am 29.11.1776 geborene Sohn Friedrich starb nach drei Tagen. Das Zeitalter, wo man versuchsweise erste Impfungen verabreichte, begann gerade erst. Ein Jahr später geht aus einem Brief Friedrichs hervor, daß man im Hause des Prinzen Ferdinand alle Kinder gegen Windpocken mit Erfolg geimpft habe. Friedrich sandte zu diesem neuartigen Ereignis seine wärmsten Segenswünsche [50].

Als im Jahre 1778 der Bayerische Erbfolgekrieg ausbrach, erbat sich Ferdinand im Hinblick auf seine schwache Gesundheit sofort jegliche Dispensierung vom Militärdienst, die ihm auch gewährt wurde. Zu diesem Ereignis notierte die Fürstin Radziwill, Ferdinands Tochter Luise, später in ihrem Tagebuch:

»1779 ... Mein Vater war damals nicht mit dem König einverstanden und trat deshalb aus dem Heere aus, womit er einen langgehegten Wunsch meiner Mutter erfüllte, da sie fand, daß er nicht mehr imstande sei, derartige Strapazen auszuhalten.« [51]

Luise war damals neun Jahre alt, als am 19. September 1779 wieder ein Bruder zur Welt kam. Er hieß – natürlich! – Friedrich, dem König zu Ehren, Wilhelm nach dem verstorbenen Onkel August Wilhelm, Heinrich nach dem Onkel Henri, und sein Rufname wurde August, gesprochen Ogüst, wie einst sein Vater die ersten zwei Jahre seines Lebens Ogüst genannt worden war.

Da die Mutter drei Kinder verloren hatte, hütete sie dieses letzte wie ihren Augapfel und sah ihm alle Unarten nach. Über diesen kleinen Familientyrannen August wußte Luise Radziwill zu berichten:

»August war das Lieblingskind meiner Mutter. Sie hatte ihn bei sich installiert, beschäftigte sich unausgesetzt mit ihm und verwöhnte ihn grenzenlos ... So konnte es nicht ausbleiben, daß er bald eigensinnig und unartig wurde. – Da man uns beständig tadelte und bestrafte, faßten wir eine förmliche Abneigung gegen August, und die Ungerechtigkeiten, deren Opfer wir nur zu oft waren, wurden sicherlich Veranlassung unserer späteren Unduldsamkeit gegen diesen Bruder.«[52]

Aus den Kindheitserinnerungen der Fürstin Radziwill stammt auch eine reizvolle Schilderung des Hofes in Friedrichsfelde, wie sie ihn als etwa Zehnjährige erlebt hatte:

»Mein Vater hatte für meine Brüder einen Lehrer berufen, der ihm von Bekannten empfohlen worden war: Professor Großheim. Er unterrichtete uns in Geschichte, Geographie, Rechnen, deutscher Grammatik, Naturgeschichte und Moral und lehrte uns auch allerlei minder nützliche Dinge.

Um die Teestunde pflegte meine Mutter einen kurzen Spaziergang mit uns zu machen und sich dann an den Spieltisch zu setzen. Darauf folgte eine allabendliche Wanderung. Diese machten wir mit meinem Vater, und sie führte uns, je nach seinem Wunsch, durch die Felder oder ins Dorf. Er schien Gefallen daran zu finden, und die Befangenheit, die sonst im Verkehr mit unseren Eltern vorherrschte, schwand völlig. Im Herbst traten Spiele und Vorlesungen an die Stelle dieser Wanderungen.«[53]

Um das Jahr 1780 herum beschäftigten Ferdinand erneut Wohnungssorgen. Die Kinder wuchsen heran, Friedrichsfelde wurde zu klein. Luise war damals zwölf Jahre alt, Heinrich elf, Louis Ferdinand zehn. August war zwar erst drei Jahre alt, aber bei der Bedeutung, die man ihm beimaß, brauchte er mehr Raum als alle anderen zusammen. Die Kinder sollten einzeln ihre Gouverneure und Gouvernanten bekommen; man dachte weiter, wie es würde, wenn sie ihre eigenen Wohnräume brauchten und die Unterkünfte ihres Personals – kurz, es war nur immer wieder festzustellen, daß Friedrichsfelde nicht ausreichte. Und man liebte es nun einmal, den größten Teil des Jahres auf dem Lande und inmitten eines herrlichen Parks zu verbringen.

Wenn Prinz Ferdinand in Gedanken die unbenutzten preußischen Schlösser Revue passieren ließ, so kam ihm besonders das Schloß Monbijou in den Sinn, das einst seine Mutter so liebte und das ihr als Witwensitz diente, nachdem 1740 der Vater starb. Ferdinand schrieb an Friedrich und man erwog die Übernahme des Schlosses. Friedrich antwortete auch sehr zuvorkommend, aber der sorglich ausgeführte Kostenanschlag erwies sich dann als unvorteilhaft. Der Unterhalt war teuer, und der König machte zur Auflage, daß nichts an dem

Schloß geändert werden durfte. Also verzichtete Ferdinand auf diesen Plan [54].

Ferdinand mußte scharf kalkulieren. Es war für ihn, wie fast für alle Geschwister, schwierig, seine Einnahmen mit seinen Ausgaben in Übereinstimmung zu bringen. In den kommenden Jahren bildete sich eine Art Geiz stärker bei ihm aus. Auf Zureden der Prinzessin schlug jedoch diese Neigung dem Kinde August gegenüber immer in Freigebigkeit um. Die Prinzessin Ferdinand machte sich der Kardinalssünde schuldig, ihre Kinder nicht gleichmäßig und gerecht zu bedenken, sondern August allen in so starkem Maße vorzuziehen, daß man über sie den Kopf schüttelte.

Als kleines Kind wurde er verhätschelt und verzogen, als größeres Kind nicht bestraft und ständig bei allen Unarten in Schutz genommen. Als Heranwachsender schließlich wurde er schon mit Einkünften und Apanagen versehen, die den anderen Kindern nicht zugute gekommen waren. Das ganze Sinnen und Trachten der Prinzessin war nur darauf gerichtet, wie man August wohl sicherstellen könne. Dem schönen, genialen und brillanten Louis Ferdinand standen beide Eltern ablehnend gegenüber. Sein Wesen war ihnen zu vulkanisch, zu hochfliegend, zu wenig gemäßigt. Außerdem gab es viel Ärger mit seinen Schulden, was man unschwer hätte vermeiden können, wenn Louis Ferdinand in gleicher Weise wie August bedacht worden wäre.

Ferdinand machte Anstalten, die ehemalige »Knobelsdorffsche Meierei« im Tiergarten zu erwerben. Fürstin Radziwill erinnerte sich dieser Zeit:

»Den Sommer 1785 verlebten wir noch in Friedrichsfelde, doch wurde beständig davon gesprochen, es zu verkaufen und einen Wohnsitz im Tiergarten von Berlin zu erstehen.

Mein Vater lebte seit dem Tode des Prinzen von Preußen [August Wilhelm], ebenso wie sein Bruder Heinrich, mit dem König auf gespanntem Fuße, weil dieser älteste der Brüder dem Schmerz über das allzuharte Urteil des Königs während des Krieges erlegen war. Wir hörten oftmals davon sprechen.« [55]

Liest man heute den so freundlichen und harmlosen Briefwechsel Friedrichs mit Ferdinand, so fragt man sich, ob wohl Friedrich auch bei diesem Bruder wirklich nichts von der harten Abneigung gegen seine Person gespürt haben soll. Aber man darf fast sicher sein, daß der König diese Tatsache ignorierte, da er sie ja ohnehin nicht ändern konnte. Jedenfalls war all sein Bestreben, den jüngeren Brüdern Gutes

zu erweisen. Die Fürstin Radziwill erzählte von einem speziellen
Fall:

»1786. Um dieselbe Zeit begab sich mein Vater nach Sonnenburg, denn
dort sollte sich die Wahl meines Bruders Heinrich vollziehen, dessen
Ernennung zum Koadjutor des Großpriorats des Johanniterordens der
König soeben bewilligt hatte.«[56]
Friedrich erwies seinem Bruder und dessen Sohn damit eine große Gefälligkeit. Mit dieser Wahl war ein jährliches Einkommen von fünfzig-
tausend Talern verbunden. Wäre nicht der junge Heinrich gewählt
worden, so hätte die preußische Krone diese Einnahmen gehabt. Der
Prinz von Preußen (Friedrich Wilhelm, August Wilhelms Sohn), war
außerordentlich ungehalten, daß ihn sein alter königlicher Onkel dieser Einnahmequelle beraubt hatte. Er trug es sowohl dem Prinzen Heinrich nach, der die Sache befürwortet hatte, als auch Ferdinand, dem
vorerst der Geldsegen zugute kam. Einer der entscheidenden Anlässe
für eine Entfremdung zwischen dem späteren König Friedrich Wilhelm II. und seinen Onkeln war hiermit ganz sicher gegeben, wenn
auch die Geldmittel nach Heinrichs frühem Tode im Jahre 1790 der
Krone dann wieder zugute kamen[57].
Bei all diesen Vorgängen ist nur verwunderlich, daß es diesmal Ferdinands Sohn Heinrich war, der diese Zuwendung erhielt, und nicht der
vergötterte August. Doch es war der Entschluß des Königs gewesen
und die Prinzessin Ferdinand war in dieser Sache ausgeschaltet.
Wie am ganzen Berliner Hof, so verfolgte man auch im Hause des
Prinzen Ferdinand während des Sommers 1786 mit gespanntem Interesse das Befinden des Königs. Mehrfach richtete Ferdinand Anfragen
nach Potsdam, meist antwortete ein Sekretär, zuweilen jedoch auch
der König selbst. Anfang August fragte der Prinz an, ob es genehm sei,
den König zu besuchen. Aber Friedrich war schon zu krank, um noch
irgend jemanden empfangen zu können. Sein letzter Brief an Ferdinand ist herzlich und höflich, wie all seine Briefe während seines
langen Lebens:
»Potsdam, 7. August 1786
Mein liebster Bruder,
Ich bin so gerührt von Ihrer freundlichen Gesinnung und dem Wunsche, mich zu sehen, den Sie in Ihrem gestrigen Briefe ausdrücken.
Aber meine Krankheit setzt mich außerstande, Sie gebührend zu empfangen, und so müssen Sie schon so gütig sein, Ihren Besuch aufzuschieben, bis ich mich wieder ein wenig kräftiger fühle. Inzwischen

bin ich aufrichtig erfreut, daß Sie sich von Ihrer letzten Indisposition
völlig erholt haben und bitte Sie, auf meine Liebe und vollkommene
Hochachtung zu zählen, mit welcher ich bin . . .« [58]
Dies waren die letzten Zeilen, die der vierundsiebzig Jahre alte König an seinen jüngsten Bruder schrieb. Friedrich starb am 16. August
an der Wassersucht, wie vor ihm Sophie und Wilhelmine. Bei Friedrichs Tod war Ferdinand sechsundfünfzig, stand in der Mitte seines
Lebens und war, obwohl kränklich, von so bemerkenswerter Lebenskraft, daß er sogar seinen Bruder Heinrich um elf Jahre überlebte. Das
jüngste Königskind besaß eine zähe Konstitution.
Aus dem Testament des Königs von 1769 bezogen sich die Punkte 13
und 14 auf Prinz Ferdinand und seine Gemahlin:
»Meinem Bruder Ferdinand 50.000 Taler, 50 Anthal Tokaier, einen
Galawagen mit Zug und Allem, was dazugehört.
Seiner Gemahlin, meiner Nichte, 10.000 Taler Einkünfte von dem Gel-
de, welches in die Tabakspachtung geliehen ist, und eine Dose mit
Brillanten besetzt.«

Ferdinands Kinder wuchsen heran. 1790 war Luise ein schönes Mädchen von zwanzig Jahren, das schon mehrfach für Heiratspläne ins
Gespräch gekommen war. Heinrich war neunzehn, aber gerade jetzt
kränkelte er besorgniserregend. Schließlich stellte sich ein unheilbares
Lungenleiden heraus. Louis Ferdinand erwuchs zu einem bildschönen
jungen Mann von achtzehn Jahren, streng gehalten von den Eltern,
niemals mit seinem Gelde auskommend, von seiner Schwester zärtlich
und aufopfernd geliebt, denn sie fühlte, wie ungerecht man ihn in der
Familie behandelte. August war elf, aber in seinem Benehmen ein unerträgliches Kind, das wohl erst in dem Augenblick zur Vernunft kommen würde, wo es dem verderblichen Einfluß der Mutter entzogen
sein würde, also wenn sein Garnisonsleben bei einem Regiment begann.
Das Erbe des Königs setzte den Prinzen instand, mit dem Amsterdamer
Staatsbaumeister Boumann Verhandlungen aufzunehmen und seinen
neuen Sommersitz im Berliner Tiergarten zu bauen. 1790 war das Haus
fast fertig und wurde Schloß Bellevue genannt. Um wieder einen so
schönen Park wie in Friedrichsfelde um sich zu haben, legte man den
Bellevue-Park an. Schloß und Park haben die Zeiten überdauert. Das
Haus ist renoviert, der Park gepflegt und erneuert.
Der hoffnungsvolle und sympathische Prinz Heinrich erlag am 8. Ok-

tober 1790 seinem schweren Leiden. Die Familie war untröstlich. Er
war gut und liebenswert gewesen. Von seinen Einkünften hatte er Er-
sparnisse gemacht und sie heimlich Louis Ferdinand zugesteckt, damit
dieser nicht so knapp war. Luise konnte sich die ersten Tage gar nicht
fassen über diesen Verlust[59]. So gab es jetzt nur noch drei Geschwister
im Hause Ferdinand: Luise, Louis Ferdinand und August. Die Familie
lebte in behutsamer Distanz zum neuen königlichen Hofe, dem nunmehr Ferdinands Neffe, Friedrich Wilhelm II., vorstand, dessen sehr
große, füllige Figur ihm im Volke den Beinamen »der dicke Willem«
verschaffte. Ferdinand selbst lebte zurückgezogen und kränklich, aber
seine Frau und die Kinder besuchten die Hoffestlichkeiten und nahmen am gesellschaftlichen Leben teil.

Graf Henckel von Donnersmarck konnte noch aus eigenem Erinnern
aus dem Leben des Prinzen Ferdinand erzählen:

»Prinz Heinrich feierte jedesmal den Geburtstag seines Bruders Ferdinand [25. Mai], der dann mit seiner Familie nach Rheinsberg kam, und
gleich den anderen Tag nachher den Geburtstag von dessen Tochter,
der nachherigen Prinzessin Radziwill. Er hatte nun stets erstaunliche
Aufmerksamkeit für ›son cher frère Ferdinand‹; auch die Prinzessin
Ferdinand sorgte immer dafür, daß ihr Gemahl zur Comödie [im Na-
turtheater] sehr eingepackt wurde, und obgleich er immer wiederholte:
›Je ne veux pas!‹ [›Ich will nicht!‹], so wurde ihm doch ein Überrock
nach dem anderen angezogen, was dann zur Folge hatte, daß der Prinz
gewöhnlich im Schauspiel einschlief.«[60]

Nach wie vor beschäftigte sich Ferdinand viel mit Lektüre, wobei allerdings seine Interessen auseinandergingen mit denen Charlottes. Als
Prinz Ferdinand ihr einmal ein zwölfbändiges Werk über Finanzen
und Handel empfahl, bat sie ihn, sie damit zu verschonen. Sie bevor-
zuge Bücher historischen Inhalts, oder über Moral und Philosophie,
das wären die drei Genres von Lektüre, die ihr zusagten[61].

Die militärische Laufbahn des jungen Louis Ferdinand war von Erfolg
begleitet, er sah blendend aus, hatte Herzensaffären, war bezwingend
liebenswürdig in seinem Wesen und faszinierte durch seine unwahr-
scheinliche Musikalität. Als Komponist und Pianist bezauberte er die
Berliner Gesellschaft. Es gibt heute noch von ihm Kompositionen,
hauptsächlich Kammermusik, die von bestechender Anmut sind. Franz
Liszt griff Themen von ihm auf und komponierte seine berühmte
»Elegie« darüber.

Das Urteil über Louis Ferdinand war jedoch nicht durchweg so günstig oder gar überschwenglich. Seine Eltern zum Beispiel hielten ihn für einen leichtsinnigen Burschen, dem man gar nicht streng genug gegenübertreten konnte. Auch die alte Gräfin Voß lehnte ihn ab. Sie war jetzt Oberhofmeisterin der Kronprinzessin Luise, jener bezaubernden jungen Frau, die alle Herzen rührte. Die Schwärmerei Louis Ferdinands für Kronprinzessin Luise fiel ihr um einige Grade zu stürmisch aus, sie fürchtete für die Tugend und den guten Ruf ihrer Herrin und hielt ihre Besorgnisse in ihrem Tagebuch fest, konnte aber auch verzeichnen, daß der ekstatische Prinz keine Gelegenheit fand, sich Luise zu nähern[62].

Es waren aufwühlende Zeiten, in denen Prinz Ferdinand und seine Kinder lebten. Die Französische Revolution hatte alle Gemüter in Aufruhr gebracht. Bald darauf fingen die europäischen Throne an zu wanken unter den Angriffen des neu heraufziehenden Eroberers Napoleon. Begreiflicherweise verzeichnen jedoch die Tagebücher und Notizen aus dieser Zeit mehr die persönlichen Kleinigkeiten als den Gang der großen politischen Ereignisse.

Im Jahre 1795 wollte sich Ferdinands Tochter Luise mit dem Fürsten Radziwill verloben. Dies muß in der Familie nicht ohne Debatten vor sich gegangen sein. Sie schrieb darüber:

»Meine Mutter schien minder gereizt zu sein und schickte mich zu meinem Vater, der ebenso zärtlich und freundschaftlich war, wie meine Mutter kalt und heftig.«[63]

Am 17. März 1796 heiratete dann das Paar und führte einen glänzenden Haushalt in Berlin. Das Palais Radziwill war für die Berliner Gesellschaft jener Zeit ein Begriff. Fürst Anton Radziwill wurde später Statthalter in Posen und lebte einen Teil des Jahres dort.

Man kann es einerseits als Ränke und Intrigen der Prinzessin Ferdinand bezeichnen, daß Louis Ferdinand das Erbe seines Onkels Heinrich, Rheinsberg und dessen Umgebung, im Jahre 1802 verlor. Er wurde zum Erbverzicht gezwungen. Man kann aber auch sagen, es geschah im wohlverstandenen Familieninteresse, denn all sein Hab und Gut wäre den Gläubigern in den Rachen gefallen. Mißlich war es nur für den Prinzen Louis Ferdinand, daß er auf diese Weise sein ganzes kurzes Leben lang sich mit Gläubigern und Wucherern auseinanderzusetzen hatte. Dabei gab man ihm von seiten der Eltern nicht einmal, was ihm gesetzlich zugestanden haben würde. August dagegen lebte in Hülle und Fülle.

Der Historiker Hamilton, der Biograph des Prinzen Heinrich, gab einmal ein sehr mildes und gelassenes Urteil über den Prinzen Ferdinand:
»Über den Prinzen Ferdinand, der seinerzeit in den Besitz von Rheinsberg kam, ist weiter nicht viel zu sagen. Sein Leben, in welchem eine
schwächliche Gesundheit, Knappheit in Geldsachen, Gutmütigkeit
und Einfalt wesentliche Züge bildeten, war nichts weniger als bedeutend. Er war und blieb stets in jeder Beziehung ›der Jüngste der Familie‹. Was seine Gemahlin betrifft, so ist vielleicht, je weniger man
über sie sagt umso besser. Zu ihren Lebzeiten wurde viel über sie geredet, doch das ist ja nun lange her. Sie war auch eine Hohenzollern, der
letzte noch lebende Sproß der degenerierten Schwedter Linie. Sie war
weder wählerisch noch gesetzt oder auf Geistiges angelegt. Sie schrieb
höchst seltsame Briefe. Zusammen mit ihren Kindern stellte sie ›la
famille Ferdinand‹ dar, für welche der Prinz den Namen hergab.« [64]
Um so mehr verlohnt es, von den Kindern der »Familie Ferdinand« zu
sprechen. Überragend stellt sich auch uns noch immer das Bild des
Prinzen Louis Ferdinand dar, den man heute gern als »den Älteren«
bezeichnet, da der derzeitige Chef des Hauses Hohenzollern ja auch
Louis Ferdinand heißt. Über Ferdinands Sohn ist so viel zu sagen, daß
sogar erst in jüngster Zeit neue Bücher über ihn erschienen sind. Seine
Musik gibt es auf Platten. 1793 ließ sich Beethoven bei einem Besuch
in Berlin zu dem spontanen Ausruf hinreißen: »Er spielt gar nicht
königlich oder prinzlich, sondern wie ein tüchtiger Klavierspieler!« [65]
Die Begabung des Prinzen Louis erstreckte sich auch auf sprachliche
Dinge. Zur Hochzeit seiner Schwester 1796 hielt er eine sorgfältig
einstudierte polnische Rede völlig akzentfrei und machte damit auf
die polnische Verwandtschaft des Fürsten Radziwill einen tiefen Eindruck.
Louis Ferdinand fiel in den deutsch-französischen Kriegen am 10. Oktober 1806 im Gefecht bei Saalfeld und viele sagten, er habe den Tod
auf dem Schlachtfeld gesucht. Theodor Fontane hat ein Gedicht auf
den Prinzen gemacht, das anschaulich wiedergibt, wie sehr er das Idol
seiner Zeit gewesen ist. Fontane selbst ist erst 1819 geboren, konnte
also nur den Nachhall auffangen, den die Legende von des Prinzen
Leben bei den Menschen fand:

> »Sechs Fuß hoch aufgeschossen,
> Ein Kriegsgott anzuschaun,
> Der Liebling der Genossen,
> Der Abgott schöner Fraun,

Blauäugig, blond, verwegen
Und in der jungen Hand
Den alten Preußendegen –
Prinz Louis Ferdinand.

›Zu spät zu Kampf und Beten;
Der Feinde Rossehuf
Wird über Nacht zertreten,
Was ein Jahrhundert schuf.
Ich seh' es fallen, enden,
Und wie's zusammenbricht;
Ich kann den Tag nicht wenden,
Doch *leben* will ich ihn nicht!‹

Und als das Wort verklungen,
Rollt Donner schon der Schlacht.
Er hat sich aufgeschwungen;
Sein Herz noch einmal lacht.
Voran den andern allen
Er stolz zusammenbrach:
Prinz Louis war gefallen –
Und Preußen fiel ihm nach.« [66]

Louis Ferdinand war nicht verheiratet. Viele Frauen kreuzten seinen
Weg, eine der bekanntesten ist die schöne Pauline Wiesel. Aus seiner
Verbindung mit einer reichen Berliner Industriellentochter, Helene
Fromm, stammen zwei Kinder, Louis und Blanche. Nach seinem Tode
wurden sie im Hause der Fürstin Radziwill erzogen. Später erhielten
diese Kinder den erblichen Adel und den Namen von Wildenbruch.
Der Dichter Ernst von Wildenbruch ist Louis Ferdinands Enkel.

Prinzessin Luise Radziwill führte mit ihrem Mann eine überaus glückliche Ehe. Von ihren Kindern ist besonders ihre Tochter Elisa Radziwill
bekannt geworden. Als der alte Kaiser Wilhelm noch jung war, warb
er ernsthaft um das hübsche und anmutige Mädchen, aber in den Hof-
kanzleien konnte man sich nicht entschließen, die Verbindung als
ebenbürtig anzuerkennen. Seit der Teilung Polens hatten die Radziwills
aufgehört, ein regierendes Fürstenhaus zu sein. Also mußten die Prinzessin Elisa Radziwil und Prinz Wilhelm von Preußen aufeinander

verzichten. Es war ein Schmerz, den der »alte Kaiser« ein Leben lang nicht verwunden hat. Das Bild der Prinzessin stand auf seinem Arbeitstisch und seine verständnisvolle Gattin Augusta war es gewesen, die es ihm hingestellt hatte. Diese Liebesromanze erweckte allergrößten Anteil im In- und Ausland, man kann wohl sagen, Europa sprach von Elisa Radziwill.

Prinz August, der verhätschelte und verwöhnte Familienschreck, wuchs sich später zu einem ganz normalen und relativ vernünftigen Menschen aus. Er wurde Verwaltungsoffizier und schlug sich auch während der Befreiungskriege tapfer und wie es sich für einen Mann seines Ranges gehörte.

In der Schweiz lernte er die außergewöhnlich reizende Madame Récamier kennen, eine gefeierte Pariser Salonschönheit. Eine große Liebe verband ihn mit dieser bezaubernden jungen Frau. Juliette Récamier war jedoch verheiratet und hing sehr an ihrem um vieles älteren Mann. Sie hat ihn nicht verlassen. Dem Freund jedoch schenkte sie ihr berühmt gewordenes Jugendbild von Gérard, das Prinz August nicht nur mit großer Sorgfalt aufbewahrte. Er ließ sich, mit dem Gemälde im Hintergrund, von Hofmaler Franz Krüger porträtieren.

August war noch zwanzig Jahre lang der eigentliche Nutznießer von dem großen Erbe Rheinsberg, das sein alter Onkel Heinrich dem immer zurückgesetzten Louis Ferdinand vermacht hatte. Wie die Dinge nun jedoch lagen, sah der preußische Hof eifrig darauf, daß August nicht heiratete und war freigebig in der Verleihung von Adelsprädikaten an seine Mätressen, sollte doch Rheinsberg einstmals an die preußische Krone zurückfallen. Diese Kalkulation ist aufgegangen. August starb am 19. Juli 1843 auf einer Dienstreise in Bromberg. Ohne legitime Erben.

Fontane setzte auch dem Prinzen August ein literarisches Denkmal. Kein heroisches, wie es Louis Ferdinand bekam, ein humorvolles, das der Damenfreundlichkeit des Prinzen Rechnung trug, in dem Roman »Der Stechlin« läßt Fontane auf Seite 223 den alten Herrn von Molchow kurz über die Rolle des Schlosses Rheinsberg meditieren:

»». . . Erst frondierte Fritz gegen seinen Vater, dann frondierte Heinrich gegen seinen Bruder, und zuletzt frondierte August, unser alter forscher Prinz August, den manche von uns ja noch gut gekannt haben, ich sage: frondierte unser alter August gegen die Moral. Und das war natürlich das Schlimmste. (Zustimmung und Heiterkeit). Und bestraft sich zuletzt auch immer. Denn wissen Sie denn, meine Herren, wie's

mit Augusten schließlich ging, als er durchaus in den Himmel
wollte?‹

›Nein, wie war es denn, Molchow?‹

›Ja, er mußte wohl ne halbe Stunde warten, und als er nu mit nem
Anschnauzer gegen Petrus rausfahren wollte, da sagte ihm der Fels der
Kirche: ›Königliche Hoheit, halten zu Gnaden, aber es ging nicht an-
ders.‹ Und warum nicht? Er hatte die elftausend Jungfrauen erst in
Sicherheit bringen müssen.‹« [67]

Prinz Ferdinand hat in seinen letzten Lebensjahren sehr zurückgezogen
und allen lauten Vergnügungen abgewandt gelebt. 1802 litt er sehr unter dem Tode des Prinzen Heinrich, des Bruders, mit dem er immer ein
Herz und eine Seele gewesen war. Seine Frau hielt alles von ihm fern,
was ihn nur im geringsten hätte aufregen können. Den Tod des Prinzen Louis brachte man ihm 1806 mit äußerster Vorsicht bei. Als im
Jahre 1811 die französische Besatzungsmacht endlich die Erlaubnis gab,
den provisorisch bestatteten Leichnam von Rudolstadt in den Berliner
Dom zu überführen, wurde der Sarg für eine halbe Stunde in Schloß
Bellevue abgesetzt. Schluchzend stand die Familie im Kreise und die
Mutter stützte sich auf Augusts Arm. Ferdinand, der Vater, durfte jedoch nichts ahnen und befand sich in seinen Zimmern.

Ungeachtet seiner Abgeschiedenheit verfolgte der alte Prinz die unruhigen politischen Zeiten, die Kriege mit großem Interesse. In der Rück-
schau mußte er sich sagen, daß sein Leben mehrere Epochen gegensätz-
lichster Art umfaßt hatte. Hineingeboren in die strenge Zucht des alten
preußischen Hofes unter dem Soldatenkönig, aufgewachsen unter der
nicht immer bequemen Aufsicht des älteren Bruders Friedrich, erlebte
er die Zeit des »großen Friedrich« in ständiger persönlicher Opposition.
Nach diesem war die Ära des »dicken Willem« mit seiner Verschwendungssucht und der allgemeinen Leichtlebigkeit an seinen Augen vor-
übergezogen. Jetzt regierte sein Großneffe Friedrich Wilhelm III. und
Preußen befand sich in der schwersten Krise seiner Existenz.

Im Grunde konnte Ferdinand mit vielen Dingen in seinem Leben zufrieden sein. In seiner Art führte er eine glückliche Ehe mit der seltsamen Schwedter Prinzessin, die »das hübscheste Gesicht der Welt«
gehabt hatte und bei der es am besten war, »wenn man recht wenig
von ihr berichtete«. Alles war jetzt vorüber, die familiären Schicksalsschläge, das Sterben der Kinder, der Kummer und die unzähligen Stunden an hoffnungslosen Krankenbetten. Aufgehört hatte der ewige Streit

um das Geld, Louis war tot und konnte keine Schulden mehr verursachen. Luise war gut verheiratet und August befand sich in einer erfreulichen Laufbahn. Was wollte man mehr.

Als Ferdinands Leben sich seinem Ende zuneigte, war es wieder seine Tochter Luise, die sich als getreue Chronistin erwies:

»29. 4. 1813
Mein Vater befindet sich seit vorgestern nicht recht wohl. Er beunruhigt sich über seinen Zustand und ich beunruhige mich um seinetwillen. Es ist nichts weiter als ein Schnupfen, aber seine Gesundheit ist sehr zart. Meine Mutter läßt mich nicht zu ihm, und mir macht es das Herz schwer, daß man mich von diesem vortrefflichen Vater fernhält, der sich immer so freut, mich zu sehen.«

»2. Mai 1813
Als ich heute morgen zu meinem Vater kam, war ich aufs schmerzlichste überrascht. Er ist schwächer und niedergeschlagener, und der Schleimauswurf scheint schwerer vor sich zu gehen. Ich war sehr erschrocken. Dennoch aß er mit Appetit und als meine Mutter eintrat, nahm er ein Glas Wein und trank mit jenem liebevollen Blick, den er immer für mich gehabt hat, auf ihre und meine Gesundheit. Ich war schon wieder zu Hause, als Heim erschien, um nur zu sagen, daß er meinen Vater leidender finde, daß er kalte Hände habe und daß ein Brustkrampf zu befürchten stehe... Ich beeilte mich, hinzukommen.
Meine Mutter befand sich im Vorzimmer und trat mit mir bei meinem Vater ein. Die Veränderung in seinen Zügen erschreckte mich aufs grausamste und jede Hoffnung erstarb in meinem Herzen.
Wilhelm und Ferdinand [Luises Söhne] trafen ein; er gab ihnen die Hand. Dann ließ ich Elisa rufen, die er liebevoll anblickte. Sie wollte ihm die Hand küssen, aber er ließ es nicht zu. Keines der angewandten Mittel tat irgendwelche Wirkung, die Beklemmung nahm zu, und das von Heim eingegebene Brechmittel hatte keinen Erfolg. Ich lag die ganze Nacht hindurch auf den Knien am Bett meines Vaters und hielt seine Hand...
Ich erinnere mich noch heute jeder Minute jener letzten Nacht, vor allem des Augenblicks, in welchem es nicht mehr möglich war zu zweifeln, daß dieser vortreffliche Vater, der von seiner ganzen Umgebung vergötterte Herr, zu atmen aufgehört hatte. Ich hörte das Stöhnen meiner Mutter, das Schluchzen aller Anwesenden. Man führte meine Mutter weg und ich folgte ihr und blieb bei ihr, obwohl ich mir wenig nützlich und nötig vorkam.

Meine Mutter befand sich in hochgradiger Erregung, suchte nach Papieren und schrieb allerhand Briefe. Man brachte ihr ein im Schreibtisch meines Vaters aufgefundenes Paket, auf welches er mit eigener Hand geschrieben hatte: Wichtige Papiere, die dem König durch die Prinzessin, und, falls sie nicht mehr am Leben sein sollte, durch meinen Sohn zuzustellen sind. Doch ohne sie zu öffnen. Diese Papiere wurden dem König noch in derselben Nacht überbracht, und an meinen Bruder August wurde ein Kurier abgesandt.«

Ferdinand, das letzte Glied in einer Kette von zehn einst so lebensvollen Geschwistern, starb am Tage der Schlacht von Großgörschen. Er wurde zweiundachtzig Jahre alt.

»5. Mai 1813

Am nächsten Tage, dem 3. Mai, kehrte ich an das Bett meines Vaters zurück. Sein Gesicht hatte einen so friedlichen und zufriedenen Ausdruck, daß ich nicht müde wurde, seine ehrwürdigen Züge zu betrachten. Meine Mutter war sehr traurig, aber wohlwollend. Sie zeigte mir ein Papier, das sie im Schreibtisch meines Vaters gefunden hatte, und das seine Befehle in bezug auf seine Beisetzung enthielt. Meine Mutter sprach viel von ihm, was mir sehr tröstlich zu sein schien.«

Fürstin Luise schrieb diese Zeilen in unruhigsten Kriegszeiten. Berichte von der Schlacht bei Lützen trafen ein. August wurde ein Pferd unter dem Leibe erschossen. Es war jenes Tier, das Prinz Louis Ferdinand an seinem Todestage bei Saalfeld geritten hatte.

»Am 7. Mai wurde mein Vater in der Domgruft beigesetzt, und zwar seiner Anordnung gemäß ohne Gefolge und Feierlichkeiten. Nur der Ordenskanzler Graf Lottum und seine Leute [vom Johanniterorden] bildeten den einfachen Leichenzug. Meine Mutter befand sich wegen der von August erwarteten Nachrichten in hochgradiger Erregung und war so betrübt, daß sie nicht daran dachte, sich nach dem Dom zu begeben.

Ich ließ mich um zweieinhalb Uhr morgens wecken und befand mich bereits mit [den Söhnen] Wilhelm, Ferdinand und Ludwig im Dom, als der Trauerzug eintraf. Dieser bewegte sich so langsam vorwärts, daß ich lange warten mußte. Die Stille, die mich hier in der düstern Nacht umgab, tat meinem Herzen wohl, so daß ich die Ruhe und den Mut zurückgewann, deren ich bedurfte. Der auf die Falltür niedergesetzte Sarg glitt so in die Gruft hinab, ganz ohne Gesang und andere Gebete als diejenigen, die wir für diesen geliebten Vater zum Himmel emporsandten.

Da er sich jedwede Zeremonien verbeten hatte, glaubte meine Mutter
seinem Willen auf diese Weise nachzukommen, doch mir kam es sehr
traurig vor, in einem solchen Augenblick auf den Trost des göttlichen
Wortes verzichten zu müssen. Ich stieg in das Gewölbe hinab und
stand dabei, als man meinen Vater zwischen seine beiden Söhne [Hein-
rich und Louis Ferdinand] niederstellte. Die drei Wesen, die ich so sehr
geliebt hatte, waren jetzt vereinigt...« [68]
Ferdinands Lebensgefährtin war beim Tode ihres Gemahls auch schon
fünfundsiebzig Jahre alt. Ihr sollte ebenfalls ein langes Leben beschieden sein. Sie starb am 10. Februar 1820 im Alter von zweiundachtzig
Jahren.

Von allen Geschwistern der Königskinder wurde Charlotte am ältesten,
sie war fünfundachtzig, als sie die Augen für immer schloß. Ferdinand
kam ihr sehr nahe in der Zahl der Lebensjahre, er stand vor dem drei-
undachtzigsten Geburtstag, als er »nur an einem Schnupfen« verschied.
Seine Tochter, die Fürstin Radziwill, war im Familienkreis sehr oft
zugegen gewesen, wenn jemand auf dem Sterbebett lag. Schon als
Kind durfte sie mit in Amalies Sterbezimmer, »gerade in dem Augenblick, als sie die Augen schloß«. Als Heinrich 1802 in Rheinsberg im
Sterben gelegen hatte, waren Luise, August und Louis Ferdinand bei
ihm. Mit Ferdinands Tod war eine Generation von Königskindern erloschen, wie sie an ungleichen Schicksalen nur selten anzutreffen ist.
Ihr Vater war in seiner Art ein großer Mann, und die Lebenswege von
den Kindern bedeutender Väter zu verfolgen, ist immer von höchstem
Interesse. Wie vererben sich die Anlagen, auf wen überträgt sich wohl
dieser Zug oder jener?
Von diesem Standpunkt aus gesehen hatte sich auf Ferdinand so gut
wie nichts von seinen gewichtigen Eltern vererbt. Seine kleine und
zierliche Gestalt ließ keineswegs darauf schließen, daß der starke Soldatenkönig sein Vater war, der »zuweilen vier Ellen« in der Leibesmitte
dick gewesen. Königin Sophie Dorothea hatte zwar als junges Mädchen »die schönste Taille Europas«, war dann aber bald sehr korpulent
geworden. Die Veranlagung der Eltern zur Korpulenz trat in der Jugend
bei Amalie zutage, als sie »ein kleiner Koloß« war. Im Alter wurde sie
hager. Nach den Bildern zu urteilen erbte als einzige Tochter Königin
Ulrike von Schweden den Hang zur Korpulenz der Eltern.
Ferdinands Gesichtszüge hatten etwas von der Schärfe, die sich beim
Urgroßvater, dem Großen Kurfürsten, auf Bildern wiederfinden läßt.

Die Statur hatte er zweifellos von seinem Großvater, König Friedrich I. in Preußen. Beides ist vorhanden: die Kleinheit der Gestalt, die Zartheit der Gesundheit. Daß sein Leben ohne eine zentrale große Aufgabe verlief, ist wohl das Schicksal vieler Prinzen von Geblüt gewesen, die man, wie Friedrich der Große in seinen Werken schrieb, recht gut behandeln soll, damit sie nicht zu Verschwörern werden [69].

Um diese Klippe, ein Verschwörer zu werden, war Ferdinand in seinem Leben immer mit mehr Glück als Verdienst herumgekommen. Die Neigung dazu lebte in ihm und wurde von Heinrich eifrigst gefördert. Aber alles, was sich daraus hätte ergeben können, blieb ungeschehen und so entfällt der Stoff für eine Lebenstragödie. An anderen europäischen Höfen gab es dafür um so mehr, und so manches Bühnendrama zieht seine Wirkung aus Verschwörungen feindlicher Brüder.

Ferdinand war ein langes, gesegnetes und im Grunde gutes Leben zuteil geworden. Er hat uns zwei herrliche Parks hinterlassen, zwei zauberhafte Schlösser, die sinnvoll genutzt werden, Bellevue und Friedrichsfelde. Die Menschen von heute haben die Möglichkeit, seinen Spuren nachzugehen und seinen Schönheitssinn und seine große Naturliebe zu bewundern.

Ferdinand hat keine Memoiren geschrieben, nicht komponiert, kein Bild gemalt, kein Lied gesungen. Er war ein Privatier aus königlichem Hause, der seine Grenzen kannte.

Ferdinands Kinder
aus seiner Ehe mit Prinzessin Anna Elisabeth *Luise,* Tochter des Markgrafen Friedrich Wilhelm von Schwedt und Ferdinands Schwester
Sophie:

Friederike Elisabeth Dorothee Henriette Amalie
* 1. 11. 1761, † 28. 8. 1773

Friedrich Heinrich Emil Karl
* 21. 10. 1769, † 8. 12. 1773

Friederike Dorothee *Luise* Philippine
* 24. 5. 1770, † 7. 12. 1836
Vermählt am 17. 3. 1796 mit Anton Heinrich Fürst von Radziwill, Statthalter des Großherzogtums Posen.

Christian Friedrich *Heinrich*
* 11. 11. 1771, † 8. 10. 1790
Coadjutor des Heermeistertums zu Sonnenburg

Friedrich Christian *Ludwig* Ferdinand (Louis Ferdinand)
* 18. 11. 1772, † 10. 10. 1806
Gefallen im Gefecht bei Saalfeld als General-Leutnant. Chef des Infanterie-Regiments Nr. 20, Domprobst zu Magdeburg.

Friedrich Paul Heinrich August
* 29. 11. 1776, † 2. 12. 1776

Friedrich Wilhelm Heinrich *August*
* 19. 9. 1779, † 19. 7. 1843
Gestorben auf einer Inspektionsreise in Bromberg als General der Infanterie, General-Inspekteur und Chef eines Artillerie-Regimentes.

Anmerkungen

[1] Ernst Poseck »Die Kronprinzessin«, Steuben-Verlag Paul G. Esser, Berlin 1940, S. 148 – Nachstehend abgekürzt »Poseck« genannt.

[2] Poseck S. 66

[3] Poseck S. 246

[4] Poseck S. 279

[5] Poseck S. 329

[6] Poseck S. 350

[7] Dr. Fritz Arnheim »Am Hofe Friedrichs des Großen«, Bd. I. – Nachstehend abgekürzt »Arnheim« genannt.

[8] Arnheim I

[9] Andrew Hamilton »Rheinsberg«, Friedrich der Große und Prinz Heinrich von Preußen. Aus dem Englischen von Rudolf Dielitz, 2 Bände, R. v. Deckers-Verlag Berlin 1882. – Nachstehend abgekürzt »Hamilton« genannt. – Bd. II, S. 54

[10] Arnheim I

[11] »Briefwechsel Friedrichs des Großen mit seinem Bruder August Wilhelm«, Herausgegeben von G. B. Volz. Aus dem Französischen von F. v. Oppeln-Bronikowski. Verlag K. F. Koehler, Leipzig ohne Jahresangabe. – Nachstehend abgekürzt »Briefw. AW« genannt. – S. 81

[12] Briefw. AW S. 116

[13] »Œuvres de Frédéric le Grand«, Correspondance avec son frère le Prince Henri, Berlin 1856. Aus dem Französischen von Ch. Pangels. – Nachstehend abgekürzt »Œuvres« genannt. S. 537

[14] Briefw. AW S. 232

[15] Baron Jakob Friedrich Bielfeld »Lettres familières et autres«. Den Haag 1763, 2 Bände. Bd. I.

[16] Œuvres S. 539

[17] Arnheim I.

[18] »Friedrich der Große und Wilhelmine von Bayreuth«, Briefwechsel. Verlag K. F. Koehler, Leipzig, Herausgeber G. B. Volz.

[19] Graf Ernst Ahasverus Heinrich von Lehndorff »Dreißig Jahre am Hofe Friedrichs des Großen«, Tagebücher nach meiner Kammerherrnzeit. Verlag K. F. Koehler und Koehler & Amelang, Leipzig. Herausgeber Eduard Schmidt-Lötzen. Mehrere Bände und Nachträge. – Nachstehend abgekürzt »Lehndorff« genannt. – Bd. I.

[20] »Die Briefe Friedrichs des Großen an seinen vormaligen Kammerdiener Fredersdorf«, herausgegeben und erschlossen von Johannes Richter. Verlagsanstalt Hermann Klemm AG., Berlin-Grunewald 1926. S. 399

[21] Briefw. AW S. 243

[22] Arnheim I.

[23] »Friedrich der Große im Spiegel seiner Zeit«. Herausgegeben von G. B. Volz. Verlag Reimar Hobbing Berlin, Copyright 1901. Drei Bände. – Nachstehend abgekürzt »Spiegel« genannt. Bd. I, S. 265

[24] »Der König« Friedrich der Große in seinen Briefen und Erlassen. Mit biographischen Verbindungen von Gustav Mendelssohn-Bartholdy. Verlag Wil-

helm Langewiesche-Brandt, Ebenhausen bei München 1923. – Nachstehend abgekürzt »Der König« genannt. – S. 290

[25] Briefw. AW. S. 308

[26] Hohenzollernjahrbuch 1914, Artikel von Hans Droysen: »Der Briefwechsel der Königin Sophie Dorothea«. – Bayerische Staatsbibliothek München.

[27] Spiegel Band II, S. 30

[28] Briefw. AW. S. 320

[29] Arnheim I.

[30] Rudolf Augstein »Preußens Friedrich und die Deutschen«, Verlag S. Fischer, Frankfurt/Main 1968. – Nachstehend abgekürzt »Augstein« genannt. – S. 276

[31] Der König S. 351

[32] Prof. Chester V. Easum »Prinz Heinrich von Preußen«, Musterschmidt Verlag Göttingen 1958. – Nachstehend abgekürzt »Easum« genannt. – S. 191

[33] Easum 245

[34] Œuvres S. 550

[35] Augstein S. 277

[36] Augstein S. 282

[37] Augstein S. 282

[38] Arnheim I

[39] Georg Filtz »Schlösser und Gärten um Berlin«, Verlag VEB E. A. Seemann, Leipzig 1968, S. 23/24

[40] Lehndorff II, 1763

[41] Œuvres S. 553

[42] Lehndorff II, 1767

[43] Stillfried, Genealogie

[44] Œuvres S. 571

[45] Œuvres S. 582

[46] Niedersächsisches Staatsarchiv Wolfenbüttel 299 N 58–61: Maschinenschriftliches Manuskript des Prof. Dr. Hans Droysen zur Fortsetzung seiner Veröffentlichung »Aus den Briefen der Herzogin Philippine Charlotte von Braunschweig 1732–1801« (Quellen und Forschungen zur Braunschweigischen Geschichte, Bd. 8, 1916). Aus dem Französischen von Ch. Pangels. – Nachstehend abgekürzt »Unveröffentlichte Briefe Charlotte« genannt.

[47] Spiegel II, S. 251

[48] Unveröffentlichte Briefe Charlotte

[49] Hamilton Bd. II S. 83

[50] Œuvres S. 582

[51] Fürstin Anton Radziwill »Fünfundvierzig Jahre aus meinem Leben«, aus dem Französischen von E. von Kraatz, Berlin 1912. – Nachstehend abgekürzt »Radziwill« genannt.

[52] Radziwill S. 17

[53] Radziwill S. 17

[54] »Briefe Friedrichs des Großen«, Herausgeber Max Hein, aus dem Französischen von F. v. Oppeln-Bronikowski und Eberhard König. Verlag Reimar Hobbing Berlin 1914, Zwei Bände. – Nachstehend abgekürzt »Hein Briefe« genannt. – Bd. II, S. 252

[55] Radziwill S. 25

[56] Radziwill S. 321

[57] Radziwill S. 321

[58] Hein Briefe Bd. II, S. 262

[59] Radziwill

[60] Hamilton Bd. II, S. 160

[61] Unveröffentlichte Briefe Charlotte

[62] Sophie Marie Gräfin von Voß »Neunundsechzig Jahre am Preußischen Hofe«, Verlag Duncker & Humblot Leipzig 1900, S. 158

[63] Radziwill 1795

[64] Hamilton II S. 160

[65] Burkhard Nadolny »Louis Ferdinand«, Eugen Diederichs Verlag Düsseldorf Köln 1967, S. 179

[66] Friedrich von Oppeln-Bronikowski »Liebesgeschichten am Preußischen Hofe«, Verlag Gebr. Paetel Berlin–Leipzig 1928, S. 98

[67] Theodor Fontane »Der Stechlin«, S. Fischer Verlag Berlin 1928, S. 223

[68] Radziwill S. 276

[69] »Die Werke Friedrichs des Großen«. Herausgegeben von G. B. Volz, aus dem Französischen von F. v. Oppeln-Bronikowski, Willy Rath und Carl Werner von Jordans. Verlag Reimar Hobbing Berlin 1913, Neun Bände. Bd. 7, S. 149

Stammtafel

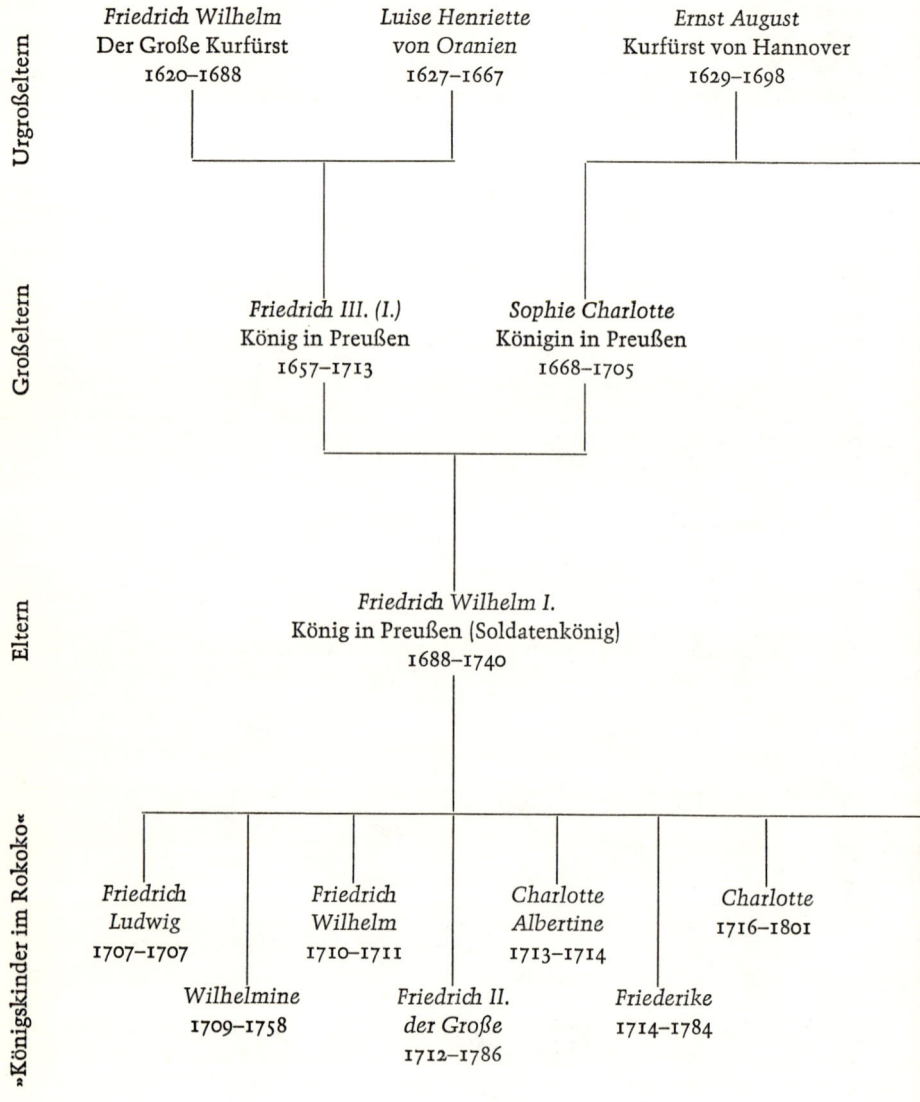

Urgroßeltern

Friedrich Wilhelm
Der Große Kurfürst
1620–1688

Luise Henriette
von Oranien
1627–1667

Ernst August
Kurfürst von Hannover
1629–1698

Großeltern

Friedrich III. (I.)
König in Preußen
1657–1713

Sophie Charlotte
Königin in Preußen
1668–1705

Eltern

Friedrich Wilhelm I.
König in Preußen (Soldatenkönig)
1688–1740

»Königskinder im Rokoko«

Friedrich
Ludwig
1707–1707

Friedrich
Wilhelm
1710–1711

Charlotte
Albertine
1713–1714

Charlotte
1716–1801

Wilhelmine
1709–1758

Friedrich II.
der Große
1712–1786

Friederike
1714–1784

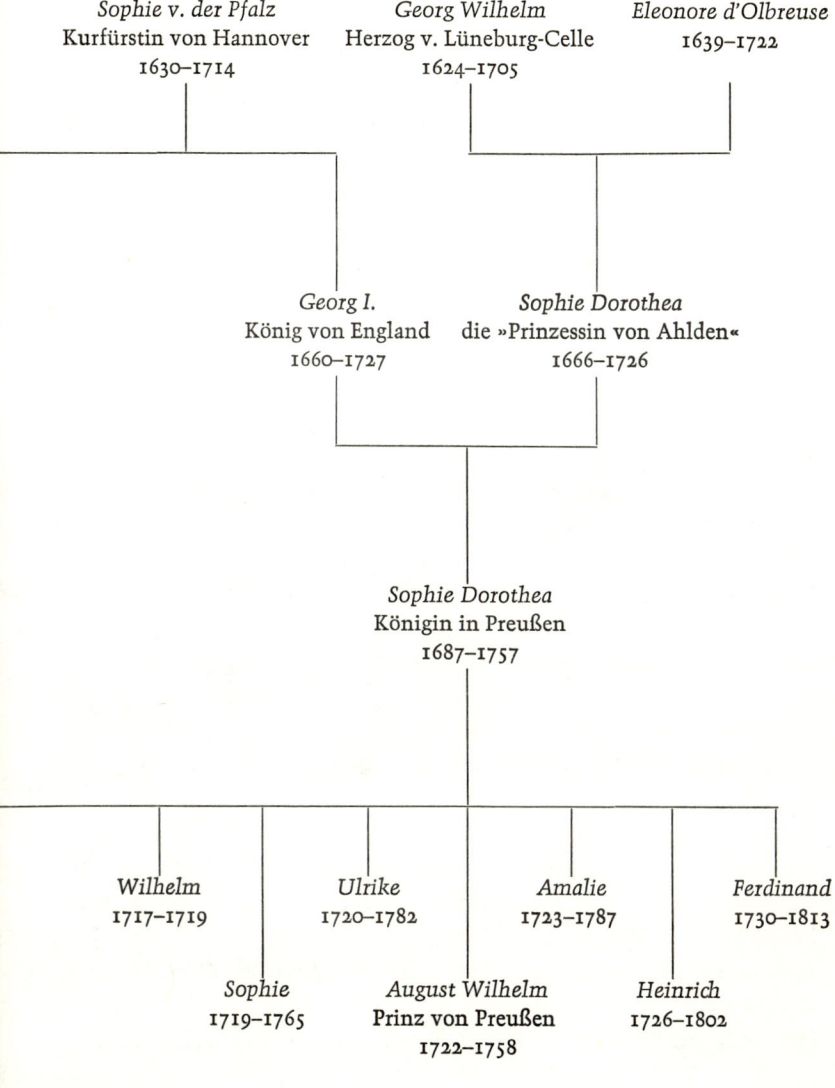

Sophie v. der Pfalz
Kurfürstin von Hannover
1630–1714

Georg Wilhelm
Herzog v. Lüneburg-Celle
1624–1705

Eleonore d'Olbreuse
1639–1722

Georg I.
König von England
1660–1727

Sophie Dorothea
die »Prinzessin von Ahlden«
1666–1726

Sophie Dorothea
Königin in Preußen
1687–1757

Wilhelm
1717–1719

Ulrike
1720–1782

Amalie
1723–1787

Ferdinand
1730–1813

Sophie
1719–1765

August Wilhelm
Prinz von Preußen
1722–1758

Heinrich
1726–1802

Dank

Bei der Dokumentation und Bildbeschaffung zu diesem Buch über die Geschwister Friedrichs des Großen waren mir die nachstehend genannten Personen und Institutionen außerordentlich behilflich und ich möchte mich für ihre Unterstützung und zahlreiche wertvolle Ratschläge vielmals ausdrücklich bedanken *Charlotte Pangels*

Herr Stadtarchivar Adolf Lang, Stadtarchiv Ansbach
Die Schloß- und Gartenverwaltung Bayreuth, Herr Gartenamtmann Barmetler
Der Historische Verein Bayreuth, Herr Fohrbeck
Bayerische Staatsbibliothek in München, Herr Direktor Dr. Schneiders
Verwaltung der Staatlichen Schlösser und Gärten in Berlin, Archiv des Schlosses Charlottenburg, Herr Dr. Helmut Börsch-Supan
Bomann-Museum in Celle, Herr Direktor Dr. Leister und Frau Dr. Ingeborg Wittichen
Kunstbibliothek in Westberlin, Charlottenburg, Jebensstr. 2, Frau Dr. Marianne Fischer
Braunschweigischer Geschichtsverein in Wolfenbüttel
Braunschweigisches Landesmuseum für Geschichte und Volkstum
Das Städtische Museum in Braunschweig, Frau Bibliothekarin B. Kurth
Coburger Landesstiftung, die Kunstsammlungen der Veste Coburg, Herr Direktor Heino Maedebach, Frau Konservatorin M. Gebhardt, Frau Hildebrandt
Das Geheime Staatsarchiv in Berlin-Dahlem, Herr Direktor Dr. Zimmermann, Herr Archivrat Eckart Henning M. A.
Gemäldegalerie der Staatlichen Museen, Stiftung Preußischer Kulturbesitz, Herr Dr. Wilhelm H. Köhler
Historisches Museum am Hohen Ufer in Hannover, Herr Direktor Dr. Platz
Herr Burgvogt Johannes P. Hewelt, Burg Hohenzollern bei Hechingen

Die Herzog-August-Bibliothek in Wolfenbüttel, Herr Direktor Dr. Paul
Raabe, Frau Annemarie Deegen
Staatliche Landesbildstelle Nordbayern, Herr Direktor Hermann Gruber
Das Malmö-Museum, Historika avdelningen
Frau Marie-Luise Mandry, Stuttgart
Niedersächsisches Staatsarchiv in Wolfenbüttel, Herr Direktor Dr.
J. König
Herr Oberrintendant Ake Setterwall, Stockholm, Königliches Schloß
Verwaltung der Staatlichen Schlösser und Gärten, Bad Homburg von
der Höhe, Herr Direktor Dr. H. Biehn, zuständig für das Schloß Wilhelmshöhe bei Kassel
Württembergisches Landesmuseum Stuttgart
Staatsbibliothek in Westberlin, Bildarchiv, Herr Dr. Roland Klemig
Staatsbibliothek Berlin-Dahlem, Musikabteilung, Herr Dr. Rudolf Elvers
Universitäts-Bibliothek Erlangen–Nürnberg, Herr Bibliotheksrat Dr.
D. Karasek
Zentralantiquariat der Deutschen Demokratischen Bibliothek in Leipzig

Register

Verwendete Abkürzungen: Bf. = Bischof; Ebf. = Erzbischof; Frfr. = Frei-frau; Frhr. = Freiherr; frz. = französisch; Fst. = Fürst; Fstn. = Fürstin; Gf. = Graf; Gfn. = Gräfin; Hz. = Herzog; Hzn. = Herzogin; K. = Kaiser; Kg. = König; Kgn. = Königin; Pz. = Prinz; Pzn. = Prinzessin; engl. = englisch

Abbildungsverzeichnis

19   Herzogin Philippine Charlotte von Braunschweig
Gemälde von Antoine Pesne, um 1744
ehemals Schloß Königsberg, verschollen

20   Herzog Karl I. und Herzogin Philippine Charlotte von Braunschweig
mit ihren Kindern; von links nach rechts: Leopold auf einem Pferd
(*1752), Lakai, Friedrich August (*1740), Sophie Caroline, Markgräfin
von Bayreuth, Nachfolgerin Wilhelmines von Bayreuth (*1737), Erbprinz Karl Wilhelm Ferdinand (*1735), Albrecht Heinrich, posthum
eingefügt (*1742, †1761), Herzog Karl von Braunschweig, Herzogin
Philippine Charlotte von Braunschweig, Herzogin Anna Amalie von
Sachsen-Weimar (*1739, verwitwet 1758), Auguste Dorothee, spätere
Äbtissin von Gandersheim (*1749) Mohr, Elisabeth Christine Ulrike,
spätere Gemahlin des preußischen Thronfolgers Friedrich Wilhelm
(*1746), Wilhelm Adolf (*1745)
Gemälde von Johann Heinrich Tischbein, 1762
Schloß Wilhelmshöhe, Kassel

21   Herzog Karl I. von Braunschweig
Gemälde von Antoine Pesne, um 1740
Schloß Charlottenburg, Berlin

22   Herzogin Philippine Charlotte von Braunschweig
Gemälde von Anna Rosine de Gasc, 1770
Schloß Charlottenburg, Berlin

23   Residenz in Braunschweig
Lithographie von Lütke nach einem Gemälde von W. Pätz
Herzog-August-Bibliothek, Wolfenbüttel

24   Lustschloß Salzdahlum bei Wolfenbüttel
Kupferstich von Johann David Schleuen
Kunstbibliothek Berlin der Staatlichen Museen Preußischer Kulturbesitz

25   Prinzessin Sophie und ihr Verlobter, Markgraf Friedrich Wilhelm
von Brandenburg-Schwedt
Gemälde von Antoine Pesne, 1737
Schloß Charlottenburg, Berlin

26   Prinzessin Luise Ulrike
Gemälde von Antoine Pesne, um 1744
Staatliche Museen Preußischer Kulturbesitz, Gemäldegalerie, Berlin

27   Königin Luise Ulrike von Schweden
Pastell von Gustav Lundberg, um 1760
Neues Palais, Potsdam

28   König Friedrich Wilhelm I. und Königin Sophie Dorothea mit ihren
Töchtern beim Empfang König Augusts des Starken von Sachsen am
Berliner Hof; vordere Reihe von links nach rechts: König Friedrich Wil-
helm I. (40), August der Starke (58), Amalie (4), August Wilhelm (5),
Königin Sophie Dorothea (41), Wilhelmine (18), Friederike (14), Char-
lotte (12), Sophie (9) und Ulrike (7) (s. auch Schutzumschlag)
Antoine Pesne, Werkstattskizze, 1728
Schloß Charlottenburg, Berlin

29   Königin Luise Ulrike von Schweden
Schabkunstblatt von Johann Jacob Haid
Kunstsammlungen der Veste Coburg

30   König Adolf Friedrich von Schweden
Schabkunstblatt von Johann Jacob Haid
Kunstsammlungen der Veste Coburg

31   Königliches Schloß in Stockholm
Kupferstich von J. E. Rehn
Nationalmuseum Stockholm

32   Schloß Svartsjö
Radierung eines unbekannten Künstlers
Kunstsammlungen der Veste Coburg

33   Schloß Oranienburg
Radierung von Jean-Baptiste Broebes, 1733
Kunstbibliothek Berlin der Staatlichen Museen Preußischer Kulturbesitz

34   Kronprinzenpalais Unter den Linden, Stadtwohnung des Prinzen
August Wilhelm
Kunstbibliothek Berlin der Staatlichen Museen Preußischer Kulturbesitz

35   Prinz August Wilhelm und Prinzessin Anna Amalie
Gemälde von Antoine Pesne, um 1730
Museum Malmö, Schweden

19 Herzogin Philippine Charlotte von Braunschweig
Gemälde von Antoine Pesne, um 1744
ehemals Schloß Königsberg, verschollen

20 Herzog Karl I. und Herzogin Philippine Charlotte von Braunschweig
mit ihren Kindern; von links nach rechts: Leopold auf einem Pferd
(* 1752), Lakai, Friedrich August (* 1740), Sophie Caroline, Markgräfin
von Bayreuth, Nachfolgerin Wilhelmines von Bayreuth (* 1737), Erbprinz Karl Wilhelm Ferdinand (* 1735), Albrecht Heinrich, posthum
eingefügt (* 1742, † 1761), Herzog Karl von Braunschweig, Herzogin
Philippine Charlotte von Braunschweig, Herzogin Anna Amalie von
Sachsen-Weimar (* 1739, verwitwet 1758), Auguste Dorothee, spätere
Äbtissin von Gandersheim (* 1749) Mohr, Elisabeth Christine Ulrike,
spätere Gemahlin des preußischen Thronfolgers Friedrich Wilhelm
(* 1746), Wilhelm Adolf (* 1745)
Gemälde von Johann Heinrich Tischbein, 1762
Schloß Wilhelmshöhe, Kassel

21 Herzog Karl I. von Braunschweig
Gemälde von Antoine Pesne, um 1740
Schloß Charlottenburg, Berlin

22 Herzogin Philippine Charlotte von Braunschweig
Gemälde von Anna Rosine de Gasc, 1770
Schloß Charlottenburg, Berlin

23 Residenz in Braunschweig
Lithographie von Lütke nach einem Gemälde von W. Pätz
Herzog-August-Bibliothek, Wolfenbüttel

24 Lustschloß Salzdahlum bei Wolfenbüttel
Kupferstich von Johann David Schleuen
Kunstbibliothek Berlin der Staatlichen Museen Preußischer Kulturbesitz

25 Prinzessin Sophie und ihr Verlobter, Markgraf Friedrich Wilhelm
von Brandenburg-Schwedt
Gemälde von Antoine Pesne, 1737
Schloß Charlottenburg, Berlin

26 Prinzessin Luise Ulrike
Gemälde von Antoine Pesne, um 1744
Staatliche Museen Preußischer Kulturbesitz, Gemäldegalerie, Berlin

36 Prinz August Wilhelm, »Prinz von Preußen«
Gemälde von Antoine Pesne, um 1738
Schloß Sanssouci, Potsdam

37 Prinzessin Luise Amalie von Preußen, Gemahlin Prinz August Wilhelms, geb. Prinzessin von Braunschweig-Bevern, Schwester der Königin Elisabeth Christine
Gemälde von Antoine Pesne, um 1742
verschollen

38 Sophie Maria Gräfin von Voss, geb. von Pannwitz
Gemälde von Antoine Pesne, 1745
Schloß Charlottenburg, Berlin

39 Friedrich Wilhelm II., König von Preußen, Sohn August Wilhelms
Gemälde von Anna Dorothea Therbusch, um 1775
Schloß Sanssouci, Potsdam

40 Prinzessin Anna Amalie
Gemälde von Antoine Pesne, um 1745
Schloß Charlottenburg, Berlin

41 Prinzessin Anna Amalie als Schäferin
Gemälde von Antoine Pesne, um 1740/1745
Schloß Charlottenburg, Berlin

42 Friedrich der Große und seine Brüder; von links: Friedrich, Ferdinand, August Wilhelm und Heinrich
Gemälde von Francesco Rusca, um 1734
Schloß Sanssouci, Potsdam

43 Prinzessin Wilhelmine von Hessen-Kassel, Gemahlin Prinz Heinrichs
Kupferstich von Gustav Andreas Wolfgang
Kunstsammlungen der Veste Coburg

44 Prinz Heinrich
Kupferstich von Gustav Andreas Wolfgang, um 1752
Kunstsammlungen der Veste Coburg

45 Prinz Heinrich als Feldherr
Gemälde von Johann Heinrich Tischbein, 1769
Staatliche Museen Preußischer Kulturbesitz, Gemäldegalerie, Berlin

46 Prinz August Ferdinand im Alter von fünf Jahren
Gemälde von Fr. Wilhelm Weidemann, um 1735
Schloß Sanssouci, Potsdam

47 Prinz August Ferdinand, 65 Jahre alt
Pastell eines unbekannten Meisters, um 1795
Schloß Charlottenburg, Berlin

48 Anna Elisabeth Luise von Schwedt, Gemahlin August Ferdinands,
Tochter der Markgräfin Sophie von Schwedt
Gemälde von Antoine Pesne, 1756
Privatbesitz

49 Prinz Louis Ferdinand, Sohn August Ferdinands
Gemälde von Laurent Mosnier, um 1800
Neues Palais, Potsdam

Photonachweis

Archiv der Staatlichen Schlösser und Gärten, Berlin, Schloß Charlotten-
burg 1, 2, 5, 7, 8, 15, 16, 19, 21, 22, 25, 26, 27, 28, 36, 37, 38, 39, 40, 41,
42, 45, 46, 47, 48, 49
Barmetler, Bayreuth 6, 11, 13
Beer, Hans; Ansbach 17, 18
Bomann-Museum, Celle 3
Herzog-August-Bibliothek, Wolfenbüttel 23
Kunstbibliothek Berlin, Staatliche Museen Preußischer Kulturbesitz 24,
31, 33, 34 und Schutzumschlag
Kunstsammlungen der Veste Coburg 4, 10, 29, 30, 32, 43, 44
Malmö Museum 35
Staatliche Landesbildstelle Nordbayern, Bayreuth 9, 12
Verwaltung der Staatl. Schlösser und Gärten, Bad Homburg v. d. Höhe 20
Württembergisches Landesmuseum Altes Schloß, Stuttgart 14